DIREITO TRIBUTÁRIO

O GEN | Grupo Editorial Nacional – maior plataforma editorial brasileira no segmento científico, técnico e profissional – publica conteúdos nas áreas de concursos, ciências jurídicas, humanas, exatas, da saúde e sociais aplicadas, além de prover serviços direcionados à educação continuada.

As editoras que integram o GEN, das mais respeitadas no mercado editorial, construíram catálogos inigualáveis, com obras decisivas para a formação acadêmica e o aperfeiçoamento de várias gerações de profissionais e estudantes, tendo se tornado sinônimo de qualidade e seriedade.

A missão do GEN e dos núcleos de conteúdo que o compõem é prover a melhor informação científica e distribuí-la de maneira flexível e conveniente, a preços justos, gerando benefícios e servindo a autores, docentes, livreiros, funcionários, colaboradores e acionistas.

Nosso comportamento ético incondicional e nossa responsabilidade social e ambiental são reforçados pela natureza educacional de nossa atividade e dão sustentabilidade ao crescimento contínuo e à rentabilidade do grupo.

VITTORIO CASSONE

DIREITO TRIBUTÁRIO

28.ª Edição

■ A EDITORA ATLAS se responsabiliza pelos vícios do produto no que concerne à sua edição (impressão e apresentação a fim de possibilitar ao consumidor bem manuseá-lo e lê-lo). Nem a editora nem o autor assumem qualquer responsabilidade por eventuais danos ou perdas a pessoa ou bens, decorrentes do uso da presente obra.

Todos os direitos reservados. Nos termos da Lei que resguarda os direitos autorais, é proibida a reprodução total ou parcial de qualquer forma ou por qualquer meio, eletrônico ou mecânico, inclusive através de processos xerográficos, fotocópia e gravação, sem permissão por escrito do autor e do editor.

Impresso no Brasil – *Printed in Brazil*

■ Direitos exclusivos para o Brasil na língua portuguesa
Copyright © 2018 by
EDITORA ATLAS LTDA.
Uma editora integrante do GEN | Grupo Editorial Nacional
Rua Conselheiro Nébias, 1384 – Campos Elíseos – 01203-904 – São Paulo – SP
Tel.: (11) 5080-0770 / (21) 3543-0770
faleconosco@grupogen.com.br / www.grupogen.com.br

■ O titular cuja obra seja fraudulentamente reproduzida, divulgada ou de qualquer forma utilizada poderá requerer a apreensão dos exemplares reproduzidos ou a suspensão da divulgação, sem prejuízo da indenização cabível (art. 102 da Lei n. 9.610, de 19.02.1998).

Quem vender, expuser à venda, ocultar, adquirir, distribuir, tiver em depósito ou utilizar obra ou fonograma reproduzidos com fraude, com a finalidade de vender, obter ganho, vantagem, proveito, lucro direto ou indireto, para si ou para outrem, será solidariamente responsável com o contrafator, nos termos dos artigos precedentes, respondendo como contrafatores o importador e o distribuidor em caso de reprodução no exterior (art. 104 da Lei n. 9.610/98).

■ 1. ed. 1985; 2. ed. 1990; 3. ed. 1991; 4. ed. 1992; 5. ed. 1993; 6. ed. 1993; 7. ed. 1994; 8. ed. 1995; 9. ed. 1996; 10. ed. 1997; 11. ed. 1999; 12. ed. 2000; 13. ed. 2001; 14. ed. 2002; 15. ed. 2003; 16. ed. 2004; 17. ed. 2006; 18. ed. 2007; 19. ed. 2008; 20. ed. 2009; 21. ed. 2010; 22. ed. 2011; 23. ed. 2012; 24. ed. 2014; 25. ed. 2015, 26. ed. 2016; 27. ed. 2017; 28. ed. 2018

■ Capa: Ítalo Frediani

■ Fechamento desta edição: 09.01.2018

■ DADOS INTERNACIONAIS DE CATALOGAÇÃO NA PUBLICAÇÃO (CIP)
(CÂMARA BRASILEIRA DO LIVRO, SP, BRASIL)

C228d

Cassone, Vittório
Direito tributário / Vittório Cassone. - 28. ed. – São Paulo : Atlas, 2018.

ISBN 978-85-97-01504-1

1. Direito tributário - Brasil. I. Título.

17-46574   CDU: 34:351.713(81)

Obras de Vittorio Cassone

Livros

1. *Direito tributário*. 27. ed. São Paulo: Atlas, 2017.
2. *Processo tributário*. 15. ed. São Paulo: Atlas, 2017 (em coautoria com Júlio César Rossi e Maria Eugenia Teixeira Cassone).
3. *Interpretação no direito tributário*. São Paulo: Atlas, 2004.
4. *Interpretação do Sistema Tributário Nacional e o STF*. São Paulo: Atlas, 2013.

Livros em coautoria

a) Para os Simpósios Nacionais coordenados por Ives Gandra da Silva Martins (com apresentação de teses e/ou relatórios, sobre matéria tributária):

1. Princípio da legalidade, 1981
2. Base de Cálculo, 1982
3. Repetição do indébito, 1983
4. Presunções no Direito Tributário, 1984
5. Taxa e preço público, 1985
6. O fato gerador do IR, 1986
7. Lançamento, 1987
8. Elisão e evasão fiscal, 1988
9. Capacidade contributiva, 1989
10. Lei complementar tributária, 1990
11. IOF, 1991
12. Contribuições sociais, 1992
13. Princípios constitucionais tributários, 1993
14. Decisões judiciais e tributação, 1994

15. Crimes contra a ordem tributária, 1995
16. O princípio da moralidade no Direito Tributário, 1996
17. Tributação no Mercosul, 1997
18. Imunidades tributárias, 1998
19. Processo administrativo tributário, 1999
20. Direitos fundamentais do contribuinte, 2000
21. Tributação na Internet, 2001
22. Contribuição de intervenção no domínio econômico, 2002
23. Direito tributário e reforma do sistema, 2003
24. O princípio da não cumulatividade, 2004
25. Limitação ao poder impositivo e segurança jurídica, 2005
26. Princípio da eficiência em matéria tributária, 2006
27. Decadência e prescrição, 2007
28. Execução fiscal, 2008
29. Disciplina legal tributária do terceiro setor, 2009
30. Processo judicial tributário, 2010
31. Responsabilidade tributária, 2011
32. Questões controvertidas no processo administrativo fiscal – CARF, 2012

b) Para o Congresso da Academia Brasileira de Direito Tributário, coordenado por Dejalma de Campos:
1. Limitações constitucionais do poder de tributar, 1988

c) Para os Simpósios Nacionais IOB de Direito Tributário, coordenador adjunto ao Dr. Fugimi Yamashita, apresentados vários estudos.

d) Da mesma forma, vários estudos apresentados em obras coordenadas por Hugo de Brito Machado, editados pela "Dialética".

Artigos

Mais de 150 pequenos estudos

Prefácio

Tendo o Direito Econômico por objeto a disciplina jurídica da macroeconomia, encontra na imposição tributária um de seus mais valiosos instrumentos reguladores, razão pela qual é impossível o estudo pleno do direito tributário sem o exame de matérias, princípios, normas, institutos e conceitos daquele ramo maior da árvore jurídica.

O estudo do direito tributário no Brasil, em grande parte, tem-se pautado pelas soluções positivistas, centrando seus pesquisadores, na forma legal e na expressão correta do veicular legislativo, o campo da análise científica.

À evidência, a contribuição que tais doutrinadores trouxeram à evolução do estudo do direito fiscal é de riqueza inesgotável, muito embora, pela própria limitação do instrumental jurídico utilizado, com estacas fincadas na teoria da norma pura de Hans Kelsen, tal contribuição terminasse por não se completar na apreensão global do fenômeno impositivo.

O próprio exame da norma tributária, à luz do direito constitucional, financeiro, administrativo e penal, apesar de abranger campo de interpretação relevante, foi incapaz de sanar a deficiência básica do estudo fenomênico, cujas raízes se encontram em posturas que, objetivando "desentulhar" o Direito de outras ciências, terminam por reduzi-lo a uma mera forma expressional da vontade legislativa de cujo processo elaborativo-estrutural o jurista não participa.

A falsa concepção de que há elementos pré-jurídicos ou metajurídicos no Direito muito contribuiu para que o seu ponto central fosse ignorado, com o que, se de um lado, enriqueceram tais estudiosos a Ciência Jurídica, pelo indiscutível aperfeiçoamento de sua forma expressional, de outro, mutilaram-na, reduzindo substancialmente seu campo de atuação.

Não perceberam os eminentes mestres, que advogam postura distinta, que os únicos elementos pré-jurídicos são aqueles existentes antes do ser humano, pois, a partir de sua criação, tudo o que não é regulado pelo Direito é por ele permitido, desde as fontes primitivas do direito costumeiro às fontes atuais do direito constitucional. E todas as manifestações das demais ciências sociais ou dos fenômenos físicos, químicos ou biológicos de relevância para o ser humano estão, no campo do Direito, ou reguladas ou permitidas. São, portanto, fenômenos jurisdicionados e não pré ou metajurídicos. Por essa razão, Hervada e Izquierdo definem o Direito como "a Ordem Social Justa".

Eis por que não é possível o estudo do Direito Fiscal sem a junção de suas três correntes (positivista, culturalista e jusnaturalista), pois só pela percepção da fenomenologia global da imposição tributária é possível estudá-la e aperfeiçoá-la de forma científica.

Vittorio Cassone é professor que apreende tal realidade, não se furtando a enunciar as grandes correntes do pensamento jurídico-tributário moderno, analisando-as com pertinência e perspicácia.

Italiano de origem, naturalizado brasileiro "de coração" (como costuma dizer), tendo adotado o português como sua segunda língua, nem por isso a dificuldade maior do idioma de adoção impossibilitou que seu pensamento fluísse claro e objetivo, muitas vezes até enriquecido por construções vernaculares menos clássicas, surgidas da influência itálica, lembrando a contribuição, sob tal faceta, ofertada no passado por Túlio Ascarelli.

Seu livro *Direito tributário* é de fácil leitura, conciliando a teoria pura e a práxis necessária à sua utilização diuturna, numa visão abrangente e didática das linhas mestras do direito tributário no Brasil.

Vittorio Cassone preenche, pois, plenamente o desiderato que se propôs: o de escrever livro de indiscutível utilidade, tendo se preocupado tanto em levantar problemas de relevância como em se posicionar em relação aos mesmos.

É, portanto, com especial satisfação que apresento o livro de *Vittorio Cassone,* outra obra de envergadura do eminente jurista, que nesta sua nova edição bem demonstra a excelente aceitação pelo público especializado.

Ives Gandra da Silva Martins

Lei nº 8.421, de 11-05-1992:

Art. 1º Os arts. 1º e 3º, os incisos I do art. 8º e VIII do art. 26, da Lei nº 5.700, de 1º de setembro de 1971, passam a vigorar com a seguinte redação:

Art. 1º São Símbolos Nacionais:

I – a Bandeira Nacional;

II – o Hino Nacional;

III – as Armas Nacionais; e

IV – o Selo Nacional.

Art. 3º A Bandeira Nacional, adotada pelo Decreto nº 4, de 19 de novembro de 1889, com as modificações da Lei nº 5.443, de 28 de maio de 1968, fica alterada na forma do Anexo I desta lei, devendo ser atualizada sempre que ocorrer a criação ou a extinção de Estados.

§ 1º As constelações que figuram na Bandeira Nacional correspondem ao aspecto do céu, na cidade do Rio de Janeiro, às 8 horas e 30 minutos do dia 15 de novembro de 1889 (doze horas siderais) e devem ser consideradas como vistas por um observador situado fora da esfera celeste.

§ 2º Os novos Estados da Federação serão representados por estrelas que compõem o aspecto celeste referido no parágrafo anterior, de modo a permitir-lhes a inclusão no círculo azul da Bandeira Nacional sem afetar a disposição estética original constante do desenho proposto pelo Decreto nº 4, de 19 de novembro de 1889.

§ 3º Serão suprimidas da Bandeira Nacional as estrelas correspondentes aos Estados extintos, permanecendo a designada para representar o novo Estado, resultante de fusão, observado, em qualquer caso, o disposto na parte final do parágrafo anterior.

X Direito Tributário • *Cassone*

HINO NACIONAL BRASILEIRO
Poema de Osório Duque Estrada

I	II
Ouviram do Ipiranga as margens plácidas De um povo heroico o brado retumbante E o sol da liberdade, em raios fúlgidos, Brilhou no céu da Pátria nesse instante.	Deitado eternamente em berço esplêndido, Ao som do mar e à luz do céu profundo, Fulguras, ó Brasil, florão da América, Iluminado ao sol do Novo Mundo!
Se o penhor dessa igualdade Conseguimos conquistar com braço forte, Em teu seio, ó Liberdade, Desafia o nosso peito a própria morte!	Do que a terra mais garrida, Teus risonhos, lindos campos têm mais flores; "Nossos bosques têm mais vida", "Nossa vida" no teu seio "mais amores".
Ó pátria amada, Idolatrada, Salve! Salve!	Ó Pátria amada, Idolatrada, Salve! Salve!
Brasil, um sonho intenso, um raio vívido De amor e de esperança à terra desce, Se em teu formoso céu, risonho e límpido, A imagem do Cruzeiro resplandece.	Brasil, de amor eterno seja símbolo O lábaro que ostentas estrelado, E diga o verde-louro dessa flâmula – "Paz no futuro e glória no passado".
Gigante pela própria natureza, És belo, és forte, impávido colosso, E o teu futuro espelha essa grandeza.	Mas, se ergues da justiça a clava forte, Verás que um filho teu não foge à luta, Nem teme, quem te adora, a própria morte.
Terra adorada, Entre outras mil, És tu, Brasil Ó Pátria amada!	Terra adorada, Entre outras mil, És tu, Brasil, Ó Pátria amada!
Dos filhos deste solo és mãe gentil, Pátria amada, Brasil!	Dos filhos deste solo és mãe gentil, Pátria amada, Brasil!

Fonte: *Pequena enciclopédia de moral e civismo*. Ministério da Educação e Cultura. Rio de Janeiro, 1967. Coordenadora: Alfredina de Paiva e Souza. Responsabilidade: Padre Fernando Bastos de Ávila, sociólogo e Professor de Sociologia da PUC/RJ – Guanabara.

Vocabulário

Plácidas – calmas, tranquilas Ipiranga – rio onde às margens D. Pedro I proclamou a Independência do Brasil em 7-9-1822 Brado – grito Retumbante – som que se espalha com barulho Fúlgido – que brilha, cintilante Cruzeiro – Constelação (estrelas) do Cruzeiro do Sul Impávido – corajoso	Espelha – reflete Fulguras – brilhas, despontas com importância Florão – flor de ouro Garrida – florida, enfeitada com flores Lábaro – Bandeira Ostentas – mostras com orgulho Flâmula – Bandeira Clava – arma primitiva de guerra, tacape

Nota – Lei nº 5.700, de 1971:

Art. 39. É **obrigatório** o ensino do desenho e do significado da **Bandeira Nacional**, bem como do canto e da interpretação da letra do **Hino Nacional** em todos os estabelecimentos de ensino, públicos ou particulares, do primeiro e segundo graus.

Parágrafo único. Nos estabelecimentos públicos e privados de ensino fundamental, é obrigatória a execução do Hino Nacional uma vez por semana. (Incluído pela Lei nº 12.031, de 21-9-2009 – *DOU*-1 de 22-9-2009, p. 1)

Sumário

PARTE GERAL – FUNDAMENTOS CONSTITUCIONAIS DO DIREITO TRIBUTÁRIO....   1

1   INTRODUÇÃO AO DIREITO TRIBUTÁRIO...   3
    1.1   Introdução   3
        1.1.1   Sistema jurídico-tributário...   3
    1.2   Finalidade do Estado   5
    1.3   Atividade financeira do Estado   5
    1.4   Tributo e tributarista...   6
    1.5   Noções de direito: relação jurídica e não jurídica   7
    1.6   Direito objetivo e direito subjetivo...   8
    1.7   Direito tributário no quadro geral do direito e suas relações...............   9
    1.8   Direito tributário: delimitação do campo de Atuação e o CTN...........   12
        1.8.1   Código Tributário Nacional   13
    1.9   Direito tributário: fundamento constitucional   13
    1.10   Federação e administração pública federal.............................   13
    1.11   Questionário...   18

2   FONTES DO DIREITO TRIBUTÁRIO   19
    2.1   Considerações preliminares   19
        2.1.1   Atos normativos: aspectos gerais.................................   20
        2.1.2   Atos normativos objeto de regulamentação.....................   21
    2.2   Produção originária de normas...   22
    2.3   Produção derivada ou decorrente...   22
    2.4   Fontes do direito tributário...   23
    2.5   Fontes formais primárias   23
        2.5.1   Constituição Federal: supremacia.................................   23
        2.5.2   Emendas à Constituição   25
        2.5.3   Lei complementar e lei ordinária: a questão da hierarquia......   26
        2.5.4   Leis ordinárias...   26

2.5.5	Leis delegadas	27
2.5.6	Medidas provisórias	27
	2.5.6.1 Medida provisória com força de lei	27
	2.5.6.2 Relevância e urgência	28
	2.5.6.3 Exame prévio	29
	2.5.6.4 O art. 246 da CF	29
	2.5.6.5 Medidas Provisórias editadas anteriormente à EC nº 32	30
2.5.7	Decretos legislativos	30
	2.5.7.1 O art. 98 do CTN e os tratados internacionais	30
2.5.8	Resoluções	33
2.6	Fontes formais secundárias	33
2.6.1	Decretos e regulamentos	33
2.6.2	Instruções ministeriais	35
2.6.3	Circulares, ordens de serviço e outros da mesma natureza	35
2.6.4	Normas complementares – art. 100 do CTN	35
2.7	Legalidade e ilegalidade	37
2.8	Inconstitucionalidade formal e material	37
2.9	Questionário	37

3 TRIBUTO E SUA CLASSIFICAÇÃO 39

3.1	Tributo – definição	40
3.2	Efeitos decorrentes da EC nº 8/77	42
3.3	Tributo vinculado e não vinculado	42
3.4	Tributo – classificação dada pelo STF	44
3.5	Tributo – nossa classificação	45
3.6	CTN, art. 4º – destinação da receita	45
3.7	Impostos – classificação	46
3.7.1	Imposto pessoal	47
3.7.2	Imposto real	47
3.7.3	Imposto direto	47
3.7.4	Imposto indireto	48
3.7.5	Imposto proporcional	48
3.7.6	Imposto progressivo e regressivo	48
3.7.7	Imposto fixo	50
3.7.8	Imposto monofásico	51
3.7.9	Imposto plurifásico	51
3.7.10	Imposto cumulativo ou em cascata	51
3.7.11	Imposto não cumulativo	51
3.7.12	Imposto nominado (expresso na CF)	51
3.7.13	Imposto inominado (residual)	52
3.7.14	Imposto regulatório (extrafiscal)	52

	3.7.15	Imposto seletivo	52
	3.7.16	Imposto adicional	52
3.8	Taxas		53
	3.8.1	Exercício do poder de polícia	54
	3.8.2	Utilização efetiva de serviços públicos	55
	3.8.3	Utilização potencial de serviços públicos	56
	3.8.4	Taxa e preço público: distinção	57
	3.8.5	Pedágio: natureza jurídica	58
3.9	Contribuição de melhoria		59
3.10	Contribuições sociais gerais		61

- 3.10.1 Contribuições sociais destinadas à Seguridade Social – Regime tributário ... 62
  - 3.10.1.1 Capacidade para arrecadar da SRF e do INSS ... 62
- 3.10.2 Contribuição de intervenção no domínio econômico ... 63
- 3.10.3 Contribuições corporativas ... 63
- 3.10.4 Serviço social sindical ... 63
- 3.10.5 Contribuição para custeio do serviço de iluminação pública ... 64
- 3.11 Parafiscalidade ... 64
- 3.12 Empréstimos compulsórios ... 66
- 3.13 Jurisprudência ... 67
- 3.14 Questionário ... 69

4 PRINCÍPIOS CONSTITUCIONAIS TRIBUTÁRIOS ... 70

- 4.1 Poder, competência e capacidade ... 70
- 4.2 Princípio da legalidade tributária ... 72
  - 4.2.1 Tipo tributário fechado ... 73
  - 4.2.2 Emenda Constitucional pode instituir tributo ... 73
  - 4.2.3 O Decreto e a delegação legislativa ... 73
    - 4.2.3.1 Delegação e obrigação acessória ... 76
- 4.3 Princípio da igualdade tributária ... 78
  - 4.3.1 A doutrina ... 79
  - 4.3.2 A jurisprudência do STF ... 85
- 4.4 Princípio da capacidade econômica ... 87
- 4.5 Princípio da capacidade contributiva ... 91
  - 4.5.1 Princípio da capacidade contributiva na Itália ... 95
- 4.6 Princípio da solidariedade social ... 96
- 4.7 Princípio da irretroatividade da lei ... 99
- 4.8 Princípio da anterioridade anual e nonagesimal da lei ... 100
  - 4.8.1 Anterioridade e Medida Provisória ... 102
  - 4.8.2 O artigo 246 da CF ... 103
- 4.9 Princípio (técnica) da não cumulatividade ... 103

xiv Direito Tributário • *Cassone*

4.10	Princípio da razoabilidade e da proporcionalidade	108
4.11	Confisco	109
	4.11.1 Jurisprudência	112
4.12	Princípio da anualidade	112
4.13	Questionário	114

5 INCIDÊNCIA, NÃO INCIDÊNCIA, IMUNIDADE, ISENÇÃO E ALÍQUOTA ZERO 115

5.1	Introdução	115
5.2	Incidência, não incidência, imunidade e isenção – conceitos	115
5.3	Imunidade, incidência e não incidência – exemplos	119
5.4	Isenção e não incidência – exemplos	122
5.5	Isenção e alíquota zero – distinção	124
	5.5.1 Isenção e redução de alíquota – distinção	127
5.6	Imunidade e isenção – espécies	128
5.7	Imunidade – art. 150, VI, "c" e "d"	129
	5.7.1 Imunidade de jurisdição – Estado estrangeiro	130
	5.7.2 Ministro de confissão religiosa	130
5.8	Questionário	130

6 OBRIGAÇÃO TRIBUTÁRIA: HIPÓTESE DE INCIDÊNCIA E FATO GERADOR ... 131

6.1	Obrigação tributária	131
	6.1.1 Considerações preliminares	131
	6.1.2 Definição	132
6.2	Hipótese de incidência	133
	6.2.1 Conceito	133
	6.2.2 Aspectos	133
	6.2.3 Base de cálculo	134
6.3	Fato gerador	137
	6.3.1 Conceito	137
	6.3.2 Fato gerador no CTN	137
6.4	Ocorrência do fato gerador. vendas inadimplidas e vendas canceladas – distinção. regime de competência e regime de caixa	141
6.5	Questionário	141

7 VIGÊNCIA, EFICÁCIA, APLICAÇÃO, INTERPRETAÇÃO E INTEGRAÇÃO DA LE-GISLAÇÃO TRIBUTÁRIA 142

7.1	Introdução	142
7.2	Vigência, eficácia e aplicação da legislação tributária	142
7.3	Interpretação e integração da legislação tributária	143
	7.3.1 Generalidades	143
	7.3.2 Métodos de interpretação	144
	7.3.3 Antinomias: critérios para solução	145

	7.3.4	Regras de interpretação no CTN	146
7.4		Questionário	152

8 RESPONSABILIDADE TRIBUTÁRIA ... 153

8.1		Noções introdutórias	153
8.2		Responsabilidade tributária em sentido estrito	154
	8.2.1	Responsabilidade tributária por substituição	154
	8.2.2	Responsabilidade tributária por sucessão	159
	8.2.3	Responsabilidade tributária solidária	159
8.3		Responsabilidade por infrações	160
	8.3.1	Retroatividade benigna em penalidades	161
	8.3.2	Denúncia espontânea e confissão de débito – CTN, art. 138	162
8.4		Multa, juros e correção monetária: conceito	163
	8.4.1	Multa fiscal e multa administrativa: distinção	165
8.5		Responsabilidade tributária no fato gerador futuro	165
8.6		Questionário	167

9 CRÉDITO TRIBUTÁRIO ... 168

9.1		Introdução	168
9.2		Constituição do crédito tributário	169
	9.2.1	Lançamento: conceito	169
	9.2.2	Lançamento: espécies	170
9.3		Suspensão da exigibilidade do crédito tributário	172
9.4		Extinção do crédito tributário	174
	9.4.1	Pagamento e dação em pagamento	174
	9.4.2	Compensação	174
	9.4.3	Transação	175
	9.4.4	Remissão	175
	9.4.5	Conversão do depósito em renda	175
	9.4.6	Pagamento antecipado e homologação de lançamento	176
	9.4.7	Consignação em pagamento	176
	9.4.8	Decisão administrativa definitiva	176
	9.4.9	Decisão judicial transitada em julgado	177
	9.4.10	Decadência e prescrição	177
		9.4.10.1 Prescrição intercorrente	180
9.5		Exclusão do crédito tributário	180
9.6		Pagamento indevido: restituição	180
	9.6.1	Convolação da restituição em compensação	182
9.7		Garantias e privilégios do crédito tributário	182
9.8		Quadro de visualização geral do crédito tributário no CTN/66	184
9.9		Administração tributária	186

9.9.1	Fiscalização	186
9.9.2	Dívida ativa	186
9.9.3	Certidões negativas	187
9.10	Prazos: contagem	187
9.11	Questionário	187

PARTE ESPECIAL – OS IMPOSTOS NO SISTEMA TRIBUTÁRIO NACIONAL 189

10 (II) IMPOSTO SOBRE A IMPORTAÇÃO DE PRODUTOS ESTRANGEIROS 193

10.1	Competência tributária e princípio da anterioridade	193
10.2	Fato gerador, base de cálculo e contribuintes no CTN	194
10.3	Fato gerador, base de cálculo, alíquota, contribuinte e taxa de câmbio na lei ordinária	195
10.4	Território aduaneiro	198
10.5	Zona Franca de Manaus	198
	10.5.1 Incentivos fiscais – Decreto-lei nº 288/67	198
	10.5.2 O STF e a ADI nº 2.348	199
10.6	Sistema harmonizado, classificação de mercadorias e valoração aduaneira	201
10.7	Planilha de custos de importação – exemplo	217
10.8	Mercosul	217
	10.8.1 Criação, tributação e generalidades	218
	10.8.2 Certificado de Origem	226
	10.8.3 Código Aduaneiro	227
	10.8.4 Ex-tarifário	228
10.9	Questionário	229

11 (IE) IMPOSTO SOBRE A EXPORTAÇÃO, PARA O EXTERIOR, DE PRODUTOS NACIONAIS OU NACIONALIZADOS 230

11.1	Disposição Constitucional	230
11.2	Aspectos do fato gerador	231
11.3	Princípio da anterioridade	231
11.4	Normas administrativas que regulam as exportações	231
	11.4.1 Exportações diretas e indiretas	232
	11.4.2 Informações úteis às exportações	232
11.5	Questionário	233

12 (IR) IMPOSTO SOBRE A RENDA E PROVENTOS DE QUALQUER NATUREZA 234

12.1	Introdução	235
12.2	O Imposto de Renda na Constituição do Brasil de 1988	236
12.3	Princípios e técnicas na CF/1988	240
	12.3.1 Generalidade, universalidade e progressividade	240

12.3.2	Princípio da legalidade	241
12.3.3	Princípio da igualdade	242
12.3.4	Princípio da irretroatividade	244
12.3.5	Princípio da anterioridade	244
12.3.6	Princípio da capacidade econômica ou contributiva	247

12.4 Imposto de Renda no Código Tributário Nacional 247

12.5 IR sobre atividades ilícitas 250

12.6 IRPF: Declaração com bens atualizados a valor de mercado – Lei nº 8.383/91 – RE 209.843 251

12.7 O que o STF decidiu no RE 172.058 252

12.8 Indenização, dano moral e desapropriação................................... 253

12.9 Integração da tributação da pessoa jurídica e da pessoa física.... 255

12.10 IRPJ: Regime de caixa e regime de competência 256

12.11 IRPJ: depósito judicial – momento em que é dedutível 257

12.12 Correção monetária: alguns aspectos 259

12.13 IRPJ: perguntas e respostas 2011 da secretaria da receita federal – algumas notas 259

12.14 Jurisprudência 267

12.15 Conclusão 269

12.16 Questionário 270

13 (IPI) IMPOSTO SOBRE PRODUTOS INDUSTRIALIZADOS 271

13.1 Histórico do IPI 271

13.2 Estrutura do IPI na Constituição de 1988 272

13.3 Produtos industrializados – conceito 273

13.4 Base de cálculo e alíquota 275

13.5 Produto NT 276

13.6 Seletividade e essencialidade do produto 277

13.7 Não cumulatividade do IPI 278

13.8 Fato gerador, base de cálculo e contribuintes 278

13.9 Aspectos do regulamento do IPI 279

13.9.1	MP, PI, ME – conceito	279
	13.9.1.1 Material de embalagem	280
13.9.2	Insumos – conceito	280
13.9.3	Crédito – insumos consumidos na industrialização	281
13.9.4	Crédito – energia elétrica	282
13.9.5	Crédito – produtos imunes ou com não incidência	283
13.9.6	GATT	284

13.10 A tabela do IPI 285

13.11 Natureza fiscal e extrafiscal 287

13.12 Ex-tarifário 288

13.13	A delegação no art. 153, § 1º, da CF/88	291
13.14	IAA – recepção e delegação	292
13.15	Questionário	292

14 (IOF) IMPOSTO SOBRE OPERAÇÕES DE CRÉDITO, CÂMBIO E SEGURO OU RELATIVAS A TÍTULOS OU VALORES MOBILIÁRIOS 293

14.1	Disposição Constitucional	293
14.2	Aspectos do fato gerador	294
14.3	Anterioridade	294
14.4	Lei ordinária	295
	14.4.1 IOF sobre factoring	295
	14.4.2 Forma nominativa dos títulos	296
	14.4.3 Jurisprudência	297
14.5	Questionário	297

15 (ITR) IMPOSTO SOBRE PROPRIEDADE TERRITORIAL RURAL 298

15.1	Disposição Constitucional	298
15.2	Aspectos do fato gerador	298
15.3	Aspectos da legislação infraconstitucional	299
	15.3.1 Imóvel rural e urbano: distinção	299
	15.3.2 Valor fundiário	300
	15.3.3 Módulos	300
	15.3.4 Lei nº 9.393/96: alguns aspectos	301
15.4	Delegação aos municípios	302
15.5	Questionário	304

16 (ITBI) IMPOSTO SOBRE TRANSMISSÃO CAUSA MORTIS E DOAÇÃO DE QUAISQUER BENS OU DIREITOS 305

16.1	Disposição Constitucional	305
16.2	Aspectos do fato gerador	308
16.3	Disposição do CTN	308
16.4	O artigo 116, II, do CTN	312
16.5	Constituição do Estado de São Paulo de 1989	315
16.6	Jurisprudência	317
16.7	Questionário	321

17 (ICMS) IMPOSTO SOBRE OPERAÇÕES RELATIVAS À CIRCULAÇÃO DE MERCADORIAS E SOBRE PRESTAÇÃO DE SERVIÇOS DE TRANSPORTE INTERESTADUAL E INTERMUNICIPAL E DE COMUNICAÇÃO 322

17.1	Introdução	322
17.2	Regra-matriz constitucional	323
	17.2.1 Operações relativas à circulação de mercadorias	324

Sumário **xix**

17.2.2 Serviços de transporte interestadual e intermunicipal............. 325

17.2.3 Serviços de comunicação... 326

17.2.4 Importação – sujeito ativo 328

17.3 Aspectos que caracterizam o fato gerador do ICMS............................ 330

17.4 Incidência do ICMS na LC nº 87/96 334

17.5 Não cumulatividade e seletividade 336

17.5.1 Substituição tributária 337

17.5.2 Créditos do ICMS 338

17.6 Isenção ou não incidência: vedação de crédito................................... 339

17.7 Base de cálculo 340

17.7.1 IPI na base de cálculo do ICMS 340

17.7.2 ICMS "por dentro".. 340

17.7.3 Descontos incondicionais, juros e frete................................... 341

17.8 Simples Nacional 343

17.9 Alíquotas 343

17.10 Não incidência.. 345

17.11 Autonomia dos estabelecimentos.. 346

17.12 Valor agregado e a teoria constitucional abrangente – a redução da base de cálculo 347

17.13 Guerra fiscal 348

17.14 ICMS e as construtoras 348

17.15 Questionário.. 349

18 (IPTU) IMPOSTO SOBRE PROPRIEDADE PREDIAL E TERRITORIAL URBANA.. 350

18.1 Disposição Constitucional... 350

18.2 Aspectos do fato gerador 351

18.3 Base de cálculo 352

18.3.1 Planta de valores genéricos e planta de valores concretos....... 352

18.4 Zona urbana 353

18.5 Jurisprudência.. 354

18.6 Estatuto da Cidade – Lei nº 10.257/2001.. 355

18.7 Processo Administrativo Fiscal – Município de São Paulo.................... 356

18.8 Questionário.. 357

19 (ITIV) IMPOSTO SOBRE TRANSMISSÃO INTER VIVOS, A QUALQUER TÍTULO, POR ATO ONEROSO, DE BENS IMÓVEIS, POR NATUREZA OU ACESSÃO FÍSICA, E DE DIREITOS REAIS SOBRE IMÓVEIS, EXCETO OS DE GARANTIA, BEM COMO CESSÃO DE DIREITOS A SUA AQUISIÇÃO 358

19.1 A regra-matriz na CF/1988.. 358

19.1.1 Transmissão inter vivos, a qualquer título 360

19.1.2 Por ato oneroso 360

	19.1.3 De bens imóveis, por natureza ou acessão física	361
	19.1.4 E de direitos reais sobre imóveis, exceto os de garantia	361
	19.1.5 Bem como cessão de direito a sua aquisição	361
19.2	O Código Tributário Nacional	362
19.3	Os aspectos da hipótese de incidência e do fato gerador	363
	19.3.1 Sujeitos ativo e passivo	364
	19.3.2 Aspecto espacial	364
	19.3.3 Aspecto temporal	364
	19.3.4 Aspecto material	364
	19.3.5 Aspecto quantificativo: base de cálculo e alíquota	365
19.4	Progressividade	365
19.5	Imunidade	366
19.6	Jurisprudência	366
19.7	Súmulas do STF	367
19.8	Questionário	369

20	**(ISS) IMPOSTO SOBRE SERVIÇOS DE QUALQUER NATUREZA**	370
20.1	Disposição Constitucional	370
20.2	Conceitos de produtos industrializados, mercadorias e serviços	372
	20.2.1 Produto industrializado	372
	20.2.2 Mercadoria	372
	20.2.3 Serviço	372
	20.2.3.1 Serviço para terceiros e não para si próprio	373
	20.2.4 *Hardware* e *software*	373
	20.2.5 O STF, o conceito constitucional do ISS e o art. 88 dos ADCT	374
20.3	Serviços de composição gráfica – competência do ISS ou do ICMS	378
20.4	Aspectos do fato gerador	379
20.5	Taxatividade da lista de serviços	379
20.6	Lista de serviços – Lei complementar	380
20.7	Questionário	398

21	**(IPVA) IMPOSTO SOBRE PROPRIEDADE DE VEÍCULOS AUTOMOTORES**	399
21.1	Disposição Constitucional	399
21.2	Regras a observar	399
21.3	Jurisprudência	400
21.4	Questionário	402

Parte Geral

FUNDAMENTOS CONSTITUCIONAIS DO DIREITO TRIBUTÁRIO

1

Introdução ao Direito Tributário

ESQUEMA

- 1.1 Introdução
  - 1.1.1 Sistema jurídico-tributário
- 1.2 Finalidade do Estado
- 1.3 Atividade financeira do Estado
- 1.4 Tributo e tributarista
- 1.5 Noções de Direito: relação jurídica e não jurídica
- 1.6 Direito objetivo e direito subjetivo
- 1.7 Direito tributário no quadro geral do direito e suas relações
- 1.8 Direito tributário: delimitação do campo de atuação e o CTN
  - 1.8.1 Código Tributário Nacional
- 1.9 Direito tributário: fundamento constitucional
- 1.10 Federação e Administração Pública Federal
- 1.11 Questionário

1.1 INTRODUÇÃO

Vamos iniciar o estudo do Direito Tributário Brasileiro, conhecendo primeiramente os fundamentos constitucionais para, na segunda parte, reunirmos condições de bem compreender os principais aspectos dos tributos do sistema tributário constitucional brasileiro.

De início, vamos ver no que consiste o sistema jurídico-tributário, pois é de seu bojo que extraímos o conteúdo programático.

1.1.1 Sistema jurídico-tributário

Neste subitem, dois aspectos merecem ser vistos. Em primeiro lugar, observamos que os sistemas tributários são classificados em *rígidos* e *flexíveis,* dependendo da partilha tributária ser exaustiva ou não.

Nosso sistema tributário é rígido, quanto aos tributos em geral, porque a Constituição Federal (CF) relaciona um a um todos os impostos e contribuições que as pessoas políticas (União, Estados, Distrito Federal e Municípios) podem, nas suas competências privativas, instituir e exigir dos respectivos contribuintes.

Um exemplo de sistema jurídico-tributário flexível – quanto aos impostos – é encontrado, a título de exemplo, nas Constituições norte-americana e italiana, onde não há, propriamente, uma discriminação de competências tributárias (para aprofundamento, entre tantas outras obras, pode ser visto meu estudo no volume 55, jan./fev. 2012 da *Revista Fórum de Direito Tributário*, e meus livros *Interpretação no direito tributário* (Atlas, 2004) e *Interpretação do Sistema Tributário Nacional e o STF* (Atlas, 2013).

Da rigidez do sistema surgem efeitos. Por exemplo, o Supremo Tribunal Federal (STF) declarou inconstitucionais os arts. 45 e 46 da Lei nº 8.212/91, que estabeleciam o prazo de decadência e de prescrição de contribuições previdenciárias pelo prazo de 10 anos, por ter essa lei invadido o campo de competência da Lei Complementar (no caso, o Código Tributário Nacional), a qual fixou o prazo de 5 anos de decadência (para o Fisco efetuar o lançamento tributário), e 5 anos de prescrição (para a cobrança – caso não pago o tributo), cf. RE 556.664/RS, STF, Pleno, Gilmar Mendes, *DJe*-216 de 14-11-2008.

Percebe-se, então, que a rigidez não se refere tão somente à exaustividade dos impostos constitucionalmente previstos, mas também à previsão, pela CF, de princípios que regulam o poder de tributar, como exemplificado.

O outro aspecto se refere ao fato de ser o sistema jurídico-tributário uno e complexo. *Uno,* porque se insere dentro de um único sistema jurídico (ordenamento jurídico), cujos ramos do direito, por mais variados que sejam, se entrelaçam por uma única espinha dorsal (a Constituição da República). É *complexo* pela infinidade de princípios, regras e normas de caráter geral e específico, que necessitam ser bem estudados e compreendidos para serem corretamente aplicados aos casos concretos.

Esse mundo jurídico-tributário é constituído, no seu ápice, pela Constituição Federal, que contém todos os *princípios* jurídico-tributários como, por exemplo, os princípios da igualdade, da legalidade (o tributo só pode ser exigido por meio de lei), da capacidade contributiva, da competência tributária privativa e assim por diante. Na CF, portanto, encontramos os fundamentos maiores, denominados de princípios.

Logo abaixo da Constituição temos o Código Tributário Nacional (CTN), que contém as *normas* gerais aplicáveis à União, aos Estados, Distrito Federal e Municípios, pertinentes aos tributos, fixando os fatos geradores e seus principais aspectos.

Na hierarquia inferior temos as *normas* ordinárias que constituem as leis Ordinárias (da União, dos Estados, Distrito Federal e Municípios, dependendo da competência tributária), que instituem os tributos.

Finalmente, vêm os atos legais chamados *executórios* (porque tornam exequíveis as leis ordinárias), como os Decretos (expedidos pelos chefes dos Poderes Executivos), as Portarias (expedidas pelos ministros e secretários de Governo), as Instruções Normativas, Ordens de Serviços etc. (expedidas pelos chefes das repartições), e que são denominadas de *atos legais,* porque não podem dispor diversamente do previsto nas leis.

Enfim, a Constituição Federal informa os princípios ou as regras a seguir; o CTN trata das normas gerais, e a lei ordinária, como norma, viabiliza tais princípios e regras, estabelecendo detalhadamente as obrigações e os direitos dos contribuintes. E é o desdobramento de tudo isso que, de agora em diante, iremos estudar.

1.2 FINALIDADE DO ESTADO

Estado é a nação, o povo ou a sociedade, politicamente organizada. **Povo** são os habitantes de uma localidade ou região. **Nação** é um povo geralmente fixo num território, ligado por origem, tradição, lembranças, costumes, cultura, interesses e aspirações comuns e, em geral, por uma língua. **Sociedade** é o conjunto de pessoas que vivem em certas faixas de tempo e espaço, unidas pelo sentimento de consciência de vida em grupo.

O Estado desenvolve atividades políticas, econômicas, sociais, administrativas, financeiras, educacionais, policiais, que têm por fim regular a vida humana em sociedade, por isso que a finalidade essencial do Estado é a realização do bem comum.

1.3 ATIVIDADE FINANCEIRA DO ESTADO

O Estado necessita de "entradas" (dinheiro) suficientes para custear as despesas. Tais entradas podem ser:[1]

a. *originárias:* pela utilização dos bens que o Estado possui como qualquer outro sujeito privado;

b. *derivadas:* prestações patrimoniais impostas aos cidadãos.

A dívida pública ocorre quando as entradas originárias e as derivadas são insuficientes para fazer custear as despesas. Nessa hipótese, o Estado é obrigado a contrair débitos que, pelo fato de ter como beneficiário uma entidade pública, dão origem à "dívida pública".

Ruy Barbosa Nogueira[2] diz que por *finanças públicas* compreende-se tudo aquilo que diz respeito à atividade do Estado para obter, gerir e aplicar o numerário necessário para a realização de seus fins.

Aliomar Baleeiro[3] dá a seguinte classificação de entradas ou ingressos públicos, que colocamos em quadro sinótico para melhor visualização:

---

[1] GIULIANI, Giuseppe. *Diritto tributario*. Milão: Giuffrè, 1990. p. 4-6.

[2] NOGUEIRA, Ruy Barbosa. *Direito financeiro*. 3. ed. São Paulo: Bushatsky, 1971.

[3] BALEEIRO, Aliomar. *Uma introdução à ciência das finanças*.14. ed. Rio de Janeiro: Forense, 1984. p. 121.

ENTRADAS OU INGRESSOS PÚBLICOS
1. Movimentos de fundos de caixa
a. empréstimos ao tesouro;   b. restituição de empréstimo do tesouro;   c. cauções, fianças, depósitos, indenizações de direito civil etc.
2. Receitas

I – Originárias ou de Economia Privada, ou Direito Privado, ou Voluntárias:	II – Derivadas, de Economia Pública, de Direito Público ou Coativas:

a. a título gratuito
   a.1 doações pura e simples;
   a.2 bens vacantes, prescrição aquisitiva etc.
 b. a título oneroso
   b.1 doações e legados sob condições;
   b.2 preços quase privados;
   b.3 preços públicos;
   b.4 preços políticos.
	a. tributos: impostos, taxas, contribuições de melhoria e contribuições parafiscais;
	 b. multas, penalidades e confisco;
	 c. reparações de guerra.

* Observamos que esta classificação foi dada na vigência da CF de 1967/69.

Em obra recente, Regis Fernandes de Oliveira, Estevão Horvath e Teresa Cristina Castrucci Tambasco apresentam a seguinte classificação das receitas do Estado:[4]

Entradas
- provisórias – depósitos, cauções, fianças, empréstimos.
- definitivas = receitas
  - originárias – provenientes de normas de direito privado (ex.: doações, bens vacantes, prescrição aquisitiva, preços públicos);
  - derivadas – tributos (taxas, contribuições de melhoria, imposto), multas, confisco, reparações de guerra;
  - transferidas – repartição dos tributos arrecadados.

1.4 TRIBUTO E TRIBUTARISTA

Tributo é certa quantia em dinheiro que os contribuintes (pessoas físicas ou jurídicas) são obrigados a pagar ao Estado (União, Estados, Distrito Federal e Municípios) quando praticam certos fatos geradores previstos pelas leis tributárias. Representa ele o ponto central do direito tributário.

Ao cientista do direito tributário, isto é, ao bacharel em Direito, que de uma forma ou de outra contribui efetivamente para o aperfeiçoamento desse importante ramo do

---

[4] OLIVEIRA, Regis Fernandes de, HORVATH, Estevão, TAMBASCO, Teresa Cristina Castrucci. *Manual de direito financeiro*. São Paulo: Revista dos Tribunais, 1993. p. 31.

Direito, por meio de obras científicas, participações em simpósios, congressos, mesas de debates, dá-se o nome de *tributarista*.

1.5 NOÇÕES DE DIREITO: RELAÇÃO JURÍDICA E NÃO JURÍDICA

Diz a Constituição Federal:

> "Ninguém será obrigado a fazer ou deixar de fazer alguma coisa senão em virtude de lei."

As leis são feitas pelo Poder Legislativo e têm por fim ordenar e regular a vida em sociedade. E, quando duas pessoas negociam, o fazem dentro dos parâmetros legais, resultando, como consequência, a denominada **relação jurídica** (surgimento simultâneo à realização do negócio ou ato jurídico, de direitos e obrigações para as partes).

Nesse passo as pessoas frequentemente se envolvem, em seu quotidiano, com tais vínculos jurídicos, mas tal fato passa despercebido aos leigos em Direito, pois acreditam que somente em grandes ocasiões é que se acham neles envolvidos, como, por exemplo, num inventário, num serviço mal executado e que, por isso mesmo, gera consequências jurídicas, pelos quais ficam sabendo que tudo deve correr de acordo com a lei dispuser, ou com o contratado. Não sabem, porém, que, quando compram um jornal, um lápis ou um litro de leite, estão também celebrando um contrato de compra e venda que pode gerar os mesmos efeitos jurídicos de um contrato de compra e venda de um bem móvel. Igualmente, quando se sobe num ônibus, celebra-se um contrato de transporte chamado **adesão**. Se houver colisão com morte ou ferimento do passageiro, haverá efeitos jurídicos não só quanto às penas do Direito Penal, como também quanto às consequências jurídicas de natureza civil, tais como responsabilidade na reparação dos danos materiais e até morais, aposentadoria por invalidez, pensão – tudo conforme cada caso.

Enfim, são direitos e obrigações que efetivamente estão previstos em lei, ou em contrato ou simplesmente verbal. Evidentemente, a questão da prova será um aspecto muito importante a considerar, assim como outros aspectos de natureza jurídica.

Contudo, nem todos os nossos atos são regulados por lei. Nesse caso, não se estabelecerá a relação jurídica entre as partes envolvidas no fato. Por exemplo, alguém está sentado num ônibus, enquanto uma mulher está em pé. Será norma de boa educação (relação moral) ceder o lugar, principalmente por parte dos mais jovens, mas não há lei que obrigue a isso. Será essa, então, uma relação não jurídica.

Como, então, enquadrar tal fato numa ou noutra relação?

A resposta será pela existência, ou não, de lei. Se há lei regulando tal fato, significa que há uma **sanção** (o legislador, ao elaborar uma lei sobre determinado assunto, sempre prevê uma sanção contra a parte que não cumprir sua obrigação). Será, então, uma relação jurídica. Contrariamente, se o fato não estiver regulado por lei, não haverá sanção. Logo, a relação será de ordem moral, ética ou religiosa, não jurídica.

Sanção corresponde a uma punição. Na relação jurídica, se a parte não cumprir com suas obrigações, terá de arcar com uma penalidade que tem por fim restabelecer o equilíbrio da balança (símbolo de justiça).

8 Direito Tributário • *Cassone*

Francesco Galgano[5] esclarece e exemplifica:

> O Direito tem uma intrínseca força obrigacional, por seu caráter coercitivo, distinguindo-se, por isso, da:
>
> a. *moral:* princípios baseados na distinção entre o bem e o mal;
> b. *religião:* mandamentos concebidos como regras de fontes sobrenaturais.
>
> Ex.: sobre matar e roubar
>
> a. é infração para o Direito (norma coercitiva);
> b. é um mal para a moral;
> c. é um pecado para a religião. } ausência de coerção (no sentido do Direito).

No direito tributário, podemos dar o seguinte exemplo: a empresa *X*, em determinado ato jurídico, sonega impostos. Para o *Direito* é infração administrativa e penal, existindo norma sancionatória; para a *Moral* é um mal com ausência de sanção; e para a *Religião* é um pecado, também ausente a sanção (no sentido punitivo pelo poder do Estado).

1.6 DIREITO OBJETIVO E DIREITO SUBJETIVO

É ainda Galgano a distinguir entre direito:

> a. *objetivo:* as normas jurídicas que prescrevem aos indivíduos determinados comportamentos;
> b. *subjetivo:* a pretensão de um sujeito para que outros assumam o comportamento prescrito pela norma.

Galgano exemplifica: fala-se do direito de propriedade em sentido *objetivo* quando se faz referência às normas que regulam esse instituto; e em sentido *subjetivo* quando se faz referência às pretensões que tais normas reconhecem ao proprietário de uma coisa nos litígios ou em confronto com as pretensões de outro sujeito sobre essa mesma coisa.

Veremos que tais noções são importantes em matéria tributária, como, por exemplo, no exercício do direito subjetivo à compensação tributária, de usufruir incentivos fiscais, de destacar ou não o IPI quando a lei diz que *"poderão* sair com suspensão do IPI" etc.

Com efeito, assinala Carreira Alvim[6] que a faculdade de exercer um direito, conferido pela lei, corresponde a um *direito potestativo* – manifestação de vontade, que, consoante assinala Chiovenda, a lei concede a alguém o poder de influir, com sua manifestação de vontade, sobre a condição jurídica de outrem, sem o concurso da vontade desta: (a) ou fazendo cessar um direito ou um estado jurídico existente; (b) ou produzindo um novo direito, ou estado ou efeito jurídico. Assim, para Chiovenda, a lei liberaliza, por certos motivos, ao cônjuge o poder de requerer a separação pessoal ou a separação de dotes; ao contraente, o poder de impugnar o contrato, ou denunciá-lo; ao mandante, ao doador, o poder de revogar o mandato, a doação; ao vendedor, o poder de resgatar o fundo ou plei-

---

5   GALGANO, Francesco. *Fondamenti di diritto privato*. Bolonha: Zanichelli, 1991.

6   ALVIM, J. E. Carreira. Compensação de contribuições sociais. *Revista dos Tribunais,* Cadernos de Direito Tributário, v. 14-122/136. Nota-se que no *direito potestativo* a eficácia do ato fica sujeita ao puro arbítrio de uma das partes.

tear a rescisão por lesão; ao condômino, ao sócio, o poder de obter a divisão, a cessação da comunhão, a dissolução da sociedade; ao proprietário, o poder de exigir a comunhão do muro contíguo, a demarcação, a construção de fechos divisórios, a concessão de uma servidão de aqueoduto, de passagem no fundo serviente e a supressão de semelhantes servidões no fundo dominante; ao explorador de uma indústria elétrica, o poder de impor servidão de eletroduto; ao concessionário de uma linha telefônica, o poder de exigir servidão de apoio dos fios; ao contratante de uma obra de utilidade pública, o poder de expropriar os imóveis necessários.

Da Constituição podemos extrair inúmeros exemplos de *direito subjetivo,* tais como os constitutivos da liberdade de manifestação do pensamento; de reunião e de sindicalização, de não exigir tributo sem lei que o estabeleça; de não utilizar tributo com efeito de confisco etc.

A exemplificação dada de direito subjetivo está intimamente ligada ao direito objetivo, representada pela *norma jurídica* que Galgano diz ser uma unidade elementar do sistema do direito, a diretriz de uma conduta em sociedade, norma essa que o autor italiano divide nas seguintes espécies:

Função ou discurso (ex.)

preceptiva: a todos os cidadãos *deve ser reconhecida* a mesma dignidade social, as diversas condições pessoais ou sociais, nelas mencionadas, *não devem* ser assumidas como razões de um tratamento discriminatório entre os cidadãos.

descritiva: todos os cidadãos possuem igual dignidade social e são iguais perante a lei, sem distinção de sexo, raça, religião, opiniões políticas, condições pessoais e sociais.

a. *imperativas:* são normas irrevogáveis, isto é, que não admitem uma vontade diferente por parte dos destinatários; que não admitem que sejam modificadas por ato de vontade;

b. *dispositivas:* são as normas que os destinatários podem modificar com o próprio ato de vontade;

c. *geral:* porque não é dirigida à pessoa individual, mas a uma série de pessoas;

d. *abstrata:* porque não se refere a fatos concretos, mas a uma série hipotética de fatos; não é criada quando o conflito já surgiu, mas antes de ele surgir ou na eventualidade de ele surgir;

e. *equidade:* o juiz pode decidir de conformidade com o direito e a equidade. Todavia, os casos de equidade, tanto no sistema italiano quanto no da Europa continental, são poucos e excepcionais. Entretanto, nos países anglo-saxônicos, a equidade do juiz é, inversamente, a principal fonte do direito: ali, o juiz cria, ele mesmo, a norma pela qual resolve o conflito, e que chega a assumir, para os juízes que enfrentarão casos análogos, o mesmo valor de uma norma geral e abstrata.

1.7 DIREITO TRIBUTÁRIO NO QUADRO GERAL DO DIREITO E SUAS RELAÇÕES

Direito é o conjunto de princípios e normas que regula, coercitivamente, a vida social. Nele, vem consagrado o "mínimo ético", no dizer de Georg Jellineck. Mas é mais do que isso, pois deve expressar igualdade, liberdade e fraternidade, tal como postulado na Revolução Francesa de 1789, que a Constituição brasileira adota como princípios fundamentais.

A palavra *direito* tem diversos sentidos. Miguel Reale diz que uma análise em profundidade dos diversos sentidos veio demonstrar que eles correspondem a três aspectos básicos, discerníveis em todo e qualquer momento da vida jurídica:

- aspecto **normativo** – o direito como ordenamento e sua respectiva ciência;
- aspecto **fático** – o direito como fato ou em sua atividade social e histórica;
- aspecto axiológico: **valor** – o direito como valor de justiça.

É a visão *tridimensionalista* do Direito, com a qual concorda Ives Gandra da Silva Martins, mas com a especificação de que o aspecto axiológico, que vincula o *fato* à *norma*, deve estar fincado na percepção maior das regras naturais, para que o sentido maior do Direito seja o ideal de justiça.[7]

A seguir, apresentamos o quadro geral do Direito brasileiro, nele inserido o Direito Tributário, tendo presente que as subdivisões dos ramos do Direito se apresentam entre os autores de maneira diferenciada, pois novos ramos vão ganhando envergadura, como, por exemplo, o Direito Ambiental:

A primeira divisão do Direito está entre o Direito Público e o Privado.

O **direito público** regula a atividade do Estado, assim considerado:

a. em si mesmo;
b. em suas relações com os particulares;
c. em suas relações com outros Estados estrangeiros.

O **direito privado** regula as relações dos particulares entre si, entendendo-se por particular:

a. as pessoas físicas;
b. as instituições ou entidades particulares (associações, fundações, sociedades civis, comerciais, de serviços etc.);
c. o próprio Estado quando, em suas relações com os particulares, se coloca no mesmo degrau ou em posição de igualdade, como, por exemplo, quando aluga ou vende um imóvel de que não necessita, quando vende um diário oficial etc., em que se verifica uma relação de coordenação e não de subordinação.

---

[7] MARTINS, Ives Gandra da Silva. *Teoria da imposição tributária*. São Paulo: Saraiva, 1983. p. 21.

Cap. 1 • Introdução ao direito tributário **11**

Na prática, é importante saber se uma norma é de direito público ou de direito privado, porque os efeitos (da questão principal ou da sanção) podem ser diferentes.

Os romanos distinguiam ambos seguindo o critério da *utilidade* de sua relação: pública (interesse da coletividade) e particular (interesse de cada um).

Miguel Reale[8] diz que essa distinção romana não é errada, mas incompleta, havendo duas maneiras complementares de fazer a distinção entre direito público e direito privado: uma atendendo ao *conteúdo* e a outra com base no *elemento formal,* mas sem cortes rígidos, de conformidade com o seguinte esquema, que leva em conta as notas distintas prevalecentes:

a. quanto ao conteúdo ou objeto da relação jurídica

- a.1. quando é visado imediata e prevalecentemente o interesse geral, o direito é público;
- a.2. quando visa imediata e prevalecentemente o interesse particular, o direito é privado;

b. quanto à forma da relação

- b.1. se a relação é de coordenação, trata-se, geralmente, de direito privado;
- b.2. se a relação é de subordinação, trata-se, geralmente, de direito público.

Sendo assim, o fato de uma pessoa adquirir uma camisa resulta numa relação de compra e venda, visto que tanto o comprador quanto o vendedor estão colocados num mesmo plano de coordenação. No mesmo plano se enquadra o Estado se vender um móvel ou imóvel.

Contrariamente, se o Estado, por meio do Tribunal Eleitoral, convocar os eleitores para as urnas, estaremos diante de uma relação de subordinação, porque o eleitor não se põe diante do Estado em pé de igualdade: existe uma prescrição por parte do Estado, e o cidadão lhe deve obediência, sob pena de serem aplicadas as sanções penais. Então será uma relação de direito público. Tais relações advêm do Direito Constitucional – que tem fundamento na Constituição Federal.

Também o Ministro Moreira Alves, do STF, diz que a distinção entre direito público e direito privado nada mais é do que o conflito de interesses, do público e do particular, havendo relação de subordinação e de coordenação.[9]

O direito tributário é parte do direito financeiro. Este último é o conjunto de princípios e normas que regem a arrecadação, a gestão patrimonial e os dispêndios efetuados pelo Estado no desempenho de sua função.

Seu conteúdo abrange as normas do direito tributário, orçamentário, crédito público, contabilidade pública, com a elaboração, a execução e a fiscalização fazendária e as normas que regulam as entradas e receitas não coativas (venda de um móvel ou imóvel, por exemplo).

---

[8] REALE, Miguel. *Enciclopédia Saraiva do Direito,* v. 25, p. 100-121.

[9] Veja relatório de nossa autoria sobre a conferência inaugural do Ministro Moreira Alves, no *Caderno de Pesquisas Tributárias,* nº 9. São Paulo: Resenha Tributária, 1984.

O **direito tributário** é parte do direito financeiro que estuda as relações jurídicas entre o Estado (fisco) e os particulares (contribuintes), no que concerne a instituição, arrecadação, fiscalização e extinção do tributo. É direito *autônomo,* pois se rege por princípios e normas próprias.

O direito tributário relaciona-se, principalmente, com:

- **direito constitucional**: o primeiro e mais importante ramo do direito público interno, porquanto condiciona os demais, conferindo-lhes a estrutura. No campo do direito tributário, a Constituição Federal, além de destinar um inteiro capítulo ao Sistema Tributário, contém diversos princípios a ele aplicáveis, tais como o princípio da estrita legalidade tributária, estrita igualdade tributária, da anterioridade e da tipicidade. Tal como diz Miguel Reale, uma Constituição, como sistema básico de normas consagradoras dos direitos e garantias dos indivíduos e da sociedade, bem como dos deveres funcionais recíprocos, confere ao Estado a defesa e o desenvolvimento das instituições democráticas, visando à realização da justiça social e da paz. Como tal, ela representa o alicerce de uma nação, condicionando o seu estilo de vida, as suas estruturas e vigamentos socioeconômicos, assim como as paredes que abrigam e protegem o povo em sua existência comum.[10]

  O Brasil adota como forma de Estado a do Estado Federal. Na Federação, a União distingue-se dos Estados-membros. São níveis de governo diversos, que atuam dentro de competências rigidamente estabelecidas pela Constituição Federal. Política e administrativamente, há a tricotomia dos poderes – Legislativo, Executivo e Judiciário – tanto no plano federal, quanto no estadual;

- **direito civil**: pelas normas que fornece para sua aplicação e interpretação. Exemplificando, o Código Tributário Nacional trata da restituição dos tributos indevidamente pagos, preceito inspirado na figura do enriquecimento sem causa prevista no Código Civil Brasileiro ("Todo aquele que recebeu o que não lhe era devido fica obrigado a restituir");

- **direito judiciário**: por causa dos processos em que se discute a exigência tributária, principalmente;

- **direito penal**: o Direito Tributário vai buscar no direito penal conceitos e institutos sobre as penalidades e outros meios (contrabando, descaminho, perdimento de bens, crime de apropriação indébita).

1.8 DIREITO TRIBUTÁRIO: DELIMITAÇÃO DO CAMPO DE ATUAÇÃO E O CTN

O direito tributário é parte do direito financeiro e com este não se confunde: é essa a primeira delimitação do campo de atuação do direito tributário.

Para sua imposição (exigência do tributo dos sujeitos passivos), a Constituição Federal outorga aos sujeitos ativos (U-E-DF-M) a *competência tributária,* isto é, a faculdade de instituir os tributos que a Constituição expressamente lhes atribuiu, por meio de *lei.* Esta, de natureza ordinária (de regra), ou mesmo complementar (inovação da CF/88 para certas exações tributárias – como veremos em capítulo mais adiante).

Todavia, entre a Constituição (outorga de competência) e a lei de natureza impositiva (aquela que efetivamente obriga o sujeito passivo a pagar o tributo, quando pratica o fato gerador) encontra-se a norma geral (elaborada por lei complementar – no caso, o Código Tributário Nacional), cuja função principal – como veremos em capítulo mais adiante – consiste em dirimir conflitos de competência tributária entre os sujeitos ativos e dar a definição dos tributos e de suas espécies, dos fatos geradores dos impostos, das

---

[10] REALE, Miguel. A comissão constitucional. *Folha de S. Paulo,* dez. 1986.

Cap. 1 • Introdução ao direito tributário **13**

bases de cálculo e dos contribuintes, entre outros conceitos e definições. Se não houvesse esse regramento estrutural e básico, a União, o Distrito Federal, os Estados e os mais de 5.000 Municípios, cada um *de per si* poderia elaborar tais conceituações, certamente gerando uma série de confusões no exercício da competência – o que justamente a Constituinte quis evitar com a previsão de citada norma geral.

1.8.1 Código Tributário Nacional

A Lei nº 5.172/66, inicialmente de natureza ordinária, ganhou *status* de lei complementar, por recepção da Carta de 1967, sendo-lhe atribuída, em seguida, a denominação de "Código Tributário Nacional" (CTN), por força do Ato Complementar nº 36/67.

O Supremo Tribunal Federal, no RE 93.850-MG, a reconheceu como lei de caráter complementar.[11]

A CF/88, pelo art. 146, o recepcionou como lei complementar. Destarte, o CTN, com suas alterações, deve ser considerado **federal** em sua origem (porque a iniciativa das leis sobre matéria tributária é privativa do Presidente da República – art. 61, § 1º, II, *a* – elaboradas pelo Congresso Nacional) e **nacional** em sua destinação (observância pela U-E-DF-M).

1.9 DIREITO TRIBUTÁRIO: FUNDAMENTO CONSTITUCIONAL

O direito tributário, também denominado direito fiscal, fundamenta-se nos arts. 145 a 156, 195, 212, § 5º, 239 e 240, da Constituição Federal.

Tais dispositivos compõem o "Sistema Tributário Nacional" a que Yonne Dolácio de Oliveira[12] se refere como sendo "um todo composto de um *repertório,* isto é, o elenco dos elementos que o compõem; de uma *estrutura* – o modo como tais elementos se relacionam entre si e com o todo. E isto tendo em vista a *função* que ele deve desempenhar", que esta saudosa e renomada mestra da USP examina exemplarmente.

1.10 FEDERAÇÃO E ADMINISTRAÇÃO PÚBLICA FEDERAL

Nossa Lei Suprema é intitulada "Constituição da República Federativa do Brasil" (art. 1º) e sua organização político-administrativa compreende a União, os Estados, o Distrito Federal e os Municípios, todos autônomos (art. 18).[13]

---

[11] O acórdão unânime de 20-5-82, no RE 93.850 *(RTJ* 105/194), tem a seguinte ementa, elaborada pelo Ministro Moreira Alves: "Imposto predial. Critério para a caracterização do imóvel rural ou como urbano. – A fixação desse critério, para fins tributários, é princípio geral de direito tributário, e, portanto, só pode ser estabelecido por lei complementar. O CTN, segundo a jurisprudência do STF, é lei complementar. – Inconstitucionalidade do art. 6º, e seu parágrafo único da Lei Federal nº 5.868/72, uma vez que, não sendo lei complementar, não poderia ter estabelecido critério, para fins tributários, de caracterização de imóvel como rural ou urbano diverso do fixado nos arts. 29 e 32 do CTN."

[12] OLIVEIRA, Yonne Dolácio de. O sistema constitucional tributário. In: MARTINS, Ives Gandra da Silva. *Curso de direito tributário.* São Paulo: Saraiva, 1982. p. 1. Essa autora é membro-acadêmico número um da Academia Brasileira de Direito Tributário.

[13] Walter Ceneviva diz que a palavra "república" vem do latim *res publica* (a coisa pública), significando o regime de governo no qual, em suas várias formas, o chefe de Estado e o chefe de governo são escolhidos por

Os quadros a seguir fornecem-nos uma visão da Federação e da Administração Pública Federal (o Decreto Federal nº 7.482/12, no art. 2º do Anexo, relaciona as Autarquias, Empresas públicas e Sociedades de Economia mista).

Quadro 1.1 *Federação*

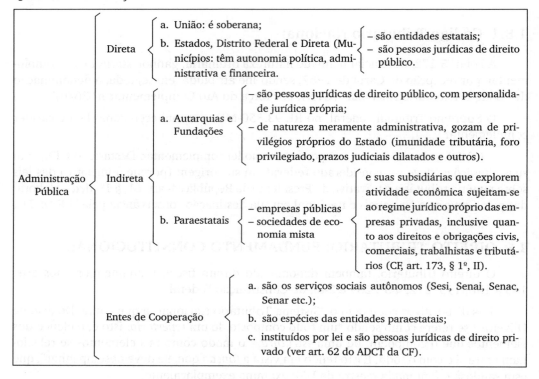

Quadro 1.2 *Administração Pública Federal*

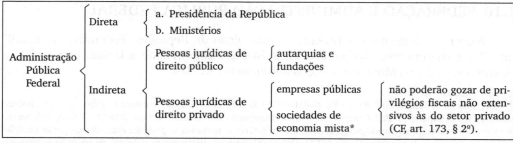

* Mista porque o Poder Público se associa ao particular. Devem adotar a forma de S.A. – Lei nº 6.404/76. Não estão sujeitas à falência, mas seus bens são penhoráveis e executáveis, e a pessoa jurídica que a controla responde, subsidiariamente, pelas suas obrigações (Lei nº 6.404/76, art. 242).

---

todo o povo ou por parte dele; e que a concepção moderna de república se vincula à de "democracia", do voto popular, direto ou indireto, para todos os cargos, como é o caso do Brasil, da Itália, da Alemanha. A República pode ser parlamentarista ou presidencialista, conforme o sistema de governo adotado. (*Plebiscito:* direito e dever. São Paulo: OAB-SP, fev. 1993.)

As autarquias, fundações públicas, empresas públicas e sociedades de economia mista têm características próprias, a saber:

a. **Autarquia**: serviço autônomo criado por lei, com personalidade jurídica, patrimônio e receita próprios, para executar atividades típicas da Administração Pública, que requeiram, para seu melhor funcionamento, gestão administrativa e financeira descentralizada (Decreto-lei nº 200/67, art. 5, I);

b. **Fundação Pública**: a entidade dotada de personalidade jurídica de direito privado, sem fins lucrativos, criada em virtude de autorização legislativa, para o desenvolvimento de atividades que não exijam execução por órgãos ou entidades de direito público, com autonomia administrativa, patrimônio próprio gerido pelos respectivos órgãos de direção e funcionamento custeado por recursos da União e de outras fontes;

Adquire personalidade jurídica com a inscrição da escritura pública de sua constituição no Registro Civil de Pessoas Jurídicas, não se lhe aplicando as demais disposições do Código Civil concernentes às fundações (Decreto-lei nº 200/67, art. 5º IV e § 3º, na redação dada pela Lei nº 7.596/87);

c. **Empresa Pública**: a entidade dotada de personalidade jurídica de direito privado, com patrimônio próprio e capital exclusivo da União, criada por lei para a exploração de atividade econômica que o Governo seja levado a exercer por força de contingência ou de conveniência administrativa, podendo revestir-se de qualquer das formas admitidas em direito (Decreto-lei nº 200/67, art. 5º, II, na redação do Decreto-lei nº 900/69);

d. **Sociedade de Economia Mista**: a entidade dotada de personalidade jurídica de direito privado, criada por lei para a exploração de atividade econômica, sob a forma de S.A., cujas ações com direito a voto pertençam em sua maioria à União ou à entidade da Administração Indireta (Decreto-lei nº 200/67, art. 5º, III, na redação do Decreto-lei nº 900/69).

Notas: 1ª) somente por lei específica poderá ser criada autarquia e autorizada a instituição de empresa pública, de sociedade de economia mista e de fundação, cabendo à lei complementar, neste último caso, definir as áreas de sua atuação (CF, art. 37, XIX);

2ª) quanto à *fundação pública*, a CF/88 transformou-a em entidade de Direito Público, integrante da Administração Indireta (CF, arts. 37, XIX, 22, XXVII, 71, II, III e IV, 150, § 2º, 169, § 1º, e 173).

Na doutrina, há os que entendem serem pura e simplesmente Autarquias e os que entendem pertencerem à categoria do direito público (cf. FIGUEIREDO, Lucia Valle. *Curso de direito administrativo*. São Paulo: Malheiros, 1994. p. 85);

3ª) *na sociedade de economia mista*, os trabalhadores são celetistas (regidos pela CLT), sujeitos a regime previdenciário igual a todos os trabalhadores comuns. Todavia, embora não sejam funcionários públicos, ficam sujeitos à proibição de acumulação de cargos na Administração Direta ou Indireta, e, para os efeitos penais, equiparam-se a funcionários públicos (CF, art. 37);

4ª) estabelece o art. 82 da Lei nº 9.069/95: "Nas sociedades de economia mista em que a União é obrigada a deter o controle do capital votante, a União manterá um mínimo de 50% (cinquenta por cento), mais uma ação, do referido capital, ficando revogados os dispositivos de leis especiais que estabelecem participação superior a esse limite, aplicando-se, para fins de controle acionário, o disposto no art. 116 da Lei nº 6.404, de 15 de dezembro de 1976."

5ª) A Lei 13.303 de 30-6-2016, "Dispõe sobre o estatuto jurídico da empresa pública, da sociedade de economia mista e de suas subsidiárias, no âmbito da União, dos Estados, do Distrito Federal e dos Municípios", e regulamentada pelo Decreto 8.945, de 27-12-2016, cujos artigos 1º e 2º dispõem:

Art. 1º Este Decreto regulamenta, no âmbito da União, a **Lei nº 13.303, de 30 de junho de 2016**, que dispõe sobre o estatuto jurídico da empresa pública, da sociedade de economia mista e de suas subsidiárias.

16 Direito Tributário • *Cassone*

Parágrafo único. As disposições deste Decreto se aplicam também às empresas estatais sediadas no exterior e às transnacionais, no que couber.

Art. 2º Para os fins deste Decreto, considera-se:

I – **empresa estatal** – entidade dotada de personalidade jurídica de direito privado, cuja maioria do capital votante pertença direta ou indiretamente à União;

II – **empresa pública** – empresa estatal cuja maioria do capital votante pertença diretamente à União e cujo capital social seja constituído de recursos provenientes exclusivamente do setor público;

III – **sociedade de economia mista** – empresa estatal cuja maioria das ações com direito a voto pertença diretamente à União e cujo capital social admite a participação do setor privado;

IV – **subsidiária** – empresa estatal cuja maioria das ações com direito a voto pertença direta ou indiretamente a empresa pública ou a sociedade de economia mista;

V – **conglomerado estatal** – conjunto de empresas estatais formado por uma empresa pública ou uma sociedade de economia mista e as suas respectivas subsidiárias;

VI – **sociedade privada** – entidade dotada de personalidade jurídica de direito privado, com patrimônio próprio e cuja maioria do capital votante não pertença direta ou indiretamente à União, a Estado, ao Distrito Federal ou a Município; e

VII – **administradores** – membros do Conselho de Administração e da Diretoria da empresa estatal.

Parágrafo único. Incluem-se no inciso IV do **caput** as subsidiárias integrais e as demais sociedades em que a empresa estatal detenha o controle acionário majoritário, inclusive as sociedades de propósito específico.

Observação: A Lei nº 8.987/95, aplicável à U-E-DF-M, dispõe sobre o regime de concessão e permissão da prestação de serviços públicos previsto no art. 175 da Constituição Federal. A Lei nº 9.074/95 trata dessa matéria quanto aos serviços e às obras públicas de competência da União.

Quadro 1.3 *Agentes Públicos*

AGENTES PÚBLICOS – são todas as pessoas físicas incumbidas, definitiva ou transitoriamente, do exercício de alguma função estatal. As espécies são as seguintes:

a. Agentes políticos: são os componentes do Governo nos seus primeiros escalões, investidos em cargos, funções, mandatos ou comissão, por nomeação, eleição, designação ou delegação para o exercício de funções constitucionais.

Atuam em plena liberdade funcional, desempenhando suas atribuições com prerrogativas e responsabilidades próprias, estabelecidas na Constituição e nas leis especiais.

Não são servidores públicos. Têm normas específicas para sua escolha, investidura, conduta e processo por crimes funcionais e de responsabilidade (esses últimos definidos pela Constituição e com processo regulado pela Lei nº 1.079/50).

Enquadram-se nessa categoria: Presidentes da República, Governadores, Prefeitos e seus auxiliares diretos (Ministros, Secretários); Senadores, Deputados, Vereadores; Magistrados em geral; membros do Ministério Público; do Tribunal de Contas; representantes do Corpo Diplomático e demais autoridades que atuam com independência funcional no desempenho de atribuições governamentais, judiciais ou quase judiciais, estranhas ao quadro do servidor público;

b. *Agentes administrativos:* são todos aqueles que se vinculam às entidades estatais, autárquicas e fundacionais por relações profissionais, sujeitos à hierarquia e ao regime jurídico único da entidade estatal a que servem, nas seguintes modalidades admitidas pela Constituição Federal: (1ª) servidores públicos concursados (37/II); (2ª) servidores públicos exercentes de cargo em comissão ou função de confiança, sem concurso, escolhidos, preferencialmente, entre "servidores ocupantes de cargo de carreira técnica ou profissional, nos casos e condições previstos em lei" (37/V); (3ª) servidores temporários, contratados "por tempo determinado para atender a necessidade temporária de excepcional interesse público" (37/IX);

Cap. 1 • Introdução ao direito tributário **17**

c. *Agentes honoríficos:* são cidadãos convocados, designados ou nomeados para prestarem, transitoriamente, determinados serviços ao Estado, em razão de sua condição cívica, mas sem qualquer vínculo empregatício ou estatutário e, normalmente, sem remuneração (cito, como exemplo, o Prof. da USP, Alcides Jorge Costa, nomeado pelo Presidente Itamar Franco como um dos cinco notáveis; e o Prof. da Universidade Mackenzie, Ives Gandra Martins). Tais serviços constituem os chamados *múnus público,* ou serviços públicos relevantes, de que são exemplos a função de jurado, de mesário eleitoral, de comissário de menores, de membro de comissão de estudo ou de julgamento e outros dessa natureza;

d. *Agentes credenciados:* são os que recebem a incumbência da Administração Pública para representá-la em determinado ato ou praticar certa atividade específica, mediante remuneração do Poder Público credenciante. É o que ocorre, por exemplo, com o médico credenciado para prestar serviços profissionais nos postos de saúde;

e. *Agentes delegados:* são particulares que recebem da Administração Pública a incumbência da execução de determinada atividade, obra ou serviço público e o realizam em nome próprio, por sua conta e risco, mas segundo as normas do Estado e sob a permanente fiscalização do delegante. Não são servidores públicos e constituem uma categoria à parte de colaboradores do Poder Público: concessionários e permissionários de obras e serviços públicos; serventuários de ofícios ou cartórios não estatizados; leiloeiros; tradutores e intérpretes públicos e demais pessoas que recebem *delegação* para a prática de alguma atividade estatal ou serviço de interesse coletivo.

Notas: Os direitos e deveres do servidor público constam da Constituição Federal e nas leis/estatutos. Têm o dever de lealdade (à Constituição e às leis) e o dever de obediência (às ordens legais de seus superiores e sua fiel execução).

A responsabilidade administrativa é a que resulta da violação de normas internas da Administração. A falta funcional gera o ilícito administrativo e dá ensejo à aplicação de pena disciplinar, pelo superior hierárquico, no devido processo legal. A punição administrativa ou disciplinar não depende de processo civil ou criminal a que se sujeite também o servidor pela mesma falta, nem obriga a Administração a aguardar o desfecho dos demais processos. A extinção da pena administrativa se dá normalmente pelo seu cumprimento, e, excepcionalmente, pela prescrição e pelo perdão por parte da Administração. O cumprimento da pena exaure a sanção; a prescrição extingue a punibilidade.

A responsabilidade civil é a obrigação que se impõe ao servidor de reparar o dano causado à Administração, por culpa ou dolo no desempenho de suas funções. Não há, para o servidor, responsabilidade objetiva ou sem culpa. Sua responsabilidade nasce com o ato culposo e lesivo, e se exaure com a indenização. A administração não pode isentar de responsabilidade civil seus servidores, porque não possui disponibilidade sobre o patrimônio público.

A responsabilidade prevista na Constituição (art. 37, § 6º) é a civil, visto que a administrativa decorre da situação estatutária, e a penal está prevista no Código Penal (capítulo dedicado aos crimes funcionais – arts. 312 a 327) e em outras leis especiais (p. ex.: Lei nº 8.429/92 sobre improbidade administrativa). Essas três responsabilidades são independentes e podem ser apuradas conjunta ou separadamente. A condenação criminal implica, entretanto, o reconhecimento automático das duas outras, porque o ilícito penal é mais do que o ilícito administrativo e o ilícito civil. Assim sendo, a condenação criminal por um delito funcional importa no reconhecimento, também, de culpa administrativa e civil, mas a absolvição no crime nem sempre isenta o servidor dessas responsabilidades, porque pode não haver ilícito penal e existir ilícitos administrativo e civil.

Observações:

1ª) A Emenda Constitucional nº 19/98 alterou dispositivos da CF/88 referentes à Administração Pública, não mais prevendo o "regime jurídico único", pelo que, a partir de sua vigência, U-E-DF-M poderão adotar os seguintes regimes: **estatutário** (servidores ocupantes de cargos públicos), **celetista** (contratados pelo regime da CLT).

2ª) São independentes as instâncias penal e administrativa, só repercutindo aquela nesta quando ela se manifesta pela inexistência material do fato ou pela negativa de sua autoria (MS 22.539-4/MG – STF--Pleno, ac. un. de 26-6-97 – *JSTF – Lex* 233/120) – (sobre demissão a bem do serviço público).

Fonte principal: MEIRELLES, Hely Lopes. *Direito administrativo brasileiro.* São Paulo: Revista dos Tribunais, 1991. (com alguns acréscimos e observações nossas.)

1.11 QUESTIONÁRIO

1. *Por que se diz que nosso sistema jurídico-tributário é rígido quanto aos impostos?*
2. *Qual é a norma legal que pode exigir o tributo?*
3. *De onde provém a maior parte da receita do Estado?*
4. *O que distingue a relação jurídica da relação não jurídica?*
5. *Dê um exemplo de relação jurídica do Direito Tributário.*

2

Fontes do Direito Tributário

ESQUEMA
{
2.1 Considerações preliminares
    2.1.1 Atos normativos: aspectos gerais
    2.1.2 Atos normativos objeto de regulamentação
2.2 Produção originária de normas
2.3 Produção derivada ou decorrente
2.4 Fontes do direito tributário
2.5 Fontes formais primárias
    2.5.1 Constituição Federal: supremacia
    2.5.2 Emendas à Constituição
    2.5.3 Lei complementar e lei ordinária: a questão da hierarquia
    2.5.4 Leis ordinárias
    2.5.5 Leis delegadas
    2.5.6 Medidas provisórias
        2.5.6.1 Medida provisória com força de lei
        2.5.6.2 Relevância e urgência
        2.5.6.3 Exame prévio
        2.5.6.4 O art. 46 da CF
        2.5.6.5 Medidas provisórias editadas anteriormente à EC nº 32
    2.5.7 Decretos legislativos
        2.5.7.1 O art. 98 do CTN e os tratados internacionais
    2.5.8 Resoluções
2.6 Fontes formais secundárias
    2.6.1 Decretos e regulamentos
    2.6.2 Instruções ministeriais
    2.6.3 Circulares, ordens de serviço e outros da mesma natureza
    2.6.4 Normas complementares – art. 100 do CTN
2.7 Legalidade e ilegalidade
2.8 Inconstitucionalidade formal e material
2.9 Questionário
}

2.1 CONSIDERAÇÕES PRELIMINARES

No sentido *natural,* fonte indica-nos a nascente de água. Por isso, dizemos que a água nasce, provém ou é produzida por uma fonte.

No sentido do Direito como norma de conduta, fonte revela-nos onde nascem ou são produzidas as leis.

O Direito revela-se por meio de processo legislativo (CF, art. 59), do qual resultam as leis.

O processo legislativo existe no âmbito federal, estadual, municipal e distrital. O Distrito Federal não pode ser dividido em municípios; tem governador e vice-governador, deputados distritais e câmara legislativa (CF, art. 32), cabendo-lhe os impostos dos municípios (CF, art. 147), além dos mesmos impostos atribuídos aos Estados (CF, art. 155).

2.1.1 Atos normativos: aspectos gerais

A Constituição, no art. 59, dispõe que processo legislativo compreende a elaboração de emendas à Constituição, leis complementares, leis ordinárias, leis delegadas, medidas provisórias, decretos legislativos e resoluções.

Tais atos normativos são distinguidos pela doutrina (Kelsen, Manoel Gonçalves Ferreira Filho e tantos outros – v. Carlos Mário da Silva Velloso, *RDP* 65/39) em normas gerais (que prescrevem condutas a todas as pessoas que se encontram em situação equivalente) e normas individuais (aplicáveis especificamente a determinadas pessoas).

A Constituição, como norma fundamental, é ato normativo originário e inicial. Em seguida, vêm os atos normativos derivados – que são as emendas constitucionais –, e os atos normativos decorrentes – as Constituições estaduais.

Seguem-se, então, os atos normativos primários gerais – lei complementar, lei ordinária, medida provisória e lei delegada. Como atos normativos primários particulares, temos: o decreto legislativo e a resolução legislativa. São eles que inovam a ordem jurídica, em obediência ao princípio da legalidade.

As leis, de conformidade com a boa técnica, devem conter termos gerais, não devendo descer a detalhes, não só para abranger a totalidade das relações que nelas incidem, senão, também, para poderem ser aplicadas, com flexibilidade correspondente, às mutações de fato das quais estas mesmas relações resultam (RÁO, Vicente. O direito e a vida dos direitos. *Resenha Universitária*. São Paulo, p. 266, 1976 – *Apud* VELLOSO, Carlos Mário da Silva. Do poder regulamentar. *RDP* 65/39).

Subordinados aos atos normativos primários, encontramos os atos normativos secundários, que também podem ser gerais (Decretos regulamentares) ou particulares (Decretos autônomos e demais atos administrativos e jurisdicionais em sentido estrito – tais como as Instruções ministeriais e secretariais, Portarias, Circulares, Ordens de serviço e demais atos, conforme disposto na estrutura administrativa própria de cada ente público).

Quanto aos **regulamentos**, é interessante transcrever a síntese feita por Victor Nunes Leal: o regulamento, porque é editado pelo Poder Executivo, é ato administrativo do ponto de vista formal; todavia, porque apresenta características da lei – regra geral, abstrata, obrigatória – é lei em sentido material. (Apud Carlos Velloso. Op. cit.)

2.1.2 Atos normativos objeto de regulamentação

Relativamente aos atos normativos objeto de regulamentação, o Ministro Carlos Velloso, em voto proferido no RE 154.027-3/SP *(DJU*-e-1, de 20-2-98, p. 22), assentou na ementa:

> "Na ADIn 589-DF, de que fui relator, decidiu a Corte Suprema que o ato normativo de natureza regulamentar, que ultrapassa o conteúdo da lei, não está sujeito à jurisdição constitucional concentrada. Indiquei, na oportunidade daquele julgamento, os seguintes precedentes: ADIns 311-DF e 536-DF *(Lex* 157/60). É certo que há casos em que o regulamento pode ser tido como inconstitucional. Tenho sustentado, nesta linha, que apenas as leis administrativas podem ser regulamentadas. Assim, se o Chefe do Executivo se dispõe a regulamentar, por exemplo, leis processuais, civis ou penais, pratica inconstitucionalidade. Da mesma forma, quando o Chefe do Executivo edita regulamento autônomo, ou quando o presidente da República baixa decreto regulamentando dispositivos constitucionais."

Diante do até aqui exposto, podemos montar o seguinte quadro de visualização:

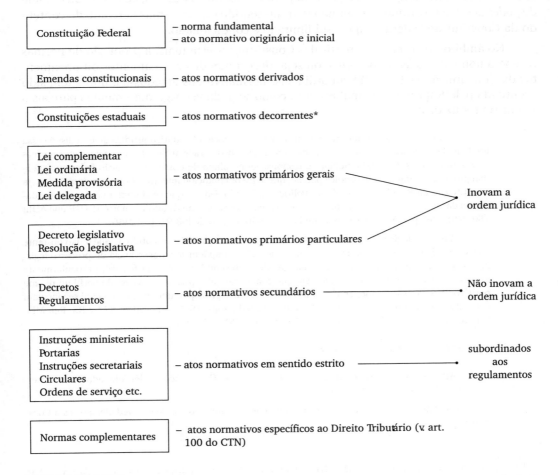

---

* ADIn – Lei municipal contestada em face da Carta do Estado, no que repete preceito da CF – competência do Tribunal de Justiça – cf. art. 125, § 2º, da CF/88 (RE 154.028-1/SC –*DJU-e-1*, de 27-3-98, p. 17. Precedentes: Rcl 383/SP e AgRg na Rcl 425, publicados no *DJ* de 21-5-93 e 22-10-93).

2.2 PRODUÇÃO ORIGINÁRIA DE NORMAS[1]

A primeira forma de produção legislativa (originária) dá-se ou por ruptura constitucional – por meio da força (como ocorreu, por exemplo, em 1937 e com a Revolução de 1964), em que se impôs nova Constituição; ou por deliberação pacífica, cuja Assembleia Nacional Constituinte é eleita especialmente para elaborar uma nova Constituição (tal como se deu com a Constituição de 1988).

2.3 PRODUÇÃO DERIVADA OU DECORRENTE

Elaborada a Constituição, eleitos os representantes do povo, o *poder originário* esgota-se, e entra-se no campo da *competência* para a elaboração das leis, ao que se dá o nome de *poder derivado*. Portanto, poder não mais no sentido de força, mas derivado do conteúdo da Constituição Federal, a que está limitado e condicionado.

No âmbito dos Estados, a partir das Constituições estaduais, a produção de normas recebe o nome de *poder decorrente* – ou seja, decorrente dos norteamentos ou lineamentos da Constituição Federal. Tal subordinação normativa dos Estados-membros tem sido acentuada pelo Supremo Tribunal Federal, como se pode ver, v.g., das ementas parciais a seguir reproduzidas:[2]

> "A autonomia do Estado-membro traduz-se na capacidade político-jurídica de que dispõe essa unidade da Federação para dar-se, a si mesma, através dos órgãos próprios, leis e outros atos normativos equivalentes. O Estado-membro é responsável no plano de nossa organização federativa, pela inauguração de uma ordem jurídica parcial, que sofre os condicionamentos normativos impostos pela Constituição da República. É na Carta Política do Estado Federal que se situam a gênese e o fundamento das funções constituintes decorrentes por ela outorgados ao Estado-membro" (STF-Pleno ADIn 180-9/RS, Rel. p/o Ac Min. Celso de Mello, j. 8-2-90, *DJU*-1, de 8-3-91, p. 2.199).

> "Processo legislativo: consolidação da jurisprudência do STF no sentido de que – não obstante a ausência de regra explícita na Constituição de 1988 – impõem-se à observância do processo legislativo dos Estados-membros as linhas básicas do correspondente modelo federal, particularmente as de reserva de iniciativa, na medida em que configuram elas prisma relevante do perfil do regime positivo de separação e independência dos poderes, que é princípio fundamental ao qual se vinculam compulsoriamente os ordenamentos das unidades federadas" (STF-Pleno, ADIn 872-2-RS, Rel. Min. Sepúlveda Pertence, j. 3-6-93, *DJU*-1, de 6-8-93 – *Lex-JSTF* 179/28).

Nesse sentido, estabelece a CF/88:

> "Art. 25. Os Estados organizam-se e regem-se pelas Constituições e leis que adotarem, observados os princípios desta Constituição.
>
> § 1º São reservadas aos Estados as competências que não lhes sejam vedadas por esta Constituição."

---

[1] Para estudo aprofundado, ver MARTINS, Ives Gandra da Silva. *Comentários à Constituição do Brasil.* São Paulo: Saraiva, 1988. v. 1.

[2] Na ADI 2732/DF (j. 7-10-2015), o STF reconheceu constitucional a EC 29/03 na parte em que *modificou* o arquétipo constitucional do IPTU.

2.4 FONTES DO DIREITO TRIBUTÁRIO

Costuma-se dividir as fontes do Direito Tributário em materiais e formais.

As fontes *materiais* exprimem situações ou fatos tributários – tais como a renda, o patrimônio, a transmissão da propriedade, os serviços, a importação, a exportação, a circulação, a distribuição, o consumo, que por si só considerados nada representam.

Para surtirem efeitos no Direito Tributário, devem ser introduzidos nesse campo, o que exige uma *forma*. Essa forma consiste no procedimento do Poder Legislativo de elaborar uma lei tributária, com base na fonte material. Significa dizer: o legislador, sabedor da existência, no mundo das situações ou fatos econômicos, da renda, do patrimônio, dos serviços etc., elabora lei criando o Imposto de Renda, o Imposto sobre a Propriedade Imobiliária, o Imposto sobre Serviços etc.

2.5 FONTES FORMAIS PRIMÁRIAS

As fontes formais se dividem em primárias e secundárias.

As *fontes primárias* estão contidas no art. 59 da CF, devendo-se a elas acrescentar, por óbvio, a própria Lei das Leis:[3]

- Constituição Federal (de 1988);
- Emendas à Constituição (59/I);
- Leis Complementares (59/II);
- Leis Ordinárias (59/III);
- Leis Delegadas (59/IV);
- Medidas Provisórias (59/V);
- Decretos Legislativos (59/VI);
- Resoluções (59/VII).

As *fontes secundárias* devem obediência a tais fontes primárias, não podendo inovar a ordem jurídica, mas somente explicitar para viabilizar seu cumprimento.

2.5.1 Constituição Federal: supremacia

A Constituição da República Federativa do Brasil, de 5-10-88, é a fonte formal maior do Direito Tributário, dedicando a este ramo do Direito:

---

[3] É preciso ter presente que o art. 59 da CF/88 não estabelece, propriamente, uma "hierarquia" entre as diversas normas, tendo em vista que a Carta da República outorga competências, como veremos no item 2.5.4.1.

24 Direito Tributário • *Cassone*

> – princípios gerais (arts. 145/9)
> – limitações do poder de tributar (arts. 150/2)
> – competência tributária conferida a:
>   *União* (arts. 145/I, II e III; 147; 148; 153; 154; 149 c/c 195/I, II, III e § 4º)
> CF   *Estados* (arts. 145/I, II e III; 155; 149/parágrafo único)
>   *Distrito Federal* (arts. 145/I, II e III; 147/Municipais; 155/Estaduais; 149/parágrafo único)
>   *Municípios* (arts. 145/I, II e III; 156; 149/parágrafo único)
> – Repartição das Receitas Tributárias (arts. 157/62)
> **Obs.:** É desse esquema que se extrai a *classificação* dos tributos em impostos, taxas, contribuições de melhoria, contribuições sociais e empréstimos compulsórios.

A superioridade normativa da Constituição traz a ideia de uma lei fundamental cujo incontrastável valor jurídico – no dizer do Ministro Celso de Mello – atua como pressuposto de validade de toda a ordem positiva instituída pelo Estado. E prossegue em seu voto o Ministro Celso de Mello:

> "O princípio da supremacia da ordem constitucional – de que é consectária a rigidez normativa que ostentam os preceitos de nossa Constituição – permite realizar uma das múltiplas funções inerentes à norma constitucional, que consiste na fundamentação do ordenamento jurídico instituído e positivado pela comunidade estatal.
>
> Dentro dessa concepção, reveste-se de nulidade o ato emanado do Poder Público que vulnerar, formal ou materialmente, os preceitos e princípios inscritos no documento constitucional. Uma lei inconstitucional é uma lei nula, desprovida, consequentemente, no plano jurídico, de qualquer validade e conteúdo eficacial. Essa nulidade – fenômeno que se processa no plano da validade – é apta, como já decidido por esta Corte, a inibir a eficácia derrogatória do ato inconstitucional (*RTJ*, v. 101/503); a tornar inoponíveis situações jurídicas criadas em desarmonia com a ordem constitucional (*RTJ*, v. 114/237); a operar a rescindibilidade de sentença, com trânsito em julgado, fundada em ato inconstitucional (*RTJ*, v. 55/744).
>
> Essa nulidade do ato inconstitucional realiza, de modo bastante expressivo, a concretização do princípio de hierarquia das normas e das fontes de direito. (...)
>
> A teoria da graduação da positividade jurídica, reconhecendo a pluralidade de fontes institucionais, *hierarquiza*, numa relação de verticalidade, as normas que dela emanam.
>
> Tratando-se de normas situadas, em planos *desiguais* de validade e eficácia, resolve-se, sistematicamente, o conflito entre elas existentes, pelo prevalecimento da regra de maior hierarquia. (...)
>
> O controle jurisdicional de constitucionalidade das leis e atos normativos, qualquer que seja a técnica ou método de contraste adotado – difuso ou incidental e concentrado ou principal –, responde, dentre outros instrumentos, à exigência de preservação da intangibilidade da ordem jurídico-constitucional (Piero Calamandrei, *La illegittimità costituzionale delle leggi,* 1950, Pádua, CEDAM; Mauro Cappelletti, *El control judicial de la constitucionalidad de las leyes en el derecho comparado,* 1966, U.N.A., México; Nelson Saldanha, *Formação da teoria constitucional,* 1983, Forense). (...) (voto na ADIn 42-0-DF, *Lex-JSTF* 178/54)."

Tal superioridade teve sua semente lançada e firmada na Suprema Corte dos Estados Unidos, como se pode ver da transcrição de trecho do Relatório do Ministro Moreira Alves, objeto daADIn 1.005-1-DF, decisão de 11-11-94–*DJU,* 19-5-95, e in*Lex-JSTF*200/22-42:

> "Assentou o Juiz John Marshall, da Suprema Corte dos Estados Unidos da América, no caso 'Marbury *versus* Madison', lançando os fundamentos do controle jurisdicional da constitucionalidade

das leis (apud A. Carlos Fonseca, in 'Técnica Jurídica e Função Criadora da Jurisprudência'. *Revista de Informação Legislativa,* nº 75, jul./set. 1982), o seguinte:

'Ou havemos de admitir que a Constituição anula qualquer medida legislativa que a contrarie, ou anuir em que a legislatura possa alterar por medidas ordinárias a Constituição. Não há contestar o dilema. Entre as duas alternativas não se descobre meio-termo. Ou a Constituição é uma lei superior, soberana, irreformável por meios comuns; ou se nivela com os atos de legislação usual e, como estes, é reformável ao sabor da legislatura. Se a primeira proposição é verdadeira, então o ato legislativo, contrário à Constituição, não será lei; se é verdadeira a segunda, então as Constituições escritas são absurdos esforços do povo, por limitar um poder de sua natureza ilimitável. Ora, com certeza, todos os que têm formulado Constituições escritas sempre o fizeram com o intuito de assentar a lei fundamental e suprema da Nação; e, consequentemente, a teoria de tais governos deve ser que qualquer ato da legislatura ofensivo da Constituição é nulo'."

No Brasil, o controle de constitucionalidade das leis ou dos atos normativos do Poder Público é feito pelo sistema difuso ou incidental (perante qualquer juiz ou tribunal), ou concentrado (diretamente no STF por meio de Ação Direta de Inconstitucionalidade ou Ação Declaratória de Constitucionalidade).

Vimos, então, que a CF não cria tributos, mas limita-se a atribuir a competência tributária. Com efeito, no art. 145, *caput,* ela diz que U-E-DF-M *poderão instituir,* mediante lei (art. 150, I), os tributos que arrola para cada uma dessas pessoas políticas de direito público.

Isso nos leva até Ignazio Scotto[4] para distinguir, na Constituição, entre normas constitucionais:

Diretivas ou *programáticas*: que são a maioria e que contêm disposições que, por sua generalidade e por serem incompletas, não podem atuar nas relações intersubjetivas sem a intervenção de uma lei ordinária que as especifique e as integre. Elas, portanto, são dirigidas ao legislador (e não ao cidadão) e são para ele vinculantes, no sentido de que o legislador deve atuar em preceitos legislativos concretos e não de deixar de exercer seu mister.

Preceptivas: são aquelas já completas e perfeitas em todos os seus elementos: elas, portanto, possuindo em si mesmas a força cogente para todos os destinatários (e não somente para o legislador), são de aplicação imediata.

2.5.2 Emendas à Constituição

Leis constitucionais são as que importam em Emendas à Constituição (arts. 59, I, e 60) e Emendas Constitucionais de Revisão (art. 3º do ADCT, da CF/88).

Tais leis constitucionais modificam a Constituição e, portanto, constituem normas constitucionais em sentido formal, situadas em patamar hierárquico superior às leis complementares, mas inferiores à Constituição originária em face do exame de sua constitucionalidade. Após passar por esse exame, integram-se à Constituição e passam a ocupar o mesmo degrau hierárquico.

Por isso, em nosso sistema jurídico fundamental, por não poder haver Emenda tendente a abolir a forma federativa do Estado, o voto direto, secreto, universal e periódico,

---

4   SCOTTO, Ignazio. *Diritto costituzionale.* Milão: Giuffrè, 1990. p. 37.

26 Direito Tributário • *Cassone*

a separação dos Poderes, e os direitos e garantias individuais, diz-se que a Constituição é hierarquicamente superior a tais Emendas: são essas as chamadas *cláusulas pétreas* que estariam proibidas de ser alteradas ou suprimidas pela Emenda. Destarte, não é sem razão que o STF declarou, na ADIn 939-7-DF, julgada em 15-12-93 e que dizia pertinência ao IPMF instituído pela EC nº 3/93 (ementa in *RJ-IOB* 1/7332), que:

> "1. Uma Emenda Constitucional, emanada, portanto, de Constituinte derivada, incidindo em violação à Constituição originária, pode ser declarada inconstitucional, pelo Supremo Tribunal Federal, cuja função precípua é de guarda da Constituição" (art. 102, I, *a*, da CF).

2.5.3 Lei complementar e lei ordinária: a questão da hierarquia

Do referido princípio da supremacia da Constituição resulta o critério da compatibilidade das normas jurídicas, no sentido de que as normas situadas em degrau inferior somente valerão se forem compatíveis com as normas de degrau superior.

Se o forem, serão constitucionais. Serão inconstitucionais as normas infraconstitucionais que contrariarem de modo frontal ou direto a Constituição. Portanto, se ferirem a Constituição de modo indireto, serão tais normas consideradas ilegais.

De regra, não há hierarquia entre lei complementar e lei ordinária, porque a Constituição atribui determinada competência a cada uma delas, de modo que a lei ordinária não pode invadir o campo da lei complementar, sob pena de inconstitucionalidade – tal como ocorreu com os arts. 45 e 46 da Lei nº 8.212/91, que fixou prazo de 10 anos de decadência e de prescrição, matéria que a CF/88 reservou à lei complementar no art. 146, III, *b*, em que o CTN estabelece o prazo de 5 anos, que prevaleceu no STF, RE 556.664/RS, *DJe*-216, de 14-11-2008.

Há duas espécies de Leis Complementares:[5]

- LC especificamente *federais* quanto à origem e quanto à destinação. Ex.: art. 148 da CF – instituição de empréstimos compulsórios;
- LC que são *federais* quanto à origem e *nacionais* quanto à destinação. Exemplo: art. 146 da CF – editadas para estabelecer normas gerais em matéria de Direito Tributário, que têm como destinatários U-E-DF-M. Essa assertiva confirma a existência de hierarquia entre LC e LO.

As leis complementares devem ser aprovadas por maioria absoluta (CF, art. 69), a qual exige que o projeto, para ser aprovado, receba metade mais um dos membros da Casa (e não dos presentes à sessão).

2.5.4 Leis ordinárias

São elaboradas pelos Poderes Legislativos da U-E-DF-M, de conformidade com a competência material outorgada pela Constituição.

---

[5] MARTINS, Ives Gandra da Silva trata exaustivamente da função da Lei Complementar na CF/88, em sua obra *Sistema tributário na Constituição de 1988*. São Paulo: Saraiva, p. 83.

São elas que *criam* os tributos (salvo as LC que, em face da CF/88, podem também, em hipóteses excepcionalmente previstas, instituí-los).

Sua aprovação exige maioria simples.[6]

2.5.5 Leis delegadas

São elaboradas pelo Presidente da República, que deverá solicitar a delegação ao Congresso Nacional (CF, art. 68). O Congresso Nacional concederá a delegação por meio de *Resolução,* especificando seu conteúdo e os termos de seu exercício.

São mais propriamente utilizadas em situações emergenciais e ocupam a mesma posição hierárquica das Leis Ordinárias. Não podem ser objeto de delegação as matérias arroladas no § 1º do art. 68.

2.5.6 Medidas provisórias

Diz-se que a Medida Provisória tem "força de lei". Se tem força de lei, não é exatamente igual à lei. Logo, *Medida Provisória* é conceito híbrido, pois, originária do Poder Executivo, nasce de ato administrativo em sentido amplo e *sui generis* e entregue (isso impede sua retirada) ao Congresso Nacional.

A disciplina da Medida Provisória foi radicalmente alterada pela nova redação que a Emenda Constitucional nº 32, de 11-9-2001 *(DOU* de 12-9-2001), deu ao art. 62 da Constituição Federal, trazendo significativas alterações nas relações jurídicas em geral.

Examinamos, aqui, apenas alguns aspectos da nova redação do art. 62 gerados em relação à instituição ou majoração de *impostos,* que correlacionamos com a jurisprudência do Supremo Tribunal Federal, procurando interligar a teoria à prática.

2.5.6.1 *Medida provisória com força de lei*

Íntegra da redação originária do art. 62, CF/88:

> "Art. 62. Em caso de relevância e urgência, o Presidente da República poderá adotar medidas provisórias, com forma de lei, devendo submetê-las de imediato ao Congresso Nacional, que, estando em recesso, será convocado extraordinariamente para se reunir no prazo de cinco dias.
>
> Parágrafo único. As medidas provisórias perderão eficácia, desde a edição, se não forem convertidas em lei no prazo de trinta dias, a partir da sua publicação, devendo o Congresso Nacional disciplinar as relações jurídicas delas decorrentes."

Redação do art. 62, *caput*, na redação da EC 32/2001:

> "Art. 62. Em caso de relevância e urgência, o Presidente da República poderá adotar medidas provisórias, com força de lei, devendo submetê-las de imediato ao Congresso Nacional."

---

[6] O STF entendeu que a CF/88 não contém disposição que contemple a iniciativa exclusiva do Presidente da República para o processo legislativo em matéria tributária. (AgRg em AI 148.496-9-SP, *Lex-JSTF* 208/174.)

28 Direito Tributário • *Cassone*

Nos termos dispostos pela EC 32, a medida provisória continua, como d'antes, a ter força de lei. E, se tem "força de lei", não é exatamente igual à lei, pelo fato de estar sujeita às vicissitudes da "conversão em lei", pelo Congresso Nacional, que pode dar-se total ou parcialmente, e, até, rejeitada, ou deixar de ser apreciada no prazo de 120 dias, gerando os efeitos que lhes são próprios (*ex tunc* ou *ex nunc*), conforme o caso.

O Ministro Moreira Alves, em voto-condutor proferido no RE 169.740, em que o STF-Pleno examinou a contribuição social objeto da MP 63/89, convertida na Lei nº 7.787/89 (*DJU* de 17-11-95), esclarece:

> "Em se tratando de medida provisória, sua conversão em lei pode dar-se total ou parcialmente. A conversão é total quando a lei que a realiza mantém, sem alterações, os dispositivos da medida provisória, dando-lhe eficácia permanente. Já a conversão é parcial quando a lei que a realiza mantém, sem alteração, parte dos dispositivos da medida provisória, alterando, porém – por acréscimo, supressão ou modificação –, a outra parte. Neste último caso, a medida provisória, em última análise, serve de suporte para a conversão naquilo em que é mantida, e atua como projeto de lei para permitir as emendas que, se vierem a ser transformadas em lei, são tidas como preceitos novos que implicitamente rejeitam a disciplina resultante da medida provisória no que foi alterada.
>
> É essa a orientação que, na Itália, onde grassa grande controvérsia sobre a natureza, o âmbito, os limites e os efeitos da conversão parcial, a posição de ZAGREBELSKY, para quem – como noticia PITRUZZELLA (*La Legge di Conversione Del Decreto Legge*, p. 288, Cedam, Padova, 1989) – 'a modificação significa sempre falta de conversão (com eficácia *ex tunc*) a que se une uma disciplina nova (com eficácia *ex nunc*)' e para quem, igualmente, a modificação equivale a recusa parcial de conversão, determinando qualquer que seja a emenda a perda da eficácia *ex tunc* do dispositivo emendado (*apud* PITRUZZELLA, ob. cit., p. 291). (...)
>
> Assim sendo, quando a lei de conversão tiver de observar o prazo fixado no artigo 195, § 6º, da Constituição Federal, esse prazo, se se tratar da conversão total, se conta a partir da edição da medida provisória; se se tratar, porém de conversão parcial, essa contagem se fará a partir da edição da medida provisória naquilo em que ela não foi modificada, ao passo que se fará a partir da publicação da lei de conversão parcial naquilo em que a medida provisória tiver sido alterada."

Da conclusão de Clèmerson Merlin Clève, colhemos:[7]

> "No campo tributário, em síntese, é dado ao Executivo, por meio de medida provisória, nos termos do art. 62 da Constituição, apenas criar ou majorar *impostos* (mas não as demais espécies tributárias), desde que não reclamem lei complementar. Nessa circunstância, o ato normativo de urgência, conforme o especificado no art. 62, § 2º, da CF, com as exceções ali definidas, observada quando indispensável a anterioridade nonagesimal, só produzirá efeitos no exercício financeiro seguinte se for convertido em lei até o último dia daquele em que foi editado."

2.5.6.2 *Relevância e urgência*

A nova redação do *caput* do art. 62 mantém os requisitos da *relevância* e *urgência* para a utilização de medida provisória, a respeito dos quais o STF já firmou entendimento em várias oportunidades, tal como na ADIn 1.516-8 – medida liminar, Sydney Sanches, 6-3-97 (*DJU* de 13-8-99), em ementa a seguir parcialmente transcrita:

---

[7] CLÈVE, Clèmerson Merlin. Medidas Provisórias e Tributação na Constituição Brasileira de 1988. In *Direito tributário*: Estudos avançados em homenagem a Edvaldo Brito. São Paulo: Atlas, 2014. p. 38. Obra coletiva coordenada por Arivaldo Santos de Souza, Guilherme Santos, Hugo de Brito Machado e Ives Gandra da Silva Martins.

Cap. 2 • Fontes do direito tributário **29**

> "1. A jurisprudência do STF tem considerado da competência da Presidência da República e do Congresso Nacional a avaliação subjetiva da urgência da Medida Provisória.
>
> 2. É de se excetuar, apenas, a hipótese em que a falta de urgência possa ser constatada objetivamente. E, no caso, não há evidência objetiva da falta de urgência, sendo a relevância da Medida Provisória incontestável.
>
> 3. Embora válido o argumento de que M.P. não pode tratar de matéria submetida pela Constituição Federal a Lei Complementar, é de se considerar que, no caso, a Constituição Federal não exige Lei Complementar para alterações no Código Florestal, ao menos as concernentes à Floresta Amazônica."

Na ADIn 2.150 – medida cautelar, j. 23-3-2000 (*RTJ* 174/86), o relator, Ministro Ilmar Galvão, consignou na ementa:

> "Os requisitos de relevância e urgência para edição de medida provisória são de apreciação discricionária do Chefe do Poder Executivo, não cabendo, salvo os casos de excesso de poder, seu exame pelo Poder Judiciário. Entendimento assentado na jurisprudência do STF."

Sobre abertura de crédito extraordinário, o STF, na ADI-MC 4.048/DF, Gilmar Mendes, *DJe*-157 de 22-8-2008, decidiu:

> "Ao contrário do que ocorre em relação aos requisitos de relevância e urgência (art. 62), que se submetem a uma ampla margem de discricionariedade por parte do Presidente da República, os requisitos de imprevisibilidade e urgência (art. 167, § 3º) recebem densificação normativa da Constituição."

2.5.6.3 Exame prévio

Além de manter os requisitos da relevância e urgência, o art. 62 ficou acrescentado do § 5º, o qual estabelece que a deliberação de cada uma das Casas do Congresso Nacional, sobre o *mérito* das medidas provisórias, dependerá do *juízo prévio* sobre o atendimento de seus *pressupostos* constitucionais.

Por certo a questão será disciplinada em Resolução do Congresso Nacional, sendo objeto de exame prévio as matérias relacionadas no § 1º do art. 62.

2.5.6.4 O art. 246 da CF

Para melhor exame, reproduzimos a redação do art. 246, anterior e atual. *Anterior (EC 6/1995 e 7/1995):*

> "Art. 246. É vedada a adoção de medida provisória na regulamentação de artigo da Constituição cuja redação tenha sido alterada por meio de emenda promulgada a partir de 1995."

Atual (EC 32/2001):

> "Art. 246. É vedada a adoção de medida provisória na regulamentação de artigo da Constituição cuja redação tenha sido alterada por meio de emenda promulgada entre 1º de janeiro de 1995 até a promulgação desta emenda, inclusive."

Destarte, o Presidente da República não poderá adotar Medida Provisória na regulamentação de artigo da Constituição cuja redação tenha sido alterada por meio da EC nº 5 (de 15-8-1995) até a EC nº 32 (de 11-9-2001).

2.5.6.5 Medidas Provisórias editadas anteriormente à EC nº 32

Estabelece a EC 32/2001:

> "Art. 2º As medidas provisórias editadas em data anterior à da publicação desta emenda continuam em vigor até que medida provisória ulterior as revogue explicitamente ou até deliberação definitiva do Congresso Nacional."

Trata-se de 66 Medidas Provisórias que:

> "a) podem ser revogadas explicitamente por outras Medidas Provisórias. É preciso, aqui, ter presente que o termo *revogação* contém as espécies *ab-rogação* (ou revogação total) e *derrogação* (ou revogação parcial); ou
>
> b) continuam em vigor até deliberação definitiva do Congresso Nacional."

Se nenhuma das duas hipóteses efetivar-se, ou até que uma das medidas não se concretize, a Medida Provisória continuará plenamente em vigor, com força de lei – tal como dispõe o art. 62, *caput*, da CF/1988 – ver Súmula Vinculante nº 54.

A partir de 12-9-2001, Medida Provisória que derrogar Medida Provisória deverá obedecer aos preceitos contidos na EC 32, de 11-9-2001.

2.5.7 Decretos legislativos

Os Tratados, Convenções e Atos Internacionais, firmados pelo Presidente da República, devem ser submetidos à apreciação do Congresso Nacional, que se pronunciará por meio de Decreto Legislativo.

2.5.7.1 O art. 98 do CTN e os tratados internacionais

Estabelece o CTN/66:

> "Art. 98. Os tratados e as convenções internacionais revogam ou modificam a legislação tributária interna, e serão observados pelo que lhes sobrevenha."

O art. 98 do CTN continua proporcionando muitos debates, e me limito a transcrever trecho de manifestação do Min. MOREIRA ALVES na ADI 1.600/DF (j. 26-11-2001):

> "Sr. Presidente, o problema aqui é um pouco diferente. O próprio Procurador da Fazenda Nacional foi obrigado a lançar mão de um dispositivo do CTN que, evidentemente, é inconstitucional. E hoje foi revogado pela Constituição. Já teria sido antes, pois é aquele que estabelece hierarquia de tratado com relação à lei ordinária. Se a Constituição estabelece que estão no mesmo nível, obviamente não será um decreto-lei [sic], recebido como lei complementar, que iria estabelecer hierarquização de princípio;" (fls. 1821/2)

Embora a nova composição do STF tenha oportunidade de esclarecer o art. 98 em matéria tributária, limito-me aqui a reproduzir trechos do Despacho do Ministro CELSO DE MELLO, na Carta Rogatória 8.279-AT-República Argentina, em que Juiz Nacional de 1ª

Cap. 2 • Fontes do direito tributário **31**

instância de Buenos Aires, em diligência, *"requerer, junto ao Juiz de Direito da Comarca de Belém-Pará, providências no sentido de proceder ao embargo das mercadorias consignadas em nome de Coagulantes Argentina S/A, que se encontrem a bordo do navio Santos Dumont, de propriedade de Chaval Navegação Ltda., bem como sua interdição para navegar"*:

"MERCOSUL. O Protocolo de Medidas Cautelares adotado pelo Conselho do Mercado Comum (MERCOSUL), por ocasião de sua VII Reunião, realizada em Ouro Preto/MG, em dezembro de 1994, embora aprovado pelo Congresso Nacional (Decreto Legislativo nº 192/95), não se acha formalmente incorporado ao sistema de direito positivo interno vigente no Brasil, pois, a despeito de já ratificado (instrumento de ratificação depositado em 18/3/97), ainda não foi promulgado, mediante decreto, pelo Presidente da República. [...]

Não obstante a controvérsia doutrinária em torno do **monismo** e do **dualismo** tenha sido qualificada por CHARLES ROUSSEAU ('Droit International Public Approfondi', p. 3/16, 1958, Dalloz, Paris), no plano do direito internacional público, como mera 'discussion d'école', torna-se necessário reconhecer que o mecanismo de recepção, tal como disciplinado pela Carta Política brasileira, constitui a mais eloquente atestação de que a norma internacional não dispõe, por autoridade própria, de exequibilidade e de operatividade imediatas no âmbito interno, pois, para tornar-se eficaz e aplicável na esfera doméstica do Estado brasileiro, depende, essencialmente, de um processo de integração normativa que se acha delineado, em seus aspectos básicos, na própria Constituição da República.

Daí a precisa observação de JOÃO GRANDINO RODAS ('Tratados Internacionais', p. 17, item nº 8, 1991, RT): *'É corolário da* **teoria dualista** *a necessidade de, através de alguma formalidade, transportar o conteúdo normativo dos tratados para o Direito interno, para que estes, embora já existentes no plano internacional, possam ter validade e executoriedade no território nacional. Consoante o* **monismo**, *não será necessária a realização de qualquer ato pertinente ao Direito interno após a ratificação. Grande parte dos Estados, seguindo a concepção dualista nesse pormenor, prescreve sejam os tratados já ratificados incorporados à legislação interna através da promulgação ou simples publicação.'*

Não obstante tais considerações, impende destacar que o tema concernente à definição do momento a partir do qual as normas internacionais tornam-se vinculantes no plano interno excede, em nosso sistema jurídico, à mera discussão acadêmica em torno dos princípios que regem o monismo e o dualismo, pois **cabe** à Constituição da República – e a esta, somente – disciplinar a questão pertinente à vigência doméstica dos tratados internacionais. Sob tal perspectiva, o sistema constitucional brasileiro – que não exige a edição de lei para efeito de incorporação do ato internacional ao direito interno (**visão dualista extremada**) – satisfaz-se, para efeito de executoriedade doméstica dos tratados internacionais, com a adoção de iter procedimental que compreende a aprovação congressional e a promulgação executiva do texto convencional (**visão dualista moderada**). [...]

O exame da Carta Política promulgada em 1988 permite constatar que a execução dos tratados internacionais e a sua incorporação à ordem jurídica interna decorrem, no sistema adotado pelo Brasil, de um ato subjetivamente complexo, resultante da conjugação de duas vontades homogêneas: a do Congresso Nacional, que resolve, definitivamente, mediante decreto legislativo, sobre tratados, acordos ou atos internacionais (CF, art. 49, I) e a do Presidente da República, que, além de poder celebrar esses atos de direito internacional (CF, art. 84, VIII), também dispõe – enquanto Chefe de Estado que é – da competência para promulgá-los mediante **decreto**. A própria jurisprudência do Supremo Tribunal Federal, ao analisar a questão pertinente à inserção dos atos internacionais no âmbito do direito positivo interno brasileiro, destacou – na perspectiva da disciplina constitucional que rege esse processo de recepção – que, 'Aprovada essa Convenção pelo Congresso Nacional, e regularmente promulgada, suas normas têm aplicação imediata, inclusive naquilo em que modificarem a legislação interna' (RTJ 58/70, Rel. Min. OSWALDO TRIGUEIRO). Esse entendimento jurisprudencial veio a ser confirmado e reiterado no julgamento da ADI nº 1.480-DF, Rel. Min. CELSO DE MELLO, ocasião em que se enfatizou, uma vez mais, que o decreto presidencial, que sucede à aprovação congressual do ato internacional e à troca dos respectivos instrumentos de ratificação, revela-se – enquanto momento culminante do processo de incorporação desse ato internacional ao sistema jurídico doméstico – manifestação essencial e insuprimível, especialmente se considerados os três efeitos básicos que lhe são pertinentes: (**a**) a promulgação do tratado internacional; (**b**) a publicação oficial de seu texto; e

32 Direito Tributário • *Cassone*

(c) a executoriedade do ato internacional, que passa, então, e somente então, a vincular e a obrigar no plano do direito positivo interno. [...]

O eminente Ministro FRANCISCO REZEK, hoje Juiz da Corte Internacional de Justiça, em Haia, ao discorrer sobre esse tema em valiosíssima obra monográfica ('Direito dos Tratados', p. 384/386, itens ns. 321 e 322, 1984, Forense), ressalta a imprescindibilidade da promulgação e da publicação, por ordem presidencial, dos tratados celebrados pelo Brasil (desde que já definitivamente aprovados pelo Congresso Nacional), sob pena de absoluta ineficácia jurídica desses atos internacionais no plano doméstico: [...]

Cumpre assinalar, finalmente, que os atos internacionais, uma vez regularmente incorporados ao direito interno, situam-se no mesmo plano de validade e eficácia das normas infraconstitucionais. Essa visão do tema foi prestigiada em decisão proferida pelo Supremo Tribunal Federal no julgamento do RE nº 80.004-SE (RTJ 83/809, Rel. p/ o acórdão Min. CUNHA PEIXOTO), quando se consagrou, entre nós, a tese – até hoje prevalecente na jurisprudência da Corte (e recentemente reiterada no julgamento da ADI nº 1.480-DF, Rel. Min. CELSO DE MELLO) – de que existe, entre tratados internacionais e leis internas brasileiras, de caráter ordinário, mera relação de **paridade normativa**. A normatividade emergente dos tratados internacionais, dentro do sistema jurídico brasileiro, por isso mesmo, permite situar esses atos de direito internacional público, no que concerne à hierarquia das fontes, no mesmo plano e no mesmo grau de eficácia em que se posicionam as leis internas (JOSÉ ALFREDO BORGES, in Revista de Direito Tributário, vol. 27/28, p. 170-173; FRANCISCO CAMPOS, in RDA 47/452; ANTONIO ROBERTO SAMPAIO DORIA, 'Da Lei Tributária no Tempo', p. 41, 1968; GERALDO ATALIBA, 'Apontamentos de Ciência das Finanças, Direito Financeiro e Tributário', p. 110, 1969, RT; IRINEU STRENGER, 'Curso de Direito Internacional Privado', p. 108/112, 1978, Forense; JOSÉ FRANCISCO REZEK, 'Direito dos Tratados', p. 470/475, itens 393-395, 1984, Forense, v. g.).

A eventual precedência dos atos internacionais sobre as normas infraconstitucionais de direito interno somente ocorrerá – presente o contexto de eventual situação de **antinomia** com o ordenamento doméstico –, não em virtude de uma inexistente primazia hierárquica, mas, sempre, em face da aplicação do **critério cronológico** (*lex posterior derogat priori*) ou, quando cabível, do **critério da especialidade** (RTJ 70/333 – RTJ 100/1030 – RT 554/434).

De qualquer maneira, impõe-se aguardar, no caso ora em análise, a definitiva incorporação, ao sistema de direito positivo interno brasileiro, do Protocolo de Medidas Cautelares aprovado no âmbito do MERCOSUL, sem o que esse ato de direito internacional público não poderá ser aplicado, no âmbito doméstico, pelas autoridades nacionais. Assim sendo, e tendo em consideração as razões expostas, nego *exequatur* à presente carta rogatória. Devolva-se, por via diplomática, a presente comissão rogatória, à Justiça rogante. Publique-se. Brasília, 04 de maio de 1998. Ministro CELSO DE MELLO Presidente."

Francisco Rezek, após expor o entendimento do Supremo Tribunal Federal, assim encerra:

"A conclusão se impõe com naturalidade: a ordem jurídica do Brasil contemporâneo, tal como entendida e aplicada pelo Supremo Tribunal Federal, consagra, em todo o vasto domínio do direito tributário, a prevalência dos tratados internacionais sobre a lei interna, seja em razão do princípio da especialidade, seja à luz da norma geral expressa no art. 98 do Código Tributário Nacional."

De nossa parte, compartilhamos o entendimento do Ministro Moreira Alves (voto na ADI nº 1.600), no sentido de paridade normativa entre o Tratado Internacional e a Lei Ordinária interna, pois o Código Tributário Nacional não tem o poder de estabelecer a hierarquia das leis, que pertence à Constituição Federal. Aplica-se, entretanto, a regra interpretativa segundo a qual a lei **especial** (o Tratado Internacional que assim se qualifica) convive com a lei ordinária de natureza **geral**, a teor da Lei de Introdução ao Código Civil Brasileiro – Decreto-lei nº 4.657/1942 –, cuja ementa passou a denominar-se de *Lei de Introdução às Normas do Direito Brasileiro* pela Lei nº 12.376, de 2010, ampliando o seu campo de aplicação.

Didaticamente, podemos assim dispor:

2.5.8 Resoluções

Vimos que o Congresso Nacional concede delegação ao Presidente da República (para que este possa elaborar Leis Delegadas) por meio de *Resoluções*.

Todavia, para o Direito Tributário importam as Resoluções do Senado Federal, que tratam das alíquotas mínimas e máximas de determinados impostos.

A meu ver, se tais Resoluções do Senado Federal só podem ser aprovadas se tiverem maioria absoluta de seus membros, do ponto de vista *formal* são hierarquicamente superiores às Leis Ordinárias; e, se as Resoluções podem fixar alíquotas máximas ou mínimas, significa que esses limites devem ser obedecidos pela Lei Ordinária estadual ou distrital, pelo que também aqui a hierarquia se caracteriza de natureza *material*.

2.6 FONTES FORMAIS SECUNDÁRIAS

As fontes secundárias são de menor importância, porque têm por função viabilizar os comandos das fontes principais ou primárias. São elas:

2.6.1 Decretos e regulamentos

São expedidos pelo Chefe do Poder Executivo para fiel execução das leis (art. 84, IV). Possuem um reduzido campo institucional em relação à criação de obrigações

34   Direito Tributário • *Cassone*

acessórias (deveres acessórios), tais como modelos de documentos fiscais, quando a Lei não os traz.

Importante observar que, excepcionalmente, a Constituição confere ao Poder Executivo poderes para, por meio de Decreto, e atendidas as condições e os limites estabelecidos em Lei, alterar (portanto fixar) as alíquotas dos impostos: importação, exportação, IPI e IOF.

As leis autoexecutáveis não precisam, em rigor, ser regulamentadas. Todavia, mesmo nessas hipóteses é costume serem editadas em vista não só de sua obediência hierárquica no âmbito interno da Administração, como também para melhor explicitar a lei objeto da regulamentação.

Os Decretos podem conter regras singulares ou autônomas (como, por exemplo, decretos de nomeação, de aposentadoria, de desapropriação, de abertura de crédito, de cessão de uso de imóvel, de indulto, de perda de nacionalidade etc.), que, a teor do entendimento de Carlos Mário da Silva Velloso, têm força de lei.[8]

E há os Decretos regulamentares, que são atos normativos secundários expedidos pelos chefes dos Poderes Executivos para fiel execução das leis (CF, art. 84, IV). Possuem, todavia, certa margem de discricionariedade para, sem inovar a ordem jurídica, possibilitar a atuação da Administração Pública e dar executoriedade à lei. A esse respeito posiciona-se o Ministro Carlos Velloso, do STF; após afirmar que o regulamento, no Brasil, não inova a ordem jurídica, acentuou:[9]

> "Quando muito, pode-se falar, no nosso sistema constitucional, no regulamento delegado ou autorizado, *intra legem* (dentro dos limites fixados pela lei), que não pode, entretanto, ser elaborado *praeter leger* (além da lei). Se a lei fixa, por exemplo, exigências taxativas, é exorbitante o regulamento que estabelece outras, como é exorbitante o regulamento que faz exigência que não se contém nas condições da lei, podendo esta estabelecer que o regulamento poderá fixar condições além das que ela estatuir. Aí, teríamos uma flexibilização na fixação de padrões jurídicos, o que seria possível, tal como lecionou, no Supremo Tribunal, o Ministro Aliomar Baleeiro (RE nº 76.629-RS, *RTJ* 71/477)."

E continua o Ministro Carlos Velloso em seu voto:

> "Em outro trabalho que escrevi sobre o tema –'Do Poder Regulamentar', em 'Temas de Direito Público', citado, p. 419 ss – registrei que esse tipo de regulamento, o regulamento delegado ou autorizado, é o que a Suprema Corte americana tem permitido, sem embargo de consagrar a Constituição dos EUA de 1787, a separação dos Poderes e estabelecer, expressamente, no seu art. 1º, Sec. I, que 'Todos os poderes legislativos conferidos por esta Constituição serão confiados a um Congresso dos EUA, composto de um Senado e de uma Câmara de Representantes'."

Por isso, de regra, as leis civis, comerciais, trabalhistas, penais, processuais não são regulamentadas, não só por serem autoaplicáveis, como também por dizer pertinência ao cidadão em geral, tendo, por isso mesmo, a característica de "autoexplicáveis".

---

8   VELLOSO, Carlos Mário da Silva. Do Poder Regulamentar – *in* XI Curso de Aperfeiçoamento em Direito Constitucional Tributário. IDEPE, IBET e ESAF, São Paulo, 1985, coordenação de Geraldo Ataliba e Paulo de Barros Carvalho.

9   Em voto proferido, como Relator, no RE 153.757-4-SP, dec. unânime da 2ª T. do STF de 22-4-96, *DJU*-1, de 7-6-96, p. 19.829, in *RJ/IOB* 16/96, cuja ementa considerou legítima a delegação regulamentar da Lei nº 6.374/SP (art. 109) para fixação da correção monetária por Decreto, a partir do 10º dia seguinte à apuração do débito fiscal.

2.6.2 Instruções ministeriais

As Instruções dos Ministros de Estado estão previstas no art. 87, II, da CF "para a execução das leis, decretos e regulamentos", ocupando posição hierárquica abaixo dos Decretos e Regulamentos.

No campo do Direito Tributário, o Presidente da República tem delegado poderes instrumentais ao Ministro da Fazenda, para conferir aos contribuintes incentivos fiscais, para projetos de interesse nacional, e outros. Todavia, o veículo utilizado tem sido a Portaria, e não a Instrução, que seria o ato administrativo nominalmente mais apropriado.

Tanto as portarias quanto as instruções, circulares, ordens de serviço não se constituem em atos normativos em sentido estrito. Contudo, revestem-se de caráter normativo na medida em que explicitam leis e decretos, tendo como destinatários servidores públicos em seu relacionamento com os contribuintes em geral.

2.6.3 Circulares, ordens de serviço e outros da mesma natureza

São atos administrativos emitidos pelos chefes dos departamentos ou seções, e a denominação pode variar em função das normas administrativas de cada entidade de direito público.

2.6.4 Normas complementares – art. 100 do CTN

O art. 100 do CTN diz que são normas complementares das leis, dos tratados e das convenções internacionais e dos decretos (normativos quando têm efeitos *erga omnes*):

> I – *Os atos normativos expedidos pelas autoridades administrativas*: como atos normativos devem-se entender as circulares, as ordens de serviço, as instruções, assim como os chamados pareceres normativos, que são úteis, à medida que orientam o servidor público sobre qual o entendimento fazendário a respeito de determinada questão – e fazem com que o contribuinte tenha conhecimento do entendimento do Fisco.

> Quanto à natureza jurídica da Instrução Normativa do art. 100, I, do CTN, o STF, na ADI 311 MC/DF, v.u. de 8-8-1990 (*DJ* 14-9-1990, p. 9423), decidiu que "os atos normativos expedidos pelas autoridades administrativas fiscais têm por finalidade interpretar a lei ou o regulamento no âmbito das repartições fiscais". E, no AgR na ADI 365/DF, v.u. de 7-11-1990 (*DJ* 15-3-1991, p. 2645), ementou: "As Instruções Normativas, editadas por órgão competente da Administração Tributária, constituem espécies jurídicas de caráter *secundário*, cuja validade e eficácia resultam, *imediatamente*, de sua estrita observância dos limites impostos pelas leis, tratados, convenções internacionais, ou decretos presidenciais, de que devem constituir normas complementares. Essas instruções nada mais são, em sua configuração jurídico-formal, do que provimentos executivos cuja normatividade está diretamente subordinada aos atos de natureza primária, como as leis e as medidas provisórias, a que se vinculam por um claro nexo de acessoriedade e de dependência. Se a instrução normativa, editada com fundamento no art. 100, I, do CTN, vem a positivar em seu texto, em decorrência de má interpretação da lei ou medida provisória, uma exegese que possa romper a hierarquia normativa que deve manter com estes atos primários, viciar-se-á de *ilegalidade* e não de inconstitucionalidade..."

> II – *As decisões dos órgãos singulares ou coletivos de jurisdição administrativa, a que a lei atribua eficácia normativa*: por ser normativa (quando os efeitos são *erga omnes*), a decisão definitiva emitida pelo órgão judicante administrativo se aplica não só ao contribuinte que tomou parte no processo de

36 Direito Tributário • *Cassone*

que resultou essa decisão, mas também aos demais contribuintes que estejam em situação idêntica. Há, contudo, situações especiais singulares, e aí há a necessidade de serem individualizadas, a fim de não se dar o mesmo entendimento a casos que não são análogos.

É de observar-se que a jurisprudência administrativa não produz a denominada *coisa julgada* (qualidade que é própria da decisão judicial definitiva de que não mais caiba recurso). De qualquer forma, porém, quando a decisão administrativa for contrária ao Fisco, a questão está praticamente resolvida em definitividade e não se procura o Judiciário. A meu ver, em tal caso, não há propriamente impedimento constitucional. Mas é o que está dito, de certa forma, no art. 156 do CTN, nestes termos:

"**Art. 156.** Extinguem o crédito tributário:...

IX – a decisão administrativa irreformável, assim entendida a definitiva na órbita administrativa, que não mais possa ser objeto de ação anulatória."

III – *As práticas reiteradamente observadas pelas autoridades administrativas*: práticas reiteradas levam a entender a respeito de usos e costumes, hipóteses difíceis de ocorrerem em vista do princípio da legalidade. Porém, mesmo assim têm-se notado algumas práticas reiteradas por parte da administração fiscal, mais propriamente relacionadas a obrigações acessórias. Tais práticas (fatos) poderão ser alegadas para a aplicação da equidade, nos termos do próprio CTN, que estabelece:

"**Art. 172.** A lei pode autorizar a autoridade administrativa a conceder, por despacho fundamentado, remissão total ou parcial do crédito tributário, atendendo:

......

II – ao erro ou ignorância escusáveis do sujeito passivo, quanto a matéria de fato;

......

IV – a considerações de equidade, em relação com as características pessoais ou materiais do caso."

IV – *os convênios que entre si celebram a U-E-DF-M*: são normas complementares que já vêm sendo utilizadas, especialmente no campo do IPI/ICMS. A recente Lei nº 9.250, de 26-12-95, que altera a legislação do IR das PF, no art. 37, II, autoriza a Secretaria da Receita Federal a celebrar, em nome da União, convênio com os E-DF-M, objetivando instituir cadastro único de contribuintes, em substituição aos cadastros federal, estadual e municipal. São, enfim, medidas tomadas mediante convênios, para dar maior eficiência à fiscalização e, por conseguinte, à arrecadação tributária.

Rubens Gomes de Sousa esclarece:

"O Código não quis usar a terminologia *usos e costumes*, porque ela pressupõe uma modalidade de conduta geralmente seguida pelos particulares em suas relações de direito privado, mas se referiu, obliquamente, à situação no nº III do art. 100, falando em práticas reiteradamente observadas pela autoridade administrativa e encaixou a observância dessas práticas, por parte do contribuinte, como uma norma complementar da legislação. Por esse fato, não está em conflito com o art. 108, porque passou a dar efeito de lei, dentro dos limites que lhe reconhece o art. 100, III, combinado com seu parágrafo único. (...) Sugeriríamos que se acrescentasse: 'as práticas reiteradamente observadas, admitidas ou toleradas pelas autoridades administrativas', porque aí se estaria dando um alcance mais completo ao artigo. Como está, o nº III só é aplicável às condutas adotadas pela autoridade administrativa, mas não alcança a tolerância, ainda que tácita, da autoridade administrativa com uma determinada conduta do contribuinte. De modo que achamos que o nº III seria complementado com vantagem se depois de *observadas* nós acrescentássemos *ou admitidas*" (*Interpretação no Direito Tributário*. São Paulo: Educ-Saraiva, 1975. p. 393 e 394).

O parágrafo único do art. 100 do CTN estabelece que "a observância das normas referidas neste artigo exclui a imposição de penalidades, a cobrança de juros de mora e a atualização do valor monetário da base de cálculo do tributo".

2.7 LEGALIDADE E ILEGALIDADE

Legal se diz do Decreto (ou ato normativo de hierarquia inferior) que, ao dispor sobre a execução da lei, se contém dentro das diretrizes por essa traçadas, dispondo conformemente.

Ilegal se diz quando tais atos normativos expedidos pelo Poder Executivo infringem a lei que regulamentam ou normatizam, mesmo que contrariem apenas um artigo, ou um parágrafo, ou um inciso, ou um item, ou uma letra: será ilegal tão somente naquilo que contrariar.

2.8 INCONSTITUCIONALIDADE FORMAL E MATERIAL

A inconstitucionalidade das leis e dos atos normativos do Poder Público se manifesta sob dois aspectos:

a. **formalmente:** quando elaborados por autoridade incompetente ou em desacordo com formalidades ou ritos estabelecidos pela Constituição Federal – quórum qualificado; Medida Provisória que não contém o requisito da relevância e/ou urgência; e outras hipóteses.

Exemplo:

O STF declarou a inconstitucionalidade dos Decretos-leis nos 2.445/88 e 2.449/88, que alteravam o PIS, em vista dessa exação, à época em que editado esse diploma legal, não possuía natureza tributária, não podendo, portanto, ser objeto de tratamento por meio de "decreto-lei" (RE 161.300-9/RJ e RE 161.474-9/BA). É que o decreto-lei, pelo art. 55/II da CF/69, poderia tratar de "finanças públicas, inclusive normas tributárias", e o PIS objeto da LC 7/70 não era nem um nem outro, mas contribuição social, por força da EC 8/77 que retirou exações dessa natureza (PIS, AFRMM, contribuições previdenciárias) do rol dos tributos (STF/Pleno, RE 86.595-BA – *RTJ* 87/271 e *RDT* 5/295). Voltaram a ter a natureza tributária com a CF/88.

b. **materialmente:** quando o conteúdo (matéria) da lei ou do ato normativo dispõe de modo contrário a preceito, regra ou princípio constitucional, de modo manifesto, inequívoco, direto, frontal – tal como nas hipóteses em que uma lei eleva alíquota em percentual superior ao permitido por Resolução do Senado Federal; quando elege como fato gerador, base de cálculo ou contribuinte, em desacordo com a definição dada pela lei complementar.

Exemplo:

O STF retirou do rol dos contribuintes as "seguradoras", das Leis estaduais de SP e do RJ de 1989 que tratam do ICMS – ADI-MC 1.332/RJ e ADI-MC 1.390/SP.

A *ilegalidade* formal ou material segue o mesmo raciocínio, só que em âmbito infraconstitucional e desde que não afronte diretamente a Constituição (em face das normas de Direito processual, costuma-se interpor, simultaneamente, o Recurso Especial e o Recurso Extraordinário, porquanto, se incabível o 1º, mas cabível o 2º, evitar-se-á preclusão em relação a este último, e vice-versa).

2.9 QUESTIONÁRIO

1. *Como se dividem as fontes do Direito Tributário?*
2. *O que significa "supremacia" da Constituição em relação às demais normas?*

3. Há hierarquia entre *Lei Complementar* e *Lei Ordinária?*

4. *Medidas Provisórias podem instituir ou aumentar tributos? (Exponha sua opinião e o que o STF vem entendendo.)*

5. *Qual é a diferença, em relação à instituição de tributos e ao estabelecimento de obrigações tributárias acessórias, entre normas primárias e normas secundárias?*

6. *Explique o fenômeno dos Tratados Internacionais, desde o momento em que são firmados pelo Presidente da República até sua introdução no direito positivo interno.*

7. *Quais são as normas complementares do art. 100 do CTN?*

3

Tributo e sua Classificação

ESQUEMA

3.1 Tributo – definição
3.2 Efeitos decorrentes da EC nº 8/77
3.3 Tributo vinculado e não vinculado
3.4 Tributo – classificação dada pelo STF
3.5 Tributo – nossa classificação
3.6 CNT, art. 4º – destinação da receita
3.7 Impostos – classificação
    3.7.1 Imposto pessoal
    3.7.2 Imposto real
    3.7.3 Imposto direto
    3.7.4 Imposto indireto
    3.7.5 Imposto proporcional
    3.7.6 Imposto progressivo
    3.7.7 Imposto fixo
    3.7.8 Imposto monofásico
    3.7.9 Imposto plurifásico
    3.7.10 Imposto cumulativo
    3.7.11 Imposto não cumulativo
    3.7.12 Imposto nominado (expresso na CF)
    3.7.13 Imposto inominado (residual)
    3.7.14 Imposto regulatório (extrafiscal)
    3.7.15 Imposto seletivo
    3.7.16 Imposto adicional
3.8 Taxas
    3.8.1 Exercício do poder de polícia
    3.8.2 Utilização efetiva de serviços públicos
    3.8.3 Utilização potencial de serviços públicos
    3.8.4 Taxa e preço público: distinção
    3.8.5 Pedágio: natureza jurídica
3.9 Contribuição de melhoria
3.10 Contribuições sociais gerais
    3.10.1 Contribuições sociais destinadas à Seguridade Social – Regime tributário
        3.10.1.1 Capacidade para arrecadar da SRF e do INSS
    3.10.2 Contribuição de intervenção no domínio econômico
    3.10.3 Contribuições corporativas
    3.10.4 Serviço social sindical
    3.10.5 Contribuição para o custeio do serviço de iluminação pública
3.11 Parafiscalidade
3.12 Empréstimos compulsórios
3.13 Jurisprudência
3.14 Questionário

3.1 TRIBUTO – DEFINIÇÃO

Consoante reiterada jurisprudência do STF, o Código Tributário Nacional (CTN) foi recebido com a qualidade de lei complementar – CF/88, art. 146, III:

> **"Art. 146.** Cabe à lei complementar:
>
> I – dispor sobre conflitos de competência, em matéria tributária, entre a União, os Estados, o Distrito Federal e os Municípios;
>
> II – regular as limitações constitucionais ao poder de tributar;
>
> III – estabelecer normas gerais em matéria de legislação tributária, especialmente sobre:
>
> a) definição de tributos e de suas espécies, bem como, em relação aos impostos discriminados nesta Constituição, a dos respectivos fatos geradores, bases de cálculo e contribuintes;
>
> b) obrigação, lançamento, crédito, prescrição e decadência tributários;
>
> c) adequado tratamento tributário ao ato cooperativo praticado pelas cooperativas;
>
> d) definição de tratamento diferenciado e favorecido para as microempresas e para as empresas de pequeno porte, inclusive regimes especiais ou simplificados no caso do imposto previsto no art. 155, II, das contribuições previstas no art. 195, I e §§ 12 e 13, e da contribuição a que se refere o art. 239. (Incluído pela EC nº 42, de 2003.)
>
> *Parágrafo único.* A lei complementar de que trata o inciso III, *d*, também poderá instituir um regime único de arrecadação dos impostos e contribuições da União, dos Estados, do Distrito Federal e dos Municípios, observado que: (incluído pela EC nº 42, de 19.12.2003)
>
> I – será opcional para o contribuinte;
>
> II – poderão ser estabelecidas condições de enquadramento diferenciadas por Estado;
>
> III – o recolhimento será unificado e centralizado e a distribuição da parcela de recursos pertencentes aos respectivos entes federados será imediata, vedada qualquer retenção ou condicionamento;
>
> IV – a arrecadação, a fiscalização e a cobrança poderão ser compartilhadas pelos entes federados, adotado cadastro nacional único de contribuintes."

Quanto ao termo *especialmente*, contido no inciso III, significa que a LC pode definir outras matérias além das expressamente mencionadas, desde que tenham a natureza de **norma geral**.

O CTN (Lei nº 5.172/66, vigente com alterações posteriores) conceitua o tributo nestes termos:

> **"Art. 3º** Tributo é toda prestação pecuniária compulsória, em moeda ou cujo valor nela se possa exprimir, que não constitua sanção de ato ilícito, instituída em lei e cobrada mediante atividade administrativa plenamente vinculada."

Tal *prestação pecuniária compulsória* (que é o *tributo* – objeto da prestação) advém toda vez que o contribuinte praticar um fato gerador tributário.

Em face dessa definição, podemos eleger os seguintes elementos, indispensáveis para que a exação seja caracterizada como de natureza tributária:

> 1. **prestação em moeda corrente nacional** – ou cujo valor se possa exprimir em dinheiro. Com efeito, o art. 156 do CTN, acrescentado pela LC nº 104/01, arrola, entre as hipóteses de extinção do crédito tributário: *"XI – a dação em pagamento em bem imóveis, na forma e condições estabelecidas em lei."* Todavia, a lei só permite a extinção do crédito tributário em casos excepcionais, como, por

Cap. 3 • Tributo e sua classificação **41**

exemplo, tem ocorrido, historicamente (antes mesmo da LC nº 104/01), o que ocorre em relação com as dívidas quitadas junto ao INSS.

2. **prestação obrigatória** – porque devida por força de lei (regime jurídico de direito público); motivo pelo qual costuma-se dizer que o tributo é *ex lege*, distinguindo-se da obrigação *ex voluntate*, derivante do regime jurídico de direito privado. A *facultatividade* se distingue da *compulsoriedade*, à medida que aquela se apresenta em algumas exações *parafiscais* não tributárias, em que a pessoa tem plena liberdade de associar-se, ou não, a uma determinada entidade.

3. **que não constitua sanção de ato ilícito** – porque nessa hipótese não se trata de tributo, mas de *penalidade. Exemplo*: o STF, Pleno, afastou a exigência de *multa* de 200% do IPTU em relação a imóveis construídos irregularmente, sendo, portanto, situação configuradora de *ilícito administrativo* (e não multa por descumprimento de obrigação tributária), cabendo, no caso, *multa administrativa* (prevista em lei) e não penalidade de natureza tributária – afastada porque os 200% incidiram sobre o valor do imposto (RE 94.001-SP).[1]

Distingue-se, assim, do tributo, que se caracteriza pela ocorrência do fato gerador; fato gerador que também pode decorrer de ato ilícito (*non olet* = o dinheiro não tem cheiro), mas não de sanção.

4. **atividade administrativa plenamente vinculada** – isto porque a autoridade administrativa não só tem o poder (de Estado), como, também, o dever (funcional) de fiscalizar, autuar e cobrar (art. 142, CTN).

Nota: Além desses elementos, extraídos do art. 3º, CTN, é preciso, ainda:

5. a LEI não pode estabelecer competências tributárias **que não estejam previstas na CF. Ela apenas institui os tributos cujas regras-matrizes de incidências estejam: (a) expressamente previstas na CF**; (b) além das que podem ser criadas, só pela União, com base na competência residual que a CF lhe outorgou.

Não são tributos. *Exemplo:* ALIOMAR BALEEIRO refere-se às cauções em dinheiro **exigidas** pela administração pública, como garantia à admissão de particulares a licitações públicas, definidas pelo art. 135, I, do DL 200/67, e pelo art. 1º do art. 39 da Lei Paulista nº 89/67; e outras obrigações de dar, **instituídas em lei**, que configurem condição para o exercício de uma determinada conduta. VICTOR NUNES LEAL cita o seguro obrigatório contra acidentes do trabalho (cf. Pareceres do PGFN – Cid Heráclito de Queiroz, Brasília, 1990, p. 80 e 82).

6. que seja **receita pública**.

Destarte, do ordenamento jurídico podemos extrair três categorias básicas de "obrigações jurídicas", para poder distinguir as exações de natureza tributária:

1. *de direito privado* – exigidas em face de contrato;

2. *tributárias* – exigidas por lei;

3. *estatutárias* – no caso do FGTS, porque conjuga as duas obrigações, a saber: exigida em virtude de contrato (de trabalho) e em virtude de lei.

---

[1] Ementa do RE 94.001-SP, STF, Pleno, Moreira Alves, unânime *(RTJ* 104/1129): "Acréscimo de 200% do imposto imobiliário sobre imóveis onde haja construções irregulares. Acréscimo que configura sanção a ilícito administrativo. O art. 3º do CTN não admite que se tenha como tributo prestação pecuniária compulsória que constitua sanção de ato ilícito. O que implica dizer que não é permitido, em nosso sistema tributário, que se utilize de um tributo com a finalidade extrafiscal de se penalizar a ilicitude. Tributo não é multa, nem pode ser usado como se o fosse. Se o Município quer agravar a punição de quem constrói irregularmente, cometendo ilícito administrativo, que crie ou agrave multas com essa finalidade. O que não pode – por ser contrário ao artigo 3º do CTN, e, consequentemente, por não se incluir no poder de tributar que a Constituição Federal lhe confere – é criar adicional de tributo para fazer as vezes de sanção pecuniária de ato ilícito."

42 Direito Tributário • *Cassone*

Receita pública. No RE 148.754-RJ, o Pleno do STF examinou a natureza jurídica do PIS, e do voto do Relator para o Acórdão, Ministro FRANCISCO REZEK (*RTJ* 150, p. 905), reproduzimos os seguintes trechos:

> "Será sugestivo lembrar que, na definição de Baleeiro, a ***receita pública*** – de que os tributos são espécie –'*é a entrada que, integrando-se ao patrimônio público sem quaisquer reservas, condições ou correspondência no passivo, vem acrescer o seu vulto, como elemento novo e positivo*' *(Uma Introdução à Ciência das Finanças*, Rio, Forense, 7. ed. 1971, pág. 130). (...)

> Foi esse, então, o juízo que a propósito prevaleceu no Supremo Tribunal Federal desde aquela época. O fato de o Estado tomar das pessoas determinada soma em dinheiro, e de o fazer compulsivamente, por força de lei, não é bastante para conferir natureza tributária a tal fenômeno.

> Para que algo seja ***tributo***, é preciso que seja antes ***receita pública***. Não se pode integrar a espécie quando não se integra o gênero. Dinheiros recolhidos não para ter ingresso no tesouro público, mas para, nos cofres de uma instituição autônoma, se mesclarem com dinheiros vindos do ***erário*** e resultarem afinal na formação do patrimônio do trabalhador: nisso o Supremo não viu natureza tributária, como, de resto, não viu natureza de finanças públicas. Não estamos aqui diante de *receita*.

> De tal sorte, da Emenda Constitucional nº 8 de 1977 até a nova Carta da República o que se tem, no PIS, é uma contribuição social de natureza não tributária."

3.2 EFEITOS DECORRENTES DA EC Nº 8/77

A Emenda Constitucional nº 8, de 14-4-1977, alterando dispositivos da CF/67-69, retirou as denominadas contribuições *parafiscais* do rol dos tributos, e com o advento da CF/88, tais contribuições voltaram a ter natureza tributária.

Obviamente, isso produziu efeitos tributários, em relação aos prazos de decadência e prescrição: até 1977, natureza tributária; a partir da EC nº 8/77, natureza não tributária (não mais aplicáveis os prazos previstos no CTN, mas na lei da exação não tributária, que pode estabelecer outros prazos), e voltaram a ter natureza tributária com a CF/88.

É o que decidiu o STF, Pleno, no RE 86.595-BA (*RTJ* 87/221 e *RDT* 5/295).

Assim, tendo presente essas alterações constitucionais, é possível entender, *por exemplo,* por que o STF declarou a constitucionalidade do **Salário-Educação** na vigência da CF/67-69, ou seja, majoração da alíquota para 2,5% (e sua manutenção na vigência da CF/88), justamente porque, à época, por não ter natureza tributária, a alíquota poderia ser alterada através de *Decreto* (como o foi).

Com efeito, pela ementa a seguir transcrita, esclarece o Ministro Carlos Velloso no AgR no AI 487.654/SP, STF, 2ª Turma, unânime, 30-3-2004, *DJU* 7-6-2004, p. 40:

> "[...]. É dizer, o Supremo Tribunal Federal, no citado julgamento, deu pela constitucionalidade do DL 1.422/75, art. 1º, §§ 1º e 2º, e pela recepção, pela CF/88, da **alíquota de 2,5% fixada** pelo **Decreto 87.043**, de 22-3-82, que perdurou até ter vigência a Lei 9.424, de 24-12-96 (RE 290.079/SC, Relator Ministro Ilmar Galvão)."

3.3 TRIBUTO VINCULADO E NÃO VINCULADO

A classificação do tributo, elaborada pelo saudoso mestre GERALDO ATALIBA, referida em muitos manuais de Direito Tributário, consiste em que há tributos:

1. *vinculados* – a uma atuação estatal *(taxas e contribuições);* e

2. *não vinculados* – **a uma atuação estatal** *(impostos).*

De sua obra *Hipótese de incidência tributária,* reputamos interessante reproduzir os seguintes trechos:[2]

"10 – Reconhecimento do tributo

10.1 – Toda vez que se depare o jurista com uma situação em que alguém esteja colocado na contingência de ter o comportamento específico de dar dinheiro ao estado (ou a entidade dele delegada por lei), deverá inicialmente verificar se se trata de:

a) multa;

b) obrigação convencional;

c) indenização por dano;

d) tributo.

10.2 – Nestes quatro casos pode alguém ser devedor de dinheiro ao estado (ou, excepcionalmente, a outra pessoa – em geral pública – designada pela lei e por esta colocada na situação de sujeito ativo da prestação).

10.3 – A multa se reconhece por caracterizar-se como sanção por ato ilícito. (...)

10.4 – Por outro lado, tendo as pessoas públicas capacidade para a prática de negócios jurídicos convencionais, pode dar-se – e frequentemente ocorre – que diversas pessoas sejam colocadas na situação jurídica de devedoras de pessoas públicas, a título de aluguel, compra, mútuo etc.

10.5 – Formalmente, o vínculo jurídico, neste caso, é idêntico ao correspondente a tributo. Em ambos os casos tem-se uma obrigação pecuniária nítida.

Como distinguir, pois, o tributo das anteriores figuras?

10.6 – Conforme já vimos, aplicando a definição de tributo e verificando se a figura em causa corresponde ou não às suas notas típicas.

10.7 – O fulcro do critério do discrímen está primeiramente no modo de nascimento da obrigação. Se se tratar de vínculo nascido da vontade das partes, estar-se-á diante da figura convencional *(obligatio ex voluntate),* mútuo, aluguel, compra e venda etc. Isto permite discernir a obrigação tributária das obrigações convencionais.

10.8 – Se, pelo contrário, o vínculo obrigacional nascer independentemente da vontade das partes – ou até mesmo contra essa vontade – por força da lei, mediante a ocorrência de um fato jurídico lícito, então estar-se-á diante de tributo, que se define como obrigação jurídica legal, pecuniária, que não se constitui em sanção de ato ilícito, em favor de uma pessoa pública. Ter-se-á obrigação de indenização por dano, se o fato de que nascer a obrigação for ilícito.

10.9 – Será tributo, pois, a obrigação pecuniária legal, não emergente de fatos ilícitos, em princípio. Estes fatos ilícitos podem ser geradores de multa ou de obrigação de indenizar.

10.10 – A multa se caracteriza por constituir-se em sanção aflitiva, de um preceito que impõe um comportamento determinado. A indenização é mera reparação patrimonial, a título de composição de dano, segundo o princípio geral do direito, de acordo com o qual quem causar prejuízo a outrem é obrigado a indenizar.

Em outras palavras: o tributo não é sanção por violação de nenhum preceito, nem reparação patrimonial. Com estas delimitações é que se deve entender o conceito de tributo, adotado pelo direito constitucional brasileiro.

10.11 – Considerando-se que a norma jurídica pode ser apresentada como tendo três partes: 1) hipótese; 2) mandamento e 3) sanção, será tributo a obrigação de pagar dinheiro ao estado prevista no (2) mandamento. Não será tributo obrigação prevista na (3) sanção."

---

[2] ATALIBA, Geraldo. *Hipótese de incidência tributária.* 4. ed. São Paulo: Revista dos Tribunais, 1990. Nesta obra, o autor adaptou sua classificação ao sistema tributário nacional da CF/88.

3.4 TRIBUTO – CLASSIFICAÇÃO DADA PELO STF

No RE 146.733-9/SP (STF, Pleno, Moreira Alves, unânime, 29-6-1992, *RTJ* 143/684), a Suprema Corte teve oportunidade de apresentar a classificação de tributos em face da CF/88.

Do voto-condutor do Relator, Ministro MOREIRA ALVES, transcrevemos:

> "Sendo, pois, a contribuição instituída pela Lei nº 7.689/88 verdadeiramente contribuição social destinada ao financiamento da seguridade social, com base no inciso I do artigo 195 da Carta Magna, segue-se a questão de saber se essa contribuição tem, ou não, natureza tributária em face dos textos constitucionais em vigor. Perante a Constituição de 1988, não tenho dúvida em manifestar-me afirmativamente. De feito, a par das três modalidades de tributos (os impostos, as taxas e as contribuições de melhoria) a que se refere o artigo 145 para declarar que são competentes para instituí-los a União, os Estados, o Distrito Federal e os Municípios, os artigos 148 e 149 aludem a duas outras modalidades tributárias, para cuja instituição só a União é competente: o empréstimo compulsório e as contribuições sociais, inclusive as de intervenção no domínio econômico e de interesse das categorias profissionais ou econômicas."

Logo em seguida, o STF voltou a examinar a classificação de tributo (RE 138.284-CE, Plenário, Carlos Velloso, unânime, 1º-7-92, *RTJ* 143/313), ocasião em que o Ministro CARLOS VELLOSO apresentou a seguinte classificação:

> "Os tributos, nas suas diversas espécies, compõem o Sistema Constitucional Tributário, que a Constituição inscreve nos seus artigos 145 a 162. Tributo, sabemos, encontra definição no artigo 3º do CTN, definição que se resume, em termos jurídicos, no constituir de uma obrigação que a lei impõe às pessoas, de entregar uma certa importância em dinheiro ao Estado. As **obrigações** são **voluntárias** ou **legais**. As primeiras decorrem da vontade das partes, assim do **contrato**; as legais resultam da lei, por isso são denominadas obrigações *ex lege* e podem ser encontradas tanto no **direito público** quanto no direito privado. A obrigação tributária, obrigação *ex lege*, a mais importante do direito público, '*nasce de um fato qualquer da vida concreta, que antes havia sido qualificado pela lei como apto a determinar o seu nascimento*.' (Geraldo Ataliba, Hermenêutica e sistema constitucional tributário, in *Diritto e pratica tributaria*, v. L, Padova: Cedam, 1979).
>
> As diversas espécies tributárias, determinadas pela hipótese de incidência ou pelo fato gerador da respectiva obrigação (CTN, art. 4º), são as seguintes:
>
> **a)** os impostos (CF, arts. 145, I, 153, 154, 155 e 156);
>
> **b)** as taxas (CF, art. 145, II);
>
> **c)** as contribuições, que podem ser assim classificadas:
>> **c.1.** de melhoria (CF, art. 145, III);
>> **c.2.** parafiscais (CF, art. 149), que são:
>>> **c.2.1.** sociais
>>>> **c.2.1.1.** de seguridade social (CF, art. 195, I, II e III);
>>>> **c.2.1.2.** outras de seguridade social (CF, art. 195, § 4º);
>>>> **c.2.1.3.** sociais gerais (o FGTS, o salário-educação, CF, art. 212, § 5º, contribuições para o Sesi, Senai, Senac, CF, art. 240);
>> **c.3.** especiais:
>>> **c.3.1.** de intervenção no domínio econômico (CF, art. 149) e
>>> **c.3.2.** corporativas (CF, art. 149). Constituem, ainda, espécie tributária:
>>> **c.3.3.** Contribuição para custeio do serviço de iluminação pública (CF, art. 149-A, incluído pela EC 39/2002).[3]
>
> **d)** os empréstimos compulsórios (CF, art. 148).

---

[3] Acrescentamos a COSIP, em face da decisão do STF no RE 573.675.

As contribuições parafiscais têm caráter tributário. Sustento que constituem essas contribuições uma espécie própria de tributo ao lado dos impostos e das taxas, na linha, aliás, da lição de Rubens Gomes de Sousa (Natureza tributária da contribuição do FGTS, RDA 112/27, RDP 17/305). Quer dizer, as contribuições não são somente as de melhoria. Estas são uma espécie do gênero contribuição; ou uma subespécie da espécie contribuição. Para boa compreensão do meu pensamento, reporto-me ao voto que proferi, no antigo TFR, na AC 71.525 (RDTrib. 51/264)." *(grifamos)*

3.5 TRIBUTO – NOSSA CLASSIFICAÇÃO

As classificações ofertadas pelo STF, pelos votos condutores dos Ministros Moreira Alves e Carlos Velloso, referidas no item precedente, a nosso ver espelham o que se contém no sistema tributário nacional.

O fato de a doutrina apresentar outras classificações, tal como em tributos "vinculados" e "não vinculados", ou outras, não significa, necessariamente, que destoam da classificação prevalecente dada pelo STF.

E, com base nas últimas decisões tomadas pelo STF, podemos apresentar a classificação dos tributos com algum outro detalhe:

Tributo	Destinação – Custeio	CF
1. Impostos	Despesas gerais.	145,I
2. Taxas	Exercício do poder de polícia; ou do serviço público, potencial ou efetivo. (Inclusive custas e emolumentos: ADI 3.694)	145,II
3. Contribuição de melhoria	Obra pública.	145,III
4. Contribuições especiais	Destinação constitucional específica.	149
4.1 Contribuições sociais gerais	Salário-educação (212, § 5º), PIS/Pasep (239), FGTS (LC nº 110/2001, CF/88, art. 7º/III).	149
4.2 Contribuições sociais	Custeio da Seguridade Social (previdenciárias, assistenciais, Funrural, SAT).	195
4.3. CIDE	Intervenção no domínio econômico do setor correspondente (AFRMM, ATP, IAA, Cide combustíveis etc.)	149 e 177, § 4º
4.4. Profissionais	Serviços corporativos: CREA, OAB (ver ADI 2.522 e 3.026) etc.	149
4.5. Econômicas	Serviços corporativos: Sindipeças, Sinduscom etc.	149
4.6. Iluminação pública	Custeio para o serviço iluminação pública.	149-A
4.7. Serviço social sindical	Serviço social e formação profissional: Sesi, Senai, Senac, Sesc e outras da mesma natureza.	240
5. Empréstimos compulsórios	Conforme destinação constitucional.	148

Nota: Súmula Vinculante nº 40 – "A contribuição confederativa de que trata o art. 8º, IV, da Constituição Federal, só é exigível dos filiados ao respectivo sindicato". Tal contribuição não se reveste de tributário (Cf. esclarecido na aprovação dessa súmula).

3.6 CTN, ART. 4º – DESTINAÇÃO DA RECEITA

O art. 4º do CTN trata do critério para saber sobre a natureza jurídica do tributo. Eis sua redação:

46   Direito Tributário • *Cassone*

> **"Art. 4º A natureza jurídica** específica do tributo é determinada pelo fato gerador da respectiva obrigação, sendo irrelevantes para qualificá-la:
>
> I – a **denominação** e demais características formais adotadas pela lei;
>
> II – a **destinação** legal do produto da sua arrecadação."

Nem sempre a lei que institui a exação tributária nomeia-a corretamente, quando se sabe que, do ponto de vista jurídico, vale o que a exação efetivamente é, na sua essência, tal como dispõe o art. 4º do CTN.

Exemplo: o FINSOCIAL, na vigência da CF/67-69, apesar de receber o nome de "Contribuição social", foi qualificado pelo STF como *imposto inominado* e como *adicional do IR* (RE 103.778-DF, *DJU* 13-12-1985, p. 23210).

Contrariamente ao que afirma o inciso II do art. 4º, a destinação legal do produto da arrecadação do tributo pode determinar natureza jurídica diversa da nomeada pela lei (há contribuições sociais que se destinam à Seguridade social).

3.7 IMPOSTOS – CLASSIFICAÇÃO

O *imposto* é definido pelo CTN nestes termos:

> **"Art. 16.** Imposto é o tributo cuja obrigação tem por fato gerador uma situação independentemente de qualquer atividade estatal específica, relativa ao contribuinte."

A inexistência de contraprestação, por parte do Estado (U-E-DF-M), em favor da pessoa obrigada ao pagamento do imposto, é o aspecto que distingue o imposto das outras espécies tributárias.

Outra característica do *imposto* é apontada pelo art. 167, IV, da CF:

> **"Art. 167.** São vedados:
>
> IV – a vinculação de receita de impostos a órgãos, fundo ou despesa, ressalvada a repartição do produto da arrecadação dos impostos a que se referem os arts. 158 e 159, a destinação de recursos para as ações e serviços públicos de saúde, para manutenção e desenvolvimento do ensino e para a realização de atividades da administração tributária, como determinado, respectivamente, pelos arts. 198, § 2º, 212 e 37, XXII, e a prestação de garantias às operações de crédito por antecipação de receita, previstas no art. 165, § 8º, bem assim o disposto no § 4º deste artigo.
>
> § 4º É permitida a vinculação de receitas próprias geradas pelos impostos a que se referem os arts. 155 e 156, e dos recursos de que tratam os arts. 157, 158 e 159, I, 'a' e 'b', e II, para a prestação de garantia ou contragarantia à União e para pagamento de débitos para com esta."

No Brasil, a CF/1988 (art. 145, § 1º = impostos *pessoais;* art. 153, § 2º, I = IR *progressivo*), o CTN (art. 166 – impostos *indiretos*) e a legislação ordinária (IPI, ICMS, e outros) distinguem os vários tipos de impostos, gerando, cada um, efeitos tributários próprios.

É importante, destarte, saber distinguir um tipo de imposto do outro, pois, por exemplo, tratando-se de *imposto indireto*, o relativo ônus é suportado pelo contribuinte *de fato*, pelo que, a teor do art. 166 CTN, não poderá o contribuinte *de direito* repetir, salvo se autorizado por aquele.

Tal importância tem levado a doutrina a formular a *classificação dos impostos*, que sempre foi considerada, pela Ciência das Finanças, como aspecto importante, não só para distinguir uma espécie da outra, como, também, pelos efeitos jurídicos que pode ocasionar no Direito Tributário, sempre em face do direito positivo vigente.

Nesse sentido, manifesta-se RUY BARBOSA NOGUEIRA:[4]

> "É usual distinguirem-se os impostos em *impostos pessoais* e *impostos reais,* conforme se refira a uma pessoa ou coisa.
>
> (...)
>
> Outra distinção usual é a de *imposto direto* e *imposto indireto* e esta distinção tem relevância dentro do sistema tributário."

3.7.1 Imposto pessoal

Pessoal é o imposto que estabelece diferenças tributárias em função das condições "próprias" do contribuinte, tal como ocorre no IRPF, em que a legislação indaga, para fins de "deduções pessoais", sobre o número de dependentes, despesas com educação, médicos, contribuições incentivadas etc.

> *Exemplo*: IR – ITBI *causa mortis* (RE 109416 e RE 562.045).

Note-se que a CF/88, no art. 145, § 1º, dispõe: "Sempre que possível, os impostos terão **caráter pessoal** e serão graduados segundo a capacidade econômica do contribuinte [...]". No RE 562.045, *DJe*-233, public. 23-11-2013, ver especialmente voto da Min. Ellen Gracie, que bem conceitua e distingue os impostos Pessoal e Real.

3.7.2 Imposto real

Real é o imposto que incide sobre o patrimônio em geral, sem levar em conta os aspectos "pessoais" do contribuinte; sua capacidade econômica (RE 167.654).

> *Exemplo*: ITR, IPTU (STF, RE 153.771; RE 423.768, Notícias STF 1º-12-2010).

3.7.3 Imposto direto

Direto é o imposto que assim se caracteriza quando, numa só pessoa, reúnem-se as condições de *contribuinte de direito* (aquele que é responsável pela obrigação tributária) e *contribuinte de fato* (aquele que suporta o ônus do imposto).

> *Exemplo*: IRPF – IRPJ – IPTU.

---

4 NOGUEIRA, Ruy Barbosa. *Curso de direito tributário*. 15. ed. São Paulo: Saraiva, 1999. p. 158.

48 Direito Tributário • *Cassone*

RUY BARBOSA NOGUEIRA oferta o seguinte conceito:[5]

> "O *imposto direto* tem a virtude de poder graduar diretamente a soma devida por um contribuinte, de conformidade com sua capacidade contributiva. Exemplo típico de imposto direto é o imposto sobre a renda pessoal."

3.7.4 Imposto indireto

Indireto é o imposto que comporta, na operação, *dualidade* de pessoas: *contribuinte de direito* (aquele que é responsável pelo pagamento do tributo – também denominado de sujeito passivo direto); e *contribuinte de fato* (aquele que suporta o ônus do tributo – também denominado de sujeito passivo indireto).

> *Exemplo:*
>
> IPI – ICMS, COFINS e certas situações de ISS, em que o contribuinte direto (a empresa vendedora do produto ou mercadoria, ou prestador do serviço) destaca o valor do imposto ou da contribuição, e cobra do comprador ou tomador do serviço.

3.7.5 Imposto proporcional

Proporcional é o imposto que tem alíquota única, incidente sobre o valor tributável, em que o montante do tributo variará proporcionalmente em função do valor tributável.

> *Exemplo*:
> 1. Alíquota de 5% do ISS incidente sobre o valor da prestação do serviço: 5% sobre $ 200; 5% sobre $ 500; 5% sobre $ 800;
> 2. Alíquota de 10% sobre o valor do produto industrializado; Alíquota de 15% sobre o valor da mercadoria vendida.

3.7.6 Imposto progressivo e regressivo

Tem-se, de regra, que *progressivo* é o imposto que, tendo duas ou mais alíquotas, o montante do imposto varie *desproporcionalmente* em função do valor tributável, ou seja, o tributo vai aumentando desproporcionalmente.

Destarte, a *desproporcionalidade* da tributação, em função do valor tributável, é o elemento que diferencia a progressividade da proporcionalidade.

> *Exemplo*:
> 1. tabela progressiva do IRPF (CF, art. 153, § 2º, I, que esse imposto "*será informado pelos critérios da generalidade, da universalidade e da progressividade, na forma da lei*");
> 2. Art. 156, § 1º, I, CF: o IPTU "*poderá ser progressivo em razão do valor do imóvel*". Ver também RE 562.045, progressividade do ITCMD;

---

[5] NOGUEIRA, Ruy Barbosa. *Curso de direito tributário*. 15. ed. São Paulo: Saraiva, 1999. p. 158.

3. No RE 562045/RS, o STF reconheceu a possibilidade de cobrança progressiva do ITCMD (de 1 a 8%) previsto na Lei gaúcha nº 8.821/1989, tema com repercussão geral.

Contrariamente, no imposto (tributo) *regressivo*, a alíquota diminui na medida em que as bases de cálculo são mais elevadas, aspecto que, de modo geral, pode inviabilizar a igualdade e a justiça (preâmbulo, CF/88), segundo o qual quem tem renda mais elevada deve sofrer maior tributação (ver, p. ex., RE 562.045, voto Min. Eros Grau).

RUBENS GOMES DE SOUSA explica:[6]

"**Progressivos** são os impostos cuja alíquota é fixada na lei em *porcentagem variável* conforme o valor da matéria tributável. O imposto progressivo é na realidade um importo proporcional, cuja proporção aumenta à medida que aumenta o valor da matéria tributada. A progressão, isto é, o crescimento da alíquota pode ser simples ou graduada.

Progressão simples é aquela em que cada alíquota maior se aplica por inteiro a toda a matéria tributável: p. ex.: valor até Cr$ 100.000,00, imposto de 5%, valor até Cr$ 150.000,00, imposto de 6%, valor até Cr$ 200.000,00, imposto de 7% e assim por diante; assim, se o valor a ser tributado for Cr$ 95.000,00, calcula-se 5% sobre Cr$ 95.000,00 ou seja Cr$ 4.750,00; se o valor a ser tributado for Cr$ 120.000,00, calcula-se 6% sobre Cr$ 120.000,00 ou seja Cr$ 7.200,00; e assim por diante.

Progressão graduada é aquela em que cada alíquota maior calcula-se apenas sobre a parcela de valor compreendida entre um limite inferior e outro superior, de modo que é preciso aplicar tantas alíquotas quantas sejam as parcelas de valor e depois somar todos esses resultados parciais para obter o imposto total a pagar. Exemplo (para um valor a tributar de Cr$ 220.000,00):

Até Cr$ 50.000,00	5% =	Cr$	2.500,00
Entre 50.000,00 e 100.000,00	6% =		3.000,00
Entre 100.000,00 e 150.000,00	7% =		3.500,00
Entre 150.000,00 e 200.000,00	8% =		4.000,00
Acima de 200.000,00	9% =		1.800,00
Imposto a pagar		= Cr$	14.800,00"

ACHILLE DONATO GIANNINI esclarece:[7]

"*Impostos progressivos*, tem-se quando o percentual é fixado com uma alíquota que varia em função da variação da base imponível e, assim, o montante do débito variará **mais que proporcionalmente** em relação à variação da grandeza imponível (exemplo, se para uma renda de 100 temos uma alíquota de 10% cujo imposto é 10, para uma renda de 200 teremos uma alíquota maior, por exemplo, 12% com um tributo de 24 que é maior de 20, tributo este que se teria caso fosse tributo proporcional).

Note-se, porém, que a progressividade pode ser concretizada ou *de modo direto*, estruturando uma alíquota em medida crescente em relação à base imponível, ou *de modo indireto,* através da discriminação qualitativa das rendas (taxando, portanto, com alíquotas diferentes as rendas conforme proveem do capital ou do trabalho, como, por exemplo, se dá no imposto de R.M.).

No que se refere mais especificamente a progressividade concretizada de modo direto, a doutrina financeira elaborou vários critérios, entre os quais os principais são:

---

6 SOUSA, Rubens Gomes de. *Compêndio de legislação tributária*. São Paulo: Resenha Tributária, 1975. p. 171.

7 GIANNINI, Achille Donato. *Istituzioni di Diritto Tributario*. Milano: Giuffrè, 1972. p. 172-173. Em tradução livre. Os itálicos são do original, e o negrito é nosso.

50 Direito Tributário • *Cassone*

1) *Progressividade por detração* – A alíquota resta constante, como no imposto proporcional, todavia vem reconhecida como dedução da base imponível uma importância fixa (por exemplo, abatimento da base). Neste caso a alíquota efetiva resultará crescente e tendente a alíquota nominal (por exemplo, a alíquota é de 20% e a dedução fixa de 100, teremos, como consequência, que a renda de 100 resultará isenta, a renda de 200 será tributada somente sobre 100 liras pela alíquota de 20%, sendo, assim, o alíquota efetiva de 10%; de fato, temos que o 20% de 100 é igual a 20 que é só o 20% de 200, a renda de 300, a sua vez, será tributada em 20% só sobre 200, resultando um imposto de 40 liras iguais a 13,3% de alíquota efetiva e assim por diante).

2) *Progressividade por classes* – A alíquota, neste caso, aumenta com a passagem de uma classe de renda para uma classe de renda superior (por exemplo, para rendas entre 1 e 100, aplica-se a alíquota de 1%, para rendas entre 101 e 200 a alíquota de 2%, entre 201 e 300 a alíquota de 3% e assim por diante). O inconveniente deste sistema consiste em que as rendas ao limite da classe, mesmo que aumentem pouco, sofrem um maior gravame a ponto de reduzi-las a dimensões menores das rendas inicialmente mais baixas.

3) *Progressividade por degraus* – É este um método que serve para evitar o inconveniente supra referido. A alíquota, neste caso, aplica-se somente sobre a parte da renda própria do degrau (uma renda de 3.000, por exemplo, paga sobre as primeiras 1.000 liras, incide 1%, sobre as segundas 1.000, incide 2%, sobre as terceiras 1.000, incide 3%).

4) *Progressividade contínua* – A alíquota, neste caso, é calculada com uma particular fórmula matemática, que permite fazê-la variar também por variações infinitas da base imponível (exemplo, imposto complementar progressivo sobre as rendas).

Não é esta a sede para enfrentar o conhecido problema da progressividade do imposto, que tanto tem ocupado, e continua a ocupar, a doutrina financeira. Aqui, será suficiente notar que a nossa Constituição, no art. 53, estabelece que o nosso sistema tributário deve ser informado a critérios de progressividade, com o que se quis estabelecer que, no complexo, o nosso sistema tributário deve prever um encargo maior de tributos para quem demonstra maior possibilidade de absorvê-los (capacidade contributiva). É de todo modo de excluir que o art. 53, norma programática para o legislador, tenha querido entender que cada tributo deve ser estruturado de forma progressiva.

A progressividade, no nosso ordenamento, tem aplicação sobretudo nos impostos que mais diretamente tendem a adequar-se à capacidade contributiva do cidadão, como, por exemplo, o imposto complementar sobre a renda, os impostos sobre as transferências a título gratuito (doações e sucessões)."[8]

3.7.7 Imposto fixo

Fixo é o imposto cujo valor é estabelecido desde logo, sem levar em consideração a alíquota e a base de cálculo.

Juntam-se numa só legenda a base de cálculo e a alíquota, resultando um único elemento – imposto fixo.

Exemplo:

1. $ 30 de IPI por unidade;

2. $ 10 por kg;

3. $ 20 por metro.

---

[8] Constituição da Itália, de 17-12-1947: "Art. 53. Todos devem concorrer às despesas públicas em razão de sua capacidade contributiva. O sistema tributário é conformado por critérios de progressividade."

3.7.8 Imposto monofásico

Monofásico, ou de *incidência única,* é o imposto, em que, na ocorrência de sucessivas operações no ciclo econômico (insumo, produção, circulação), a legislação prevê uma única incidência.

> *Exemplo:*
>
> 1. a CF estabelece, para as contribuições do art.149, § 4º, que *"a lei definirá as hipóteses em que as contribuições incidirão uma única vez".*

3.7.9 Imposto plurifásico

Plurifásico é o imposto que incide sobre várias fases, etapas ou operações sequenciais, até chegar ao consumidor final.

> *Exemplo:*
>
> 1. IPI, ICMS, em que temos duas ou mais espécies de industrialização, até obter o produto final (IPI e ICMS), e fases ou etapas de distribuição e circulação, até chegar ao consumidor final (ICMS).

3.7.10 Imposto cumulativo ou em cascata

Cumulativo é o imposto que incide em cada operação tributável, em que não é prevista compensação, dedução ou abatimento, em relação à operação anterior.

> *Exemplo:* IOF – ITBI.

Tanto a "cumulatividade", quanto a "não cumulatividade" são "técnicas" de tributação, e não "princípios" propriamente ditos, pois, nesta segunda hipótese, poder-se-ia entender que não poderiam ser objeto de alteração por Emenda Constitucional. Assim, por Emenda Constitucional, o tributo cumulativo pode ser convolado em não cumulativo, e vice-versa.

3.7.11 Imposto não cumulativo

Não cumulativo é o imposto a que a norma prevê compensação, abatimento ou dedução do valor do tributo pago ou devido na operação anterior, de conformidade com o disposto no sistema constitucional tributário.

> *Exemplos:* IPI – ICMS.

3.7.12 Imposto nominado (expresso na CF)

É o imposto mais significativo para suprir as necessidades do Estado.

> *Exemplo:* IR – IPI – ICMS – ISS

3.7.13 Imposto inominado (residual)

É o imposto instituído com base na competência *residual* da União.

Na vigência da CF/88, registra-se tão somente a instituição de Contribuição social para a Seguridade social, com base na competência residual da União (art. 195, § 4º).

Exemplo:

1. Lei Complementar nº 84/96, que instituiu contribuição social dos administradores e autônomos.

3.7.14 Imposto regulatório (extrafiscal)

Diz-se dos impostos que incidem sobre o comércio exterior, que têm por finalidade regular a importação e a exportação, segundo o interesse do País.

Exemplo:

1. II; IE; IPI; IOF (estes dois últimos nas operações com o exterior, pois nas operações internas podem ser classificados como imposto nomeado, ou imposto fiscal).

RUBENS GOMES DE SOUSA vê desta forma o tributo extrafiscal:[9]

"Por finalidades extrafiscais dos tributos entende-se o seu emprego, não para conseguir receita (o que seria a sua finalidade normal), mas para provocar outros efeitos econômicos, como a redistribuição da riqueza nacional, o fomento ou ao contrário o combate a certos tipos de atividades ou de investimentos, o protecionismo aduaneiro etc. A forma mais moderna de exercício do poder tributário com finalidades extrafiscais encontra-se na *parafiscalidade*."

3.7.15 Imposto seletivo

Seletivo é o imposto que incide sobre certos produtos, mercadorias ou serviços, que se destacam dos outros pela sua qualidade.

Exemplo:

1. Imposto que pode ser eleito para gravar automóveis de luxo, bebidas especiais, cigarros, joias, e até alimentos incomuns, especiais ou extravagantes, e outros da mesma natureza.

3.7.16 Imposto adicional

É o imposto que se adiciona ao mesmo imposto, constituindo um *bis in idem* permitido, desde que não ofenda princípios constitucionais, tais como os de legalidade, igualdade, capacidade contributiva, confisco.

---

[9] SOUSA, Rubens Gomes. *Compêndio de legislação tributária*. São Paulo: Resenha Tributária, 1975. p. 55.

3.8 TAXAS

Estabelece a CF/88, relativamente às taxas:

"**Art. 145.** A União, os Estados, o Distrito Federal e os Municípios poderão instituir os seguintes tributos:

II – taxas, em razão do exercício do poder de polícia ou pela utilização, efetiva ou potencial, de serviços públicos específicos e divisíveis, prestados ao contribuinte ou postos à sua disposição;

§ 2º As taxas não poderão ter base de cálculo própria de impostos."

Ao examinar a Taxa de Fiscalização dos Mercados de Títulos e Valores Mobiliários, a 2ª Turma do STF, no AgR em RE 216.259-1 (RDDT 58/215), decidiu que "*O critério adotado pelo legislador para a cobrança dessa taxa de polícia busca realizar o princípio constitucional da **capacidade contributiva**, também aplicável a essa modalidade de tributo, notadamente quando a taxa tem, como fato gerador, o exercício do poder de polícia. Precedentes.*"

GERALDO ATALIBA oferta interessantes colocações, das quais destacamos:[10]

"*2. Quanto às taxas*

1. A base de cálculo da taxa de serviços urbanos é complexa. Seu principal elemento é a área do imóvel.

2. Isto é legítimo, perfeito, objetivo, e não contém a menor eiva de inconstitucionalidade.

3. Esta base de cálculo não se confunde com a dos impostos imobiliários. Área não é valor; valor não é área.

4. A área é uma das causas do valor. Sem mudar a área, um imóvel pode passar a valer mais ou menos; não há relação direta e necessária entre área e valor.

5. Se a área não puder ser base de cálculo de taxa, porque ela é uma das causas do valor, não poderá nenhum outro fator de valor sê-lo, também. Vale dizer: desaparecerão as taxas reais que tenham imóveis como ponto de referência, o que é um absurdo.

6. A Constituição impõe que os serviços custeados por taxas sejam divisíveis. Ora, se o serviço contempla imóvel, só é possível estabelecer o critério de divisão do seu custo levando em conta alguma característica do imóvel.

7. O sentido da proibição constitucional de existência de taxas com base de cálculo igual à dos impostos, não é eliminar as taxas reais, mas evitar superposição de taxa e imposto, o que, no caso em estudo, não ocorreu.

8. A área é bom critério para taxa de remoção de lixo, limpeza pública e conservação de calçamento, porque é lógico que um imóvel maior gera mais lixo, produz mais sujeita, abriga mais coisas e pessoas (produtores de lixo e de sujeita) do que um terreno pequeno.

9. Em consequência do desgaste do calçamento e da intensidade da produção de lixo, sujeira e detritos, o serviço público remunerado pela taxa é menor ou maior, conforme o tamanho do terreno.

10. O mesmo raciocínio cabe quanto à área construída (edifícios de escritórios ou apartamentos, especialmente).

11. Quanto à taxa de iluminação pública, é correto, justo e lícito que também seja calculada pela área de terreno construída; deve predominar, na preocupação do legislador, o problema de justiça na repartição do seu custo.

---

[10] ATALIBA, Geraldo. *Estudos e pareceres de direito tributário*. São Paulo: Revista dos Tribunais, 1978. p. 200. v. 1. O Parecer é de 16-3-1970, cujas colocações permanecem válidas até os nossos dias.

54 Direito Tributário • *Cassone*

12. Não seria justo que prevalecesse o critério antigo da testada (frente) do terreno. Se fosse o sistema adotado, uma família que mora em casa modesta pagaria o mesmo que 100 famílias morando num terreno de igual frente, em apartamentos."

O Pleno do STF, no RE 662.113/PR, Rel. Min. Marco Aurélio, em 12-2-2014 (*DJe-*067, public. 4-4-2014), decidiu, por maioria, pela inconstitucionalidade do art. 3º do Decreto-lei 1.437/75, que tratou do selo de controle do IPI, entendendo ser **taxa** (em face da compulsoriedade) e não **preço público**, tendo examinado, inclusive, a Delegação ao Ministro da Fazenda, o princípio da estrita legalidade e o art. 25 do ADCT da CF/1988 (RDDT 227/203).

A base de cálculo das taxas deve guardar correspondência com a atuação estatal dirigida ao contribuinte. No dizer do Ministro Moreira Alves: "Em se tratando de taxa, a remuneração tem que ser proporcional ao uso do serviço" (voto na ADI 447/DF, j. 5-6-1991, fl. 132).

3.8.1 Exercício do poder de polícia

O CTN conceitua o exercício do poder de polícia nos seguintes termos:

"**Art. 78.** Considera-se poder de polícia atividade da administração pública que, limitando ou disciplinando direito, interesse ou liberdade, regula a prática de ato ou abstenção de fato, em razão de interesse público concernente à segurança, à higiene, à ordem, aos costumes, à disciplina da produção e do mercado, ao exercício de atividades econômicas dependentes de concessão ou autorização do Poder Público, à tranquilidade pública ou ao respeito à propriedade e aos direitos individuais ou coletivos.

Parágrafo único. Considera-se regular o exercício do poder de polícia quando desempenhado pelo órgão competente nos limites da lei aplicável, com observância do processo legal e, tratando-se de atividade que a lei tenha como discricionária, sem abuso ou desvio de poder."

Há uma série de atividades sujeitas ao poder de polícia, que, para fins de incidência das taxas, haveremos de distinguir entre o exercício do poder de política *geral*, que envolve a coletividade em geral (*uti universi*), custeada pelos *impostos*, e o exercício do poder de polícia *específico*, singular, individualizado (*uti singoli*), passível de tributação por *taxa*.

A incidência da taxa torna-se possível toda vez que se acha presente o *elemento de conexão* entre o exercício do poder de polícia geral (*uti universi*) e a atividade do contribuinte que se aproveita particularmente desse exercício (*uti singoli*), fazendo com que haja uma contraprestação imediata e específica em benefício do obrigado (tributo vinculado a uma atuação estatal referida ao contribuinte).

A respeito, parece-me acertada a colocação feita por Aliomar Baleeiro, em termos que merecem ser transcritos:[11]

"Poder de polícia é regularmente exercido quando a Administração dentro dos limites de sua competência, p. ex. exerce censura sobre filmes, teatros, diversões; controla pureza ou preços de alimentos; afere pesos e medidas; estabelece o zoneamento de atividades profissionais; restringe o abuso de ruídos e causas de incômodo; submete à inspeção de segurança máquinas e veículos; exige

---

[11] BALEEIRO, Aliomar. *Direito tributário brasileiro*. 10. ed. São Paulo: Saraiva, 1991. p. 348-350.

licença para abertura de estabelecimentos comerciais, industriais, profissionais, edificações, loteamento de terrenos etc. etc. [...]

Não importa que o serviço seja de interesse geral, como a segurança pública: – se um Banco, ou um Segurador de Bancos contra assaltos e roubos, pede a permanência dum policial armado em seu recinto é legítima a cobrança de taxa para cobertura do custo respectivo, desde que decretada em lei.

Em princípio, o comércio é livre, mas a autoridade tem o dever e o poder de verificar previamente se o local a ele destinado apresenta condições de segurança (zoneamento, polícia de construções, prevenção de incêndio), de saúde pública e higiene; de inexistência de abusos de direito de vizinhança; de iniquidade a menores (bares, *boîtes* etc.); de preços razoáveis (restaurantes, hotéis) etc. É racional que os comerciantes e profissionais outros paguem o custo do exercício do poder de polícia exigido pelas atividades das quais usufruem proveitos.

Aí estão exemplos de poder de polícia que assume caráter proteiforme. Mas em qualquer caso, a condição de constitucionalidade resulta da competência da autoridade, que taxa, e da conexão entre essa competência, no interesse da comunidade, e a atividade do contribuinte, que a provocou."

Súmulas Vinculantes do STF:

12. A cobrança de taxa de matrícula nas Universidades públicas viola o disposto no art. 206, IV, da Constituição Federal.

19. A taxa cobrada exclusivamente em razão dos serviços públicos de coleta, remoção e tratamento ou destinação de lixo ou resíduos provenientes de imóveis, não viola o art. 145, II, da Constituição Federal.

29. É constitucional a adoção, no cálculo do valor da taxa, de um ou mais elementos da base de cálculo própria de determinado imposto, desde que não haja integral identidade entre uma base e outra.

3.8.2 Utilização efetiva de serviços públicos

A teor do art. 145, II, da CF, uma segunda hipótese de instituição de taxa reside na "utilização efetiva de serviços públicos específicos e divisíveis, prestados ao contribuinte".

O CTN explicita:

"**Art. 79.** Os serviços públicos a que se refere o art. 77 consideram-se:

I – utilizados pelo contribuinte:

a. efetivamente, quando por ele usufruídos a qualquer título;

b. potencialmente, quando, sendo de utilização compulsória, sejam postos à sua disposição mediante atividade administrativa em efetivo funcionamento;

II – específicos, quando possam ser destacados em unidades autônomas de intervenção, de utilidade ou de necessidade pública;

III – divisíveis, quando suscetíveis de utilização, separadamente, por parte de cada um dos seus usuários."

Assim, para que se possa exigir taxa dessa espécie, há necessidade de o serviço público ser utilizado efetivamente pelo contribuinte, seja a que título for.

Note-se que esse tipo de serviço público haverá de ter dois requisitos cumulativos:

56 Direito Tributário • *Cassone*

– *utilização efetiva*: quando possam ser destacados em unidades autônomas de intervenção, de utilidade ou de necessidade pública. Exemplos: obtenho um alvará, uma certidão, um porte de arma; estou trafegando pela rodovia;

– *divisível*: quando suscetíveis de utilização, separadamente, por parte de cada um dos usuários. Exemplos: o cidadão que precisa de um alvará, de uma certidão, de um porte de arma, de trafegar pela rodovia.

3.8.3 Utilização potencial de serviços públicos

A terceira espécie de taxa, também extraída do art. 145, II, da CF, consiste na hipótese de "utilização potencial de serviços públicos específicos e divisíveis, postos à disposição do contribuinte".

A potencialidade se dá quando, sendo de utilização compulsória, o serviço público é posto à disposição do contribuinte mediante atividade administrativa "em efetivo funcionamento" (CTN, art. 79).

Tomemos como exemplo o serviço público de *água e esgoto*. Havendo rede (condição para ser considerado serviço público), a água está ali, à disposição do contribuinte, bastando abrir a torneira. Quanto ao esgoto, idem. A atividade administrativa "em efetivo funcionamento" averigua-se pela existência da água e pela manutenção da rede. Por isso que, mesmo que o contribuinte não venha a utilizar esse serviço, o CTN, complementando a CF, dispõe que, no caso, o uso é obrigatório, ou seja, considera-se que o serviço público esteja sendo utilizado pelo contribuinte (presunção legal). A manutenção justifica a cobrança de *preço mínimo*, quando o serviço (água/esgoto) não é efetivamente utilizado pelo contribuinte, em vista de a Constituição o permitir. Com efeito, diz ela que a taxa é também exigível quando o serviço é potencialmente posto à disposição do contribuinte e, para o serviço ser posto à disposição, o Poder Público suporta despesas que servem para poder oferecer o serviço público.[12]

Na ADIn 1.942-2-medida liminar, o STF, Moreira Alves, decidiu que "sendo a **segurança pública** dever do Estado e direito de todos, exercida para a prevenção da ordem pública e da incolumidade das pessoas e do patrimônio, através, entre outras, da polícia militar, essa atividade do Estado só pode ser sustentada pelos impostos, e não por taxa, se for solicitada por particular para a sua segurança ou para a de terceiros, a título preventivo, ainda quando essa necessidade decorra de evento aberto ao público (*Informativo STF* 167, de 27-10-99).

---

[12] O STF decidiu que o serviço de fornecimento de água e esgoto é "serviço obrigatório no interesse público, exigível independentemente de uso" (RE 54.194, de 14-10-63, Gallotti, *RF* 207/5, cf. BALEEIRO, op. cit. p. 239).

Recentemente, o STF examinou caso em que a exploração do serviço da rede coletora de esgoto havia sido concedida a entidade de direito privado. A entidade queria cobrar dos moradores, em contrapartida pela instalação da rede nas ruas em que residiam. A 1ª Turma, pelo voto do Relator, Ministro Ilmar Galvão, entendeu que, por ser obra pública, seu custo não poderia ser imputado aos usuários do serviço senão por meio do instituto da "Contribuição de melhoria", no caso não utilizado. Indeferiu a cobrança por meio de duplicata de serviço, pois "A circunstância de a exploração do serviço de instalação de rede coletora de esgoto haver sido concedida a entidade de direito privado, conquanto organizada como sociedade de economia mista, não acarreta para o usuário o dever de financiar o custo da implantação, cumprindo-lhe tão somente o pagamento da taxa ou tarifa correspondente ao serviço posto à sua disposição" (RE 150.507-9/SP, unânime, 29-4-97– in *RJ/IOB* 1/11568).

3.8.4 Taxa e preço público: distinção

As discussões acerca da distinção entre taxa e preço público ou tarifa sempre foram bem acaloradas, fato que tem propiciado a solução de diversas questões. Contudo, mesmo com o sobrevir da nova Constituição, alguns pontos ainda estão a desafiar a argúcia dos doutrinadores.[13]

De qualquer forma, porém, creio ser possível extrair da Carta de 1988 um critério jurídico que os distinga, uma vez que ela nos oferece uma definição clara de *taxa* (art. 145, II) e nos aponta a diretriz para os *preços públicos* ou *tarifas* (art. 175). Tal critério será a seguir explicitado, cuja ideia central, posta de maneira simples, consiste no seguinte:

1º o aspecto distintivo central reside em que a taxa é *compulsória* (lei) e o preço público advém da *contratação,* que é facultativa;

2º os serviços públicos que atendam aos imperativos da segurança nacional ou a relevante interesse coletivo, executáveis diretamente pelo Estado (art. 173), tal como o serviço judiciário, cartorário, policial, bombeiros e outros da mesma natureza, em vista da compulsoriedade do uso (a lei não permite opção alternativa), sujeitam-se à cobrança de taxas, cujo regime jurídico é de direito público (relação de subordinação);

3º os serviços delegados (por concessão ou permissão), por serem executados indiretamente pelo Estado, mesmo continuando a ser identificados como serviços públicos, deixam de ter a qualidade de "essenciais ao interesse público", passando, destarte, a ser regidos pelas normas jurídicas de direito privado, em que, em vista da relação de coordenação entre as partes, a contratação é facultativa, daí estarem sujeitos a preço público ou tarifa.

Aspectos complementares:

1. uma coisa é taxa, outra é preço público, e outra ainda é preço privado;

2. teoricamente, taxa expressa um valor menor do que o preço público, que por sua vez é menor do que preço privado;[14]

3. a taxa serve para custear os serviços públicos fundamentais, prestados diretamente pelo Estado; o preço público remunera serviços públicos prestados indiretamente pelo Estado (por meio de concessão ou permissão); o preço privado remunera o serviço privado objeto da livre concorrência;

4. casos há em que, por se situarem na linha que divide a taxa do preço público, chamada zona cinzenta, a exação pode pender de um lado ou de outro, dependendo da situação fática excepcional, ou seja, o que teoricamente estaria sujeito à taxa sujeita-se ao preço público, ou vice-versa.

Embora novos casos aflorem no mundo dos fatos, e ainda temos de considerar a alteração substancial que a Suprema Corte vem sofrendo nos últimos anos, é bastante elucidativa a distinção entre taxa e preço público ofertada pelo Ministro CARLOS VELLOSO, em voto proferido na ADIn 447-DF (RTJ 145/38-39):

---

[13] O termo "preço público" é significativo de preço público propriamente dito ou de "tarifa". Por isso que, por exemplo, a Constituição utiliza a expressão "política tarifária" no art. 175, no caso especificamente para o serviço delegado. Se há uma espécie de licitação, e o preço é "X", aí não cabe falar em tarifa, mas em preço público. O termo "tarifa" é também um conceito genérico. Exemplo: tarifa postal. Também pode-se dizer que, teoricamente, preço público é utilizado para os serviços e obras públicas prestados diretamente pelo Estado e tarifa quando os serviços são prestados pelas entidades delegadas.

[14] Giuseppe Giuliani diz que se tem o preço público quando o Estado desenvolve uma atividade industrial, não com a finalidade de obter renda, mas para uma maior vantagem para o cidadão. (*Diritto tributario.* Milão: Giuffrè, 1990. p. 62.)

58 Direito Tributário • *Cassone*

"Concedo que há serviços públicos que somente poderão ser remunerados mediante taxa. Do acórdão do RE nº 89.876-RJ, relatado pelo eminente Ministro MOREIRA ALVES (RTJ 93/230) e da conferência que S. Exª proferiu no 'X Simpósio Nacional de Direito Tributário', subordinado ao tema 'Taxa e Preço Público', realizado em São Paulo, em 19-10-85, cujo resumo, da lavra dos ilustres professores VITTORIO CASSONE e CARLOS ABREU TOLEDO FILHO, encontra-se publicado no 'Caderno de Pesquisas Tributárias', vol. XI, coedição Ed. Resenha Trib. e Centro de Estudos de Extensão Universitária, São Paulo, 1986, penso que podemos extrair as seguintes conclusões, com pequenas alterações em relação ao pensamento do eminente Ministro MOREIRA ALVES: os serviços públicos poderiam ser classificados assim: 1) serviços públicos propriamente estatais, em cuja prestação o Estado atue no exercício de sua soberania, visualizada esta sob o ponto de vista interno e externo; esses serviços são indelegáveis, porque somente o Estado pode prestá-los. São remunerados, por isso mesmo, mediante taxa, mas o particular pode, de regra, optar por sua utilização ou não. Exemplo: o serviço judiciário, o de emissão de passaportes. Esses serviços, não custa repetir, por sua natureza, são remunerados mediante taxa e a sua cobrança somente ocorrerá em razão da utilização do serviço, não sendo possível a cobrança pela mera potencialidade de sua utilização. Vale, no ponto, a lição de GERALDO ATALIBA, no sentido de que não é possível instituir taxas por serviços não efetivamente prestados. O que acontece é que certos serviços podem ser tornados obrigatórios pela lei e é isto o que significa a locução posto a disposição do contribuinte. É isto, aliás, o que resulta do disposto no art. 79, I, *b*, CTN. 2) Serviços públicos essenciais ao interesse público: são serviços prestados no interesse da comunidade. São remunerados mediante taxa. E porque é essencial ao interesse público, porque essencial à comunidade ou à coletividade, a taxa incidirá sobre a utilização efetiva ou potencial do serviço. É necessário que a lei – para cuja edição será observado o princípio da razoabilidade, mesmo porque, como bem lembrou o Ministro MOREIRA ALVES, citando JÈZE, a noção de serviços essenciais é de certo modo relativa, porque varia de Estado para Estado e de época *(RTJ 98/238)* – estabeleça a cobrança por razão de interesse público. Como exemplo, podemos mencionar o serviço de distribuição de água, de coleta de lixo, de esgoto, de sepultamento. No mencionado RE nº 89.876-RJ, o Supremo Tribunal decidiu que, 'sendo compulsória a utilização do serviço público de remoção de lixo – o que resulta, inclusive, de sua disciplina como serviço essencial à saúde pública – a tarifa de lixo instituída pelo Decreto nº 196, de 12 de novembro de 1975, do Poder Executivo do Município do Rio de Janeiro, é, em verdade, taxa' *(RTJ 98/230)*. 3) Serviços públicos não essenciais e que, não utilizados, disso não resulta dano ou prejuízo para a comunidade ou para o interesse público. Esses serviços são, de regra, delegáveis, vale dizer, podem ser concedidos e podem ser remunerados mediante preço público. Exemplo: o serviço postal, os serviços telefônicos, telegráficos, de distribuição de energia elétrica, de gás etc."

3.8.5 Pedágio: natureza jurídica

É longa e quase interminável a discussão doutrinária envolvedora da natureza jurídica do pedágio, se taxa ou preço público tarifado.

A CF/88 a ele refere como segue:

"**Art. 150.** Sem prejuízo de outras garantias asseguradas ao contribuinte, é vedado à União, aos Estados, ao Distrito Federal e aos Municípios:

V – estabelecer limitações ao tráfego de pessoas ou bens, por meio de tributos interestaduais ou intermunicipais, ressalvada a cobrança de *pedágio* pela utilização de vias conservadas pelo Poder Público."

Entretanto, de Celso Antonio Bandeira de Mello (Natureza jurídica do pedágio: Taxa? Preço?" *Revista Trimestral de Direito Público*, v. 32/2000, p. 23), colhemos:

"Sobretudo no passado, discutiu-se muito se seria uma 'taxa', isto é, uma espécie de tributo, ou se corresponderia a uma 'tarifa', entendida esta como cobrança despida de caráter tributário e muitas vezes designada sob o rótulo, ao nosso ver infeliz, de 'preço público'.

Consoante nos parece, em sintonia com o excelente estudo de Antônio Carlos Cintra do Amaral ('Concessão de rodovias e cobrança de pedágio', constante da obra coletiva *Direito Constitucional e Administrativo,* v. II, Malheiros Editores, 1997, p. 127 ss, publicado como *Estudos em Homenagem a Geraldo Ataliba*), o pedágio, *dependendo da hipótese,* ora será uma 'tarifa', instrumento despido de caráter tributário, ora será uma 'taxa'.

Ao nosso ver, será 'tarifa' se constitui na remuneração de *concessionário*. Inversamente, será 'taxa' quando consistir em pagamento devido ao Poder Público."

O STF, na ADI 800/RS, Teori Zavascki, unânime, 11-6-2014, *DJe*-125 public. 1º-7-2014, decidiu:

"TRIBUTÁRIO E CONSTITUCIONAL. PEDÁGIO. NATUREZA JURÍDICA DE PREÇO PÚBLICO. DECRETO 34.417/92, DO ESTADO DO RIO GRANDE DO SUL. CONSTITUCIONALIDADE.

1. O pedágio cobrado pela efetiva utilização de rodovias conservadas pelo Poder Público, cuja cobrança está autorizada pelo inciso V, parte final, do art. 150 da Constituição de 1988, não tem natureza jurídica de taxa, mas sim de preço público, não estando a sua instituição, consequentemente, sujeita ao princípio da legalidade estrita.

2. Ação direta de inconstitucionalidade julgada improcedente."

Do voto do Relator, destaco o seguinte trecho:

"A discussão doutrinária a respeito do tema foi, de alguma forma, contaminada pela figura do denominado 'selo-pedágio', prevista na Lei 7.712/88, que a 2ª Turma do Supremo Tribunal Federal, com toda a razão, considerou tratar-se de taxa" (RE 181475/RS, 2ª Turma, Rel. Min. Carlos Velloso, j. 4-5-1999, *DJ* de 25-6-1999).

3.9 CONTRIBUIÇÃO DE MELHORIA

A contribuição de melhoria tem sido assim prevista pela CF de 67/69, pela EC 23/83 e pela CF/88, sempre instituível pela U-E-DF-M no âmbito das respectivas competências:

CF/67-69 (art. 18, II):

"Contribuição de melhoria, arrecadada dos proprietários de imóveis valorizados por obras públicas, que terá como limite total a despesa realizada e como limite individual o acréscimo de valor que da obra resultar para cada imóvel beneficiado."

EC nº 23/83 (dando nova redação ao art. 18, II, da CF-67/69):

"Contribuição de melhoria, arrecadada dos proprietários de imóveis beneficiados por obras públicas, que terá como limite total a despesa realizada."

CF/1988 (art. 145, III):

"Contribuição de melhoria, decorrente de obra pública."

60 Direito Tributário • *Cassone*

Apesar dessas diferentes conceituações, em verdade tais aspectos redacionais praticamente em nada influíram no entendimento que a doutrina tem emprestado à instituição dessa espécie tributária, no sentido da indispensabilidade da valorização do imóvel circunvizinho à obra pública realizada, cuja contribuição haverá de ser exigida proporcionalmente à valorização obtida.[15]

O legislador constitucional procurou reduzir cada vez mais o texto, por representar técnica mais apropriada, deixando para a lei complementar *"a definição de tributos e de suas espécies"* (art. 146). O CTN e o DL nº 195/67, recepcionados como lei complementar, definiram e estabeleceram requisitos a serem observados pela lei ordinária impositiva. Com efeito:

CTN:

"**Art. 81.** A contribuição de melhoria cobrada pela União, pelos Estados, pelo Distrito federal ou pelos Municípios, no âmbito de suas respectivas atribuições, é instituída para fazer face ao custo de obras públicas de que decorra valorização imobiliária, tendo como limite total a despesa realizada e como limite individual o acréscimo de valor que da obra resultar para cada imóvel beneficiado."

Por sua vez, o Decreto-lei nº 195/97 relaciona as obras públicas para fins de incidência da contribuição de melhoria na hipótese em que houver valorização do imóvel, e seu art. 5º, ao revogar o art. 82 do CTN/66, estabeleceu novos requisitos que deve conter o edital para que a cobrança seja possível, em vista da obra realizada (neste sentido, 2ª Turma do STJ, REsp 89.791/SP, *DJU*-1, de 29-6-98, p. 139, que referiu ao REsp 8.417-0/ SP, *RSTJ* 82/100).

Embora os aspectos primordiais concernentes à instituição do tributo em exame tenham sido resolvidos pela jurisprudência da mais alta Corte Judiciária do país, na prática nem sempre a entidade pública respeita condições ou requisitos previstos em lei (tal como a publicação tempestiva dos editais etc.), o que tem ocasionado a declaração de sua inexigibilidade.

Curiosos casos, tais como o Elevado Costa e Silva em São Paulo, mais conhecido como "minhocão" (pela sua extensão), que, tendo em vista que foi construído em nível elevado, ficou próximo aos apartamentos dos prédios que o ladeiam, levando não só maior barulho e poluição a seus moradores, como também prejudicando-lhes na privacidade, pois do minhocão avista-se alguma dependência interna. Por isso, em vez de valorizar, provavelmente esses imóveis sofreram desvalorização, cabendo, em casos tais, não contribuição de melhoria, mas indenização.

Também as obras em *vias públicas* têm ocasionado algumas dúvidas. A respeito, penso que se deva entender desta forma:

a. se a rua era de terra e foram postos paralelepípedos ou asfalto, ocasionando valorização imobiliária – cabe contribuição de melhoria;

b. se havia paralelepípedos e foi posta massa asfáltica, desde que tenha efetivamente ocasionado valorização imobiliária – cabe contribuição de melhoria;

---

[15] Nesse mesmo sentido de valorização do imóvel decidiu a 2ª Turma do STF no RE 114.069-1/SP, Rel. Ministro Carlos Velloso, citando os precedentes RREE 115.863-SP e 116.147-SP, *RTJ* 138/600-614 (*RJ/IOB* 1/8002). E não há possibilidade de ser cobrada em relação à obra inacabada, porque a exegese que se dá à expressão "Contribuição de melhoria, decorrente de obras públicas" outra não é senão a de que implique que a obra esteja realizada (nesse sentido, AC 748.387-0 da 6& C de Férias jan./98 de 1º TAC SP, Rel. Juiz Jorge Farah, *DJSP*-1, de 25-3-98, p. 104).

Cap. 3 • Tributo e sua classificação **61**

c. se havia paralelepípedo, e houve serviço de manutenção; ou se havia asfalto, e teve recapeamento, sequer haverá de se perder tempo em averiguar se houve ou não valorização imobiliária – não cabe contribuição de melhoria.[16]

Em quaisquer hipóteses, vale a observação do saudoso Prof. Geraldo Ataliba, no sentido de, por ser a pavimentação de uma rua obra pública, o legislador tem a discricionariedade de escolher o meio pelo qual será recuperado o custo da obra, acrescentando *(Interpretação no direito tributário.* São Paulo: Educ-Saraiva, 1975. p. 45):

"Se não houver relação entre o que se paga e a valorização, não é contribuição de melhoria. Se houver relação entre o custo da obra e o que se paga, então é taxa.

Será contribuição de melhoria, se a base imponível for a valorização. Será taxa, se a base imponível for o custo da obra."

3.10 CONTRIBUIÇÕES SOCIAIS GERAIS

O art. 149 da CF dispõe sobre as diversas contribuições, com exclusão da *contribuição de melhoria,* que é outra espécie tributária:

"**Art. 149.** Compete exclusivamente à União instituir contribuições sociais, de intervenção no domínio econômico e de interesse das categorias profissionais ou econômicas, como instrumento de sua atuação nas respectivas áreas, observado o disposto nos arts. 146, III, e 150, I e III, e sem prejuízo do previsto no art. 195, § 6º, relativamente às contribuições a que alude o dispositivo.

§ 1º Os Estados, o Distrito Federal e os Municípios poderão instituir contribuição, cobrada de seus servidores, para o custeio, em benefício destes, de sistemas de previdência e assistência social.

....

§ 4º A lei definirá as hipóteses em que as contribuições **incidirão uma única vez.**"

De tais disposições, ressaltamos:

1. Ao remeter ao inciso III do art. 146, e não ao *caput* (porque é neste que refere à lei complementar), entende-se que a instituição dessas contribuições far-se-á por lei ordinária.

2. Em sendo assim, a remessa ao inciso III do art. 146, para indicar que se lhes aplicam as "normas gerais" do CTN (O Livro Segundo deste Código é intitulado de NORMAS GERAIS DE DIREITO TRIBUTÁRIO).

3. Ao remeter tão só aos incisos I e III do art. 150, exclui os demais incisos deste artigo.

4. "As contribuições do art. 149 da CF, de regra, podem ser instituídas por lei ordinária" (do voto-condutor do relator, Min. Carlos Velloso, fls. 1431, no RE 396.266, STF, Pleno, vencido o Min. Marco Aurélio, 26-11-2003, *DJU* 27-2-2004, p. 22).

5. O art. 149 refere-se a todas as espécies de contribuições sociais dispostas na Constituição – além da Contribuição para o Custeio do Serviço de Iluminação Pública (COSIP), a que se refere o art. 149-A, incluído pela Emenda Constitucional nº 39, de 2002.

---

[16] Anoto, aqui, que a 2ª Turma do STF, no RE 115.863-SP *(RJ/IOB* 1/5189), ementou: "Recapeamento asfáltico. Não obstante alterada a redação do inciso II do art. 18 da CF/67 pela EC nº 23/83, a valorização imobiliária decorrente de obra pública – requisito ínsito à contribuição de melhoria – persiste como fato gerador dessa espécie tributária. Hipótese de recapeamento de via pública já asfaltada; simples serviço de manutenção e conservação que não acarreta valorização do imóvel, não rendendo ensejo à imposição desse tributo."

3.10.1 Contribuições sociais destinadas à Seguridade Social – Regime tributário

Os dispositivos básicos que envolvem o regime tributário (não os aspectos materiais) das Contribuições sociais destinadas à Seguridade Social são os seguintes (<www.presidencia.gov.br>, acessado em 3-2-2012):

> "**Art. 195**. A seguridade social será financiada por toda a sociedade, de forma direta e indireta, nos termos da lei, mediante recursos provenientes dos orçamentos da União, dos Estados, do Distrito Federal e dos Municípios, e das seguintes contribuições sociais:
>
> § 9º As contribuições sociais previstas no inciso I do *caput* deste artigo poderão ter alíquotas ou bases de cálculo diferenciadas, em razão da atividade econômica, da utilização intensiva de mão de obra, do porte da empresa ou da condição estrutural do mercado de trabalho. (*Redação dada pela EC n º 47, de 2005*)
>
> § 12. A lei definirá os setores de atividade econômica para os quais as contribuições incidentes na forma dos incisos I, *b*; e IV do *caput*, serão não cumulativas. (*Incluído pela EC n º 42, de 2003*).
>
> § 13. Aplica-se o disposto no § 12 inclusive na hipótese de substituição gradual, total ou parcial, da contribuição incidente na forma do inciso I, *a*, pela incidente sobre a receita ou o faturamento. (*Incluído pela EC n º 32, de 2003*)"

Diante de tais disposições, podemos concluir:

> 1 – de regra, ou em princípio, as contribuições sociais pertencentes ao art. 149 obedecem ao regime plurifásico, isto é, incidência nos sucessivos atos ou fatos que se subsumem à descrição legal (interpretação que advém do § 4º do art. 149, que dispõe: "*A lei definirá as hipóteses em que as contribuições incidirão uma única vez*");
>
> 2 – as contribuições sociais poderão ter alíquotas ou bases de cálculo diferenciadas, cuja lei deverá observar todos os termos do § 9º do art. 195;
>
> 3 – de regra, ou em princípio, a incidência das Contribuições sociais dos incisos, I, *b*, e IV, do art. 195, observa o regime da cumulatividade (interpretação em sentido contrário do § 12 do art. 195);
>
> 4 – a incidência não cumulativa depende de lei, que deverá estar conforme ao § 12 do art. 195;
>
> 5 – o § 13 autoriza lei a proceder à substituição na incidência sobre a "folha de salários" (art. 195, I, *a*), pela incidência sobre a receita ou o faturamento, para setores de atividade econômica, podendo também ser submetidas ao regime da não cumulatividade.
>
> **Nota**: embora a CF não diz como se opera a não cumulatividade, entendemos que serve de parâmetro o art. 153, § 3º, II, da mesma Constituição, ou seja, "*compensando-se o que for devido em cada operação com o montante cobrados nas anteriores*".

Nos RE 559.937 (17-10-2013) e 240.785 (6-12-2014), o STF distinguiu PIS-COFINS-Importação de operação interna; e que o ICMS **não compõe** a base de cálculo da COFINS.

3.10.1.1 Capacidade para arrecadar da SRF e do INSS

As contribuições sociais para a Seguridade Social, a teor do que dispõem a Constituição e a Lei de regência, podem ser arrecadadas tanto pela Secretaria da Receita Federal

– (SRF), quanto pelo Instituto Nacional do Seguro Social – (INSS) (essa distinção é feita, por exemplo, pelo art. 66 da Lei nº 8.383/91).[17]

Todas, porém, integrarão o orçamento da Seguridade Social (art.165, § 5º, III, CF).

A Lei nº 11.457, de 16-3-2007, dispõe sobre a Administração Tributária Federal, e que a SRF passa a denominar-se SRFB (Secretaria da Receita Federal do Brasil).

3.10.2 Contribuição de intervenção no domínio econômico

A CF trata das Contribuições de intervenção no domínio econômico (CIDE) no art. 149, *caput* (inominadas, podendo comportar várias CIDEs), e nos §§ 2º e 3º c/c o art. 177, § 4º, sobre importação e comercialização de *combustíveis*.

A receita decorrente de tais contribuições deve, necessariamente, ser destinada aos fins da intervenção (setor econômico afetado), previstos na CF (combustíveis), ou em lei (demais CIDEs).

Quanto à destinação da CIDE combustíveis, o STF decidiu que cabe ADI em face de Lei Orçamentária, declarando que o produto de sua arrecadação **não pode** ter destinação diversa da determinada pela CF, no art. 177, § 4º, II, letras *a*, *b* e *c* (ADI 2.925,19-12-2003, Ellen Gracie).

3.10.3 Contribuições corporativas

As denominadas contribuições "corporativas", referidas no art. 149, são as seguintes:

1. Contribuição de interesse das categorias profissionais (OAB, CREA, CRC etc.).
2. Contribuição de interesse das categorias econômicas (Sindipeças, Sinduscon etc.).

(**NOTA:** Ver também Lei 12.514, de 2012.)

3.10.4 Serviço social sindical

As contribuições destinadas a custear o serviço social sindical estão previstas na CF/88, nestes termos:

> "**Art. 240.** Ficam ressalvadas do disposto no art. 195, as atuais contribuições compulsórias dos empregadores sobre a folha de salários, destinadas às entidades privadas de serviço social e de formação profissional vinculadas ao sistema sindical."

Tais contribuições são as devidas ao Sesi, Senai, Senac, Sesc, recepcionadas pelo art. 240 da CF/88 (Sebrae no art. 149, RE 396.266).

---

[17] Não confundir capacidade de arrecadar com competência para instituir, esta permanecendo com a União, tendo em vista que a competência, constitucionalmente outorgada, é indelegável (salvo alteração por Emenda Constitucional).

64 Direito Tributário • *Cassone*

3.10.5 Contribuição para custeio do serviço de iluminação pública

A contribuição para o custeio do serviço de iluminação pública foi introduzida na CF/88 pela Emenda Constitucional nº 39, de 19-12-2002, acrescentando o art. 149-A, nestes termos:

> "**Art. 149-A.** Os Municípios e o Distrito Federal poderão instituir contribuição, na forma das respectivas leis, para o custeio do serviço de iluminação pública, observado o disposto no art. 150, I e III.
>
> Parágrafo único. É facultada a cobrança da contribuição a que se refere o *caput,* na fatura de consumo de energia elétrica."

Embora o art. 149-A não remeta ao art. 146, III (tal como procede o art. 149), entendemos que a contribuição em foco possui as características que lhe atribuem natureza tributária.

Poderá (facultatividade) ser instituída por *lei ordinária*, e só poderá ser exigida de quem recebe fornecimento de energia elétrica.

Em sessão de 11-3-2015, o STF aprovou a Súmula Vinculante nº 41 nestes termos: "O serviço de iluminação pública não pode ser remunerado mediante taxa".

O STF declarou a constitucionalidade da COSIP no RE 573.675-RG/SC, *DJe*-094, public. 22-5-2009.

3.11 PARAFISCALIDADE

Fiscal, no sentido de "Estado". *Parafiscal* quer dizer "ao lado do fiscal". Se é algo que anda *paralelamente* com o Estado, significa que não é, rigorosamente, *igual* ao Estado.

É um *quase Estado*, uma "extensão" do Estado. Faz "as vezes" do Estado, tendo natureza tributária, em face de disposição constitucional. Por exemplo, as contribuições corporativas não integram o orçamento da Seguridade Social. No entanto, a Constituição as coloca no capítulo do sistema tributário, dando-lhes características que as identificam como de natureza tributária.

No Brasil, embora o termo *parafiscalidade* tenha sido utilizado para indicar todo tipo de contribuição social, geralmente são assim identificadas as contribuições arroladas no art. 149.

Na Itália, no primeiro período *corporativo*, exações eram recolhidas, voluntariamente, contratualmente ou estatutariamente, ao largo das finanças públicas, para que obtivessem, em contrapartida, uma certa assistência sindical (Ente Risi, Consorzi Provinciali Produttori dell'Agricultura, Ufficio Metalli Nazionali, entre outros). E que:[18]

> "Em relação às várias contribuições para a seguridade social, os juristas discutem se elas possuem natureza tributária e, ulteriormente, se se lhe pode dar a qualificação de imposto, taxa ou tributo especial (a relevância e a delimitação jurídica deste último conceito é ele mesmo objeto de controvérsias)."

---

[18] Vocábulo "Parafiscalità". *Novíssimo Digesto Italiano.* Itália: Unione Tipográfico – Editrice Torinese, p. 376-383. A tradução é nossa.

Mais hodiernamente, temos, na Itália:

"**Parafiscalidade** – imposição e recebimento de tributos por parte de entidades públicas não territoriais, para atender às suas finalidades, exigidas por **lei** ou por disposição **estatutária**. Os casos mais relevantes de parafiscalidade são representados pelos **seguros sociais obrigatórios**, tanto é que, no sentido comum, o termo é empregado para indicar as finanças dos entes de previdência e assistência social. Entram, porém, no conceito de parafiscalidade, também outros entes de menor importância, tais como as câmaras de comércio, as categorias profissionais, os consórcios obrigatórios de bonificação etc.

As '**finanças parafiscais**' distinguem-se das '**finanças fiscais**' típicas dos entes territoriais, porquanto as 'retiradas parafiscais' são especificamente destinadas a determinados serviços, enquanto os tributos não têm, *a priori*, nenhuma destinação específica, mas aparecem no balanço do ente territorial. Isto implica uma distinção também do ponto de vista de **capacidade contributiva**: os tributos gravam a generalidade dos contribuintes; as exigências típicas da parafiscalidade, vice-versa, atingem somente determinadas categorias de pessoas, cuja capacidade contributiva se dá, propriamente, por pertencerem a um grupo caracterizado por determinadas necessidades (sociais, econômicas, profissionais etc.), que o ente deve satisfazer."[19]

Nas formulações mais recentes são correlacionadas à parafiscalidade tão somente as entradas relativas ao financiamento da seguridade social, que se caracterizam, por um lado, de serem devidas aos entes públicos não territoriais (INPS, INAM, INADEL, INPAS, ENPDEP, ENPALS, caixas tutelares de categoria, outros entes tutelares), de outro lado por serem exigidas por estes entes, em virtude do poder de império a eles conferido pela lei (prestações impostas nos termos do art. 23 da Constituição), enfim por serem tais contribuições correlacionadas de um lado com o custo do serviço público (paracomutatividade) e de outro lado com a sua prestação (contribuições especiais ou impostos de escopo).

Nesta prospectiva mais recente, a parafiscalidade se distingue da fiscalidade nem tanto pela compulsoriedade da exigência, que é comum, mas pela destinação e sobretudo a correlação com a cobertura do custo do serviço público."[20]

No Brasil, GILBERTO DE ULHÔA CANTO esclarece:[21]

"1.5. A Palavra 'parafiscalité' teria sido pela primeira vez empregada em 1947 no 'Inventário Schumann', elaborado pelo Ministro da Economia que lhe deu o nome. Abrangia exações pecuniárias compulsórias marcadas por algumas características que as diferenciavam dos tributos clássicos. Embora sob outros aspectos contribuições especiais já fossem conhecidas na Ciência das Finanças para identificar certas exações pecuniárias, as causas determinantes da ampliação das parafiscais são recentes.

1.7. Na sua concepção mais antiga, a parafiscalidade somente se corporificou em contribuições destinadas a objetivos sociais; mais tarde ela se espraiou pelo campo das relações entre sindicatos e órgãos de controle e disciplina de atividades profissionais e seus integrantes, e o da intervenção do Estado no domínio econômico. Essas modalidades, próprias da parafiscalidade social, corporativa e econômica, apresentavam traços comuns, como o caráter descentralizado da arrecadação, da aplicação e do controle dos recursos gerados, a urgência de sua criação e a disponibilidade e a setorialidade dos interesses protegidos.

1.8. As contribuições parafiscais têm natureza tributária, como sempre entenderam na sua maioria os autores clássicos que sobre a matéria opinaram na Itália e na França (entre outros, EMANUELE MORSELLI, HENRY LAUFENBURGER, JEAN GUY MERIGOT). (...)

---

[19] Termo "Parafiscalità". Enciclopédia *Garzanti* del Diritto. Itália: Garzanti,1993, reedição 1995. p. 854.

[20] FANTOZZI, Augusto. *Diritto tributario*. Torino: Utet, 1991, reimp. 1994. p. 65-66, em tradução livre minha.

[21] CANTO, Gilberto de Ulhôa. *Contribuições sociais*. São Paulo: Caderno de Pesquisas Tributárias, coedição Resenha Tributária e Centro de Extensão Universitária, 1991. v. 7, p. 27-29.

66 Direito Tributário • *Cassone*

1.9. No Brasil (...) quase todos os autores que versaram o tema antes da Constituição de 1988 concluíram que, sob a estrutura constitucional tributária brasileira as contribuições parafiscais sociais, corporativas e econômicas participavam da natureza de tributos com destinação específica do produto da respectiva arrecadação."

Enfim, o importante a observar é que, quando se quer saber o alcance do termo *parafiscalidade*, utilizado pela doutrina ou pela jurisprudência, deve-se ir mais a fundo, para examinar, no inteiro texto, os reais conteúdo, sentido e alcance que o autor quis dar à expressão.

Felizmente, a lei não tem utilizado esse termo. Mas, mesmo que um dia venha a utilizá-lo, teremos que recorrer ao art. 4º do CTN para ver a que espécie tributária pertence.

Isto porque, na vigente Constituição, cada espécie tributária é submetida a princípios comuns (a todas as espécies), assim como a princípios próprios.

3.12 EMPRÉSTIMOS COMPULSÓRIOS

Estabelece a CF/88:

"**Art. 148.** A União, mediante lei complementar, poderá instituir empréstimos compulsórios:

I – para atender a despesas extraordinárias, decorrentes de calamidade pública, de guerra externa ou sua iminência;

II – no caso de investimento público de caráter urgente e de relevante interesse nacional, observado o disposto no art. 150, III, *b*.

Parágrafo único. A aplicação dos recursos provenientes do empréstimo compulsório será vinculada à despesa que fundamentou a instituição."

Empréstimo compulsório nada mais é do que "empréstimo" (conceito do Código Civil) que deve ser feito obrigatoriamente pelos contribuintes eleitos pela norma impositiva.

Com efeito, *empréstimo*, por definição, é um contrato que, para ser celebrado, depende da vontade das partes contratantes.

Já o *empréstimo compulsório* pressupõe exclusão de vontade, pois a compulsoriedade contém em sua estrutura intrínseca e extrínseca a ideia de força, coatividade, ou seja, prestação pecuniária compulsória a que se refere o art. 3º do CTN, representando verdadeiro tributo restituível.[22]

---

[22] Significativa a exposição do Ministro Moreira Alves, em sua conferência inaugural para o 15º Simpósio realizado no CEU-SP em 20-10-90 sob a coordenação de Ives Gandra da Silva Martins e relatório de Vittorio Cassone e Fátima Fernandes Rodrigues de Souza, de cuja exposição seleciono o seguinte trecho: "Empréstimo, em Direito, é a devolução da própria coisa se infungível, ou de coisa equivalente se fungível. O que não é possível é, à capa de Empréstimo compulsório, o Estado arrecadar dinheiro e devolver pneu velho, ou devolver ações, ou devolver o que quiser, sob a alegação de que quem pode mais pode menos."

O STF tem decidido que o empréstimo compulsório tem natureza tributária (entre outros, despacho do Min. Celso de Mello no RE 198.081-8/RJ) (*DJU*-e-1, de 29-2-98, p. 4878/9), referindo a precedentes *(RTJ* 126/330-331; *RTJ* 127/1085; RE 156.524-SP, *DJU*, de 8-4-94). E no RE 146.615 decidiu pela constitucionalidade das Leis nºˢ 4.156/62 e 7.181/83, até o ex. de 1993, cf. art. 34, § 12, do ADCT da CF/88 (cf. despacho no AI 213.590-0/PR, *DJU*-e-1 19-5-98, p. 13).

Se é empréstimo, mesmo que compulsório, deve ser restituído na forma, prazo e espécie previstos pela lei instituidora, sob pena de desnaturá-lo (Ver RE 121.336).

3.13 JURISPRUDÊNCIA[23]

1. ÁGUA – serviço de fornecimento – adicional de tarifa – preço público

"Serviço de fornecimento de água. Adicional de tarifa. Legitimidade.

Mostra-se coerente com a jurisprudência do Supremo Tribunal o despacho agravado, ao apontar que o ajuste de carga de natureza sazonal, aplicável aos fornecimentos de água pela CAESB, criado para fins de redução de consumo, tem caráter de contraprestação de serviço e não de tributo. Precedentes: ERE 54.491, RE 85.268, RE 77.162 e ADC 09.

Agravo regimental desprovido" (Ag no RE 201.630-6-DF, STF, 1ª Turma, Ellen Gracie, unânime, 11-6-02, *DJU* 2-8-2002 – *RFDT*, v. 1, p. 211).

NOTA 1: Decisão monocrática da Min. Ellen Gracie, de 6-2-2006, no RE 471.119-SC (*DJU* 24-2-2006):

"1. Trata-se de recurso extraordinário interposto contra acórdão do Tribunal de Justiça do Estado de Santa Catarina que, considerando o caráter de preço público da remuneração paga pelo usuário do serviço de coleta de esgoto, julgou legítima a cobrança da chamada 'Taxa de Esgoto Sanitário'.

2. A jurisprudência desta Suprema Corte consolidou-se no sentido de que, não obstante a sua obrigatoriedade, a contraprestação ao serviço de esgotamento sanitário não tem caráter tributário. Trata-se, na realidade, de **tarifa**, não dependendo, portanto, da edição de lei específica para sua instituição ou majoração. Veja-se, sobre o tema, o RE 54.491, rel. Min. Hermes Lima, 2ª Turma, *DJ* de 15-10-1963. Esse entendimento continua sendo seguido neste Tribunal, conforme revelam os seguintes precedentes: RE 456.048-ED, rel. Min. Carlos Velloso, 2ª Turma, *DJ* de 30-9-2005; AI 409.693, rel. Min. Cezar Peluso, *DJ* de 20-5-2004, RE 330.353, rel. Min. Carlos Britto, *DJ* de 10-5-2005, entre muitos outros.

3. Diante do exposto, nego seguimento ao recurso (art. 557, *caput*, do CPC)."

NOTA 2: Ver ADI 3.421/PR, RE 607.056/RJ e Resp 1.117.903/RS.

2. ÁGUA canalizada – não incidência do ICMS

Do serviço "Noticias STF" de 07-01-2014 colhemos:

ICMS – E ao julgar o Recurso Extraordinário (RE) 607056, o Plenário entendeu, por maioria, que o ICMS não pode incidir no fornecimento de água canalizada. O Estado do Rio de Janeiro questionava decisão do Tribunal de Justiça fluminense (TJ-RJ) favorável a um condomínio. Segundo o TJ-RJ, o fornecimento de água potável é serviço essencial, o que afasta a cobrança de ICMS das empresas concessionárias. O STF rejeitou o recurso do Estado do Rio e manteve a decisão do TJ-RJ

Na ADI 2.224-5/DF, o STF já havia entendido não ser água canalizada mercadoria.

3. AFRMM – contribuição parafiscal ou especial – constitucionalidade (RE 177.137).

4. ATP – Adicional de Tarifa Portuária – Lei nº 7.700/88 (RE 209.365).

---

[23] É preciso acompanhar a evolução da jurisprudência do STF.

5. FGTS anteriormente à LC nº 110/2001 – exação estatutária (RE 109.249 e RE 226.855).

6. FGTS – LC nº 110/01 – contribuição social geral – exação tributária (ADI-MC 2.556).

7. Fundo Nacional de Telecomunicações (FNT) – preço público – sobretarifa – natureza jurídica de imposto – inconstitucionalidade (RE 117.315).

8. FUNRURAL – art. 195, I, CF – constitucionalidade (AgR no RE 211.190).

9. FUNRURAL – cobrança de empresa urbana – possibilidade (AgR no RE 238.206).

10. FUNRURAL – Lei nº 4.214/63 e DL nº 276/67 – natureza tributária – sujeição à decadência ou à prescrição dos arts. 173 e 174 do CTN (RE 86.595).

11. IAA – Instituto do Açúcar e do Álcool (IAA) – DLs. nºˢ 308/67, 1.712/79 e 1.952/82 – art. 149 CF/88 – recepção (RE 214.206).

12. PASEP – instituição pelo Estado – desvinculação – impossibilidade (ACO 621).

13. PIS/PASEP – Lei nº 9.715/98 – art. 239 da CF/88 – constitucionalidade (ADI 1.417).

14. PIS – DLs. nºˢ 2.445 (29-6-88) e 2.449 (21-7-88) – inconstitucionalidade (RE 148.754).

15. SALÁRIO-EDUCAÇÃO – CF/67-69 – contribuição especial não tributária (RE 83.662).

16. SALÁRIO-EDUCAÇÃO – contribuição social geral (RE 272.872).

17. SALÁRIO-EDUCAÇÃO – cobrança antes e após a CF/88 – legitimidade (AgR no RE 369.954). O STF editou a Súmula 732.

18. Seguro de Acidentes do Trabalho (SAT) – lei complementar – desnecessidade (RE 343.446).

19. SEBRAE – Contribuição de intervenção no domínio econômico (RE 635.682).

20. TAXA – coleta de lixo – base de cálculo – metragem da área utilizada para o IPTU – irrelevância (RE 232.393).

21. TAXA – coleta domiciliar de lixo e limpeza de logradouros – inviabilidade (RE 206.277).

22. TAXA – licença para localização e funcionamento – cobrança anual (AgR no RE 188.908 e RE 588.322).

23. TAXA – segurança para prevenção de incêndios – constitucionalidade – recurso extraordinário – taxas de limpeza urbana e de segurança (RE 229.232).

24. TAXA – custas e emolumentos extrajudiciais – Lei nº 8.935/94 (ADI-MC 1.378). Ver ADI 3.643, j. 8-11-2006.

25. TAXA – custas e emolumentos – isenção (ADI 1624, ADI 1444).

26. Taxa sobre atividades notariais e de serviço – produto da arrecadação destinado ao fundo de reaparelhamento do Ministério Público – constitucionalidade (ADI 3.028).

27. TAXA – iluminação pública – serviço indivisível (RE 233.332).

28. TAXA – serviços de segurança pública e defesa da cidadania – inconstitucionalidade – ADI – liminar deferida (ADI-MC 2.424).

29. TAXA – conservação e serviços de estradas de rodagem (RE 259.889).

30. TAXA – títulos e valores mobiliários – constitucionalidade (RE 177.835 e Súmula 665).

31. Taxa judiciária – deve ser proporcional ao custo (ADI 948).

> Súmula STF 667. Viola a garantia constitucional de acesso à jurisdição a taxa judiciária calculada sem limite sobre o valor da causa.

32. CPMF – EC nº 37/02, que, pelo art. 3º, acrescentou os arts. 84 e 85 ao ADCT da CF/88 – ADI julgada improcedente (ADI 2.666/DF).

3.14 QUESTIONÁRIO

1. *Dê a definição de tributo e o seu fundamento.*
2. *Distinga os tributos vinculados e não vinculados.*
3. *Qual é o efeito decorrente da EC nº 8/77?*
4. *Qual é a classificação de tributos adotada pelo STF?*
5. *Explique o art. 4º do CTN.*
6. *Dê um exemplo, pelo qual se nota a importância da classificação dos impostos (diretos e indiretos, pessoais e reais etc.).*
7. *Quanto à destinação, explique a diferença entre imposto, contribuição de melhoria e contribuição social.*
8. *Diga quais são os impostos ditos "regulatórios" e qual é sua finalidade.*
9. *Aponte as principais diferenças entre taxa e preço público (veja também a Jurisprudência).*

4

Princípios Constitucionais Tributários

ESQUEMA
- 4.1 Poder, competência e capacidade
- 4.2 Princípio da legalidade tributária
  - 4.2.1 Tipo tributário fechado
  - 4.2.2 Emenda Constitucional pode instituir tributo
  - 4.2.3 O Decreto e a delegação legislativa
    - 4.2.3.1 Delegação e obrigação acessória
- 4.3 Princípio da igualdade tributária
  - 4.3.1 A doutrina
  - 4.3.2 A jurisprudência do STF
- 4.4 Princípio da capacidade econômica
- 4.5 Princípio da capacidade contributiva
  - 4.5.1 Princípio da capacidade contributiva na Itália
- 4.6 Princípio da solidariedade social
- 4.7 Princípio da irretroatividade da lei
- 4.8 Princípio da anterioridade anual e nonagesimal da lei
  - 4.8.1 Anterioridade e Medida Provisória
  - 4.8.2 O art. 246 da CF
- 4.9 Princípio (técnica) da não cumulatividade
- 4.10 Princípio da razoabilidade ou proporcionalidade
- 4.11 Confisco
  - 4.11.1 Jurisprudência
- 4.12 Princípio da anualidade
- 4.13 Questionário

4.1 PODER, COMPETÊNCIA E CAPACIDADE

A Constituição de 1988, nas *"Limitações do poder de tributar"* (arts. 150-152), relaciona princípios que têm por fim dar segurança jurídica aos contribuintes.

Por isso, bem assentou o STF, na voz do Ministro Celso de Mello, Relator da ADI 712-2/DF (*DJU* 19-2-93), a teor da ementa a seguir parcialmente reproduzida:

Cap. 4 • Princípios constitucionais tributários **71**

"O exercício do poder tributário, pelo Estado, submete-se, por inteiro, aos modelos jurídicos positivados no texto constitucional que, de modo explícito ou implícito, institui em favor dos contribuintes decisivas limitações à competência estatal para impor e exigir, coativamente, as diversas espécies tributárias existentes.

Os princípios constitucionais tributários, assim, sobre representarem importante conquista político-jurídica dos contribuintes, constituem expressão fundamental dos direitos individuais outorgados aos particulares pelo ordenamento estatal. Desde que existem para impor limitações ao poder de tributar do Estado, esses postulados têm por destinatário exclusivo o poder estatal, que se submete à imperatividade de suas restrições".

Dentro dessa visão geral, é preciso distinguir entre o "Poder de tributar", "Competência tributária" e "Capacidade tributária", que, na lição de Geraldo Ataliba:[1]

"Há diferença entre poder, competência e capacidade? Sim.

Poder = o poder constituinte. **Competência** = a aptidão para criar tributos. **Capacidade** = a aptidão para arrecadar tributos.

Quem tem poder é o Estado; o Estado brasileiro tem poder, mas o Estado brasileiro se limitou no exercício do poder, porque como fez a Constituição, continuou tendo poder, mas limitou o exercício das manifestações de poder. Então, na verdade, como próprio do poder é de ser ilimitado, não há mais poder, porque o poder verdadeiro, ilimitado, é o poder constituinte. Mas o poder constituinte pratica o ato específico de constituir o Estado e estabelecer como as manifestações do poder do Estado serão disciplinadas. De maneira que, a partir do momento em que temos uma Constituição, não temos mais poder. Temos, isto sim, parcelas de poder que a Constituição outorga.

Num **Estado unitário**, esta dá poder jurisdicional a um conjunto de órgãos. Portanto, não dá todo o poder; dá poder jurisdicional (é uma parcela do poder) aos órgãos judiciários; dá parcelas de poder legislativo aos órgãos legislativos e parcelas de poder administrativo aos órgãos executivos.

O Estado tem poder, mas ele se disciplina e se contém ao uso do poder; e o exercício do poder é distribuído entre três órgãos.

No **Estado federal**, o problema é mais complexo, porque as manifestações de poder são repartidas entre o Estado federal e os Estados federados. Cada um tem exclusividade de competência no exercício de certas parcelas do poder. E entre essas parcelas repartem-se, em razão da natureza, as manifestações judiciárias, administrativas e legislativas.

Não há poder, o que há são competências, desde que haja uma Constituição. Poder de tributar, quem tem é o Estado; mas o Estado brasileiro é federal, é um Estado formado por diversos Estados. É um Estado que se define, como o fez o velho constitucionalista SAMPAIO DÓRIA, como *"autonomia recíproca da União Federal e dos Estados Federados, com base na Constituição"*. Mas no Brasil, há ainda um fenômeno que concorre para tornar mais especial a situação, sendo esta uma originalidade brasileira. O Município também recebe competência, diretamente, da Constituição. Portanto, juridicamente, é equiparado, é isônomo à União e aos Estados. O Município, da mesma forma que a União e os Estados, recebe competência para legislar, assim como para exercer competências executivas.

No Brasil, temos uma **tríplice repartição** do Poder Público e uma curiosa participação, que se dá em cada caso. União, Estados e Municípios têm seu Poder Legislativo, seu Poder Executivo; cada um tem uma parcela do poder, mas nenhum tem o **poder tributário**. Só o poder constituinte tem poder tributário e dele se utilizou, distribuindo as competências tributárias pela União, Estados e Municípios.

Daí, fica fácil definir **competência**: é a parcela de poder tributário, que a Constituição dá às pessoas políticas. (...)

---

[1] ATALIBA, Geraldo. *Interpretação no direito tributário*. Assembleia de 14-8-1971 do II Curso de Especialização em Direito Tributário promovido pela PUC/SP no segundo semestre de 1971, sob a coordenação de Geraldo Ataliba. São Paulo: Educ: Saraiva, 1975. p. 40-42.

Quando o legislador não diz '*o sujeito ativo é este; é X*', está dizendo, implicitamente, que o sujeito ativo é a pessoa de que ele, legislador, é expressão.

Se a lei federal cria um tributo e não diz, expressamente, quem é o sujeito ativo, essa pessoa é a União. Se a lei estadual cria um tributo e não diz, expressamente, quem é o sujeito ativo, implicitamente está dizendo que é o Estado. E a mesma coisa para o Município. Quando a lei quiser atribuir a **capacidade** a outra pessoa, precisará dizer, expressamente: sujeito ativo é o INPS, é o SESC, é o SENAI, é o INCRA, é o DER. A lei terá, portanto, que dizer, expressamente, quando queira dar a capacidade tributária a quem não seja pessoa política, de que ela, lei, é expressão."

Portanto, a Constituição outorga competência para instituir tributos tanto à União, como aos Estados, Distrito Federal e Municípios, e ao mesmo tempo estabelece **limites** a esse poder de tributar.

Tendo em vista que os Estados, Distrito Federal e Municípios são pessoas políticas de direito público interno autônomas, e que (juntamente com a União) compõem a *organização político-administrativa da República Federativa do Brasil* (art. 18), cabe-lhes, em suas Constituições, dispor sobre os tributos, **desde que** nos termos dispostos pela Constituição da República Federativa do Brasil.

4.2 PRINCÍPIO DA LEGALIDADE TRIBUTÁRIA

O princípio da legalidade tributária orienta a instituição ou majoração de todos os tributos, e tem sua matriz no art. 150, I, da CF/88:

"Art. 150. Sem prejuízo de outras garantias asseguradas aos contribuinte, é vedado à União, aos Estados, ao Distrito Federal e aos Municípios:

I – exigir ou aumentar tributo sem lei que o estabeleça."

Na CF/88, encontramos a explicitação desse princípio nos arts. 148, 149, 195/I-IV, 212/§ 5º, 239 e 240.

A legalidade tributária, também denominada de "estrita legalidade tributária", é identificada no art. 97, CTN, que dispõe:

"Art. 97. Somente a lei pode estabelecer:

I – a instituição de tributos, ou a sua extinção;

II – a majoração de tributos, ou sua redução, ressalvado o disposto nos arts. 21, 26, 39, 57 e 65;

III – a definição do fato gerador da obrigação tributária principal, ressalvado o disposto no inciso I do § 3º do art. 52, e do seu sujeito passivo;

IV – a fixação da alíquota do tributo e da sua base de cálculo, ressalvado o disposto nos arts. 21, 26, 39, 57 e 65;

V – a cominação de penalidades para as ações ou omissões contrárias a seus dispositivos, ou para outras infrações nela definidas;

VI – as hipóteses de exclusão, suspensão e extinção de créditos tributários, ou de dispensa ou redução de penalidades;

§ 1º Equipara-se à majoração do tributo a modificação de sua base de cálculo, que importe em torná-lo mais oneroso.

§ 2º Não constitui majoração do tributo, para os fins do disposto no inciso II deste artigo, a atualização do valor monetário da respectiva base de cálculo."

Cap. 4 • Princípios constitucionais tributários 73

O STF tem distinguido o princípio geral da legalidade (art. 5º, II, CF/88) do princípio da estrita legalidade (art. 150, I, CF/88).

Exemplo: RMS 25.476/DF (*DJe*-099, public. 26-5-2014); RE 186.359/RS (*DJ* 10-5-2002, p. 53).

4.2.1 Tipo tributário fechado

Em face do disposto nos arts. 146 e 150, I, CF, e 97, CTN, a doutrina construiu o denominado "tipo tributário fechado" ou "tipicidade cerrada", no sentido de que a lei instituidora do tributo (LO ou LC) deve conter os elementos do fato gerador, pois, mesmo que falte somente um – por exemplo, a alíquota – , deve ser completado com uma outra lei, e a partir desta é que se considera instituído o fato gerador.

Na ADI 1.600-8-DF, do voto do Redator para o acórdão, Min. Nelson Jobim, transcrevo trecho de fls. 1.850: "A Lei Complementar efetivamente é omissa na '...*disciplina de elementos fundamentais, necessários à instituição do imposto sobre...*' o transporte de passageiros."

4.2.2 Emenda Constitucional pode instituir tributo

Nos itens anteriores, vimos que o tipo tributário é "fechado", no sentido de que cabe à Lei Ordinária (ou Complementar) prever *todos* os elementos do fato gerador, hipótese em que estará apta a produzir efeitos tributários.

Embora hipótese rara (PIS – EC 10/96), o tributo pode ser também instituído por Emenda Constitucional, devendo, para tanto, conter todos os elementos do fato gerador. Nesta hipótese, a EC desempenha o papel reservado à lei infraconstitucional, podendo, destarte, o tributo, ser regulamentado por normas infralegais.

4.2.3 O Decreto e a delegação legislativa

Qual o campo de atuação do Decreto, na regulamentação de lei tributária, é questão que tem ensejado intensos debates, doutrinários e jurisprudenciais, e certamente novas situações se apresentarão, em face do impressionante dinamismo da legislação tributária.

Para bem examinar a matéria, partimos da Constituição de 1988, que estabelece:

"Art. 84. Compete privativamente ao Presidente da República:

IV – sancionar, promulgar e fazer publicar as leis, bem como expedir decretos e regulamentos para sua fiel execução."

Resulta da interpretação do inciso IV do art. 84, CF, que o ordenamento jurídico brasileiro não autoriza o denominado "*regulamento autônomo*" – no sentido de "substituir" a lei, ou seja, não há, no Direito Tributário, regulamento que inove a ordem jurídico--tributária, em face do princípio da legalidade tributária.

74 Direito Tributário • *Cassone*

Isso, todavia, não quer dizer que o Regulamento não tenha nenhum campo de atuação, fora da Lei, pois, como veremos mais adiante, tanto o cumprimento da obrigação tributária principal, quanto as obrigações acessórias, podem ser objeto de Regulamento, se, para sua execução, a Lei for insuficiente.

É nesse sentido que se manifesta ZANOBINI (*Corso di diritto amministrativo*, 6. ed., 1950, v. I, p. 60), citado por JOSÉ CRETELLA JÚNIOR:[2]

> "A categoria mais vasta das leis, em sentido material apenas, é constituída pelos regulamentos, ou seja, por normas jurídicas, que as autoridades do Poder Executivo editam, por competência própria, em virtude de atribuição constitucional ou legal. Os regulamentos assumem, no direito administrativo, importância maior em todos os ramos do direito."

Esclarece, ainda, CRETELLA JÚNIOR (p. 354):

> "Dentro da realidade brasileira, o **regulamento autônomo** inexiste, embora a doutrina estrangeira, em especial a italiana, o admita. Entre nós, o *regulamento* existe em função da lei da qual é complemento. Não se confunde o *regulamento* com a lei, de modo algum podendo aquele ultrapassar os limites a esta conferidos. (...) Entre a *lei* e o *regulamento* – escreve ALESSIO – existe diferença de forma, que não se reflete sobre o conteúdo, mas pode refletir-se sobre a diversa essência jurídica dos dois atos. Ambos os atos criam normas, mas um supõe a relação de subordinação relativamente ao outro (*Istituzioni di diritto amministrativo*, 4. ed., 1949, v. 1, p. 124)."

Na ADI-MC 1.296-7-PE (STF, Celso de Mello, unânime, 14-6-1995, *DJU* 10-8-1995), o Pleno examinou a *delegação legislativa externa* (por meio de lei delegada, e não através de Decreto), de cuja ementa destacamos:

> "O legislador não pode deslocar para a esfera institucional de atuação do Poder Executivo o exercício do poder de regulação estatal incidente sobre determinadas categorias temáticas – (a) a outorga de isenção fiscal, (b) a redução da base de cálculo tributária, (c) a concessão de crédito presumido e (d) a prorrogação dos prazos de recolhimento dos tributos –, as quais se acham necessariamente submetidas, em razão de sua própria natureza, ao postulado constitucional da reserva absoluta de lei em sentido formal."

Da ADI-MC 673-8/DF, reproduzimos a ementa, e trechos de votos:

EMENTA:

> "AÇÃO DIRETA DE INCONSTITUCIONALIDADE. Liminar. Decreto nº 430/92 que estabelece exigência de precatório judicial para pagamento devido pela União, suas autarquias e Fundações, decorrentes de decisão judicial.
>
> Art. 3º e seu parágrafo único: **natureza normativa e autônoma**, desvinculada da lei regulamentada. Ação Direta de Inconstitucionalidade, nessa parte, conhecida.
>
> Medida Cautelar deferida para suspender a eficácia das referidas normas." (*grifamos*)

VOTOS:

PAULO BROSSARD – Relator (fls. 13):

> "24. Copiando, literalmente copiando a Constituição, o Decreto pretenderá rebaixar a Constituição na hierarquia das normas, fazendo-a regulamento? Da Constituição pode dizer-se que é ouro,

---

2 CRETELLA JÚNIOR, José. *Enciclopédia Saraiva do Direito*, v. 64/353.

Cap. 4 • Princípios constitucionais tributários **75**

prata, a lei, enquanto o regulamento não passaria de cobre. Reescrevendo a norma constitucional e inserindo-a num regulamento, o Decreto estaria realizando, às avessas, o sonho dos alquimistas, transformando o ouro em cobre. **Essa reescrita** não tem nenhuma razoabilidade e nenhuma utilidade. **Mas não caracteriza inconstitucionalidade**.

Ainda uma vez recordo a lição de PONTES DE MIRANDA:

"na regulamentação, o Poder Executivo **costuma reproduzir textos** *da lei regulamentada. Tal reprodução nada acrescenta à eficácia da lei, nem a pode alterar. As próprias leis soem inserir no seu texto regras jurídicas que constam da Constituição federal ou estadual. Isso não tem outra significação que a de citação em texto de lei, e de modo nenhum pode atingir o sentido, que é o da regra jurídica constitucional segundo a sua letra e a interpretação que se lhe dá no sistema jurídico constitucional"*, Comentários, 1970, III, 315.

25. Tenho como certo, o fato de um decreto reproduzir artigo da Constituição não o transforma em norma regimental; o mesmo vale dizer em relação a artigo de lei; repetir lei ou repetir preceito constitucional, a pretexto de regulamentar, configura exercício irregular de poder de expedir regulamentos para fiel execução das leis; **as normas**, constitucionais ou legais, **inseridas no regulamento, nada acrescentam** a este e este nada acrescenta à lei copiada e à Constituição reescrita; seu valor é nenhum."

MOREIRA ALVES (fls. 60):

"De outra parte, na regulamentação se impõe, muitas vezes, a necessidade de **transcrição de textos legais** ou até de textos constitucionais para o encadeamento do texto regulamentador."

CARLOS VELLOSO (fls. 37):

"Senhor Presidente, mais uma palavra a respeito da tese no sentido de que não pode o Chefe do Poder Executivo regulamentar outras leis que não as leis puramente administrativas. Na verdade, não há, na Constituição, uma literal disposição no sentido de que o Presidente da República não pode regulamentar leis que não sejam as **leis puramente administrativas**. Assim, literalmente, não está escrito na Constituição. A afirmativa no sentido de que o Presidente da República somente pode regulamentar leis administrativas encontra apoio nos princípios constitucionais que a Constituição consagra, nas competências que a Constituição confere aos exercentes das funções estatais, legislativa, executiva e jurisdicional. Regulamentando norma que não esteja abrangida nas suas atribuições, nas suas funções, o Poder Executivo extrapola de seus poderes e invade competência do Congresso. O que é certo é que o princípio da separação dos Poderes, dos maiores princípios que a Constituição consagra, tanto que lhe dá *status* de princípio limitador da ação do constituinte derivado ou de revisão constitucional (C.F., art. 60, § 4º), e o princípio da legalidade (C.F., art. 5º, II), balizam e limitam a ação do Executivo na expedição do regulamento, que é ato normativo secundário."

CELSO DE MELLO (fls. 39-42):

"É preciso ter presente que o controle concentrado de constitucionalidade *tem uma só finalidade*: propiciar o julgamento, em tese, em face da Constituição, da validade de um ato estatal qualificado, porque revestido de *conteúdo normativo*, viabilizando, assim, a defesa objetiva da ordem constitucional. (...)

A jurisprudência do Supremo Tribunal Federal, tendo presente essa exigência de **normatividade qualificada**, tem-se orientado no sentido de *repelir* a possibilidade de controle jurisdicional de constitucionalidade, por via de ação, nas situações em que a impugnação 'in abstrato' incide sobre atos que, inobstante veiculadores de conteúdo normativo, ostentam caráter meramente ancilar ou secundário em função das leis a que aderem e cujo texto pretendem regulamentar. Em tais casos, o eventual **extravasamento** dos limites impostos pela lei caracterizará situação de **mera ilegalidade**, *inapreciável* em sede de controle concentrado de constitucionalidade. (...)

Daí a advertência de DIÓGENES GASPARINI (*Poder regulamentar,* 2. ed. São Paulo: Revista dos Tribunais, 1982. p. 64-65), cujo magistério ressalta, *verbis*:

76 Direito Tributário • *Cassone*

"Outra faceta dos **regulamentos subordinados** é a de não poder o Executivo, a pretexto de regulamentar uma dada lei, impor a sua interpretação. Essa regulamentação disfarçada da lei iria muito além da atribuição que vimos examinando. A **única interpretação** aceita pelo sistema é a realizada pelo Judiciário, o único a dizer a palavra final. Nem mesmo a **interpretação** levada a efeito pelo Poder Legislativo, chamada de **autêntica**, é aceita, já que é entendida como **nova lei**, modificadora daquela dita interpretada. Com precisão, ensina Pontes de Miranda que, onde a lei oferece dúvida, não é ao Executivo que toca varrê-la; e enfatiza o ilustre Geraldo Ataliba: '*a interpretação da lei, expressa no regulamento, não é vinculada senão para os subordinados hierárquicos do Presidente da República; não é mais autorizada que qualquer outra, doutrinária ou jurisprudencialmente; esta, pelo contrário, sempre sobrepuja à primeira*'.

Essa anômala utilização do regulamento, contudo, não tem a virtude de conferir-lhe a natureza de ato autônomo ou de contaminar-lhe a validade jurídica, sob o prisma de sua compatibilidade vertical com o texto da Constituição."

É essa a linha de interpretação que vem sendo adotada pelo STF, como veremos logo adiante.

4.2.3.1 *Delegação e obrigação acessória*

A título de *exemplo,* de delegação legislativa, de natureza normativa, transcrevemos disposição da Lei nº 9.779/99, e correspondente disposição do CTN:

Lei nº 9.779, de 19-1-99:

"Art. 16. Compete à Secretaria da Receita Federal dispor sobre as **obrigações acessórias** relativas aos impostos e contribuições por ela administrados, estabelecendo, inclusive, a **forma, prazo** e **condições** para o seu cumprimento e o respectivo **responsável**."

Código Tributário Nacional:

"Art. 113. A obrigação tributária é principal e acessória.

§ 1º A obrigação principal surge com a ocorrência do fato gerador, tem por objeto o pagamento de tributo ou penalidade pecuniária e extingue-se juntamente com o crédito dela decorrente.

§ 2º A obrigação acessória decorre da legislação tributária e tem por objeto as prestações, positivas ou negativas, nela previstas no interesse da arrecadação ou da fiscalização dos tributos.

§ 3º A obrigação acessória, pelo simples fato da sua inobservância, converte-se em obrigação principal relativamente a penalidade pecuniária."

Pelo visto, o CTN distingue, claramente, a obrigação principal (tributo) da acessória (cumprimento e descumprimento).

O fato de converter-se, o *quantum* das penalidades, em obrigação tributária, não lhe retira a natureza acessória. Dando-lhe o *status* de principal, submete-a à executoriedade, juntamente com a obrigação principal.

Diante de tais normas estabelecidas pelo CTN, podemos dar nossa *interpretação,* concisa, aos vocábulos constantes do art. 16 da Lei nº 9.779/99:

1. *obrigações acessórias* – tanto podem ser fixadas em LEI, quanto em ato infralegal. É o legislador que tem a discricionariedade. Todavia, as obrigações ditas de *substanciais,* são, geralmente, estabelecidas em lei, com a utilização de critérios que mantenham a mesma disposição contida no

art. 97, CTN. Obviamente, o Poder Legislativo deixará para o Poder Executivo o estabelecimento de obrigações acessórias que dizem direta relação de conveniência e oportunidade deste Poder.

2. *forma* – diz respeito ao modo de cumprir a obrigação, utilizando-se destes ou daqueles formulários; recolhimento pela forma centralizada no estabelecimento matriz, ou forma descentralizada;

3. *prazo* – é deixado para o Poder Executivo, tendo em vista que o art. 97 do CTN não submete a sua fixação ao primado da lei (RE 140.669);

4. *condições* – são aspectos que devem ser observados, para que o cumprimento da obrigação se considere satisfeito. Podem, também, consistir em aspectos que, conforme a situação, podem favorecer o contribuinte. *Exemplo*: opção por pagamento *parcelado*, que importe (*condição*) em confissão irretratável da dívida. A legislação tributária prevê uma série de *condições*, inclusive para usufruir incentivos fiscais, aspectos que devem ser examinados em cada caso concreto, para ver se a exigência é legal, e/ou se a lei é autoaplicável.

O VI Simpósio Nacional de Direito Tributário examinou o "Princípio da Legalidade". Após os debates, o Plenário concluiu:[3]

"*1ª PERGUNTA*: O direito tributário brasileiro consagra a reserva formal da lei ou apenas a reserva absoluta?

Resposta: O direito tributário brasileiro consagra ambas as reservas, entendendo-se por reserva formal da lei o fato de ser indispensável ato legislativo (art. 46/III até VI da CF – *lei ordinária, lei delegada, decreto-lei e decreto-legislativo*) como veículo para instituir ou alterar tributos, e como reserva absoluta o fato de competir à lei a descrição de todos os elementos do tipo tributário (tipo cerrado). Decreto-lei pode instituir ou aumentar tributo desde que observados, cumulativamente, os requisitos constitucionais da urgência e interesse público relevante.

NOTA: Gilberto de Ulhôa Canto (p. 296 do Caderno nº 6), assinalou: '*Na verdade, a comissão que elaborou o anteprojeto (do CTN) entendeu que o CTN deveria ser explícito na enumeração pormenorizada de todos os elementos que, pela sua importância para o nascimento da obrigação tributária, a respectiva exteriorização e a constituição do resultante crédito tributário, deveriam ser matéria submetida ao princípio da reserva da lei; e, bem assim, sobre a definição e a sanção do ilícito tributário. Por outro lado, ao enunciar as diferentes normas integrantes da 'legislação tributária', o CTN nenhuma alusão fez aos decretos-leis, pela simples razão de que eles só foram previstos posteriormente, pela Carta de 1967, e só se tornou – para nós – indubitável que estes são lei para efeitos da observância do princípio da reserva legal em matéria de impostos, a partir de quando, pela Emenda Constitucional nº 1, de 1969, ao item II do art. 55 da Carta de 1967 foram acrescentadas as palavras '...inclusive normas tributárias;', após as palavras '...finanças públicas...'. Ora, a expressão 'normas tributárias' inclui a criação e a majoração de impostos, sem qualquer dúvida.*'

2ª PERGUNTA: Pode haver delegação da lei ao Executivo para fixação das condições e amplitude dos incentivos fiscais?

Resposta majoritária: O Executivo só pode alterar base de cálculo e alíquota dos tributos referidos no art. 21, I (*I*), II (*IE*), V (*IPI*) e § 2º (*atuais contribuições do art. 149*) da CF, obedecidos os limites e condições definidos na lei. Com esses mesmos balizamentos e apenas para esses tributos, o Executivo poderá fixar a amplitude de incentivos fiscais. Os incentivos de natureza financeira observam o princípio da reserva relativa da lei (art. 153, § 2º da CF – *princípio geral da legalidade*).

---

[3] O VI Simpósio Nacional de Direito Tributário foi realizado em 10-10-81 no Centro de Estudos de Extensão Universitária em São Paulo, sob a coordenação de Ives Gandra da Silva Martins e conferência introdutória de Hamilton Dias de Souza. O *Caderno de Pesquisas Tributárias nº 6*, Editora Resenha Tributária, 1981, contém estudos dos seguintes tributaristas: Aires Fernandino Barreto, Anna Emilia Cordelli Alves, Antonio José da Costa, Aurélio Pitanga Seixas Filho, Carlos Celso Orcesi da Costa, Cecília Maria Piedra Marcondes, Célio de Freitas Batalha, Dejalma de Campos, Dirceu Antonio Pastorello, Edda Gonçalves Maffei, Fabio de Sousa Coutinho e Gilberto de Ulhôa Canto, Hugo de Brito Machado, Ives Gandra da Silva Martins, José Eduardo Soares de Melo, Ricardo Mariz de Oliveira, Wagner Balera, Ylves José de Miranda Guimarães, Yonne Dolácio de Oliveira, Yoshiaki Ichihara. As conclusões do Simpósio constam do *Caderno de Pesquisas Tributária nº 7*, de 1982, p. 267-275, conforme relatório (e leve apreciação crítica) de Vittorio Cassone.

78 Direito Tributário • *Cassone*

Resposta minoritária: Não pode fixar condições nem ampliar incentivos fiscais, dado o caráter tributário e por isso devem obedecer aos pressupostos dos princípios da legalidade e tipicidade.

3ª PERGUNTA: Pode o Regulamento criar obrigações tributárias acessórias?

Resposta: As obrigações acessórias podem ser estabelecidas em Regulamento, desde que autorizadas pela lei como instrumentos necessários à arrecadação e à fiscalização do tributo. O art. 153, § 2º da CF (princípio geral da legalidade), aplicável à hipótese, não impõe a reserva absoluta da lei.

4ª PERGUNTA: Quais os limites constitucionais da delegação de competência legislativa tributária?

Pode a lei facultar ao Poder Executivo:

a) alteração de alíquotas ou base de cálculo do imposto de renda na fonte?

b) relacionar os produtos sujeitos ao Imposto de Exportação?

Respostas:

a) A lei não pode facultar ao Executivo a alteração de alíquotas ou bases de cálculo do imposto não excepcionado pela CF, como o Imposto de Renda.

b) Não pode a lei facultar ao Executivo relacionar os produtos sujeitos ao Imposto de Exportação. A prerrogativa constitucional respeita apenas à possibilidade de alteração das alíquotas e bases de cálculo existentes.

5ª PERGUNTA: Compete ao Legislativo ou Executivo a fixação de planta de valores para determinação da base de cálculo do IPTU?

Resposta majoritária: É de competência exclusiva do Executivo a apuração do valor venal, que é a base de cálculo do IPTU, prevista em lei. Compete ao Executivo, pois, a fixação da planta de valores.

1ª Resposta minoritária: Compete à lei estabelecer critérios de apuração da base de cálculo do IPTU, suficientemente claros e determinados, com base nos quais o Poder Executivo poderá fixar planta de valores.

2ª Resposta minoritária: A fixação de planta de valores deve ser feita por lei, já que o conceito de valor venal referido na descrição do fato gerador do IPTU não é suficiente para determinação da obrigação tributária.

NOTA: a resposta vencedora (majoritária) foi encaminhada por Aires Fernandino Barreto. A 1ª resposta minoritária foi encaminhada por José Carlos Graça Wagner, e a 2ª minoritária por Adahir Adami. Nós nos filiamos à 1ª resposta minoritária."

Embora o VI Simpósio tenha sido realizado no longínquo 1981 e em face da Carta de 1967/69, suas conclusões, quanto menos, servem de reflexão.

4.3 PRINCÍPIO DA IGUALDADE TRIBUTÁRIA

Em matéria tributária, o princípio da igualdade é encontrado no art. 150, II, da CF/88 (*igualdade perante a lei* – Pertence, voto no RE 150.755).

"Art. 150. Sem prejuízo de outras garantias asseguradas ao contribuinte, é vedado à União, aos Estados, ao Distrito Federal e aos Municípios:

II – instituir tratamento **desigual** entre contribuintes que se encontrem em situação **equivalente**, proibida qualquer distinção em razão de ocupação profissional ou função por eles exercida, independentemente da denominação jurídica dos rendimentos, títulos ou direitos."

A desigualdade pode ser em relação a pessoas, bens, atividade econômica, situação jurídica e, até, situação de fato, mesmo que este fato, que desiguala, seja unitário ou momentâneo.

Esse princípio, da igualdade *tributária*, distingue-se do princípio da igualdade *genérica*, constante do *caput* do art. 5º, CF/88:

> "Art. 5º Todos são **iguais** perante a lei, sem distinção de qualquer natureza, garantindo-se aos brasileiros e aos estrangeiros residentes no país a inviolabilidade do direito à vida, à liberdade, à igualdade, à segurança e à propriedade, nos termos seguintes:"

A igualdade consta, ainda, do "preâmbulo" da CF, motivo pelo qual Geraldo Ataliba a ele se referia como "*o maior entre os princípios*".

A igualdade serve para comparar situações iguais e desiguais, e não se confunde com a "capacidade contributiva". O instituto da *capacidade contributiva* serve para examinar e adequar a *densidade da tributação*. Se a tributação for irrazoável ou desproporcional, superando a capacidade contributiva, o excesso, conforme o caso, pode ser vedado. Poderá, ainda, a tributação, ir além, caso em que pode caracterizar *confisco*. Em suma:

1. *Igualdade* = compara a tributação entre situações fáticas iguais e desiguais;

2. *capacidade econômica* = leva em consideração o conjunto dos bens, direitos e obrigações. É maior do que a capacidade contributiva;

3. *capacidade contributiva* = examina a densidade de uma determinada tributação, estabelecida em base razoável e proporcional ao proveito;

4. *confisco* = correlaciona a tributação ao proveito. Se a tributação for irrazoável ou desproporcional à capacidade contributiva, a tributação excedente poderá ser vedada. Atingindo substancialmente a capacidade econômica, o *confisco* poderá ficar caracterizado, total ou parcialmente.

4.3.1 A doutrina

Atribui-se a ARISTÓTELES o mérito de dar relevância ao princípio da igualdade.[4]

Hodiernamente, NORBERTO BOBBIO, após distinguir entre a justiça (que é um *ideal*) e a igualdade (que é um *fato*), esclarece:[5]

> "Segundo a distinção tradicional, que remonta a ARISTÓTELES, entre **justiça comutativa** (que tem lugar na relação entre as partes) e **justiça distributiva** (que tem lugar nas relações entre o todo e as partes, ou vice-versa), as situações nas quais é relevante que exista ou não **igualdade** são sobretudo duas:
>
> *a) situação de justiça retributiva* – aquela na qual estamos diante de uma ação de dar (ou fazer), da qual se deva estabelecer a correspondência anterior com um ter ou posterior com um receber, de onde resulta a sequência ter-dar-receber-ter, em que:
>
> – a situação se caracteriza por uma relação bilateral e recíproca;
>
> – o problema da **igualdade** se apresenta como um problema de *equivalência* de **coisas** (o que se dá deve ser equivalente ao que se tem, o que se recebe ao que se tem).

---

[4] Aristóteles (Stagira 384 – Calcide 322 a.C.) é discípulo de Platão. Entre as suas obras, duas são particularmente relevantes para o direito e para o estado: *Ética e Política*. Aristóteles, diferentemente de Platão, mesmo com alguma incerteza, concebe a justiça (*dikaion*) como virtude social, que concerne a relação com os outros.

[5] BOBBIO, Norberto (1909). *Igualdade e liberdade*. 2. ed. Rio de Janeiro: Ediouro, 1997. p. 18-21. Título original: *Eguaglianza e Libertà*, 1995. Tradução de Carlos Nelson Coutinho.

b) situação de justiça atributiva – aquela na qual nos encontramos diante do problema de atribuir vantagens ou desvantagens, benefícios ou ônus, direitos ou deveres (em termos jurídicos), a uma pluralidade de indivíduos pertencentes a uma **determinada categoria**, em que:

– a situação se caracteriza por uma relação multilateral e unidirecional;

– o problema de **igualdade** se apresente como problema de *equiparação* de **pessoas** (trata-se, por exemplo, de equiparar, na relação entre cônjuges, a mulher ao marido, ou, na relação de trabalho, os operários aos empregados).

(...)

Para além das duas formas de justiça retributiva e atributiva, a igualdade tem a ver com a justiça também em um outro sentido, ou seja, em relação à chamada *regra de justiça*.

Por *regra de justiça*, entende-se a regra segundo a qual *se devem tratar os iguais de modo igual e os desiguais de modo desigual*.

A regra de justiça pressupõe que já tenham sido resolvidos os problemas que pertencem à esfera da justiça retributiva e da justiça atributiva, ou seja, pressupõe que já tenham sido escolhidos os critérios para estabelecer quando **duas coisas** devem ser consideradas **equivalentes** e quando **duas pessoas** devem ser consideradas **equiparáveis**. Somente depois que estes critérios foram escolhidos é que a regra de justiça intervém para determinar que sejam tratados do mesmo modo os que se encontram na **mesma categoria**."

De FELIX OPPENHEIM, selecionamos os seguintes trechos:[6]

"Essencialmente concebido, um sistema **moral** ou **jurídico** é igualitário, se *todos* os benefícios ou encargos forem distribuídos, em partes iguais, por *todos*. É este o **princípio aristotélico** da Igualdade numérica – *'serem igual e identicamente tratados no número e volume das coisas recebidas'* (*Política*, 1301 b) –, aplicado a tudo quanto cada um deve receber ou renunciar. É também esse o princípio utilitarista enunciado por MILL – *'todos contam por um, ninguém por mais de um'* – na distribuição de todos os benefícios e gravames. (...)

Se igualmente significasse partes iguais de tudo para todos, todas as regras existentes seriam, na prática, não igualitárias.

O mesmo ARISTÓTELES ampliou o critério de igualitarismo para abranger as regras que atribuem *'partes iguais aos iguais'*, ou seja, partes iguais de qualquer tipo especificado aos que forem iguais em alguma característica específica. Inversamente, uma regra é não igualitária *'quando os iguais têm partes desiguais ou os não iguais partes iguais'*. (...)

Somos compelidos a considerar igualitária a atribuição de benefícios maiores aos mais necessitados e a prescrição de **impostos progressivos** sobre a renda. E o são se o igualitarismo for entendido no sentido da *'Igualdade proporcional'* ou da *'Igualdade das relações'* de ARISTÓTELES (*Política*, 1301 b). (...)

ARISTÓTELES contrapõe às vezes a Igualdade, não à Igualdade proporcional em geral, mas à *"Igualdade proporcional ao **mérito**"* (*Política*, 1301 a). A quantidade de benefícios há de ser proporcionada ao grau, não de uma característica qualquer dos beneficiários, hipoteticamente definida por uma regra, mas de uma característica específica, o mérito relativo. Quanto mais uma pessoa merece, maior valor será a sua recompensa; por isso, partes iguais a pessoas de iguais merecimentos. Qualquer critério de distribuição que descure então o mérito não será realmente igualitário. (...)

Atualmente, a versão mais comum da Igualdade proporcional é a seguinte: uma regra de distribuição é igualitária se, e apenas se, as diferenças na distribuição correspondem a **diferenças relevantes** das características pessoais; por outras palavras, se a característica especificada é relevante em relação ao gênero de benefícios ou encargos a distribuir. Sendo a idade e a cidadania relevantes

---

6 8OPPENHEIM, Felix E. *Dicionário de política*. Brasília: 9. ed. UNB,1997. v. 1, p. 597. Título original: *Dizionario di politica*. Itália: Utet, 1983. Coordenadores: Norberto Bobbio, Nicola Matteucci e Gianfranco Pasquino.

com relação ao direito de voto, é igualitário limitar o privilégio aos cidadãos adultos. A riqueza é relevante para a imposição do imposto; portanto, o **imposto fixo** ou o **imposto progressivo** sobre a renda são igualitários. Inversamente, uma regra é inigualitária, tanto se se baseia em diferenças de características não relevantes, como se não leva em conta as relevantes. Sexo, cor ou riqueza não são relevantes para o fato de votar; a limitação deste direito aos homens, ou aos brancos, ou aos proprietários, não é igualitária. A **riqueza** é relevante para a tributação; por conseguinte, o **imposto indireto** é inigualitário, pois impõe uma contribuição de igual medida aos adquirentes pobres.

Tal como o mérito do indivíduo, a relevância de uma característica pessoal é um termo avaliatório e não descritivo. Enquanto que o atribuir a uma pessoa características como a idade ou a renda constitui um **dado de fato**, os juízos que estabelecem que tais características são relevantes ou não em relação a um certo tipo de distribuição são **juízos de valor**. O fato de que a idade seja importante para votar, mas que não o seja a cor, não significa de modo algum que seja justo exigir uma idade mínima para votar, mas que seja injusto basear o direito do voto na cor. É inigualitário – e isto quer dizer que é injusto – tratar de modo desigual pessoas que possuem em comum a mesma **característica relevante**; mas as concessões desiguais a pessoas que são diferentes sob aspectos relevantes são igualitárias, isto é, justas. Ou melhor, 'uma diferença de tratamento exige uma *justificação* relativa às diferenças *relevantes* e suficientes que existem entre quem tem direito' (GINSBERG, 1965, 79)." (*grifamos*)

Da decisão monocrática do eminente Ministro JOAQUIM BARBOSA, do Supremo Tribunal Federal (Ação cautelar nº 102-1-PR,17-10-03, proposta pela União/Fazenda Nacional, *PFN – Fabrício da Soller, DJU* 31-10-2003, p. 34 – *RDDT* 100/212) – em que certa empresa, importadora de pneus e outras peças, impetrou Mandado de Segurança, pretendendo, também para si, a redução em 40% da alíquota do imposto de importação prevista no art. 51' da Lei nº 10.182/01, reproduzimos o seguinte trecho:

"No caso em tela, a reversão da discriminação por meio do Judiciário implicaria no acréscimo de hipóteses não previstas na lei que determinou os privilégios.

Como afirma Helmut Simon, ao se referir aos limites da faculdade de interpretação da jurisdição constitucional na Alemanha, o que perfeitamente se aplicaria ao caso brasileiro:

'Na interpretação e aplicação do princípio da igualdade, há que se confiar ao legislador uma *considerável margem de configuração.*'

O Supremo Tribunal Federal pode e deve corrigir qualquer violação ao princípio da igualdade. Isto é certo. No entanto, o Estado Democrático de Direito somente pode permitir a existência de uma igualdade conforme a lei. Assim, não é possível a este Tribunal acrescentar exemplos à lei, sob pena de frustrar o molde institucional sob o qual as democracias ocidentais acreditam ser o mais eficiente para promover a igualdade: a separação dos poderes."

De KLAUS TIPKE, extraímos os seguintes trechos:[7]

"O princípio da igualdade, segundo o qual todos os homens são iguais perante a lei, está contido em muitas constituições do mundo. Muitas constituições contêm até normas especiais sobre **direito tributário**, quando determinam que todos os cidadãos devem ser igualmente tributados de acordo com sua capacidade de contribuição e que não deve existir nenhum privilégio em matéria de impostos. Tais normas prescrevem, em outras palavras, a igualdade da tributação (Em nota de rodapé: já no art. 13 da Declaração dos Direitos do Homem e do Cidadão, de 3-11-1789, se dizia: *'Para a manutenção do poder público e para o custeio de administração é absolutamente necessária uma contribuição de todos: essa contribuição deve ser igualmente repartida entre todos os cidadãos do Estado na proporção do seu patrimônio'.* (...)

---

[7] TIPKE, Klaus. Princípio de igualdade e ideia de sistema no Direito Tributário. In: *Estudos em homenagem ao Prof. Ruy Barbosa Nogueira*. São Paulo: Saraiva, 1984. p. 515-527. Tradução de Brandão Machado. Klaus Tipke é professor na Universidade de Colônia, Alemanha.

82   Direito Tributário • *Cassone*

Em uma série de decisões do Tribunal Constitucional Federal se diz que o princípio da igualdade impõe que apenas os casos *iguais* sejam tratados igualmente. (...)

A *igualdade*, que se distingue da identidade, **é *sempre relativa*. O que é completamente igual é idêntico**. O princípio de que o igual deve ser tratado igualmente não quer dizer idêntico, mas relativamente igual. Quando se pretende aplicar corretamente o princípio de igualdade, deve-se apurar a exata relação, perguntando-se: igual em relação a quê (em que relação?). Quaisquer diferenças podem, pois, não justificar o tratamento desigual. **Para a comparação relativa torna-se necessário um critério de comparação**. Logra-se extrair um critério concreto de comparação do *princípio de sistematização*, isto é, do motivo ou da valoração que constitui o fundamento da lei. **O princípio é o critério de comparação ou de Justiça estabelecido compulsoriamente pelo legislador para determinados assuntos disciplinados**. (...)

O Tribunal Constitucional Federal Alemão pôs apodicticamente em relação as alíquotas progressivas do imposto de renda com o princípio de igualdade. **A progressividade**, a meu ver, **rompe com a igualdade**. Mas esse rompimento é justificado pelo princípio do Estado social, que tem por objetivo, entre outros, a distribuição da renda e do patrimônio, a correção da distribuição da riqueza. A **tributação progressiva da renda** é política social da lei tributária." (*grifamos*)

O Prof. GILMAR MENDES explica:[8]

"*4.3 Os direitos de igualdade: a hipótese de exclusão de benefício incompatível com o princípio da igualdade*

O princípio da isonomia pode ser visto tanto como exigência de tratamento igualitário (*Gleichbehandlungsgebot*) quanto como proibição de tratamento discriminatório (*Ungleichbehandlungsverbot*). A lesão ao princípio da isonomia oferece problemas, sobretudo quando se tem a chamada 'exclusão de benefício incompatível com o princípio da igualdade' (*willkurlicher Begunstigungsausschluss*).

Tem-se uma '**exclusão de benefício incompatível com o princípio da igualdade**' se a norma afronta ao princípio da isonomia, concedendo vantagens ou benefícios a determinados segmentos ou grupos sem contemplar outros que se encontram em condições idênticas.

Essa exclusão pode verificar-se de forma concludente ou explícita. Ela é concludente se a lei concede benefícios apenas a determinado grupo; a *exclusão de benefícios* é explícita se a lei geral que outorga determinados benefícios a certo grupo exclui sua aplicação a outros segmentos.

O postulado da igualdade pressupõe a existência de, pelo menos, duas situações que se encontram em uma *relação de comparação*. Essa *relatividade* do postulado da isonomia leva, segundo Maurer, a uma *inconstitucionalidade relativa* (*relative Verfassungswidrigkeit*) não no sentido de uma inconstitucionalidade menos grave. É que *inconstitucional não se afigura a norma 'A' ou 'B', mas a disciplina diferenciada das situações* (*die Unterschiedlichkeit der Regelung*).

Essa peculiaridade do princípio da isonomia causa embaraços, uma vez que a técnica convencional de superação da ofensa (cassação; declaração de nulidade) não parece adequada na hipótese podendo inclusive suprimir o fundamento em que se assenta a pretensão de eventual lesado." (*grifamos*)

No Brasil, atribui-se a RUI BARBOSA o mérito de ter sido o primeiro a proclamar o princípio da igualdade, nestes termos:[9]

---

[8]   MENDES, Gilmar Ferreira. Os direitos fundamentais e seus múltiplos significados na ordem constitucional. *Repertório IOB de Jurisprudência*, verbete 1/17152, boletim 9/2002, p. 337.

[9]   OLIVEIRA, Rui Barbosa de (Salvador-BA, 1849 – Petrópolis-RJ, 1923). *Oração aos Moços – 1920*. É memorável sua atuação como advogado, sobretudo no STF, na consecução dos primeiros *habeas corpus* no país. (cf. *Enciclopédia Larousse Cultural Brasil A/Z*, 1988. p. 87; e *Casa de Rui Barbosa*, Rio de Janeiro, 1949. p. 33-34).

Cap. 4 • Princípios constitucionais tributários **83**

"A regra da igualdade não consiste senão em quinhoar desigualmente aos desiguais, na medida em que se desigualam (...). **Tratar com desigualdade a iguais, ou a desiguais com igualdade, seria desigualdade flagrante**, e não igualdade real." (*grifamos*)

É esse o critério que deve orientar o intérprete, para solução dos casos concretos, onde a expressão "*situação equivalente*", constante do art. 150, II, CF, não admite distinção tributária. Por outro lado, toda vez que a situação não for equivalente, em face de significativo detalhe, a tributação diferenciada poderá ser admitida.

Exemplo: se há várias indústrias **têxteis**, todas localizadas na Região Metropolitana de São Paulo, a lei não pode estabelecer tributação *maior* para umas, e *menor* para outras, porque, além da ausência de um traço distintivo substancial para demonstrar a desigualdade, afeta, também, o princípio da livre concorrência favorecendo umas, em detrimento de outras.

O mesmo se pode dizer na hipótese inversa, ou seja, de concessão de benefício ou incentivo fiscal, embora, nesta hipótese, não caberia requerer a sua extensão (o Juiz não pode legislar positivamente), mas examinar a viabilidade de propor ação de inconstitucionalidade (ver, p. ex., AgReg no AI 837.957, STF, 1ª T. *DJe*-094, public. 19-5-2014).

IVES GANDRA distingue a "equivalência" da "igualdade":[10]

"*Equivalente* é um vocábulo de densidade ôntica mais abrangente do que *igual*. A igualdade exige absoluta consonância em todas as partes, o que não é da estrutura do princípio da equivalência. Situações iguais na equipolência, mas diferentes na forma, não podem ser tratadas diversamente. A equivalência estende à similitude de situações a necessidade de tratamento igual pela política impositiva, afastando a tese de que os desiguais devem ser tratados, necessariamente, de forma desigual. Os desiguais, em situação de aproximação, devem ser tratados, pelo princípio da equivalência, de forma igual em matéria tributária, visto que a igualdade absoluta, na equivalência não existe, mas apenas a igualdade na equiparação de elementos (peso, valor, etc.)."

CELSO BASTOS manifesta-se neste sentido:[11]

"O princípio da igualdade surge como uma decorrência do princípio genérico da igualdade esculpido no *caput* do art. 5º da Constituição. De fato, não se pode falar em igualdade de todos perante a lei sem falar em igualdade perante os tributos. Na Constituição anterior não havia referência propriamente dita à capacidade econômica, quer dizer, à procura de que estes tributos se adaptem à capacidade econômica do contribuinte; isso é o que consistia especificamente no princípio da igualdade. Assim é que hoje, no atual Texto Constitucional, não há necessidade de invocar o princípio genérico do art. 5º, posto que há um dispositivo expresso que é o § 1º do art. 145, que diz que sempre que possível os impostos serão de caráter pessoal e serão graduados segundo a capacidade econômica do contribuinte, facultado à administração tributária, especialmente para conferir efetividade a estes objetivos, identificar, respeitados os direitos individuais e nos termos da lei, o patrimônio, os rendimentos e a capacidade econômica do contribuinte. Note-se que o princípio refere-se aos impostos. Não há, portanto, uma disposição constitucional obrigando a que as taxas atendam a este princípio da capacidade econômica. E o dispositivo vai além, porque estabelece claramente a necessidade de graduação dos tributos segundo a capacidade econômica dos contribuintes, o que leva, então, à progressividade dos impostos. Esta progressividade, todavia, é restrita porque o próprio Texto diz que ela se aplicará sempre que possível. É o reconhecimento do Texto Constitucional de que determinados

---

[10] MARTINS, Ives Gandra da Silva. *Contribuições sociais*. Caderno de Pesquisas Tributárias, v. 17, p. 19-20. São Paulo: coedição Resenha Tributária e Centro de Extensão Universitária, 1992.

[11] BASTOS, Celso Ribeiro (1938-2003). *Curso de direito constitucional*. 20. ed. São Paulo: Saraiva, 1999. p. 435-436.

84 Direito Tributário • *Cassone*

impostos, sobretudo os indiretos – que não levam em conta as pessoas que pagam –, não têm condições pragmáticas de levar em consideração a capacidade econômica.

Tal princípio vem reforçado pelo art. 150, II, ao dizer que é vedado às pessoas de direito público *'instituir tratamento desigual entre contribuintes que se encontrem em situação equivalente, proibida qualquer distinção em razão de ocupação profissional ou função por eles exercida, independentemente da denominação jurídica dos rendimentos, títulos os direitos'*. Vê-se, assim, que este dispositivo confere a possibilidade a todos aqueles que estejam em situações parificadas com outros, mas que no entanto não estejam pagando impostos na mesma quantidade, de alegar a inconstitucionalidade da situação e consequentemente desobrigar-se deste pagamento desuniforme.

Portanto, em síntese, o princípio da igualdade é daqueles que saíram muito reforçados no atual Texto, o que pode levá-los a ter uma repercussão prática muito grande."

De BAPTISTA PEREIRA, colhemos (Voto na AI – Proc. n. 98.03.039753-2, TRF 3ª R.):

"O princípio da igualdade tributária e o princípio da capacidade contributiva não se confundem.[12]

(...) A isonomia tributária, tal como prevista no art. 150, II da Constituição Federal constitui-se em um desmembramento da isonomia genérica (art. 5º, *caput*), que, por sua vez, nos conduz à ideia de justiça social. Este dispositivo deve ser interpretado em sintonia com o art. 3º, I, da Constituição, o qual expressa que um dos objetivos fundamentais da República é a construção de uma sociedade livre, justa e solidária.

E quando se fala em igualdade, estamos nos referindo à igualdade formal, como expressa na máxima aristotélica, em que devemos tratar igualmente os iguais e desigualmente os desiguais, na medida em que eles se desigualam.

Neste sentido, não se pode falar em isonomia sem que se invoquem as palavras do insigne mestre Celso Antônio Bandeira de Mello, em monografia intitulada *'O conteúdo jurídico do princípio da igualdade'* (São Paulo, Malheiros, 1993, p. 37). Conforme nos ensina o jurista, são admissíveis discriminações quando se verificar uma correlação lógica entre o fator de discrímen e a desequiparação procedida e que esta seja conforme os interesses prestigiados pela Constituição.

E nem se argumente que o legislador ordinário foi rigoroso ao tributar as instituições financeiras, já que presumiu auferirem maior lucro, de forma que comportam maior encargo, devendo contribuir com maior parcela para o financiamento da seguridade."

Situação inversa, ou seja, não de tributação, mas de concessão de "benefícios fiscais" para manter "equilíbrio" (para o fim de promover a "igualdade"), é prevista no art. 151, I, CF/88:

"Art. 151. É vedado à União:

I – instituir tributo que não seja uniforme em todo o território nacional ou que implique distinção ou preferência em relação a Estado, ao Distrito Federal ou a Município, em detrimento de outro, admitida a concessão de **incentivos fiscais** destinados a promover o equilíbrio do desenvolvimento socioeconômico entre as **diferentes regiões** do País."

Temos, ainda, em nosso sistema constitucional tributário, a distinção estabelecida pelo ADCT da CF/88, que estabelece:

---

[12] No RE 388312, o STF decidiu que "2. A vedação constitucional de tributo confiscatório e a necessidade de se observar o princípio da capacidade contributiva são questões cuja análise depende da situação individual do contribuinte, principalmente em razão da possibilidade de se proceder a deduções fiscais, como se dá no imposto sobre a renda. Precedentes."

"Art. 40. É mantida a **Zona Franca de Manaus**, com suas características de área de livre comércio, de exportação e importação, e de **incentivos fiscais**, pelo prazo de vinte e cinco anos, a partir da promulgação da Constituição."

A Constituição da República do Brasil, de 1988, prevê, ainda, hipótese específica de tratamento tributário *diferenciado*, ao estabelecer:

"Art. 179. A União, os Estados, o Distrito Federal e os Municípios dispensarão às **microempresas e às empresas de pequeno porte**, assim definidas em lei, **tratamento jurídico diferenciado**, visando a incentivá-las pela simplificação de suas obrigações administrativas, tributárias, previdenciárias e creditícias, ou pela eliminação ou redução destas por meio de lei."

Na legislação tributária, ***exemplo clássico*** é representado pela Tabela progressiva do Imposto de Renda das Pessoas Físicas: os contribuintes que estão na mesma faixa de rendimentos são igualmente tributados; e os contribuintes enquadrados em faixas diferentes são diferentemente tributados.

Um *segundo exemplo*, também clássico, refere-se à tributação diferenciada do IRPJ. Com efeito, o art. 15 da Lei nº 9.249/95, elege, como base de cálculo do IR das Pessoas Jurídicas em geral, a receita bruta auferida mensalmente, sobre a qual incide a alíquota de **8%**. Entretanto, para certas atividades, a alíquota é de **1,6%** (revenda, para consumo, de combustível derivado de petróleo, álcool etílico carburante e gás natural), **16%** (serviços de transporte, exceto carga), **32%** (para a atividade de prestação de serviços em geral, exceto a de serviços hospitalares).

Essa tributação diferenciada, em face do ***tipo de atividade*** desenvolvida pelas empresas, é tradicional na legislação do Imposto de Renda, e decorre do próprio CTN, no ponto em que diferencia uma Pessoa Jurídica de outra Pessoa Jurídica, ao dispor:

"Art. 44. A base de cálculo do imposto é o montante, *real, arbitrado* ou *presumido*, da renda ou dos proventos tributáveis".

4.3.2 A jurisprudência do STF

A jurisprudência do STF a seguir selecionada pode ser conferida no site <www.stf.jus.br>, com leitura do inteiro teor do acórdão:

1. IRPF – verba de representação – magistrados – isenção – CF/88 – revogação tácita – isonomia – situação equivalente (RE 236.881).

2. IPTU majorado e cobrado em três e dez parcelas – isonomia respeitada: contribuintes menos favorecidos (RE 154.027).

3. IPVA – Lei nº 351/97-AP – isenção – igualdade e isonomia – violação (AgR no AI 203.845).

4. IOF – importação – isenção nas operações de câmbio – art. 6º do DL 2.434/88 – constitucionalidade (AgR nos AIs 137.020 e 138.344).

5. IPI – Concessão de benefícios em diferentes regiões do país – igualdade – constitucionalidade (RE 344.331).

6. Cofins – Lei 9.718/98, art. 8º – compensação com CSSL – isonomia – constitucionalidade (RE 336.134).

7. Tributação diferenciada no FINSOCIAL – empresas vendedoras de mercadorias ou mistas, com empresas exclusivamente prestadoras de serviços – constitucionalidade (EDcl no RE 187.436).

8. Igualdade na tributação diferenciada no regime do SIMPLES – constitucionalidade (ADI 1.643).

9. ISS – sociedade prestadora de serviços profissionais – igualdade.

"CONSTITUCIONAL. TRIBUTÁRIO. ISS. SOCIEDADE PRESTADORA DE SERVIÇOS PROFISSIONAIS: BASE DE CÁLCULO. DL 406, de 1968, art. 9º, §§ 1º e 3º. CF, art. 150, § 6º, redação da EC nº 3, de 1993.

I – As normas inscritas nos §§ 1º e 3, do art. 9º, do DL 406, de 1968, não implicam redução da base de cálculo do ISS. Elas simplesmente disciplinam base de cálculo de serviços distintos, no rumo estabelecido no *caput* do art. 9º. Inocorrência de revogação pelo art. 150, § 6º, da C.F., com a redação da EC nº 3, de 1993.

II – Recepção, pela CF/88, sem alteração pela EC nº 3, de 1993 (CF, art.150, § 6º), do art. 9º, §§ 1º e 3º, do DL 406/68.

III – R.E. não conhecido" (RE 220.323-3/MG, STF. Pleno, Carlos Velloso, unânime, 26-5-99, *DJU* 18-5-01. NOTA: no mesmo sentido: RE 200.324-7/RJ, Marco Aurélio).

Do voto do Relator (fls. 1331), reproduzimos:

"Tratando-se de **isonomia** e de **igualdade** ou **desigualdade** entre as pessoas, nunca é demais citar brilhante frase do inolvidável **Rui Barbosa**, em sua 'Oração aos Moços' quando destaca:

'*tratar com desigualdade a iguais ou a desiguais com igualdade, seria desigualdade flagrante, e não igualdade real. Os apetites humanos conceberam inverter a norma universal da criação, pretendendo não dar a cada um, na razão do que vale, mas atribuir o mesmo a todos, como se todos equivalessem*'.

Portanto, o fato de existir **tratamento diferenciado** para determinadas categorias de contribuintes, não sugere a ocorrência de isenção tributária, conforme pretendido pelo impetrado, mas sim, prerrogativas emanadas da própria legislação, inexistindo violação alguma ao **princípio isonômico** recepcionado na Constituição Federal". (*grifamos*)

10. Alíquotas diferenciadas para o Seguro de Acidentes do Trabalho – SAT – constitucionalidade (RE 343.446).

11. Importação de automóveis usados – proibição – isonomia "Importação de automóveis usados.

Recentemente, o Plenário desta Corte, ao julgar os RREE 203.954 e 202.213, firmou o entendimento de que é inaceitável a orientação no sentido de que a vedação da importação de automóveis usados afronte o princípio constitucional da **isonomia**, sob a alegação de atuar contra as pessoas de menor capacidade econômica, porquanto, além de não haver a propalada discriminação, a diferença de tratamento é consentânea com os interesses fazendários nacionais que o artigo 237 da Constituição federal teve em mira proteger, ao investir as autoridades do Ministério da fazenda no poder de fiscalizar e controlar o comércio exterior.

Recurso extraordinário conhecido e provido" (RE 226.956-8/CE, STF, 1ª Turma, Moreira Alves, unânime, 19-5-98 – *DJU* 7-8-98). (*grifamos*)

Cap. 4 • Princípios constitucionais tributários **87**

NOTA: CF/88:

"Art. 237. A fiscalização e o controle sobre o comércio exterior, essenciais à defesa dos interesses fazendários nacionais, serão exercidos pelo Ministério da Fazenda."

12. Incentivo fiscal a empresas contratantes de empregados com mais de 40 anos – caráter extrafiscal – igualdade e isonomia – IPVA: não violação; ICMS: violação (ADI 1.276).

13. Contribuição Social Sobre o Lucro – CSSL.[13]

Decisão monocrática do Min. GILMAR MENDES, tida em 22-10-2002 no RE 235.036-5/PR, *DJU* 21-11-2002, p. 48-49 (RDDT 89/209), da qual transcrevemos os seguintes trechos:

"Cuida-se de recurso extraordinário interposto com fundamento no art. 102, III, "a", da Constituição Federal, contra decisão do Tribunal Regional Federal que negou provimento ao recurso da ora recorrente, estando o acórdão assim ementado (fls. 130):

'*Tributário. CSSL. Imposto de Renda. Lucros não Distribuídos. Isonomia. A discriminação que o legislador impôs aos bancos comerciais e entidades financeiras de recolherem mais contribuições sociais sobre o lucro que outras categorias de contribuintes não é anti-isonômica, porque o legislador deu-os como desiguais ao tributá-los diferentemente de forma constitucional (v. EC 01/94, EC 10/96) com sustentação sistemática.*'

A recorrente sustenta que a decisão violou o Princípio Constitucional da Isonomia. [...]

Como bem analisou a PGR, trazendo à colação decisão desta Corte acerca do assunto, **não ocorreu**, de fato, qualquer **violação ao princípio constitucional da isonomia**.

Assim, com base no art. 557, *caput*, do CPC, e acolhendo o parecer do ilustre representante do Ministério Público Federal, nego seguimento ao recurso".[14]

Examinando a jurisprudência do STF, percebe-se que a tributação desigual se justifica, sempre que haja aspectos que distinguem uma situação de outra, quer em face da atividade econômica setorial desenvolvida (aspecto subjetivo), quer em face da capacidade contributiva (aspecto objetivo).

4.4 PRINCÍPIO DA CAPACIDADE ECONÔMICA

O nosso sistema constitucional tributário prevê dois princípios, que, aparentemente, são iguais, mas não o são mesmo que apenas do ponto de vista didático:

---

[13] Do voto do Min. Ilmar Galvão, no AgRg em RE 205.355-4/DF (STF, Pleno, Carlos Velloso, maioria, 1º-7-99 – *DJU* 8-11-02), destacamos o seguinte trecho (fls. 681): "*Quem se der ao trabalho de verificar, verá que os bancos, pelo menos na LC 70, ficaram isentos de contribuir sobre faturamento, porque não faturam. Não se pode chegar ao fim do ano e indagar do faturamento de um banco. O que ele apresenta é um lucro ou um prejuízo, o que é outra coisa. Tiveram duplicada a contribuição sobre o lucro para compensar o que deixaram de pagar sobre faturamento.*"

[14] A Lei nº 8.212/91, art. 22, § 1º, relaciona as instituições financeiras e assemelhadas: bancos comerciais, bancos de investimentos, bancos de desenvolvimento, caixas econômicas, sociedades de crédito, financiamento e investimento, sociedades de crédito imobiliário, sociedades corretoras, distribuidoras de títulos e valores mobiliários, empresas de arrendamento mercantil, cooperativas de crédito, empresas de seguros privados e de capitalização, agentes autônomos de seguros privados e de crédito e entidades de previdência privada abertas e fechadas.

Dispõe a Súmula 584 da 1ª Seção do STJ (*Dje* 01-02-2017): "As sociedades corretoras de seguros, que não se confundem com as sociedades de valores mobiliários ou com os agentes autônomos de seguro privado, estão fora do rol de entidades constantes do art. 22, § 1º, da Lei n. 8.212/1991, não se sujeitando à majoração da alíquota da Cofins prevista no art. 18 da Lei n. 10.684/2003."

88　Direito Tributário • *Cassone*

(a) **capacidade econômica** – art. 145, § 1º; e,

(b) **capacidade contributiva** – arts. 194 e 195.

Examinamos, neste item, o *princípio da capacidade econômica*, porquanto assim denominado pela CF/88:

> "Art. 145. A União, os Estados, o Distrito Federal e os Municípios poderão instituir os seguintes tributos:
>
> ....
>
> § 1º Sempre que possível, os impostos terão caráter pessoal e serão graduados segundo a **capacidade econômica** do contribuinte, facultado à administração tributária, especialmente para conferir efetividade a esses objetivos, identificar, respeitados os direitos individuais e nos termos da lei, o patrimônio, os rendimentos e as atividades econômicas do contribuinte."

BAPTISTA PEREIRA faz interessante observação:[15]

> "O caráter condicionante da expressão '*sempre que possível*', que confere ao legislador ordinário certa '*discricionariedade*' para aplicar o princípio, em certas circunstâncias, dentro, logicamente, do critério da razoabilidade."

Verifica-se, do § 1º do art. 145, que, enquanto os impostos, sempre que possível, terão caráter *pessoal*, a capacidade econômica aplica-se a todos os *tributos em sentido estrito*, ou seja, impostos, taxas e contribuições de melhoria, pois assim descrito no art. 145.

É cediço que o tributo se assenta em **base econômica**. Sem essa base, é assaz complexo fazer incidir tributo sobre algo que não expressa conteúdo econômico, salvo se o sistema constitucional tributário, eventualmente, expressamente excepcionar.

Prevê, portanto, a CF/88, que a lei descreve a hipótese de incidência tributária sobre **fatos econômicos**, ou seja, fatos que podem ser objeto de tributação, e que, portanto, são portadores dos chamados *signos presuntivos de riqueza econômica*, ou seja, a CF *presume* que tais fatos tenham capacidade de suportar tributação.

RUBENS GOMES DE SOUSA esclarece:[16]

> "Em Ciência das Finanças, exprime-se este aspecto do assunto dizendo que a circunstância de a lei tributária escolher um determinado ato, fato ou negócio como base de tributação numa medida determinada, implica por parte da lei em tornar aquele ato, fato ou negócio como indicativo de uma certa medida de *capacidade contributiva*. O conceito de capacidade contributiva foi proposto pelo financista italiano GRIZIOTTI para significar a capacidade econômica de pagar tributos: em síntese, capacidade contributiva é a soma de riqueza disponível depois de satisfeitas as necessidades elementares da existência, riqueza essa que pode ser absorvida pelo Estado sem reduzir o padrão de vida do contribuinte e sem prejudicar a suas atividades econômicas. Trata-se, portanto, de um conceito tipicamente *econômico*, mas que adquire um efeito *jurídico* desde que seja adotado pela lei como base de tributação. Em nosso direito positivo, a Constituição atribui expressamente um efeito jurídico ao conceito econômico de capacidade contributiva, quando diz que os tributos serão graduados conforme a *capacidade econômica* do contribuinte (*art. 202, CF/46*): trata-se de uma regra endereçada ao

---

[15]　RE 388312/MG, STF, Pleno, Cármen Lúcia, 1º-8-2011, *DJE*-195 public. 11-10-2011

[16]　SOUSA, Rubens Gomes. *Compêndio de legislação tributária*. São Paulo: Resenha Tributária, 1975. p. 95. Edição póstuma.

Cap. 4 • Princípios constitucionais tributários **89**

legislador, para orientá-lo na escolha dos fatos, atos ou negócios jurídicos que devam ser objeto de tributação, e na graduação da medida desta."

Para bem compreender o princípio da capacidade econômica, precisamos ter uma noção sobre a evolução história da tributação, até nossos dias.

LEON F. SZKLAROWSKY relata outras situações, vividas na época da Roma antiga:[17]

> "Na **Roma antiga**, a fértil imaginação de seus legisladores também concebeu numerosos e estapafúrdios tributos, para sustentar a pompa e a luxúria do Senado e do Império, suas desconcertantes ostentações, suntuosas obras e monumentos, nem sempre úteis, com crises financeiras e inflação extremada a corroerem e trincarem o antes sólido e imbatível Império.

> Criaram-se os impostos diretos e indiretos, tributos ou contribuições extraordinárias sobre as janelas e o ar, as portas e colunas, as telhas, as chaminés e fumaças, as latrinas e mictórios e até sobre a urina: enfim, um calidoscópio infernal, produzindo o que Alfredo Augusto Becker, séculos depois, denominou Manicômio Jurídico Tributário."

RUY BARBOSA NOGUEIRA ensina que a história da tributação revela que, diversificadamente, no tempo e no espaço, ora com mais, ora com menos acentuação no sistema de cada povo, até hoje foram utilizados cinco índices de tributação. Reproduzimos suas observações que, por serem interessantíssimas, transcrevemo-as na íntegra, para manter a integralidade de seu pensamento:[18]

> "**1 – Indivíduo ou classe** – O primeiro índice ou medida rudimentar da tributação foi, por assim dizer, o próprio *indivíduo*. Atendia-se ao número e cobrava-se o tributo por cabeça (*per capita* – **imposto de capitação**). Na sociedade primitiva, em que a propriedade é pouco desenvolvida, as diferenciações de situações econômicas são pouco acentuadas. Surge, em seguida, a discriminação por *classes*; no início da Idade Média aparece a tributação de *capitação por classes*. (Embora raro, até hoje temos impostos como, entre nós, o ISS que pagam, por exemplo, algumas classes profissionais.)

> **2 – Patrimônio** – Aquele tributo, a seguir, é *completado* ou *substituído* por um imposto sobre o *patrimônio*. Por muitos séculos essa tributação vai ser quase a única, e como a propriedade privada consistia principalmente na terra e seus acessórios, essa tributação foi de modo geral sobre a propriedade imóvel. O imposto sobre a capacidade contributiva demonstrou-se defeituosa, pois há uma **diferença** profunda **entre o** *capital* **e o seu** *produto*. A propriedade valerá mais ou menos também de acordo com a sua produtividade. Vai-se observando que deve haver diferença de tratamento entre o *rendimento do capital* e o do *trabalho*. Outro defeito da tributação do *patrimônio* (propriedade) é não levar em conta o passivo. A tributação baseava-se no conceito jurídico da propriedade (direito sobre a coisa e seus atributos), sem levar em conta se os resultados da propriedade cabiam ou não ao proprietário; se pesavam ou não **dívidas** sobre a propriedade.

> Enfim, reconheceu-se que a tributação sobre o patrimônio era insuficiente. (Observe-se que até hoje há impostos sobre a propriedade, o domínio útil ou a posse de bem imóveis. Em certos países ainda há o imposto sobre o total do *patrimônio*, no fim do exercício.)

> **3 – Despesa** – Os chamados **impostos indiretos sobre consumo**, gastos ou despesas dos indivíduos surgiram no final da Idade Média, com o objetivo não só de fornecer ao Tesouro maior arrecadação para atender às necessidades financeiras do Estado, mas para alcançar também as classes

---

[17] SZKLAROWSKY, Leon Frejda. Apresentação. In: CASSONE, Vittorio. *Sistema Tributário Nacional*, 4. ed. São Paulo: Atlas, 1995. p. 12 (esgotada).

[18] NOGUEIRA, Ruy Barbosa (1919-27.05.2003). *Curso de direito tributário*. 19. ed. São Paulo: Saraiva, 1999. p. 7-10. Os itálicos são do autor, e os negritos são nossos, a fim de facilitar a procura do vocábulo. O autor foi Catedrático de Direito Tributário na USP e Presidente do Instituto Brasileiro de Direito Tributário (IBDT).

90 Direito Tributário • *Cassone*

privilegiadas (clero e nobreza) que não eram atingidas pela tributação direta. Devendo o imposto ser geral, todos devem pagá-lo de acordo com sua capacidade contributiva.

A ideia de se tomar como índice de tributação os gastos ou consumos dos particulares foi a de que o maior ou menor gasto, despesa ou consumo é, até certo ponto, um índice de renda ou riqueza, pois que o indivíduo gasta ou consome em proporção às suas posses. **O defeito** dessa presunção está em não atingir a renda não gasta ou economizada.

Entretanto, essa tributação, que era inicialmente sobre certos artigos de consumo, foi-se ampliando para atingir a quase totalidade dos artigos de consumo e surgiram as grandes acusações de que esse imposto era **regressivo** e vem assim **onerar as classes pobres**, pois quanto mais se desce na escala social, a desproporção entre os ganhos e os gastos de consumo é maior. Uma família operária gasta talvez quase todo o seu ganho em bens de consumo (alimentação, vestuário, habitação, tratamento médico etc.), enquanto os gastos dos mais abastados, em consumo, são de muito menor proporção em relação ao seu ganho ou riqueza.

Daí não servir o imposto de consumo como único ou predominante índice, porque acabaria sobrecarregando os menos favorecidos da fortuna. (Veja-se que ainda hoje temos os impostos de consumo como, entre nós, é exemplo o **IPI**, cujo nome era mesmo Imposto de Consumo, alterado conforme o art. 1º do Dec.-lei nº 34, de 18-1-1966. É verdade que com a introdução de certas técnicas, como as da "seletividade" e "essencialidade" dos produtos, procura-se evitar a tributação dos artigos de maior necessidade e tributar mais fortemente os de luxo, vício etc.)

4 – Produto – Daí a ideia de se adotar como novo índice de capacidade contributiva o *produto*. **É o imposto sobre a produção.** Mas também logo se verifica que um produto para ser obtido o é por custos de produção diferenciados; os produtos nem sempre alcançam os mesmos preços e nessa época se tributava a produção sem se atender ao que lucraria cada indivíduo. (Neste sentido hoje é raro o imposto sobre a produção.)

5 – Renda – Com a Revolução Industrial surge então o **último estágio** que é o de medir-se a **capacidade contributiva pela renda**. Desde Adam Smith a ideia de renda do contribuinte constitui, sem dúvida, a melhor expressão da capacidade tributária individual e mais de acordo com as ideias modernas da tributação. Surge então o Imposto sobre a Renda (V. Fritz Neumark, *Princípios de la imposición* (*Grundsätze gerechter und ökonomisch Steuerpolitik*), Madri, Instituto de Estudios Fiscales, 1974, p. 176).

Pode-se definir a renda, como se faz, para efeitos legais, mas não se atinge ao ideal para tributação justa. Um rendimento obtido, como **juros**, exclusivamente pelo emprego de capital e um rendimento igual, proveniente de um **trabalho árduo**, deverão ser **igualmente tributados**? Um celibatário que não tem nenhum encargo e um chefe de família onerado de encargos, percebendo um rendimento igual, deverão pagar o mesmo imposto?

Procura-se, por meio da técnica da tributação, adequá-la às várias situações, mas nem assim se consegue alcançar o **ideal de justiça**. Por isso o entusiasmo inicial do encontro da renda como índice de capacidade econômica, e do pretendido imposto único sobre a renda, mesmo em doutrina, foi-se arrefecendo, de modo a se reconhecer que melhor **atende à justiça a utilização conjugada de várias das medidas ou índices de capacidade contributiva**.

Embora cada critério tenha em si defeitos, possui cada qual certas vantagens que poderão ser utilizadas para se estabelecer um *sistema* tributário equilibrado. Nenhum sistema fiscal existe que tenha adotado o imposto único.

Assim, em países capitalizados, como são exemplo os **Estados Unidos**, é mais acentuada a tributação do imposto de renda (*income tax*). Há mesmo uma classificação dos sistemas pela natureza dos impostos predominantes. O sistema envolve sempre organicidade. Não é suficiente a simples enumeração dos tributos para se ter um sistema. O sistema compreende princípios e definições básicas como se vê do "Sistema tributário" disciplinado em nossa Constituição.

Quanto ao princípio da *capacidade econômica ou contributiva*, é interessante notar que já na Constituição do Império do **Brasil**, de 1824, figurava esta sábia disposição no art. 179:

XV) Ninguém etc. será isento de contribuir para as despesas do Estado, em proporção dos seus haveres.

Na Constituição de 1946 figurou como norma programática, nestes termos:

Art. 202. Os tributos terão caráter pessoal sempre que isso for possível, e serão graduados conforme a capacidade econômica do contribuinte.

A Emenda Constitucional nº 18, de 1º de dezembro de 1965, suprimiu essa disposição que era expressa, porém esse princípio sempre foi considerado implícito dentro do Sistema. Agora, a Constituição de 1988 veio dispor, mais explicitamente, no seu art. 145:

'*§ 1º Sempre que possível, os impostos terão caráter pessoal e serão graduados segundo a capacidade econômica do contribuinte, facultado à administração tributária, especialmente para conferir efetividade a esses objetivos, identificar, respeitados os direitos individuais e nos termos da lei, o patrimônio, os rendimentos e as atividades econômicas do contribuinte'.*

A Constituição **italiana**, art. 53, prevê expressamente que '*todos são obrigados a concorrer para os encargos públicos na razão de sua capacidade contributiva*' e que '*o sistema tributário é informado pelos critérios de progressividade*'.

O princípio da *capacidade contributiva* é um conceito econômico e de justiça social, verdadeiro pressuposto da lei tributária. Como já se dizia na antiguidade, '**onde nada existe, até o Imperador perdeu seu tributo**'. Se o imposto é captação de riqueza, só é possível levantar impostos das expressões de valor, dentro dos limites técnico-jurídico-econômicos e mesmo psicológicos.

Se esse levantamento tem de ser feito dentro do conceito de justiça social, deve ser medido pelo critério da *capacidade contributiva*. GRIZIOTTI propôs como conceito da *capacidade de pagar imposto* a soma de riqueza disponível, depois de satisfeitas as necessidades elementares da existência, que pode ser absorvida pelo Estado, sem reduzir o padrão de vida do contribuinte e sem prejudicar as suas atividades econômicas.

Isto significa que o legislador, ao escolher os fatos ou relações fáticas imponíveis, deve ter presente esse aspecto de proporcionalidade dentro do próprio sistema de tributação. A dificuldade está em que, se na manifestação de vontade objetivada na lei este princípio não for adequadamente observado, a lei será *economicamente* **imperfeita** mas *juridicamente válida*, a não ser que ultrapasse, em determinado caso, os limites do razoável e atinja as raias do **confisco** ou limitações constitucionais. A *capacidade contributiva*, como se vê, está inserida no sistema tributário como um *conceito jurídico indeterminado*."

4.5 PRINCÍPIO DA CAPACIDADE CONTRIBUTIVA

No item anterior (4.4), vimos o princípio da capacidade econômica.

Passamos, agora, a examinar o princípio da **capacidade contributiva**, ou seja, a capacidade para "contribuir" com o custeio das *contribuições destinadas à Seguridade Social*, inclusive em face do princípio da **progressividade**.

É preciso ter presente que, em relação às contribuições sociais destinadas à Seguridade Social, a Constituição de 1988 prevê duas espécies, a saber:

1) *de caráter retributivo* – a situação em que a pessoa contribui para com o custeio da Seguridade Social, e recebe uma *contraprestação*, cuja natureza é de '*seguro social*', em forma de benefícios previdenciários do INSS (auxílio-doença, aposentadoria, auxílio-funeral, pensão etc.);

2) *de caráter contributivo* – a pessoa contribui com o custeio da Seguridade Social, sem receber nenhuma contraprestação direta. Em sendo assim, ela pratica um ato, exigido por lei, de **solidariedade social**, tendo em vista que, a teor do art. 196 CF ('*A saúde é direito de todos e dever do Estado*'), e 203 CF ('*A assistência social será prestada a quem dela necessitar, independentemente de contribuição à seguridade social*'), além do disposto no art. 3º, I ('Constitui objetivo fundamental da República construir uma sociedade **solidária**').

Na ADIMC 2.010-2/DF (*DJU* 12-4-02), o STF examinou a Lei nº 9.783, de 28-1-99, que instituiu contribuição social devida pelo servidor público civil, inativo e pensionista. E, em face de sua importância, reproduzimos a parte inicial da ementa, e trechos dos votos de Ministros do STF, como a seguir disposto:

I – EMENTA:

"Servidores públicos federais – Contribuição de seguridade social – Lei nº 9.783/99 – Arguição de inconstitucionalidade formal e material desse diploma legislativo – Relevância jurídica da tese pertinente à não incidência da contribuição de seguridade social sobre os servidores **inativos e pensionistas** da União Federal (CF, art. 40, *caput*, e respectivo § 12, c/c o art. 195, II, na redação dada pela EC nº 20/98) – **Alíquotas progressivas** – Escala de progressividade dos adicionais temporários (art. 2º da Lei nº 9.783/99) – Alegação de ofensa ao princípio que veda a **tributação confiscatória** (CF, art. 150, IV) e de descaracterização da função constitucional inerente à contribuição de seguridade social – Plausibilidade jurídica – Medida cautelar deferida em parte." (*grifamos*)

II – VOTOS:

CELSO DE MELLO (Relator):

"Na realidade, como então acentuou o eminente Ministro SEPÚLVEDA PERTENCE, em voto proferido no julgamento final da ADI 1.425-PE, Rel Min. MARCO AURÉLIO (ocasião em que se declarou a inconstitucionalidade de lei estadual, por ofensa ao art. 7º, IV, da Carta Política), que a **alíquota progressiva** tende '*a realizar a* **equidade**, *num campo, como o das contribuições sociais, que se rege pelo* **princípio da solidariedade**'. (fls. 154) (grifamos)

(...)

Concluo o meu voto, Senhor Presidente. E, ao fazê-lo, desejo observar que não desconheço as graves distorções e a séria crise que afetam, dramaticamente, o sistema previdenciário nacional.

Também não ignoro que se impõe, a todos – cidadãos e governantes – o dever de buscar, em atenção ao **princípio da solidariedade social** e em face da necessidade de realização do bem comum, a superação dos obstáculos que impedem a construção de uma sociedade efetivamente **justa**." (fls. 171)

NELSON JOBIM:

"Por isso, Sr. Presidente, creio que **a progressividade da alíquota não está vedada** na Constituição, e nem há necessidade de autorização na Constituição para que a alíquota seja progressiva.

O texto do **art. 195, § 9º**, que estabelece as contribuições sociais, tem uma destinação específica ao empregador, e inclusive viabiliza, na segunda parte, que essas **alíquotas** poderão ser **progressivas ou diferenciadas**, em razão da atividade econômica ou da utilização intensiva da mão de obra. O que demonstra que, naquela hipótese, há um mecanismo inclusive de estímulo para a contratação de mão de obra em atividade com uma redução da obrigação de contribuição do empregador. É uma forma que intervém no mercado de mão de obra!" (fls. 213-214)[19]

SEPÚLVEDA PERTENCE:

"No sistema tributário brasileiro, o **critério da progressividade**, irmão gêmeo do caráter pessoal dos tributos, foi reservado à área de incidência dos **impostos** *stricto sensu*, como decorre do

---

[19]   CF, art. 195, § 9º, acrescentado pela EC 20, de 15-12-98: "*§ 9º As contribuições sociais previstas no inciso I deste artigo poderão ter alíquotas ou bases de cálculo diferenciadas, em razão da atividade econômica ou da utilização intensiva de mão de obra.*" (Nota: o inciso I tratadas contribuições sobre: a) a folha de salários e demais rendimentos do trabalho pagos ou creditados, a qualquer título, à pessoa física que lhe preste serviço, mesmo sem vínculo empregatício; b) a receita ou o faturamento; c) o lucro.)

§ **1º do art. 145**, do art. 153, com relação a imposto sobre a renda, e do art. 182, II, única hipótese de admissão da progressividade das alíquotas do IPTU, como decidiu o Tribunal (RE 153.771, Pleno, 5-9-97, Moreira Alves)." (fls. 235)

NÉRI DA SILVEIRA:

"Não chego a afirmar que estejamos diante de uma questão de invocação do princípio constitucional de **irredutibilidade de vencimentos**, pois não está sendo vedado o aumento de impostos, o aumento de impositividade que podem pesar, também, sobre os vencimentos." (fls. 240)

MOREIRA ALVES:

"Sr. Presidente, nos votos proferidos verifica-se a ocorrência de **diversidade de fundamentos**.

Deixo de lado a questão de não haver, aproximadamente há cinco anos, reajustes de vencimentos, até porque **argumentos de natureza meramente econômica** não podem ser usados, por via de regra, para julgamento em ação direta de inconstitucionalidade.

Também não levo em consideração a alegação da ocorrência de **confisco**, dada a dificuldade da fixação de parâmetro – se apenas levando em conta o imposto de renda, ou se levando em conta todos os impostos diretos e indiretos – para resolver-se questão dessa natureza.

De outra parte, observo que, em matéria de **taxa**, é incompatível a **progressividade**, porque ela decorre ou do exercício do poder de polícia ou da contraprestação pela utilização, efetiva ou potencial, de serviços públicos específicos e divisíveis.

O SENHOR MINISTRO MARCO AURÉLIO – Todavia, o Tribunal admitiu quanto àquela **taxa da CVM**, considerado o patrimônio líquido.

O SENHOR MINISTRO MOREIRA ALVES – **Não**. O que se admitiu foi o estabelecimento de faixas diversas de valor, mas a quantia era fixa.

Com relação às **contribuições de melhoria**, também não tem cabimento falar-se em **progressividade**.

Com referência, porém, à **contribuição social**, essa incompatibilidade nem sempre ocorre, e é, então, de indagar-se que não poderia haver **progressividade** pela circunstância de o **artigo 145, § 1º**, da Carta Magna só se referir a impostos.

O SENHOR MINISTRO MARCO AURÉLIO – Não é só isso. É que o legislador veio e abriu a exceção quanto às contribuições; e **a exceção deve ser interpretada de forma estrita**.

O SENHOR MINISTRO MOREIRA ALVES – Usei desse argumento no início da discussão, mas, com o debate, não me parece ele exato.

Com efeito, temos de partir da premissa de que, no caso, em se tratando de **previdência de servidor público**, não há, ao contrário do que ocorre na previdência social do trabalhador em geral, correspondência entre a contribuição e o benefício. E partindo daí, afasta-se de pronto a descaracterização que só se verifica quando há **correspondência entre a contribuição e o benefício** dela decorrente. Por isso mesmo, não é de considerar-se que, em face do disposto no **artigo 195, § 9º**, da Constituição, haja o princípio da impossibilidade de **progressividade** de qualquer contribuição social, e, com relação ao qual, esse dispositivo seria uma exceção. Essa norma se restringe à previdência do trabalhador em geral, em que há correspondência entre a contribuição e o valor do benefício e, apesar disso, ela admite a possibilidade de alíquotas ou bases de cálculo diferenciadas em razão da atividade econômica ou de utilização intensiva de mão de obra. Mas, não se dirige ao sistema previdenciário do servidor público.

Por outro lado, em questão de **irredutibilidade**, de há muito – e isso quando essa garantia existia apenas para os magistrados – esta Corte firmou o entendimento de que a incidência de imposto se deve sem ofensa a ela. (...).[20]

---

[20] NaADIMC 1.441-2/DF (*DJU* 18-10-96), do voto do Relator, Min. OCTÁVIO GALLOTTI, reproduzimos: "Ainda a um primeiro exame, não se mostra relevante o apelo ao **princípio da irredutibilidade do provento**,

94 Direito Tributário • *Cassone*

Pelas razões expostas, acompanho o eminente Ministro Nelson Jobim, por não me parecer que haja relevância jurídica suficiente para a concessão da liminar." (fls. 242-247)

CARLOS VELLOSO (Presidente):

"Srs. Ministros, quando votava o Sr. Ministro Marco Aurélio, mencionei que a alíquota progressiva de 25% ensejaria um desconto, nos proventos, de mais ou menos 22%. Esclareço que esse percentual pode aumentar e diminuir, dependendo do *quantum* percebido. Por exemplo: num *quantum* de R$10.800,00 (dez mil e oitocentos reais), teríamos um percentual de cerca de 23%, ou seja, um desconto em torno de R$ 2.400,00 (dois mil e quatrocentos reais). Lembro-me que, quando despachei mandado de segurança impetrado por servidores aposentados, ainda como relator, vale dizer, quando ainda não me empossara no cargo de presidente, elaborei diversos cálculos, a fim de estabelecer uma referência, para orientar-me, em concreto. É que a Constituição não tolera a utilização de tributo com efeito de **confisco** (C.F., art. 150, IV). Como se chega a essa conclusão? Qual seria o conceito de '*tributo com efeito de confisco*'? **O conceito é indeterminado**, caso em que o juiz laborará em área que chamaríamos de 'área cinzenta'. Em primeiro lugar, a questão, ao que me parece, deve ser examinada no conjunto de tributos que o servidor pagará, no seu contracheque, dado que se trata de tributo incidente sobre o vencimento, salário ou provento. Este é, também, o entendimento de Ives Gandra da Silva Martins ('Comentários à Constituição do Brasil', Saraiva, vol. IV, p. 161 ss), como lembrado pelo Ministro Relator. Ademais, o efeito de **confisco** se caracterizaria, sobretudo, no fato, por exemplo, de o servidor, em razão da exigência fiscal, ter que se privar de bens ou utilidades de que vinha se utilizando. Busquei, então, inspirar-me, na minha situação pessoal, caso tivesse que pagar a contribuição na alíquota de 25%. Fiz os cálculos: **somada** a alíquota progressiva da contribuição – 25% – à alíquota do **imposto de renda**, verifiquei ocorrer decréscimo, nos meus vencimentos, que me impediria de continuar utilizando de bens úteis, como, por exemplo, o automóvel que comprara mediante financiamento. (...)

A **capacidade contributiva**, que realiza a **justiça tributária**, ou a **igualdade tributária**, deve ser observada relativamente a todos os impostos (C.F., art. 145, § 1º). Não faço distinção entre impostos reais e impostos pessoais. Essa capacidade contributiva – **art. 145, § 1º**, C.F. – aplica-se, em princípio, aos impostos. No julgamento que foi lembrado – o das taxas de fiscalização do mercado de valores mobiliários, RREE 182.737-PE, 177.835-PE, 179.177-PE, 202.533-PE e 203.981-PE, por mim relatados – sustentei que, não obstante a capacidade contributiva do § 1º do art. 145 dizer respeito aos impostos, nada impede que seja aplicada à taxa, principalmente se se trata de taxa fixa, caso em que o princípio da capacidade contributiva poderia ser observado no tocante à base de cálculo da taxa. E foi o que ocorreu. Esclarece-se, entretanto, que o **princípio da capacidade contributiva**, relativamente às taxas, realiza-se, esta é a regra, no fato de o contribuinte consumir ou utilizar-se de serviços em quantidade maior ou menor. É dizer, de regra, relativamente às taxas, o princípio da capacidade contributiva efetiva-se – a lição é do saudoso e insuperável Geraldo Ataliba – no fato de o contribuinte utilizar-se mais ou menos dos serviços públicos. Por exemplo: tratando-se de **taxa de água**, paga mais quem consome mais.

Relativamente à **contribuição**, a **justiça tributária** se realiza com observância do **princípio da proporcionalidade**. É dizer, com relação à **contribuição de melhoria**, realizada a obra pública, a contribuição incidirá sobre o *quantum* decorrente da valorização do imóvel. Se a obra pública valorizou em dez mil reais o meu imóvel, vou pagar a contribuição de melhoria sobre esse *quantum*; o imóvel do meu vizinho teve uma valorização de quinze mil reais. Ele vai pagar a contribuição sobre essa valorização.

Quanto à **contribuição social**, à contribuição de seguridade social, o **princípio da igualdade tributária** se realiza tendo em vista o *quantum* percebido. Quem ganha, por exemplo, dez mil reais,

---

que, assim como os vencimentos do servidor, não se acha imune à incidência dos tributos e das contribuições dotadas desse caráter." (fls. 114) (*grifamos*). NOTA: Ementa da ADIMC 1.441-2/DF: "Extensão, aos proventos dos servidores públicos inativos, da incidência de contribuição para o custeio da previdência social. Insuficiente relevância, em juízo provisório e para fins de suspensão liminar, da arguição de sua incompatibilidade com os artigos 67;195, II; 40, § 6º; 194, IV e 195, §§ 5º e 6º, todos da Constituição Federal. Medida cautelar indeferida, por maioria". (vencido o Min. Marco Aurélio).

pagará o resultado da incidência da alíquota de 11% sobre esses dez mil reais. E assim por diante. A **proporcionalidade** se realiza, portanto, de regra, dessa forma, e quem ganha mais pagará mais, quem ganha menos pagará menos. E assim é que está correto, dado que o benefício – os proventos de aposentadoria – terão como base o *quantum* que vinha sendo percebido."

4.5.1 Princípio da capacidade contributiva na Itália

A Constituição da República da Itália, aprovada pela Assembleia Constituinte de 22-12-1947, estabelece:

"Art. 53. Todos devem concorrer para com as despesas públicas em razão de sua capacidade contributiva.

O sistema tributário é conformado pelo critério da progressividade."

A doutrina italiana é abundante, no exame do art. 53, trazida à colação por CRIFA-SULLI e PALADIN, que, em considerações preliminares, lembram que:[21]

"Uma decisão da Corte Suprema dos Estados Unidos da América de 1899 (Nicol v. Ames) resume a essência da problemática posta no art. 53: '*o poder de taxar é o único grande poder sobre o qual se funda o inteiro edifício nacional. Ele é tanto necessário à vida e à prosperidade da nação, quanto o ar à vida do homem. Não é somente o **poder de destruir**, mas o **poder de manter a vida**'*." (GROVES, *La finanza de uno Stato moderno*, p. 21).

CRISAFULLI e PALADIN citam, entre tantos outros:

"– para dizer se uma lei observa o princípio da igualdade, deve-se ter presente tão somente a capacidade contributiva (BERLIRI – *Corso istituzionale di diritto tributario*, I, p. 128);

– a obrigação de concorrer às despesas públicas deve fundamentar-se na disponibilidade econômica dos sujeitos (RASTELLO – *Diritto tributario*, p. 326-328; POTITO – *L'ordinamento tributario italiano*, p. 53; MICHELI – *Corso di diritto tributario*, p. 11);

– a capacidade contributiva deve realizar o *princípio da igualdade substancial* e o *princípio da solidariedade social* (MARTINES – *Diritto costituzionale*, p. 622);

– do princípio da capacidade contributiva não se extraem somente a especificação do princípio da igualdade e a limitação do princípio da universalidade; extrai-se também a regra segundo a qual, num sistema que reconhece valor permanente à propriedade e à iniciativa privada – como dispõe o sistema constitucional italiano – o tributo não pode chegar a atingir níveis a ponto de expropriar, nem chegar ao nível de suprimir a renda da empresa. Quando se coloca, numa Constituição, o princípio da progressividade, ele adquire importância nevrálgica (FORTE-BONDONIO-JONA CELESIA, *Il sistema tributario*, p. 23.);

– a Corte Constitucional sublinhou que a **progressividade** concerne não o imposto individual, mas o sistema fiscal no seu complexo (Corte Const., 23/1968), com o complemento de que nada veda que cada tributo seja conformado por critérios outros que não da progressividade (Corte Const. 128/1966). Em suma, o preceito constitucional que trata da progressividade teria, na sua essência, sobretudo finalidade político-social, cuja atuação é efetivamente remetida à **discricionariedade do legislador** (Corte Const. 128/1966): este era, de resto, o pensamento expresso da Constituinte (FALZONE-PALERMO-COSENTINO, *La Costituzione*, p. 168-169) na afirmação de um critério hoje fortemente contestado (v. *La crisi dell'imposizione progressiva sul reddito*).

---

[21] CRISAFULLI, Vezio; PALADIN, Livio. *Commentario breve alla Costituzione*. Padova: Cedam, 1990, p. 347-353. Tradução livre do autor.

4.6 PRINCÍPIO DA SOLIDARIEDADE SOCIAL

A solidariedade social é uma realidade inconteste. Ela sempre esteve presente, desde os primórdios, onde a caça era repartida.

Hodiernamente, esse *"sentido de vida"* vem sendo formalmente acentuado, tal como ocorre em face da Constituição de 1988.

> TERCIO SAMPAIO relata:[22]
>
> "A aplicabilidade e interpretação da Constituição é tema particular que, no entanto, merece atenção também em razão das suas particularidades. (...)
>
> A norma constitucional contém elementos jurídicos que a diferenciam das demais normas, características da qual um normativismo rigorosamente positivista, supostamente neutro e acrítico, não chega a dar conta. Aqui, entra em cena a ordem política global do Estado constitucional, que obriga a certas correções e especificações. No limiar destas transformações que caracterizam a passagem, ou melhor, a complicada convivência do Estado de Direito com o chamado Estado do Bem-Estar Social ou Estado Social, RUY BARBOSA (*apud* Alípio Silveira, 1968, v. 2:3) fazia observar que:
>
> 'a concepção individualista dos direitos humanos tem evoluído rapidamente, com os tremendos sucessos deste século, para uma noção incomensurável nas nações jurídicas do individualismo, restringidas agora por uma extensão, cada vez maior, dos direitos sociais. Já não se vê na sociedade um mero agregado, uma justaposição de unidades individuais acasteladas cada qual no seu direito intratável, mas uma unidade orgânica, em que a esfera do indivíduo tem por limites inevitáveis, de todos os lados, a coletividade. O direito vai cedendo à moral, o indivíduo à associação, o egoísmo à **solidariedade humana**'.
>
> (...) MAX WEBER (1976: 503 e ss.) (...) distingue entre *procedimentos interpretativos de bloqueio* – hermenêutica tradicional – e *procedimentos interpretativos de legitimação de aspirações sociais* à luz da constituição. Esta interpretação de legitimação significa que certas aspirações se tornariam metas privilegiadas até mesmo acima ou para além de uma conformidade constitucional estritamente formal. Elas fariam parte, por assim dizer, da pretensão de realização inerente à própria constituição. (...)
>
> Quando se opõem procedimentos interpretativos de bloqueio e procedimentos de legitimação, o que entra em pauta é um problema de como captar o sentido das constituições no momento em que, concebidas estas como sistemas de valores, a hermenêutica se transforma num *instrumento de realização política*, com base na qual a legislação procurará concretizar **princípios** e **programas** implicitamente agasalhados pelo texto constitucional. Ou seja, a questão hermenêutica deixa de ser um problema de correta subsunção do fato à norma – com sua carga lógica, histórica, sistemática, teleológica e valorativa – para tornar-se um problema de conformação política dos fatos, isto é, de sua transformação conforme um **projeto ideológico**."

Na Itália, IGNAZIO SCOTTO assinala que a ilegitimidade constitucional de uma lei pode também derivar por não se conciliar com normas programáticas:[23]

> "Tra le norme costituzionali, secondo l'elaborazione giurisprudenziale verificatasi dopo l'entrata in vigore della Costituzione (1º gennaio 1948), occorre distinguere quelle *direttive* o *programmatiche* da quelle *precettive*. Le prime, che sono la maggior parte, contengono disposizioni che per la loro generalità o incompletezza, non possono essere attuate nei rapporti intersoggettivi senza l'intervento di una legge ordinária che le specifichi e le integri. Esse quindi si dirigono al legisla-

---

[22] FERRAZ JR., Tercio Sampaio. *Interpretação e estudos da Constituição de 1988*. São Paulo: Atlas, 1990. p. 11-12. O itálico é do autor e o negrito é nosso.

[23] SCOTTO, Ignazio. *Diritto Costituzionale*. Milano: Giuffrè, 1990. p. 37.

Cap. 4 • Princípios constitucionais tributários **97**

-tore ordinário (non al cittadino) e sono per esso vincolanti, nel senso che il legisla-tore è tenuto ad attuarle in concreti precetti legislativi e non può comunque discostarsene nell'esercizio della própria attività. Le seconde, invece, sono quelle già complete e perfette in tutti i loro elementi: esse pertanto, possedendo in sè la forza cogente per tutti i destinatari (e non soltanto per il legislatore), sono di applicazione immediata: così è stato riconosciuto carattere precettivo all'art.113 della Cost. che accorda sempre la tutela giurisdizionale dei diritto e degli interesse legittimi contra gli atti della P.A.

Peraltro, la Corte costituzionale, com sentenza 14 giugno 1956 nº 1 (Rass. Cons. St. 1956, II, 81), há attenuato la differenza tra i due tipi di norme statuendo che la distinzione tra norme precettive e norme programmatiche può essere determinante per decidere dell'abrogazione o no di uma legge, mas non è rilevante nei giudizi di legittimità costituzionale, potendo l'illegittimità costituzionale di uma legge derivare anche dalla sua non conciliabilità com norme programmatiche."

No Brasil, a teor dos fins estabelecidos pela Assembleia Nacional Constituinte, instalada em 1º-2-1987 para elaborar uma nova Constituição (promulgada em 5-10-1988), podemos dizer que o **princípio da solidariedade social** advém da conjugação das seguintes disposições:

1 – "igualdade e justiça como valores supremos de uma *sociedade fraterna*" (preâmbulo);

2 – "construir uma *sociedade solidária*" (art. 3, I).

3 – "*equidade* na forma de participação no custeio da Seguridade Social" (art. 194, V);

4 – "*diversidade* da base de financiamento" (art. 194, VI);

5 – "a seguridade social será financiada por *toda a sociedade*" (art. 195, *caput*);

6 – "a saúde é *direito de todos* e dever do Estado" (art. 196);

7 – "a assistência social será prestada a quem dela necessitar, *independentemente de contribuição* à seguridade social" (art. 203).[24]

Destarte, como instituição normativa, é algo superior, que vem do alto. Como concretização, ainda deixa muito a desejar.

De fato, especialmente a partir do após Segunda Guerra Mundial, o mundo mudou, passando a ver a cooperação entre os povos como algo a ser incrementado. Organismos internacionais passaram a concretizar essa mudança, tal como, por exemplo, é assinalado pela *Pequena enciclopédia de moral e civismo*:[25]

"DECLARAÇÃO UNIVERSAL DOS DIREITOS HUMANOS. É a apresentação dos fundamentos da dignidade do homem, visando a: 1º) despertar em todos os povos do mundo a consciência de suas responsabilidades em relação à criatura humana; 2º) criar um clima propício ao florescimento da liberdade, da justiça e da paz; 3º) erradicar do mundo o espírito de tirania e opressão; 4º) fomentar

---

[24] Alguns entendem que os "inativos" e "pensionistas", em face do art. 194, IV ("*irredutibilidade do valor dos benefícios*"), não podem ser obrigados a contribuir para com a Seguridade social, sequer por Emenda Constitucional, pois esse dispositivo consistiria em "cláusula pétrea". Em verdade, parece-nos que tal entendimento se limita a examinar, isoladamente, tal disposição originária, sem submetê-la a uma interpretação sistemática, interpretação dentro de um contexto, em visão maior. Por outro lado, a tributação terá de observar os princípios da razoabilidade e da proporcionalidade. Enfim, a nosso ver, a "*irredutibilidade do valor dos benefícios*", não se há de confundir com o "*dever de contribuir*" a que é chamada toda a sociedade, detentora da "capacidade contributiva", em face de descrito "*princípio da solidariedade social*". É preciso ter presente que são cerca de **dez milhões** os beneficiários do art. 203, e temos cerca de **cinquenta milhões** de pessoas no trabalho informal, que necessitam do SUS (art. 196), dados que variam no tempo, pois são números de 2005.

[25] *Pequena enciclopédia de moral e civismo*. Editada pelo Departamento Nacional de Educação do MEC. Rio de Janeiro: 1. ed. 1967. p. 110. Teve a participação de 38 colaboradores, coordenados por Alfredina de Paiva e Souza.

98 Direito Tributário • *Cassone*

relações de amizade entre as Nações. Essa declaração, datada de 10 de dezembro de 1948, apresenta um **preâmbulo**, no qual se justifica a posição assumida pela Organização das Nações Unidas ao fazê-la, e **trinta artigos** em que são desdobrados os aspectos ligados aos direitos fundamentais do homem. A preocupação em formular e defender os direitos humanos data da mais remota antiguidade: o Código de Hamurabi (Babilônia), a filosofia de Mêncio (China), a República (Platão), o Direito Romano são marcos a destacar nessa marcha da humanidade para afirmação dos direitos humanos, como também a Magna Carta (Inglaterra, 1215); o 'Bill of Rights' (Inglaterra, 1689); a Declaração da Independência dos Estados Unidos (1776); a Declaração Francesa dos Direitos do Homem e do Cidadão(1789); o Tratado de Berlim (1878), que compeliu os Estados Balcânicos a assegurar a liberdade religiosa aos seus residentes, protegendo as populações cristãs contra massacres; a Doutrina das Quatro Liberdades, a saber: de palavra e expressão, de culto, de não passar necessidade e de não sentir medo (Franklin Delano Roosevelt, E. Unidos, 1941); a Declaração dos Estados Unidos (Washington, 1942); as Conferências de Moscou (1943), de Dumbarton Oaks (1944) e de S. Francisco (1945). Os princípios incorporados à Declaração Universal de 1948, embora não se revistam de força jurídica, constituem um termo de responsabilidade assumida pelas nações que integram a ONU."

No Brasil, esses novos tempos foram concretizados pela Assembleia Nacional Constituinte, que, durante um inteiro ano, debateu exaustivamente, elaborando uma nova Constituição, promulgada em 5-10-1988, cuja *solidariedade humana* foi, principalmente, incorporada no preâmbulo, no art. 3º, I, no art. 194, IV, e no art. 203.

Tais disposições constitucionais, novas e inéditas, alteraram profundamente o conceito das contribuições sociais destinadas à Seguridade Social: a obrigação de contribuir não mais ficou limitada ao clássico "regime retributivo", ou seja, correlação entre contribuição e retribuição.

Portanto, a Carta de 1988, além de prever a correlação entre contribuição *versus* retribuição direta (paga e em contraprestação recebe benefício previdenciário), possibilita a exigência de contribuição *sem* retribuição direta, a teor da seguinte disposição:

"**Art. 203.** A assistência social será prestada a quem dela necessitar, independentemente de contribuição à seguridade social, e tem por objetivo:

I – a proteção à família, à maternidade, à infância, à adolescência e à velhice;

II – o amparo às crianças e adolescentes carentes;

III – a promoção da integração ao mercado de trabalho;

IV – a habilitação e reabilitação das pessoas portadoras de deficiência e a promoção de sua integração à vida comunitária;

V – a garantia de um salário-mínimo de benefício mensal à pessoa portadora de deficiência e ao idoso que comprovem não possuir meios de prover à própria manutenção ou de tê-la provida por sua família, conforme dispuser a lei."

"**Art. 204.** As ações governamentais na área da assistência social serão realizadas com recursos do orçamento da seguridade social, previstos no art. 195, além de outras fontes, e organizadas com base nas seguintes diretrizes:

I – descentralização político-administrativa, cabendo a coordenação e as normas gerais à esfera federal e a coordenação e a execução dos respectivos programas às esferas estadual e municipal, bem como a entidades beneficentes e de assistência social;

II – participação da população, por meio de organizações representativas na formulação das políticas e no controle das ações em todos os níveis."

Somente em alguns dos incisos do art. 203, há mais de dez milhões de brasileiros, que se beneficiam da assistência social, realçando a importância do princípio da *solidariedade social*.

4.7 PRINCÍPIO DA IRRETROATIVIDADE DA LEI

Do princípio da irretroatividade das leis trata a CF nos seguintes dispositivos:

"**Art. 150**. Sem prejuízo de outras garantias asseguradas ao contribuinte, é vedado à União, aos Estados, ao Distrito Federal e aos Municípios:

III – Cobrar tributos:

a) em relação a fatos geradores ocorridos antes do início da vigência da lei que os houver instituído ou aumentado."

Destarte, em face do princípio constitucional da irretroatividade, a lei não pode retroagir de modo a alcançar fatos geradores ocorridos anteriormente à sua vigência.

O art. 150, III, *a*, é autoaplicável, não necessitando de complementação. O CTN regula a matéria nos seguintes termos:

"**Art. 105**. A legislação tributária aplica-se aos fatos geradores futuros e aos pendentes, assim entendidos aqueles cuja ocorrência tenha tido início mas não esteja completa nos termos do art. 116."

"**Art. 144**. O lançamento reporta-se à data da ocorrência do fato gerador da obrigação e rege--se pela lei então vigente, ainda que posteriormente modificada ou revogada."

Ante tais disposições, constitucionais e complementares, emergem as seguintes figuras jurídico-tributárias:

a) *ato jurídico perfeito* – se ocorreu o fato gerador, e cumprida a obrigação tributária, após o que sobrevém lei que aumenta o tributo ou

b) *direito adquirido* – no cumprimento da obrigação pelo *quantum* correspondente ao fato gerador, se a lei que aumenta o tributo sobrevém *após* a ocorrência do fato gerador, e *antes* do cumprimento da obrigação.

O princípio da irretroatividade foi objeto de apreciação pelo STF, a teor dos seguintes acórdãos:

1. EMENTA:

"Contribuição Social sobre o lucro das pessoas jurídicas. Lei nº 7.689/88.

Não é inconstitucional a instituição da contribuição social sobre o lucro das pessoas jurídicas, cuja natureza é tributária. Constitucionalidade dos artigos 1º, 2º, 3º da Lei nº 7.689/88. Refutação dos diferentes argumentos com que se pretende sustentar a inconstitucionalidade desses dispositivos legais.

Ao determinar, porém, o artigo 8º da Lei nº 7.689/88 que a contribuição em causa já seria devida a partir do lucro apurado no período-base a ser encerrado em 31 de dezembro de 1988, violou ele o **princípio da irretroatividade** contido no artigo 150, III, *a*, da Constituição Federal, que proíbe que a lei que institui tributo tenha, como fato gerador deste, fato ocorrido antes do início da vigência dela.

Recurso extraordinário conhecido com base na letra *b* do inciso III do artigo 102 da Constituição Federal, mas a que se nega provimento porque o mandado de segurança foi concedido para impedir a cobrança das parcelas da contribuição social cujo fato gerador seria o lucro apurado no período-base que se encerrou em 31 de dezembro de 1988. Declaração de inconstitucionalidade do artigo 8º da Lei nº 7.689, de 15-12-88" (RE 146.733/SP, STF, Plenário, Moreira Alves, unânime, 29-6-92, *RTJ* 143/6840). (*grifamos*)

100   Direito Tributário • *Cassone*

2. EMENTA:

"V – Inconstitucionalidade do art. 8º da Lei nº 7.689/88, por ofender o **princípio da irretroatividade** (CF, art. 150, III, *a*) qualificado pelo inexigibilidade da contribuição dentro do prazo de noventa dias da publicação da lei (CF, art. 195, § 6º). Vigência e eficácia da lei: distinção" (RE 138.284-CE, STF, Plenário, Carlos Velloso, unânime, 1º-7-92 – *RTJ* 143/313 – transcrição parcial da ementa).

4.8 PRINCÍPIO DA ANTERIORIDADE ANUAL E NONAGESIMAL DA LEI

O princípio da anterioridade tributária, anual ou nonagesimal, impede que a lei que institui ou aumente certo tributo comece a surtir efeitos antes de uma específica situação estabelecida pela Constituição, e é previsto nos arts. 150, III, "b" e "c", e 195, § 6º.

RE 584.100: "O prazo nonagesimal previsto no art. 150, III, "c", da Constituição Federal somente deve ser utilizado nos casos de criação ou majoração de tributos, não na hipótese de simples prorrogação de alíquota já aplicada anteriormente."

Constituição Federal de 1988:

"**Art. 150.** Sem prejuízo de outras garantias asseguradas ao contribuinte, é vedado à União, aos Estados, ao Distrito Federal e aos Municípios:

III – cobrar tributos:

b) no mesmo exercício financeiro em que haja sido publicada a lei que os instituiu ou aumentou;

c) antes de decorridos noventa dias da data em que haja sido publicada a lei que os instituiu ou aumentou, observado o disposto na alínea *b*;

NOTA: letra "c" acrescentada pela EC 42/2003. Ex.: Taxa – ADI 3694.

§ 1º A vedação do inciso III, *b*, não se aplica aos tributos previstos nos arts. 148, I, 153, I, II, IV e V; e 154, II; e a vedação do inciso III, *c*, não se aplica aos tributos previstos nos arts. 148, I, 153, I, II, III e V; e 154, II, nem à fixação da base de cálculo dos impostos previstos nos arts. 155, III, e 156, I."

NOTA: redação dada pela EC nº 42, de 31-12-2003. Redação anterior:

§ 1º A vedação do inciso III, b, não se aplica aos impostos previstos nos arts. 153, I, II, IV e V, e 154, II.

"**Art. 195.** A seguridade social será financiada por toda a sociedade, de forma direta e indireta, nos termos da lei, mediante recursos provenientes dos orçamentos da União, dos Estados, do Distrito federal e dos Municípios, e das seguintes contribuições sociais:

§ 6º As contribuições sociais de que trata este artigo só poderão ser exigidas após decorridos noventa dias da data da publicação da lei que as houver instituído ou modificado, não se lhes aplicando o disposto no art. 150, III, *b*."

O *princípio da anterioridade anual e nonagesimal* proporciona os seguintes efeitos:

"a) além do princípio da anterioridade 'anual', a lei deve observar a anterioridade 'nonagesimal';

b) mas o referido na letra precedente contém exceções, passando a lei a surtir efeitos desde o dia de publicação no Diário Oficial, ou outra data, se expressamente referida (II-IE-IOF, são os chamados impostos 'regulatórios', e os empréstimos compulsórios e impostos residuais a que se referem os dispositivos citados); ao IPI aplica-se a anterioridade nonagesimal (instituição ou aumento por Lei);

Cap. 4 • Princípios constitucionais tributários **101**

c) em relação às contribuições sociais destinadas à Seguridade Social, o art. 195, § 6º, continua sem alterações."

Súmula 669 do STF: "Norma legal que altera o prazo de recolhimento da obrigação tributária não se sujeita ao princípio da anterioridade." (Convertida na Súmula Vinculante 50)

No RE 448.558, o Ministro Gilmar Mendes, na parte final de seu voto condutor, reportando-se à ADI 939, asseverou que o princípio da anterioridade não pode ser suprimido nem mesmo por Emenda Constitucional.

Da jurisprudência do STF (*anteriormente* à EC nº 42/2003), trazemos à colação os seguintes acórdãos:

1. EMENTA:

"Direito Constitucional e Tributário.

Ação Direta de Inconstitucionalidade de Emenda Constitucional e de Lei Complementar.

IPMF.

Imposto Provisório sobre a Movimentação ou a Transmissão de Valores e de Crédito e Direitos de Natureza Financeira – IPMF.

Artigos 5º, § 2º, 60, § 4º, incisos I e IV, 150, incisos III, *b*, e VI, *a*, *b*, *c* e *d*, da Constituição Federal.

I – Uma Emenda Constitucional, emanada, portanto, de Constituinte derivada, incidindo em violação à Constituição originária, pode ser declarada inconstitucional, pelo Supremo Tribunal Federal, cuja função precípua é de guarda da Constituição (art. 102, I, *a*, da CF).

II – A Emenda Constitucional nº 3, de 17-3-93, que, no art. 2º, autorizou a União a instituir o IPMF, incidiu em vício de inconstitucionalidade, ao dispor, no § 2º desse dispositivo, que, quanto a tal tributo, não se aplica 'o art.150, III, *b* e VI', da Constituição, porque, desse modo, violou os seguintes princípios e normas imutáveis (somente eles, não outros):

1º – o **princípio da anterioridade**, que é garantia individual do contribuinte (art. 5º, § 2º, art. 60, § 4º, inciso IV, e art. 150, III, *b* da Constituição);

2º – o princípio da imunidade tributária recíproca (que veda à União, aos Estados, ao Distrito Federal e aos Municípios a instituição de impostos sobre o patrimônio, rendas ou serviços uns dos outros) e que é garantia da Federação (art. 60, § 4º, inciso I, e art. 150, VI, *a*, da CF);

3º – a norma que, estabelecendo outras imunidades, impede a criação de impostos (art. 150, III) sobre:

b) templos de qualquer culto;

c) patrimônio, renda ou serviços dos partidos políticos, inclusive suas fundações, das entidades sindicais dos trabalhadores, das instituições de educação e de assistência social, sem fins lucrativos, atendidos os requisitos da lei; e

d) livros, jornais, periódicos e o papel destinados a sua impressão;

III – Em consequência, é inconstitucional, também, a Lei Complementar nº 77, de 13.7.1993, sem redução de texto, nos pontos em que determinou a incidência do tributo no mesmo ano (art. 28) e deixou de reconhecer as imunidades previstas no art.150, VI, 'a', 'b', 'c' e 'd' da CF (arts. 3º, 4º e 8º do mesmo diploma, LC nº 77/93).

IV – Ação Direta de Inconstitucionalidade julgada procedente, em parte, para tais fins, por maioria, nos termos do voto do Relator, mantida, com relação a todos os contribuintes, em caráter definitivo, a medida cautelar, que suspendera a cobrança do tributo no ano de 1993" (ADI 939-DF, STF, Pleno, Sydney Sanches, maioria, 15-193 – *RTJ* 151/755). (*grifamos*)

2. RE 197.790-6-MG:

EMENTA: "Contribuição social. Lei nº 7.856. de 25 de outubro de 1989, que, no art. 2º, elevou a respectiva alíquota de 8% para 10%. Legitimidade da aplicação da nova alíquota sobre o lucro apurado no balanço do contribuinte encerrado em 31 de dezembro do mesmo ano.

Tratando-se de lei de conversão da MP nº 86, de 25-9-89, da data da edição desta é que flui o prazo de 90 (noventa) dias previsto no art. 195, § 6º, da CF, o qual, no caso, teve por termo final o dia 24-12-1989, possibilitando o cálculo do tributo, pela nova alíquota sobre o lucro da recorrente, apurado no balanço do próprio exercício de 1989" (STF, Plenário, Ilmar Galvão, maioria, 19-2-97, *DJU* 21-11-97).

NOTA: esclarece o Min. Maurício Corrêa, em seu voto-vista:

"O eminente Ministro ILMAR GALVÃO, ao relatar o presente recurso, em que se discutia constitucionalidade da majoração de alíquota da contribuição social de 8% para 10%, entendeu pela legalidade da exação, tendo em conta que restara observado o prazo de noventa dias da publicação da Medida Provisória nº 86, de 22 de setembro de 1989, convertida na Lei 7.856, de 24 de outubro de 1989, como preceitua o art. 195, § 6º, da Constituição Federal.

Acentuou, ainda, que não há confundir fato gerador do imposto de renda com fato gerador da contribuição social, de outro, a teoria do fato gerador "complexivo" que certas correntes doutrinárias, no passado, tiveram por aplicável ao imposto de renda, por absoluta falta de base legal, e que esta Corte assentou o entendimento de que não ofende ao princípio da anterioridade, nem o da irretroatividade, a exigência do imposto de renda sobre o lucro anterior, com base em lei editada no mesmo período (RE 104.259, *RTJ* 115/1.336; ADI 513, *RTJ* 141/739).

Concluiu, então, que, no que tange ao lucro da recorrente, apurado em 31de dezembro de 1989, não sobra espaço para falar-se em irretroatividade da lei majoradora da alíquota (Lei de Conversão nº 7.856/89), se passou ela a incidir a partir de 22 de dezembro, quando decorreu o lapso temporal de 90 dias, contado a partir da medida provisória de que se originou. Por isso, não conheceu do extraordinário da recorrente."[26]

4.8.1 Anterioridade e Medida Provisória

O STF, examinando a possibilidade de ser reapresentada a mesma matéria, objeto de Medida Provisória, que havia sido rejeitada pelo Congresso Nacional, decidiu:

"PRINCÍPIO DA IRREPETITIBILIDADE DOS PROJETOS REJEITADOS NA MESMA SESSÃO LEGISLATIVA (CF, ART. 67) – MEDIDA PROVISÓRIA REJEITADA PELO CONGRESSO NACIONAL – POSSIBILIDADE DE APRESENTAÇÃO DE PROJETO DE LEI, PELO PRESIDENTE DA REPÚBLICA, NO

---

[26] Entendemos que, nos casos em que a Medida Provisória sofre, no Congresso Nacional, alterações substanciais, ela passa a ter a natureza jurídica de "projeto" de lei, e o prazo começa então a contar a partir da data da publicação da LEI, e não da MP. Entretanto, no caso do RE 197.790-6/MG, assinalou o voto-vencedor do Relator, Min. ILMAR GALVÃO: "A MP nº 86, editada em 25 de setembro de 1989, contrariamente ao que entendeu ela (*a empresa contribuinte*), foi convertida na Lei nº 7.856, publicada em 25 de outubro do mesmo ano, razão pela qual teve eficácia a partir de 24 de dezembro, quando fluiu o prazo de 90 dias previsto no art. 195, § 6º, da Constituição. Com efeito, conforme teve este relator ocasião de expor, em voto proferido no RE 177.420, no art. 62, parágrafo único, do Texto Constitucional, não se lê que as medidas provisórias perderão eficácia, desde a edição, se não forem **integralmente** convertidas em lei, mas tão somente, *'se não forem convertidas em lei'*, no prazo de 30 dias, hipóteses que não se confundem. Assim, uma conversão, enquanto não integral, desde que não altere a medida provisória em sua essência, não deixa de ser conversão, sendo essa a doutrina sustentada na Itália e que nada impede seja aqui também adotada, conforme demonstrado por CAIO TÁCITO, em seu precioso trabalho 'Medidas provisórias na Constituição de 1988' (*RDP* nº 90, abr./jun. 1989, p. 54-55) e, também, por MARCO AURÉLIO GRECO, em sua não menos valiosa monografia *Medidas Provisórias*, 1991, p. 44."

INÍCIO DO ANO SEGUINTE ÀQUELE EM QUE SE DEU A REJEIÇÃO PARLAMENTAR DA MEDIDA PROVISÓRIA.

A norma inscrita no art. 67 da Constituição – que consagra o postulado da irrepetibilidade dos projetos rejeitados na mesma sessão legislativa – não impede o Presidente da República de submeter, à apreciação do Congresso Nacional, reunido em convocação extraordinária (CF, art. 57, § 6º, II), projeto de lei versando, total ou parcialmente, a mesma matéria que constitui objeto de medida provisória rejeitada pelo Parlamento, em sessão legislativa realizada no ano anterior.

O Presidente da República, no entanto, sob pena de ofensa ao princípio da separação de poderes e de transgressão à integridade da ordem democrática, não pode valer-se de medida provisória para disciplinar matéria que já tenha sido objeto de projeto de lei anteriormente rejeitado na mesma sessão legislativa (RTJ 166/890, Rel. Min. OCTÁVIO GALLOTTI) . Também pelas mesmas razões, o Chefe do Poder Executivo da União não pode reeditar medida provisória que vincule matéria constante de outra medida provisória anteriormente rejeitada pelo Congresso Nacional (RTJ 146/707-708, Rel. Mi. CELSO DE MELLO). (ADI 2.010-2-mc/DF, STF, Celso de Mello, 30-9-99 – DJU 12-4-02 – transcrição parcial da ementa).

4.8.2 O artigo 246 da CF

A EC nº 32, de 11-9-2001, deu ao art. 246 da CF/88 a seguinte redação:

"Art. 246. É vedada a adoção de medida provisória na regulamentação de artigo da Constituição cuja redação tenha sido alterada por meio de emenda promulgada entre 1º de janeiro de 1995 até a promulgação desta emenda, inclusive."

Sobre ela, assim decidiu o Ministro Marco Aurélio no AI 543.326/SC, DJU 9-8-2006, p. 40:

"Ademais, o artigo 246 da Carta Federal veda apenas que medida provisória regulamente artigo do Diploma Maior cuja redação tenha sido alterada por meio de emenda promulgada entre 1º de janeiro de 1995 até a promulgação da Emenda Constitucional nº 32/2001, e não que revogue dispositivo legal."

Deve-se ter presente que as Medidas Provisórias tiveram duas fases distintas:

(a) a que vai até a EC nº 32 (MP nº 2.230, de 6-9-01, DOU de 10-9-01); e,

(b) a que se inicia com as Medidas Provisórias elaboradas a partir da EC 32 (MP nº 1, de 19-9-01 – DOU 20-9-01).

4.9 PRINCÍPIO (TÉCNICA) DA NÃO CUMULATIVIDADE

Alguns denominam a "não cumulatividade" como princípio. Outros, como técnica, assim definida no âmbito do STF (exemplo: RE 257.465-1-PR, DJU 12-5-2000).

Princípio significaria um alcance maior; **técnica**, um alcance restrito. Mas, seja como for, a denominação não tem a força de mudar a natureza jurídica da "não cumulatividade", isto é, seu real conteúdo e os efeitos tributários que irradia.

A não cumulatividade, tanto para o IPI (art. 153, § 3º, II), quanto para o ICMS (art. 155, § 2º, I), é definida pela própria CF/88, e, quanto à COFINS, foi introduzida pela EC 42/03, que acrescentou o § 12 ao art. 195, sem defini-la.

104 Direito Tributário • *Cassone*

Eis a redação constante da CF/88:

Art. 153, § 3º – o IPI:

I – será seletivo, em função da essencialidade do produto;

II – será não cumulativo, compensando-se o que for devido em cada operação com o montante cobrado nas anteriores;

III – não incidirá sobre produtos industrializados destinados ao exterior.

Art. 155, § 2º – o ICMS atenderá ao seguinte: (redação EC 3/93)

I – será não cumulativo, compensando-se o que for devido em cada operação relativa à circulação de mercadorias ou prestação de serviços com o montante cobrado nas anteriores pelo mesmo ou outro Estado ou pelo Distrito Federal.

II – a isenção ou não incidência, salvo determinação em contrário da legislação:

a) não implicará créditos para compensação com o montante devido nas operações ou prestações seguintes;

b) acarretará a anulação do crédito relativo a operações anteriores;

III – poderá ser seletivo, em função da essencialidade das mercadorias e dos serviços.

Art. 195 – COFINS:

§ 12. A lei definirá os setores de atividade econômica para os quais as contribuições incidentes na forma dos incisos I, *b*; e IV do *caput*, serão não cumulativas (incluído pela EC 42/03).

Temos, então, **três** regimes jurídicos constitucionais *diferenciados* em relação à não cumulatividade, embora alguns pontos, em relação ao IPI e ICMS, possam ser comuns.

Tendo em vista que a não cumulatividade do IPI é aquela que apresenta maiores efeitos tributários positivos, passamos a examinar a disposição constitucional relativa a este imposto federal (além das que lhe são conexas), que dispõe:

"O IPI será não cumulativo, compensando-se o que for devido em cada operação com o montante cobrado nas anteriores."

Percebe-se, claramente, que dois são os pressupostos da não cumulatividade: **devido** e **cobrado**, que, por serem objetivos, merecem, do intérprete, a devida consideração, como, por exemplo, se uma indústria adquire insumos e, por qualquer razão, os *revende* (não incidirá o IPI), terá de estornar o crédito, por faltar um dos dois pressupostos – salvo se a lei assegurar a manutenção do crédito.[27]

Claro que o termo "cobrado" não está a indicar se **A** "cobrou", ou não, o IPI de **B**, ou se **A** recolheu o IPI à União. Trata-se de uma norma, e como tal tem significação jurídica, no sentido de uma efetiva incidência, independentemente de cobrança ou recolhimento, os quais são resolvidos em face do direito positivo que regula tais questões.

Assim, devido e cobrado são termos técnicos objetivos, que devem ser entendidos como um efetivo destaque da alíquota do IPI no documento fiscal, seja ela fixada na Tabe-

---

[27] Na não cumulatividade **pura** (art. 153, § 3º, II), temos o **princípio da neutralidade**, na medida em que **B** deduz o IPI que pagou a **A**, ou **C** deduz o IPI que pagou a **B** (Diretiva IVA 2006/112/CE).

la do IPI em 0%, 4%, 10%, 40%, 70% ou 333% (esta última para fumo, cigarros – todas elas sujeitas a alterações, nos termos do art. 153, § 1º, CF/88 e art. 4º do DL 1.199/71).

É essa técnica que denomino de *não cumulatividade integral* ou *pura* que, prevista expressamente na CF/88, independe de regulamentação.

Claro que o termo "cobrado" não está a indicar se A "cobrou", ou não, o IPI de B, ou se A recolheu o IPI à União, devendo entender-se como "incidido".

É preciso ter presente que o IPI (assim como o ICMS) não se guia pela *Teoria do Valor Agregado*, tal como decidiu o 3º Simpósio Nacional de Direito Tributário:[28]

> "O valor acrescido não é circunstância componente da hipótese de incidência do ICM. O princípio da não cumulatividade consiste, tão somente, em abater do imposto *devido* o montante *exigível* nas operações anteriores, sem qualquer consideração à existência ou não de valor acrescido."

Também no STF o valor agregado não foi reconhecido no RE 566.819/RS, conforme serviço "Notícias STF", de 29-9-2010:

> "Na sessão de hoje (29), Ellen Gracie apresentou seu voto-vista. A ministra afirmou que a não cumulatividade prevista no art. 153, § 3º, inciso II, da Constituição Federal, 'não é instrumento de tributação do valor agregado, é isto sim um mecanismo que se limita a autorizar a dedução exata do imposto já suportado na entrada'. Segundo ela, 'não há como pretender a apropriação de créditos na operação de entrada tendo como referência a alíquota devida na saída. Só o que foi suportado é que pode ser objeto de compensação'."

A expressão *"operações anteriores"*, constante do art. 153, § 3º, II, da CF/88, desde a Lei nº 4.502/64 (*Imposto de Consumo*, convolado em IPI), passando pela EC 18/65, CTN/66 e CF/67-69, sempre foi representada pela **última operação**, a teor do art. 147, II, *a* do CTN e da legislação do IPI, os quais estabelecem que a base de cálculo é "*o valor da operação de que decorrer a saída da mercadoria*", estabelecendo, ainda, o CTN:

> Art. 49. O imposto é não cumulativo, dispondo a lei de forma que o montante devido resulte da diferença a maior, em determinado período, entre o imposto referente aos produtos saídos do estabelecimento e o pago relativamente aos produtos nele entrados.
>
> *Parágrafo único.* O saldo verificado, em determinado período, em favor do contribuinte, transfere-se para o período ou períodos seguintes.

Diante de tais assertivas, o critério de interpretação constitucional adequado à não cumulatividade integral obedece à seguinte ordem:

> **B** adquire insumos de **A**, credita-se do IPI que **A** lhe cobrou ($ 10), industrializa e vende o resultante produto a **C**, debitando-se do IPI *devido* ($ 30), e recolhe o saldo ($ 20).

Importante observar que a CF/88, no art. 153, § 3º, II, ao definir e dar os contornos da "não cumulatividade", não vai além, ou seja, não autoriza a compensação em outras espécies de operações (isentas, com alíquota zero ou produto NT), motivo pelo qual essas operações devem ser submetidas a critério adequado de interpretação constitucional,

---

[28] O 3º Simpósio Nacional de Direito Tributário foi realizado nos dias 14 e 15-10-1978 no Centro de Extensão Universitária de São Paulo, sob a coordenação-geral do Prof. Ives Gandra da Silva Martins, e as conclusões constam do Caderno de Pesquisas Tributárias, de 1979, v. 4, p. 635-647.

106 Direito Tributário • *Cassone*

para que, inseridas nessa disposição, possam conferir, ou não, direito de crédito ou manutenção do crédito.

Veja-se que, tanto a CF no art. 153, § 3º, II quanto o art. 49 do CTN, somente exigem **duas operações**, em que **B** compra insumos de **A**, industrializa e vende o resultante produto a **C**. Ou **D** compra de **C**, industrializa e vende a **E**.

Diante disso, não temos dúvidas em dizer que os demonstrativos da não cumulatividade, elaborados com projeções além da descrita "compra-industrializa-vende", com 3, 4, 5 ou 6 operações sequenciais, realizadas por alguns (e no STF especialmente pelo Ministro Nelson Jobim – RE 350.446 e RE 353.657), não consistem, com a devida vênia, numa interpretação jurídica constitucional, mas numa interpretação meramente econômica, sem suporte constitucional.

Tampouco o IVA italiano (e, por conseguinte, o IVA Europeu), admitem, para fins de crédito, essa longa sequência de operações.

No direito italiano (tal como no Brasil), adota-se a denominada **teoria constitucional abrangente**, segundo a qual, no caso de uma lei que concede isenção, e ao mesmo tempo estabelece que a operação não dá direito de crédito, consideram-se ambas as situações, ou seja, a que concede a isenção e a que não permite o crédito, a teor do Decreto nº 633, de 26-12-1972 (legislação italiana), que estabelece:[29]

> Art. 19. Dedução
>
> ....
>
> 2. Não é dedutível o imposto relativo à aquisição ou à importação de bens e serviços concernentes a operações isentas ou não sujeitas ao imposto, salvo o disposto no art. 19-bis2.

Quanto à **isenção**, note-se que, mesmo se não houvesse lei alguma a concedê-la, a não cumulatividade que denominamos de "integral" continuaria a operar normalmente, ou seja: devido 30 – 10 cobrado = 20 a recolher.

Esse o motivo pelo qual se diz que a isenção não integra, em princípio, a técnica da não cumulatividade – na hipótese de limitarmo-nos a uma interpretação gramatical.

A *não incidência* do ICMS, a que se refere o art. 155, § 2º, II, da CF/88, não se confunde com o produto "não tributado" (NT).

Por exemplo, "**peixes**", "**ovos de galinha**" são identificados na Tabela do IPI como produtos "NT", que estão **fora** do campo de incidência do IPI (portanto em nível de CF), motivo pelo qual não podem confundir-se com a "não incidência" referida no art. 155, § 2º, II, CF/88 (em nível infraconstitucional).

Da mesma forma, toda espécie de "**sucata**" (cacos, fragmentos, retalhos, desperdícios, entre outros), está **fora** do campo de incidência do IPI.

---

[29] No Brasil, o STF adota a **teoria constitucional abrangente**, tal como se colhe do seguinte trecho, em voto proferido pelo Ministro Sepúlveda Pertence no RE 174.478 (j. 14-4-2008): "*Não vejo a inconstitucionalidade na redução e no consequente estorno proporcional do crédito relativo à operação anterior.*" Cuidou-se de ICMS – créditos relativos à entrada de insumos usados em industrialização de produtos cujas saídas foram realizadas com redução da base de cálculo. Temos para nós que essa teoria está correta, pelo que merece ser mantida pela nova composição da Suprema Corte, salvo se houver novos fundamentos, de direito ou de fato.

Se **B** compra sucatas da indústria **A**, essa operação está **fora** do campo de incidência do IPI, motivo pelo qual não pode sofrer a incidência do IPI, e, por conseguinte, não há crédito a lançar na escrita fiscal (tenha-se presente que os regulamentos do IPI sempre asseguraram a manutenção do crédito à indústria **A**).

No momento em que **B** submete as sucatas a uma das cinco operações de industrialização, entra-se no campo de incidência do IPI (pela saída), e a partir daí pode-se falar em incidência, em que temos: **C** compra de **B**, credita-se do IPI sobre o valor total e debita-se nas vendas dos resultantes produtos a **D**.

Por esse exemplo, verifica-se que a *teoria do valor agregado* não tem aplicação no atual sistema constitucional tributário brasileiro, tal como esclarecido retro.

Após intensos debates, o Pleno do STF, nos RREE 353.657 e 370.682, firmou jurisprudência, e a ementa do RE 353.657 (Marco Aurélio, maioria, *DJe*-041, de 7-3-2008) tem a seguinte redação:

> "IPI – INSUMO – ALÍQUOTA ZERO – AUSÊNCIA DE DIREITO AO CREDITAMENTO.
>
> Conforme disposto no inciso II do § 3º do art. 153 da Constituição Federal, observa-se o princípio da não cumulatividade compensando-se o que for devido em cada operação com o montante cobrado nas anteriores, ante o que não se pode cogitar de direito a crédito quando o insumo entra na indústria considerada a alíquota zero.
>
> IPI – INSUMO – ALÍQUOTA ZERO – CREDITAMENTO – INEXISTÊNCIA DO DIREITO – EFICÁCIA.
>
> Descabe, em face do texto constitucional regedor do Imposto sobre produtos Industrializados e do sistema jurisdicional brasileiro, a modulação de efeitos do pronunciamento do Supremo, com isso sendo emprestada à Carta da república a maior eficácia possível, consagrando-se o princípio da segurança jurídica."[30]

Posteriormente, o STF enfrentou a **situação inversa**, em que os insumos são tributados pela alíquota positiva (1% para mais) e os produtos resultantes da industrialização saem do estabelecimento industrializador com isenção, alíquota zero ou não tributados (NT).

O julgamento ocorreu nos RREE 460.785, 475.551 e 562.980, julgados concomitantemente em 6-5-2009.

Anoto que o RE 562.980/SC foi julgado com **repercussão geral** no **mérito**: STF, Pleno, Relator Ministro Ricardo Lewandowski, Rel. p/ acórdão Ministro Marco Aurélio, 6-5-2009, *DJe*-167, publ. 4-9-2009, vencidos os Ministros Ricardo Lewandowski e Cezar Peluso, e parcialmente o Ministro Eros Grau – ementa:

> "IPI – CREDITAMENTO – ISENÇÃO – OPERAÇÃO ANTERIOR À LEI Nº 9.779/99.
>
> A ficção jurídica prevista no artigo 11 da Lei nº 9.779/99 não alcança situação reveladora de isenção do Imposto sobre Produtos Industrializados – IPI que a antecedeu."

Referido art. 11 da Lei nº 9.779/99 tem a seguinte redação:

> Art. 11. O saldo credor do Imposto sobre Produtos Industrializados – IPI, acumulado em cada trimestre-calendário, decorrente de aquisição de matéria-prima, produto intermediário e material de

---

[30] Anoto que essa decisão coincide com a diretriz fixada no Parecer PGFN/SP 405, de 2003, divulgado pela *Revista Dialética de Direito Tributário*, v. 93, p. 146-166, onde podem ser vistos outros aspectos relativos à técnica da não cumulatividade do IPI, para simples reflexão.

108 Direito Tributário • *Cassone*

embalagem, aplicados na industrialização, inclusive de produto isento ou tributado à alíquota zero, que o contribuinte não puder compensar com o IPI devido na saída de outros produtos, poderá ser utilizado de conformidade com o disposto nos arts. 73 e 74 da Lei nº 9.430, de 1996, observadas normas expedidas pela Secretaria da Receita Federal – SRF, do Ministério da Fazenda.

Quanto ao insumo **isento** oriundo da Zona Franca de Manaus, acreditamos que a nova composição do STF venha a manter o crédito (RE 212.484, de 1998), em vista da existência de norma especial que prevê incentivos especiais.

4.10 PRINCÍPIO DA RAZOABILIDADE E DA PROPORCIONALIDADE

Razoabilidade e *proporcionalidade* são expressões que visam um fim comum: no exercício da competência tributária, o ente tributante deve utilizar-se do critério da razoabilidade ou proporcionalidade, conforme o caso.

Isto porque uma tributação irrazoável, ou desproporcional, pode levar à declaração de ilegalidade e/ou inconstitucionalidade, parcial ou total, conforme o caso, por infringir o princípio da capacidade contributiva, ou o confisco.

GILMAR MENDES manifesta-se no sentido de que é possível que a aplicação do princípio da proporcionalidade configure um dos temas mais relevantes do moderno direito constitucional, e continua:[31]

> *"2.2 PRINCÍPIO DA PROPORCIONALIDADE: SIGNIFICADO*
>
> Embora a doutrina constitucional brasileira não tenha logrado emprestar um tratamento mais sistemático à matéria, a questão da razoabilidade das leis restritivas tem assumido relevância na aferição da constitucionalidade de algumas leis.
>
> A doutrina constitucional mais moderna enfatiza que, em se tratando de imposição de restrições a determinados direitos, deve-se indagar não apenas sobre a admissibilidade constitucional da restrição eventualmente fixada (reserva legal), mas também sobre a compatibilidade das restrições estabelecidas com o *princípio da proporcionalidade*.
>
> Essa nova orientação, que permitiu converter o princípio da reserva legal (*Gesetzesvorbehalt*) no *princípio da reserva legal proporcional (Vorbehalt des verhältnismässigen Gesetzes* – PIEROTH, Bodo & SCHLINK, Bernard – 4ª ed. 1988, p. 70), pressupõe não só a legitimidade dos meios utilizados e dos fins perseguidos pelo legislador, mas também a *adequação* desses meios para consecução dos objetivos pretendidos (*geeigneteit*) e a *necessidade* de sua utilização (*Notwendigkeit oder Erforderlichkeit* – PIEROTH, p. 72). Um juízo definitivo sobre a proporcionalidade ou razoabilidade da medida há de resultar da rigorosa ponderação entre o significado da intervenção para o atingido e os objetivos perseguidos pelo legislador (*proporcionalidade ou razoabilidade em sentido estrito* – PIEROTH, p. 74).
>
> O pressuposto da *adequação (Geeignetheit)* exige que as medidas interventivas adotadas mostrem-se aptas a atingir os objetivos pretendidos. O requisito da *necessidade* ou da *exigibilidade (Notwendigkeit oder Erforderlichkeit)* significa que nenhum meio menos gravoso para o indivíduo revelar-se-ia igualmente eficaz na consecução dos objetivos pretendidos (PIEROTH, p. 73). Assim, apenas o que é *adequado* pode ser necessário, mas o que é *necessário* não pode ser *inadequado* (PIEROTH, p. 73)."

---

[31] MENDES, Gilmar Ferreira. *Direitos fundamentais e controle de constitucionalidade*. 2. ed. São Paulo: Celso Bastos, 1999. p. 70-71.

De CELSO BASTOS, destacamos os seguintes trechos:[32]

"Na Alemanha, berço doutrinário da referida técnica de verificação da razoabilidade, o Tribunal Constitucional Federal, em decisão proferida em 1971, assim sintetizou o tema:

O meio empregado pelo legislador deve ser adequado e exigível, para que seja atingido um fim almejado. O meio é adequado, quando com o seu auxílio se pode promover o resultado desejado; ele é exigível, quando o legislador não poderia ter escolhido outro igualmente eficaz, mas que seria um meio não prejudicial ou portador de uma limitação menos perceptível a direito fundamental" (BverfGE 30, 292 (316), *apud* GUERRA FILHO, Willis Santiago. *Ensaios de Teoria Constitucional, p. 75*).

Em **Portugal**, o princípio da proporcionalidade é expressamente previsto pela Carta Política daquele país, na qual se pode ler no art. 18, nº 2, que "A lei só pode restringir os direitos, liberdades e garantias nos casos expressamente previstos na Constituição, devendo as restrições limitar-se ao necessário para salvaguardar outros direitos ou interesses constitucionalmente protegidos."

Comentando o referido dispositivo, entende Gomes Canotilho, que

"Feita uma sumária descrição do princípio da proporcionalidade (em sentido amplo) imposta determinar a sua dimensão normativa, isto é, a sua referência constitucional. Este princípio não é uma máxima constitucional, axiomaticamente derivada de um sistema ou ordem de valores, mas um princípio normativo concreto da ordem constitucional portuguesa (cfr. arts. 18/2 e 266/2). Dito isto, não fica, porém, clara a resposta a dar ao problema da sua verdadeira caracterização. Serão princípios abertos, informativos, que apenas fornecem directivas, ou, pelo contrário, são princípios normativos (Rechtssatz--formigen), que servem de padrões de conduta e são juridicamente vinculativos. Em face da Constituição Portuguesa, ele é um princípio normativo. Isto resulta, desde logo, do art. 18/2. Como relevantíssima manifestação concreta pode ver-se, por ex., o art. 19/4, onde se estabelece que a opção pelo estado de sítio ou pelo estado de emergência, bem como as respectivas declaração e execução, devem respeitar o princípio da proporcionalidade e limitar-se quanto à sua extensão e aos meios utilizados, ao estritamente necessário ao pronto restabelecimento da normatividade constitucional. A forma normativo-constitucional do princípio resulta ainda do art. 272/1, onde se estabelece que as medidas de polícia são as previstas na lei, não devendo ser utilizadas para além do estritamente necessário. Por último, há a salientar a expressa constitucionalização do princípio da proporcionalidade (introduzida pela LC 1/89) como princípio materialmente constitutivo de toda a administração pública (CRP, art. 266) (p. 388)."

No **Direito Brasileiro**, a técnica da verificação da razoabilidade pode ser admitida como presente no Texto Constitucional sob duas óticas diversas. Abrem-se, assim, duas construções admissíveis. Primeiramente, e como decorrência da doutrina alemã, pode-se considerar o "**princípio da razoabilidade**" como implícito no sistema, revelando-se assim como um "princípio" constitucional **não escrito**. Por outro lado, poder-se-ia, já agora sob a inspiração direta da doutrina norte-americana, extraí-lo da cláusula do devido processo legal, mais especificamente como decorrente da noção substantiva que se vem imprimindo a dita cláusula." (*só o negrito é nosso*)

4.11 CONFISCO

O tributo com efeito de confisco é vedado pela CF/88:

"Art. 150. Sem prejuízo de outras garantias asseguradas ao contribuinte, é vedado à União, aos Estados, ao Distrito Federal e aos Municípios:

IV – utilizar tributo com efeito de confisco."

Veja-se que o "efeito de confisco" não se confunde com "confisco". Isto quer dizer que, toda vez que a tributação afeta, seriamente, uma atividade, através de uma tributa-

---

[32] BASTOS, Celso Ribeiro. *Hermenêutica e interpretação constitucional*. 3. ed. São Paulo: Celso Bastos, 2002. p. 234-236.

110 Direito Tributário • *Cassone*

ção elevada, ou de uma penalidade pecuniária elevada, o "efeito de confisco" se caracterizará, implicando inconstitucionalidade.

E, via de consequência, se toda a "renda" for tomada pela tributação, vai-se além do "efeito de confisco", para chegar-se ao próprio "confisco".

Como exemplo clássico do "confisco", pode ser citado o Ato Institucional nº 5, de 13-12-1968, editado durante o chamado *regime revolucionário de exceção de 1964*, que dispõe:

> Art. 8º O Presidente da República poderá, após investigação, decretar o confisco de bens de todos quantos tenham enriquecido, ilicitamente, no exercício de cargo ou função pública, inclusive em autarquias, empresas públicas e sociedades de economia mista, sem prejuízo das sanções penais.
>
> Parágrafo único. Provada a legitimidade da aquisição dos bens, far-se-á a sua restituição.

Da doutrina pátria, significativa a explicação dada pelo saudoso coautor do CTN, o Prof. GILBERTO DE ULHÔA CANTO:[33]

> "2.4.1. Para que haja confisco é necessário que haja absorção completa do benefício ou acréscimo de patrimônio que constituem a base de incidência do imposto? Deve-se assumir, de início, a posição que tem todo e qualquer imposto como sendo uma parcela do valor que o seu contribuinte aufere no negócio, ato ou situação jurídica que constituem o respectivo fato gerador. Ante essa admissão, o imposto sempre desfalca o patrimônio do contribuinte pelo montante que resulta da aplicação da alíquota sobre a base de incidência. De sorte que a admissão de poder existir confisco pelo desfalque parcial do valor acrescido ao patrimônio do contribuinte levaria a consequência absurda de confundir qualquer imposto com confisco.
>
> 2.4.2. O imposto sobre a renda e ganhos de capital é o que melhor se presta a noção de não confiscatoriedade do tributo, porquanto ele comporta a ideia de que o montante que lhe corresponde é uma fração do acréscimo de patrimônio auferido pelo contribuinte. Isso se torna mais claro no caso de tributação pelo sistema de retenção na fonte, porque nela o beneficiário do rendimento recebe o seu valor líquido, que continua a ser acréscimo patrimonial, embora desfalcado do valor do imposto deduzido. Mas, mesmo assim poderá haver até hipótese de absorção, por eventos adversos que afetem o patrimônio do contribuinte, tornando-o menor do que era no ano anterior, se se considerar o imposto cobrado pelo regime de declaração e lançamento, quando o contribuinte tenha também sofrido tributação de fonte *una tantum*.
>
> 2.4.3. Uma situação extremamente iníqua que poderá ocorrer é a do imposto sucessório que vier a incidir sobre herança recebida por pessoa pobre e sem recursos disponíveis para pagar o correspondente imposto, a tal ponto que ela se encontre impossibilitada de assumir o encargo fiscal, salvo se vender os bens herdados. Nessa hipótese, não se poderia falar em confisco, porque de toda maneira o imposto será sempre uma parcela do valor dos bens herdados, e o patrimônio do contribuinte terá sido aumentado de toda maneira, salvo se inteiramente consumido pelo tributo. Mas, é claro que em tal caso o sucessor não aceitaria a herança.
>
> 2.4.4. Poderá, entretanto, haver efeito confiscatório de impostos sobre a produção e a circulação de mercadorias e/ou serviços, sempre que a alíquota real do tributo for maior do que a margem de lucro com que o contribuinte opera. Por exemplo, se um determinado imposto for de 15% e incidir sobre mercadoria vendida com a margem de lucro de 10%, em tese poderá haver confisco, a não ser que o contribuinte possa transladar o montante do imposto. A hipótese poderia verificar-se, segundo se alega, no caso de incidência do ICMS sobre exportações de produtos semielaborados, uma vez que

---

[33] CANTO, Gilberto de Ulhôa. *Capacidade contributiva*. São Paulo: Caderno de Pesquisas Tributárias, coedição Resenha Tributária e CEU, v. 14, p. 26-28. O XIV Simpósio foi coordenado por Ives Gandra da Silva Martins, e as respostas constam do *Caderno de Pesquisas Tributárias*, v. 15, p. 575-578.

o mercado internacional tem preços inelásticos, os quais eventualmente não comportam a traslação do imposto."

Da doutrina alienígena, destaco as conceituações que se seguem:

KLAUS TIPKE:[34]

"A capacidade contributiva termina, de todo modo, onde começa o confisco que leva à destruição da capacidade contributiva."

JOACHIM LANG:[35]

"Nós temos o imposto confiscatório quando se tira a condição mínima existencial."

GIACCARDINI:[36]

"Os impostos progressivos resultarão em confisco."

Enciclopedia Garzanti del Diritto:[37]

"No campo fiscal, existem numerosas normas que visam confiscar os bens objeto de contrabando. Com o confisco, a coisa entra definitivamente para o patrimônio do Estado."

Interessante o que o *Dizionario Enciclopedio del Diritto* nos relata:[38]

"No Direito Romano, o confisco, durante a era republicana, revertia automaticamente em favor do erário do povo romano (*publicatio bonorum*), em relação aos bens de um cidadão, que perdera tal qualidade por ter sido condenado à morte ou ao exílio. E, sob o Principado, revertia em favor do fisco, mediante um ato de apreensão por parte de funcionário competente (*ademptio bonorum*) e se identificava como sanção especial, aplicada autonomamente. Posteriormente, os dois institutos fundiram-se numa sanção patrimonial, por vezes aplicada autonomamente, mas em caráter acessório em relação à pena capital, à *deportatio* e eventualmente também à *relegatio*."

Apesar das diferentes disposições, constitucionais ou infra, existentes nos vários ordenamentos jurídicos estrangeiros, em comparação com o ordenamento pátrio, é possível extrair, da **doutrina comparada**, noções que podem, substancialmente, servir de subsídios na interpretação constitucional do Direito Tributário brasileiro.

A complexidade, porém, consiste não só na diversidade de opiniões, como, também, em disposições normativas especiais, postas em determinados países, além do exame da **política de tributação** própria do País, variáveis em função da capacidade econômica dos contribuintes, do PIB, da renda *per capita*, e outros aspectos diferenciadores.

---

[34] TIPKE, Klaus (Professor emérito da Universidade de Colônia – Alemanha). *Sobre a Unidade da Ordem Jurídica Tributária*. Tradução de Luís Eduardo Schoueri. *In* Estudos em Homenagem a Brandão Machado. São Paulo: Dialética, 1988. p. 65.

[35] LANG, Joachim (Catedrático de Direito tributário da Universidade de Colônia – Alemanha). Anotamos de sua palestra proferida em São Paulo em 12-10-98, organizada pelo Repertório IOB de Jurisprudência.

[36] GIACCARDINI já advertia em 1881, cf. RICCA-SALERNO. *Storia della dottrina finanziaria in Italia*. 1881, p. 36 – *apud* VICTOR UCKMAR (professor das Universidades de Gênova e Milão). *Princípios comuns de direito constitucional tributário*. São Paulo: Revista dos Tribunais, 1976, p. 86. Tradução de Marco Aurélio Greco.

[37] *Enciclopedia Garzanti del diritto*. Itália: Garzanti Editore, 1993. p. 331.

[38] *Dizionario enciclopedio del diritto*. Itália, Novara: Edipem, 1979. p. 324. A tradução é nossa.

4.11.1 Jurisprudência

É firme a jurisprudência do STF, no sentido de declarar a inconstitucionalidade de normas tributárias que estabelecem penalidades elevadíssimas, ou dificultam o livre exercício do trabalho com sanções administrativas – exemplo:

1 – Tributação confiscatória – multa 300% – inconstitucionalidade

"A TRIBUTAÇÃO CONFISCATÓRIA É VEDADA PELA CONSTITUIÇÃO.

É cabível, em sede de controle normativo abstrato, a possibilidade de o Supremo Tribunal Federal examinar se determinado tributo ofende, ou não, o princípio constitucional da não confiscatoriedade consagrado no art. 150, IV, da Constituição da República. Hipótese que versa o exame de diploma legislativo (Lei 8.846/94, art. 3º e seu parágrafo único) que instituiu multa fiscal de 300% (trezentos por cento).

A proibição constitucional do confisco em matéria tributária – ainda que se trate de multa fiscal resultante do inadimplemento, pelo contribuinte, de suas obrigações tributárias – nada mais representa senão a interdição, pela Carta Política, de qualquer pretensão governamental que possa conduzir, no campo da fiscalidade, à injusta apropriação estatal, no todo ou em parte, do patrimônio ou dos rendimentos dos contribuintes, comprometendo-lhes, pela insuportabilidade da carga tributária, o exercício do direito a uma existência digna, ou a prática de atividade profissional lícita ou, ainda, a regular satisfação de suas necessidades vitais básicas" (ADI-MC 1.075-DF, Celso de Mello, DJU 24.11.2006 – reprodução parcial da ementa).

2 – Débito fiscal – proibição de impressão de notas fiscais – inconstitucionalidade

"DÉBITO FISCAL – IMPRESSÃO DE NOTAS FISCAIS – PROIBIÇÃO – INSUBSISTÊNCIA.

Surge conflitante com a Carta da República legislação estadual que proíbe a impressão de notas fiscais em bloco, subordinando o contribuinte, quando este se encontra em débito para com o fisco, ao requerimento de expedição, negócio a negócio, de nota fiscal avulsa" (RE 413.782-8-SC, STF, Pleno, Marco Aurélio, 3-6-2005, p. 4).

3 – IPI – multa moratória de 20% – razoabilidade

"IPI. MULTA MORATÓRIA. ART. 59. LEI 8.383/91. RAZOABILIDADE.

A multa moratória de 20% (vinte por cento) do valor do imposto devido, não se mostra abusiva ou desarrazoada, inexistindo ofensa aos princípios da capacidade contributiva e da vedação ao confisco" (RE 239.964-4-RS, STF, 1ª Turma, Ellen Gracie, DJU 09-05-2003).

4.12 PRINCÍPIO DA ANUALIDADE

Nos meios doutrinários vezes há em que se alega que certa norma tributária feriria o princípio da anualidade – tal como se deu na ADC 1/DF, Moreira Alves, DJU 16-6-1995, p. 18213.

E, em seu voto em referida ADC-1/DF, esclareceu o Ministro CARLOS VELLOSO (fls. 141/2):

"**VI. O princípio da anualidade.**

Em alguns memoriais que recebemos de ilustres tributaristas brasileiros, sustenta-se a existência, na ordem jurídica brasileira, como garantia constitucional do contribuinte, do princípio da anualidade.

Peço licença aos ilustres tributaristas para dizer que isto não ocorre.

O que o **Estatuto do Contribuinte** assegura, Estatuto que está inscrito no Sistema Constitucional Tributário brasileiro – CF, arts. 150, 151 e 152[39] – é o princípio da anterioridade (CF, art. 150, III, b). O princípio da anualidade, deduzem os ilustres tributaristas, existe razão de disposições orçamentárias inscritas na Constituição, que estabelecem que a lei orçamentária deverá incluir as receitas e as despesas, vale dizer, receitas e despesas devem constar do orçamento (CF, arts. 165 ss). Ora, isto não poderia deixar de acontecer, já que é elementar que o orçamento contém receitas e despesas. Esse fato, entretanto, não cria para o contribuinte uma garantia, a garantia do princípio da anualidade. É que este, o princípio da anualidade, compreende o princípio da anterioridade e mais um *plus*, a autorização orçamentária. Ora, se fosse possível deduzir na lei de Diretrizes Orçamentárias a existência, na ordem jurídica brasileira, do princípio da anualidade como garantia do contribuinte, então teríamos que admitir que seria absolutamente inócua a disposição inscrita no art. 150, III, b, da Constituição, que instituiu, como garantia do contribuinte, o princípio da anterioridade. Noutras palavras, seria inócua, seria inútil, seria desnecessária, a disposição inscrita no art. 150, III, b.

Repito: o que o Estatuto do Contribuinte brasileiro consagra, como garantia deste, é o princípio da anterioridade e não o princípio da anualidade.

E como já vimos, as contribuições sociais, que constituem espécie tributária, não estão sujeitas ao princípio da anterioridade e sim ao prazo de noventa dias do art. 195, § 6º, da Constituição."

E em seu voto em referida ADC-1/DF, o Ministro SEPÚLVEDA PERTENCE asseverou quanto ao princípio da anterioridade (fls. 144/6):

"Para dar prova, no entanto, Senhor Presidente, da atenção que dediquei aos trabalhos de advocacia que enriqueceram a discussão desta ação declaratória, escolho um argumento particularmente habilidoso para um breve comentário.

Impressionou-me, pela habilidade da colocação, a tentativa de extrair, da alusão ao art. 165, § 2º, a que a lei de Diretrizes Orçamentárias disporá sobre as alterações da legislação tributária –, a tentativa de daí fazer ressurgir das cinzas o princípio da anualidade.[40]

Combinando-se esse preceito constitucional com a LDO de 1991, preparatória do orçamento do exercício de 1992, que contém dispositivo segundo o qual as alterações da legislação tributária com efeitos no exercício seguinte deveriam ser encaminhadas ao Congresso nacional até 31 de julho, pretende-se extrair a inaplicabilidade desta lei no exercício de 1992, porque proposta ao Congresso depois daquela data.

É óbvio que quanto à data certa se trataria de um problema de legalidade e, por isso, dela não cabe cogitar neste processo. De qualquer modo, impressionou-me o argumento do memorial de um dos **amicus curiae**, que trouxeram enriquecimento ao debate.

Conclui, no entanto, que o orçamento prova demais. Com efeito, se se pudesse extrair desta alusão do art. 165, § 2º à disposição, na LDO, às alterações da legislação tributária, o ressurgimento do princípio da anualidade – de tal modo que a LDO pudesse fixar um termo final, seja para apresentação de propostas, seja para promulgação de leis, obviamente no exercício anterior –, seriam absolutamente supérfluos, não só o art. 195, § 6º, único que incide no caso, que é a regra específica de eficácia no tempo das leis criadoras de contribuições sociais, mas a própria regra geral do art. 150, III, b, a da anterioridade dos demais tributos.

---

[39] Para formação do Estatuto do Contribuinte, permito-me acrescentar a esses artigos, alguns incisos do artigo 194, assim como o *caput* do art. 195 e alguns parágrafos deste artigo; parecendo-me que não era o momento oportuno de o Ministro Carlos Velloso esgotar o assunto.

[40] CF/88, art. 165. Leis de iniciativa do Poder Executivo estabelecerão: (...). § 2º. A lei de diretrizes orçamentárias compreenderá as metas e prioridades da administração pública federal, incluindo as despesas de capital para o exercício financeiro subsequente, orientará a elaboração da lei orçamentária anual, disporá sobre as alterações na legislação tributária e estabelecerá a política de aplicação das agências financeiras oficiais de fomento.

Notou-o bem o senhor Ministro Carlos Velloso, há poucos minutos, que, manifestamente, a anualidade é mais do que a anterioridade, mas contém em si a anterioridade: logo, seria absolutamente inútil a previsão da anterioridade, se, por força do art. 165, § 2º, se tivesse consagrado a anualidade."

4.13 QUESTIONÁRIO

1. *A lei pode estabelecer tributação diferenciada, desigual? Em caso positivo ou negativo, aponte um exemplo.*

2. *Na vigência da CF anterior, a alíquota de um certo tributo fora, validamente, fixada por Decreto, legislação recebida pela nova CF. Pergunta-se: na vigência da nova CF, é possível continuar a alterar a alíquota através de Decreto?*

3. *Onde a CF trata do princípio da capacidade econômica? Em face da nova CF, esse princípio distingue-se do princípio da capacidade contributiva, ou ambos significam a mesma coisa?*

4. *Diga sobre o princípio da solidariedade social e onde encontramos seu fundamento constitucional.*

5. *Dê um exemplo que envolve o princípio da anterioridade.*

6. *Distinga entre os princípios da "anualidade" e "nonagesimal".*

7. *Explique o princípio, ou técnica, da não cumulatividade. Exemplifique.*

8. *Dê um exemplo de efeito de confisco.*

5

Incidência, Não incidência, Imunidade, Isenção e Alíquota Zero

ESQUEMA

- 5.1 Introdução
- 5.2 Incidência, não incidência, imunidade e isenção – conceitos
- 5.3 Imunidade, incidência e não incidência – exemplos
- 5.4 Isenção e não incidência – exemplos
- 5.5 Isenção e alíquota zero – distinção
  - 5.5.1 Isenção e redução de alíquota – distinção
- 5.6 Imunidade e isenção – espécies
- 5.7 Imunidade – art. 150, VI, "c"
  - 5.7.1 Imunidade de jurisdição – Estado estrangeiro
  - 5.7.2 Ministro de confissão religiosa
- 5.8 Questionário

5.1 INTRODUÇÃO

Os institutos constitucionais da incidência, não incidência, imunidade, isenção e alíquota zero, juntamente com os capítulos que dedicamos à definição de tributo e sua classificação, e com os princípios constitucionais tributários, são fundamentais para se compreender o sistema tributário nacional na sua amplitude.

Essa manifestação parece decorrer de simples lógica jurídica, mas não é, na medida em que, às vezes, a própria legislação não se utiliza da linguagem técnico-tributária adequada.

Para correta interpretação, é preciso que a linguagem, utilizada pelo legislador, seja submetida ao sistema constitucional tributário disposto na Carta da República de 1988.

É a diretriz que, em seguida, procuraremos pôr em prática.

5.2 INCIDÊNCIA, NÃO INCIDÊNCIA, IMUNIDADE E ISENÇÃO – CONCEITOS

Os institutos constitucionais da incidência, não incidência, imunidade, isenção e alíquota zero são inconfundíveis, nos termos da CF/88.

Rubens Gomes de Sousa esclarece:[1]

> A) *Incidência* é a situação em que um tributo é devido por ter ocorrido o respectivo fato gerador; *exemplo*: o fato gerador do imposto predial é a propriedade de imóvel construído na zona urbana: logo, sempre que exista um terreno com construção, situado na zona urbana, incide o imposto predial:
>
> B) *Não incidência* é o inverso da incidência: é a situação em que um tributo não é devido por não ter ocorrido o respectivo fato gerador; retomando o mesmo exemplo acima: se o terreno estiver situado na zona urbana, mas não construído, ou se, embora construído, estiver fora da zona urbana, não incide o imposto predial. Uma hipótese especial de não incidência é a imunidade, a que já nos referimos (§ 22), e de que voltaremos a tratar (§ 58).
>
> C) *Isenção* é o favor fiscal concedido por lei, que consiste em dispensar o pagamento de um tributo devido; voltando ainda ao mesmo exemplo: se a lei concede isenção do imposto predial aos edifícios das embaixadas e consulados, um prédio situado na zona urbana, que como já vimos incide no imposto, se for ocupado por embaixada ou consulado fiscal ficará dispensado do seu pagamento, isto é, ficará isento por força de lei.

Ruy Barbosa Nogueira, para distinguir a **imunidade** da incidência, não incidência, isenção e alíquota zero, coloca uma barreira entre aquela e estas.[2]

Trata-se de *distinções clássicas* de tais institutos, cujas estruturas básicas persistem até os nossos dias, e é importante tê-las presente.

No RE 636.941 (*DJe*-067 public. 4-4-2014), o STF reafirmou que imunidades são cláusulas pétreas, e de sua ementa destacamos:

> "9. A isenção prevista na Constituição Federal (art. 195, § 7º) tem o conteúdo de regra de supressão de competência tributária, encerrando verdadeira imunidade. As imunidades têm o teor de cláusulas pétreas, expressões de direitos fundamentais, na forma do art. 60, § 4º, da CF/88, tornando controversa a possibilidade de sua regulamentação através do poder constituinte derivado e/ou ainda mais, pelo legislador ordinário.
>
> 24. A pessoa jurídica para fazer jus à imunidade do § 7º, do art. 195, CF/88, com relação às contribuições sociais, deve atender aos requisitos previstos nos artigos 9º e 14, do CTN, bem como no art. 55, da Lei nº 8.212/91, alterada pela Lei nº 9.732/98 e Lei nº 12.101/2009, nos pontos onde não tiveram sua vigência suspensa liminarmente pelo STF nos autos da ADI 2.028 MC/DF, Rel. Moreira Alves, Pleno, DJ 16-6-2000."

Parece-nos claro que as imunidades, tanto objetivas quanto subjetivas, submetem-se ao controle da fiscalização fazendária, por força de disposições constitucionais e infraconstitucionais, com a finalidade de examinar se se trata, efetivamente, de situações imunes, e/ou se se enquadram no dispositivo constitucional e se estão sendo cumpridas as condições e requisitos infraconstitucionais.

O STF, no RE 627.815/PR (Pleno, Rosa Weber, unânime, 23-5-2013, *DJe*-192, public. 1º-10-2013), reafirmou vários entendimentos, entre os quais:

---

[1] SOUSA, Rubens Gomes de. *Compêndio de Legislação Tributária*. São Paulo: Ed. Resenha Tributária, 1975, póstuma.

[2] NOGUEIRA, Ruy Barbosa – saudoso mestre das Arcadas (USP). *Curso de Direito Tributário*. 15. ed. São Paulo: Saraiva, 1999, p. 168. Ives Gandra da Silva Martins, em Parecer publicado na *RDDT*, v. 155, p. 132, tal como nós, também adota essa representação de Ruy Barbosa Nogueira, que se baseia na CF.

Cap. 5 • Incidência, não incidência, imunidade, isenção e alíquota zero **117**

> "I – Esta Suprema Corte, nas inúmeras oportunidades em que debatida a questão da hermenêutica constitucional aplicada ao tema das imunidades, adotou a interpretação teleológica do instituto, a emprestar-lhe abrangência maior, com escopo de assegurar à norma supralegal máxima efetividade."

E da ementa do RE 606.107/RS (Pleno, Rosa Weber, maioria, 23-5-2013, *DJe*-231, public. 25-11-2013), destacamos:

> "A contabilidade constitui ferramenta utilizada também para fins tributários, mas moldada nesta seara pelos princípios e regras próprios do Direito Tributário. Sob o específico prisma constitucional, receita bruta pode ser definida como o ingresso financeiro que se integra no patrimônio na condição de elemento novo e positivo, sem reservas ou condições."

Anoto que, nos meus livros editados pela Atlas, tanto no *Interpretação no Direito Tributário* (2004), quanto no *Interpretação do Sistema Tributário Nacional e o STF* (2013), tenho ressaltado que, embora haja métodos e critérios interpretativos comuns a todas as espécies normativas, a Constituição se interpreta com critérios diferenciados.

Não incidência – Examinando a Constituição, e tendo por norte a doutrina de Ruy Barbosa Nogueira exposta no início deste item, constatamos que temos duas espécies de não incidência em nível constitucional: (1) quando o fato está situado **fora** do círculo (campo) de competência de um determinado tributo. Ex.: loja que revende sapatos, cuja operação mercantil não se caracteriza, para essa loja, como "produto industrializado", mas simplesmente "mercadoria"; e (2) quando, situado dentro do círculo de um determinado tributo – portanto, no campo da tributação –, a Constituição declara sua não incidência. Ex.: o IPI não incide sobre produtos industrializados destinados ao exterior (art. 153, § 3º, III, CF/88). Nesta hipótese, se não houvesse essa disposição constitucional, o IPI seria devido, por se tratar de "produto industrializado".

Isenção – É a dispensa de pagamento de um determinado tributo por força de lei, com fundamento no art. 150, § 6º, da Constituição de 1988.

O fato gerador ocorre, mas a lei dispensa o seu pagamento, ou, como diz o art. 175 do CTN, a lei "exclui" o crédito tributário, crédito tributário que será exigido, caso não observados as condições e os requisitos previstos na própria lei, a teor do art. 176 do CTN.

Esclarece Ruy Barbosa Nogueira, em lição citada pelo Ministro Maurício Corrêa, em voto-condutor no RE 169.628 (fl. 744):

> "A isenção é concedida por lei tendo em vista não o interesse individual, mas o interesse público. Assim, a isenção outorgada às pessoas como aos bens é concedida em função da situação em que essas pessoas ou esses bens se encontram em relação ao interesse público, exigindo ou justificando um tratamento isencional.
>
> Isto quer dizer que é a própria lei que descreve objetivamente essas situações e considera que essas pessoas enquadradas dentro delas estão numa situação diferente das demais e por isso devem ter também um tratamento diferente, em atenção ao mesmo princípio de isonomia ou igualdade." (*Curso de direito tributário*, 5. ed., 1980, p. 176).

A 2ª Turma do STF, no RE 188.951-9-SP, Maurício Corrêa, *DJU* 15-9-95, decidiu, unanimemente, apontando precedentes, examinando isenção do IOF limitada à data da expedição da Guia de Importação, nos termos do art. 6º do DL 2.434/88:

118 Direito Tributário • *Cassone*

"1. A isenção fiscal decorre do implemento da política fiscal e econômica, pelo Estado, tendo em vista o interesse social. É ato discricionário que escapa ao controle do Poder Judiciário e envolve juízo de conveniência e oportunidade do Poder Executivo."

A isenção é a dispensa do pagamento de um tributo devido em face da ocorrência de seu fato gerador (ADI 286, Maurício Corrêa, unânime, *DJU* 30-8-2002, p. 60).

A 1ª Turma do STF, no AgR no AI 142.348/PR (*DJU* 24-3-1995, p. 6807), decidiu, pelo voto-condutor do Relator, Min. Celso de Mello:

"AGRAVO DE INSTRUMENTO – IOF/CÂMBIO – DECRETO-LEI 2.434/88 (ART. 6º) – GUIAS DE IMPORTAÇÃO EXPEDIDAS EM PERÍODO ANTERIOR A 1º DE JULHO DE 1988 – INAPLICABILIDADE DA ISENÇÃO FISCAL – EXCLUSÃO DE BENEFÍCIO – ALEGADA OFENSA AO PRINCÍPIO DA ISONOMIA – INOCORRÊNCIA – NORMA LEGAL DESTITUÍDA DE CONTEÚDO ARBITRÁRIO – ATUAÇÃO DO JUDICIÁRIO COMO LEGISLADOR POSITIVO – INADMISSIBILIDADE – AGRAVO IMPROVIDO.

– A isenção tributária concedida pelo art. 6º do DL 2.434/88, precisamente porque se acha despojada de qualquer coeficiente de arbitrariedade, não se qualifica, tendo presentes as razões de política governamental que lhe são subjacentes, como instrumento de ilegítima outorga de privilégios estatais em favor de determinados estratos de contribuintes. A concessão desse benefício isencional traduz ato discricionário que, fundado em juízo de conveniência e oportunidade do Poder Público, destina-se, a partir de critérios racionais, lógicos e impessoais estabelecidos de modo legítimo em norma legal, a implementar objetivos estatais nitidamente qualificados pela nota da extrafiscalidade.

– A exigência constitucional de lei formal para a veiculação de isenções em matéria tributária atua como insuperável obstáculo à postulação da parte recorrente, eis que a extensão dos benefícios isencionais, por via jurisdicional, encontra limitação absoluta no dogma da separação de poderes. Os magistrados e Tribunais – que não dispõem de função legislativa – não podem conceder, ainda que sob fundamento de isonomia, o benefício da exclusão do crédito tributário em favor daqueles a quem o legislador, com apoio em critérios impessoais, racionais e objetivos, não quis contemplar com a vantagem da isenção. Entendimento diverso, que reconhecesse aos magistrados essa anômala função jurídica, equivaleria, em última análise, a converter o Poder Judiciário em inadmissível legislador positivo, condição institucional esta que lhe recusou a própria Lei Fundamental do Estado. E de acentuar, neste ponto, que, em tema de controle de constitucionalidade de atos estatais, o Poder Judiciário só atua como legislador negativo. (RTJ 146/461, rel. Min. CELSO DE MELLO)

– A expressão 'lei ou ato de governo local' – que deve ser interpretada em oposição à ideia de lei ou ato emanado da União Federal – abrange, na latitude dessa designação, as espécies jurídicas editadas pelos Estados-membros, pelo Distrito Federal e pelos Municípios" (PONTES DE MIRANDA, 'Comentários à Constituição de 1967 com a Emenda nº 1, de 1969', t. IV/155, 2. ed., 1974, RT; RODOLFO DE CAMARGO MANCUSO, 'Recurso Extraordinário e Recurso Especial', p. 119, 1990, RT)

IVES GANDRA DA SILVA MARTINS, em vários estudos, tem asseverado que a isenção "exclui" o crédito tributário:[3]

"A isenção é sempre uma exclusão do crédito tributário, em que há nascimento de obrigação tributária, mas, por determinação legal, a cobrança do tributo é afastada, por força do art. 175 do CTN assim redigido:

Art. 175. Excluem o crédito tributário:

---

[3] MARTINS, Ives Gandra da Silva. Inteligência dos parágrafos 1º e 2º do artigo 32 do CTN. Conflito de Competência Impositiva – ITR x IPTU. Parecer divulgado pela RDDT 184, p. 169.

Cap. 5 • Incidência, não incidência, imunidade, isenção e alíquota zero **119**

I – a isenção;

II – a anistia;

Parágrafo único. A exclusão do crédito tributário não dispensa o cumprimento das obrigações acessórias dependentes da obrigação principal cujo crédito seja excluído, ou dela consequente."[4]

Enfim, não pode a doutrina contrária, por mais renomada que seja, sobrepor-se ao CTN, cuja disposição foi examinada mais de vez pelo STF, apoiando-se em doutrina majoritária.

5.3 IMUNIDADE, INCIDÊNCIA E NÃO INCIDÊNCIA – EXEMPLOS

Diante dos conceitos emitidos no item anterior, podemos exemplificar:

1 – Pedro aufere rendimentos: logo, a situação de Pedro (em receber rendimentos), situa-se **dentro** do campo de incidência do Imposto de Renda, porque é um FATO que se subsume à LEI.

2 – Pedro recebe uma indenização. Logo, Pedro não deve ser tributado do IR em face dessa indenização, porque é FATO que não se subsume à LEI, ou seja, fato que se situa **fora** do campo de incidência do IR, porque não é nem renda, nem provento de qualquer natureza, não alcançável, portanto, pela regra constitucional de incidência do IR.

3 – Conclusão: sempre que um determinado ato, fato ou situação jurídica, não puder ser inserido no campo de incidência de um determinado tributo, não estará sujeito a esse específico tributo.

Assim, tecnicamente correta a linguagem utilizada pelo Pleno do STF, ao examinar o art. 155, § 2º, X, *b*, CF/88, no RE 198.088-5-SP (*DJU* 5-9-2003), pela voz do Relator, Ministro Ilmar Galvão à fl. 622 (ver também o AgR-RE 190.992-7):

"O dispositivo constitucional transcrito não discrimina entre operação interestadual destinada a contribuinte do ICMS e operação interestadual destinada a consumidor.

É patente, entretanto, que não se está, no caso, diante de **imunidade propriamente dita**, mas de **genuína** hipótese de **não incidência** do tributo – como, aliás, se acha expresso no inc. X do § 2º do art. 155 da CF –, restrita ao Estado de origem, não abrangendo o Estado de destino, onde são tributadas todas as operações que compõem o ciclo econômico por que passam os produtos descritos no dispositivo sob enfoque, desde a produção até o consumo.

Não beneficia, portanto, o consumidor, mas o Estado de destino do produto, ao qual caberá todo o tributo sobre ele incidente, até a operação final. Do contrário, estaria consagrado tratamento desigual entre consumidores, segundo adquirissem eles os produtos de que necessitam, no próprio Estado, ou no Estado vizinho, o que não teria justificativa."

---

[4] Em nota de rodapé 18: Walter Barbosa Corrêa lembra que: "Importante questão doutrinária dividia a doutrina, antes da publicação do CTN, no sentido de saber se a isenção extinguia a obrigação (e consequentemente o respectivo crédito) ou excluía apenas o crédito. Rubens Gomes de Sousa nos dá pormenorizada notícia daquela divergência, colocando-se entre os defensores da extinção do crédito, orientação que, em nossa opinião, foi acolhida pelo CTN. E sem embargo disso, aquele autor, expressamente, afirma que o Código tributário nacional não tomou partido da controvérsia, o que não nos parece correto, visto como esse Código – sem aludir a qualquer efeito ou consequência da isenção sobre a obrigação tributária – versa figura tributária como exclusão do crédito tributário. Assim, não obstante a isenção acarrete, na prática e em nosso entender, a anulação ou esvaziamento, total ou parcial, da obrigação tributária, a doutrina acolhida pelo CTN apenas cuidou da isenção como excludente de crédito, resultando dessa técnica que a obrigação tributária, cujo crédito ficou excluído – é vedada a constituição de crédito –, mantêm-se íntegra". (*Comentários ao CTN*, 5. ed., São Paulo, Saraiva, 2008. v. 2, p. 478-470).

Nota – com efeito, o referido inciso dispõe:

X – **não incidirá**:

b) sobre operações que destinem a outros Estados petróleo, inclusive combustíveis líquidos e gasosos dele derivados, e energia elétrica.

Por exemplo, a EC 33/2001 estabeleceu a "não incidência" de contribuições sociais sobre as receitas decorrentes de exportação, que não são qualificadas como "imunidades", ou seja, não são "clausulas pétreas", podendo tais operações voltar a ser tributadas, em face de política tributária de interesse para o País.

Enfim, é preciso distinguir cada identidade constitucional tributária, para não incidir em erros.

Uma pessoa ou coisa imune, não significa que não deva praticar certas obrigações acessórias, tal como a de reter tributos e de recolhê-los, tal como diz, pedagogicamente, o § 1º do art. 9º do CTN (artigo que reproduz as "imunidades" dispostas na Constituição):

§ 1º O disposto no inciso IV não exclui a atribuição, por lei, às entidades nele referidas, da condição de responsáveis pelos tributos que lhes caiba reter na fonte, e não as dispensa da prática de atos, previstos em lei, assecuratórios do cumprimento de obrigações tributárias por terceiros.

Sempre lúcida a lição de RUY BARBOSA NOGUEIRA, após examinar os institutos da incidência, não incidência, imunidade e isenção:[5]

"A falta de conhecimento de noções como essas, no entanto, tem levado a erros de apreciação e mesmo de julgamento. Assim, por exemplo, é comum ouvir-se ou ler-se confusão entre 'isento' e 'não tributado" ou 'imune' e essa confusão tem levado a erros de legislação, de interpretação e de aplicação das leis tributárias e que devem ser evitados."

Destarte, não se pode chamar de "imunidade" – que a CF/88 coloca em Capítulo de vedação de tributar –, o que a CF designa como "não incidência" – colocada em Capítulo da tributação.

Como procuro explicar em meu *Interpretação no Direito Tributário* (Atlas, 2004), passo preliminar da interpretação é verificar em que Capítulo o dispositivo objeto de interpretação está situado.

Hipoteticamente:

1 – Pedro importou um produto estrangeiro = Pedro terá de pagar o imposto de importação, porque a operação situa-se **dentro** do campo de incidência do Imposto de Importação.

2 – Paulo importou um produto nacional, que *retorna* ao Brasil, a título de devolução = Paulo não terá de pagar o imposto de importação, porque a operação situa-se **fora** do campo de incidência do Imposto de Importação (não é produto estrangeiro).

3 – José importou um produto nacional que sofreu processo de industrialização em Portugal e, portanto, nacionalizado naquele país = José terá de pagar o imposto de importação, porque a operação situa-se **dentro** do campo de incidência do Imposto de Importação (é produto estrangeiro).

4 – Antonio, pessoa física, sem fito comercial e sem habitualidade, vendeu dois automóveis, e comprou um, no ano de 2004 = Antonio não terá que pagar o ICMS, porque essas operações situam--se **fora** do campo de incidência desse imposto.

---

[5] NOGUEIRA, Ruy Barbosa. *Problemática do Direito Tributário no Brasil*. In: "Doutrinas Essenciais – Direito Tributário". São Paulo: Editora Revista dos Tribunais, v. I, p. 505. Obra coordenada por Ives Gandra da Silva Martins e Edvaldo Brito.

5 – A Paróquia X tem **imunidade** reconhecida em relação ao templo X-1 e ao imóvel X-2.

6 – A empresa Y exportou produtos industrializados destinados ao exterior = não haverá incidência do IPI.

7 – A empresa Z montou óculos, mediante receita médica (RIPI/02, art. 5º, IX) = não se considera operação de industrialização.

Donde:

a) os nⁿˢ 1 e 3 representam a incidência;

b) os nⁿˢ 2 e 4 representam a não incidência;

c) o nº 5 representa a imunidade;

d) o nº 6 representa uma não incidência em nível constitucional;

e) o nº 7 representa não incidência em nível infraconstitucional.

Nos exemplos apontados, os nⁿˢ 2 e 4 tratam de hipóteses de **não incidência** que não caracterizam a **imunidade**, ou seja, duas situações, ou dois institutos, distintos.

Logo, a rigor dos termos, e para fins didáticos, em vez de definirmos a imunidade como uma "não incidência qualificada", a definimos como uma **vedação** constitucional ao poder de tributar (Brasil), ou **exclusão** da tributação (Itália).

Eis o fenômeno que ocorre por força da CF/88: se é **vedado instituir** (art. 150, *caput*), significa que não há instituição. Se não há instituição, não há lei de imposição tributária. Se não há lei, não há possibilidade de ocorrer o fato gerador e, portanto, não há obrigação tributária principal, mas somente obrigação tributária acessória.

Podemos então dizer que a CF confere à imunidade duas situações:

1ª) **imunidade propriamente dita**: a situação da entidade que obedece aos requisitos estabelecidos em lei. Os fatos por ela praticados estão fora do campo de incidência. Isto porque o *enunciado constitucional* não se discute: templo de qualquer culto; instituições de educação e de assistência social sem fins lucrativos, atendidos os requisitos da lei; operações de transferência de imóveis desapropriados para fins de reforma agrária. Logo, a CF enuncia que imunidade terá a entidade assim identificada e caracterizada.

2ª) **imunidade descaracterizada**: a **nova** situação da entidade que, de um momento para outro, deixa de obedecer aos requisitos estabelecidos pela lei. Nesta hipótese, o que estava fora do campo de incidência, nele retorna, porque a *entidade constitucional* já não mais se caracteriza com tal.

Exemplo: entidade que passa a distribuir qualquer parcela de seu patrimônio ou de suas rendas, a qualquer título (CTN, art. 14, I).

Podemos, ainda, extrair, do STF, a noção de fato situado **fora** ou **dentro** do campo de incidência, como se pode deduzir, por exemplo, da ADI nº 939 (Sydney Sanches, maioria, 15-12-93, *RTJ* 151/755), a teor de sua ementa:

"Direito Constitucional e Tributário. Ação Direta de Inconstitucionalidade de Emenda Constitucional e de Lei Complementar.

IPMF. Imposto Provisório sobre a Movimentação ou a Transmissão de Valores e de Créditos e Direitos de Natureza Financeira – IPMF.

Artigos 5º, § 2º, 60, § 4º, incisos I e IV, 150, incisos III, *b*, e VI, *a*, *b*, *c* e *d*, da Constituição Federal.

I – Uma Emenda Constitucional, emanada, portanto, de Constituinte derivada, incidindo em violação à Constituição originária, pode ser declarada inconstitucional, pelo Supremo Tribunal Federal, cuja função precípua é de guarda da Constituição (art. 102, I, *a*, da CF).

II – A Emenda Constitucional nº 3, de 17-3-1993, que, no art. 2º, autorizou a União a instituir o IPMF, incidiu em vício de inconstitucionalidade, ao dispor, no § 2º desse dispositivo, que, quanto a tal tributo, não se aplica "o art. 150, III, *b* e VI", da Constituição, porque, desse modo, violou os seguintes princípios e normas imutáveis (somente eles, não outros):

1º – o princípio da anterioridade, que é garantia individual do contribuinte (art. 5º, § 2º, art. 60, § 4º, inciso IV, e art. 150, III, *b* da Constituição);

2º – o princípio da **imunidade tributária recíproca** (que **veda** à União, aos Estados, ao Distrito Federal e aos Municípios a instituição de impostos sobre o patrimônio, rendas ou serviços uns dos outros) e que é garantia da Federação (art. 60, § 4º, inciso I, e art. 150, VI, *a*, da CF);

3º – a norma que, estabelecendo outras imunidades, **impede** a criação de impostos (art. 150, III) sobre:

b) templos de qualquer culto;

c) patrimônio, renda ou serviços dos partidos políticos, inclusive suas fundações, das entidades sindicais dos trabalhadores, das instituições de educação e de assistência social, sem fins lucrativos, atendidos os requisitos da lei; e

d) livros, jornais, periódicos e o papel destinados a sua impressão.

III – Em consequência, é inconstitucional, também, a Lei Complementar nº 77, de 13-7-1993, sem redução de textos, nos pontos em que determina a incidência do tributo no mesmo ano (art. 28) e deixou de reconhecer as imunidades previstas no art. 150, VI, *a*, *b*, *c* e *d* da CF (arts. 3º, 4º e 8º do mesmo diploma, LC nº 77/93).

IV – Ação Direta de Inconstitucionalidade julgada procedente, em parte, para tais fins, por maioria, nos termos do voto do Relator, mantida, em relação a todos os contribuintes, em caráter definitivo, a medida cautelar, que suspendera a cobrança do tributo no ano de 1993." (grifei)

Como se percebe, a Suprema Corte interpretou, a contento, a norma constitucional, **identificando**, na imunidade, **vedação** de tributação.

Bem se vê que não podemos chamar de "imunidade" (art. 150, VI) a "*não incidência do IPI sobre produtos industrializados destinados ao exterior*" (art. 153, § 3º, III), ou a "*não incidência de contribuições sociais sobre a receita de exportação*" (art. 149, § 2º, I, CF/88, incluído pela EC 33, de 2001), entre outras não incidências, pois, enquanto a imunidade do art. 150, VI, não pode ser suprimida por Emenda Constitucional (por ter sido considerada **cláusula pétrea** na ADI 939), essas não incidências podem sofrer alteração, pois situam-se no campo da tributação e, assim, sujeitas a uma política tributária que interesse ao Brasil.

Enfim, toda vez que a doutrina, ou a jurisprudência, utilizar o termo *imunidade*, é preciso ver se se trata de *imunidade propriamente dita*, ou de hipótese de *não incidência*, pois os efeitos tributários são diferenciados (mesmo que *matematicamente* possa, em alguma situação, coincidir).

5.4 ISENÇÃO E NÃO INCIDÊNCIA – EXEMPLOS

A **isenção** é concedida pela lei infraconstitucional (art. 150, § 6º, CF/88), podendo por esta ser revogada, e daí decorrem distinções absolutamente nítidas e inconfundíveis em relação à **não incidência**.

Além da não incidência disposta em nível constitucional, temos a não incidência em nível infraconstitucional; aquela identificamos como "*não incidência em nível constitucional*", e esta como "não incidência *em nível infraconstitucional*", para que não se confunda uma com a outra, pois os efeitos tributários são distintos.

O importante é deixar bem claro se a figura é de nível constitucional ou infraconstitucional, pois, não raras vezes, a utilização do termo "não incidência", pela lei infraconstitucional, tanto pode consistir em "isenção", quanto "suspensão" ou "diferimento".

Somente o exame da norma tributária dirá qual é a sua natureza jurídica.

Os fundamentos desse entendimento são extraídos da Constituição, pelo art. 150, § 6º, e em face da seguinte disposição, que trata do ICMS, art. 155, § 2º – dirigida ao legislador infraconstitucional:

> II – a **isenção** ou *não incidência*, salvo determinação em contrário da legislação:
>
> a) não implicará crédito para compensação com o montante devido nas operações ou prestações seguintes;
>
> b) acarretará a anulação do crédito relativo às operações anteriores.

Exemplo:

1 – não incidência em nível constitucional:

> **a)** o IPI não incidirá sobre produtos industrializados destinados ao exterior – art. 153, § 3º, III, CF;
>
> **b)** o ICMS não incidirá sobre o ouro, nas hipóteses definidas no art. 153, § 5º, CF;
>
> **c)** o IPTU não incide sobre a transmissão de bens ou direitos incorporados ao patrimônio da pessoa jurídica em realização de capital – art. 156, § 2º, I, CF.
>
> > NOTA – em nível constitucional, temos duas espécies de não incidência: (1) fato situado FORA do campo de incidência (ex.: sucata, ovo de galinha, no IPI); (2) fato situado DENTRO do campo de incidência, a que a CF diz que "não incide" (ex.: o IPI na exportação; o ICMS na exportação).

2 – não incidência em nível infraconstitucional:

> **a)** o ICMS **não incide** sobre: (RICMS/SP, Decreto nº 45.490/2000, art. 7º):
>
> I – a saída de mercadoria com destino a armazém geral situado neste Estado, para depósito em nome do remetente;
>
> **b)** **não se considera** industrialização (RIPI, Decreto nº 4.544/2002, art. 5º):
>
> VII – a moagem de café torrado, realizada por comerciante varejista como atividade acessória (Decreto-lei nº 400/68, art. 8º);
>
> IX – a montagem de óculos, mediante receita médica (Lei nº 4.502/64, art. 3º, parágrafo único, inciso III, e Decreto-lei nº 1.199/71, art. 5º, alteração 2ª);
>
> XIII – a restauração de sacos usados, executada por processo rudimentar, ainda que com emprego de máquinas de costura.

Enfim, sempre que haja disposições infraconstitucionais que se utilizam de expressões, tais como "*este imposto **não incide** sobre*", ou "este produto é não tributado", é preciso ver se se trata de uma ***reprodução*** do texto constitucional, ou de uma ***dispensa*** infraconstitucional, pois o significado e os efeitos tributários são distintos.

5.5 ISENÇÃO E ALÍQUOTA ZERO – DISTINÇÃO

Alíquota zero e isenção são dois institutos do Direito Tributário previstos na Constituição: a alíquota zero no art. 153, § 1º (para o IPI), e a isenção no art. 150, § 6º (para os tributos em geral).

Assim, localizadas em sessões diferentes, uma no campo dos incentivos ou benefícios fiscais, e outra no campo da tributação, jamais ensejaram dúvida quanto à sua distinção.[6]

O mesmo se pode dizer da conceituação da isenção, que, como vimos retro, consiste em dispensa, por lei, do pagamento de determinado tributo.

Em verdade, tanto a isenção, como a alíquota zero, são duas figuras constitucionais de suma importância para a política tributária do País e, via de consequência, para o desenvolvimento do próprio Estado brasileiro.

Basta uma leitura atenta dos textos constitucionais, para perceber a distinção entre as duas figuras, fenômeno que vem desde a CF/1967-69 e o CTN de 1966:

ALÍQUOTA ZERO – IPI	ISENÇÃO
1. Linguagem técnica distinta da "isenção" (CF).	1. Linguagem técnica que não se confunde com outras figuras tributárias (150, § 6º, CF).
2. É uma tributação (153, IV, CF).	2. É uma desoneração (150, § 6º, CF).
3. Pode ser estabelecida e alterada por decreto (153, § 1º, CF).	3. Só pode ser concedida por lei (150, § 6º, CF; 176, CTN).
4. É regulatória (4º, DL 1.199/1971).	4. A revogação ou modificação só pode ser feita por lei (178, CTN).

Em verdade, para bem entender a natureza jurídica da **isenção**, e os efeitos que irradia no campo da não cumulatividade, não podemos defini-la *negativamente* (mutila, aniquila), pois sua finalidade é *construir*, a teor do que dispõem a CF e o CTN, porque, do contrário, criaríamos teorias (*subjetivas*) em confronto com tais disposições constitucionais e complementares (que são elementos *objetivos* na interpretação constitucional).

Em sendo assim, a **isenção**:

a) **beneficia** (o idoso que fica dispensado de pagar a passagem de ônibus ou metropolitano; isenções para a Itaipu Binacional, Corpo de Bombeiros, Gasoduto Brasil-Bolívia etc.);

b) **desenvolve** (a Zona Franca de Manaus – DL 288/1967);

c) **incentiva** (instalação, ampliação ou modernização de indústrias – DL 1.136/1970);

d) **estimula** (a exportação de produtos ou mercadorias – DL 491/69 e Lei 8.402/92).

Em todas essas operações, o fato gerador ocorre normalmente, motivo pelo qual todos os seus *elementos* estão presentes: *pessoal* (sujeitos ativo e passivo), *espacial*, *material*, *temporal* e *quantitativo* (base de cálculo e alíquota).

---

[6] O STF voltou a distinguir a "isenção" da "alíquota zero" nos RREE 353.657 e 370.682, j. 15-2-2007 ("IPI. Crédito Presumido. Insumos sujeitos à alíquota zero ou não tributados. Inexistência").

O *passageiro* e o *idoso* tomaram o ônibus; o *passageiro* passou pela catraca, pagando; o *idoso* também passou pela catraca, mas exibiu a carteirinha de *isenção* e por lei ficou dispensado do pagamento. Em ambos os casos, todos os elementos do fato gerador estão presentes. Ambos praticaram o mesmo fato, só que um não pagou: ficou dispensado pela lei.

Percebe-se, então, que, havendo na TIPI duas alíquotas, 10% para o insumo **X** e 0% para o insumo **Z**, a lei que isenta o insumo **X** representa um *plus* (efeito benéfico) em relação ao insumo **Z**, relação ao insumo Z.

O exemplo a seguir posto está dentro dos parâmetros do art. 153, § 3º, II (não cumulatividade do IPI), ou seja, considera, tal como o art. 49 do CTN, apenas duas operações (compra do insumo & venda do produto):

1) se cumulativo fosse: operação A-B 10 + 30 operação B-C = 40

2) não cumulatividade: A-B 10 + 30 BC (menos crédito 10) = 30

3) isenção sem crédito: A-B *nihil* + 30 BC = 30

4) isenção com crédito: A-B *nihil* + 30 BC (menos crédito 10 A-B) = 20

5) alíquota zero: A-B 0 + 30 BC = 30

Nos exemplos apontados, verifica-se que na alíquota zero não há ofensa à não cumulatividade, e o crédito "como se o IPI devido fosse" justifica o *plus* do benefício fiscal.

E, na hipótese de a isenção atingir, também, insumo com alíquota zero, o efeito também se fará sentir, na medida em que, enquanto vigente a isenção, o Decreto não poderá alterar a alíquota.

Importante assinalar que é antiga e volumosa a jurisprudência do STF, no entendimento de que a *isenção* (art. 150, § 6º, CF/1988) situa-se no campo da *incidência* (e não da *não incidência*), e definida como *dispensa legal de pagamento*.

A doutrina de prol é conforme.

Ruy Barbosa Nogueira esclarece:[7]

"ALÍQUOTA ZERO – SOLUÇÃO DO STF

XVII – Acontece, porém, que o Supremo Tribunal Federal, ao depois, examinando a natureza jurídico-fiscal da 'alíquota zero', veio a assentar, pacificamente, que a alíquota zero nada tem a ver com a *não incidência*, nem com a *isenção*. Que a alíquota zero, como categoria da técnica fiscal, significa *tributação qualificada* ou *incidência* cuja alíquota é zero e essa alíquota mantém ou qualifica a hipótese como de *incidência*."

O saudoso mestre Gilberto de Ulhôa Canto, examinando caso de insumos adquiridos da Zona Franca de Manaus (rigorosamente igual ao RE 212.484), identifica o direito de crédito na isenção, mas não na alíquota zero, e, após referir aos RREE 109.047 e 99.825, esclarece:[8]

---

[7] NOGUEIRA, Ruy Barbosa. *Direito Tributário Atual*. São Paulo: IBDT, Resenha Tributária, 1999, v. 9, p. 2225-2226 e 2233-2234. Trecho extraído do Parecer intitulado "IPI, alíquota zero e manutenção dos créditos relativos a matérias-primas, produtos intermediários e materiais de embalagem".

[8] CANTO, Gilberto de Ulhoa. *Direito Tributário Aplicado – Pareceres*. Rio de Janeiro-São Paulo: Forense Universitária, 1992, p. 373-374. Parecer intitulado "IPI. Não cumulatividade. Direito à Compensação de créditos referentes a matéria-prima isenta. Disciplina diferente da que prevalece atualmente em relação ao ICMS. Isenção, natureza e efeitos jurídicos".

"48. De tudo que precede, pode-se deduzir, penso eu, que o direito ao crédito do IPI relativo a operações anteriores cobertas por *isenção* integra, necessariamente, o sistema da não cumulatividade que lhe é próprio, além de constituir a única maneira de a própria isenção ser efetiva e operar seus efeitos plenos. [...]

49. No caso específico do IPI, o STF teve ensejo de recusar o direito ao crédito no caso de insumo cuja saída anterior era realizada sob regime de *alíquota zero*, figura que, segundo sua pacífica e reiterada jurisprudência, não é considerada como *isenção*. Assim, coerente com esse entendimento, e o de que só na isenção há direito ao aproveitamento de crédito do tributo *como se devido fosse*, a conclusão parece lógica face às premissas em que a Corte situou a hipótese."

Geraldo Ataliba e Cleber Giardino, saudosos mestres da PUC/SP, reportando-se aos RREE 81.074 e 81.000 (*RTJ* 77/285 e 82/825), também distinguem a isenção da alíquota zero, entendendo, ainda, que, na venda de produto com isenção ou tributada à alíquota zero, o crédito efetuado por ocasião da compra do insumo deve ser mantido:[9]

"V – ALÍQUOTA ZERO

As conclusões retroestabelecidas aplicam-se por inteiro, às hipóteses de operações realizadas sob o regime designado de 'alíquota zero'.

É cediço que duas interpretações têm sido desenvolvidas em torno desta criação legislativa original e recente. (Na verdade, a figura da 'alíquota zero' só foi cogitada no sistema positivo brasileiro a partir do momento em que, pela Constituição Federal – art. 22, § 2º, da Constituição de 1967 – foi facultado ao Poder Executivo alterar as alíquotas e bases de cálculo de certos impostos federais, por decreto, não se incluindo nessa competência excepcional a possibilidade da instituição ou revogação de isenções.)

A *primeira corrente* – prestigiada, aliás, por *firme jurisprudência do STF* – sustenta que se está diante de uma *operação tributada*, a despeito de dela não decorrer, como consequência, o pagamento de nenhum tributo (o resultado da operação de 'zero' sobre qualquer número, será sempre zero). [...]

Destarte, porque prevalecente, no STF, a inteligência de que há operação tributada – *e não isenta* – nas situações submetidas a esse regime, foi que se editou a Súmula 576, assim vazada: 'É lícita a cobrança do imposto de circulação de mercadorias sobre produtos importados sob o regime de alíquota zero'.

A *segunda corrente*, por outro lado, entende que, aí, inexiste tributo. Está-se diante de caso de '*não incidência*', com a consequente impossibilidade do surgimento da relação tributária." (grifamos)

Nós mantemos o entendimento que expusemos em estudo divulgado em 1999, distinguindo a isenção da alíquota zero, e assegurando a manutenção de crédito.[10]

Da conferência do Ministro MOREIRA ALVES, do STF, no XXIX Simpósio Nacional de Direito Tributário, colhemos:[11]

---

[9] ATALIBA, Geraldo, e GIARDINO, Cleber. *ICM e IPI – Direito de Crédito – produção de mercadorias isentas ou sujeitas à alíquota zero*. Parecer de 10-1-1987 divulgado pela Revista de Direito Tributário. São Paulo: Editora Revista dos Tribunais, outubro-dezembro 1988, v. 46, p. 87.

[10] CASSONE, Vittorio. *Alíquota zero e produto NT*. São Paulo: Repertório IOB de Jurisprudência, 2ª quinzena setembro 1999, boletim 18, verbete 1/13944, p. 554, examinando a questão em face do art. 11 da Lei 9.779/99, manifestando entendimento no sentido de que "alíquota zero é uma coisa, e isenção é outra", para concluir: (1) compra de insumos com alíquota positiva, ou seja, de 1% para mais e saída dos resultantes produtos com alíquota zero = direito de crédito constitucionalmente assegurado; (2) compra de insumos com alíquota zero, e venda dos produtos com alíquota positiva = há direito de crédito, mas o mesmo corresponde a "zero"; (3) compra de insumos com alíquota zero e venda dos produtos com alíquota zero = crédito zero e débito zero.

[11] MOREIRA ALVES, José Carlos. *Caderno de Pesquisas Tributárias* – Nova Série 11, coedição Centro de Extensão Universitária e Revista dos Tribunais, 2005, p. 13-25.

Cap. 5 • Incidência, não incidência, imunidade, isenção e alíquota zero **127**

"Relativamente à alíquota zero, o problema é um pouco diverso. Confesso que sempre considerei que a alíquota zero não se incluía aqui nesse problema da isenção e da não incidência pela natureza dela mesma. Até porque poderia levar a **absurdo fantástico**. Quando, por exemplo, se tratasse de impostos com alíquota exagerada em virtude do princípio da seletividade (por exemplo, de 70%), mas que, num determinado momento, houvesse uma necessidade econômica de baixar essa alíquota até um mínimo possível – aliás, baixar não, é praticamente afastar a tributação, mediante a alíquota zero –, teríamos um crédito presumido calculado a uma alíquota de 70%, o que levaria a um verdadeiro absurdo."

Ives Gandra da Silva Martins ensina:[12]

"Por ocasião da realização do III Simpósio Nacional de Direito Tributário do Centro de Extensão Universitária, discutiu-se amplamente o princípio da não cumulatividade no direito brasileiro.

Sua origem, de rigor e de forma ampla, principia com a Lei n° 3.402/58, quando o predecessor do IPI (o imposto de consumo) foi por inteiro hospedado por aquele imposto real e de circulação da competência da União.

À época, discutiu-se se estaria ou não consagrado o princípio do valor agregado, no direito brasileiro.

Após ampla discussão, concluiu-se que a teoria da não cumulatividade, adotada pelo legislador brasileiro no imposto de consumo, e, portanto, com a Emenda Constitucional n. 18/65 para o IPI e para o ICM, não correspondia propriamente à do valor agregado, adotado timidamente na França em 1917 até ser plenamente desenvolvido em 1957 e hoje servindo de técnica impositiva comum dos países da comunidade europeia.

De rigor, tal técnica pode ser exteriorizada pelo sistema de *tax on tax*, pelo de *basis on basis* ou pelo da apuração periódica. No primeiro sistema compensa-se o imposto pago numa operação pelo devido na outra. Pelo segundo compensam-se as bases de cálculo.

No **terceiro** sistema, que é o adotado no Brasil, a apuração se faz periodicamente pelos créditos de imposto correspondentes às mercadorias entradas contra os das mercadorias saídas em determinado período, pouco relevante sendo que a matéria-prima ou produto final entrado, que dá origem ao crédito, tenha sido utilizado ou saído em operação incidida. [...]

Por fim, resta esclarecer que a não cumulatividade é mera técnica de apuração do *quantum debeatur*, razão pela qual não integra o fato gerador da obrigação tributária, que nasce, no direito brasileiro, nos termos enunciados pelo art. 114 do Código Tributário Nacional."

5.5.1 Isenção e redução de alíquota – distinção

Ultimamente, o Supremo Tribunal Federal tem aproximado as figuras da isenção e da redução da base de cálculo, como se pode ver das ementas a seguir parcialmente reproduzidas:

ADI 2.320/SC, Eros Grau, j, 15-2-2006:

"3. A disciplina aplicada à isenção estende-se às hipóteses de redução da base de cálculo."

ED-RE 174.478/SP, Cezar Peluso, j. 14-4-2008:

"O Supremo Tribunal Federal entrou a aproximar as figuras da redução da base de cálculo e da isenção parcial, a ponto de as equiparar, na interpretação do art. 155, § 2º, II, 'b', da Constituição da República."

---

[12] MARTINS, Ives Gandra da Silva. *Comentários à Constituição do Brasil*. 1. ed. São Paulo: Saraiva, 1990, 6º v., t. I, p. 301-303.

128   Direito Tributário • *Cassone*

5.6 IMUNIDADE E ISENÇÃO – ESPÉCIES

A teor da CF/88, a **finalidade** indica quem é o favorecido pela **imunidade**, a qual comporta as seguintes espécies:

a) *recíproca*: que se dá entre U-E-DF-M, em que os impostos não são exigidos, umas das outras;

b) *objetiva*: quando veda a tributação sobre determinado bem (aspecto objetivo). Exemplo: impostos sobre livros, jornais, revistas e periódicos (ver RE 206.774);

c) *subjetiva*: quando veda que certas pessoas (aspecto subjetivo) sejam tributadas. Exemplo: vedação da tributação de contribuições sociais destinadas à seguridade social das entidades beneficentes de assistência social que atendam às exigências estabelecidas em lei;

d) *mista*: quando acumula as seguintes condições: quando a imunidade se refere tanto ao bem quanto à pessoa, restringindo-se a imunidade a essa específica situação.

Quanto à **isenção**, temos as seguintes espécies, encontradas na legislação infraconstitucional: *objetiva* (bem/coisa), *subjetiva* (pessoa) e *mista* (bem/coisa e pessoa).

O CTN trata das isenções nos arts. 175 a 179, e deles reproduzimos as seguintes disposições:

Art. 175. Excluem o crédito tributário:

I – a isenção;

II – a anistia.

Parágrafo único. A exclusão do crédito tributário não dispensa o cumprimento das obrigações acessórias, dependentes da obrigação principal cujo crédito seja excluído, ou dela consequente.

Art. 176. A isenção, ainda quando prevista em contrato, é sempre decorrente de lei que especifique as condições e requisitos exigidos para a sua concessão, os tributos a que se aplica e, sendo o caso, o prazo de sua duração.

Parágrafo único. A isenção pode ser restrita a determinada região do território da entidade tributante, em função de condições a ela peculiares.

De regra, só pode isentar quem tem competência para tributar (art. 151, III, CF/88). Entretanto, quando se trata de **tratado internacional**, o Presidente da República pode tratar também de isenções de tributos estaduais e municipais, conforme decidido na ADI 1.600 (cuidamos deste aspecto, com detalhes, em nosso livro *Interpretação no Direito Tributário*) e no RE 229.096 – GATT (*DJe*-065, de 11-4-2008).

É que no âmbito externo temos o *Estado Federal Total* (a República Federativa do Brasil), e no âmbito interno o *Estado Federal Parcial* (União, Estados, Distrito Federal e Municípios), a teor do RE 229.096.

Importante observar que, enquanto na **imunidade** não ocorre o fato gerador, porque a CF veda a tributação (veja a ADI 939), na **isenção** o fato gerador ocorre (só pode haver isenção se há lei que tributa aquele fato), mas a lei dispensa seu pagamento.

O STF declarou que se trata de "imunidade" a "isenção" disposta no art. 195, § 7º, da CF/88 (Mandado de Injunção nº 232 e RE 636.941); assim como trata-se de "imunidade" a "isenção" posta no art. 194, § 5º, da CF/88 (RE 169.628).

A Lei nº 12.101, de 27-11-2009, dispõe sobre a certificação das entidades beneficentes e de assistência social, regula os procedimentos de isenção de contribuições para a seguridade social, e dá outras providências. E ver no STF o RMS 26.932/DF e ADI 3.421/PR.

A anistia (de multas) é tratada pelo CTN nos arts. 180 e 181.

5.7 IMUNIDADE – ART. 150, VI, "C" E "D"

A imunidade relativa às instituições de educação e de assistência social, sem fins lucrativos, prevista no art. 150, VI, "c", da CF/88, foi objeto de Súmula do STF:

> 724. Ainda quando alugado a terceiros, permanece imune ao IPTU o imóvel pertencente a qualquer das entidades referidas pelo art. 150, VI, "c", da Constituição, desde que o valor dos aluguéis seja aplicado nas atividades essenciais de tais entidades.

Não só em face dessa Súmula, como, também, examinando a jurisprudência do STF, podemos estender os efeitos dessa Súmula aos "templos de qualquer culto":

> a) se o valor dos aluguéis não é aplicado nas atividades essenciais da entidade = somente esse imóvel está sujeito à tributação pelo IPTU, permanecendo imune o restante;
>
> b) se a parte do imóvel em que está situada a igreja, o templo, é destinado a estacionamento alugado a terceiros ou administrada por terceiros, na hipótese de a receita não ser aplicada nas atividades essenciais da entidade, somente essa receita está sujeita a tributação, permanecendo imune o restante do imóvel.

Questão interessante, envolvendo o art. 150, VI, "c" da CF/88, na produção e comercialização de bens pelas instituições de assistência social, sem fins lucrativos, que atendam aos requisitos da lei, foi reafirmada pelo STF nos Emb. Div. nos Emb. Decl. no RE 186.175-4/SP, Relatora Ministra Ellen Gracie, maioria, vencido o Min. Carlos Britto, *DJU* 17-11-2006, p. 48 (RDDT 137/166), cuja ementa tem o seguinte teor:

> "O Plenário do Supremo Tribunal Federal, ao apreciar o RE 210.251-EDv/SP, fixou entendimento segundo o qual as entidades de assistência social são imunes em relação ao ICMS incidente sobre a comercialização de bens por elas produzidos, nos termos do art. 150, VI, "c" da Constituição.
>
> Embargos de divergência conhecidos, mas improvidos."

Da ementa do RE 636.941/RS, STF, Pleno, Luiz Fux, unânime, 13-2-2014, *DJe*-067, public. 4-4-2014, destacamos:

> "A conceituação e o regime jurídico da expressão 'Instituições de assistência social e educação' (art. 150, VI, c, CF/88) aplica-se por analogia à expressão 'entidades beneficentes de assistência social' (art. 197, § 7º, CF/88)."

Quanto às entidades fechadas de previdência social privada, eis o teor de Súmula do STF:

> 730. A imunidade tributária conferida a instituições de assistência social sem fins lucrativos pelo art. 150, VI, "c", da Constituição, somente alcança as entidades fechadas de previdência social privada se não houver contribuição dos beneficiários.

Quanto ao **livro digital** (*e-book*), no RE 330817, STF, Pleno, Dias Toffoli, 08-03-2017, *DJe*-195 public. 31-08-2017, foi firmada a seguinte tese: "A imunidade tributária

130 Direito Tributário • *Cassone*

constante do art. 150, VI, d, da CF/88 aplica-se ao livro eletrônico (*e-book*), inclusive aos suportes exclusivamente utilizados para fixá-lo."

5.7.1 Imunidade de jurisdição – Estado estrangeiro

Para bem entender a imunidade tributária do Estado estrangeiro, é preciso ler o inteiro teor do AgR na ACO 543-4-SP (STF, Pleno, Sepúlveda Pertence, maioria, 30-8-2006, *DJU* 24-11-2006), cuja ementa tem a seguinte redação:

> "Imunidade de jurisdição. Execução fiscal movida pela União contra a República da Coreia.
>
> É da jurisprudência do Supremo Tribunal Federal que, salvo renúncia, é absoluta a imunidade do Estado estrangeiro à jurisdição executória: orientação mantida por maioria de votos.
>
> Precedentes: ACO 254-AgR, Velloso, *DJ* 9-5-2003; ACO 522-AgR e 634-AgR, Ilmar Galvão, *DJ* 23-10-98 e 31-10-2002; ACO 527-AgR, Jobim, *DJ* 10-12-99; ACO 645, Gilmar Mendes, *DJ* 17-3-2003."

5.7.2 Ministro de confissão religiosa

A Lei nº 10.170/2000 acrescentou o § 13º ao art. 22 da Lei nº 8.212/1991; e a Lei nº 13.137/2015 lhe acrescentou o § 14, nestes termos:

> § 13. Não se considera como remuneração direta ou indireta, para os efeitos desta Lei, os valores despendidos pelas entidades religiosas e instituições de ensino vocacional com ministro de confissão religiosa, membros de instituto de vida consagrada, de congregação ou de ordem religiosa em face do seu mister religioso ou para sua subsistência desde que fornecidos em condições que independam da natureza e da quantidade do trabalho executado. (Incluído pela Lei nº 10.170, de 2000).
>
> § 14. Para efeito de interpretação do § 13 deste artigo: (Incluído pela Lei nº 13.137, de 2015)
>
> I – os critérios informadores dos valores despendidos pelas entidades religiosas e instituições de ensino vocacional aos ministros de confissão religiosa, membros de vida consagrada, de congregação ou de ordem religiosa não são taxativos e sim exemplificativos; (Incluído pela Lei nº 13.137, de 2015)
>
> II – os valores despendidos, ainda que pagos de forma e montante diferenciados, em pecúnia ou a título de ajuda de custo de moradia, transporte, formação educacional, vinculados exclusivamente à atividade religiosa não configuram remuneração direta ou indireta. (Incluído pela Lei nº 13.137, de 2015)

5.8 QUESTIONÁRIO

1. *Defina "incidência tributária" e distinga da "não incidência".*
2. *Dê a definição de "imunidade".*
3. *Dê a definição de "isenção".*
4. *Quais são as espécies de "isenção"? Exemplifique.*
5. *Distinga a "isenção" da "alíquota zero".*
6. *Cabe à lei complementar ou à lei ordinária "regular as limitações constitucionais do poder de tributar" (art. 146, II, CF)? Explique.*

6

Obrigação Tributária: Hipótese de Incidência e Fato Gerador

ESQUEMA

- 6.1 Obrigação tributária
  - 6.1.1 Considerações preliminares
  - 6.1.2 Definição
- 6.2 Hipótese de incidência
  - 6.2.1 Conceito
  - 6.2.2 Aspectos
  - 6.2.3 Base de cálculo
- 6.3 Fato gerador
  - 6.3.1 Conceito
  - 6.3.2 Fato gerador no CTN
- 6.4 Questionário

6.1 OBRIGAÇÃO TRIBUTÁRIA

O cerne do direito tributário é a *obrigação tributária,* com todas suas complexidades, quer em relação à forma pela qual ela ocorre, quer quanto a sua exigibilidade.

Essa a razão pela qual vamos fazer algumas considerações propedêuticas.

6.1.1 Considerações preliminares

O Direito, visto como sistema de normas jurídicas, atua no âmbito das pessoas, das obrigações e das coisas, e de uma dessas espécies destaca-se a natureza jurídica da obrigação tributária.

O direito tributário é de natureza obrigacional, uma vez que seu objeto é a arrecadação do tributo. Praticado o fato descrito pela lei tributária, nasce a obrigação tributária, cuja relação jurídica se estabelece entre duas pessoas: o *sujeito ativo,* ou credor, que é a U-E-DF-M conforme a competência sobre o tributo, e o *sujeito passivo,* ou devedor, que

132 Direito Tributário • *Cassone*

é o contribuinte que praticou o fato gerador tributário. Extingue-se com o pagamento do tributo devido, ou pelas demais formas previstas no CTN, como veremos em capítulo próprio.

Importante observar que a obrigação tributária surge com a ocorrência do fato gerador, independentemente da natureza econômica ou jurídica da atividade, se lícita ou ilícita, ou se a atividade desenvolvida pelo sujeito passivo está, ou não, incluída no contrato da sociedade ou nos estatutos. A análise que deve ser feita diz respeito à ocorrência, ou não, do fato gerador, ou seja, se o fato ocorrido se subsume (se se enquadra, se corresponde rigorosamente), ou não, à hipótese de incidência descrita pela lei (CTN, arts. 113, 114 e 123).

É dessa forma que é vista a figura do devedor no direito das obrigações, mormente em face do direito tributário, em que, não raras vezes, a elisão fiscal é confundida propositadamente com a evasão fiscal.

6.1.2 Definição

Obrigação tributária é o vínculo jurídico que une duas pessoas, uma chamada sujeito ativo (Fisco) e outra sujeito passivo (contribuinte), que, em vista de esta última ter praticado um fato gerador tributário, deve pagar àquela certa quantia em dinheiro denominado *tributo*.

A obrigação tributária se subdivide em Principal (relativa ao tributo) e Acessória (relativa aos deveres acessórios, isto é, escrituração fiscal etc.), conforme dispõe o art. 113 do CTN/66:

> "**Art. 113.** A obrigação tributária é principal ou acessória.
>
> § 1º A obrigação principal surge com a ocorrência do fato gerador, tem por objeto o pagamento de tributo ou penalidade pecuniária e extingue-se juntamente com o crédito dela decorrente.
>
> § 2º A obrigação acessória decorre da legislação tributária e tem por objeto as prestações, positivas ou negativas, nela previstas no interesse da arrecadação ou da fiscalização dos tributos.
>
> § 3º A obrigação acessória, pelo simples fato da sua inobservância, converte-se em obrigação principal relativamente à penalidade pecuniária."

A primeira parte do dispositivo é clara: praticado o fato gerador, surge para o contribuinte a obrigação de pagar o tributo e/ou penalidade correspondente (§ 1º).

O § 2º não apresenta, em princípio, maiores problemas, uma vez que na prática tributária é exigido, por lei, o cumprimento de obrigações acessórias, positivas (de emissão de documentos fiscais em geral e de outra natureza) ou negativas (deixar de agir desta ou daquela maneira), sempre no interesse da arrecadação ou da fiscalização.

Todavia, a complexidade reside em saber-se qual é o limite, tanto material quanto espacial, a que a lei deve submeter-se, na exigência do cumprimento de obrigações acessórias. Por exemplo, ao tratar de questão relativa ao ICMS, em que empresa transportadora havia sido contratada por Banco para transferência de bens do ativo imobilizado, em que a 2ª Turma do STJ, à unanimidade, decidiu que "a obrigação acessória pode ser imposta tanto a contribuinte quanto a não contribuinte" (REsp 89.967-RJ, Rel. Ari Pargendler, *DJU*-1, de 18-5-98, p. 63).

Questão interessante foi examinada no VI Simpósio Nacional de Direito Tributário, no sentido de se saber se "Pode o Regulamento (decreto) criar obrigações acessórias?", em que o Plenário respondeu: "As obrigações acessórias podem ser estabelecidas em regulamento, desde que autorizadas pela lei como instrumentos necessários à arrecadação e fiscalização do tributo. O art. 153, § 2º, da CF/67 (princípio da estrita legalidade tributária), aplicável à espécie, não impõe a reserva absoluta da lei." O evento, realizado no CEU-SP em 1981, foi coordenado por Ives Gandra da Silva Martins, e relatório apresentado por Vittorio Cassone.[1]

A penalidade prevista no § 3º é decorrente de *ilicitude,* pelo que não é tributo (CTN, art. 3º), mas se converte em obrigação principal pelo simples fato de poder ser exigida pelos mesmos instrumentos em que cobrada a obrigação tributária.

6.2 HIPÓTESE DE INCIDÊNCIA

6.2.1 Conceito

É a descrição que a lei faz de um fato tributário que, quando ocorrer, fará nascer a obrigação tributária.

Veja bem: a lei cria um fato hipotético. Mas, enquanto esse fato não se realizar, nada ocorre, não há obrigação, pois fica-se apenas no campo das hipóteses, por isso que se diz "hipótese de incidência tributária". Por exemplo, a lei diz que quem auferir rendas terá que pagar o imposto sobre a renda. Pedro não auferiu renda; logo, não há imposto de renda a pagar. Paulo auferiu renda; logo, Paulo deve pagar o imposto sobre a renda, porque praticou um fato que está previsto na lei tributária, ou hipótese de incidência tributária.

6.2.2 Aspectos

A fim de facilitar a aplicação dos casos concretos, isto é, se o fato se subsume (corresponde, enquadra) à lei, a **hipótese de incidência** e o **fato gerador** são decompostos em aspectos, a que a Doutrina denomina Pessoal (sujeito ativo e passivo), Temporal, Espacial, Material e Quantitativo (base de cálculo e alíquota).

- **Pessoal** – é composto pelo *Sujeito Ativo* (o credor da obrigação tributária: União, Estado, Distrito Federal ou Município) e *Sujeito Passivo* (o devedor da obrigação tributária). O CTN/66 faz expressa referência a esses dois sujeitos:

    "**Art. 119.** Sujeito ativo da obrigação é a pessoa jurídica de direito público titular da competência para exigir o seu cumprimento.

    ...

    Art. 121. Sujeito passivo da obrigação principal é a pessoa obrigada ao pagamento de tributo ou penalidade pecuniária.

    Parágrafo único. O sujeito passivo da obrigação principal diz-se:

---

[1] CASSONE, Vittorio. *Caderno de pesquisas tributárias.* São Paulo: Resenha Tributária, nº 7, 1982, p. 273.

I – contribuinte, quando tenha relação pessoal e direta com a situação que constitua o respectivo fato gerador;

II – responsável, quando, sem revestir a condição de contribuinte, sua obrigação decorra de disposição expressa de lei.

Art. 122. Sujeito passivo da obrigação acessória é a pessoa obrigada às prestações que constituam o seu objeto.

Art. 123. Salvo disposições de lei em contrário, as convenções particulares, relativas à responsabilidade pelo pagamento de tributos, não podem ser opostas à Fazenda Pública, para modificar a definição legal do sujeito passivo das obrigações tributárias correspondentes."

- **Temporal** – determina o exato momento em que se considera ocorrido o fato gerador. Por exemplo, a legislação tributária diz que é fato gerador do ICMS a *saída* da mercadoria do estabelecimento comercial. Logo, o exato momento da *saída* é o aspecto temporal do fato gerador tributário. É o momento que o legislador escolheu para fazer nascer a obrigação tributária, momento em que se estabeleceu o vínculo jurídico entre o sujeito ativo e o sujeito passivo.

- **Espacial** – indica o lugar em que terá que ocorrer o fato gerador, que deverá situar-se dentro dos limites territoriais a que a Pessoa Política tem a competência tributária. Por exemplo, se for tributo da União, o elemento espacial, isto é, o local onde terá que ocorrer o fato gerador, será todo o território nacional. Se for tributo dos Estados, o fato gerador deverá ocorrer no território do Estado. Se for tributo municipal, o fato gerador deverá ocorrer nos limites do território do Município. Por exemplo, a Prefeitura de São Paulo só poderá exigir ISS quando o serviço for prestado dentro dos limites de seu território, aspecto ligado ao Princípio da Territorialidade tributária.

- **Material** – consiste na descrição que a lei faz do núcleo da HI. É o aspecto mais importante, pois determina o tipo tributário, e é comumente representado por um verbo e complemento. Exemplo: industrializar produtos, auferir rendas, exportar produtos nacionais, importar produtos estrangeiros, prestar serviços etc. É aspecto constitucional.

- **Quantificativo** – é composto pela base de cálculo e alíquota. **Base de cálculo** é a expressão de grandeza do aspecto material da HI escolhida pela lei dentre aquelas inerentes ao fato gerador, sobre a qual incidirá a alíquota.[2] *Redução* de base de cálculo é espécie de isenção parcial (STF, ADI 2.320/SC). **Alíquota** – "*ad valorem*": é um percentual que incide sobre a base de cálculo para determinação do montante do tributo; em quantia "fixa": por unidade, peso, metragem.

Finalmente, o art. 123 do CTN retrotranscrito expressa regra segundo a qual não terão valor perante o Fisco os ajustes particulares tendentes a afastar ou transferir as responsabilidades tributárias previstas em lei.

6.2.3 Base de cálculo

Questão interessante diz respeito aos ***descontos incondicionais***, ou seja, aqueles que são anotados no documento fiscal, não sujeitos a condição, como, por exemplo:

Valor do produto ou mercadoria .... = 200

Desconto .... = 12

Valor líquido da operação .... = 188

---

[2] Resolução do VII Simpósio Nacional de Direito Tributário coordenado por Ives Gandra da Silva Martins e relatório de Vittorio Cassone (São Paulo: Resenha Tributária. *Caderno de Pesquisas Tributárias* nº 8, 1983, p. 416).

Cap. 6 • Obrigação tributária: hipótese de incidência e fato gerador   **135**

Se o desconto ou abatimento sobre o preço, expresso em quantia (e não em mercadorias), estiver sujeito a **condição** (exemplo: 6% se pagamento em 15 dias; 3% se pagamento em 30 dias), integrará a base de cálculo.

Condição assim definida pelo Código Civil – Lei nº 10.406, de 10-1-2002:

> Art.121. Considera-se condição a cláusula que, derivando exclusivamente da vontade das partes, subordina o efeito do negócio jurídico a evento futuro e incerto.

Dúvida não parece haver, sobre a legalidade ou constitucionalidade do desconto ou abatimento *incondicional*, na medida em que se fundamenta nos princípios da *livre--iniciativa* e da *livre concorrência* (art. 170, *caput* e inciso IV, CF/88), e mesmo porque é sabido que, desde o Plano Real, o Governo Federal busca preservar a inflação em baixo nível, favorecendo a sociedade como um todo.[3]

Entendemos correta, portanto, a Súmula 457 do STJ (*DJe* 8-9-2010):

> 457. Os descontos incondicionais nas operações mercantis não se incluem na base de cálculo do ICMS.

Em face de o § 2º do art. 14 da Lei nº 4.502/64, com a redação dada pelo art. 15 da Lei nº 7.798/89, estabelecer que não podem ser deduzidos do valor da operação os descontos incondicionais, o STF, no RE 567.935, declarou-o inconstitucional.

Entretanto, penso que não se devem confundir "descontos incondicionais" com algumas situações de "bonificação" através de "produtos ou mercadorias", na medida em que, aqui sim, estar-se-ia infringindo o art. 47, II, "a", do CTN, cuja disposição, pertinente ao IPI, estabelece que a base de cálculo do imposto é definida (art. 146, III, "a" CF/88) como "*o valor da operação de que decorrer a saída da mercadoria*". E a "mercadoria" deve ser considerada como um todo que sai do estabelecimento, e não somente sobre uma parte dela.

Fátima Fernandes Rodrigues de Souza, examinando a base de cálculo do ICMS, assim se manifesta:[4]

> "No tocante aos abatimentos, a Lei Complementar nº 87/96, como já previam o Convênio nº 66/89 e o Decreto-Lei nº 406/68, estabelece tratamento distinto para descontos incondicionados e incondicionais.
>
> Conceder descontos e abatimentos do preço é uma praxe comercial ditada por variadas razões: quantidade de mercadoria adquirida, pagamento antecipado do preço, incremento de vendas etc.
>
> Os descontos incondicionais são aqueles oferecidos ao comprador em razão da **quantidade de mercadorias** adquirida, para estimular vendas, em razão da concorrência etc.

---

[3] A Lei nº 9.069, de 29-06-1995, dispõe sobre o Plano Real e o Sistema Monetário Nacional, e dela destacamos: "Art. 28. Nos contratos celebrados ou convertidos em REAL com cláusula de correção monetária por índices de preço ou por índice que reflita a variação ponderada dos custos dos insumos utilizados, a periodicidade de aplicação dessas cláusulas será anual. § 1º É nula de pleno direito e não surtirá nenhum efeito cláusula de correção monetária cuja periodicidade seja inferior a um ano." E a Lei nº 9.249, de 26-12-1995, que altera a legislação do IR, estabelece: "Art. 4º Fica revogada a correção monetária das demonstrações financeiras de que trata a Lei nº 7.799, de 10 de julho de 1989, e o art. 1º da Lei nº 8.200, de 2 de junho de 1991. *Parágrafo único.* Fica vedada a utilização de qualquer sistema de correção monetária de demonstrações financeiras, inclusive para fins societários."

[4] SOUZA, Fátima Fernandes Rodrigues de. *Curso de Direito Tributário*. 9. ed. São Paulo: Saraiva, 2006. p. 728. Obra coletiva coordenada pelo professor Ives Gandra da Silva Martins.

136 Direito Tributário • *Cassone*

> Os *descontos condicionados* são aqueles concedidos desde que o comprador satisfaça um pré-requisito imposto pelo vendedor, como, por exemplo, efetuar o pagamento à vista.
>
> Nos termos do inciso II, *a*, do § 1º do art. 13, da Lei Complementar n. 87/96, apenas os descontos condicionais devem integrar a base de cálculo do ICMS." (grifamos)

Em nota de rodapé, essa professora do Centro de Extensão Universitária de São Paulo, esclarece:

> "Roque Antonio Carrazza sustenta que as bonificações em mercadorias também não integram a base de cálculo (ICMS, cit., pp. 93-105). O STF, entretanto, no RE 89.692 (RTJ, 89:663), já manifestou, no passado, entendimento contrário, o que levou à eliminação ou sensível redução dessa prática comercial."

Eis a ementa do citado RE 89.692-RJ, STF, 2ª Turma, Cordeiro Guerra, unânime, 6-3-1979:

> "**Incide** o **ICM** sobre as **bonificações** em **mercadorias** nas vendas de produtos farmacêuticos, pois, na espécie, ocorre a circulação de mercadoria com transferência de sua propriedade, e gravame fiscal para o consumidor. A correção monetária é extensiva à multa fiscal."

Entretanto, na hipótese de a questão chegar até o STF, será preciso aguardar a decisão que a Suprema Corte tomar, em vista da relativa complexidade da matéria.

A atual jurisprudência do STJ exclui da base de cálculo as bonificações em mercadorias: AgRg no AREsp 981/RS, STJ, 2ª Turma, Mauro Campbell Marques, unânime, 5-4-2011, *DJe* 13-4-2011 – ementa:

> "TRIBUTÁRIO. AGRAVO REGIMENTAL. EXECUÇÃO FISCAL. ICMS (REGIME NORMAL DE TRIBUTAÇÃO). MERCADORIAS DADAS EM BONIFICAÇÃO. ESPÉCIE DE DESCONTO INCONDICIONAL. NÃO INCLUSÃO NA BASE DE CÁLCULO DO TRIBUTO. RECURSO REPETITIVO JULGADO. INEXISTÊNCIA DE PROVAS ACERCA DA BONIFICAÇÃO. QUESTÃO ATRELADA AO REEXAME DE MATÉRIA FÁTICA.
>
> 1. A recorrente demonstra mero inconformismo em seu agravo regimental que não se mostra capaz de alterar os fundamentos da decisão agravada.
>
> 2. Por ocasião do julgamento do REsp 1.111.156/SP, da relatoria do Min. Humberto Martins, *DJe* de 22-10-2009, a Primeira Seção, submetendo seu entendimento à sistemática dos recursos repetitivos (art. 543-C do CPC), consignou que o valor das mercadorias dadas a título de bonificação não integra a base de cálculo do ICMS.
>
> 3. Ocorre, que, no presente caso, o Tribunal *a quo* concluiu que não foi demonstrada a 'efetiva operação de venda de mercadorias com bonificação, uma vez que inexiste prova da correlata venda a que se atrelariam as mercadorias atinentes às notas fiscais carreadas e que consistiriam em brindes'.
>
> 4. Assim, verificar acerca da existência ou não da prova de bonificação ensejaria o revolvimento do suporte fático-probatório dos autos, o que é vedado a esta Corte, ante o óbice descrito na Súmula 7 deste Tribunal.
>
> 5. Agravo regimental não provido."

Obviamente, lei é "lei interpretada", motivo pelo qual não se haverá de confundir, geralmente em mercadinhos ou supermercados, a oferta de "pegue 3 e pague 2", que não se confunde com a tese da "bonificação em dinheiro", pois admitida pelos critérios da razoabilidade e da proporcionalidade.

6.3 FATO GERADOR

6.3.1 Conceito

É o fato que gera a obrigação tributária. Para gerar a obrigação tributária, o *fato* ocorrido deve enquadrar-se rigorosamente dentro dos termos da *lei,* fenômeno a que se dá o nome de **subsunção**. Se o fato se subsume à HI, estará ele dentro do campo da incidência tributária. Caso contrário, estará fora do campo de incidência. Exemplos:

1º O estabelecimento industrial *S,* no dia 5-10-89, deu saída, a título de venda, a produtos industrializados na quantia de $ 500,00 à alíquota de 10%, totalizando a nota fiscal $ 550,00. Há subsunção? Sim, porque:

- aspecto pessoal: sujeito ativo = União; sujeito passivo = *S;*

- aspecto temporal: 5-10-89 (é fato gerador do IPI a saída do produto do estabelecimento industrial);

- aspecto espacial: território nacional (porque o IPI é de competência da União, e o fato gerador poderá ocorrer em qualquer ponto do território nacional);

- aspecto material: industrializar produtos;

- aspecto quantificativo: base de cálculo = $ 500,00; alíquota = 10%; tributo = $ 50,00.

2º Pedro é pessoa física. Comprou três camisas da loja *G* e vendeu duas, em operação esporádica. Há subsunção? Não, porque Pedro não é estabelecimento comercial (é pessoa física que operou esporadicamente), e o não enquadramento à HI desse único aspecto é suficiente para o fato não se conter no campo da hipótese de incidência do ICMS, mesmo que ocorram todos os demais aspectos.

Mesmo em relação ao IPI e ICMS – em que o contribuinte emite dezenas de Notas Fiscais por dia – cada fato gerador é autônomo.

6.3.2 Fato gerador no CTN

"**Art. 114.** Fato gerador da obrigação principal é a situação definida em lei como necessária e suficiente à sua ocorrência.

Art. 115. Fato gerador da obrigação acessória é qualquer situação que, na forma da legislação aplicável, impõe a prática ou a abstenção de ato que não configure obrigação principal.

Art. 116. Salvo disposição de lei em contrário, consideram-se ocorrido o fato gerador e existentes os seus efeitos:

I – tratando-se de situação de fato, desde o momento em que se verifiquem as circunstâncias materiais necessárias a que produza os efeitos que normalmente lhe são próprios;

II – tratando-se de situação jurídica, desde o momento em que esteja definitivamente constituída, nos termos de direito aplicável.

Parágrafo único – A autoridade administrativa poderá desconsiderar atos ou negócios jurídicos praticados com a finalidade de dissimular a ocorrência do fato gerador do tributo ou a natureza dos elementos constitutivos da obrigação tributária, observados os procedimentos a serem estabelecidos em lei ordinária (Parágrafo acrescentado pela LC nº 102/2.001, que, todavia, não chega a desautorizar o planejamento tributário).

138 Direito Tributário • *Cassone*

Art. 117. Para os efeitos do inciso II do artigo anterior e salvo disposição de lei em contrário, *os atos ou negócios jurídicos condicionais* reputam-se perfeitos e acabados:

I – sendo suspensiva a condição, desde o momento de seu implemento;

II – sendo resolutória a condição, desde o momento da prática do ato ou da celebração do negócio.

Art. 118. A definição legal do fato gerador é interpretada abstraindo-se:

I – da validade jurídica dos atos efetivamente praticados pelos contribuintes, responsáveis, ou terceiros, bem como da natureza de seu objeto ou dos seus efeitos;

II – dos efeitos dos fatos efetivamente ocorridos."

Passo, agora, a tecer algumas considerações sobre cada um desses artigos.

O **art. 114** diz que só há fato gerador se o fato ocorrido contiver todos os elementos descritos pela Lei (tipo tributário fechado), devendo tais elementos, em consequência, corresponder rigorosamente à descrição que a lei faz do tipo tributário – fenômeno a que se dá o nome de *subsunção*.

Logo, se faltar algum elemento substancial ao ato, fato ou negócio jurídico realizado, ou se não corresponder rigorosamente ao quanto descrito pela hipótese de incidência legal, não se caracterizará o fato gerador tributário. Será outro fato qualquer (ato negocial civil ou comercial ou de outra natureza), recaindo, portanto, no campo da não incidência.

O **art. 115** diz que fato gerador da obrigação acessória é a situação (de escriturar, de lançar, de deixar de fazer determinada prática) prevista em lei que não diz respeito à obrigação de pagar o tributo. Distingue a obrigação acessória (ou obrigação de cumprir deveres impostos pela lei) da obrigação principal (esta, consistente no pagamento do tributo devido).

De regra, a obrigação acessória serve para o cumprimento da obrigação principal. Por outro lado, instituições comuns podem ser obrigadas a ter contabilidade, a fazer demonstrações, a reter o IR na fonte, sob pena de perder a imunidade (Geraldo Ataliba e Rubens Gomes de Sousa. *Interpretação no direito tributário*. São Paulo: Educ-Saraiva, 1975. p. 390).

O **art. 116**, que faz parte do capítulo do "Fato gerador", em seus dois incisos, encerra duas importantes regras.

A primeira delas vem assim expressa:

"I – tratando-se de situação de fato, consideram-se ocorrido o fato gerador e existentes os seus efeitos, desde o momento em que se verifiquem as circunstâncias materiais necessárias a que produza os efeitos que normalmente lhe são próprios."

Exemplificando, um dos fatos geradores do ICMS é a *saída da mercadoria do estabelecimento comercial*. No momento em que as mercadorias acabam de sair do estabelecimento comercial *C,* verificam-se (concretamente) as circunstâncias materiais necessárias a caracterizar o fato gerador. Caracterizado o fato gerador, aplica-se a legislação vigente nesse exato momento, não só em relação aos elementos quantitativos (base de cálculo e alíquota), como também quanto ao prazo de recolhimento.

Cap. 6 • Obrigação tributária: hipótese de incidência e fato gerador **139**

Assim, por advir o fato gerador do ICMS de "ato ou negócio jurídico", o fato de vendedor e comprador terem-se acordado sobre a coisa – venda/compra de X peças, ao preço total de $ Y, a serem entregues até o dia Z – não quer dizer que já ocorreu o fato gerador, porque as circunstâncias materiais que produzem os efeitos que lhe são próprios estão interligadas aos aspectos da hipótese de incidência e do fato gerador – cuja caracterização é finalizada pelo elemento "temporal", no exemplo, a "saída da mercadoria do estabelecimento comercial".

2º exemplo: É fato gerador do IPI a saída do produto industrializado do estabelecimento industrial. A fábrica X produz 800 m de fios de cobre em 16-7-2008, deslocados no dia 17-7-2008 para o setor de controle de qualidade, e daqui deslocados para o setor de estoques em 19-7-2008. Trata-se de uma situação de fato (circunstâncias materiais) que não desencadeia o fato gerador, porque a "saída" de um setor interno da fábrica, para outros setores internos do mesmo estabelecimento fabril, consiste em circunstâncias materiais ainda "incompletas" para que possam caracterizar o fato gerador do IPI. Posteriormente, em 25-7-2008, tais fios elétricos são objeto de venda, saindo do estabelecimento com regular nota fiscal. Este aspecto temporal caracteriza o fato gerador do IPI, pois *"se verificam as circunstâncias materiais necessárias a que produza os efeitos que lhes são próprios"*.

A segunda regra do art. 116 vem assim expressa:

> "II – tratando-se de situação jurídica, consideram-se ocorrido o fato gerador e existentes os seus efeitos, desde o momento em que esteja definitivamente constituída, nos termos de direito aplicável."

Tal artigo está interligado aos arts. 117 e 105, que reproduzo para maior clareza:

> **"Art. 117.** Para os efeitos do inciso II do artigo anterior e salvo disposição de lei em contrário, os atos ou negócios jurídicos condicionais reputam-se perfeitos e acabados:
>
> I – sendo suspensiva a condição, desde o momento de seu implemento;
>
> II – sendo resolutória a condição, desde o momento da prática do ato ou da celebração do negócio."
>
> **"Art. 105.** A legislação tributária aplica-se imediatamente aos fatos geradores futuros e aos pendentes, assim entendidos aqueles cuja ocorrência tenha tido início mas não esteja completa nos termos do art. 116."

Se o fato gerador se considera ocorrido *desde o momento em que esteja definitivamente constituída a situação jurídica* (art. 116, II), aplica-se a legislação vigente nesse momento, e não aquela vigente no "início" de um fato gerador "incompleto" (art. 105).

A complexidade propriamente dita reside no fato gerador "pendente". Aqui, a legislação tributária (nova, superveniente) há de aplicar-se aos fatos geradores pendentes simplesmente porque, no momento em que eles se completarem, caracterizado estará o fato gerador, aplicando-se a legislação nesse instante vigente.

Destarte, se o fato gerador teve início numa data, digamos em 15 de abril, cuja legislação então vigente fixava a alíquota em 4%, e a situação jurídica fica definitivamente constituída em 10 de dezembro, e nesta última data vige lei nova que fixa a alíquota em 6% (ou vice-versa: era 6% e agora 4%), aplica-se a alíquota prevista na lei nova.

140 Direito Tributário • *Cassone*

Finalmente, para bem entender o inciso II do art. 117, é preciso ter presente o conceito que o Código Civil de 2002 dá à condição resolutória, nos seguintes termos:

> "Art. 127. Se for resolutória a condição, enquanto esta não se realizar, vigorará o negócio jurídico, podendo exercer-se desde a conclusão deste o direito por ele estabelecido."

Assim, enquanto a condição suspensiva condiciona a completeza do f.g. ao seu implemento (efeito temporal *ex nunc* do f.g.), a resolutória é irrelevante para o Direito Tributário (efeito temporal *ex tunc* do f.g.).

Isto porque resolutória é a condição que subordina a **ineficácia** do ato ou negócio a um evento futuro e incerto. Por isso, enquanto a condição não se realizar, o ato ou negócio jurídico continua vigorando até que se realize a condição (que é extintiva do direito). *Exemplo: C* constitui uma renda mensal em favor de D, enquanto D estudar. (RT 433:176, 434:146, 449:170, 462:192, 510:225, citados por Maria Helena Diniz, *Código Civil Anotado.* Saraiva, 1995, p. 122.)

Por isso que o fato gerador, na condição resolutória, ocorre desde o momento da prática do ato ou da celebração do negócio (art. 117, II), que, no exemplo apontado, dá-se desde o momento em que C efetua o pagamento ou o crédito mensal a D, pois, no momento em que D deixa de estudar (condição resolutória), o ato ou negócio jurídico (isto é, o pagamento ou crédito mensal) deixa de vigorar.

No fundo, essas disposições dos arts. 116 e 117 expressam o sentido que Ives Gandra da Silva Martins alude: "O art. 116 é uma reprodução sofisticada do art. 114, que em última análise poderia ser assim definido: o que a lei ordinária definir em conformidade com a lei complementar sem violar a Constituição é a imposição tributária" *(apud* Celso Bastos. *Comentários ao Código Tributário Nacional.* São Paulo: Saraiva, 1998, v. 2/153).

O art. 118 permite a tributação mesmo que o ato praticado seja *ilícito* (jogo proibido; venda de produto contrabandeado etc.), ou desconsiderando os efeitos que os contratantes queiram dar aos fatos efetivamente ocorridos.

Se alguém pratica uma atividade ilícita, não é o ato ou negócio ilícito que é tomado em consideração pela lei tributária para caracterizar o fato gerador, mas o subjacente elemento objetivo: a renda ou receita advinda dessa atividade; a operação de circulação dos produtos ou mercadorias sonegados ou contrabandeados, e assim por diante, por representarem signos presuntivos de capacidade contributiva.

É nesse sentido que tem decidido o STF. Com efeito, ao examinar hipótese de sonegação fiscal de lucro advindo de atividade criminosa (tráfico de drogas), decidiu:[5]

> "Sonegação fiscal de lucro advindo de atividade criminosa: *'non olet'.* (...) A exoneração tributária dos resultados econômicos de fato criminoso – antes de ser corolário do princípio da moralidade – constitui violação do princípio da isonomia fiscal, de manifesta inspiração ética."

---

[5] HC 77.530-4/RS, STF, 1ª Turma, Moreira Alves, 25-8-98, unânime – *DJU-e-1,* de 18-9-98, p. 7.

"A expressão *'non olet'* foi proferida pelo imperador romano Vespasiano para refutar seu filho Tito, que pregava a extinção do imposto sobre mictórios públicos. Em Direito Tributário, todavia, significa que não importa a fonte do imposto v.g., sobre cigarro, jogo ou bebida, desde que seja usado para o bem da comunidade." (CALDAS, Gilberto. *Latim no Direito.* São Paulo: Brasiliense, p. 212.)

6.4 OCORRÊNCIA DO FATO GERADOR. VENDAS INADIMPLIDAS E VENDAS CANCELADAS – DISTINÇÃO. REGIME DE COMPETÊNCIA E REGIME DE CAIXA

RE 586.482/RS, STF, Pleno, Dias Toffoli, maioria, 23-11-2011, *DJe*-119, public. 19-6-2012 – Repercussão Geral no mérito – Ementa:

"TRIBUTÁRIO. CONSTITUCIONAL. COFINS/PIS. VENDAS INADIMPLIDAS. ASPECTO TEMPORAL DA HIPÓTESE DE INCIDÊNCIA. REGIME DE COMPETÊNCIA. EXCLUSÃO DO CRÉDITO TRIBUTÁRIO. IMPOSSIBILIDADE DE EQUIPARAÇÃO COM AS HIPÓTESES DE CANCELAMENTO DA VENDA.

1. O Sistema Tributário Nacional fixou o regime de competência como regra geral para a apuração dos resultados da empresa, e não o regime de caixa (art. 177 da Lei nº 6.404/76).

2. Quanto ao aspecto temporal da hipótese de incidência da COFINS e da contribuição para o PIS, portanto, temos que o fato gerador da obrigação ocorre com o aperfeiçoamento do contrato de compra e venda (entrega do produto), e não com o recebimento do preço acordado. O resultado da venda, na esteira da jurisprudência da Corte, apurado segundo o regime legal de competência, constitui o faturamento da pessoa jurídica, compondo o aspecto material da hipótese de incidência da contribuição ao PIS e da COFINS, consistindo situação hábil ao nascimento da obrigação tributária. O inadimplemento é evento posterior que não compõe o critério material da hipótese de incidência das referidas contribuições.

3. No âmbito legislativo, não há disposição permitindo a exclusão das chamadas vendas inadimplidas da base de cálculo das contribuições em questão. As situações posteriores ao nascimento da obrigação tributária, que se constituem como excludentes do crédito tributário, contempladas na legislação do PIS e da COFINS, ocorrem apenas quando fato superveniente venha a anular o fato gerador do tributo, nunca quando o fato gerador subsista perfeito e acabado, como ocorre com as vendas inadimplidas.

4. Nas hipóteses de cancelamento da venda, a própria lei exclui da tributação valores que, por não constituírem efetivos ingressos de novas receitas para a pessoa jurídica, não são dotados de capacidade contributiva.

5. As vendas canceladas não podem ser equiparadas às vendas inadimplidas porque, diferentemente dos casos de cancelamento de vendas, em que o negócio jurídico é desfeito, extinguindo-se, assim, as obrigações do credor e do devedor, as vendas inadimplidas – a despeito de poderem resultar no cancelamento das vendas e na consequente devolução da mercadoria –, enquanto não sejam efetivamente canceladas, importam em crédito para o vendedor oponível ao comprador.

6. Recurso extraordinário a que se nega provimento."

6.5 QUESTIONÁRIO

1. *Dê a definição de "obrigação tributária".*
2. *Diga quais são as espécies de "obrigação tributária". Exemplifique.*
3. *Dê a definição de "hipótese de incidência".*
4. *Conceitue o "fato gerador" e dê um exemplo.*
5. *Diga quais são os aspectos da h. i. e do f. g.*
6. *A receita oriunda de ato ilícito (contrabando, jogos proibidos etc.) pode ser objeto de tributação? Fundamente.*

7

Vigência, Eficácia, Aplicação, Interpretação e Integração da Legislação Tributária

ESQUEMA
- 7.1 Introdução
- 7.2 Vigência, eficácia e aplicação da legislação tributária
- 7.3 Interpretação e integração da legislação tributária
  - 7.3.1 Generalidades
  - 7.3.2 Métodos de interpretação
  - 7.3.3 Antinomias: critérios para solução
  - 7.3.4 Regras de interpretação no CTN
- 7.4 Questionário

7.1 INTRODUÇÃO

Tendo presente a amplitude do *Sistema Tributário Nacional* na Constituição de 1988, a interpretação das leis tributárias, inclusive do Código Tributário Nacional, haverá de ser feita de conformidade com tal sistema, motivo pelo qual deve ter-se as normas do CTN no sentido explicativo ou pedagógico.

7.2 VIGÊNCIA, EFICÁCIA E APLICAÇÃO DA LEGISLAÇÃO TRIBUTÁRIA

Vigência, eficácia e aplicação são termos distintos, cuja existência obedece ao critério cronológico no aspecto temporal.

Vigência é termo jurídico que expressa a existência da lei tributária, pois: "1. *A validade da lei ocorre a partir de sua publicação, se outro momento nela não foi fixado.*" (AgR-RE 203.486/RS, STF, 2ª Turma, Maurício Corrêa, unânime, *DJU* 19-12-1996, p. 51783)

Geralmente, as leis tributárias dispõem que "Esta lei entra em vigor na data de sua publicação". Isso, todavia, tanto pode representar somente a vigência da lei, como pode significar tanto a vigência quanto a eficácia.

Cap. 7 • Vigência, eficácia, aplicação, interpretação e integração da legislação tributária **143**

Eficácia da lei é a capacidade de irradiar efeitos jurídicos, porque ínsita sua coercitividade. Com a eficácia, ela reúne condições de ser aplicada.[1]

Aplicação da lei significa que a eficácia, que no primeiro instante surge com sua potencialidade contida, passa a irradiar seus efeitos jurídicos (dar, fazer ou não fazer alguma coisa), em virtude da superveniência de um fato tributário, gerador de obrigação principal e/ou acessória.

Essa fenomenologia pode ser assim exemplificada: a lei (h. i.), publicada em 8-12-98, dispõe que quem auferir renda terá que pagar X% de IR (nova instituição ou aumento de alíquota), apurável mensalmente. Durante o mês de janeiro/99, Pedro não auferiu renda. Logo, a lei era *vigente* em 8-12-98 (pela publicação), *eficaz* em 1º-1-99 (em face do princípio da anterioridade), mas *inaplicável* a Pedro, porque este não deu ocorrência a fato gerador. Destarte, a eficácia, que é potencial, fica contida, no aguardo da ocorrência de um fato gerador. Contrariamente, Paulo auferiu renda durante esse mês. Logo, a lei é *aplicável* em relação a Paulo.

O capítulo "Do Sistema Tributário Nacional" da CF nos diz quais são os tributos que estão sujeitos aos princípios da anterioridade anual e nonagesimal, ou outra temporaneidade eventualmente inovada por Emenda Constitucional.

O CTN trata da *vigência* no Capítulo II, composto pelos arts. 101 a 104.

O art. 101 dispõe que: "*A vigência, no espaço e no tempo, da legislação tributária rege-se pelas disposições legais aplicáveis às normas jurídicas em geral, ressalvado o previsto neste capítulo.*"

O art. 102 expressa norma geral cujo exame, na prática, deve sempre ser confrontado com princípios constitucionais, tais como o da competência tributária, da territorialidade, da legalidade.

O art. 103 é expressivo da data da *eficácia* das normas que menciona.

O art. 104 deve manter conformidade com o princípio constitucional da anterioridade e da irretroatividade da lei.

A *aplicação* da legislação tributária é objeto dos arts. 105 e 106 do CTN.

O art. 105 é coerente com a teoria geral do direito, segundo a qual as leis, de regra, dispõem para o futuro. Consequentemente, em matéria tributária, os fatos geradores anteriores à vigência da lei nova regem-se não por ela, mas pela lei vigente ao tempo em que tais fatos geradores foram praticados, isso tanto para apuração do montante do tributo devido, quanto em relação ao prazo para seu pagamento. *Tempus regit actum.*

7.3 INTERPRETAÇÃO E INTEGRAÇÃO DA LEGISLAÇÃO TRIBUTÁRIA

7.3.1 Generalidades

As regras gerais de interpretação, comuns a todos os ramos do direito, aplicam-se em matéria tributária, desde que não conflitantes com as regras especiais dispostas no

---

[1] Diva Malerbi ensina que a eficácia jurídica é a aptidão para produzir efetiva ou potencialmente efeitos jurídicos, conceito este que somente se põe após a incidência de uma norma (*Elisão tributária.* São Paulo: Revista dos Tribunais, 1984. p. 68).

144 Direito Tributário • *Cassone*

CTN que, por sua vez, devem estar em conformidade com o Sistema Tributário Nacional disposto na CF/88.

A respeito do art. 107, Rubens Gomes de Sousa é enfático, ao afirmar: "Suprima--se. Ele não diz realmente nada. Diz, simplesmente, que tudo o que segue é para ser cumprido. Isto é totalmente desnecessário. Tudo o que está na lei é para ser cumprido" (*Interpretação no direito tributário*. Educ-Saraiva, 1975. p. 376).

Vanoni acentua ser doutrina pacífica que as regras a serem utilizadas na interpretação das leis não se podem considerar inteiramente idênticas em todos os campos do direito, devendo o intérprete levar em consideração a natureza particular das relações reguladas e as características comuns, que delas decorrem, se quiser atingir o verdadeiro entendimento do alcance da norma.[2]

Interpretar uma lei significa extrair seu exato conteúdo, significado e alcance. No dizer de Savigny, é "reconstituir o pensamento do legislador".[3]

Em matéria de interpretação, quanto ao direito tributário cabe registrar, inicialmente, a existência de duas correntes doutrinárias, a saber:

– *uma* resultante da dicotomia entre *mens legis* (vontade da lei) e *mens legislatoris* (vontade do legislador). Kelsen, em sua teoria, diz que, editada a lei, ganha ela autonomia e existência própria, desvinculada da intenção do legislador, a que se dá o nome de *interpretação estritamente jurídica*;

– *outra* para quem a interpretação deve levar em consideração aspectos *extrajurídicos*, tais como: a intenção do legislador averiguado pelo desenvolvimento dos trabalhos legislativos e pela exposição de motivos; os aspectos políticos, sociais, econômicos.

Penso que tanto uma quanto a outra são válidas, devendo, entretanto, conter-se dentro dos limites da razoabilidade.

Por tais motivos, penso que o intérprete deve empenhar-se em descobrir com maior proficiência a *mens legis* (vontade da lei), mas levando em consideração, sempre que cabível, a *mens legislatoris* (vontade do legislador).[4]

7.3.2 Métodos de interpretação

Como é cediço, editada e publicada a lei, sua interpretação é feita com a utilização dos métodos: gramatical, lógico, histórico, teleológico e sistemático, na seguinte significação, descrito de modo bem conciso:

---

[2] VANONI, Ezio. *Natura e interpretazione delle leggi tributarie*. Milão: Giuffrè, 1961, v. 1, p. 3.

[3] SAVIGNY, Friedrich Karl. Jurista alemão (1779-1861). Fundador da Escola Histórica do Direito, sustentou que o direito não contém princípios válidos para todos os países, mas assume configurações diversas próprias segundo os valores éticos, jurídicos e sociais que constituem o patrimônio de determinado povo. (cf. *Enciclopedia Garzanti del diritto*. Itália: (s. n.) 1993, reedição 1995. p. 1.072.)

[4] Ruy Barbosa Nogueira diz que "exatamente por isso é que Trotabas, o maior mestre de Direito Tributário na França, acentua que não se pode estudar utilmente o menor problema que decorre da aplicação de uma lei de imposto, sem o *conhecimento* da ciência do Direito Tributário, pelo menos nos seus dados essenciais". (*Curso de direito tributário*. 5. ed. São Paulo: Saraiva, 1980. p. 104.)

Cap. 7 • Vigência, eficácia, aplicação, interpretação e integração da legislação tributária **145**

- **gramatical**: que leva em consideração o texto gramatical da lei;

    Nota: hodiernamente, esse método, principalmente na Alemanha e na Itália, estende-se para abranger o *sentido possível das palavras*, como que abrangendo o método teleológico; ou seja, uma interpretação linguística tendente a descobrir o *sentido finalístico* da norma;

- **lógico**: que consiste em verificar se há coerência na interpretação dada à lei, em relação ao ordenamento jurídico;

    Nota: deve existir uma correlação lógica entre o texto da lei e seu confronto com o ordenamento jurídico, em face do princípio da razoabilidade. Por exemplo, a interpretação que leva ao absurdo não deve prevalecer.

- **histórico**: que leva em consideração as circunstâncias ocasionais da época em que a lei foi elaborada;

    Exemplo: a imunidade de impostos conferida ao papel destinado à impressão de livros, em que o legislador constituinte, à época da elaboração da Constituição, não se deteve sobre o aparecimento dos livros em CD ou disquetes, feitos com outro material que não papel.

- **teleológico**: que leva em consideração a finalidade a que a lei visou atingir (*mens legis*);

    Nota: é esse um dos elementos da interpretação de suma importância.

- **sistemático**: que, reunindo todos os elementos da interpretação, confronta a norma com o sistema jurídico a que pertence. Como ensina Ruy Barbosa Nogueira, dificilmente é empregado apenas um critério de interpretação, porque os elementos conjugados dos vários critérios é que vão completar o quadro interpretativo. Por isso, o intérprete não deve limitar-se a examinar apenas o texto de uma disposição, mas pesquisar em todo o sistema do direito, do respectivo ramo do direito, para encontrar os dispositivos ligados ou correlacionados. (Op. cit. p. 98 e 102.)

7.3.3 Antinomias: critérios para solução

Os critérios para solução de *antinomias* existentes entre normas jurídicas foram sendo sedimentados com o tempo e, mais hodiernamente, foram detidamente examinados e sistematizados por Norberto Bobbio.[5]

Assim, doutrina e jurisprudência foram edificando critérios jurídicos, esclarecendo Bobbio que há antinomias reais e aparentes.

As antinomias *reais* são aquelas em que o intérprete é abandonado a si mesmo, ou pela falta de um critério ou por um conflito entre os critérios disponíveis (Bobbio). Nesta hipótese, o intérprete haverá de construir um critério jurídico que, partindo dos métodos de interpretação das leis (em especial o *sistemático*), encontre fundamento de validade nos princípios informadores do sistema constitucional tributário.

As antinomias *aparentes* são as solúveis, que se resolvem pelos seguintes critérios:

a. cronológico: lei posterior revoga a anterior;

b. hierárquico: lei superior prevalece sobre a lei inferior;

c. especialidade: lei especial convive com a lei geral.

---

[5] BOBBIO, Norberto. *Teoria do ordenamento jurídico*. Brasília: UNB, s.d. (título original: *Teoria dell'ordinamento giuridico*. Turim: Giappichelli, 1982).

146 Direito Tributário • *Cassone*

Na prática, em face do dinamismo da legislação tributária, constantemente nos defrontamos com antinomias *aparentes*, facilmente solúveis por esses três critérios, e, em menor frequência, com antinomias reais.

Como antinomia *real*, podemos referir, a título de exemplo, o art. 150, VI, *d*, da Constituição, que confere imunidade de impostos aos "livros, jornais, periódicos e ao papel destinado a sua impressão". A questão é: se o livro for feito com outro material que não papel (em CD ou disquete), essa situação é alcançada pela imunidade?

Esse exemplo espelha uma antinomia *real*, porque a questão não se resolve por nenhum dos três critérios de solução de antinomias aparentes.

Quanto às antinomias *aparentes*, podemos exemplificar desta forma:

a. *cronológico*: uma mercadoria a que a Lei A estabelece alíquota de 15% e a Lei C, superveniente um ano após, estabelece alíquota de 20% (ou 12%) para a mesma mercadoria. Na hipótese, a partir da vigência (eficácia) da lei nova, passa a aplicar-se a alíquota de 20% (ou 12%), por prevalecer sobre a lei antiga;

b. *hierárquico*: o CTN, autorizado pela CF, define o fato gerador do IR como sendo o "acréscimo patrimonial" da pessoa, e a lei ordinária se excede, criando um fato gerador que não representa acréscimo patrimonial, hipótese em que prevalece o CTN, por ser hierarquicamente superior;

c. *especialidade*: (1) lei municipal que estabelece, no art. 1, que todos os proprietários de imóveis situados no território do município são contribuintes do IPTU (norma geral) e, no art. 18, concede isenções (norma especial); (2) a CF confere faculdade à administração tributária para identificar, nos termos da lei, o patrimônio e os rendimentos do contribuinte (norma geral constitucional), e a lei dispensa motivadamente a identificação, em relação a certas situações de somenos importância para a arrecadação tributária (norma específica). Em ambos os exemplos, disposições gerais e disposições especiais convivem harmonicamente.

7.3.4 Regras de interpretação no CTN

O CTN trata da interpretação e integração da legislação tributária nos arts.107 a 112.

O art. 107, apesar de estabelecer que *A legislação tributária será interpretada conforme o disposto neste Capítulo*, em verdade não está excluindo as regras gerais de interpretação comuns a todos os ramos do direito, mas apenas dizendo que existem regras específicas para a interpretação do direito tributário.

Com efeito, Carlos Maximiliano, apoiando-se em Caldara e Degni, lembra que a teoria orientadora do exegeta não pode ser única e universal, pois, além dos princípios gerais, observáveis a respeito de quaisquer normas, há outros especiais, exigidos pela natureza das regras jurídicas, variáveis conforme a fonte de que derivam, o sistema político a que se acham ligadas e as categorias diversas de relações que disciplinam.[6]

Vanoni esclarece que a doutrina é pacífica em afirmar que as regras a serem utilizadas na interpretação da lei não se podem considerar inteiramente idênticas em todos os campos do direito; e, citando Rocco, diz que a norma não é considerada segundo

---

[6] MAXIMILIANO, Carlos. *Hermenêutica e aplicação do direito*. 9. ed. Rio de Janeiro: Forense, 1979. p. 303; CALDARA, Emilio. *Interpretazione delle leggi*. 1908, nº 166; DEGNI, Francesco. *L'interpretazione della legge*. 2. ed. 1909. nº 6, p. 8.

Cap. 7 • Vigência, eficácia, aplicação, interpretação e integração da legislação tributária 147

suas características formais, mas, ao contrário, encarada de acordo com seu conteúdo substancial.[7]

O art. 108 do CTN tem a seguinte dicção:

> **"Art. 108.** Na ausência de disposição expressa, a autoridade competente para aplicar a legislação tributária utilizará, sucessivamente, na ordem indicada:
>
> I – a analogia;
>
> II – os princípios gerais de direito tributário;
>
> III – os princípios gerais de direito público;
>
> IV – a equidade.
>
> § 1º o emprego da analogia não poderá resultar na exigência de tributo não previsto em lei;
>
> § 2º O emprego da equidade não poderá resultar na dispensa do pagamento de tributo devido".

Esse artigo guarda parêmia com o art. 4º da LICCB, segundo o qual, "Quando a lei for omissa, o juiz decidirá de acordo com a analogia, os costumes e os princípios gerais de direito".

Rubens Gomes de Sousa entende que o art. 108 "é de caráter normativo, no sentido de ser obrigatório para a União, Estados, Distrito Federal e Municípios, mas este caráter normativo está subordinado à ressalva da disposição expressa em contrário. Por conseguinte, é normativa, mas supletória, salvo no tocante aos §§ 1º e 2º e no art. 110, que é complementar deste 108" (*Interpretação no direito tributário*. São Paulo: Educ-Saraiva, 1975. p. 392).

Analogia: se não houver disposição expressa, pode-se recorrer à analogia, desde que de sua aplicação não resulte exigência de tributo não previsto em lei.[8]

Vezes há, contudo, que a disposição, embora não expressa, é indicativa, aspecto que pode dar margem a dúvidas sobre a validade do recurso à analogia, em vista de resultar em exigência de tributo, tal como, por exemplo, ocorre com vários itens da Lei Complementar nº 56/87, que relaciona os serviços tributáveis pelo ISS.

Dispõe essa norma complementar à Constituição, entre vários outros itens:

> "1. Médicos, inclusive análises clínicas, eletricidade, radioterapia, ultrassonografia, radiologia, tomografia e congêneres; (...)

---

[7] VANONI, Ezio. *L'esperienza della codificazione tributaria in Germania* (Apud GIANNINI, A. D., *Istituzioni di diritto tributario*. Milão: Giuffrè, 1972. p. 46). Vanoni (1903-1935) foi economista e político, professor de Ciência das Finanças. Alfredo Rocco (1875-1935), jurista e político, foi professor de várias universidades.

[8] Sydney Sanches define: "Analogia consiste em aplicar a uma hipótese, não prevista especialmente em lei, disposição relativa a caso semelhante. Pressupõe semelhança de relações. Mas o recurso à analogia exige a concordância dos seguintes requisitos: a) é indispensável que o fato considerado, ou a relação jurídica contratual, tenha sido tratado ou tratada especificamente pelo legislador; b) este, todavia, regulou situação que apresenta certo ponto comum de contato, certa coincidência ou semelhança com a não regulada; c) a regra adotada pelo legislador para a situação regulada, levou em conta, sobretudo, aquele mesmo ponto comum, de coincidência ou semelhança, com a situação não regulada (em suma, a *ratio iuris* deve ser a mesma para ambas as situações)". (Os contratos atípicos no campo do direito privado. *DCI*, coluna Legislação e Tribunais. São Paulo: edições de 6 e 7-4-1988.) Esclarece ainda Sydney Sanches, na qualidade de Ministro do STF, que há de se distinguir, para fins de recurso à analogia, entre lei existente e omissa e lei inexistente (Pet. 1140-7-AgRg, *Informativo STF* 33, de 5-6-96).

148 Direito Tributário • *Cassone*

11. Barbeiros, cabeleireiros, manicuros, pedicuros, tratamento de pele, depilação e congêneres; (...)

20. Saneamento ambiental e congêneres."

Assim, ao utilizar-se a LC da expressão "e congêneres", embora deixe de nomear
atividades sujeitas à mesma incidência, está indicando as que mantêm semelhança com
as expressamente nomeadas, pelo que se pode entender que não implica contrariedade
ao § 1º, do art. 108, podendo a lei municipal dar o nome às atividades subentendidas na
expressão "e congêneres". Não pode, evidentemente, exceder-se.

> "Que é *analogia*? No plano da lógica formal, analogia é o ponto de contato entre duas coisas
> diferentes. Daí a razão por que ela é mais ou menos aprioristicamente rejeitada como método de
> interpretação adequado ao direito tributário: se é da essência da analogia que as coisas análogas
> sejam diferentes, a analogia não pode ser usada como método aplicativo do direito tributário, porque
> viola o princípio da legalidade. Projeta a lei além do seu conteúdo. Aplica a lei a hipótese diferente da
> que nela foi prevista, porque 'diferente' está na própria definição do conceito de analogia. CASTRO
> NUNES num trabalho que sistematiza sua atuação como Ministro do Supremo, procurou estabelecer
> um limite, dentro do qual a analogia fosse aplicável ao direito tributário e fez uma distinção entre
> 'analogia extensiva' e 'analogia compreensiva', ou analogia 'por extensão' e 'por compreensão'. Diz
> ele: *analogia por compreensão seria aquela que traz para dentro da norma tudo o que nela se contém*.
> Mas se já se contém, não é preciso trazê-lo: já está. Ao passo que *analogia extensiva seria aquela que
> projeta a norma além do seu conteúdo*. Pensamos que a distinção tem um defeito, mas isto é opinião
> nossa: é o subjetivismo implícito da dicotomia. Resolve o problema pelo problema. Dizer que a analo-
> gia compreensiva é aquela que torna a norma aplicável a tudo o que nela se contém é, com o devido
> respeito a Castro Nunes, uma petição de princípio: define pelo que tem de ser definido. Por sua vez,
> dizer que a analogia extensiva seria aquela que projeta o alcance da norma além do seu conteúdo é
> também petição de princípio, porque implica o prévio conhecimento do conteúdo da norma. Para di-
> zer se algo está fora ou dentro do conteúdo, precisamos saber qual seja esse conteúdo e se o seu pro-
> blema está resolvido. Ora, a função da interpretação – permitam-nos implicar com a 'hermenêutica'
> – é precisamente determinar qual seja o conteúdo da norma. BLUMENSTEIN, nunca demais citado,
> diz: *a lei, não apenas a lei tributária, não tem lacunas, portanto, não precisa da analogia*. A lei pode
> ter, formalmente, lacunas, porque o legislador foi incompetente ou infeliz; mas quer seja produto da
> vontade do legislador, quer seja produto espúrio da sua incompetência ou da sua menor felicidade, a
> solução é a mesma: o que não está na lei não existe.
>
> É aquilo que dizíamos no início: o silêncio da lei interpreta-se como *não norma* e, em con-
> sequência, não é preciso analogia ou, para corresponder ao pensamento de BLUMENSTEIN, não é
> preciso interpretação integrativa. A integridade está na lei. É aquilo que a lei diz. Se o diz bem ou mal,
> é outro problema. Para este basta a interpretação explicativa daquilo que a lei diz, quando o diga de
> forma obscura ou infeliz, mas que o diga. Se não diz, não há norma e, portanto, não há lugar para
> uma interpretação integrativa, como seria a analógica" (*Interpretação no direito tributário*. São Paulo:
> Educ-Saraiva, 1975. p. 376-377).

Princípios gerais de direito tributário: são encontrados na Constituição: legalidade,
igualdade, capacidade contributiva, imunidade, proibição de confisco e da bitributação,
segurança jurídica, e outros de somenos alcance geral, desde que aplicáveis ao direito
tributário.

Rubens Gomes de Sousa diz que "os princípios gerais de direito tributário prece-
dem aos princípios gerais de direito público", porque "se o art.108 do CTN estabelece
uma escala de precedência, cada item é excludente do anterior" (*Interpretação no direito
tributário*. São Paulo: Educ-Saraiva, 1975. p. 377 e 400); acrescentando e esclarecendo
Geraldo Ataliba (p. 400), quanto à conclusão de que os princípios gerais de direito tributário prevalecem sobre os princípios de direito público, por serem aqueles específicos:

"Estamos de pleno acordo, porque é lição consagrada na teoria geral do direito, e lembraria aqui Norberto Bobbio, Recaséns Siches, Juam Manuel Teran, três grandes expressões, conhecidos mestres, e também Rubens Limongi França, em seu *Princípios gerais de direito*, onde se mostra, perfeitamente, que na escala dos princípios, ou na ordem pela qual o intérprete deve buscar o princípio mais próximo e à falta do mais próximo vai ao menos próximo e em último lugar ao mais remoto, que é sempre o mais genérico."

Princípios gerais de direito público: são buscados pelo direito tributário no direito constitucional e administrativo-financeiro, quando não for possível a solução com a utilização dos métodos, critérios ou regras anteriormente tratados. Aliomar Baleeiro indica princípios que têm aplicação na interpretação da legislação tributária:[9]

– quando a Constituição quer os fins, concede igualmente os meios adequados;

– quem pode o mais geralmente pode o menos;

– o todo explica as partes;

– a prática longa, pacífica e uniforme, em geral, entende-se correspondente à melhor interpretação;

– as exceções são restritas.

Equidade: é sinônimo de Justiça. Aliomar Baleeiro observa que provavelmente nenhum tema de interpretação e aplicação das leis tem gerado, ao longo dos séculos, tantas controvérsias e dissertações quanto o da equidade. É a lei que deve considerá-la.

Equidade é conceito indicador da Justiça no caso concreto; o valor emanado das decisões que levam em consideração as particularidades de cada caso (*Enciclopedia Garzanti del diritto*, p. 491).

Nossa Constituição acena para a equidade ao dizer que constitui um dos objetivos fundamentais da República o de "construir uma sociedade *justa*" (art. 3º, I). Mais adiante, ao tratar da seguridade social, diz que será um de seus objetivos a "*equidade* na forma de participação no custeio" (art. 149, parágrafo único, V).

A 3ª Turma do STJ, Rel. Ministro Eduardo Ribeiro, no REsp 48.176-7/SP (*DJU*-1, de 8-4-96, p. 10.469), ementou:

"Equidade. Artigo 127 do CPC. A proibição de que o juiz decida por equidade, salvo quando autorizado por lei, significa que não haverá de substituir a aplicação o direito objetivo por seus critérios pessoais de justiça. Não há de ser entendida, entretanto, como vedando se busque alcançar a justiça no caso concreto, com atenção ao disposto no artigo 5º da Lei de Introdução.

Cláusula penal. Artigo 927 do Código Civil. Não se exigirá seja demonstrado que o valor dos prejuízos guarda correspondência com o da multa, o que implicaria sua inutilidade. É dado ao juiz reduzi-la, entretanto, ainda não se tenha iniciado a execução do contrato, quando se evidencia enorme desproporção entre um e outro, em manifesta afronta às exigências da justiça."

No direito tributário, a teor do art. 108, a equidade somente pode ser utilizada, na ausência de disposição expressa, se a questão não for possível de resolver por meio de analogia, dos princípios gerais de direito tributário ou dos princípios gerais de direito público, e seu emprego não poderá resultar na dispensa do pagamento do tributo devido. No processo administrativo fiscal federal, o Ministro de Estado (ou quem de competência) pode aplicar a equidade em relação à fixação ou à redução de multas.

---

[9] BALEEIRO, Aliomar. *Direito tributário brasileiro*. 10. ed. Rio de Janeiro: Forense, 1991. p. 438.

Rubens Gomes de Sousa, em palestra para o II Curso de Especialização em Direito Tributário (PUC/SP, 1971), coordenado por Geraldo Ataliba, manifesta-se neste sentido:

> "Que é *equidade*? A adequação da norma às condições do fato? Mas, nesse caso, toda aplicação da lei seria por equidade. Lembramos a nossa observação ao art. 114 do CPC: 'Quando autorizado a decidir por equidade, o juiz aplicará a norma que estabeleceria se fosse legislador.' Quanto ao juiz editar a norma, já falamos. Falamos agora sobre o começo do artigo. O juiz nunca está autorizado a decidir por equidade. O juiz decide de acordo com a lei e a prova dos autos. Isso está no próprio CPC. Quando muito, a equidade entra em nossas especulações de hoje em matéria tributária na fase processual administrativa, para permitir a relevação ou o abrandamento de penalidades, em consideração a condições peculiares do fato, do contribuinte ou do ambiente no qual o fato ocorreu. Estas limitações se encontram no próprio CTN, art. 172. Indicação para o grupo de trabalho (do *Curso*): analisar o art.108 do CTN combinado com o seu § 2º, em confronto com o art.172 que trata da remissão do débito. Não haverá conflito entre dois dispositivos do Código, um que permite, implicitamente, embora, a remissão equitativa, por ato interpretativo do aplicador da lei, e outro que só permite a remissão por autorização da lei? Basta o art. 108, IV, com autorização da lei? Pensamos que não, porque a autorização que o art. 172 exige é específica" (*Interpretação no direito tributário*. São Paulo: Educ-Saraiva, 1975. p. 377-378).

Continua o CTN:

> "Art. 109. Os princípios gerais de direito privado utilizam-se para pesquisa da definição, do conteúdo e do alcance de seus institutos, conceitos e formas, mas não para definição dos respectivos efeitos tributários.
>
> Art. 110. A lei tributária não pode alterar a definição, o conteúdo e o alcance de institutos, conceitos e formas de direito privado, utilizados, expressa ou implicitamente, pela Constituição Federal, pelas Constituições dos Estados, ou pelas Leis Orgânicas do Distrito Federal ou dos Municípios, para definir ou limitar competências tributárias."

Quando a lei tributária adota, como base da tributação, institutos do direito privado (por exemplo, o conceito de "propriedade" para a incidência do IPTU), essa lei fará referência nominativa ao instituto, conceito ou forma. Ocorrerão, aqui, dois efeitos diferentes: enquanto para o direito privado interessam os efeitos jurídicos civis do ato, fato ou situação – no caso, quem é o proprietário, quais são as formalidades para sua aquisição, quais são os meios de defesa na hipótese de esbulho etc. –, para o direito tributário interessa, unicamente, o conceito econômico de "propriedade", para fins de tributação. Porém, a simples menção a tais institutos não é suficiente para o surgimento da obrigação tributária (parte final do art. 109), já que, para tanto, é necessário que a lei tributária contenha, de modo expresso, todos os elementos do tipo tributário, que por isso mesmo se diz ser "fechado", "completo".

Rubens Gomes de Sousa anota que, enquanto no direito privado os atos, contratos ou negócios podem, em certos casos, ser alterados pela vontade das partes, em direito tributário isso não é possível, porquanto os efeitos tributários decorrem da lei tributária. Assevera ainda o saudoso mestre, acertadamente, que a circunstância de um ato, contrato ou negócio ser juridicamente *nulo*, ou mesmo *ilícito*, não impede que seja tributado, desde que tenha produzido efeitos econômicos, pois o fato de o Estado tributar o resultado de uma atividade ilícita, ilegal ou proibida não significa que a está legalizando ou tirando uma vantagem ilícita de tais atividades.[10]

---

[10] SOUSA, Rubens Gomes de. *Compêndio de direito tributário*. São Paulo: Revista dos Tribunais, 1975. p. 79-80.

Cap. 7 • Vigência, eficácia, aplicação, interpretação e integração da legislação tributária **151**

Observe-se, então, que os arts. 109 e 110 do CTN são dirigidos ao legislador infraconstitucional, e não, obviamente, ao elaborador da norma constitucional, uma vez que a Constituição pode tudo (ou quase tudo), inclusive alterar conceitos de direito privado. Contudo, se a Constituição não alterar tais institutos para fins tributários, é defeso à lei ordinária fazê-lo, em vista dos arts. 109 e 110 do CTN.[11]

Rubens Gomes de Sousa esclarece:

> "O art. 110 contém uma norma de limitação no âmbito do art. 109 e especialmente da atuação do legislador fiscal. Precisamos recordar que estamos analisando uma lei normativa, ou seja, uma lei dirigida, primeiramente, ao legislador e apenas por via indireta ao contribuinte. Como norma dirigida ao legislador ordinário, o art. 109 lhe proíbe manipular as formas do direito privado para efeitos tributários (o que é desnecessário dizer, porque ele não o poderia fazer para outros efeitos), salvo – e esta é a ressalva que se contém no art. 110 – quando essas formas do direito privado sejam utilizadas para definir ou limitar a competência tributária. Parece-nos necessária a ressalva – seja qual for a conclusão que se adote quanto ao art. 109 – de que ela vem complementar, porque caso contrário teríamos uma lei ordinária sobrepondo-se à Constituição. Se a Constituição se refere a uma figura do direito privado, sem ela própria a alterar para efeitos fiscais, incorpora ao direito tributário aquela figura de direito privado que, por conseguinte, se torna imutável para o legislador fiscal ordinário, porque se converteu em figura constitucional.
>
> *Quid*, quanto às leis complementares? As leis complementares são hierarquicamente superiores às leis ordinárias, estão em posição intermediária entre a Constituição e a lei ordinária: entretanto o art. 110 só se refere à Constituição. E se a lei complementar contiver um dispositivo válido, dentro dos limites que a Constituição lhe dê, e que contenha, por via interpretativa ou de outra maneira qualquer, uma conceituação de figura de direito privado estará esta incorporada, por força não da Constituição (que é o que o art. 110 prevê), mas por força de lei complementar, ao direito tributário constitucional? Em que fica, neste caso, o art. 110? Falha do Código, porque o Código, repetidamente, fala em lei complementar, mas dela esqueceu nesta passagem" (*Interpretação no direito tributário.* Educ-Saraiva: São Paulo, 1975. p. 379).

O art. 111 do CTN fornece critério específico da interpretação, nestes termos:

> "Art.111. Interpreta-se literalmente a legislação tributária que disponha sobre:
>
> I – suspensão ou exclusão do crédito tributário;
>
> II – outorga de isenção;
>
> III – dispensa do cumprimento de obrigações tributárias acessórias.

O Código está querendo dizer que, em tais hipóteses, não admite interpretação extensiva, nem analógica.

Isso, porém, não significa que a interpretação deve limitar-se ao método literal, porque a aferição do sentido finalístico da norma em hipótese alguma pode ser excluída de apreciação. O que não pode é exceder-se na interpretação que o CTN diz ser literal.

---

[11] Anoto que STF-Pleno, em decisão unânime de 9-11-83, declarou inconstitucional o art. 114, inc. I, da Lei nº 7.730/73-GO, por ter eleito fato gerador do ITBI "o compromisso de compra e venda", contrariando a regra-matriz constitucional e o art. 35 do CTN, tendo em vista que "o compromisso de compra e venda, no sistema jurídico brasileiro, não transmite direitos reais nem configura cessão de direitos à aquisição deles". O relator, Ministro Moreira Alves, ao referir-se ao art. 110 do CTN, asseverou que, "tendo em vista que a delimitação das competências tributárias constitucionais, no tocante aos impostos, se faz pela caracterização do fato gerador, o alcance de institutos e conceitos de direito privado utilizados para a fixação desses fatos geradores é o da norma de direito privado, vedada à lei tributária alterá-los". (*RP 1.121-GO, RTJ 109/895*).

Rubens Gomes de Sousa – coautor do CTN/66, esclarece:

> "O art. 111 é regra apriorística, e daí o seu defeito, que manda aplicar a interpretação literal às hipóteses que descreve. A justificativa ou, se quiserem, apenas a explicação do dispositivo é de que as hipóteses nele enumeradas são exceções a regras gerais de direito tributário. Por esta razão, o CTN entendeu necessário fixar, aprioristicamente, para elas a interpretação literal, a fim de que a exceção não pudesse ser estendida por via interpretativa além do alcance que o legislador lhe quis dar, em sua natureza de exceção a uma regra geral" (*Interpretação no direito tributário*. São Paulo: Educ-Saraiva, 1975. p. 379).

O art. 112 representa mais propriamente um comando ao julgador e, por favorecer, em caso de dúvida, o sujeito passivo acusado, mantém perfeita harmonia com princípios de direito penal, segundo os quais só pode haver penalização se o Estado (no caso, a Administração tributária) provar que a infração foi efetivamente cometida.

Rubens Gomes de Sousa esclarece:

> "O art. 112 prevê caso, compreensivo de vários aspectos, de interpretação mais favorável ao contribuinte. Mesmo defeito de norma apriorística, mas restrita, neste caso, ao campo penal do direito tributário. Tem uma virtude, que é a de reconhecer para o direito penal tributário a orientação subjetiva, por oposição à orientação objetiva. Não obstante, o art. 112 conflita com o art. 118, porque o art. 118 diz: '*A definição legal do fato gerador é interpretada abstraindo-se: da validade jurídica dos atos efetivamente praticados pelos contribuintes ou dos efeitos dos fatos efetivamente ocorridos.*' Ora, o art. 112 está todo ele construído sobre os efeitos dos atos ou fatos; portanto, se o art. 118 manda abstrair desses efeitos, os dois dispositivos estão em conflito. Observamos que o art. 118 tem uma característica um tanto especial, ou, pelo menos, se lhe quis atribuir esta característica, pela sua colocação dentro do Código. Notem que ele está no capítulo da interpretação da lei; está no Título II – *Da obrigação tributária*, Capítulo II – *Do fato gerador.* Seria, no pensamento da maioria da Comissão, uma norma de interpretação do fato gerador e não uma norma de interpretação da lei. A diferença é, se não impossível, pelo menos irrelevante, porque o fato gerador tem que estar definido em lei, por força do próprio Código (art. 97) e por sua vez por força da Constituição – art. 18, § 1º.[12] De maneira que uma dicotomia entre a interpretação do fato gerador e a interpretação da lei não tem sentido: o fato gerador está na lei, ou não está na ordem jurídica" (*Interpretação no direito tributário*. São Paulo: Educ-Saraiva, 1975. p. 379-380).

7.4 QUESTIONÁRIO

1. *Dê um exemplo de lei cuja data de vigência seja diferente da data de sua eficácia, que por sua vez é diferente da data de sua aplicação.*

2. *Existem regras e critérios próprios para interpretação da legislação tributária? Explique.*

3. *Qual é o critério para interpretação das isenções? Fundamente sua resposta.*

4. *Distinga entre antinomia real e aparente. Exemplifique.*

5. *A analogia pode ser utilizada para exigir tributo não previsto em lei? Fundamente sua resposta.*

6. *É possível, pela equidade, reduzir o montante do tributo? E da multa?*

7. *Qual é o método de interpretação aplicável às isenções? Fundamente sua resposta.*

---

[12] Art. 146 da CF/88.

8

Responsabilidade Tributária

ESQUEMA

8.1 Noções introdutórias

8.2 Responsabilidade tributária em sentido estrito

    8.2.1 Responsabilidade tributária por substituição

    8.2.2 Responsabilidade tributária por sucessão

    8.2.3 Responsabilidade tributária solidária

8.3 Responsabilidade por infrações

    8.3.1 Retroatividade benigna em penalidades

    8.3.2 Denúncia espontânea e confissão de débito – CTN, art. 138

8.4 Multa, juros e correção monetária: conceito

    8.4.1 Multa fiscal e multa administrativa: distinção

8.5 Responsabilidade tributária no fato gerador futuro

8.6 Questionário

8.1 NOÇÕES INTRODUTÓRIAS

Responsabilidade, em sentido comum, é a obrigação que se atribui a alguém de responder pelos próprios atos ou de outrem.

No direito, responsabilidade, em sentido amplo, é a qualidade obrigacional que a lei atribui a alguém de dar, fazer ou deixar de fazer alguma coisa.

No direito tributário, a expressão "responsabilidade tributária" é tomada em sentido estrito, com base no art. 121 do CTN, que define o *sujeito passivo* da obrigação tributária principal como sendo a pessoa obrigada ao pagamento de tributo ou penalidade pecuniária, sendo qualificado como: I – *contribuinte*, quando tenha relação pessoal e direta com a situação que constitua o respectivo fato gerador; II – *responsável*, quando, sem revestir a condição de contribuinte, sua obrigação decorra de disposição expressa de lei.

Contribuinte é o sujeito passivo direto. Responsável é o sujeito passivo indireto.

Tomemos como exemplo, em matéria de Imposto de Renda, a hipótese de um profissional autônomo *A* que recebe da empresa *C* honorários por serviços prestados. Sabendo-se que é fato gerador do IR o "acréscimo patrimonial" da pessoa (art. 43 do CTN), de conformidade com o que a lei dispuser, podem-se apresentar as seguintes situações:

a. a lei dispõe que será *A* que deverá calcular e pagar o IR. Nessa hipótese, *A* é o contribuinte, porque é ele que mantém relação pessoal e direta com o fato gerador do IR. A *C* não cabe nenhuma responsabilidade. Isso normalmente ocorre quando um profissional liberal autônomo recebe honorários de pessoas físicas; quando uma pessoa física tem um "ganho de capital", e em outras situações previstas em lei;

b. a lei diz que *C*, ao efetuar o pagamento, deverá reter o IR de *A* e recolhê-lo dentro do prazo assinalado. Nessa hipótese, *C* é responsável tributário que, mesmo deixando de reter, é obrigado a recolher o IR devido, sob pena de autuação e cobrança administrativa ou judicial. Por sua vez, *A* (contribuinte), em sua declaração periódica de rendimentos, deduzirá o valor do IR retido (ou que deveria ser retido em virtude de expressa disposição de lei) do montante do IR a pagar;

c. a lei estabelece que *C* é quem suportará o ônus do IR, devendo pagá-lo dentro do prazo assinalado. Nessa hipótese, a lei substitui desde logo o contribuinte natural *A* (porque é ele que tem o "acréscimo patrimonial") pelo responsável tributário *C* – fenômeno a que se dá o nome de responsabilidade tributária por *substituição*. Nessa hipótese, ao rendimento recebido soma-se o valor do IR suportado por *C*, se a lei assim dispuser.

Diante de tais noções gerais, podemos, agora, ver quais são as espécies de responsabilidade tributária no sentido estrito do art. 121, II, do CTN, sabendo que essas disposições do CTN têm fundamento no art. 146 da Constituição.

8.2 RESPONSABILIDADE TRIBUTÁRIA EM SENTIDO ESTRITO

A responsabilidade tributária em sentido estrito pode dar-se por substituição, por sucessão ou por solidariedade.

8.2.1 Responsabilidade tributária por substituição

Dispõe o CTN:

> "**Art. 128.** Sem prejuízo do disposto neste Capítulo, a lei pode atribuir de modo expresso a responsabilidade pelo crédito tributário à terceira pessoa, vinculada ao fato gerador da respectiva obrigação, excluindo a responsabilidade do contribuinte ou atribuindo-a a este em caráter supletivo do cumprimento total ou parcial da referida obrigação."

Pela simples leitura, percebe-se que a lei pode excluir o contribuinte do pagamento do tributo, para atribuir essa responsabilidade a uma terceira pessoa, desde que vinculada ao fato gerador. "Terceira" (art. 121, II), porque primeira pessoa é o Fisco (art. 119) e segunda pessoa é o contribuinte (art. 121, I). Pode reunir a qualidade de terceira pessoa, de conformidade com o que dispuser a lei de imposição tributária: o pagador, o doador, o adquirente, o transportador, o armazenador, o depositário, o consignatário etc.

Assim, a teor do art. 128 do CTN, responsabilidade tributária por substituição ocorre quando, em virtude de disposição expressa em lei, a obrigação tributária surge desde logo contra uma pessoa diferente daquela que esteja em relação econômica com o ato, fato ou situação tributados. Nessa hipótese, é a própria lei que substitui o sujeito passivo direto pelo sujeito passivo indireto.

Cap. 8 • Responsabilidade tributária **155**

É o que se dá com o art. 135 do CTN (além das hipóteses previstas em lei), de grande alcance prático em virtude da frequência com que é infringido e que tem a seguinte redação:

> "**Art. 135.** São pessoalmente responsáveis pelos créditos correspondentes a obrigações tributárias resultantes de atos praticados com excesso de poderes ou infração de lei, contrato social ou estatutos:
>
> I – as pessoas referidas no artigo anterior;
>
> II – os mandatários, prepostos e empregados;
>
> III – os diretores, gerentes ou representantes de pessoas jurídicas de direito privado."

Pelo que se vê, o dispositivo, indiretamente, *exclui* a responsabilidade da pessoa jurídica, que é desconsiderada, para atribuir a responsabilidade à pessoa física que cometeu o excesso não autorizado. Mas, em verdade, opera-se a solidariedade.

No RE 562.276/PR, o Pleno do STF, Ellen Gracie, unânime, 3-11-2010, *DJe*-027, de 10-2-2011, decidiu, a teor de sua ementa:

> "DIREITO TRIBUTÁRIO. RESPONSABILIDADE TRIBUTÁRIA. NORMAS GERAIS DE DIREITO TRIBUTÁRIO. ART 146, III, DA CF. ART. 135, III, DO CTN. SÓCIOS DE SOCIEDADE LIMITADA. ART. 13 DA LEI 8.620/93. INCONSTITUCIONALIDADES FORMAL E MATERIAL. REPERCUSSÃO GERAL. APLICAÇÃO DA DECISÃO PELOS DEMAIS TRIBUNAIS.
>
> 1. Todas as espécies tributárias, entre as quais as contribuições de seguridade social, estão sujeitas às normas gerais de direito tributário.
>
> 2. O Código Tributário Nacional estabelece algumas regras matrizes de responsabilidade tributária, como a do art. 135, III, bem como diretrizes para que o legislador de cada ente político estabeleça outras regras específicas de responsabilidade tributária relativamente aos tributos da sua competência, conforme seu art. 128.
>
> 3. O preceito do art. 124, II, no sentido de que são solidariamente obrigadas "as pessoas expressamente designadas por lei", não autoriza o legislador a criar novos casos de responsabilidade tributária sem a observância dos requisitos exigidos pelo art. 128 do CTN, tampouco a desconsiderar as regras matrizes de responsabilidade de terceiros estabelecidas em caráter geral pelos arts. 134 e 135 do mesmo diploma. A previsão legal de solidariedade entre devedores – de modo que o pagamento efetuado por um aproveite aos demais, que a interrupção da prescrição, em favor ou contra um dos obrigados, também lhes tenha efeitos comuns e que a isenção ou remissão de crédito exonere a todos os obrigados quando não seja pessoal (art. 125 do CTN) – pressupõe que a própria condição de devedor tenha sido estabelecida validamente.
>
> 4. A responsabilidade tributária pressupõe duas normas autônomas: a regra matriz de incidência tributária e a regra matriz de responsabilidade tributária, cada uma com seu pressuposto de fato e seus sujeitos próprios. A referência ao responsável enquanto terceiro (dritter Persone, terzo ou tercero) evidencia que não participa da relação contributiva, mas de uma relação específica de responsabilidade tributária, inconfundível com aquela. O "terceiro" só pode ser chamado responsabilizado na hipótese de descumprimento de deveres próprios de colaboração para com a Administração Tributária, estabelecidos, ainda que a *contrario sensu*, na regra matriz de responsabilidade tributária, e desde que tenha contribuído para a situação de inadimplemento pelo contribuinte.
>
> 5. O art. 135, III, do CTN responsabiliza apenas aqueles que estejam na direção, gerência ou representação da pessoa jurídica e tão somente quando pratiquem atos com excesso de poder ou infração à lei, contrato social ou estatutos. Desse modo, apenas o sócio com poderes de gestão ou representação da sociedade é que pode ser responsabilizado, o que resguarda a pessoalidade entre o ilícito (mal gestão ou representação) e a consequência de ter de responder pelo tributo devido pela sociedade.
>
> 6. O art. 13 da Lei 8.620/93 não se limitou a repetir ou detalhar a regra de responsabilidade constante do art. 135 do CTN, tampouco cuidou de uma nova hipótese específica e distinta. Ao vin-

cular à simples condição de sócio a obrigação de responder solidariamente pelos débitos da sociedade limitada perante a Seguridade Social, tratou a mesma situação genérica regulada pelo art. 135, III, do CTN, mas de modo diverso, incorrendo em inconstitucionalidade por violação ao art. 146, III, da CF.

7. O art. 13 da Lei 8.620/93 também se reveste de inconstitucionalidade material, porquanto não é dado ao legislador estabelecer confusão entre os patrimônios das pessoas física e jurídica, o que, além de impor desconsideração *ex lege* e objetiva da personalidade jurídica, descaracterizando as sociedades limitadas, implica irrazoabilidade e inibe a iniciativa privada, afrontando os arts. 5º, XIII, e 170, parágrafo único, da Constituição.

8. Reconhecida a inconstitucionalidade do art. 13 da Lei 8.620/93 na parte em que determinou que os sócios das empresas por cotas de responsabilidade limitada responderiam solidariamente, com seus bens pessoais, pelos débitos junto à Seguridade Social.

9. Recurso extraordinário da União desprovido. 10. Aos recursos sobrestados, que aguardavam a análise da matéria por este STF, aplica-se o art. 543-B, § 3º, do CPC.

Decisão

O Tribunal, por unanimidade e nos termos do voto da Relatora, conheceu do recurso extraordinário e negou-lhe provimento, aplicando-se o regime previsto no art. 543-B do Código de Processo Civil. Votou o Presidente, Ministro Cezar Peluso. Ausente, justificadamente, neste julgamento, o Senhor Ministro Joaquim Barbosa. Falou pela recorrente a Dra. Cláudia Aparecida Trindade, Procuradora da Fazenda Nacional. Plenário, 3-11-2010."

Nota: O art. 13 da Lei nº 8.620/1993, revogada pela Lei nº 11.941/09, dispunha:

Art. 13. O titular da firma individual e os sócios das empresas por cotas de responsabilidade limitada respondem solidariamente, com seus bens pessoais, pelos débitos junto à Seguridade Social.

Parágrafo único. Os acionistas controladores, os administradores, os gerentes e os diretores respondem solidariamente e subsidiariamente, com seus bens pessoais, quanto ao inadimplemento das obrigações para com a Seguridade Social, por dolo ou culpa.

Do STJ, selecionamos:

1. Execução fiscal – CDA – responsabilidade tributária do sócio

"PROCESSUAL CIVIL. RECURSO ESPECIAL. TRIBUTÁRIO. EXECUÇÃO FISCAL. RESPONSABILIDADE DO SÓCIO-GERENTE. EXECUÇÃO QUE CONSTA NO POLO PASSIVO A SOCIEDADE DEVEDORA E OS SÓCIOS. PENHORA. SISTEMA BACEN-JUD. LEI Nº 11.382/2006. ARTS. 655, I E 655-A, DO CPC. *TEMPUS REGIT ACTUM*. RECURSO ESPECIAL REPRESENTATIVO DE CONTROVÉRSIA Nº 1184765/PA. NOMEAÇÃO DE DEPOSITÁRIO. RECUSA AO ENCARGO. POSSIBILIDADE. SÚMULA 319 DO STJ.

1. O redirecionamento da execução fiscal, e seus consectários legais, para o sócio-gerente da empresa, somente é cabível quando reste demonstrado que este agiu com excesso de poderes, infração à lei ou contra o estatuto, ou na hipótese de dissolução irregular da empresa, não se incluindo o simples inadimplemento de obrigações tributárias.

2. Precedentes da Corte: ERESP 174.532/PR, *DJ* 20-8-2001; REsp 513.555/PR, *DJ* 6-10-2003; AgRg no Ag 613.619/MG, *DJ* 20-6-2005; REsp 228.030/PR, *DJ* 13-6-2005.

3. A jurisprudência da Primeira Seção desta Corte Superior ao concluir o julgamento do ERESP nº 702.232/RS, da relatoria do e. Ministro Castro Meira, publicado no *DJ* de 26-9-2005, assentou que: (a) se a execução fiscal foi ajuizada somente contra a pessoa jurídica e, após o ajuizamento, foi requerido o seu redirecionamento contra o sócio-gerente, incumbe ao Fisco a prova da ocorrência de alguns dos requisitos do art. 135, do CTN: (a) quando reste demonstrado que este agiu com excesso de poderes, infração à lei ou contra o estatuto, ou na hipótese de dissolução irregular da empresa; b) constando o nome do sócio-gerente como corresponsável tributário na CDA cabe a ele o ônus de provar a ausência dos requisitos do art. 135 do CTN, independentemente se a ação executiva foi proposta contra a pessoa jurídica e contra o sócio ou somente contra a empresa, tendo em vista que

Cap. 8 • Responsabilidade tributária **157**

a CDA goza de presunção relativa de liquidez e certeza, nos termos do art. 204 do CTN c/c o art. 3º da Lei nº 6.830/80.

4. Os fundamentos de referido aresto restaram sintetizados na seguinte ementa:

'TRIBUTÁRIO. EMBARGOS DE DIVERGÊNCIA. ART. 135 DO CTN. RESPONSABILIDADE DO SÓ-CIO-GERENTE. EXECUÇÃO FUNDADA EM CDA QUE INDICA O NOME DO SÓCIO. REDIRECIONAMENTO. DISTINÇÃO.

1. Iniciada a execução contra a pessoa jurídica e, posteriormente, redirecionada contra o sócio--gerente, que não constava da CDA, cabe ao Fisco demonstrar a presença de um dos requisitos do art. 135 do CTN. Se a Fazenda Pública, ao propor a ação, não visualizava qualquer fato capaz de estender a responsabilidade ao sócio-gerente e, posteriormente, pretende voltar-se também contra o seu patrimônio, deverá demonstrar infração à lei, ao contrato social ou aos estatutos ou, ainda, dissolução irregular da sociedade. 2. Se a execução foi proposta contra a pessoa jurídica e contra o sócio-gerente, a este compete o ônus da prova, já que a CDA goza de presunção relativa de liquidez e certeza, nos termos do art. 204 do CTN c/c o art. 3º da Lei nº 6.830/80. 3. Caso a execução tenha sido proposta somente contra a pessoa jurídica e havendo indicação do nome do sócio-gerente na CDA como corresponsável tributário, não se trata de típico redirecionamento. Neste caso, o ônus da prova compete igualmente ao sócio, tendo em vista a presunção relativa de liquidez e certeza que milita em favor da Certidão de Dívida Ativa. 4. Na hipótese, a execução foi proposta com base em CDA da qual constava o nome do sócio-gerente como corresponsável tributário, do que se conclui caber a ele o ônus de provar a ausência dos requisitos do art. 135 do CTN. 5. Embargos de divergência providos'.

5. Ocorre que, *in casu*, pelo o que consta dos autos, a responsabilidade do sócio é primária, encontrando-se no polo passivo da execução como corresponsável pelo débito tributário. Portanto, não há que se falar em esgotamento prévio do patrimônio da sociedade para responder pelas dívidas, para que só após possa vir a se ingressar no patrimônio dos sócios devedores.

6. A 1ª Seção do STJ, no julgamento REsp 1184765/PA, Rel. Ministro LUIZ FUX, julgado em 24-11-2010, *DJe* 3-12-2010, submetido ao regime dos recursos repetitivos decidiu que: 1. A utilização do Sistema BACEN-JUD, no período posterior à *vacatio legis* da Lei 11.382/2006 (21-1-2007), prescinde do exaurimento de diligências extrajudiciais, por parte do exequente, a fim de se autorizar o bloqueio eletrônico de depósitos ou aplicações financeiras (Precedente da Primeira Seção: EREsp 1.052.081/RS, Rel. Ministro Hamilton Carvalhido, Primeira Seção, julgado em 12-5-2010, *DJe* 26-5-.2010. (...). Precedente da Corte Especial que adotou a mesma exegese para a execução civil: REsp 1.112.943/MA, Rel. Ministra Nancy Andrighi, julgado em 15-9-2010). 2. A execução judicial para a cobrança da Dívida Ativa da União, dos Estados, do Distrito Federal, dos Municípios e respectivas autarquias é regida pela Lei 6.830/80 e, subsidiariamente, pelo Código de Processo Civil. 3. A Lei 6.830/80, em seu art. 9º, determina que, em garantia da execução, o executado poderá, entre outros, nomear bens à penhora, observada a ordem prevista no art. 11, na qual o 'dinheiro' exsurge com primazia. 4. Por seu turno, o art. 655, do CPC, em sua redação primitiva, dispunha que incumbia ao devedor, ao fazer a nomeação de bens, observar a ordem de penhora, cujo inciso I fazia referência genérica a 'dinheiro'. 5. Entrementes, em 6 de dezembro de 2006, sobreveio a Lei 11.382, que alterou o art. 655 e inseriu o art. 655-A ao Código de Processo Civil, *verbis*: 'Art. 655. A penhora observará, preferencialmente, a seguinte ordem: I – dinheiro, em espécie ou em depósito ou aplicação em instituição financeira; II – veículos de via terrestre; III – bens móveis em geral; IV – bens imóveis; V – navios e aeronaves; VI – ações e quotas de sociedades empresárias; VII – percentual do faturamento de empresa devedora; VIII – pedras e metais preciosos; IX – títulos da dívida pública da União, Estados e Distrito Federal com cotação em mercado; X – títulos e valores mobiliários com cotação em mercado; XI – outros direitos. (...) Art. 655-A. Para possibilitar a penhora de dinheiro em depósito ou aplicação financeira, o juiz, a requerimento do exequente, requisitará à autoridade supervisora do sistema bancário, preferencialmente por meio eletrônico, informações sobre a existência de ativos em nome do executado, podendo no mesmo ato determinar sua indisponibilidade, até o valor indicado na execução. § 1º As informações limitar-se-ão à existência ou não de depósito ou aplicação até o valor indicado na execução. (...)' 6. Deveras, antes da vigência da Lei 11.382/2006, encontravam--se consolidados, no Superior Tribunal de Justiça, os entendimentos jurisprudenciais no sentido da relativização da ordem legal de penhora prevista nos arts. 11, da Lei de Execução Fiscal, e 655, do

CPC (EDcl nos EREsp 819.052/RS, Rel. Ministro Humberto Martins, Primeira Seção, julgado em 8-8-2007, *DJ* 20-8-2007; e EREsp 662.349/RJ, Rel. Ministro José Delgado, Rel. p/ Acórdão Ministra Eliana Calmon, Primeira Seção, julgado em 10-5-2006, *DJ* 9-10-2006), e de que o bloqueio eletrônico de depósitos ou aplicações financeiras (mediante a expedição de ofício à Receita Federal e ao BACEN) pressupunha o esgotamento, pelo exequente, de todos os meios de obtenção de informações sobre o executado e seus bens e que as diligências restassem infrutíferas (REsp 144.823/PR, Rel. Ministro José Delgado, Primeira Turma, julgado em 2-10-1997, *DJ* 17-11-1997; (...). 7. A introdução do art. 185-A no Código Tributário Nacional, promovida pela Lei Complementar 118, de 9 de fevereiro de 2005, corroborou a tese da necessidade de exaurimento das diligências conducentes à localização de bens passíveis de penhora antes da decretação da indisponibilidade de bens e direitos do devedor executado, *verbis*: 'Art. 185-A. Na hipótese de o devedor tributário, devidamente citado, não pagar nem apresentar bens à penhora no prazo legal e não forem encontrados bens penhoráveis, o juiz determinará a indisponibilidade de seus bens e direitos, comunicando a decisão, preferencialmente por meio eletrônico, aos órgãos e entidades que promovem registros de transferência de bens, especialmente ao registro público de imóveis e às autoridades supervisoras do mercado bancário e do mercado de capitais, a fim de que, no âmbito de suas atribuições, façam cumprir a ordem judicial. § 1º A indisponibilidade de que trata o *caput* deste artigo limitar-se-á ao valor total exigível, devendo o juiz determinar o imediato levantamento da indisponibilidade dos bens ou valores que excederem esse limite. § 2º Os órgãos e entidades aos quais se fizer a comunicação de que trata o *caput* deste artigo enviarão imediatamente ao juízo a relação discriminada dos bens e direitos cuja indisponibilidade houverem promovido.' 8. Nada obstante, a partir da vigência da Lei 11.382/2006, os depósitos e as aplicações em instituições financeiras passaram a ser considerados bens preferenciais na ordem da penhora, equiparando-se a dinheiro em espécie (art. 655, I, do CPC), tornando-se prescindível o exaurimento de diligências extrajudiciais a fim de se autorizar a penhora *on line* (art. 655-A, do CPC). 9. A antinomia aparente entre o art. 185-A, do CTN (que cuida da decretação de indisponibilidade de bens e direitos do devedor executado) e os arts. 655 e 655-A, do CPC (penhora de dinheiro em depósito ou aplicação financeira) é superada com a aplicação da Teoria pós-moderna do **Diálogo das Fontes**, idealizada pelo alemão Erik Jayme e aplicada, no Brasil, pela primeira vez, por Cláudia Lima Marques, a fim de preservar a coexistência entre o Código de Defesa do Consumidor e o novo Código Civil. 10. Com efeito, consoante a Teoria do Diálogo das Fontes, as normas gerais mais benéficas supervenientes preferem à norma especial (concebida para conferir tratamento privilegiado a determinada categoria), a fim de preservar a coerência do sistema normativo. 11. Deveras, a *ratio essendi* do art. 185-A, do CTN, é erigir hipótese de privilégio do crédito tributário, não se revelando coerente 'colocar o credor privado em situação melhor que o credor público, principalmente no que diz respeito à cobrança do crédito tributário, que deriva do dever fundamental de pagar tributos (arts. 145 ss da Constituição Federal de 1988)' (REsp 1.074.228/MG, Rel. Ministro Mauro Campbell Marques, Segunda Turma, julgado em 7-10-2008, *DJe* 5-11-2008). 12. Assim, a interpretação sistemática dos arts. 185-A, do CTN, com os artigos 11, da Lei 6.830/80 e 655 e 655-A, do CPC, autoriza a penhora eletrônica de depósitos ou aplicações financeiras independentemente do exaurimento de diligências extrajudiciais por parte do exequente. 13. À luz da regra de direito intertemporal que preconiza a aplicação imediata da lei nova de índole processual, infere-se a existência de dois regimes normativos no que concerne à penhora eletrônica de dinheiro em depósito ou aplicação financeira: (i) período anterior à égide da Lei 11.382, de 6 de dezembro de 2006 (que obedeceu a *vacatio legis* de 45 dias após a publicação), no qual a utilização do Sistema BACEN-JUD pressupunha a demonstração de que o exequente não lograra êxito em suas tentativas de obter as informações sobre o executado e seus bens; e (ii) período posterior à *vacatio legis* da Lei 11.382/2006 (21-1-2007), a partir do qual se revela prescindível o exaurimento de diligências extrajudiciais a fim de se autorizar a penhora eletrônica de depósitos ou aplicações financeiras.

7. *In casu*, proferida a decisão agravada que deferiu a medida constritiva em 16.08.2007, ou seja, após o advento da Lei n. 11.382/06 de 6 de dezembro de 2006, incidem os novos preceitos estabelecidos pela novel redação do art. 655, I c.c o art. 655-A, do CPC.

[...]

12. Agravos regimentais desprovidos" (AgRg no REsp 1.196.537/MG, STJ, 1ª Turma, Luiz Fux, unânime, 3-2-2011, *DJe* de 22-2-2011).

2. Créditos de natureza não tributária – inaplicabilidade do CTN

"4. O STJ firmou entendimento de que são inaplicáveis as disposições do Código Tributário Nacional aos créditos de natureza não tributária, incluindo a hipótese de responsabilidade do sócio--gerente prevista no art. 135, III, do CTN.

5. 'As disposições do Código Tributário Nacional não se aplicam às contribuições para o FGTS' (Súmula 353/STJ)" (AgRg no REsp 1.208.897/RJ, STJ, 1ª Turma, Benedito Gonçalves, unânime, 15-2-2011, *DJe* de 22-2-2011).

8.2.2 Responsabilidade tributária por sucessão

A responsabilidade dos sucessores se dá em virtude do desaparecimento do devedor originário, e dela trata o CTN nos arts. 129 a 133.

Sucessor – aquele que sucede a outro, *inter vivos* ou *causa mortis* – é termo equívoco, e seu alcance vem expresso nos arts. 130 a 133 do CTN, como segue:

a. o art. 130 dispõe que, se o contribuinte não paga o imposto, a taxa ou a contribuição de melhoria cujo fato gerador seja a propriedade, o domínio útil ou a posse de bens imóveis, o adquirente é que deve quitar o tributo devido. Sendo assim, quando alguém adquire ou herda bens imóveis, deve verificar se há regularidade fiscal, sob pena de ter de suportar o ônus do tributo, se a lei lhe atribuir a responsabilidade indireta. Nota-se, destarte, que esse tipo de responsabilidade acompanha o bem imóvel, seja quem for o sucessor, o que significa dizer que o próprio imóvel pode servir para quitação do tributo devido;

b. o art.131 atribui a responsabilidade *pessoal* (porque diz exatamente *quem* é a pessoa responsável) ao adquirente, ao remitente (aquele que deposita ou paga o preço do bem de sua propriedade que sofre constrição judicial), ao sucessor a qualquer título, ao cônjuge meeiro, ao espólio, nos termos e limites dispostos neste artigo;

c. o art. 132 atribui a responsabilidade pelos tributos devidos à pessoa jurídica de direito privado que resultar de fusão, transformação ou incorporação de outra ou em outra pessoa jurídica;

d. o art. 133 atribui a responsabilidade pelos tributos devidos à pessoa física ou jurídica de direito privado que adquirir fundo de comércio ou estabelecimento comercial, nos termos e condições dispostos. Bem por isso, a 2ª Turma do STJ decidiu que "A responsabilidade prevista no art. 133 do CTN só se manifesta quando uma pessoa natural ou jurídica *adquire* de outra o fundo de comércio ou o estabelecimento comercial, industrial ou profissional; a circunstância de que se tenha instalado em prédio antes alugado à devedora, não transforma quem veio a ocupá-lo posteriormente, também por força de locação, em sucessor para os efeitos tributários". (REsp 108.873-SP, Ari Pargendler, unânime, 4-3-99 – *DJU*-e-1 de 12-4-99, p. 111.)

8.2.3 Responsabilidade tributária solidária

A solidariedade é instituto que implica uma corresponsabilidade, segundo a qual a obrigação é satisfeita, em sua totalidade, ou por um dos devedores, ou por alguns, ou por todos, de conformidade com o disposto em lei, a teor dos arts. 124 e 125 do CTN.

No direito tributário, é ela tratada no art. 134 do CTN.

O art. 134 estabelece a responsabilidade solidária, nos termos dispostos, dos pais, tutores, curadores, administradores, inventariante, síndico, comissário, tabeliães, escrivães, sócios.

Seu parágrafo único ressalva que, quanto às *penalidades*, só são responsáveis em relação às de caráter *moratório* (aquelas que o sujeito passivo quita espontaneamente, fora do prazo legal), excluindo, portanto, as penalidades de natureza *punitiva* (aquelas que, não pagas dentro do prazo legal, são detectadas pelo Fisco antes que o sujeito passivo se manifeste em quitá-las).

8.3 RESPONSABILIDADE POR INFRAÇÕES

A responsabilidade por infrações é tratada pelos arts. 136 e 137 do CTN.

O art. 136 estabelece, como regra, a responsabilidade objetiva, ou seja, a penalidade será aplicada independentemente da vontade do infrator em praticá-la. Contudo, o artigo ressalva disposição de lei em contrário.

Marilene Talarico Martins Rodrigues assim classifica as infrações tributárias segundo a intenção do agente:

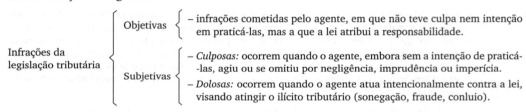

Obviamente, a lei estabelece multa mais elevada para as infrações dolosas, implicando, inclusive, crime contra a ordem tributária, no campo do direito penal.

Quanto às "infrações" e "penalidades", colhemos dos saudosos mestre Gilberto de Ulhôa Canto e Geraldo Ataliba (Interpretação de normas que definem infrações e estabelecem sanções tributárias. In: *Interpretação no Direito Tributário*. São Paulo: Saraiva, 1975. p. 302/305):

> "*Prof. Gilberto de Ulhôa Canto* – Achamos que não há uma classificação inexpugnável. Sob o aspecto da gama das infrações e das sanções, acabaríamos tangenciando setores outros, que não o direito tributário e no que se refere a serem objetivas e subjetivas, substanciais ou formais, são critérios utilizáveis, mas não exaustivos e do ponto de vista científico julgamos que qualquer desses dois critérios não é suficientemente típico do direito tributário. Qualquer desses critérios baseia-se na presença de elemento objetivo ou subjetivo, ou no caráter substancial ou formal, no tipo da sanção prevista para a hipótese e não é qualquer desses critérios, típico do direito tributário, como já dissemos. Nesse caso, a nossa conclusão, por mais estranha que pareça, é que não existe um critério cientificamente inexpugnável de classificação das infrações e das sanções, para fim exclusivo do direito tributário. Existem critérios – qualquer desses três ou eventualmente outros – que têm utilidade, mas nenhum deles encontra aquelas condições, que cientificamente são fundamentais para que uma definição e uma classificação (que é também uma definição) seja cientificamente válida; a saber, a da suficiência e a da necessidade, isto é, uma definição para ser cientificamente boa é preciso que cubra todas as hipóteses e não mais do que as hipóteses. Não vemos como atender a este requisito científico da definição, no setor de que estamos falando.
>
> *Prof. Geraldo Ataliba* – Vamos lembrar duas grandes autoridades, não propriamente do direito tributário, mas profundos cientistas da ciência das finanças e que exerceram funções das mais elevadas nos seus países: Einaudi, nos seus *Princípios de Ciência das Finanças*, que disse, ao falar das classificações, que toda classificação é problemática e falha, mas que a utilidade das classificações

Cap. 8 • Responsabilidade tributária **161**

está no esforço que se faz para chegar até elas; e mais ou menos a mesma coisa afirma Hugh Dalton, que foi Ministro das Finanças da Inglaterra e que fez a recuperação das finanças britânicas depois da guerra. Os dois professores universitários; um Ministro das Finanças da Inglaterra e outro Presidente da República da Itália, depois de ter sido primeiro Ministro.

Como conclusão o que valerá é o esforço para se chegar à classificação, mais do que o quadro em si mesmo; podemos classificar, assim, as infrações, segundo dois critérios; primeiro, segundo a natureza das respectivas sanções: I – reparação civil (juros de mora); II – infrações administrativas (multa de mora); III – infração administrativa ou penal, ou, se quiserem, administrativo-punitiva, que são as multas proporcionais; IV – infração penal, que está na lei penal. O segundo critério, quanto ao elemento subjetivo, sempre de acordo com a descrição legal da figura da infração: objetivas e subjetivas.

Realmente, fica um problema, aí, que não foi enfrentado e não sabemos se é fácil de sê-lo: se a lei pode atribuir caráter objetivo a certas infrações e, portanto, desprezar o elemento subjetivo, deixando o contribuinte inteiramente ao desamparo, para poder defender-se da aplicação administrativa dessa sanção.

O problema que fica é este: pode o legislador, por exemplo, erigir as infrações – evidente, tirando as penais – das categorias II e III, que são as intermediárias, em infrações objetivas? Seria isto um abuso do poder de legislar? Seria infração do direito individual, assegurado pela Constituição?

Se há um direito individual, segundo o qual todos têm direito à ampla defesa, se o nosso direito constitucional consagra o princípio do *Due process of law* (o devido processo da lei), objeto de um livro tão magnífico, do prof. Antônio Roberto Sampaio Dória, que todos conhecemos, seria de se indagar: pode o legislador, para simplificar, erigir todas as infrações administrativas e administrativo--penais em objetivas? Pensamos que não. Seria um abuso do poder de legislar e uma infração dos princípios constitucionais, no que diz respeito ao direito que todos temos de deduzir circunstâncias (especialmente na categoria III) atenuantes, dirimentes, justificativas e, inclusive, possibilidade da invocação dos princípios gerais de direito, força maior, estado de necessidade etc. Se pega fogo no nosso estabelecimento e ficamos sem livros e sem documentos. Diante disso, não temos defesa, e seremos punido, da mesma forma, como o nosso vizinho que é um sonegador? Evidente que ainda que a legislação não preveja este discernimento e ainda que a legislação processual, administrativa, ou procedimental não nos dê a faculdade de assim fazer, expressamente, temo-la como direito que a Constituição nos outorga, quando não fosse por outra razão, pela circunstância de que o princípio da igualdade perante a lei, combinado com o princípio de que só podemos ser punidos depois de um processo devido acarretam, como exigência insuperável, a de que sejamos tratado em situação mais benéfica e benévola do que o nosso vizinho sonegador, mas cujo resultado, de sua sonegação, seja igual ao da nossa situação de comerciante, que teve a desgraça de ter o seu estabelecimento incendiado. Este exemplo é bem ilustrativo e sugestivo da importância dessa classificação."

Mais adiante (mesma obra, p. 306), Geraldo Ataliba diz que "*a interpretação que se deve fazer, tanto do art. 136 quanto do art. 112* (do Código Tributário Nacional) *deverá curvar-se às exigências dos imperativos constitucionais, porque são fundamentais e primeiros*".

8.3.1 Retroatividade benigna em penalidades

É de regra a lei tributária não retroagir. Todavia, o art. 106 do CTN reza que a lei se aplica a ato ou fato pretérito, nos seguintes termos:

"**Art. 106.** A lei aplica-se a ato ou fato pretérito:

I – em qualquer caso, quando seja expressamente interpretativa, excluída a aplicação de penalidade à infração dos dispositivos interpretados;

II – tratando-se de ato não definitivamente julgado:

162   Direito Tributário • *Cassone*

a.   quando deixe de defini-lo como infração;

b.   quando deixe de tratá-lo como contrário a qualquer exigência de ação ou omissão, desde que não tenha sido fraudulento e não tenha implicado falta de pagamento de tributo;

c.   quando lhe comine penalidade menos severa que a prevista na lei vigente ao tempo da sua prática."

O STF, no RE 407.190/RS, Rel. Min. Marco Aurélio, 27-10-2004, examinou a questão da retroatividade da lei mais benigna, na fixação das multas:

"TRIBUTÁRIO. RETROATIVIDADE DE LEI MAIS BENÉFICA.

O Tribunal negou provimento a recurso extraordinário interposto pelo Instituto Nacional do Seguro Social – INSS contra acórdão do TRF da 4ª Região que, com base no inciso II do art. 106 do CTN, mantivera sentença na parte em que aplicara o art. 35 da Lei 8.212/91, com a redação dada pela Lei 9.528/97, a fatos pretéritos, em razão de a mesma prever **pena de multa**, sobre contribuições sociais em atraso, **menos severa** que a cominada anteriormente, e afastara a incidência da limitação temporal prevista no *caput* do referido art. 35, tendo em conta a declaração, *incidenter tantum*, de sua inconstitucionalidade, pela Corte Especial daquele Tribunal, por ofensa ao inciso III do art. 146 da CF" (*Informativo STF* 367, de 4-11-2004).

8.3.2 Denúncia espontânea e confissão de débito – CTN, art. 138

Sobre a denúncia espontânea, dispõe o CTN:

"**Art. 138.** A responsabilidade é excluída pela denúncia espontânea da infração, acompanhada, se for o caso, do pagamento do tributo devido e dos juros de mora, ou do depósito da importância arbitrada pela autoridade administrativa, quando o montante do tributo depende de apuração.

Parágrafo único. Não se considera espontânea a denúncia apresentada após o início de qualquer procedimento administrativo ou medida de fiscalização relacionada com a infração."

Assim, se o contribuinte constatar que cometeu infração tributária, principal ou acessória, e, antes que a fiscalização a apure de ofício, a comunica ao Fisco, ficará a salvo de penalidades. Se o fato implicar falta de pagamento de tributo, para que a responsabilidade (multa) seja excluída, é preciso que a denúncia espontânea, prestada por meio de comunicação escrita (protocolada), esteja acompanhada do pagamento do tributo, acrescida dos juros de mora e da correção monetária.

Na prática, a denúncia espontânea consiste numa comunicação escrita ao órgão local fiscal que jurisdiciona o contribuinte, em que se diz, por exemplo, "*que a legislação previa, para certa operação, a emissão de Nota Fiscal de Entrada, a qual deixou de ser emitida, mas cuja falta foi agora suprimida, conforme cópia dessa NFE que se anexa à presente comunicação*"; ou: "*que deixou de ser registrada, no Livro de Registro de Saídas, a NF nº..., cuja falta foi agora suprimida*"; ou qualquer outro tipo de comunicação de denúncia espontânea da infração.

De qualquer forma, tendo em vista que a legislação tributária estabelece graduação de multas – **moratória** (% menor) ou **punitiva** (% maior), a questão é complexa, e para pacificá-la, o STF deveria ser provocado para manifestar-se sobre a constitucionalidade ou inconstitucionalidade do art. 138 do CTN.

Por isso, reputamos correto o quanto decidido pela 1ª Turma do STF (RE 106.068/SP, Rafael Mayer, *RTJ* 115/452 e *JSTF Lex* 84/112):

> "ISS. Infração. Mora. Denúncia espontânea. Multa moratória. Exoneração. Art. 138 do CTN. O contribuinte do ISS, que denuncia espontaneamente ao Fisco o seu débito em atraso, recolhendo o montante devido, com juros de mora e correção monetária, está exonerado da multa moratória, nos termos do art. 138 do CTN."

Como é sabido, a legislação tributária tem distinguido entre **multa moratória** (atraso no cumprimento da obrigação tributária), e **multa punitiva** (penalidade mais severa, quando o não cumprimento da obrigação tributária for detectada pelo Fisco).

Diante disso, saber se incide a multa de mora na denúncia espontânea, não encontramos jurisprudência da atual composição do STF, e a jurisprudência do STJ tem evoluído, a ponto de ter editado a seguinte Súmula:

> 360. O benefício da denúncia espontânea não se aplica aos tributos sujeitos a lançamento por homologação regularmente declarados, mas pagos a destempo.

Denúncia espontânea e confissão

A *denúncia espontânea* (conceituada no art. 138 do CTN) e *confissão* (conceito de Direito Privado utilizado pelo Direito Tributário nos termos dos arts. 109 e 110 do CTN) são dois institutos distintos, cujos efeitos podem, ou não, coincidir.

Da denúncia espontânea já tratamos. Por sua vez, a confissão de um débito tributário simplesmente significa que o contribuinte comunicou, ao Fisco, que tem débito tributário pendente de pagamento.

Se, além de comunicar que tem débito pendente de pagamento, demonstra que efetuou o pagamento, confundem-se os institutos, ou seja, é uma confissão acompanhada de sua resolução, resultando caracterizada a "denúncia espontânea" do art. 138 do CTN.

Se ficar tão somente na comunicação, não ilide lavratura de auto de infração, que, todavia, não poderá fazer incidir multas punitivas (as mais graves – *ex officio*), cabendo, portanto, multa moratória, além dos juros e correção monetária.

Se, além da comunicação, formular pedido de *parcelamento*, ocorre um misto de confissão com denúncia espontânea, aspecto que tem ocasionado posicionamentos jurisprudenciais divergentes, ou seja, se a questão se enquadra no art. 138 do CTN.

O STJ vem construindo sua jurisprudência, que deverá adaptar à LC nº 104/01, acrescentando o art. 155-A ao CTN, em cujo § 1º estabelece: "*Salvo disposição de lei em contrário, o parcelamento do crédito tributário não exclui a incidência de juros e multas.*"

Isto quer dizer que, de regra, o parcelamento não exclui a incidência de juros e multa. Para excluir, é necessária disposição legal expressa da pessoa política detentora da competência tributária.

8.4 MULTA, JUROS E CORREÇÃO MONETÁRIA: CONCEITO

Embora raramente, temos lido que inexiste diferença entre multas moratórias e multas punitivas. Com efeito, no REsp 16.672-SP, STJ, 2ª Turma, referiu ao RE 79.625 –

164 Direito Tributário • *Cassone*

(*RTJ* 80/104), segundo o qual "o Colendo STF assentou, a propósito de sua exigibilidade nos processos de falência, que desde a edição do CTN já não se justifica a distinção entre multas fiscais punitivas e multas fiscais moratórias, uma vez que são sempre punitivas".

Entretanto, o CTN, pelo parágrafo único do art. 134 ("O disposto neste artigo só se aplica, em matéria de penalidades, às de caráter moratório"), evidencia a distinção, mesmo porque a lei da pessoa pública competente tem o poder-dever de fazer tal distinção, penalizando com maior rigor as situações em que o contribuinte é surpreendido pelo Fisco pela falta de recolhimento do tributo devido – o que me parece absolutamente correto e salutar do ponto de vista de política tributária.

Quanto aos conceitos, reporto-me, a seguir, ao que foi resolvido em 1979 pelo IV Simpósio Nacional de Direito Tributário coordenado por Ives Gandra da Silva Martins, que coloco em quadro para melhor visualização:

Instituto	Conceito
Sanção	caracteriza-se como consequência do não cumprimento de um mandamento normático.
Multa por falta de recolhimento do tributo	sanção de caráter punitivo (porque o não recolhimento foi constatado pelo Fisco). Ver art. 47 da Lei nº 9.430/96.
Multa por atraso no pagamento do tributo	sanção de caráter indenizatório. Ultrapassados os limites da reparação do dano, passa a ter caráter punitivo.
Acréscimos moratórios	têm natureza jurídica de sanção indenizatória se fixados em limites da reparação do dano, levando-se em consideração, nessa fixação, as demais sanções da espécie existentes.
Correção monetária	não é sanção. É mera atualização nominal do débito.
Juros	têm natureza de sanção de caráter indenizatório.
Penalidades pelo descumprimento de obrigação acessória	são sanções administrativas que punem o desatendimento de deveres formais tributários. Têm caráter punitivo.

A 1ª Turma do STF entendeu que a multa *indenizatória* é motivada pela impontualidade do pagamento, enquanto, quando o contribuinte *omite* informações ao Fisco (falta de declaração e prestação de declaração inexata) ou nos casos de evidente intuito de fraude, a multa é *punitiva* (RE 104.993-6/RS, ac. unânime de 6-12-85 – *JSTF/Lex* 90/192).[1]

No AgR no AI 64.622/SP, decidira a 1ª Turma do STF, Rodrigues Alckmin, *DJU* 13-2-1976, RTJ 77-02/457:

> "MULTA FISCAL PUNITIVA – Não responde por ela o sucessor, diante dos termos do art. 133 do CTN."

---

[1] Multa excessiva – confisco. O STF, em acórdão unânime de 17-6-98, concedeu medida liminar para suspender, até decisão final da ADIn, a execução e aplicabilidade do art. 3º, parágrafo único, da Lei nº 8.846/94, que prevê, na hipótese de o contribuinte não haver emitido a nota fiscal relativa à venda de mercadorias, prestação de serviços ou operação de alienação de bens imóveis, a aplicação da multa pecuniária de 300% sobre o valor da operação ou do serviço prestado, considerando relevante a tese de ofensa ao art. 150 IV, da CF (confisco) – ADIn-MC 1.075-1-DF, Rel. Min. Celso de Mello, *DJU*-e-1 de 29-6-98, p. 41 (*Informativo STF*, 105).

8.4.1 Multa fiscal e multa administrativa: distinção

O vocábulo *fiscal* é gênero, contendo as seguintes espécies: *fiscal* do trabalho, da saúde, do meio ambiente, do tributo, e assim por diante.

Tratamos, aqui, da *fiscalização tributária*, e, portanto, da *multa fiscal*, para distingui-la da *multa administrativa*.

No item 3.1, examinamos a definição de *tributo* do art. 3º do CTN, trazendo à colação o RE 94.001, em que o STF distingue entre **ilícito administrativo** e **ilícito tributário**, muito interessante para bem entender a natureza jurídica desses dois institutos.

A respeito dessa temática, Bernardo Ribeiro de Moraes (*Enciclopédia Saraiva do direito*. São Paulo, Saraiva, 1979. v. 29, p. 54-58), anota:

> "**Multa fiscal**. Constitui uma das espécies de penalidade, estando, pois, ligada à ideia de infração ou ilícito. A lei, para garantir a observância de suas normas, contém sanções, as quais deverão ser aplicadas sempre que a conduta, da pessoa, dela se afaste (por ação ou omissão). Dá-se o nome de infração (ato ilícito, ilícito ou conduta antijurídica) a todo ato desconforme com o que é reclamado pela ordem jurídica (desobediência ou violação da lei). Como tal, juridicamente, a infração é caracterizada como uma condição determinada pelo direito para aplicação de sanção. Portanto, a consequência jurídica da violação da norma (do ilícito) é a aplicação de sanção ou penalidade. A *multa fiscal* é a espécie de sanção que se caracteriza por ser uma penalidade pecuniária, ou melhor, caracteriza-se por afetar o patrimônio do infrator, diminuindo-o em termos de dinheiro. É a multa, por exemplo, de 50% (cinquenta por cento) sobre o valor do imposto. (...)
>
> **Multa administrativa**. O conceito de ilícito administrativo e de sanção administrativa decorre da legislação administrativa e do não atendimento do comando contido na norma jurídica. A multa administrativa é exigida pela autoridade administrativa, como sanção de polícia, caracterizando-se como uma penalidade pecuniária. A multa administrativa é a sanção pecuniária relativa ao ilícito administrativo. Deriva da violação de normas administrativas, inclusive as posturas. A infração de tais normas, mais precisamente, dos deveres administrativos, onde se incluem os deveres de polícia, concernentes à ordem pública (segurança, moralidade, salubridade, propriedade etc.), é sancionada mediante a cominação de penas administrativas, dentre as quais sobressaem as multas. A natureza jurídica destas, como sanções determinadas em razão de ato contrário à norma jurídica administrativa, é específica: administrativa. Na aplicação da multa administrativa, diversas regras citadas para a multa fiscal são válidas: seu fundamento segue a teoria objetiva; o agente que constata a infração tem competência apenas para propor a penalidade aplicável; o infrator ou autuado deve ser intimado quanto à infração praticada e à penalidade que se lhe pretende aplicar, a fim de haver possibilidade do contraditório; o Poder Judiciário pode rever a penalidade aplicada; na multa administrativa pode haver a responsabilidade de pessoas jurídicas etc. Acresce-se o fato de que a multa administrativa deve ser proposta, diante da apuração de uma infração, por intermédio de peça específica, denominada **auto de infração**."

A ementa do RE 241.074/RS (STF, 1ª Turma, Ilmar Galvão, *DJU* 19-12-2002, p. 93), menciona cominações impostas ao contribuinte "*por meio de lançamento de ofício, decorrem do fato de haver-se ela omitido na declaração e recolhimento tempestivos da contribuição*".

8.5 RESPONSABILIDADE TRIBUTÁRIA NO FATO GERADOR FUTURO

O fato gerador futuro, ou fato gerador presumido – denominações dadas pelo § 7º do art. 150 da CF, na redação da EC 3/93 –, tem a seguinte dicção:

166 Direito Tributário • *Cassone*

"§ 7º A lei poderá atribuir a sujeito passivo de obrigação tributária a condição de responsável pelo pagamento de imposto ou contribuição, cujo fato gerador deva ocorrer posteriormente, assegurada a imediata e preferencial restituição da quantia paga, caso não se realize o fato gerador presumido."

Percebe-se nitidamente a distinção entre o art. 128 do CTN e o § 7º do art. 150 da CF, pois, enquanto naquele a lei pode atribuir a responsabilidade tributária à terceira pessoa vinculada ao fato gerador, neste não há vinculação alguma. Além do mais, as hipóteses são completamente diferentes, uma vez que, enquanto naquele o fato gerador ocorre efetivamente, neste o fato gerador poderá ocorrer no futuro.

No § 7º do art. 150, o imposto ou contribuição são antecipados, ou seja, são pagos anteriormente a um presumível fato gerador futuro.

Na legislação atual, o parágrafo é aplicado em larga escala em matéria de ICMS, em hipóteses tais como o de um estabelecimento industrial (que produz automóveis, bebidas, gêneros alimentícios, remédios etc.) que vende produtos industrializados a atacadistas ou revendedores, em que, além de pagar o ICMS a que é contribuinte de direito pela ocorrência do fato gerador que desencadeia pela venda, deve também recolher o ICMS que retém do adquirente, correspondente ao fato gerador que se presume irá ocorrer por ocasião da revenda.

Em operações com bebidas, por exemplo, a lei obriga o atacadista a pagar o próprio ICMS e de recolher o ICMS retido do varejista comprador que revenderá ao consumidor final.

Exemplificando, se *A* vendeu uma máquina a *C* por 100, e a lei estabelecer a margem de lucro de *C* em 40%, *C* revenderá essa máquina por 140 (base de cálculo legalmente presumida), devendo *A* pagar o ICMS sobre 100 e reter e recolher o ICMS de *C* sobre 40 (140 menos 100, em face do princípio da não cumulatividade). A nota fiscal de *A* conterá, em coluna própria, o valor da operação normal, e no corpo dessa nota fiscal fará a demonstração do ICMS retido.

A indústria (ou atacadista) *A* é o *substituto legal tributário*, ou seja, o responsável tributário encarregado pela lei de reter (e recolher) o valor do ICMS relativo ao fato gerador futuro a ser praticado pelo adquirente dessa máquina. O revendedor *C* é o *substituído legal tributário*, ou seja, o contribuinte propriamente dito, que sofreu a retenção e que por isso pagou o ICMS antecipadamente, sobre um fato gerador que ele presumivelmente irá praticar.

Se o fato gerador presumido não se realizar, o § 7º do art. 150 não dá margem a dúvidas: a lei deve assegurar a imediata e preferencial restituição da quantia paga a mecanismos de efetividade, sob pena de inconstitucionalidade. Tais preferência e imediatidade na restituição (ou sob a forma de crédito ou compensação escritural – se tiver débitos para confrontar) não têm nada a ver com a ordem dos precatórios a que se refere o art. 100 da Constituição, o qual é expressamente excepcionado por esse § 7º.

Quanto à restituição do excesso, o STF está por ultimar as ADI 2.675/PE e 2.777/SP. Entretanto, no RE 593.849, com repercussão geral, já há 6 votos favoráveis aos contribuintes, e será decidida a questão da modulação, cf. Notícias STF de 19-10-2016.

8.6 QUESTIONÁRIO

1. *Qual é a diferença entre contribuinte e responsável em face do CTN?*

2. *Dê um exemplo de responsabilidade por substituição. Explique.*

3. *Dê um exemplo de responsabilidade por sucessão. Explique.*

4. *Dê um exemplo de responsabilidade solidária. Explique.*

5. *A lei procura quantificar as multas mais pesadas para as infrações culposas ou dolosas? Exemplifique e explique.*

6. *A retroatividade benigna do art. 106 do CTN aplica-se em relação à obrigação principal, à obrigação acessória, ou a ambas? Dê um exemplo.*

7. *Dê um exemplo de denúncia espontânea.*

8. *Relacione a "multa por falta de recolhimento do tributo" e a "multa por atraso no pagamento do tributo" com a "multa punitiva" e a "multa moratória ou indenizatória", em face da quantificação.*

9

Crédito Tributário

ESQUEMA

- 9.1 Introdução
- 9.2 Constituição do crédito tributário
  - 9.2.1 Lançamento: conceito
  - 9.2.2 Lançamento: espécies
- 9.3 Suspensão da exigibilidade do crédito tributário
- 9.4 Extinção do crédito tributário
  - 9.4.1 Pagamento e dação em pagamento
  - 9.4.2 Compensação
  - 9.4.3 Transação
  - 9.4.4 Remissão
  - 9.4.5 Conversão do depósito em renda
  - 9.4.6 Pagamento antecipado e homologação de lançamento
  - 9.4.7 Consignação em pagamento
  - 9.4.8 Decisão administrativa definitiva
  - 9.4.9 Decisão judicial transitada em julgado
  - 9.4.10 Decadência e prescrição
    - 9.4.10.1 Prescrição intercorrente
- 9.5 Exclusão do crédito tributário
- 9.6 Pagamento indevido: restituição
  - 9.6.1 Convolação da restituição em compensação
- 9.7 Garantias e privilégios do crédito tributário
- 9.8 Quadro de visualização geral do crédito tributário no CTN/66
- 9.9 Administração tributária
  - 9.9.1 Fiscalização
  - 9.9.2 Dívida ativa
  - 9.9.3 Certidões negativas
- 9.10 Prazos: contagem
- 9.11 Questionário

9.1 INTRODUÇÃO

Neste capítulo trataremos dos aspectos básicos do crédito tributário (arts. 139 a 193) e da administração tributária que cuida desse crédito (arts. 194 a 208), tendo presente que deverá ser consultada a jurisprudência dos tribunais, especialmente STF e STJ, acompanhando a sua evolução.

Crédito tributário é um direito pertencente ao sujeito ativo da obrigação tributária (U-E-DF-M), que não se confunde com o chamado "crédito escritural" do sujeito passivo, tampouco com outros "direitos de crédito" a este conferidos pela legislação tributária.

Uma vez constituído, o crédito tributário só se modifica ou extingue nos casos previstos em lei, fora dos quais não pode a autoridade administrativa dispensar o seu pagamento ou suas garantias, sob pena de responsabilidade funcional (art. 141 do CTN).

9.2 CONSTITUIÇÃO DO CRÉDITO TRIBUTÁRIO

Para chegar até a constituição do crédito tributário, um *iter* é percorrido, cujas etapas podem ser assim resumidas, partindo da Carta da República:

1ª Elaboração da Constituição Federal (CF);

2ª a CF dá a competência à U-E-DF-M para, por meio de lei, instituir tributos;

3ª sobrevém a lei, que descreve o tipo tributário, a hipótese de incidência (h. i.);

4ª o sujeito passivo pratica um fato gerador tributário (f. g.): nesse instante, nasce a obrigação tributária, em que ele é o devedor de um tributo que, no momento, é representado por um valor considerado ilíquido;

5ª sobrevém o lançamento, cujo procedimento administrativo converte a obrigação tributária em crédito tributário. Todavia, conforme o tipo de lançamento – como veremos – esse crédito tributário pode ser considerado líquido ou ilíquido. Se *líquido*, já ocorre a constituição definitiva do crédito tributário, podendo então ser exigido, se o sujeito passivo não efetuar pagamento dentro do prazo legal. Se *ilíquido*, o sujeito passivo terá prazo para contestar – caso em que somente após a decisão administrativa final ficará constituído o crédito tributário;

6ª se pago, extingue-se o crédito tributário. Se não pago, o crédito tributário será levado a registro no Livro da Dívida Ativa, extraindo-se certidão para a propositura de Ação de execução fiscal.

9.2.1 Lançamento: conceito

O lançamento é ato privativo da administração pública, cuja finalidade é expressa no art. 142 do CTN:

> "Art. 142. Compete privativamente à autoridade administrativa constituir o crédito tributário pelo lançamento, assim entendido o procedimento administrativo tendente a verificar a ocorrência do fato gerador da obrigação correspondente, determinar a matéria tributável, calcular o montante do tributo devido, identificar o sujeito passivo e, sendo o caso, propor a aplicação da penalidade cabível.
>
> Parágrafo único. A atividade administrativa de lançamento é vinculada e obrigatória, sob pena de responsabilidade funcional.

A natureza jurídica do lançamento é declaratória e constitutiva, aspectos que se extraem de uma leitura atenta do art. 142 do CTN. *Declaratória:* porque nada cria, uma vez que se limita a declarar (verificar, certificar) uma situação jurídica (f.g.) que ocorreu.

170 Direito Tributário • *Cassone*

Constitutiva: porque individualiza essa situação, apurando o montante do tributo devido, constituindo o crédito tributário.[1]

Por se limitar a declarar um f.g. ocorrido concretamente, os efeitos retroagem *ex tunc.* Significa dizer que a lei aplicável é a do momento em que se caracterizou o f. g., e não a lei vigente no momento do lançamento. Por exemplo, se para determinada operação, no momento da ocorrência do f.g. a alíquota era de 12%, e na data do lançamento vige nova lei prevendo a alíquota de 15% ou de 8%, prevalece a alíquota de 12% para aquele f.g. tributário.

Com efeito, diz o art. 144 do CTN que "O lançamento reporta-se à data da ocorrência do fato gerador da obrigação tributária e rege-se pela lei então vigente, ainda que posteriormente modificada ou revogada."

Modificação no critério jurídico: se a autoridade administrativa (de ofício ou em face de decisão administrativa ou judicial) modificar o critério jurídico interpretativo, essa modificação, ou seja, o novo critério jurídico somente passa a surtir efeitos, em relação a um mesmo sujeito passivo, quanto a fato gerador que venha a ocorrer posteriormente à sua introdução (art. 146).

9.2.2 Lançamento: espécies

Sob o título de "Modalidades de Lançamento", o CTN, nos arts. 147 a 150, especifica as formas pelas quais o lançamento é efetuado, a saber:

a. *Lançamento por Declaração ou Misto*

Assim considerado quando o lançamento é efetuado com base na declaração do sujeito passivo, que presta à autoridade administrativa informações sobre matéria de fato, indispensáveis à sua efetivação (art. 147).

Enquadram-se nesse tipo de lançamento todos os tributos ou contribuições em que o sujeito passivo é obrigado, por lei, a apresentar *declaração* à autoridade administrativa

---

[1] Da conferência do Ministro Moreira Alves, do STF, anotei: o lançamento é um elemento que não ocorre no direito privado, porque neste, quando as obrigações nascem ilíquidas, se aplica o art. 1553 do CCB: "se fixará por arbitramento a liquidação". Permite ao Estado tornar líquido o que é ilíquido, coisa que o particular não pode fazer. Alberto Xavier diz que o lançamento é ato de criação de título jurídico abstrato. E perguntamos: o que é título jurídico abstrato? É o título jurídico adjacente ao f. g.! Se abstratamente considerado, chegaria-se à conclusão absurda: o título se abstrai do negócio subjacente, e passa a ter vida própria, isto é, o substrato seria inatacável, e isto não é verdade, porque nos Embargos à execução fiscal toda e qualquer matéria é atacada, tanto formal como material, porque o título é dotado apenas de presunção *juris tantum.* Assim, entende que o lançamento não cria, não modifica nem extingue a obrigação, tendo natureza declaratória e constitutiva. É declaratório, pois nada cria, apenas declara uma situação jurídica preexistente. É constitutivo, porque individualiza essa situação, delineando-a concretamente. Se o órgão não lançar, será punido. Não cabe falar em punição para o Estado. O lançamento não é ato indispensável em todos os tributos (extraído do relatório por mim preparado da conferência proferida para o VII Simpósio Nacional de Direito Tributário realizado em out./82 no CEU/SP – in: *Caderno de Pesquisas Tributárias.* São Paulo: RT, nº 8, 1983. p. 408-413).

competente, tal como acontece, por exemplo, com a declaração que as PF e as PJ apresentam quanto ao IR.

Retificação: se o sujeito passivo prestou algumas informações errôneas, a qualquer momento pode retificá-las. Porém, se a retificação visa a reduzir ou excluir tributo, ela só é admissível mediante comprovação de erro em que se funde, e antes de notificado o lançamento. Isso porque, se a autoridade administrativa já notificou o sujeito passivo, a partir daí cabe a este apresentar defesa administrativa com os recursos cabíveis – ou então ir diretamente ao Judiciário, se a tanto o caso aconselhar (art. 147, § 1º).

Erros contidos na declaração podem (e devem) ser constatados e retificados de ofício (art. 147, § 2º).

Arbitramento: quando o cálculo do tributo tiver por base ou tomar em consideração o valor ou o preço de bens, direitos, serviços ou atos jurídicos (praticamente esgotando as hipóteses – pois ficam de fora os denominados tributos "por quantia fixa") e as declarações e/ou documentos contiverem omissões ou não mereçam fé, a autoridade lançadora *arbitrará* aquele valor ou preço. Isso deverá ser feito mediante procedimento administrativo regular e ensejará avaliação contraditória e contestação administrativa ou judicial, em obediência ao princípio constitucional do contraditório e da ampla defesa (art. 148). Omisso o contribuinte, cabe arbitramento (STJ, 2ª Turma, Ari Pargendler – AgRg em Ag 177.722-SE –*DJU*-1, de 18-5-98, p. 78).

b. *Lançamento de Ofício*

É o lançamento efetuado pela própria autoridade administrativa, com base nos dados que ela possui em seus registros, não só quando a lei assim o determine, como também quando o sujeito passivo se omite, ou preste declaração falsa, ou que não mereça fé (art. 149).

Excluindo o lançamento *ex officio* determinado por lei, é meu entender que, nas demais hipóteses citadas e arroladas nos incisos II a IX do art. 149, a autoridade administrativa deve adotar critério legalmente admissível, não lhe sendo permitido atuar com arbitrariedade a tal ponto de consistir em abuso de direito.

Revisão: a revisão do lançamento, pela autoridade administrativa, só pode ser iniciada enquanto não extinto o direito da Fazenda Pública (art. 149, parágrafo único).

c. *Lançamento por Homologação*

O lançamento por homologação – que ocorre quanto aos tributos cuja legislação atribua ao sujeito passivo o dever de antecipar o pagamento sem prévio exame da autoridade administrativa – opera-se pelo ato em que a referida autoridade, tomando conhecimento da atividade exercida pelo sujeito passivo, expressamente a homologa (art. 150).

É o que ocorre com impostos tipo IPI, ICMS, ISS e até em certas hipóteses do IR (por exemplo: na tributação exclusiva ou nas hipóteses de antecipação de pagamento sem exame prévio da autoridade administrativa), em que o contribuinte apura o montante do tributo devido e efetua o respectivo pagamento dentro do prazo legalmente estabelecido.

172 Direito Tributário • *Cassone*

O CTN, no art. 150, utiliza-se da expressão "pagamento antecipado", para dizer que o pagamento é feito *antes* do lançamento da autoridade administrativa. Por isso que seu § 1º diz que *o pagamento antecipado extingue o crédito sob condição resolutória da ulterior homologação do lançamento.*

O lançamento por homologação é também chamado pela doutrina de "autolançamento", ou seja, o sujeito passivo pratica o fato gerador e se "autolança" (lançamento impropriamente dito) do correspondente montante do tributo devido.

Esse, talvez, o motivo pelo qual o Ministro Moreira Alves, em retrorreferida conferência perante o VII Simpósio coordenado por Ives Gandra da Silva Martins e por mim relatado, dizer que o lançamento *não é ato indispensável em todos os tributos.* É que o lançamento propriamente dito é de competência exclusiva da autoridade administrativa, a qual, nos tributos tipo ICMS, IPI e ISS, em geral limita-se a homologar, muitas vezes tacitamente, ou seja, recebe os formulários contendo informações acerca dos fatos geradores praticados, faz uma rápida análise (hodiernamente cada vez mais aprofundada, em vista dos programas de computador sempre mais aperfeiçoados), decorrendo *in albis* o prazo para o lançamento pela autoridade administrativa. Por isso, a 2ª Turma do STF, no RE 93.039-SP, Djaci Falcão (*RTJ* 103/667), decidiu: *"ICM– Validade do lançamento por homologação ou autolançamento, independentemente de procedimento administrativo. Precedentes do STF."*

No mesmo sentido o STJ, ao decidir que "o crédito declarado e não pago pelo contribuinte torna-se exigível, sem necessidade da prévia notificação administrativa para a inscrição e a cobrança executiva". (EDiv em REsp 45.494-PR, 1ª Seção, Hélio Mosimann – acórdão unânime de 9-9-98, *DJU*-1, de 5-10-98, p. 4).

O Imposto sobre a Propriedade Territorial Rural (ITR), outrora sujeito a *lançamento de ofício*, passou a *lançamento por homologação*, por força da Lei nº 9.393, de 19-12-96, pois prevê a entrega, obrigatória, a cada ano, do Documento de Informação e Apuração do ITR – DIAT (art. 8º), sob pena de multa (art. 9º), devendo a apuração e o pagamento do ITR ser efetuados pelo contribuinte, independentemente de prévio procedimento da administração tributária, sujeitando-se a homologação posterior (art. 10, o qual contém, em seus §§, elementos para a apuração do imposto).

9.3 SUSPENSÃO DA EXIGIBILIDADE DO CRÉDITO TRIBUTÁRIO

Ao mesmo tempo que a Constituição confere à lei a presunção de constitucionalidade (art. 97), ela estabelece que a mesma não excluirá da apreciação do Poder Judiciário lesão ou ameaça a direito (art. 5º, XXXV), nem prejudicará o direito adquirido, ato jurídico perfeito e coisa julgada (art. 5º, XXXVI), assegurando aos litigantes, em processo administrativo ou judicial, o contraditório e a ampla defesa (art. 5º, LV).

Em outras palavras, o contribuinte tem o direito de contestar uma exigência descabida feita pela autoridade administrativa. Entretanto, tal contestação deve ser feita pela via adequada.

Ante isso, o CTN prevê hipóteses em que a exigibilidade do crédito tributário fica suspensa, nestes termos:

"**Art. 151.** Suspendem a exigibilidade do crédito tributário:

I – moratória;

II – o depósito do seu montante integral;

III – as reclamações e os recursos, nos termos das leis reguladoras do processo tributário--administrativo;

IV – a concessão de medida liminar em mandado de segurança.

V – a concessão de medida liminar ou de tutela antecipada, em outras espécies de ação judicial;

VI – o parcelamento.

(**Nota:** Os incisos V e VI foram acrescentados pela LC 104/2001.)

Parágrafo único. O disposto neste artigo não dispensa o cumprimento das obrigações acessórias dependentes da obrigação principal cujo crédito seja suspenso, ou dela consequente."

Da *moratória* tratam os arts. 152 a 155 do CTN.

O parcelamento é hipótese de moratória, em que não se verifica "novação" em relação ao título executivo – embora boa parte da doutrina entenda que representa título autônomo, quer dizer, ele passaria a ter vida própria, com todos seus efeitos, diversos da titulação subjacente à obrigação tributária.

Entretanto, concedido o parcelamento, questiona-se se o sujeito passivo teria direito a obter certidão negativa de débito tributário, tendo em vista que, acordado ou transacionado, para fins de direito estaria "em dia" com os pagamentos.[2]

O depósito haverá de ser integral – diz o inciso II – para que haja a qualificação de "suspensão da exigibilidade do crédito tributário". O STJ, em decisão unânime de 9-9-98, entendeu que esse depósito pode ser feito nos próprios autos da ação ordinária (EDiv em REsp 40.737-DF, STJ, 1ª Seção, Hélio Mosimann, *DJU*-1, de 5-10-98. p. 3-4).

Também as *reclamações* e os *recursos* pertinentes ao processo administrativo-tributário suspendem a exigibilidade do crédito tributário.

Quanto à concessão de *medida liminar em mandado de segurança*, em simpósios tem prevalecido a ideia de que, se a impetração se deu antes do vencimento do prazo para o pagamento do tributo e foi posteriormente cassada (e neste sentido mantida a decisão final), o impetrante teria o prazo de 30 (trinta dias), da ciência da decisão (interlocutória ou final), para efetuar o pagamento sem penalidades. Tal exegese é extraída do art. 160 do CTN, na seguinte redação:

"**Art. 160.** Quando a legislação tributária não fixar o tempo do pagamento, o vencimento do crédito ocorre 30 (trinta) dias depois da data em que se considera o sujeito passivo notificado do lançamento."

A Lei nº 9.430/96, pelo art. 63, adotou tal entendimento.

Contrariamente, se a impetração ocorreu depois de ter se esgotado o prazo para pagamento do tributo, incidem penalidades, justamente por representar pagamento fora do prazo legal.

---

[2] A 2ª Turma do STJ, em acórdão unânime de 3-3-98, decidiu que a suspensão da exigibilidade do crédito tributário pela moratória não extingue a dívida do contribuinte que, por isso, não pode obter a CND mas, sim, a certidão prevista no art. 206 do CTN (REsp 88.786-SP, Min. Peçanha Martins – *RJ/IOB* 1/12503).

174 Direito Tributário • *Cassone*

Em qualquer das hipóteses, é forte a corrente que entende que o período em que vigente a liminar favorece o sujeito passivo impetrante, tendo em vista que, se ela fora concedida, é porque havia intensa fumaça do bom direito, não se podendo alegar que a impetração fora interposta aleatoriamente, nem para ganhar tempo.

9.4 EXTINÇÃO DO CRÉDITO TRIBUTÁRIO

Diz o CTN que extinguem o crédito tributário: o pagamento, a compensação, a transação, a remissão, a prescrição e a decadência, a conversão do depósito em renda, o pagamento antecipado e a homologação dos lançamentos nos termos do disposto no art. 150 e seus §§ 1º e 4º, a consignação em pagamento, a decisão administrativa irreformável, a decisão judicial transitada em julgado (art. 156).

9.4.1 Pagamento e dação em pagamento

O pagamento é o modo mais comum de quitação do crédito tributário. Podemos mesmo dizer que as demais modalidades representam exceções. Afinal, é de suma importância que o sujeito passivo cumpra com suas obrigações tributárias, e tempestivamente, para que o Estado possa atingir seus objetivos, expressos nos princípios fundamentais dos arts. 1º, 2º e 3º da Carta da República.

Isso, mais do que uma simples obrigação, é um dever cívico para com a Pátria.

A LC 104/2001 acrescentou o seguinte inciso ao art. 156: "XI – a dação em pagamento em bens imóveis, na forma e nas condições estabelecidas em lei." A *dação em pagamento*, no dizer de Maria Helena Diniz, "é o acordo liberatório feito entre credor e devedor em que aquele consente na entrega de uma coisa diversa da avençada. Por exemplo, se *A* deve a *B* uma quantia em dinheiro e propõe saldar seu débito mediante a entrega de um terreno sendo aceita sua proposta pelo credor, configurada estará a dação em pagamento, extinguindo-se a relação obrigacional, por ter a mesma índole do pagamento, sendo, porém, indireta".

Trata-se de uma espécie de "transação", por isso que deve a dação em pagamento estar prevista em lei da pessoa política detentora da competência tributária.

Exemplos de dação em pagamento: Lei nº 9.711/1998, para quitação de débitos com o INSS até 31.12.1999, com Títulos da Dívida Agrária; Lei nº 13.259/2016, art. 4º, extinção de crédito tributário inscrito em dívida ativa da União, com imóveis.

9.4.2 Compensação

A compensação vem regulada nos arts. 170 e 170-A do CTN, nestes termos:

> "**Art. 170.** A lei pode, nas condições e sob as garantias que estipular, ou cuja estipulação em cada caso atribuir à autoridade administrativa, autorizar a compensação de créditos tributários com créditos líquidos e certos, vencidos ou vincendos, do sujeito passivo contra a Fazenda Pública."

"**Art. 170-A.** É vedada a compensação mediante o aproveitamento de tributo, objeto de contestação judicial pelo sujeito passivo, antes do trânsito em julgado da respectiva decisão judicial" (artigo acrescentado pela LC 104/2001).

Por se tratar de norma geral complementar, que se fundamenta no art. 146 da Constituição, aplica-se às quatro pessoas políticas competentes – U-E-DF-M.

9.4.3 Transação

Da transação trata o art. 171 do CTN:

"**Art. 171.** A lei pode facultar, nas condições que estabeleça, aos sujeitos ativo e passivo da obrigação tributária celebrar transação que, mediante concessões mútuas, importe em terminação de litígio e consequente extinção de crédito tributário.

Parágrafo único. A lei indicará a autoridade competente para autorizar a transação em cada caso."

Na verdade, em nosso ver, a *transação*, instituto de direito privado adotado pelo direito tributário, somente ocorre em casos excepcionais, de extrema dificuldade econômico--financeira do sujeito passivo, situação que merecerá o devido exame para justificar a transação, cujas hipóteses estão contidas em projetos de lei.

9.4.4 Remissão

Da remissão trata o art. 172 do CTN, ao dizer que a lei pode autorizar a autoridade administrativa a conceder, por despacho fundamentado, remissão total ou parcial do crédito tributário, atendendo: I – à situação econômica do sujeito passivo; II – ao erro ou ignorância escusáveis do sujeito passivo, quanto à matéria de fato (hipótese difícil de ocorrer na prática, em face do princípio da igualdade e outros fatores); III – à diminuta importância do crédito tributário; IV – a considerações de equidade, em relação com as características pessoais ou materiais do caso; V – a condições peculiares a determinada região do território de entidade tributante.

Para a concessão, basta o atendimento de apenas um dos cinco incisos.

A Lei Complementar 160, de 2017, dispõe sobre convênios que deliberam sobre remissão de créditos tributários, fazendo referência ao art. 155, § 2º, XII, "g"; e altera a Lei 12.973, de 2014.

9.4.5 Conversão do depósito em renda

O § 2º do art. 164, ao tratar da ação de consignação judicial do crédito tributário, em caso de recusa de recebimento pelo sujeito ativo e em outras situações, diz que, julgada procedente a consignação, o pagamento se reputa efetuado e a importância assim consignada é *convertida em renda*. Por isso, é uma espécie de "pagamento".

Entretanto, mesmo nos demais tipos de ações em que o sujeito passivo deposita o montante do crédito tributário, suspendendo a exigibilidade, com a decisão final transita-

176 Direito Tributário • *Cassone*

da em julgado, o depósito se converte em renda em favor do sujeito ativo, extinguindo-se o crédito tributário (em não havendo diferença a pagar).

9.4.6 Pagamento antecipado e homologação de lançamento

O pagamento antecipado e a homologação do lançamento nos termos do disposto no art. 150 e seus §§ 1º e 4º são outra hipótese de extinção do crédito tributário.

Essa situação ocorre nos tributos sujeitos a "lançamento" que o próprio sujeito passivo efetua, posteriormente homologado, tácita ou expressamente, pela autoridade administrativa.

Assim, uma vez homologado, por considerar-se pago o tributo, o crédito tributário fica extinto.

9.4.7 Consignação em pagamento

O art. 164 trata das hipóteses em que cabe a denominada ação de consignação em pagamento, em que o sujeito passivo consigna (deposita) a importância do crédito tributário que reputa correta e, julgada procedente a consignação, é ela convertida em renda do sujeito ativo.

Por ser definitiva essa conversão, o crédito tributário fica extinto.

Da ação em consignação em pagamento (com modelos de petições judiciais) tratamos no livro *Processo tributário*, em coautoria com Maria Eugenia Teixeira Cassone, editado pela Atlas.

9.4.8 Decisão administrativa definitiva

A decisão administrativa irreformável, assim entendida a definitiva na órbita administrativa, que não mais possa ser objeto de ação anulatória, é outra hipótese de extinção do crédito tributário.

É que se tem por costume – e o sistema que regula o processo administrativo tem sido assim – que, se a decisão definitiva for desfavorável ao sujeito passivo, este pode recorrer ao Judiciário, enquanto, se desfavorável ao sujeito ativo, este não tem a possibilidade de utilizar-se do mesmo recurso.

O XXX Simpósio (CEU-SP, 21-10-2005) debateu a questão de saber se o Fisco poderia recorrer de decisão de Tribunal Administrativo que, por fazer parte da estrutura administrativa do Poder Executivo, seria um contrassenso tentar obter uma decisão judicial, quando um dos próprios Poderes da República já deu sua versão.

Além disso, tem o aspecto da paridade no colegiado, que não é absoluta, em face da existência do voto de desempate. Dir-se-á que o juiz ou conselheiro que vai desempatar julgará de conformidade com a lei – e quanto a isso não temos dúvida alguma. Contudo, não deixa de haver certa dose, mesmo que pequena, de tendência doutrinária fiscalista, aspecto que, por bem da verdade, não tem proporcionado um *desequilíbrio* na balança – consciente da nobre missão de praticar a justiça.

É, no fundo, de reconhecer-se que é o mínimo de garantia em favor do sujeito ativo, que se conforma com o resultado desfavorável da decisão administrativa final.

Em verdade, a Constituição Federal não fornece elementos substanciais, uma vez que se limita a dizer que "aos litigantes, em processo judicial ou administrativo, são assegurados o contraditório e ampla defesa" (art. 5º, LV).

A legislação federal, por exemplo, dispõe sobre a hipótese de o sujeito passivo abandonar o processo administrativo para dirigir-se ao Judiciário, mas silencia em relação ao sujeito ativo, motivo pelo qual, sobrevindo lei, será possível.

É esse, provavelmente, fundamento infraconstitucional, mas a questão que se coloca é se tal proceder costumeiro, ou disposição infraconstitucional, mantém conformidade com a Carta da República. Se for razoável, será conforme.

9.4.9 Decisão judicial transitada em julgado

É óbvio que a decisão judicial passada em julgado extingue o crédito tributário. Afinal, tem ela proteção constitucional, uma vez que *a lei não prejudicará a coisa julgada* (art. 5º, XXXVI), e a LICCB dispõe que *Chama-se coisa julgada ou caso julgado a decisão judicial de que não caiba mais recurso* (art. 6º, § 3º).

Contudo, a disposição tem que ser bem entendida, pois, se o Judiciário decide que o sujeito passivo X deve pagar $ 100 de tributo, e ele não efetuou depósito algum, é evidente que a *decisão judicial passada em julgado*, em si mesma considerada, não chega a extinguir o crédito tributário. Chega, isso sim, a constituir o crédito tributário, em título judicial de $ 100 que, se não pago no prazo assinalado, será objeto de cobrança executiva.

Sendo assim, a decisão judicial passada em julgado pode se apresentar sob as mais variadas formas: tributo declarado inconstitucional; hipótese de não incidência tributária; a pessoa Ltda. tem direito a certa imunidade ou isenção tributária; o tributo é na quantia X e não Y; o sujeito passivo deve $A + C$ e não somente A; e assim por diante.

9.4.10 Decadência e prescrição

Decadência e prescrição são modalidades de extinção do crédito tributário muito debatidas na Doutrina e na Jurisprudência, por apresentarem, ao longo do tempo, principalmente a partir da CTN de 1966 e da CF de 1967/69, muita complexidade, na medida em que várias leis ordinárias têm estabelecido prazos diferentes dos assinalados pelo CTN, além da EC nº 8/77 ter sido editada com a finalidade de excluir as contribuições parafiscais do capítulo "Do Sistema Tributário Nacional", transferindo-as para o art. 43, X, embora voltando a esse capítulo na CF de 1988.

Já dizia o saudoso mestre da PUC/SP, Agostinho Neves de Arruda Alvim, que o fundamento da decadência e da prescrição é a paz social, uma vez que as coisas não podem arrastar-se indefinidamente.

178 Direito Tributário • *Cassone*

Decadência é a perda de um direito em consequência de seu titular não tê-lo exercido durante determinado período. O prazo corre sem solução de continuidade: inexiste interrupção ou suspensão.

Prescrição é a perda da ação atribuída a um direito e de toda sua capacidade defensiva, em consequência do não uso dela, durante determinado espaço de tempo. Diz respeito ao exercício do direito subjetivo de que uma pessoa é detentora.

A prescrição admite a interrupção de seu prazo (art. 174, parágrafo único – que recomeça novamente) e a suspensão (art. 151 – que continua pelo tempo faltante).

O CTN cuida desses dois institutos nos arts. 173 e 174, *in verbis*:

> **"Art. 173.** O direito de a Fazenda Pública constituir o crédito tributário extingue-se após 5 (cinco) anos, contados:
>
> I – do primeiro dia do exercício seguinte àquele em que o lançamento poderia ter sido efetuado;
>
> II – da data em que se tornar definitiva a decisão que houver anulado, por vício formal, o lançamento anteriormente efetuado.
>
> Parágrafo único. O direito a que se refere este artigo extingue-se definitivamente com o decurso do prazo nele previsto, contado da data em que tenha sido iniciada a constituição do crédito tributário pela notificação, ao sujeito passivo, de qualquer medida preparatória indispensável ao lançamento.
>
> **Art. 174.** A ação para a cobrança do crédito tributário prescreve em 5 (cinco) anos, contados da data da sua constituição definitiva.
>
> Parágrafo único. A prescrição se interrompe:
>
> I – pela citação pessoal feita ao devedor;
>
> II – pelo protesto judicial;
>
> III – por qualquer ato judicial que constitua em mora o devedor;
>
> IV – por qualquer ato inequívoco ainda que extrajudicial, que importe em reconhecimento do débito pelo devedor."

Cronologicamente, primeiramente temos a decadência e depois a prescrição. Claro está que, se ocorrer a decadência, decaiu o próprio direito, pelo que não haverá de se falar em prescrição.

Isso porque do fato gerador começa a correr prazo de decadência, que vai até a data do lançamento (auto de infração e notificação são considerados lançamentos). Se o lançamento ocorrer dentro de cinco anos, inocorre a decadência, porque a partir daí dever-se-á pensar tão somente em prescrição. Se o lançamento ocorrer após os cinco anos, mesmo que seja por apenas um dia, a obrigação tributária desaparecerá, não mais podendo ser lançada e exigida, em face do decurso do prazo.

Efetuado tempestivamente o lançamento, por exemplo, por notificação ou pela lavratura de auto de infração, deveria começar a correr o prazo de prescrição. Contudo, como o sujeito passivo autuado tem o prazo de 30 dias (art. 160 do CTN) para impugnar o lançamento, o prazo de prescrição fica suspenso até que ocorra decisão definitiva no processo administrativo fiscal, ou então, se o sujeito passivo não recorrer, após a fluência do prazo de 30 dias para tal. A partir (do dia seguinte) de uma dessas datas, começa a correr o prazo de prescrição, que pode ser interrompido nas hipóteses descritas no parágrafo único do art. 174 do CTN.[3]

O inciso I do art. 173 diz que o prazo de decadência começa a correr a partir do 1º dia do exercício seguinte àquele em que o lançamento poderia ter sido efetuado e tem aplicação em relação a tributos como o IR.[4]

Exemplificando, o IR de PF ou PJ, por declaração anual, cujo fato gerador tenha ocorrido em 31-12-2011: tais pessoas devem apresentar a declaração nos primeiros meses de 2012, pelo que a contagem do prazo de decadência começa a ocorrer a partir de 1º-1-2013, que é *o primeiro dia do exercício seguinte àquele em que o lançamento poderia ter sido efetuado* (poderia em 2012 – art. 173, I), decaindo a Fazenda Pública do direito de lançar em 1º-1-2018.

Para os tributos sujeitos a lançamento por homologação, o prazo começa a correr *a contar da ocorrência do fato gerador* (art. 150, § 4º), que, nos tributos tipo ICMS e IPI, ocorre, por exemplo, na "saída da mercadoria do estabelecimento industrial ou comercial". Todavia, considerando que a apuração seja, por exemplo, mensal, o prazo começa a ser contado a partir do dia seguinte ao vencimento da obrigação (vence geralmente durante o mês seguinte).

Por força do art. 146, III, *b*, decadência e prescrição somente podem ser tratadas por lei complementar, questão confirmada pelo STF nos RREE 556.664 e 559.943 – editando a seguinte Súmula Vinculante:

> 8. São inconstitucionais o parágrafo único do art. 5º do Decreto-lei nº 1.569/1977 e os artigos 45 e 46 da Lei nº 8.212/1991, que tratam da prescrição e decadência do crédito tributário.

Permitimo-nos observar, apenas em face do rigor técnico dos termos, que a redação da SV 8 (aqui sugerida) deveria ser como segue:

> 8. São inconstitucionais o parágrafo único do art. 5º do Decreto-lei nº 1.569/1977 e os arts. 45 e 46 da Lei nº 8.212/1991, que tratam da decadência da obrigação tributária e da prescrição do crédito tributário.

Isto porque, e conforme apontamos no Quadro do "crédito tributário" (item 9.8), pela ordem cronológica primeiramente é examinada a *decadência* no bojo da "Obrigação tributária", e somente depois de superada essa fase é que aparece a *prescrição* do "crédito tributário".

---

[3] Nesse sentido: RE 91.019-SP, STF, 2ª Turma, Moreira Alves (*Lex*-JSTF 12/225), RE 94.462-1-SP, STF-Pleno (*Lex* JSTF 51/105) e RE 95.365-MG, STF, 2ª T., Décio Miranda (*RTJ* 100/945).

[4] Em tributação reflexa de PF, advinda de atuação contra PJ, decidiu a 8ª C do 1º CC, no Acórdão nº 108-05.093 (proc. 10469.000918/95-68), em sessão de 15-5-98, *DOU*-1 de 15-6-98, p. 23, relator Conselheiro José Antonio Minatel: "IRPF – Preliminar de decadência: A regra de incidência de cada tributo é que define a sistemática de seu lançamento. Por ser tributo cuja legislação atribui ao sujeito passivo o dever de antecipar o pagamento sem prévio exame da autoridade administrativa, o imposto de renda das pessoas físicas (IRPF) amolda-se à sistemática de lançamento denominada de homologação, onde a contagem do prazo decadencial desloca-se da regra geral (art. 173 do CTN) para encontrar respaldo no § 4º do art. 150, do mesmo Código, hipótese em que os cinco anos têm como termo inicial a data da ocorrência do fato gerador."

180   Direito Tributário • *Cassone*

9.4.10.1 Prescrição intercorrente

É a prescrição que surge após a propositura da ação que, inicialmente produto de entendimento doutrinários e jurisprudenciais, foi introduzido pela Lei nº 11.051/04, acrescentado o § 4º ao art. 40 da Lei nº 6.830/80, nestes termos:

> § 4º Se da decisão que ordenar o arquivamento tiver ocorrido o prazo prescricional, o juiz, depois de ouvida a Fazenda Pública, poderá, de ofício, reconhecer a prescrição intercorrente e decretá-la de imediato.

9.5 EXCLUSÃO DO CRÉDITO TRIBUTÁRIO

Os arts. 175 a 182 do CTN tratam da isenção (relativa a tributo) e da anistia (de multas), as quais *excluem* o crédito tributário, sendo, portanto, situações diferentes das hipóteses de *extinção* do crédito tributário, porque nestas o lançamento chega a efetuar-se.

Da isenção cuidamos no Capítulo 5. Quanto à anistia, pode ser concedida em caráter *geral* (de regra autoaplicável) ou *limitadamente* – caso em que é efetivada em cada caso por despacho da autoridade administrativa, em requerimento com o qual o interessado faça prova do preenchimento das condições e do cumprimento dos requisitos previstos em lei para sua concessão.

9.6 PAGAMENTO INDEVIDO: RESTITUIÇÃO

Os arts. 165 a 169 tratam da restituição de tributos ou contribuições pagos indevidamente, qualquer que seja a causa (erro do contribuinte, erro do Fisco, tributo declarado inconstitucional).

O art. 166 refere a impostos *indiretos*, tais como o IPI e o ICMS, que comportam a transferência do encargo financeiro, quer dizer, é o contribuinte "de direito" que recolhe o tributo, mas quem o suporta é uma terceira pessoa, chamada "contribuinte de fato", pois aquele destaca o valor do imposto no documento fiscal, que é somado ao valor do produto ou mercadoria e debita o montante ao comprador.

Todavia, a jurisprudência do STF e do STJ ainda haverão de assentar a jurisprudência em relação a quem possui legitimidade ativa para pleitear a restituição, e a tendência, no STJ, vem expressa no AgRg no REsp 1.090.782/RJ, STJ, 1ª Turma, Luiz Fux, unânime, 19-10-2010, *DJe* 4-11-2010, em transcrição parcial da ementa:

> "6. Deveras, o condicionamento do exercício do direito subjetivo do contribuinte que pagou tributo indevido (contribuinte de direito) à comprovação de que não procedera à repercussão econômica do tributo ou à apresentação de autorização do 'contribuinte de fato' (pessoa que sofreu a incidência econômica do tributo), à luz do disposto no art. 166, do CTN, não possui o condão de transformar sujeito alheio à relação jurídica tributária em parte legítima na ação de restituição de indébito.

7. À luz da própria interpretação histórica do art. 166, do CTN, dessume-se que somente o contribuinte de direito tem legitimidade para integrar o polo ativo da ação judicial que objetiva a restituição do 'tributo indireto' indevidamente recolhido" (Gilberto Ulhôa Canto, "Repetição de Indébito", in *Caderno de Pesquisas Tributárias*, nº 8, p. 2-5, São Paulo, Resenha Tributária, 1983; e Marcelo Fortes de Cerqueira, in "Curso de Especialização em Direito Tributário – Estudos Analíticos em Homenagem a Paulo de Barros Carvalho", Coordenação de Eurico Marcos Diniz de Santi, Ed. Forense, Rio de Janeiro, 2007, p. 390-393)."

Em processo de restituição de ICMS em face de o STF ter declarado a inconstitucionalidade do aumento da alíquota de 17% para 18% (arts. 3º a 9º da Lei nº 6.556/89-SP), a 1ª Turma do STF, Sepúlveda Pertence, no AgR no AI 600.929-3-SP, negou provimento "por ausência de prova de inexistência de repasse ao consumidor final da diferença decorrente de majoração da alíquota: incidência, *a contrario sensu*, da Súmula 546".

Reavivando debates doutrinários e jurisprudenciais, sobreveio a Lei Complementar nº 118, de 9.2.2005, para dispor:

> **"Art. 3º** Para efeito de **interpretação** do inciso I do art. 168 da Lei nº 5.172, de 25 de outubro de 1966 – Código Tributário Nacional, a extinção do crédito tributário ocorre, no caso de tributo sujeito a lançamento por homologação, no momento do pagamento antecipado de que trata o § 1º do art. 150 da referida Lei.
>
> **Art. 4º** Esta lei entra em vigor 120 (cento e vinte) dias após sua publicação, observado, quanto ao art. 3º, o disposto no art. 106, inciso I, da Lei nº 5.172, de 25 de outubro de 1966 – *Código Tributário Nacional.*"

A jurisprudência é no sentido de que o art. 3º da LC nº 118/2005 não tem natureza interpretativa, mas inovadora da ordem jurídica, motivo pelo qual, na restituição de tributos, aplica-se o prazo de 5 + 5 (definido pelo STJ) até o sobrevir dessa norma complementar.

A orientação obedece ao quanto decidido no RE 556.664/RS, STF, Pleno, Gilmar Mendes, 12-6-2008, *DJe*-216, de 14-11-2008:

> "PRESCRIÇÃO E DECADÊNCIA TRIBUTÁRIAS. MATÉRIAS RESERVADAS A LEI COMPLEMENTAR. DISCIPLINA NO CÓDIGO TRIBUTÁRIO NACIONAL. NATUREZA TRIBUTÁRIA DAS CONTRIBUIÇÕES PARA A SEGURIDADE SOCIAL. INCONSTITUCIONALIDADE DOS ARTS. 45 E 46 DA LEI 8.212/91 E DO PARÁGRAFO ÚNICO DO ART. 5º DO DECRETO-LEI 1.569/77. RECURSO EXTRAORDINÁRIO NÃO PROVIDO. MODULAÇÃO DOS EFEITOS DA DECLARAÇÃO DE INCONSTITUCIONALIDADE.
>
> I. PRESCRIÇÃO E DECADÊNCIA TRIBUTÁRIAS. RESERVA DE LEI COMPLEMENTAR. As normas relativas à prescrição e à decadência tributárias têm natureza de normas gerais de direito tributário, cuja disciplina é reservada a lei complementar, tanto sob a Constituição pretérita (art. 18, § 1º, da CF de 1967/69) quanto sob a Constituição atual (art. 146, *b*, III, da CF de 1988). Interpretação que preserva a força normativa da Constituição, que prevê disciplina homogênea, em âmbito nacional, da prescrição, decadência, obrigação e crédito tributários. Permitir regulação distinta sobre esses temas, pelos diversos entes da federação, implicaria prejuízo à vedação de tratamento desigual entre contribuintes em situação equivalente e à segurança jurídica.
>
> II. DISCIPLINA PREVISTA NO CÓDIGO TRIBUTÁRIO NACIONAL. O Código Tributário Nacional (Lei 5.172/1966), promulgado como lei ordinária e recebido como lei complementar pelas Constituições de 1967/69 e 1988, disciplina a prescrição e a decadência tributárias.

III. NATUREZA TRIBUTÁRIA DAS CONTRIBUIÇÕES. As contribuições, inclusive as previdenciárias, têm natureza tributária e se submetem ao regime jurídico-tributário previsto na Constituição. Interpretação do art. 149 da CF de 1988. Precedentes.

IV. RECURSO EXTRAORDINÁRIO NÃO PROVIDO. Inconstitucionalidade dos arts. 45 e 46 da Lei 8.212/91, por violação do art. 146, III, *b*, da Constituição de 1988, e do parágrafo único do art. 5º do Decreto-lei 1.569/77, em face do § 1º do art. 18 da Constituição de 1967/69.

V. MODULAÇÃO DOS EFEITOS DA DECISÃO. SEGURANÇA JURÍDICA. São legítimos os recolhimentos efetuados nos prazos previstos nos arts. 45 e 46 da Lei 8.212/91 e não impugnados antes da data de conclusão deste julgamento.

Decisão: O Tribunal, por maioria, vencido o Senhor Ministro Marco Aurélio, deliberou aplicar efeitos *ex nunc* à decisão, esclarecendo que a modulação aplica-se tão somente em relação a eventuais repetições de indébitos ajuizadas após a decisão assentada na sessão do dia 11-6-2008, não abrangendo, portanto, os questionamentos e os processos já em curso, nos termos do voto do relator, Ministro Gilmar Mendes (Presidente). Ausente, justificadamente, o Senhor Ministro Joaquim Barbosa. Plenário, 12-6-2008."

No STJ, decidiu a 2ª Turma no REsp 1.205.811/CE, Mauro Campbell Marques, unânime, 9-8-2011, *DJe* 17-8-2022:

"2. Consolidado no âmbito desta Corte que, nos casos de tributo sujeito a lançamento por homologação, a prescrição da pretensão relativa à sua restituição, em se tratando de pagamentos indevidos efetuados antes da entrada em vigor da Lei Complementar nº 118/05 (em 9-6-2005), somente ocorre após expirado o prazo de cinco anos, contados do fato gerador, acrescido de mais cinco anos, a partir da homologação tácita.

3. Precedente da Primeira Seção no REsp nº 1.002.932/SP, julgado pelo rito do art. 543-C do CPC, que atendeu ao disposto no art. 97 da Constituição da República, consignando expressamente a análise da inconstitucionalidade da Lei Complementar nº 118/05 pela Corte Especial (AI nos ERESP 644736/PE, Relator Ministro Teori Albino Zavascki, julgado em 6-6-2007)."

9.6.1 Convolação da restituição em compensação

Há hipóteses em que o contribuinte pode optar pela compensação, apesar de ter requerida a restituição, a teor do AgRg no REsp 1.086.243/SC, STJ, 1ª Turma, Luiz Fux, unânime, 13-4-2010, *DJe* 27-4-2010:

"1. O contribuinte tem a faculdade de optar pelo recebimento do crédito por via do precatório ou proceder à compensação tributária, seja em sede de processo de conhecimento ou de execução de decisão judicial favorável transitada em julgado."

9.7 GARANTIAS E PRIVILÉGIOS DO CRÉDITO TRIBUTÁRIO

A matéria é contida nos arts. 183 a 193, nos quais o CTN explicita uma série de garantias em favor da Fazenda Pública, para obviamente salvaguardar o interesse da fiscalização e da arrecadação tributária.

O art. 185, na nova redação dada pela Lei Complementar nº 118/2005, representa rara exceção de *presunção legal absoluta* de direito tributário:

> "**Art. 185.** Presume-se fraudulenta a alienação ou oneração de bens ou rendas, ou seu começo, por sujeito passivo em débito para com a Fazenda Pública, por crédito tributário regularmente inscrito como dívida ativa.
>
> Parágrafo único. O disposto neste artigo não se aplica na hipótese de terem sido reservados pelo devedor bens ou rendas suficientes ao total pagamento da dívida inscrita."

O crédito tributário *prefere* a qualquer outro, seja qual for a natureza ou o tempo da constituição deste, *ressalvados* os créditos decorrentes da legislação do trabalho (art. 186).

Portanto, na ordem preferencial, encontram-se primeiramente os créditos decorrentes da legislação do trabalho (que são considerados verbas *alimentícias*), e logo em seguida devem ser satisfeitos os créditos tributários, seguidos das demais ordens emanadas da Lei de Falências e outras leis esparsas.

O art. 187 do CTN estabelece que a cobrança judicial do crédito tributário não é sujeita a concurso de credores ou habilitação em falência, concordata, inventário ou arrolamento, esclarecendo, ainda, que o concurso de preferência somente se verifica entre pessoas jurídicas de direito público, na seguinte ordem: I – União; II – Estados, Distrito Federal e Territórios, conjuntamente e *pro rata*; III – Municípios, conjuntamente e *pro rata*.

Os arts. 191 e 192 se explicam por si:

> "**Art. 191.** Não será concedida concordata nem declarada a extinção das obrigações do falido, sem que o requerente faça prova da quitação de todos os tributos relativos à sua atividade mercantil.
>
> **Art. 192.** Nenhuma sentença de julgamento de partilha ou adjudicação será proferida sem prova da quitação de todos os tributos relativos aos bens do espólio, ou às suas rendas."

9.8 QUADRO DE VISUALIZAÇÃO GERAL DO CRÉDITO TRIBUTÁRIO NO CTN/66

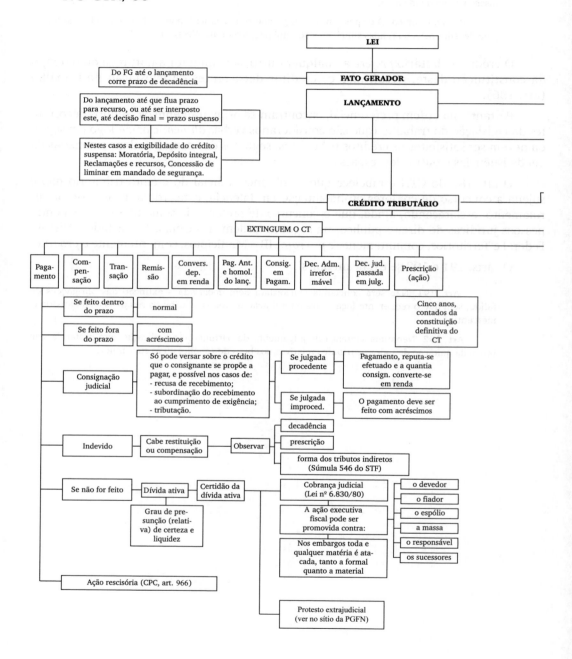

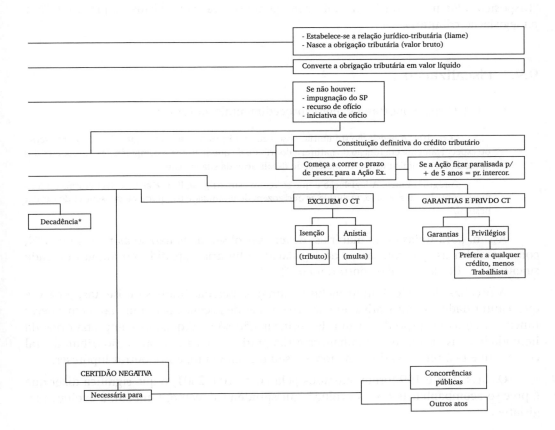

Nota: Nosso "Processo Tributário" (Gen/Atlas, 14ª ed., 2016) trata dos Processos Administrativos e Judiciais Tributários, atualizado em face do Novo CPC de 2015.

---

* Na verdade, com a decadência não chega a constituir-se o crédito tributário.

9.9 ADMINISTRAÇÃO TRIBUTÁRIA

Da administração tributária o CTN dispõe nos arts. 194 a 208, dividindo-a nos seguintes capítulos: Fiscalização, Dívida Ativa e Certidões Negativas, e tratando, ainda, nas "Disposições Finais e Transitórias", da contagem dos prazos previstos no próprio CTN e na legislação tributária.

9.9.1 Fiscalização

O art. 194 fixa importantes regras procedimentais, *in verbis:*

> **"Art. 194.** A legislação tributária, observado o disposto nesta Lei, regulará, em caráter geral, ou especificamente em função da natureza do tributo de que se tratar, a competência e os poderes das autoridades administrativas em matéria de fiscalização da sua aplicação.
>
> Parágrafo único. A legislação a que se refere este artigo aplica-se às pessoas naturais ou jurídicas, contribuintes ou não, inclusive às que gozem de imunidade tributária ou de isenção de caráter pessoal."

Assim, para todas essas matérias, devem ser observadas não só as regras do CTN, como também as que constarem da legislação tributária expedida no âmbito de cada sujeito ativo, desde que não contrariem o CTN.

A fiscalização poderá atuar inclusive junto às pessoas imunes ou isentas, uma vez que a autoridade administrativa tem não só o *poder* de fiscalizá-las, como também o *dever* funcional de assim proceder, a fim de verificar não só os requisitos comprobatórios da imunidade ou isenção, como também se estão praticando alguma operação tributada, tal como a sujeita à retenção do IR na fonte e seu recolhimento, entre outras hipóteses.

Os arts. 198 e 199 foram alterados pela LC nº 104/2001, o que significa dizer que é preciso acompanhar não só a evolução jurisprudencial, como, também, a evolução legislativa.

9.9.2 Dívida ativa

Dívida ativa de U-E-DF-M provém do crédito tributário que possuem contra o sujeito passivo.

São, em outras palavras, créditos ou direitos de crédito do sujeito ativo que devem constar do termo de inscrição da dívida ativa que, autenticado pela autoridade competente, deve obrigatoriamente indicar os dados elencados no art. 202 do CTN.

Esclarece o art. 204 do CTN, que a dívida regularmente inscrita goza de presunção de certeza e liquidez e tem efeito de prova pré-constituída.

Isso quer dizer que, interposta ação de execução fiscal, o contribuinte pode, nos embargos, atacar tanto a parte formal quanto a material. Por isso que o parágrafo único do art. 205 do CTN diz que a dívida regularmente inscrita goza de presunção relativa.

A Lei nº 6.830/80, com algumas alterações posteriores, trata da Execução Fiscal aplicável a U-E-DF-M, aplicando-se subsidiariamente o Código de Processo Civil, na medida em que aquela é Lei Especial.

9.9.3 Certidões negativas

Para a prática de certos atos (de concorrências públicas, de demonstração de regularidade de situação etc.), a lei pode exigir seja feita prova da regularidade fiscal, ocasião em que será expedida a relativa certidão negativa de débito tributário, devendo ser fornecida ao requerente no prazo máximo de 10 (dez) dias, contados da data de entrada do requerimento.

Um segundo tipo de certidão, atestando a existência de créditos não vencidos, em curso de cobrança executiva e que tenha sido efetivada a penhora, ou cuja exigibilidade esteja suspensa, também poderá ser requerida e expedida, tendo os mesmos efeitos da certidão negativa de débito (art. 206).[5]

O art. 208, ao tratar da certidão negativa expedida com dolo ou fraude, atribui a responsabilidade à pessoa do funcionário que a expedir, pelo crédito tributário e acréscimos legais – assim entendidos não só os juros de mora expressamente mencionados, como também, em nosso ver, correção monetária. Responderá, ainda, criminalmente, a teor do disposto no parágrafo único.

9.10 PRAZOS: CONTAGEM

Eis a redação do art. 210, sobre prazos que devem ser observados:

> "**Art. 210.** Os prazos fixados nesta Lei ou na legislação tributária serão contínuos, excluindo-se na sua contagem o dia de início e incluindo-se o de vencimento.
>
> Parágrafo único. Os prazos só se iniciam ou vencem em dia de expediente normal na repartição em que corra o processo ou deva ser praticado o ato."

Se o sujeito foi notificado numa sexta-feira, a contagem do prazo começa na segunda-feira.

9.11 QUESTIONÁRIO

1. *Como se dá a conversão da "Obrigação tributária" em "Crédito tributário"?*
2. *Qual é a finalidade do lançamento tributário?*
3. *Quais são os tipos de lançamentos? Dê um exemplo de cada.*

---

[5] A partir da Lei nº 11.457/07, que dispõe sobre a Administração Tributária Federal e alterou a denominação da SRF para SRFB (Secretaria da Receita Federal do Brasil), as normas sobre certidões estarão sujeitas às adaptações a esta lei.

4. *Certo contribuinte tem sérias dúvidas sobre a legitimidade da exigência de um tributo. Como ele pode suspender a exigibilidade do crédito tributário? Fundamente sua resposta.*

5. *Quando a legislação tributária não fixar o tempo do pagamento, em que prazo ocorrerá o pagamento do tributo?*

6. *Quais são os modos de extinção do crédito tributário?*

7. *Dê um exemplo de "consignação em pagamento" de tributo.*

8. *Quais são os prazos de decadência e prescrição tributárias?*

9. *O prazo de decadência está sujeito à interrupção? E à suspensão?*

10. *Quando ocorre a "prescrição intercorrente"?*

11. *O que significa a expressão "transferência do encargo financeiro" do art. 166 do CTN?*

12. *O crédito tributário prefere a qualquer outro?*

13. *A "dívida ativa" é um crédito tributário, ou um crédito escritural que o contribuinte tem contra o sujeito ativo?*

14. *Dê um exemplo em que a certidão negativa é utilizada.*

Parte Especial

OS IMPOSTOS NO SISTEMA TRIBUTÁRIO NACIONAL

Política Tributária e Tributação

ALFREDO AUGUSTO BECKER inicia sua bela obra (*Teoria geral do direito tributário*, Saraiva, 2. ed. 1972, p. 3) com o item 1 intitulado: "1 – MANICÔMIO JURÍDICO TRIBUTÁRIO," e, após referir a situação "caótica" do Direito Tributário na Itália e na Espanha, diz:

> "No Brasil, como em qualquer outro país, ocorre o mesmo fenômeno patológico-tributário. E mais testemunhas são desnecessárias, porque todos os juristas que vivem a época atual – se refletirem sem orgulho e preconceito – dar-se-ão conta que circulam nos corredores dum **manicômio jurídico tributário**."

No mesmo sentido, CLÓVIS PANZARINI (Mitos tributários. *O Estado de S. Paulo*, 29-11-2010, p. B2 Economia):

> "Às vésperas da posse do novo governo, o tema reforma tributária volta à agenda. Mais do que nunca, ela é premente, uma vez que aos deletérios efeitos do **manicômio tributário** brasileiro sobre a competitividade são acrescidos, agora, os da guerra cambial, gravosa especialidade para os produtos de maior valor agregado, que vêm perdendo representatividade na pauta de exportações e induzindo perigoso processo de desindustrialização."

Complexidade que pode ser vista, por exemplo, da *Notícia* do <www.stf.jus.br> do dia 25-10-2007, sobre julgamento da ADI 2.588 – IR sobre LUCRO do EXTERIOR:

> "[...] Contando com a sessão de hoje, três ministros – Ricardo Lewandowski, Marco Aurélio e Sepúlveda Pertence (aposentado) – já votaram pela procedência da ADI e dois – Nelson Jobim (aposentado) e Eros Grau – posicionaram-se pela sua improcedência. Além deles, a relatora, ministra Ellen Gracie, manifestou-se pela procedência parcial.
>
> No voto-vista (leia a íntegra) que apresentou hoje, o ministro Ricardo Lewandowski seguiu a mesma linha defendida pelo ministro Marco Aurélio pela procedência da ação para dar interpretação conforme ao art. 43, § 2º, do Código Tributário Nacional (CTN), de forma a excluir do seu alcance qualquer interpretação que resulte no desprezo da disponibilidade econômica ou jurídica da renda (das coligadas ou controladas) para efeito de incidência do imposto de renda. Já Eros Grau, acompanhando a linha adotada por Nelson Jobim, julga improcedente a ADI, também dando interpretação, em seu voto, a dispositivos constitucionais.
>
> Ao pedir vista, o ministro Carlos Ayres Britto disse que queria estudar mais detidamente o assunto para formar sua convicção, pois constatara que havia votos diametralmente opostos, porém todos eles fundamentados em artigos da Constituição, fato que o colocava diante da opção '*entre o certo e o certo*'."

Se ainda estivesse vivo, BECKER, saudoso mestre rio-grandense, se defrontaria com o acréscimo da complexa legislação do PIS-Cofins, e, com isso, queremos ressaltar que é preciso acompanhar não só as alterações legislativas, mas, também, a evolução da jurisprudência.

10

(II) Imposto sobre a Importação de Produtos Estrangeiros

ESQUEMA

- 10.1 Competência tributária e princípio da anterioridade
- 10.2 Fato gerador, base de cálculo e contribuintes no CTN
- 10.3 Fato gerador, base de cálculo, alíquota, contribuintes e taxa de câmbio na lei ordinária
- 10.4 Território aduaneiro
- 10.5 Zona Franca de Manaus
  - 10.5.1 Incentivos fiscais – Decreto-lei nº 288/67
  - 10.5.2 O STF e a ADI nº 2.348
- 10.6 Sistema harmonizado, classificação de mercadorias e valoração aduaneira
- 10.7 Planilha de custos de importação – exemplo
- 10.8 Mercosul
  - 10.8.1 Criação, tributação e generalidades
  - 10.8.2 Certificado de origem
  - 10.8.3 Código Aduaneiro
  - 10.8.4 Ex-tarifário
- 10.9 Questionário

10.1 COMPETÊNCIA TRIBUTÁRIA E PRINCÍPIO DA ANTERIORIDADE

Constituição Federal de 1988:

> Art. 153. Compete à União instituir imposto sobre:
>
> I – importação de produtos estrangeiros.
>
> § 1º É facultado ao Poder Executivo, atendidas as condições e os limites estabelecidos em lei, alterar as alíquotas do imposto sobre a importação.

Veja-se que a CF não estabelece limites: sempre que haja uma importação de produtos estrangeiros, a lei ordinária da União pode exigir o imposto.

No art. 150, § 1º, estabelece que o imposto sobre a importação não está sujeito à anterioridade anual, tampouco à anterioridade nonagesimal, podendo ser exigido desde o dia em que a Lei que o institui ou aumenta esteja publicada no *Diário Oficial da União*.

Em relação à natureza da LEI prevista no § 1º do art. 153, trata-se de *lei ordinária*, conforme decidido pelo STF no RE 225.602-8-CE (Pleno, Carlos Velloso, unânime, 25-11-1998, *DJU* 6-4-2001), cuja ementa é do seguinte teor:

> "CONSTITUCIONAL. TRIBUTÁRIO. IMPORTAÇÃO: ALÍQUOTAS: MAJORAÇÃO POR ATO DO EXECUTIVO. MOTIVAÇÃO. ATO. IMPOSTO DE IMPORTAÇÃO: FATO GERADOR. CF, art. 150, III, 'a', e art. 153, § 1º.
>
> I – Imposto de Importação: alteração das alíquotas, por ato do Executivo, atendidas as condições e os limites estabelecidos em lei: CF, art. 153, § 1º. A lei de condições e de limites é lei ordinária, dado que a lei complementar somente será exigida se a Constituição, expressamente, assim determinar. No ponto, a Constituição excepcionou a regra inscrita no art. 146, II.
>
> II – A motivação do decreto que alterou as alíquotas encontra-se no procedimento administrativo de sua formação, mesmo porque os motivos do decreto não vêm nele próprio.
>
> III – Fato gerador do imposto de importação: a entrada do produto estrangeiro no território nacional (CTN, art. 19). Compatibilidade do art. 23 do DL 37/66 com o art. 19 do CTN. Súmula 4 do antigo TFR.
>
> IV – O que a Constituição exige, no art. 150, III, 'a', é que a lei que institua ou que majore tributos seja anterior ao fato gerador. No caso, o decreto que alterou as alíquotas é anterior ao fato gerador do imposto de importação.
>
> V – RE conhecido e provido."

Com costumeiro brilho, anota Fátima Fernandes Rodrigues de Souza:[1]

> "De início, cumpre observar que o objeto do imposto, tal como enunciado no Estatuto Supremo, é a *importação*, fato econômico que revela também uma situação jurídica.
>
> Logo, a entrada a que a norma se refere há de ser aquela *denotadora da realização de uma importação*, mediante a qual o produto estrangeiro ingresse no território nacional *para ser incorporado à economia interna, destinando-se ao consumo no País.*
>
> A palavra '**consumo**' deve aqui ser entendida em sentido amplo, abrangendo, inclusive, a situação daquele bem que deva ser usado em território nacional, para depois retornar ao exterior, como é o caso, por exemplo, dos objetos de *draw back* e do *leasing*.
>
> Para que o fato gerador se configure é irrelevante a natureza da operação que dá origem à importação, ou, em outras palavras, o título jurídico a que a *importação* se realize. Pode tanto ser resultado de contratos que operem transferência de titularidade ou posse de bens como pode resultar do simples ingresso no território nacional de bem de propriedade daquele que realiza a importação, como é o caso da bagagem."

10.2 FATO GERADOR, BASE DE CÁLCULO E CONTRIBUINTES NO CTN

O fato gerador, a base de cálculo e os contribuintes do Imposto sobre a Importação são definidos pelo CTN nestes termos:

> Art. 19. O imposto, de competência da União, sobre a importação de produtos estrangeiros tem como *fato gerador* a entrada destes no território nacional.

---

[1] SOUZA, Fátima Fernandes Rodrigues de. In: MARTINS, Ives Gandra da Silva (Coord.). *Comentários ao Código Tributário Nacional*. 4. ed. São Paulo: Saraiva, 2006, p. 193-194.

Cap. 10 • (II) Imposto sobre a Importação de produtos estrangeiros **195**

Art. 20. A *base de cálculo* do imposto é:

I – quando a *alíquota* seja *específica*, a unidade de medida adotada pela lei tributária;

II – quando a *alíquota* seja *ad valorem*, o preço normal que o produto, ou seu similar, alcançaria, ao tempo da importação, em uma venda em condições de livre concorrência, para entrega no porto ou lugar de entrada do produto no País;

III – quando se trate de produto apreendido ou abandonado, levado a leilão, o preço da arrematação.

Art. 21. Contribuinte do imposto é:

I – o importador ou quem a lei indicar;

II – o arrematante de produtos apreendidos ou abandonados.

10.3 FATO GERADOR, BASE DE CÁLCULO, ALÍQUOTA, CONTRIBUINTE E TAXA DE CÂMBIO NA LEI ORDINÁRIA

A matriz legal do imposto de importação é o Decreto-lei nº 37, de 18-11-1966, atualmente vigente com alterações posteriores.[2]

Importante ter presente que o Poder Executivo federal, de tempos em tempos, costuma consolidar a legislação aduaneira, facilitando a pesquisa e sua aplicação, tal como o Regulamento Aduaneiro aprovado pelo Decreto nº 6.759, de 2009, de que passamos a transcrever alguns dispositivos.

O Regulamento Aduaneiro anota, nos seus dispositivos, entre parêntesis, o fundamento legal, e, quanto à base de cálculo, faz referência ao Acordo sobre a Implementação do Artigo VII do Acordo Geral sobre Tarifas e Comércio – GATT 1994 – Acordo de Valoração Aduaneira, Artigo 1, no Brasil aprovado pelo Decreto Legislativo nº 30/1994, e promulgado pelo Decreto 1.355/94.[3]

DECRETO nº 6.759, de 5-2-2009

Art. 1º A administração das atividades aduaneira, e a fiscalização, o controle e a tributação das operações de comércio exterior serão exercidos em conformidade com o disposto neste Decreto.

INCIDÊNCIA

Art. 69. O imposto de importação incide sobre mercadoria estrangeira.

Parágrafo único. O imposto de importação incide, inclusive, sobre bagagem de viajante e sobre bens enviados como presente ou amostra, ou a título gratuito.

Art. 70. Considera-se estrangeira, para fins de incidência do imposto, a mercadoria nacional ou nacionalizada exportada, que retorne ao País, salvo se:

I – enviada em consignação e não vendida no prazo autorizado;

---

[2] Para quem deseja ver a redação atualizada, tanto do Decreto-lei nº 37, de 1966, quanto do Regulamento Aduaneiro, aprovado pelo Decreto nº 6.759, de 2009, e a fundamentação legal de cada dispositivo (omitida, para facilitar a leitura), pode consultar o sítio <www.planalto.gov.br>.

[3] Para Operações de Comércio Exterior, podem também ser consultados os endereços eletrônicos <www. receita.fazenda.gov.br> e <www.desenvolvimento.gov.br>.

196 Direito Tributário • *Cassone*

II – devolvida por motivo de defeito técnico, para reparo ou para substituição;

III – por motivo de modificações na sistemática de importação por parte do país importador;

IV – por motivo de guerra ou de calamidade pública; ou

V – por outros fatores alheios à vontade do exportador.

Parágrafo único. Serão ainda considerados estrangeiros, para os fins previstos no *caput*, os equipamentos, as máquinas, os veículos, os aparelhos e os instrumentos, bem assim as partes, as peças, os acessórios e os componentes, de fabricação nacional, adquiridos no mercado interno pelas empresas nacionais de engenharia, e exportados para a execução de obras contratadas no exterior, na hipótese de retornarem ao País.

FATO GERADOR

Art. 72. O fato gerador do imposto de importação é a entrada de mercadoria estrangeira no território aduaneiro.

§ 1º Para efeito de ocorrência do fato gerador, considera-se entrada no território aduaneiro a mercadoria que conste como importada e cujo extravio tenha sido apurado pela administração aduaneira.

§ 2º O disposto no § 1º não se aplica às malas e às remessas postais internacionais.

§ 3º As diferenças percentuais de mercadoria a granel, apuradas na verificação da mercadoria, no curso do despacho aduaneiro, não serão consideradas para efeitos de exigência do imposto, até o limite de um por cento.

§ 4º Na hipótese de diferença percentual superior à fixada no § 3º, será exigido o imposto somente em relação ao que exceder a um por cento.

BASE DE CÁLCULO

Art. 75. A base de cálculo do imposto é:

I – quando a alíquota for *ad valorem*, o valor aduaneiro apurado segundo as normas do Artigo VII do Acordo Geral sobre Tarifas e Comércio – GATT 1994; e

II – quando a alíquota for específica, a quantidade de mercadoria expressa em unidade de medida estabelecida.

Art. 76. Toda mercadoria submetida a despacho de importação está sujeita ao controle do correspondente valor aduaneiro.

Parágrafo único. O controle a que se refere o *caput* consiste na verificação da conformidade do valor aduaneiro declarado pelo importador com as regras estabelecidas no Acordo de Valoração Aduaneira.

Art. 77. Integram o valor aduaneiro, independentemente do método de valoração utilizado:

I – o custo de transporte da mercadoria importada até o porto ou o aeroporto alfandegado de descarga ou o ponto de fronteira onde devam ser cumpridas as formalidades de entrada no território aduaneiro;

II – os gastos relativos à carga, à descarga e ao manuseio, associados ao transporte da mercadoria importada, até a chegada aos locais referidos no inciso I; e

III – o custo do seguro da mercadoria durante as operações referidas nos incisos I e II.

Art. 78. Quando a declaração de importação se referir a mercadorias classificadas em mais de um código a Nomenclatura Comum do Mercosul:

I – o custo do transporte de cada mercadoria será obtido mediante a divisão do valor total do transporte proporcionalmente aos pesos líquidos das mercadorias; e

II – o custo do seguro de cada mercadoria será obtido mediante a divisão do valor total do seguro proporcionalmente aos valores das mercadorias, carregadas, no local de embarque.

ALÍQUOTA

Art. 90. O imposto será calculado pela aplicação das alíquotas fixadas na Tarifa Externa Comum sobre a base de cálculo de que trata o Capítulo III deste Título.

Parágrafo único. O disposto no *caput* não se aplica:

I – às remessas postais internacionais, quando sujeitas ao regime de tributação simplificada de que trata o art. 99; e

II – aos bens conceituados como bagagem de viajantes procedentes do exterior, quando sujeitos ao regime de tributação especial de que trata o art. 101.

Art. 91. O imposto poderá ser calculado pela aplicação de alíquota específica, ou pela conjugação desta com a alíquota *ad valorem*, conforme estabelecido em legislação própria.

Parágrafo único. A alíquota específica poderá ser determinada em moeda nacional ou estrangeira.

Art. 92. Compete à Câmara de Comércio exterior alterar as alíquotas do imposto de importação, observadas as condições e os limites estabelecidos em lei.

Art. 93. Os bens importados, inclusive com **alíquota zero** do imposto de importação, estão sujeitos aos tributos internos, nos termos das respectivas legislações.

Art. 94. A alíquota aplicável para o cálculo do imposto é a correspondente ao posicionamento da mercadoria na Tarifa Externa Comum, na data da ocorrência do fato gerador, uma vez identificada sua classificação fiscal segundo a Nomenclatura Comum do Mercosul.

Parágrafo único. Para fins de classificação das mercadorias, a interpretação do conteúdo das posições e desdobramentos da Nomenclatura Comum do Mercosul será feita com observância das Regras Gerais para Interpretação, das regras Gerais Complementares e das Notas Complementares e, subsidiariamente, das Notas Explicativas do Sistema Harmonizado de Designação e de Codificação de Mercadorias, da Organização Mundial das Aduaneiras.

Art. 95. Quando se tratar de mercadoria importada ao amparo de acordo internacional firmado pelo Brasil, prevalecerá o tratamento nele previsto, salvo se da aplicação das normas gerais resultar tributação mais favorável.

Art. 96. As alíquotas negociadas no Acordo Geral sobre Tarifas e Comércio são extensivas às importações de mercadorias originárias de países da Associação Latino-Americana de Integração, a menos que nesta tenham sido negociadas em nível mais favorável.

TAXA DE CÂMBIO

Art. 97. Para efeito de cálculo do imposto, os valores expressos em moeda estrangeira deverão ser convertidos em moeda nacional à taxa de câmbio vigente na data em que se considerar ocorrido o fato gerador.

Parágrafo único. Compete ao Ministro de Estado da Fazenda alterar a forma de fixação da taxa de câmbio a que se refere o *caput*.

CONTRIBUINTES

Art. 104. É contribuinte do imposto:

I – o importador, assim considerada qualquer pessoa que promova a entrada de mercadoria estrangeira no território aduaneiro;

II – o destinatário de remessa postal internacional indicado pelo respectivo remetente; e

III – o adquirente de mercadoria entrepostada.

198 Direito Tributário • *Cassone*

Note-se que o fato gerador do Imposto de Importação envolve dois momentos:

a) momento da entrada da mercadoria no território nacional = **aspecto espacial**;

b) momento do registro da Declaração de Importação (DI) da mercadoria despachada para consumo = **aspecto temporal**.

Enfim, enquanto o CTN utiliza a expressão *território nacional*, o Decreto-lei nº 37/66 se refere ao *território aduaneiro*, disposições que o STF, Pleno, declarou compatíveis no RE 91.337-8-SP, Rafael Mayer, relator para o acórdão, 6-2-1980, *DJU* 20-2-1981, consoante sua ementa:

"Imposto de importação. Fato gerador. Mercadoria despachada para consumo. Código Tributário Nacional, art. 19. Decreto-lei nº 37/66 (compatibilidade).

Inexistência de contradição ou antinomia entre a **norma genérica** do art. 19 do CTN e a **norma específica** do art. 23 do Decreto-lei nº 37/66, posto que a caracterização de um necessário momento naquela não previsto, e o condicionamento da indeclináveis providências de ordem fiscal, não a desfiguram nem contraditam, porém, a complementam para tornar precisa, no **espaço**, no **tempo** e na **circunstância**, a ocorrência do fato gerador.

Recurso extraordinário conhecido mas não provido."

10.4 TERRITÓRIO ADUANEIRO

Regulamento Aduaneiro, aprovado pelo Decreto nº 6.759, de 5-2-2009:

Art. 2º O território aduaneiro compreende todo o território nacional.

Art. 3º A jurisdição dos serviços aduaneiros estende-se por todo o território aduaneiro e abrange:

I – a zona primária, constituída pelas seguintes áreas demarcadas pela autoridade aduaneira local:

a) a área terrestre ou aquática, contínua ou descontínua, nos portos alfandegados;

b) a área terrestre, nos aeroportos alfandegados; e

c) a área terrestre que compreende os pontos de fronteira alfandegados; e

II – a zona secundária, que compreende a parte restante do território aduaneiro, nela incluídas as águas territoriais e o espaço aéreo.

10.5 ZONA FRANCA DE MANAUS

10.5.1 Incentivos fiscais – Decreto-lei nº 288/67

O Regulamento Aduaneiro, aprovado pelo Decreto nº 6.759, de 2009, nos arts. 504 a 523, consolida também a legislação tributária federal que trata da Zona Franca de Manaus (a partir do Decreto-lei nº 288/67), e dele reproduzimos apenas os seguintes dispositivos:

CONCEITO

Art. 504. A Zona Franca de Manaus é uma área de livre comércio de importação e de exportação e de incentivos fiscais especiais, estabelecida com a finalidade de criar no interior da Amazônia um centro industrial, comercial e agropecuário, dotado de condições econômicas que permitam seu desenvolvimento, em face dos fatores locais e da grande distância a que se encontram os centros consumidores de seus produtos.

Art. 506. A remessa de mercadorias de origem nacional para consumo ou industrialização na Zona Franca de Manaus, ou posterior exportação, será, para todos os efeitos fiscais, equivalente a uma exportação brasileira para o exterior.

O Ato das Disposições Constitucionais Transitórias (ADCT) da CF/88, estabelece:

Art. 40. É mantida a Zona Franca de Manaus, com suas características de área de livre comércio, de exportação e importação, e de incentivos fiscais, pelo prazo de 25 (vinte e cinco) anos, a partir da promulgação da Constituição.

Parágrafo único. Somente por lei federal podem ser modificados os critérios que disciplinam ou venham a disciplinar a aprovação de projetos na Zona Franca de Manaus.

Art. 92. São acrescidos 10 (dez) anos ao prazo fixado no art. 40 deste Ato das Disposições Constitucionais Transitórias (incluído pela EC 42, de 19-12-2003).

Anotamos que:

1 – A ZFM não se confunde com a Amazônia Ocidental, nem com Áreas de Livre Comércio (ver Regulamento Aduaneiro, e ADI 2.348-medida liminar).

2 – Dispositivos da Lei federal nº 10.176, de 11-1-2001, que altera as Leis nºs 8.248/91, 8.387/91 e Decreto-lei nº 288/67, dispondo sobre a capacitação e competitividade do setor de tecnologia da informação (nele incluídos os bens de informática), foram objeto da ADI 2.399-3-AM, requerente o Governador do Estado do Amazonas.

10.5.2 O STF e a ADI nº 2.348

Como vimos, o ADCT da CF/88 assegura a manutenção dos incentivos fiscais concedidos para a Zona Franca de Manaus, e a dúvida suscitada diz respeito a quais os tributos abrangidos por essa norma transitória, ou seja, se seriam tão somente os tributos à época expressamente previstos (impostos e taxas), ou se abrangeriam também contribuições sociais, das espécies COFINS e PIS/PASEP.

A nosso ver, o Supremo Tribunal Federal resolveu essa complexa questão na ADI-MC nº 2.348-9 (Marco Aurélio, 7-12-2000, *DJU* 7-11-2003 – <www.stf.gov.br> acessado em 9-11-2006), concedendo medida cautelar, a teor da ementa a seguir transcrita:

"ZONA FRANCA DE MANAUS – PRESERVAÇÃO CONSTITUCIONAL.

Configuraram-se a relevância e o risco de manter-se com plena eficácia o diploma atacado se este, por via direta ou indireta, implica a mitigação da norma inserta no artigo 40 do Ato das Disposições Constitucionais Transitórias da Carta de 1988:

Art. 40. É mantida a Zona Franca de Manaus, com suas características de área de livre comércio, de exportação e importação, e de incentivos fiscais, pelo prazo de vinte e cinco anos, a partir da promulgação da Constituição.

Parágrafo único. Somente por lei federal podem ser modificados os critérios que disciplinaram ou venham a disciplinar a aprovação dos projetos na Zona Franca de Manaus.

Suspensão de dispositivos da Medida Provisória nº 2.037-24, de novembro de 2000."

Nota – Dos intensos debates havidos no Plenário do STF, reproduzimos os seguintes trechos (a partir das fls. 344):

"NELSON JOBIM – Sr. Presidente, permanece o exame do art. 14 da Medida Provisória nº 2.037-24, de novembro de 2000. [...]

A Zona Franca de Manaus, por força do art. 4º do Decreto-lei nº 288/67, é tratada como área estrangeira. [...]

Isso mostra que o sistema legal do Decreto-lei nº 288 foi congelado pela Constituição, por força do art. 40 do ADCT, pelo período referido, não podendo, portanto, ser alterado porque é mantida a Zona Franca com a modelagem vigente à época da Constituição. A modelagem era a do Decreto-lei nº 288/67, com eventuais alterações posteriores em outros dispositivos.

O que faz o art. 14 da Medida Provisória nº 2.037-24? No elenco de receitas da COFINS, alguns incisos dificilmente seriam examináveis pela questão da Zona Franca de Manaus, por isso não vou referi-los como importantes. Referir-me-ei a três delas, como exemplo.

'Art. 14. Em relação aos fatos geradores ocorridos a partir de 1º de fevereiro de 1999, são isentas da COFINS as receitas:

....

II – da exportação de mercadorias para o exterior';

Quer dizer, toda vez que qualquer empresa tiver exportado mercadorias para o exterior, com fato gerador em 1º de fevereiro de 1999, estará isenta da COFINS e do PIS/PASEP.

O que significa o § 2º em relação à Zona Franca de Manaus?

'§ 2º As isenções previstas no caput e no parágrafo anterior não alcançam as receitas de vendas efetuadas:

I – a empresas estabelecidas na Zona Franca de Manaus, na Amazônia Ocidental ou em área de livre comércio.'

Significa que a venda de uma mercadoria de São Paulo para a Zona Franca de Manaus, por força dessa regra, incidiria COFINS e PASEP sobre o faturamento dessa venda. Se essa mesma empresa vendesse a mesma mercadoria, o mesmo conteúdo para o exterior, à Argentina, ou à Europa, nessa hipótese não incidiria COFINS e PIS/PASEP sobre as receitas desse faturamento.

Ora, o que diz o art. 4º do Decreto-lei nº 288/67, que está consolidado pela Constituição pelo período de 25 anos?

'Art. 4º A exportação de mercadorias de origem nacional para consumo ou industrialização na Zona Franca de Manaus, ou reexportação para o estrangeiro, será para todos os efeitos fiscais, constantes da legislação em vigor, equivalente a uma exportação brasileira para o estrangeiro.'

O que está dizendo a Medida Provisória? Está dizendo exatamente o contrário: as vendas para a Zona Franca de Manaus são tratadas como vendas internas, incidente, portanto, a COFINS.

Ora, se a COFINS não incide nas vendas para o exterior, e como o Decreto-Lei nº 288/67, congelado, digamos assim, pelo art. 40 do ADCT, explicita, tecnicamente, que todos os negócios nacionais com a Zona Franca de Manaus são considerados, para efeitos fiscais, como venda para o exterior, não podendo haver restrição.

MOREIRA ALVES – Isso não alcança a Amazônia ocidental? O Art. 40 do ADCT diz respeito à Zona Franca de Manaus, falta agora a Amazônia Ocidental.

NELSON JOBIM – Perfeito. Refere-se à Zona Franca de Manaus, não alcançando a Amazônia Ocidental.

Há uma situação curiosa no inciso VIII do art. 14 da Medida Provisória 2.037-24: [...]

Significa que se uma empresa de São Paulo vende para uma empresa exportadora do Rio de Janeiro, e essa empresa exportadora venda para o exterior, não incidirá a COFINS sobre essa venda entre as duas empresas. Se isso é excluído, será excluída também em relação à Zona Franca. Ou seja, se a empresa de São Paulo vende para a Zona Franca de Manaus e ela exporta incidiria COFINS? Não, porque a Zona Franca tem de ser tratada como zona estrangeira pelo período de 25 anos, conforme diz o art. 40 do ADCT. [...]

Então, a meu ver, o texto ficaria assim:

'§ 2º As isenções previstas no caput e no parágrafo anterior não alcançam as receitas de vendas efetuadas:

I – à empresa estabelecida na Amazônia Ocidental ou em área de livre comércio;'

Ou seja, a Zona Franca de Manaus tem esse privilégio; outras ZPE's, outras áreas de livre comércio não poderão ter, porque foi escolhido por essa forma e não têm o parâmetro constitucional, o que quer dizer que as outras ZPE's não gozaram desse benefício.

MARCO AURÉLIO – Vossa excelência teria a extensão geográfica da Zona Franca de Manaus?

NELSON JOBIM – Leio no § 1º do art. 2º do Decreto-Lei nº 288/67:

'§ 1º A área da Zona Franca de Manaus terá um comprimento máximo contínuo nas margens esquerdas dos rio Negro e Amazonas, de cinquenta quilômetros a jusante de Manaus e de setenta quilômetros a montante desta cidade.'

É uma zona predeterminada. [...]"

Importante ver também a ADI 310 j. 19-2-2016; e a ADI-MC 1.799, que esclarecem outras importantes questões.

10.6 SISTEMA HARMONIZADO, CLASSIFICAÇÃO DE MERCADORIAS E VALORAÇÃO ADUANEIRA

Passamos a reproduzir trechos da Apostila,[4] e acrescentamos algumas NOTAS, nossas, para exemplificar ou acrescentar algum elemento.

Introdução

Esta exposição tem a finalidade de fazer um breve relato sobre Sistema Harmonizado, Classificação Fiscal de Mercadorias e Valoração Aduaneira.

---

[4] Trechos extraídos de Apostila elaborada no âmbito da Secretaria da Receita Federal 8ª Região/Alfândegas do Aeroporto Internacional de São Paulo/Guarulhos e do Porto de Santos, para o Curso "Noções Básicas de Direito Aduaneiro", realizado nos dias 6 a 9 de junho de 2006 na Escola de Magistrados do TRF da 3ª Região – Diretor o Des. Federal Márcio Moraes –, cujo evento foi aberto pela Des. Federal Consuelo Yoshida. Tais noções, postas com a finalidade de fornecer uma ideia geral de ordem prática, estão sujeitas a modificações, em face de supervenientes alterações legislativas ou evolução nos critérios interpretativos.

O importador, exportador ou fabricante de certo produto deve determinar ele próprio, ou através de um profissional por ele contratado, a respectiva Classificação Fiscal, o que requer que esteja familiarizado com o Sistema Harmonizado de Designação e Codificação de Mercadorias (Sistema Harmonizado – SH) e as Regras Gerais para a Interpretação do Sistema Harmonizado (RGI), através de pesquisa efetuada na Tarifa Externa Comum (TEC) ou Tabela de Incidência do Imposto Sobre Produtos Industrializados (TIPI), nas Notas Explicativas do Sistema Harmonizado e em ementas de Pareceres e Soluções de Consulta publicadas no *DOU*.

Para casos complexos, onde mesmo após um estudo exaustivo persista dúvida razoável, pode-se formular consulta sobre a classificação fiscal nos termos da legislação vigente, prestando todas as informações técnicas necessárias ao perfeito entendimento do produto.

O exportador-importador poderá ter transtornos de natureza fisco-alfandegários se não enquadrar corretamente o código tarifário.

SISTEMA HARMONIZADO

Num país continental como o Brasil, encontramos o mesmo produto com denominações diferentes. Assim, temos o "aipim" no Rio Grande do Sul e a "macaxeira" no Nordeste; temos a bergamota, também conhecida como mexerica, tangerina, laranja-mimosa, laranjinha-doce, laranja-mandarim, laranja-cravo etc. (Código na TEC – Sistema Harmonizado: 0805.20.00).

Certamente, tanto para quem vende como para quem compra, deve haver a identificação precisa da mercadoria que está sendo comercializada.

Nota-se, portanto, que num país com um único idioma, identificar precisamente as mercadorias já não é tarefa fácil. Nas transações internacionais entre países com idiomas distintos haverá, certamente, maiores dificuldades para se identificarem e designarem com precisão as mercadorias que estão sendo negociadas.

Cientes desses problemas, estudiosos do comércio internacional, já no século passado, criaram uma **Nomenclatura**, patrocinada pela Áustria e Hungria.

Após o término da Segunda Guerra Mundial, surge o Conselho de Cooperação Aduaneira (CCA) de Bruxelas, hoje designado pelo nome de fantasia Organização Mundial das Alfândegas (OMA).

Sob os auspícios do CCA foi criada a Nomenclatura do Conselho de Cooperação Aduaneira (NCCA), transformada em Acordo Internacional e colocada à disposição para que fosse adotado pelos países em 1985, sob o título de Sistema Harmonizado de Designação e de Codificação de Mercadorias, ou simplesmente Sistema Harmonizado (SH).

No Sistema Harmonizado, as mercadorias estão ordenadas sistematicamente de forma progressiva, de acordo com o seu grau de elaboração, principiando pelos animais vivos e terminando com as obras de arte, passando por matérias-primas e produtos semiacabados. Assim, de modo geral, à medida que cresce a participação do homem na elaboração da mercadoria, mais elevado é o número do Capítulo em que ela será classificada.

Curiosidades sobre o Sistema Harmonizado

O SH é utilizado por mais de 190 países e 98% do comércio internacional (dados da OMA). Nas negociações da OMC utilizam-me os 6 dígitos do SH (universal). Nas ne-

Cap. 10 • (II) Imposto sobre a Importação de produtos estrangeiros **203**

gociações do MERCOSUL utilizam-se 8 dígitos (6 do SH + 2 regionais). Na EUROPA o código tarifário pode ter até 13 dígitos. Para a OMA criar uma nova posição é necessário um comércio de pelo menos US$ 50.000.000.

CLASSIFICAÇÃO FISCAL DAS MERCADORIAS

A Classificação Fiscal das Mercadorias ou Nomenclatura é obtida a partir da descrição de cada produto, analisando-se desde características genéricas a detalhes mais específicos que o individualizam. A essa descrição corresponde um código numérico.

No BRASIL existem dois tipos de Classificação ou Nomenclatura. A Nomenclatura Comum do MERCOSUL (NCM) e a Nomenclatura Aduaneira para a ALADI (Naladi-SH). **As duas são semelhantes**, já que se baseiam no Sistema Harmonizado de Codificação de Mercadorias (SH), têm a mesma estrutura e número de códigos.

Com o advento do MERCOSUL, foi por este criada uma nomenclatura própria, denominada Nomenclatura Comum do Mercosul (NCM), que serviu de base para a criação da tarifa aduaneira utilizada pelos países do Mercosul, denominada Tarifa Externa Comum (TEC).

> NOTA 1 – A TEC é utilizada pelos Estados-membros do Mercosul, nas importações de mercadorias oriundas de países não integrantes do Mercosul.
>
> NOTA 2 – TEC: Implantado no Brasil pelo Decreto nº 1.343, de 23-12-1994, e dele reproduzimos o introito e os dois primeiros artigos:
>
> **"O PRESIDENTE DA REPÚBLICA,** no uso das atribuições que lhe conferem os arts. 84, inciso II e IV e 153, § 1º, da Constituição e tendo em vista o disposto no Tratado de Assunção, promulgado pelo Decreto nº 350, de 21 de novembro de 1991, e na Convenção Internacional do Sistema Harmonizado de Designação e de Codificação de Mercadorias promulgada pelo Decreto nº 766, de 3 de março de 1993, e os entendimentos havidos no âmbito do Conselho do Mercado Comum em Ouro Preto, objeto da Decisão nº 22/94, de 17 de dezembro de 1994.
>
> **DECRETA:**
>
> Art. 1º Ficam alteradas a partir de 1º de janeiro de 1995 as alíquotas do Imposto de Importação, bem assim a nomenclatura da Tarifa Aduaneira do Brasil (TAB) /Sistema Harmonizado, a qual passará a ser designada Tarefa Externa Comum (TEC), respectiva Lista de Exceção, conforme os anexos a este decreto.
>
> Art. 2º As preferências e consolidações tarifárias objeto de compromissos assumidos pelo Brasil no âmbito de negociações tarifárias internacionais continuam em vigor nos termos do que neles se estipulou, observada a legislação pertinente. (Redação dada pelo Decreto nº 1.471, de 1995)."

A NCM também serviu de base para a reformulação da Nomenclatura Brasileira de Mercadorias (NBM-SH), constituindo, pela aposição das alíquotas do IPI, a atual Tabela de Incidência do Imposto sobre Produtos Industrializados (TIPI).

Com base num código fiscal (NCM, NBM-SH, NALADI-SH) da mercadoria, é possível identificar nas publicações especializadas todas as informações básicas para sua comercialização, incidência de tributos, contingenciamentos, inclusão em acordos internacionais, normas administrativas e outros dados.

Princípios da Nomenclatura ou da Classificação Fiscal das Mercadorias

Princípio da exclusão da SINONÍMIA: não existem sinônimos na nomenclatura. Caso contrário, uma mercadoria poderia ser classificada em duas posições diferentes.

Princípio da Repleção: tudo que existe pode ser classificado na nomenclatura.

Regras Gerais de Classificação

As Regras Gerais de Classificação obedecem à seguinte sequência: (1) qualquer referência a um artigo em determinada posição abrange esse artigo, mesmo incompleto ou inacabado; (2) qualquer referência a uma matéria de determinada posição diz respeito a essa matéria; (3) a posição mais específica prevalece sobre a mais genérica; (4) os produtos misturados, as obras compostas de materiais diferentes ou constituídas pela união de artigos diferentes, classificam-se pela matéria ou artigo que lhes confira a característica essencial; (5) as mercadorias que não possam ser classificadas pela aplicação das regras acima serão classificadas na posição correspondente aos artigos mais semelhantes.

Estrutura da Nomenclatura Comum do Mercosul (NCM)

Os produtos são classificados por códigos numéricos de oito dígitos. Os primeiros referem-se às características mais genéricas e os últimos se relacionam a detalhes mais específicos (Ex.: 0805.20.00).

AABB.CD.XY onde: AA = Capítulo; AABB = Posição; C = subposição 1º nível; D = subposição 2º nível; X = item > desdobramento regional; Y = subitem > desdobramento regional.

A Nomenclatura do Sistema Harmonizado é atualizada e emendada a cada 5 (cinco) anos, sob o patrocínio da OMA e através do Comitê do Sistema Harmonizado, nos termos da Convenção do Sistema Harmonizado. Nessas atualizações e emendas são incorporados os mais recentes avanços tecnológicos e merceológicos mundiais.

VALORAÇÃO ADUANEIRA

Princípios fundamentais

A Valoração Aduaneira consiste na adoção de alguns critérios que permitem a determinação do valor de uma mercadoria importada. Esses critérios são utilizados no cálculo das tarifas de importação, que são os tributos cobrados sobre bens e produtos importados.

No comércio exterior a tarifa aduaneira desempenha um papel importante na política econômica de qualquer país, constituindo-se em um instrumento poderoso para a execução da política de desenvolvimento, através de sua ação nas políticas industrial e de abastecimento e no controle do balanço de pagamentos.

O estabelecimento da tarifa aduaneira observa os objetivos dessas políticas. Cada produto deve ser tributado de acordo com a proteção necessária e com os efeitos na economia interna que se desejam obter.

Em resumo, a **tarifa aduaneira** é um dos principais instrumentos de política econômica. A sua eficácia está condicionada à determinação correta de seus elementos básicos: a alíquota e a base sobre a qual será aplicada. No caso de alíquotas *ad valorem*, a base de cálculo da tarifa recebe a denominação de valor aduaneiro da mercadoria importada.

O efeito pretendido na fixação da alíquota torna-se inócuo se o importador ou a Aduana puder, à sua conveniência, manipular o valor aduaneiro. Esta prática, além de efeitos na área fiscal, pode trazer danos à economia interna, no caso de introdução de produto por preços artificialmente baixos, ou implicar evasão de divisas, no caso de superfaturamento.

No plano internacional, em um contexto de negociações tarifárias bilaterais ou multilaterais, a possibilidade de manipulação unilateral da base de cálculo permite a neutralização dos acordos tarifários, atuando como instrumento de proteção adicional à economia.

Diante desses fatos, surgiu a necessidade do estabelecimento de um conceito de Valor Aduaneiro e de uma metodologia para sua apuração, internacionalmente padronizados e uniformes.

Histórico Internacional da Valoração Aduaneira

Durante as Conferências Econômicas, realizadas sob os auspícios da Liga das Nações em Genebra, em 1927 e 1930, já havia pressões no sentido de se solucionar a falta de equidade de certas práticas de valoração aduaneira.

Em 1947, na Conferência das Nações Unidas sobre Comércio e Emprego, em Genebra, estabeleceu-se o Acordo Geral sobre Tarifas e Comércio (**GATT**) que visava ao crescimento do comércio por meio de eliminação das barreiras comerciais, bem como de qualquer outro tipo de protecionismo. Este acordo, em linhas gerais, baseia-se no princípio de que o comércio deve ser conduzido de forma não discriminatória. Neste contexto foi estabelecida pela primeira vez na história uma abordagem sobre a valoração aduaneira. Os princípios alcançados pela Conferência foram incorporados ao referido Acordo nos seus Artigos VII e X, reconhecendo a necessidade de padronização, tanto quanto possível, do conceito de valor aduaneiro e estipulando algumas diretrizes gerais nesse sentido, consolidadas na Convenção sobre Valoração de Mercadorias para Fins Aduaneiros (Definição de Valor de Bruxelas – **DVB**) em vigor a partir de 28 de julho de 1953, subscrita por 33 países, e cujos princípios foram adotados por outros que não a assinaram (inclusive o Brasil).

O Artigo VII do GATT e as Convenções dele decorrentes

O Artigo VII, em linhas gerais, dispõe que o valor aduaneiro da mercadoria importada deve ser determinado com base no "**valor real**" da mercadoria ou de mercadoria similar. O valor real é definido como o preço pelo qual essas mercadorias são vendidas ou oferecidas à venda em condições de plena concorrência em épocas e lugares determinados pela legislação do país importador.

A partir desse marco inicial, dois sistemas de valoração, que partem de distintos conceitos de valor, foram desenvolvidos na tentativa de padronizar a apuração do valor aduaneiro em nível mundial, interpretando o Artigo VII do GATT: a Definição de Valor de Bruxelas (noção teórica) e o Acordo de Valoração Aduaneira (noção positiva).

Definição de Valor de Bruxelas (DVB)

A Definição de Valor de Bruxelas – DVB adotou o conceito de valor elaborado pelo Grupo de Estudos para a União Aduaneira Europeia.

A DVB dispõe que, para os fins de aplicação de tarifas aduaneiras *ad valorem*, o valor aduaneiro das mercadorias importadas, a título definitivo, deve ser determinado com base no preço normal.

Esta definição de valor pode representar uma barreira ao comércio internacional, pois permite ao Estado impor valorações arbitrárias e criar incertezas entre as partes intervenientes no negócio, além de possibilitar ao funcionário aduaneiro uma ampla margem de discricionariedade na sua atuação.

Acordo de Valoração Aduaneira do GATT (AVA – GATT)

As normas sobre valoração aduaneira dispostas no AVA estabelecem que o valor aduaneiro da mercadoria importada deve ser determinado mediante a aplicação sucessiva e sequencial, do primeiro ao último, de seis métodos de valoração, em que, sendo impossível a aplicação do 1º método, outros métodos deverão ser tentados, na ordem sequencial obrigatória, a saber:

> **1º Método** – método do valor da transação, onde o valor aduaneiro é o valor da transação, isto é, o preço efetivamente pago ou a pagar ajustado conforme as disposições do Artigo 8 (VA = VT).
>
> **2º Método** – método do valor de transação de mercadorias idênticas.
>
> **3º Método** – método do valor de transação de mercadorias similares.
>
> **4º Método** – método do valor da revenda (ou do valor dedutivo).
>
> **5º Método** – método do custo de produção (ou do valor computado).
>
> **6º Método** – método do último recurso (ou método pelo critério da razoabilidade).

O AVA rege a apuração da base de cálculo dos direitos aduaneiros na aplicação de alíquotas *ad valorem* e contém outras disposições concernentes, por exemplo, à conversão de moedas, ao direito de recorrer a uma autoridade judicial, à publicação de leis e regulamentos relativos à valoração aduaneira e ao pronto despacho aduaneiro de mercadorias, prevendo, também, assistência técnica aos países em desenvolvimento no sentido de ajudá-los na aplicação do sistema de valoração.

Na Rodada Uruguai de Negociações Comerciais Multilaterais, concluída em 1994, o AVA tornou-se parte integrante do Acordo geral sobre Tarifas Aduaneiras e Comércio – **GATT**, passando a ser obrigatório para todos os Membros da Organização Mundial do Comércio – **OMC**, criada nesta rodada de negociações.

A Parte I do AVA compõe-se das normas sobre a valoração aduaneira propriamente dita e, dentre outras regras, firma a prerrogativa das administrações aduaneiras de se assegurarem da veracidade ou exatidão de qualquer afirmação, documento ou declaração apresentados para fins da valoração, prerrogativa esta que não encontrará restrições em nenhuma disposição do Acordo.

Na Parte II do AVA figuram as regras para a administração do Acordo, consultas e solução de controvérsias.

Nas Disposições Finais, o AVA estabelece a obrigação dos Membros em adequar suas leis, seus regulamentos e procedimentos administrativos em conformidade com as disposições do Acordo, bem como a necessidade de informar alterações introduzidas em suas leis e regulamentos; prevê a elaboração, pelo Comitê de Valoração Aduaneira, de exame anual sobre a aplicação e o funcionamento do Acordo e define que o Acordo será assistido pelo Secretariado da OMC.

Definição de Valor de Bruxelas x Acordo de Valoração Aduaneira do GATT

A principal diferença entre a DVB e o AVA-GATT é que a primeira baseia-se em uma noção teórica de valor enquanto que o Acordo fundamenta-se em uma noção positiva de valor.

A definição de Valor de Bruxelas admite somente um único método de valoração: o preço normal da mercadoria, isto é, o preço que a mercadoria alcançaria em uma venda efetuada em condições de livre concorrência entre comprador e vendedor independentes um do outro.

O Acordo de Valoração Aduaneira, ao contrário, estabelece que, independentemente do método aplicado, o valor aduaneiro deve ser determinado sempre a partir de um preço efetivamente praticado, seja para a própria mercadoria importada, seja para mercadoria idêntica ou similar importada. O valor aduaneiro, portanto, não pode estar baseado em preço estimado ou presumido.

Apesar das marcantes diferenças conceituais entre os dois sistemas, ambos emanam dos princípios gerais estabelecidos no GATT e, na maioria dos casos práticos, conduzem ao mesmo resultado.

Administração do Acordo de Valoração Aduaneira

Com a finalidade de administrar o Acordo de Valoração Aduaneira, atender a consultas e solucionar controvérsias, o próprio AVA estabelece a criação de duas instituições internacionais: o Comitê de Valoração Aduaneira e o Comitê Técnico de Valoração Aduaneira.

Comitê de Valoração Aduaneira

Composto por representantes e cada um dos Membros, reúne-se normalmente uma vez por ano com a finalidade de proporcionar a oportunidade de consultas sobre assuntos relacionados com a administração do sistema de valoração aduaneira no tocante ao funcionamento do Acordo ou à consecução de seus objetivos.

Comitê Técnico de Valoração Aduaneira

Para alcançar seus objetivos, este Comitê emite os seguintes instrumentos: I – Notas Explicativas; II – Comentários; III – Opiniões Consultivas; IV – Estudos de Casos; V – Estudos.

A VALORAÇÃO ADUANEIRA NO BRASIL

Fundamentos Legais

A Ata Final que incluiu os Resultados da Rodada Uruguai de Negociações Comerciais Multilaterais do GATT, que contém o Acordo de Valoração Aduaneira constante do Anexo 1º ao Acordo Constitutivo da Organização Mundial e Comércio – OMC, foi incorporada à legislação pátria, pelo Congresso Nacional, por meio do Decreto Legislativo nº 30, de 15-12-1994.

Segundo o art. 98 do Código Tributário Nacional – CTN (Lei 5.172/66), os tratados e as convenções internacionais revogam ou modificam a legislação tributária interna, e serão observados pela que lhes sobrevenha. Portanto, o Acordo sobre a Implementação do Artigo VII do GATT, aprovado pelo Decreto Legislativo nº 30/94, possui *status* de lei, estabelecendo as normas fundamentais sobre valoração aduaneira no Brasil.

O Decreto-lei nº 37, de 18-11-1966, com a redação dada pelo Decreto-lei nº 2.472, de 1º-9-1988, estabelece em seu art. 2º que a base de cálculo do imposto de importação, quando a alíquota for *ad valorem*, é o valor aduaneiro apurado segundo normas do Artigo VII do Acordo Geral sobre Tarifas Aduaneiras e Comércio.

É importante considerar também que, embora conste do texto do art. 21 do CTN que *"o Poder Executivo pode, nas condições e nos limites estabelecidos em lei, alterar as alíquotas ou as bases de cálculo do imposto de importação, a fim de ajustá-las aos objetivos das políticas cambial e de comércio exterior"*, com o advento da Constituição Federal de 1988 este poder ficou limitado à alteração das alíquotas (art. 153, § 1º da CF/88).

Objeto da Valoração

Inicialmente, há que se ter em conta que a determinação do valor aduaneiro tem por único objetivo o estabelecimento de uma base ou um valor para fins de incidência dos direitos aduaneiros, nos termos do que dispõe o art. 15, parágrafo 1(a), do AVA, não se confundindo com o valor comercial ou valor faturado da mercadoria importada, embora, na maioria das vezes, esses valores sejam idênticos.

Nesta questão, não raro, surgem confusões indevidas entre valor aduaneiro e valor faturado. Enquanto o primeiro diz respeito à correta observância das normas estabelecidas no AVA para fins de determinação da base imponível dos tributos aduaneiros, o outro relaciona-se com a remessa em pagamento da mercadoria importada e, necessariamente, com o preço constante da fatura emitida pelo vendedor.

Dessa forma, ao invocar as figuras do subfaturamento e do superfaturamento, que constituem infrações administrativas ao controle das importações, está presente o pressuposto da existência de uma declaração do preço negociado, constante dos documentos comerciais, que não corresponde à realidade da transação.

Princípios do AVA

No Acordo de Valoração Aduaneira, em sua "Introdução Geral", alguns dos princípios estão expressamente referidos: neutralidade, equidade, uniformidade, simplicidade, harmonia com as práticas comerciais, não distinção entre fontes de suprimentos e primado do valor da transação.

Outros princípios importantes que devem ser considerados: leal concorrência, precisão, sigilo e publicidade.

DESPACHO DE IMPORTAÇÃO

> Regulamento Aduaneiro (Decreto nº 4.543/2002, arts. 482 a 517); IN-SRF 206/2002; Portaria SE-CEX 14/2004

Licenciamento de Importação

Dependendo do produto a ser importado, do regime a que se submete ou das características da operação, as importações brasileiras podem ser sujeitas a licenciamento, que consiste na autorização da Secretaria de Comércio Exterior – SECEX, para a realização da operação de importação. O licenciamento não faz parte do despacho aduaneiro de importação; trata-se de etapa a ser cumprida previamente ao início do despacho.

Em muitos casos, o licenciamento fica condicionado também à autorização de outros órgãos, que atuam como anuentes no comércio exterior, como Ministério da Agricultura, Agência Nacional de Vigilância Sanitária (Anvisa), Ministério da Defesa etc.

Como regra geral, as importações brasileiras estão dispensadas de licenciamento. Cabe à SECEX relacionar os casos em que o licenciamento é necessário.

Há duas modalidades de licenciamento:

- **automático**: deve ser efetivado no prazo máximo de 10 (dez) dias úteis, contados do registro no SISCOMEX. Exemplo: operações realizadas ao amparo do regime aduaneiro especial de *drawback*.
- **não automático**: os pedidos terão tramitação de, no máximo, 60 (sessenta) dias corridos. Dentre outras situações, é exigido nos casos em que há necessidade de manifestação de órgãos anuentes.

Para saber se uma determinada operação ou produto está sujeito a licenciamento, deve o importador, previamente ao embarque da mercadoria no exterior, consultar, no SISCOMEX, o tratamento administrativo dado ao caso. Em se tratando de operação dispensada de licenciamento, a mercadoria pode ser embarcada normalmente, sem necessidade de encaminhar qualquer informação prévia à SECEX. Todavia, se houver necessidade de licenciamento previamente ao embarque, é fundamental a adoção das providências necessárias à sua obtenção, para que o importador não tenha que pagar multa por sua emissão intempestiva.

Ao documento que convalida o licenciamento de importação dá-se o nome de licença de importação, conhecida abreviadamente por **LI**. Trata-se de documento eletrônico, que pode ser consultado no SISCOMEX, e do qual pode o importador imprimir um extrato com suas principais informações.

Despacho de Importação – *Definição*

Despacho de importação é o procedimento mediante o qual é verificada a exatidão dos dados declarados pelo importador em relação à mercadoria importada, aos documentos apresentados e à legislação específica, com vistas ao seu desembaraço aduaneiro.

Toda mercadoria procedente do exterior deve ser submetida a despacho de importação, ainda que não haja imposto de importação a recolher, e ainda que se trate de importação a título temporário. Essa regra aplica-se também às mercadorias nacionais ou nacionalizadas que tenham sido exportadas e sejam posteriormente reimportadas, ou que, por qualquer motivo, devam retornar ao País.

Na hipótese de transferência do regime aduaneiro da mercadoria importada (por exemplo, de admissão temporária para entreposto aduaneiro), deve a mercadoria ser novamente submetida a despacho de importação, para admissão no novo regime. O mesmo ocorre na introdução no restante do território nacional de mercadorias estrangeiras procedentes da Zona Franca de Manaus (ZFM), Amazônia Ocidental ou Área de Livre Comércio (ALC).

A única hipótese de dispensa de despacho de importação é para a entrada, no País, de mala diplomática, nos termos da Convenção de Viena sobre relações Diplomáticas. Considera-se mala diplomática aquela que contenha apenas e tão somente documentos diplomáticos e objetos destinados a uso oficial, a qual deverá conter sinais exteriores visíveis que indiquem seu caráter e ser entregue a pessoa formalmente credenciada pela Missão Diplomática. Esse tratamento aplica-se também à mala consular, por força da Convenção de Viena sobre relações Consulares.

Declaração de Importação

O documento-base do despacho de importação é a declaração de importação (DI), que consiste em um documento formulado pelo importador, contendo as informações necessárias ao exercício do controle fiscal, administrativo e cambial, tais como: indicação do importador; identificação, classificação, valor aduaneiro e origem da mercadoria; local de armazenamento; cálculo e valor dos tributos devidos; identificação do exportador e do fabricante; forma de pagamento etc.

A **DI**, tal como ocorre com a **LI**, é um documento eletrônico do SISCOMEX, cujo extrato, contendo suas principais informações, pode ser impresso pelo próprio importador.

Em regra, a DI deve ser apresentada eletronicamente, por meio do SISCOMEX. O importador, ou seu representante legal, preenche, no programa instalado em seu microcomputador, as informações relativas à operação de importação, e envia, dali mesmo, a declaração para registro. O SISCOMEX verifica, então, a regularidade cadastral do importador, se todos os campos da DI foram preenchidos e se foi feito o débito automático dos tributos federais porventura incidentes. Não havendo resistências impeditivas do registro, o próprio sistema automaticamente dá à DI uma numeração, que representa seu número de registro, caracterizando-se, nesse momento, o início do despacho de importação.

De modo geral, ao entrarem no território nacional, as mercadorias importadas devem ser imediatamente armazenadas em local alfandegado, seja de zona primária, seja de zona secundária, e seu despacho deve ser iniciado nos seguintes prazos:

Cap. 10 • (II) Imposto sobre a Importação de produtos estrangeiros **211**

I – até 90 (noventa) dias da descarga, se a mercadoria estiver em recinto alfandegado de zona primária;

II – até 120 (cento e vinte) dias da entrada da mercadoria em recinto alfandegado de zona secundária; e

III – até 90 (noventa) dias, contados do recebimento do aviso de chegada da remessa postal.

Decorridos esses prazos, sem que se tenha providenciado o registro da DI, a mercadoria será considerada **abandonada**, sendo, por consequência, apreendida pela Secretaria da Receita Federal (STF). Nesta hipótese, obedecidos os ritos e prazos legais que regem o processo de apreensão por abandono, e desde que antes de a mercadoria ser destinada (em leilão, por exemplo), o importador ainda poderá dar início ao despacho de importação, ficando, entretanto, sujeito ao recolhimento de multas e outros acréscimos legais.

Após o registro da DI, o SISCOMEX procederá à sua **parametrização**, que consiste no ato em que o sistema, baseado em parâmetros e critérios de análise fiscal previamente programados, irá direcioná-la para um dos seguintes canais de conferência aduaneira: verde, amarelo, vermelho ou cinza.

Verde: o sistema registrará o desembarque automático da mercadoria, ficando dispensado o exame documental e a verificação física da mercadoria.

Amarelo: apenas o exame documental é realizado, dispensando-se a verificação da mercadoria.

Vermelho: são realizados tanto o exame documental quanto a conferência física da mercadoria.

Cinza: será realizado o exame documental, a conferência física da mercadoria e a aplicação de procedimento especial de controle aduaneiro destinado à verificação de elementos indiciários de fraude, inclusive no que se refere ao preço declarado da mercadoria.

O fato de a DI estar parametrizada nos canais verde ou amarelo não impede que a fiscalização, havendo motivos que a justifique, determine a verificação física da mercadoria. Da mesma forma, a parametrização nos canais verde, amarelo ou vermelho não impede a aplicação de procedimento aduaneiro especial para a apuração de **indícios de fraude**, quando presentes.

O despacho deve ser instruído com o extrato da DI, a via original do conhecimento de carga ou documentos equivalente e a via original da fatura comercial, podendo-se exigir, ainda, outros documentos em decorrência de Acordos Internacionais ou de legislação específica.

A apresentação desses documentos à Receita Federal, contudo, é dispensada quando a DI for parametrizada no canal verde, uma vez que, neste caso, o desembaraço é feito de forma automática pelo sistema, sem o prévio exame documental pela autoridade aduaneira. Isso não impede, contudo, que, a qualquer momento, sejam esses documentos solicitados, razão pela qual devem ser mantidos em poder do importador pelo prazo previsto na legislação.

Como vimos, a mercadoria submetida a despacho aduaneiro deve, em regra, estar necessariamente armazenada em recinto alfandegado. Em casos excepcionais, todavia, e desde que devidamente justificado, pode a autoridade aduaneira autorizar a realização do despacho aduaneiro, ou parte dele, em locais não alfandegados, inclusive o estabe-

212 Direito Tributário • *Cassone*

lecimento do próprio importador. Por motivo justificado entenda-se não a conveniência do importador, mas a impossibilidade de ordem técnica ou operacional de se realizarem os procedimentos necessários em local alfandegado.

Conhecimento de Carga ou de Transporte

O conhecimento de carga, também denominado conhecimento de transporte ou conhecimento de embarque, é o documento que comprova a posse ou a propriedade da mercadoria. Daí a obrigatoriedade de o despacho aduaneiro ser instruído com a via original desse documento. Nos despachos em canal amarelo, vermelho ou cinza, a via original deve ser apresentada à fiscalização aduaneira, juntamente com o extrato da DI e demais documentos que a instruem. Tratando-se de canal verde, a apresentação desse documentos será feita diretamente ao recinto alfandegado, antes da retirada da mercadoria.

No jargão dos que atuam no modal marítimo, o conhecimento de carga é conhecido como BL (abreviação do termo inglês *Bill of Lading*). No transporte aéreo, esse documento é conhecido como AWB (*Airway Bill*).

Por ser um título de crédito, o conhecimento de carga é regulado nos termos da legislação comercial e civil, à qual cabe dispor, entre outros aspectos, sobre seus requisitos formais e intrínsecos e forma de transmissão.

Como regra geral, cada conhecimento de carga deve ser utilizado em uma única DI. Da mesma forma, cada DI deve se referir a um único conhecimento de carga. A legislação prevê, entretanto, algumas exceções a essas regras.

NOTA – Em geral, o Conhecimento de Transporte é nominado, mas pode ser "à ordem!". Por ser um título de crédito, se à empresa **X** não mais interessa a mercadoria, pode endossar (em branco ou em preto) em favor de **Z**.

Fatura Comercial

A fatura comercial é o documento emitido pelo exportador (vendedor), em favor do importador (comprador), em que descreve as informações que retratam a operação comercial entre eles realizada.

A DI deve ser instruída com a via original da fatura comercial, que corresponderá sempre à primeira via, podendo ser emitida, tal qual as demais vias, por qualquer processo, inclusive o eletrônico.

Embora a via original da fatura comercial seja considerada, ao lado do conhecimento de transporte, documento instrutivo obrigatório da DI, a não apresentação da fatura comercial pode ser suprida mediante o pagamento de multa, não obstando o desembaraço da mercadoria, muito embora, neste caso, possa a fiscalização aduaneira questionar o valor declarado, por falta de documento hábil para comprová-lo.

Não há de se confundir a fatura comercial com a fatura *proforma*. Esta última é um documento emitido na fase que antecede a efetivação da operação comercial, servindo como uma indicação do preço que será cobrado e das condições em que a operação poderá ser realizada. Contém basicamente os mesmos elementos da fatura definitiva, não retratando, porém, a efetiva operação de compra e venda, mas apenas o compromisso

Cap. 10 • (II) Imposto sobre a Importação de produtos estrangeiros **213**

do exportador de manter as condições ali consignadas por um determinado prazo, caso venha a se concretizar a importação.

A fatura *proforma* não se presta à instrução do despacho aduaneiros para consumo, já que este pressupõe a existência de uma operação comercial e, consequentemente, a necessidade de formalização de um contrato de câmbio. A fatura *proforma* é utilizada na instrução dos despachos aduaneiros relativos a operações de importação sem cobertura cambial (como admissão temporária, por exemplo), em que, inexistindo operação comercial, não haverá, obviamente, fatura comercial.

Registro Antecipado da DI

Com o fim de assegurar os controle aduaneiros, o despacho aduaneiro somente pode se iniciar, em regra, após a mercadoria ser armazenada em recinto alfandegado. Assim, ao receber a mercadoria, o depositário gera um número de presença de carga que será utilizado pelo importador para registrar a DI.

A legislação, contudo, em razão principalmente das características específicas de determinadas mercadorias, que exigem tratamento prioritário ou especial, prevê algumas exceções a essa regra, permitindo o registro da DI antes da chegada da mercadoria à unidade da Receita Federal de despacho. É o que se denomina registro antecipado da DI, permitido nos seguintes casos:

I – mercadoria transportada a granel, cuja descarga se realize diretamente para terminais de oleodutos, silos ou depósitos próprios, ou veículos apropriados;

II – mercadoria inflamável, corrosiva, radioativa ou que apresente características de periculosidade;

III – plantas e animais vivos, frutas frescas e outros produtos facilmente perecíveis ou suscetíveis de danos causados por agentes exteriores;

IV – papel para impressão de livros, jornais e periódicos;

V – órgão da administração pública, direta ou indireta, federal estadual ou municipal, inclusive autarquias, empresas públicas, sociedades de economia mista e fundações públicas;

VI – mercadoria transportada por via terrestre, fluvial ou lacustre.

O registro antecipado poderá, ainda, ser realizado em outras situações ou para outros produtos, em caso devidamente justificados, mediante prévia autorização da autoridade aduaneira local.

Como se sabe, o fato gerador do imposto de importação é a entrada da mercadoria estrangeira no território nacional. Para os casos rotineiros, em que o despacho de importação se inicia após a chegada da mercadoria no País, determina nosso ordenamento jurídico a aplicação da legislação vigente no dia do registro da DI, diferenciando, assim, os elementos material e temporal do fato gerador. Na hipótese de registro antecipado da DI, todavia, não se aplica tal determinação, havendo o entendimento de que não se pode aplicar uma legislação anterior à ocorrência do próprio fato gerador que, em tese, poderia nem sequer ocorrer. Resulta daí que, nos casos de DI antecipada, aplica-se a legislação vigente na data da entrada da mercadoria no País. Ocorre que, ao registrar a DI antecipada, o SISCOMEX automaticamente utiliza a taxa de câmbio do dia de seu registro, que, não raras vezes, é diferente da taxa do dia da ocorrência do fato gerador, devendo, então, o

214 Direito Tributário • *Cassone*

importador retificar a DI e, se for o caso, recolher a eventual diferença de imposto (é claro que, em sendo o caso, também cabe restituição do imposto pago a maior).

Pagamento de tributos

Os tributos federais devidos na importação, bem como os valores exigidos em decorrência da aplicação de direitos *antidumping*, compensatórios ou de salvaguarda, são pagos no ato do registro da DI, mediante débito automático em conta-corrente bancária.

> NOTA – o DARF é utilizado somente quando há uma revisão aduaneira posterior ao Despacho.

Por isso, deve o importador informar, no ato da solicitação do registro da DI, os códigos do banco e da agência e o número da conta-corrente. O SISCOMEX remeterá, eletronicamente, essas informações ao banco, que providenciará o débito em conta-corrente indicada. Somente então a DI será registrada. Se, por insuficiência de fundos ou outro motivo qualquer, o débito não ocorrer, a DI não será registrada.

Eventuais créditos tributários sobrados no curso do despacho de importação também podem ser pagos mediante débito automático.

Da Conferência Aduaneira

A conferência aduaneira na importação tem por finalidade identificar o importador, verificar a mercadoria e a correção das informações relativas a sua natureza, classificação fiscal, quantificação e valor, e confirmar o cumprimento de todas as obrigações fiscais e outras, exigíveis em razão da importação.

A conferência aduaneira constitui-se em uma das etapas do despacho aduaneiro, sendo que, em sua acepção completa, abrange a análise documental, a verificação física da mercadoria e a análise do valor aduaneiro. Com a adoção de medidas de simplificação do despacho aduaneiro, existem atualmente, como vimos, quatro canais de seleção para conferência aduaneira: verde, amarelo, vermelho e cinza – com níveis crescentes de rigor na fiscalização.

A verificação física da mercadoria, quando exigida, é realizada por Auditor-Fiscal da Receita Federal (AFRF) ou por Técnicos da Receita federal (TRF) sob a supervisão do AFRF, na presença do importador ou de seu representante, podendo, de acordo com os critérios estipulados pela SRF, ser feita por amostragem, de tal modo que, mesmo no canal vermelho, desde que obedecidos certos critérios, não há necessidade de se retirar toda a mercadoria do contêiner para a verificação.

Quando necessário, pode a fiscalização aduaneira solicitar assistência técnica especializada para a quantificação ou identificação da mercadoria, o que é feito por instituições ou técnicos credenciados para esse fim. A solicitação de assistência técnica é muito comum, por exemplo, na importação de produtos químicos, em que somente uma acurada análise laboratorial pode propiciar sua perfeita identificação, ou na importação de maquinários complexos, cuja **classificação fiscal** dependa de adequada identificação de suas características por engenheiro que atue naquela área específica. Já a assistência técnica para a quantificação é solicitada, via de regra, para se determinar a quantidade de mercadoria a granel descarregada de um navio, sendo a medição feita, muitas vezes, por métodos que levam em conta a variação do deslocamento vertical do navio antes e depois da descarga.

Quando no curso da conferência aduaneira, seja na análise documental seja na conferência física, é constatado algum erro ou irregularidade, o Auditor Fiscal registra essa ocorrência no SISCOMEX, ficando o despacho interrompido até que o importador providencie o cumprimento das exigências formuladas.

Formalização de Exigências e Retificação da DI

Todas as exigências da fiscalização, no curso do despacho aduaneiro, devem ser registradas no SISCOMEX, para que o importador possa delas tomar conhecimento, mediante consulta ao próprio sistema, sem necessidade de se dirigir à repartição aduaneira, e de tal sorte que fiquem consignados no sistema todos os atos relevantes do despacho. Da mesma forma, o atendimento da exigência pelo importador também deve ser registrado no sistema.

Uma vez cientificado da exigência, o importador terá 60 (sessenta) dias para cumpri-la, sob pena de ser a mercadoria considerada **abandonada** e, consequentemente, **apreendida**.

Se no curso da conferência aduaneira houver exigência de recolhimento de crédito tributário, seja de tributos seja de multas, a mercadoria será desembaraçada somente após seu pagamento. Se o importador não concordar com a exigência, deve-se manifestar formalmente, hipótese em que o Auditor Fiscal irá lavrar o **auto de infração** para a cobrança do crédito tributário. Neste caso, o importador, no prazo legal de trinta dias da ciência, apresentará defesa administrativa, podendo a mercadoria ser desembaraçada mediante a prestação de garantia do valor do montante exigido, observadas as restrições da Portaria MF nº 389, de 1976.

Qualquer retificação ou inclusão de informações prestadas na DI, no curso do despacho aduaneiro, mesmo que por exigência da fiscalização, deve ser feita pelo importador, no SISCOMEX, ficando sujeita à aceitação da fiscalização aduaneira. Essa aceitação, entretanto, não é exigida quando a retificação se referir aos dados da operação cambial.

Desembaraço Aduaneiro

Terminada a conferência aduaneira, e não havendo irregularidade, o Auditor Fiscal procederá ao desembaraço da mercadoria.

A partir de setembro de 2002, apresentação dos documentos comprovando o pagamento ou a exoneração do ICMS e do AFRMM (Adicional ao Frete para Renovação da Marinha Mercante) passou a ser exigida somente após o desembaraço aduaneiro, devendo ser observada pelo depositário, como condição de entrega da mercadoria ao importador.

Por isso, pode ocorrer de, apesar de desembaraçada a mercadoria, o SISCOMEX apresentar a mensagem "Entrega Não Autorizada", a ser observada pelo depositário, mensagem essa decorrente de problemas quanto às informações sobre a regularidade do recolhimento do ICMS e do AFRMM.

216 Direito Tributário • *Cassone*

> NOTA – O STF declarou constitucional a exigência do ICMS por ocasião do desembaraço aduaneiro (RE 192.711)

Após o desembaraço, o importador pode emitir, no SISCOMEX, o Comprovante de Importação, o qual, ressalte-se, não substitui, para efeito de circulação da mercadoria no território nacional, a documentação fiscal exigida nos termos da legislação específica.

Entrega da mercadoria ao importador

O fato de a mercadoria estar desembaraçada não autoriza, por si só, o depositário a entregá-la ao importador. Para tanto, exige-se que este último apresente a recinto alfandegado os seguintes documentos:

I – via original do conhecimento de carga, ou de documento equivalente;

II – comprovante do recolhimento ou exoneração do ICMS;

III – Nota Fiscal de Entrada emitida em nome do importador ou documento equivalente, ressalvados os casos de dispensa prevista na legislação estadual; e

IV – documentos de identificação da pessoa responsável pela retirada das mercadorias.

Procedimentos especiais de controle aduaneiro

Se a qualquer momento – antes, durante ou após o despacho aduaneiro – forem detectados fundados indícios de introdução irregular de mercadoria no território nacional, punível com a pena de perdimento ou que impeça seu consumo ou comercialização no País, será a mercadoria submetida a procedimentos especiais de controle, que implicam sua retenção, pelo prazo de até 90 (noventa) dias, prorrogável, por motivo justificado, por igual período, para que a fiscalização aduaneira possa aprofundar as investigações necessárias à comprovação da irregularidade.

Os procedimentos especiais de controle aduaneiro podem ser adotados, entre outras situações, quando houver suspeita quanto:

I – à falsidade na declaração da classificação fiscal, do preço efetivamente pago ou a pagar ou da origem da mercadoria, bem assim de qualquer documento comprobatório apresentado;

II – ao cometimento de infração à legislação de propriedade industrial ou de defesa do consumidor que impeça a entrega da mercadoria para consumo ou comercialização no País;

III – ao atendimento a norma técnica a que a mercadoria esteja submetida para sua comercialização ou consumo no País;

IV – a tratar-se de importação proibida, atentatória à moral, aos bons costumes e à saúde ou ordem pública;

V – à ocultação do sujeito passivo, do real vendedor, comprador ou de responsável pela operação, mediante fraude ou simulação, inclusive a interposição fraudulenta de terceiro; ou

VI – à existência de fato do estabelecimento importador ou de qualquer pessoa envolvida na transação comercial.

10.7 PLANILHA DE CUSTOS DE IMPORTAÇÃO – EXEMPLO

A título de exemplo, colhemos, de Frederico L. Behrends, a seguinte planilha de custos de importação:[5]

Observamos, contudo, que deve, conforme o caso, ser acrescentada da COFIN e da CIDE, que incidirão também sobre a importação de produtos estrangeiros ou serviços (disposição acrescentada ao art. 149 da CF/88, pela EC nº 42, de 19-12-2003).

NCM/SH – TEC:

VALOR FOB –	US$ 100.000,00
FRETE	10.000,00
SEGURO	1.000,00
Total – Valor CIF	111.000,00

Taxa US$ – R$ 1,60

Total valor CIF	R$ 177.600,00
Imposto de Importação 12% – CIF	21.312,00
IPI 5% – CIF + I.I .	9.945,00
AFRMM 2,5% s/Frete (US$ – R$)	4.000,00
Despesas Aduaneiras: Armazenagem + Com. Desp + Sind. Desp. + Diversos	1.000,00
Total	R$ 213.857,60
ICMS: 17% s/CIF + I.I. + IPI + AFRMM + DA = R$ 213.857,60/(1-0,17) = 213.857,60/0,83 = 257.659,75 × 17%	3.802,73
Despesas abertura L/C	1.000,00
TOTAL	R$ 258.660,20

Ou seja 68,66% sobre o valor CIF em R$

10.8 MERCOSUL

Nas suas relações internacionais, a Constituição de 1988 estabelece:

> Art. 4º A República Federativa do Brasil rege-se nas suas relações internacionais pelos seguintes princípios:
>
> I – independência nacional;
>
> II – prevalência dos direitos humanos;
>
> III – autodeterminação dos povos;

---

[5] BEHREBDS, Frederico L. *Comércio exterior*. 7. ed. Porto Alegre: Síntese, 2002. p. 272.

218 Direito Tributário • *Cassone*

IV – não intervenção;

V – igualdade entre os Estados;

VI – defesa da paz;

VII – solução pacífica dos conflitos;

VIII – repúdio ao terrorismo e ao racismo;

IX – cooperação entre os povos para o progresso da humanidade;

X – concessão de asilo político.

Parágrafo único. A República Federativa do Brasil buscará a integração econômica, política, social, cultural dos povos da América Latina, visando à formação de uma comunidade latino-americana de nações.

E o Código Tributário Nacional, estabelece:

Art. 98. Os tratados e as convenções internacionais revogam ou modificam a legislação tributária interna, e serão observados pela que lhes sobrevenha.

A interpretação do art. 98 do CTN tem proporcionado correntes doutrinárias divergentes, e nós seguimos o entendimento do Ministro Moreira Alves, no sentido de que quem outorga **competências** é a CF, e não o CTN, motivo pelo qual, considerando que o STF tem afirmado que o tratado é introduzido no direito interno com paridade de lei ordinária, hão de se aplicar, conforme o caso, os critérios cronológicos ou da especialidade.[6]

Tampouco o § 2º do art. 5º da CF/88 (*"Os direitos e garantias expressos nesta Constituição não excluem outros decorrentes do regime e dos princípios por ela adotados, ou dos tratados internacionais em que a República Federativa do Brasil seja parte"*) pode ser interpretado no sentido de que admite a prevalência dos tratados internacionais firmados pelo Brasil até data da promulgação da CF/88, na medida em que não nos parece possível *petrificar* a Carta Magna, já que esse parágrafo cuida dos direitos chamados de primeira geração.

10.8.1 Criação, tributação e generalidades

Mercosul – O Tratado de Assunção, de 26-3-1991 (Tratado para a Constituição de um Mercado Comum entre a Repúblicas Argentina, a República Federativa do Brasil, a República do Paraguai e a República do Uruguai), promulgado pelo Decreto 350/91, estabelece, no que diz respeito à tributação:

Artigo 7º Em matéria de impostos, taxas e outros gravames internos, os produtos originários do território de um Estado-Parte gozarão, nos outros Estados-Partes, do mesmo tratamento que se aplique ao produto nacional.

No REsp 480.563-RS, a 1ª Turma do STJ, Luiz Fux, maioria, 6-9-2005 (Documento 1.231.270 – *site* certificado, *DJ* 3-10-2005, <www.stj.gov.br>), interposto por empresa contribuinte contra acórdão que denegara a segurança impetrada, proferida pelo TJRS, o qual não reconheceu o direito à isenção do ICMS sobre leite importado de empresa localizada no Uruguai, sob o argumento de que o mesmo benefício não é conferido aos demais Estados da Federação. Eis o teor de sua ementa:

---

[6] Do art. 98 do CTN, tratamos mais exaustivamente em nosso livro *Interpretação no direito tributário*. São Paulo: Atlas, 2004.

Cap. 10 • (II) Imposto sobre a Importação de produtos estrangeiros **219**

"TRIBUTÁRIO. ICMS. ISENÇÃO. IMPORTAÇÃO DE LEITE DE PAÍS-MEMBRO DE TRATADO FIRMADO COM O MERCOSUL. POSSIBILIDADE. LEI ESTADUAL ISENCIONAL.

1. Pacto de tratamento paritário de produto oriundo do país alienígena em confronto com o produto nacional, com *'isenção de impostos, taxas e outros gravames internos'* (art. 7º, do Decreto nº 350/91, que deu validade ao Tratado do Mercosul).

2. Pretensão de isenção de ICMS concedida ao leite pelo Estado com competência tributária para fazê-la.

3. A exegese do tratado, considerado lei interna, à luz do art. 98, do CTN, ao estabelecer que a isenção deve ser obedecida quanto aos gravames internos, confirma a jurisprudência do E. STJ, no sentido de que *'Embora o ICMS seja tributo de competência dos Estados e do Distrito Federal, é lícito à União, por tratado ou convenção internacional, garantir que o produto estrangeiro tenha a mesma tributação do similar nacional. Como os tratados internacionais têm força de lei federal, nem os regulamentos do ICMS nem os convênios interestaduais têm poder para revogá-los. Colocadas essas premissas, verifica-se que a Súmula 575 do Supremo Tribunal Federal, bem como as Súmulas 20 e 71 do Superior Tribunal de Justiça continuam em plena força'* (AgRg no AG nº 438.449/RJ, Rel. Min. Franciulli Netto, DJ de 7-4-2003).

4. O Tratado do Mercosul, consoante o disposto no art. 7º, do Decreto nº 350/91, estabelece o mesmo tratamento tributário quanto aos produtos oriundos dos Estados-Membros em matéria tributária e não limita que referido tratamento igualitário ocorra somente quanto aos impostos federais, de competência da União.

5. Deveras, a Súmula nº 71/STJ (*'O bacalhau importado de país signatário do GATT é isento do ICM'*) confirma a possibilidade de, em sede de Tratado Internacional, operar-se o benefício fiscal concedido por qualquer Estado da federação, desde que ocorrente o fato isentivo em unidade federada na qual se encarte a hipótese prevista no diploma multinacional.

6. A Lei nº 8.820/89 do Estado do Rio Grande do Sul, com a redação conferida pela Lei nº 10.908/96, isenta do ICMS o leite fluido, pasteurizado ou não, esterilizado ou reidratado, por isso que se estende o mesmo benefício ao leite importado do Uruguai e comercializado nesta unidade da federação.

7. Decisão em consonância com a doutrina do tema encontradiça in 'Tributação no Mercosul', RT, p. 67-69.

8. Recurso Especial provido."

O Protocolo de Ouro Preto, de 17-12-1994 (Protocolo Adicional ao Tratado de Assunção sobre a Estrutura Institucional do Mercosul), no Capítulo V, dispõe sobre as Fontes Jurídicas do Mercosul em dois artigos, a seguir transcritos:

Artigo 41. As fontes jurídicas do Mercosul são:

I – O Tratado de Assunção, seus protocolos e os instrumentos adicionais e complementares;

II – Os acordos celebrados no âmbito do Tratado de Assunção e seus protocolos;

III – As decisões do Conselho do Mercado Comum, as resoluções do Grupo Mercado Comum e as diretrizes da Comissão de Comércio do Mercosul, adotadas desde a entrada em vigor do Tratado de Assunção.

Artigo 42. As normas emanadas dos órgãos do Mercosul previstos no art. 2º deste Protocolo terão caráter obrigatório e deverão, quando necessário, ser incorporadas aos ordenamentos jurídicos nacionais mediante os procedimentos previstos pela legislação de cada país.

Art. 2º São órgãos com capacidade decisória, de natureza intergovernamental, o Conselho do Mercado Comum, o Grupo Mercado Comum e a Comissão de Comércio do MERCOSUL.

No Brasil, o Tratado de Assunção foi aprovado pelo Congresso Nacional por meio do Decreto Legislativo nº 197, de 25-9-1991, e promulgado pelo Decreto nº 350, de 21-

220 Direito Tributário • *Cassone*

11-1991; e o Protocolo de Ouro Preto, pelo Decreto Legislativo nº 188, de 15-12-1995, e Decreto nº 1.901, de 9-5-1996.

Em linhas gerais, na formação do bloco, durante a etapas 1ª e 2ª (Livre comércio e União aduaneira), aplicam-se as regras do Direito Internacional Clássico, e a partir da 3ª etapa (Mercado comum), o Direito Comunitário (também denominado de Direito de Integração).

Do texto intitulado: "O que é o Mercosul", selecionamos os seguintes trechos:[7]

"O QUE É O MERCOSUL?

1. Breve resumo histórico

O Mercado Comum do Sul, mais conhecido pela sigla Mercosul, constitui-se em um bloco econômico regional, criado em março de 1991, com fundamento no **Tratado de Assunção**, por decisão política soberana das Repúblicas Argentina, Federativa do Brasil, do Paraguai e Oriental do Uruguai, e estruturado institucionalmente, em dezembro de 1994, pelo **Protocolo de Ouro Preto**.

O Mercosul, ainda na fase de integração econômica conhecida como União Aduaneira, é o resultado de pelo menos três décadas de tentativas de integração regional sob a forma de associações de livre comércio, congregando todos os países da América do Sul, tais como a **ALALC** (Associação Latino-Americana de Livre Comércio) e a **ALADI** (Associação Latino-Americana de Integração), tendo a segunda destas organizações surgido da transformação ou refundação da primeira delas. Aliás, o Mercosul tem vínculos com a **ALADI** na forma de um **Acordo de Complementação Econômica (ACE nº 18)** entre Brasil, Argentina, Paraguai e Uruguai, datado de 29 de novembro de 1991.

Dois fatores obstaculizaram o progresso da **ALALC**, uma associação que durou de 1960 a 1980: a rigidez dos mecanismos estabelecidos para a liberalização comercial e a instabilidade política vivida pela região sul-americana, sempre alimentada pelos ventos da Guerra Fria entre os blocos políticos liderados pelos Estados Unidos e pela ex-União das Repúblicas Socialistas Soviéticas, a URSS.

Em resumo, para além da questão da instabilidade política alimentada pela bipolaridade ideológica e militar EUA *versus* URSS, no período de vigência da **ALALC**, os países-membros só estavam dispostos a engajarem-se na proposta de abertura comercial até um certo ponto: todos os associados queriam abrir o mercado dos demais países para os seus produtos, mas nenhum queria abrir o seu próprio mercado.

A **ALADI**, inaugurada em 1980, tinha um objetivo ambicioso, ou seja, a total liberalização do comércio entre os onze países-membros e, para tanto, adotou um mecanismo geral flexível: os acordos sub-regionais, isto é, acordos de liberalização comercial firmados apenas entre um grupo de países-membros, e não entre os onze, embora respeitando-se princípios e conceitos comuns.

Além da flexibilidade proporcionada pelo mecanismo dos acordos sub-regionais, que gerou, por exemplo, o **Protocolo de Expansão do Comércio** (PEC) entre o Brasil e o Uruguai, e o Convênio Argentino-Uruguaio de Complementação Econômica (CAUCE), dois fatores novos contribuíram, na década dos anos 1980, para criar um ambiente mais propício a propostas de integração regional: a) o processo de redemocratização, que arrebatou o continente num curto espaço de tempo, e b) a crescente diversificação da produção industrial daqueles países que, na região, souberam aproveitar o modelo da substituição de importações, com destaque para Brasil, Argentina e México. [...]

O êxito alcançado por esse acordo sub-regional, sob o amparo do sistema jurídico da **ALADI**, proporcionou os fundamentos para a ampliação do Tratado de Integração brasileiro-argentino projetando-se, assim, a formação de um Mercado Comum entre Brasil e Argentina, inclusive com a completa eliminação de barreiras ao comércio para todos os produtos e já não somente para alguns

---

[7] Trechos extraídos de texto intitulado: *O que é o Mercosul?*, acessado em 4-11-2006 no sítio <www.camara.gov.br/mercosul>.

Cap. 10 • (II) Imposto sobre a Importação de produtos estrangeiros **221**

setores, como apontado no parágrafo anterior, e, o mais importante e fundamental, a adoção de uma **Tarifa Externa Comum**, além da necessidade de coordenação de políticas macroeconômicas.

A este projeto de Mercado Comum proposto por brasileiros e argentinos aderiram, no início da década de 1990, o Paraguai e o Uruguai, países que, historicamente, sempre tiveram a Argentina e o Brasil como seus principais parceiros comerciais.

Surgiu, assim, o **Tratado de Assunção**, firmado na capital paraguaia em 26 de março de 1991, com o objetivo de construir um Mercado Comum, e criou-se, para designar esse projeto, o nome Mercado Comum do Sul – o Mercosul.

Deve-se ressaltar que **a base jurídica do Mercosul** está vinculada à **ALADI**, sob a forma de um Acordo de Complementação Econômica entre Brasil, Argentina, Paraguai e Uruguai, obedecendo a todos os princípios e normas daquela Associação; que **a sua base política** sustenta-se na cláusula democrática, acordada pelos seus altos mandatários desde o **Tratado de Assunção** e consolidada pelo *Protocolo de Ushuaia*, de 24 de julho de 1998, sobre compromisso democrático no Mercosul – com a qual também concordaram Bolívia e Chile, países que detêm a condição de associados ao Bloco, e no compromisso de criar e estimular um processo de integração regional sul-americana; e que, por fim, **a sua base econômica** configura-se na crescente diversidade e capacidade produtiva das quatro economias e no grande incremento das trocas comerciais entre seus países-membros nos quatorze anos de sua vigência.

A Venezuela tornou-se Membro Associado do Mercosul desde 2004 e em dezembro de 2005 passou à condição de Membro pleno, ou seja, com direito de participar de todas as reuniões do Mercosul, mas só ganhará a prerrogativa do voto quando preencher todos os requisitos para integrar o projeto de União Aduaneira. Assim, a Venezuela terá de adaptar sua economia à **Tarifa Externa Comum** (TEC) e seguir as regras do Mercosul, no prazo de 12 meses, a contar de dezembro de 2005.

2. Etapas do processo de integração econômica do Mercosul

Um processo de integração econômica caracteriza-se por um conjunto de medidas de caráter econômico, que têm por objetivo promover a aproximação e a união entre as economias de dois ou mais países.

O grau de profundidade dos vínculos que se criam entre as economias dos países envolvidos em um processo de integração econômica permite que se visualizem, ou determinem, as fases ou etapas do seu desenvolvimento.

A teoria do comércio internacional registra a classificação de cinco tipos de associação entre países que decidem integrar suas economias:

a) **A Zona de Preferência Tarifária** é o mais elementar dos processos de integração, apenas assegura níveis tarifários preferenciais para o grupo de países que conformam a Zona. Assim, uma ZPT estabelece que as tarifas incidentes sobre o comércio entre os países-membros do grupo são inferiores às tarifas cobradas de países não membros.

A **ALALC**, por exemplo, procurou estabelecer preferências tarifárias entre seus onze membros, ou seja, entre todos os Estados da América do Sul que aderiram à tentativa de integração comercial, excluídas apenas a Guiana e o Suriname, e incluindo-se ainda o México.

b) Uma segunda modalidade, a **Zona de Livre Comércio (ZLC)**, consiste na eliminação das barreiras tarifárias e não tarifárias que incidem sobre o comércio entre os países que constituem a ZLC.

O **NAFTA** (*North America Free Trade Area*), ou Acordo de Livre Comércio da América do Norte, firmado entre os Estados Unidos, o México e o Canadá, é um exemplo de ZLC.

c) A **União Aduaneira** é uma Zona de Livre Comércio que adota também uma **Tarifa Externa Comum** (TEC). Nessa fase do processo de integração, um conjunto de países aplica uma tarifa para suas importações provenientes de países não pertencentes ao grupo qualquer que seja o produto, e, por fim, prevê a livre circulação de bens entre si com tarifa zero. [...]

d) O **Mercado Comum**, o quarto estágio de integração econômica, difere fundamentalmente da União Aduaneira porque, além da livre circulação de mercadorias, requer a circulação de serviços e fatores de produção, ou seja, de capitais e pessoas.

Porém, deve-se ressaltar que, além da livre circulação de bens, serviços e fatores de produção, todos os países-membros de um Mercado Comum devem seguir os mesmos parâmetros para fixar a **política monetária** (fixação de taxas de juros), a **política cambial** (taxa de câmbio da moeda nacional) e a **política fiscal** (tributação e controle de gastos pelo Estado), ou seja, os países-membros devem concordar com o avanço integrado da coordenação das suas políticas macroeconômicas. [...]

e) A **União Econômica Monetária** é a etapa mais avançada dos processos de integração econômica, até agora alcançada apenas pela União Europeia.

A **União Econômica Monetária** ocorre quando existe uma moeda comum e uma política monetária com metas unificadas e reguladas por um Banco Central comunitário. A União Europeia tem, desde 2003, como moeda corrente o Euro, cujos emissão, controle e fiscalização dependem do Banco Central Europeu.

De acordo com a classificação exposta nos parágrafos anteriores, o Mercosul é, desde 1º de janeiro de 1995, uma União Aduaneira, mas o objetivo dos países que o integram, e que está consubstanciado no primeiro artigo do **Tratado de Assunção**, é a construção de um Mercado Comum.

Assim, de modo resumido, pode-se afirmar que o Mercosul é o projeto de construção de um Mercado Comum, cuja execução encontra-se na fase de União Aduaneira imperfeita.

3. Os objetivos do Mercosul

O Mercosul é um processo de integração econômica regional que objetiva a construção de um Mercado Comum, e as suas metas básicas, que constam do artigo 1º do **Tratado de Assunção**, podem ser assim alinhadas:

3.1 – eliminação das barreiras tarifárias e não tarifárias no comércio entre os países-membros;

3.2 – adoção de uma Tarifa Externa Comum (TEC);

3.3 – coordenação de políticas macroeconômicas;

3.4 – livre comércio de serviços;

3.5 – livre circulação de mão de obra; e

3.6 – livre circulação de capitais.

A partir do quarto ano de sua existência, ou seja, em 1994, o Mercosul alcançou a condição de União Aduaneira, pois criou uma **Tarifa Externa Comum** (TEC) após haver eliminado grande parte das tarifas e das restrições não tarifárias de cerca de 80% dos bens comercializados entre os Estados Partes.

Em resumo, no estágio de União Aduaneira, os países-membros estabelecem tarifas zero para o comércio intrazona e tarifas iguais para o intercâmbio comercial com terceiros países.

Em geral, os acordos de livre comércio preveem a perspectiva de exclusão de certos produtos ou grupos de produtos, ao menos em suas fases iniciais, e os estudos efetivados pelo **GATT** (*General Agreement on Tariffs and Trade*), organização hoje transformada na **OMC** (Organização Mundial do Comércio), consideravam que uma Zona de Livre Comércio devia abarcar pelo menos 80% dos produtos comercializados entre os seus países-membros.

Assim, o Mercosul já é uma União Aduaneira, porque além da eliminação interna de barreiras tarifárias e de restrições não tarifárias, adotou uma **Tarifa Externa Comum**, o que significa que todos os países-membros têm de cobrar a mesma tarifa para um mesmo produto, quando essa mercadoria for importada de fora da zona econômica integrada de comércio.

Enfim, o Mercosul cumpriu, até agora, os seus dois primeiros objetivos, ainda que de forma parcial:

3.1 – Eliminar as barreiras tarifárias e não tarifárias no comércio intrazona; e

3.2 – Adotar uma Tarifa Externa Comum (TEC), o que caracteriza a condição de União Aduaneira.

No entanto, para alcançar o estágio de Mercado Comum, o Mercosul ainda terá que concretizar quatro objetivos de grande envergadura, quais sejam: a coordenação de políticas macroeconômicas, a liberalização do comércio de serviços, a livre circulação de mão de obra e a de capitais. [...]

3.7 Tribunal Permanente de Revisão do Mercosul

De início, o **Tratado de Assunção** previu a criação de um sistema de solução de controvérsias para o Mercosul, que se consubstanciou no Protocolo de Brasília para a Solução de Controvérsias no Mercosul, firmado em dezembro de 1991.

A necessidade de aperfeiçoamento do sistema de solução de controvérsias, decorrente da evolução do processo de integração, levou à assinatura do **Protocolo de Olivos**, em 18 de fevereiro de 2002. Este instrumento cria foros próprios para cuidarem das controvérsias surgidas entre os Estados Partes sobre a interpretação, a aplicação ou o não cumprimento do **Tratado de Assunção**, do **Protocolo de Ouro Preto**, dos protocolos e acordos celebrados no marco do **Tratado de Assunção**, das *Decisões* do Conselho do Mercado Comum, das *Resoluções* do Grupo Mercado Comum e das *Diretrizes* da Comissão de Comércio do Mercosul.

Assim, foram incorporados à estrutura institucional do Mercosul o Tribunal Arbitral *Ad Hoc* e o **Tribunal Permanente de Revisão do Mercosul**.

O Tribunal Arbitral *Ad Hoc*, desde que acionado pelas Partes interessadas em um litígio, pode reunir-se em qualquer dos Países-Membros do Mercosul, enquanto o **Tribunal Permanente de Revisão**, instalado em 13 de agosto de 2004, tem sua sede em Assunção, no Paraguai.

O **Tribunal Permanente de Revisão** pode servir como última instância, tendo competência para revisar o que é decidido em primeira instância, por meio de arbitragem, em especial de controvérsias comerciais entre os Estados Partes, suas empresas ou cidadãos.

Contudo, o **Tribunal Permanente de Revisão**, foro especializado para dirimir questões litigiosas do Mercosul, não impede que as partes em conflito, se o desejarem, encaminhem suas questões para outros foros, como a Organização Mundial do Comércio (OMC).

O **Tribunal Permanente** emite um laudo definitivo sobre as controvérsias que lhe são encaminhadas, que pode confirmar, modificar ou revogar a fundamentação jurídica e as decisões dos Tribunais Arbitrais *Ad Hoc*. [...]

LEITURAS COMPLEMENTARES

1. O que é Legislação

Nos regimes democráticos, três poderes apresentam-se bem definidos e atuantes: o Poder Executivo, o Poder Legislativo e o Poder Judiciário.

Ao Poder Executivo compete exercer o comando da nação, conforme aos limites estabelecidos pela Constituição ou Carta Magna do país.

O Poder Judiciário tem a incumbência de aplicar a lei em casos concretos, para assegurar a justiça e a realização dos direitos individuais e coletivos no processo das relações sociais, além de velar pelo respeito e cumprimento do ordenamento constitucional.

Quanto ao Poder Legislativo, a ele compete produzir e manter o sistema normativo, ou seja, o conjunto de leis que asseguram a soberania da justiça para todos – cidadãos, instituições públicas e empresas privadas.

Em resumo, a legislação de um estado democrático de direito é originária de processo legislativo que constrói, a partir de uma sucessão de atos, fatos e decisões políticas, econômicas e sociais, um conjunto de leis com valor jurídico, nos planos nacional e internacional, para assegurar estabilidade governamental e segurança jurídica às relações sociais entre cidadãos, instituições e empresas.

O Mercosul não pretende transpor, para o âmbito da integração, sistema análogo ao vigente nos espaços públicos nacionais. Porém, a partir de suas fontes jurídicas, construídas em pouco mais de uma década, vem criando, pelo consenso entre seus Estados Partes, um conjunto de *decisões, resoluções, diretrizes*, indicações e instrumentos norteadores, nos campos econômico-financeiro, político e social, que conformam a estrutura jurídica necessária para prover segurança ao processo de inter- -relacionamento contratual entre governos, cidadãos e empresas.

2. O que é Normativa

Na vigência de um Estado Democrático de Direito, compete ao Poder Legislativo produzir normas que configurarão o ordenamento jurídico, fundamental para assegurar a movimentação das relações sociais sob o amparo constitucional e com a segurança jurídica exigida pela sociedade, em especial pelos seus cidadãos, empresários, operadores econômicos e agentes institucionais.

Os Estados Partes do Mercosul assumiram o compromisso de construir um Mercado Comum, amparados no conceito do Direito Internacional que reconhece os seus governantes como legítimos representantes dos povos que os elegeram para defender, no plano interno, o interesse nacional, como também no plano externo, ou seja, o conjunto dos interesses dos diferentes segmentos sociais que configuram suas respectivas sociedades.

Assim, nas primeiras fases do processo de construção do Mercosul, com fundamento no que determinam o **Tratado de Assunção** (1991) e o **Protocolo de Ouro Preto** (1994), criou-se uma estrutura institucional em que três órgãos são dotados de poder decisório: o Conselho do Mercado Comum (CM), o Grupo Mercado Comum (GMC) e a Comissão de Comércio do Mercosul (CCM).

Se um bloco econômico é em grande parte uma comunidade de leis, e o Mercosul encontra-se em processo de construção, deve-se ressaltar que a maior parte do acervo documental do Mercosul é constituída de normas destinadas a fundamentar a criação de outras normas, como manda o direito processual legislativo, suprimindo-se por esse mecanismo o trabalho legislativo que caberia a um Parlamento do Mercosul.

Portanto, as fontes jurídicas do Mercosul são, ainda que produzidas indiretamente por unidades representativas do Poder Executivo, pelo menos por enquanto, as *Decisões* do Conselho Mercado Comum, as *Resoluções* do Grupo Mercado Comum e as *Diretrizes* da Comissão de Comércio do Mercosul todas elas construídas por consenso, entre estes órgãos dotados legalmente de poder decisório, como mandam as bases conceituais sobre as quais se fundamenta o Mercosul. De outro lado, os referidos órgãos de decisão são subsidiados sempre por estudos e debates das demais instâncias que lhe são subordinadas no organograma do bloco, de acordo com o que estabelecem os já referidos **Tratado de Assunção** (1991) e o **Protocolo de Ouro Preto** (1994).

Deve-se atentar para a recente aprovação da proposta de criação do Parlamento do Mercosul, instância que funcionará como caixa de ressonância nas decisões políticas sobre as normas e acordos negociados no processo de construção do Mercosul, e que terá sua sede em Montevidéu, no Uruguai, devendo entrar em funcionamento até 31 de dezembro de 2006. Com o Parlamento do Mercosul em funcionamento, o Bloco ganhará a representatividade política do sufrágio universal e se tornará uma referência maior quanto à legitimidade do projeto de integração regional.

Em quase três lustros de existência, o processo negociador do Mercosul, por meio do trabalho de suas 55 (cinquenta e cinco) instâncias regionais de tomada de decisões gerou (até fevereiro de 2005) 1.494 normas (que não demandam aprovação legislativa), sendo 331 Decisões (CMC), 1.023 Resoluções (GMC) e 140 Diretrizes (CCM).

Além desse conjunto de normas referidas no parágrafo anterior, 80 normas do Mercosul exigiram aprovação parlamentar, sendo que apenas 21 foram aprovadas nos Congressos Nacionais dos quatro países, ou seja, apenas um quarto delas, 26% no total encaminhado para análise pelos parlamentares.

Mas todo esse enorme conjunto de normas ainda não é suficiente para proporcionar a segurança jurídica exigida pelos agentes econômicos intergovernamentais, empresas e cidadãos do Mercosul, pois a sua incorporação aos ordenamentos jurídicos dos Estados Partes é lenta. Cabe lembrar que apenas a Argentina mudou a sua Constituição para, mediante reciprocidade, submeter-se a decisões supranacionais, ou seja, no caso do Mercosul, às *Decisões* do Conselho do Mercado Comum, às *Resoluções* do Grupo Mercado Comum ou às *Diretrizes* da Comissão de Comércio do Mercosul.

Por outro lado, ressalte-se que, à luz do disposto no inciso 12 do art. 4º do **Protocolo Constitutivo do Parlamento do Mercosul**, os Congressos Nacionais dos Estados Partes deverão encontrar soluções para acelerar o processo de recepção, pelos respectivos ordenamentos jurídicos, das normas Mercosul, que tenham sido adotadas de acordo com os termos de parecer emitido pelo Parlamento."

Os encontros visando ao aperfeiçoamento do Mercosul têm oferecido interessantes debates e esclarecimentos, e deles destacamos trechos de algumas manifestações emitidas no '3º Encontro de Cortes Superiores do Mercosul e Associados':[8]

NELSON JOBIM – Vivemos uma questão fundamental no Brasil, ou seja, ainda não temos, senhor presidente do Congresso Nacional, uma opção no sentido da prevalência do Direito Comunitário. O Direito Comunitário no Brasil, o Direito dos tratados, como os senhores sabem, é um Direito idêntico, absolutamente idêntico, à lei ordinária, tanto que um tratado firmado pelo Brasil de qualquer natureza, seja bilateral, seja multilateral, pelo nosso sistema constitucional, é suscetível de derrogação, ou mesmo de revogação, por simples lei ordinária votada no Congresso nacional, mesmo de iniciativa de parlamentar. [...]

Os tratados internacionais são formulados no seio do Poder Executivo, com a mínima participação do Congresso Nacional. Quando chega o tratado internacional para a homologação e análise do Congresso Nacional brasileiro, chegam com as seguintes possibilidades: aprova-se ou rejeita-se. Se o tratado autoriza reservas, discutem-se as reservas e este problema faz com que o Congresso não pretenda abrir mão da possibilidade de reformar as legislações decorrentes dos tratados, exatamente porque há baixos níveis de participação.

Em 1993, na condição de então relator da Revisão Constitucional Brasileira, **tentei** no Congresso Nacional possibilitar a introdução de regras constitucionais que dessem, no caso específico, **o mínimo de superioridade aos tratados em relação à legislação interna**. Ou seja, tentei pela perspectiva do MERCOSUL, no caso específico sugerido, provocado, instigado, pelo então extraordinário senador Franco Montoro, tentamos introduzir nessa revisão constitucional a possibilidade de que os atos e tratados do Mercosul pudessem ter um nível de superioridade à lei interna.

Houve uma objeção muito grande por parte do Congresso, principalmente pela esquerda brasileira. Lembra-se o senador Renan Calheiros das discussões e debates que foram travados. Lembro-me também da participação nesse debate do então e já falecido embaixador Paulo Nogueira Baptista nessa temática. Creia o senhor embaixador Samuel Pinheiro Guimarães, na perspectiva política brasileira, a questão do monismo e do dualismo só se resolverá no momento em que se resolver a participação, mínima que seja, do Congresso Nacional na discussão da política externa. [...]

Creio que encontros dessa natureza – senhores presidentes de cortes europeias e africanas, que nos dão a honra com sua presença –, mostram a pressa que temos, mas não a pressa intelectual, é uma pressa da absoluta necessidade de a América Latina não perder o vão do futuro e conseguir dar ao cidadão latino-americano condições de vida, ganhos, renda, empregos de que possamos nos orgulhar. E observem bem que se isso não acontecer a culpa é nossa, não temos mais ninguém a culpar. Tanto a Argentina como o Brasil, para os seus equívocos, nós tínhamos os militares a culpar, hoje não temos mais. Os únicos culpados somos nós mesmos, seja pela nossa incompetência, inconsciência, seja pela não perspectiva histórica as nossas funções."

22-11-2005 – Especialistas comparam integração da UE e do Mercosul – Um paralelo entre os processos de integração da União Europeia e do Mercosul foi traçado no painel "A experiência judicial europeia no fortalecimento do Direito Comunitário", realizado na manhã desta terça-feira (22), no 3º Encontro de Cortes Superiores do Mercosul e Associados.

MARISTELA BASSO – O Mercosul não se assemelha nem busca ser réplica da União Europeia, ao contrário da Comunidade Andina de Nações (CAN), que estabeleceu a meta de ser mercado comum já nos anos 50, avaliou. A estrutura judicial do Mercosul não é pequena, mas, sim, proporcio-

---

8   Trechos reproduzidos do serviço Notícias do <www.stf.gov.br> acessado em 22 e 24-11-2005. A íntegra do discurso de abertura do 3º Encontro de Cortes Superiores do Mercosul e Associados, do Ministro Nelson Jobim, de 22-11-2005, consta anexo ao serviço Notícias de 22-11-2005 – 16:00h do <www.stf.gov.br>; e a íntegra da Declaração, anexo ao serviço Notícias de 24-11-2005 – 12:42h, do <www.stf.gov.br>.

226 Direito Tributário • *Cassone*

nal ao tamanho do bloco. *"Nosso modelo jurídico funciona; temos os tribunais* had hoc *de solução de controvérsias e o Tribunal Permanente de Revisão, criado pelo Protocolo de Olivos"*, disse. *"Ainda não sentimos necessidade de ter tribunal supranacional, como os europeus"*, completou. A professora frisou, no entanto, que Brasil e Argentina precisam reformar suas Constituições para que a integração avence. *"Há um abismo entre o discurso político e a prática política"*, lamentou, lembrando que existem vários acordos bilaterais que não beneficiam todos os Estados-membros. *"Não temos política regional, plano de desenvolvimento para os quatro países, não usamos o bloco como instrumento de política externa"*, observou. Na visão de Maristela Basso, o Direito regional do Mercosul, pode ser, no futuro, Direito Comunitário (que é a base jurídica da União Europeia), mas o primeiro não é estudado em profundidade pela academia, o que repercute no Judiciário. *"Os europeus fizeram trabalho jurídico interno nos países. Lá, o Direito Comunitário passou a ser realidade junto ao Direito Interno e ao Direito Internacional Público clássico"*, finalizou.[9]

ELLEN GRACIE – *"Eu creio que o encontro foi extremamente bem-sucedido"*, declarou a vice--presidente do Supremo e coordenadora-geral do 3º Encontro de Cortes Superiores do Mercosul, ao fazer um balanço do evento. De acordo com ela, o encontro teve a participação de 14 presidentes de Cortes do Mercosul, além de representantes da Áustria e também do Marrocos. Ressaltou os direitos previdenciários como um dos possíveis temas do próximo encontro. *"É preciso que o trabalhador, que exerceu funções em países diferentes, tenha garantia previdenciária igual em todos os países"*, afirmou.

RECOMENDAÇÃO – "Os representantes juntos ao Fórum deliberam adotar a presente declaração: [...] RECOMENDAM: À comunidade jurídica do Mercosul, nos seus diversos segmentos, prosseguir os debates com vistas à definição do sistema permanente de solução de controvérsias. Finalmente, considerando a importância das opiniões consultivas como mecanismo de harmonização e aplicação uniforme das normas do Mercosul; considerando a necessidade de consultas a fim de contar, o quanto antes, com normas que disciplinam a efetiva entrada em operação do procedimento previsto no Protocolo de Olivos; e considerando o que estabelece o Artigo 4.2 do Regulamento do Protocolo de Olivos (CMC/DEC nº 37/03), DECIDEM solicitar à Coordenação Científica dos Encontros que se encarregue de elaborar proposta de regulamentação do mecanismo de opiniões consultivas, para ser submetido à deliberação dos Tribunais e Cortes Supremas do Mercosul."

10.8.2 Certificado de Origem

Para que se tenha uma ideia, o Certificado de Origem do Mercosul é objeto da Portaria Interministerial nº 11, de 21-1-1997, do Ministro de Estado da Indústria, do Comércio e do Turismo, do Ministro da Fazenda e do Ministro de Estado das Relações Exteriores, e dela reproduzimos os seguintes dispositivos:

Art. 1º As entidades habilitadas para a emissão de Certificado de Origem que amparem as **exportações brasileiras** destinadas aos países signatários do Acordo de Complementação Econômica nº 18 (MERCOSUL) devem observar o disposto no Anexo I a esta Portaria Interministerial, sobre o instrutivo aprovado pela Comissão de Comércio do MERCOSUL, visando ao entendimento comum sobre distintos aspectos do Regime de Origem.

....

Art. 3º As entidades de classe de nível superior que atuem em jurisdição nacional ou estadual, relacionadas no Anexo III a esta Portaria Interministerial, ficam credenciadas para emitir Certificados de Origem que amparem exportações brasileiras destinadas aos países signatários do Acordo de Complementação Econômica nº 18, do MERCOSUL, vedada a delegação destas atribuições.[10]

---

[9]   Na 1ª e na 2ª etapas de formação do bloco regional (Livre comércio e União aduaneira), em geral, aplicam-se as regras do Direito Internacional Clássico; e a partir da 3ª etapa (Mercado comum), aplica-se o Direito Comunitário, também denominado de Direito de Integração.

[10]   O Anexo III contém relação das Federações das Indústrias e Federações do Comércio de todos os Estados da República Federativa do Brasil. Há outros atos normativos supervenientes que se referem ao Certificado de Origem.

Art. 4º Cabe à Secretaria da Receita Federal no que tange às **importações**, proceder ao controle dos Certificados de Origem emitidos pelos demais países signatários do MERCOSUL, sob o aspecto de sua autenticidade, veracidade e observância das normas estabelecidas no Regulamento de Origem das Mercadorias do Mercado Comum do Sul, quer por iniciativa própria, por provocação de parte interessada ou mediante denúncia.

Art. 5º No caso de haver dúvidas fundamentadas decorrentes da efetivação do controle dos Certificados de Origem, a Secretaria da Receita Federal poderá solicitar informações adicionais ao país exportador, com notificação ao Ministério das Relações Exteriores.

....

Art. 6º A Secretaria da Receita Federal aguardará resposta ao pedido de informações mencionado no artigo anterior, no prazo não superior a quinze dias úteis, adotando-se os procedimentos previstos no artigo 8º desta Portaria Interministerial.

....

Art. 8º Transcorrido o prazo a que se refere o artigo 6º desta Portaria Interministerial sem que haja resposta ou, havendo esta, os dados constantes da mesma sejam considerados insatisfatórios, a Secretaria da Receita Federal poderá determinar, de forma preventiva, a suspensão do ingresso de novas operações relativas a produtos dessa empresa ou de operações vinculadas com as entidades certificadoras envolvidas, incluindo as que se encontrarem em curso ou em trâmite aduaneiros. Imediatamente a Secretaria da Receita federal comunicará ao Ministério das Relações Exteriores, com os antecedentes do caso, para as providências cabíveis, de acordo com o disposto no artigo 20 do Anexo I do VIII Protocolo Adicional ao Acordo de Complementação Econômica nº 18.

Da jurisprudência, trazemos à colação:

1 – Mercosul – Certificado de origem – emissão extemporânea

"MERCADORIA IMPORTADA DE PAÍS DO MERCOSUL. ACORDO DE COMPLEMENTAÇÃO ECONÔMICA Nº 18. ISENÇÃO DO II E IPI. EMISSÃO EXTEMPORÂNEA DO CERTIFICADO DE ORIGEM.

Não pode a estipulação de prazo para a emissão de Certificado de Origem do produto causar prejuízo ao disposto no Acordo de Complementação Econômica, já que a Portaria Interministerial nº 11 criou requisito meramente formal, incapaz de afastar o benefício garantido ao importador. Ademais a inobservância dos prazos para a emissão de documentos relativos à importação pode ensejar a aplicação de penalidades administrativas, mas não é causa suficiente para resultar na perda da isenção tarifária, sobretudo considerando-se os princípios informadores do ordenamento jurídico, como o da razoabilidade e o da proporcionalidade" (Proc. 200171000329997-RS, TRF 4ª Região, 1ª Turma, Maria Lúcia Luiz Leiria, unânime, *DJU* 7-7-2004, p. 305).

10.8.3 Código Aduaneiro

O Código Aduaneiro do Mercosul é noticiado por Ligia Maura Costa:[11]

"O Código Aduaneiro do MERCOSUL tem 186 artigos. Ele reúne tanto as regras genéricas quanto os regimes e procedimentos especiais referentes ao comércio de mercadorias entre terceiros países e o MERCOSUL. Sua entrada em vigor ainda depende da ratificação pelos Congressos Nacionais dos quatro países integrantes do MERCOSUL."

---

[11] COSTA, Ligia Maura. In: BASSO, Maristela (Org.). *Mercosul*: seus efeitos jurídicos, econômicos e políticos nos Estados-membros. Porto Alegre: Livraria do Advogado, 1997. p. 343.

228 Direito Tributário • *Cassone*

10.8.4 Ex-tarifário

Vimos que a classificação fiscal das mercadorias (ou nomenclatura) é obtida a partir da descrição de cada produto, surgindo, no comércio exterior, a figura jurídica denominada "Exceção tarifária", com abreviatura "Ex-tarifário".

De Cesar Olivier Dalston colhemos apenas os seguintes trechos:[12]

"2.2.1 Exceções Tarifárias do Mercosul

No âmbito do Mercosul, a subespécie 'Ex-tarifário de imposto' abrange tão somente o Imposto de Importação, previsto na Tarifa Externa Comum.

Em regra, as mercadorias inseridas nessa subespécie de 'Ex-tarifário' têm suas alíquotas *ad valorem* do Imposto de Importação reduzidas a patamares estabelecidos pelos Estados-Partes do Mercosul.

Tal redução é aprovada pelo Conselho do Mercado Comum (CMC) e dada a público por meio de uma Decisão CMC, a qual, posteriormente, é introduzida no ordenamento jurídico de cada país desse bloco comercial, o que no caso do Brasil é feito por meio de Resolução da Câmara de Comércio Exterior (Resolução Camex). (...)

2.2.2 Exceções Tarifárias do Brasil

No Brasil, dentre as várias 'exceções tarifárias' há dois tipos de 'Ex-tarifários de impostos': um ligado ao Imposto sobre Produtos Industrializados (IPI) e outro relacionado ao Imposto de Importação (I.I.).

[...]

Já o 'Ex-tarifário do I.I.' nasce por meio de resolução da Camex, resultado de decisão colegiada, o que nem sempre implica em tratamento fácil, mas possui, todavia, percurso para sua apresentação, análise e concessão bem determinados pela Resolução Camex nº 8, de 22 de março de 2001.

Exemplos de 'Ex-tarifários do I.I.', que na maioria das vezes implicam em reduções na alíquota *ad valorem* das mercadorias,[13] são apresentados abaixo:

1º) 'Ex-tarifário do I.I.' de 14% para 2%, no código 8414.80.19, para compressores de ar centrífugos, isentos de óleo, com motor elétrico, filtro de admissão, resfriadores, silenciador, pressão máxima igual ou superior a 2,5% *bar* e capacidade máxima igual ou superior a 120 m³ por minuto;

[...]

4º) 'Ex-tarifário gravoso do I.I.' de 16% para 22%, no código 8517.50.10, para os moduladores/demoduladores (*modens*), devido a Lista de Convergência para o Setor de Informática e de telecomunicações.

2.3 Hermenêutica das Exceções Tarifárias

[...]

Resumindo, tem-se que a correta interpretação das 'exceções tarifárias' exige a criteriosa observação dos quatro seguintes pontos:

1º) No âmbito de um código NCM, a determinação do 'Ex-tarifário', seja do IPI, seja do I.I., aplicável ao caso concreto deverá observar as Regras Gerais para Interpretação do Sistema Harmonizado, entendendo-se que só são comparáveis os 'Ex-tarifários' de um mesmo código.

---

[12] DALSTON, Cesar Olivier. *Exceções tarifárias*. São Paulo: Lex Editora: Aduaneiras, 2005, p. 52-73.

[13] Em nota de rodapé, Dalston anota: "*Mutatis mutandis*, tem-se, pelos mesmos motivos aludidos no IPI, o 'Ex-tarifário gravoso do I.I.'."

Cap. 10 • (II) Imposto sobre a Importação de produtos estrangeiros **229**

2º) A literalidade do 'Ex-tarifário' é condição *sine qua non* para sua interpretação no âmbito do código em que se encontra.

3º) Deve-se atentar para as particularidades que se apresentam nos textos de cada 'Ex--tarifário'.

4º) A alocação de um 'Ex-tarifário' em código NCM equivocado é irrelevante para caracterizar infração punível multas, desde que a mercadoria contemplada nesse 'Ex' esteja completamente descrita, com todos os elementos necessários à sua identificação e que não se constate intuito doloso ou má-fé por parte do declarante."

10.9 QUESTIONÁRIO

1. *Qual é o momento que caracteriza o fato gerador do Imposto sobre a Importação?*

2. *Qual é a base de cálculo do Imposto sobre a Importação?*

3. *O Imposto sobre a Importação está sujeito ao princípio da anterioridade? Dê um exemplo.*

4. *Mercadoria nacional exportada que retorna ao Brasil está sujeita ao Imposto de Importação? Fundamente sua resposta.*

5. *A alíquota do II pode ser alterada por Decreto? Explique.*

6. *Como se divide o Território Aduaneiro e para que serve?*

7. *Quais são os impostos que podem incidir numa importação?*

11

(IE) Imposto sobre a Exportação, para o Exterior, de Produtos Nacionais ou Nacionalizados

ESQUEMA

- 11.1 Disposição constitucional
- 11.2 Aspectos do fato gerador
- 11.3 Princípio da anterioridade
- 11.4 Normas administrativas que regulam as exportações
  - 11.4.1 Exportações diretas e indiretas
  - 11.4.2 Informações úteis às exportações
- 11.5 Questionário

11.1 DISPOSIÇÃO CONSTITUCIONAL

Diz a CF:

> "**Art. 153.** Compete à União instituir imposto sobre:
>
> II – exportação, para o exterior, de produtos nacionais ou nacionalizados.
>
> § 1º É facultado ao Poder Executivo, atendidas as condições e os limites estabelecidos em lei, alterar as alíquotas do imposto sobre a exportação."

A Portaria MF nº 300/88 estabelece, entre outros, os seguintes conceitos relativos ao regime de entreposto aduaneiro na importação:

- *nacionalização da mercadoria:* a sequência de atos que transferem a mercadoria da economia estrangeira para a economia nacional;
- *exportação:* a saída, do país, de mercadoria nacionalizada, para adquirente estabelecido no exterior;
- *reexportação:* a saída, do país, de mercadoria não nacionalizada.

A Lei nº 8.402, de 8-1-1992, no art. 1º, restabeleceu incentivos fiscais, entre os quais: II – manutenção e utilização do crédito do IPI relativo a insumos empregados na industrialização de produtos exportados, de que trata o art. 5º do Decreto-lei nº 491/69.

Cap. 11 • (IE) Imposto sobre a Exportação, para o exterior, de produtos nacionais ou nacionalizados **231**

11.2 ASPECTOS DO FATO GERADOR

Fato gerador do IE é a saída do território nacional para o exterior de produtos nacionais ou nacionalizados (CTN/66, art. 23; DL nº 1.578/77, art. 1º).

Ver também o Regulamento Aduaneiro, aprovado pelo Decreto nº 6.759, de 5-2-2009, que contém os fundamentos legais.

Aspecto	Descrição
Pessoal	a. **sujeito ativo**: União (CF, art. 153, II); b. **sujeito passivo**: é o exportador, assim considerada qualquer pessoa que promova a saída do produto nacional ou nacionalizado do território nacional (CTN/66, art. 27; DL nº 1.578/77, art. 51).
Espacial	Território nacional (CF, art. 153, II).
Temporal	Considera-se ocorrido o fato gerador na data da expedição da guia de exportação ou documento equivalente (DL nº 1.578/77, art. 1º, § 2º). Ver REsp 964.151.
Material	Exportar, para o exterior, produtos nacionais ou nacionalizados (CF, art. 153, II).
Quantificativo	a. **Base de cálculo**: estabelecida conf. art. 214 do Decreto nº 6.759/2009: "Art. 214. A base de cálculo do imposto é o preço normal que a mercadoria, ou sua similar, alcançaria ao tempo da exportação, em uma venda em condições de livre concorrência no mercado internacional, observadas as normas expedidas pela Câmara de Comércio Exterior" (Decreto-lei nº 1.578/77, art. 2º). b. **Alíquota**: estabelecida conf. art. 215 do Decreto nº 6.759/2009: "Art. 215. O imposto será calculado pela aplicação da alíquota de trinta por cento sobre a base de cálculo. § 1º Para atender aos objetivos da política cambial e do comércio exterior, a Câmara do Comércio Exterior poderá reduzir ou aumentar a alíquota do imposto. § 2º Em caso de elevação, a alíquota do imposto não poderá ser superior a cento e cinquenta por cento" (Decreto nº 1.578, de 1977, com a redação dada pela Lei nº 9.716, de 1998).

11.3 PRINCÍPIO DA ANTERIORIDADE

O IE não está sujeito ao princípio da anterioridade no que pertine à fixação de alíquotas (CF, art. 150, § 1º).

11.4 NORMAS ADMINISTRATIVAS QUE REGULAM AS EXPORTAÇÕES

Os órgãos encarregados de regular o Comércio Exterior, de tempos em tempos, expedem Comunicado, por meio do qual consolidam as normas que regem as exportações.

Para o processamento das exportações, as mercadorias estão classificadas em: (a) livres; (b) sujeitas a limitações ou a procedimentos especiais; (c) suspensas; (d) proibidas.

11.4.1 Exportações diretas e indiretas

São modalidades de exportação:

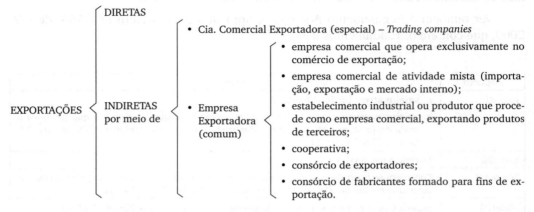

A exportação é **direta** quando o estabelecimento industrial ou produtor emite a nota fiscal de venda endereçada diretamente ao destinatário no exterior, com base em contrato.

Considera-se exportação **indireta** quando o estabelecimento industrial ou produtor emite a nota fiscal de venda (com o fim específico de exportação) para destinatário comprador no Brasil, que funciona como interveniente comercial, que por sua vez emitirá nota fiscal de venda endereçada ao comprador estrangeiro. Nessa hipótese, a exportação será considerada indireta para o fabricante e direta para o interveniente exportador.

TPA – *Trade Promotion Authority*: antes conhecida como *fast track*, é uma lei que autoriza o presidente dos EUA a negociar acordos de livre comércio sem a possibilidade de emendas pelo Congresso. Enquanto estiver em vigor, um acordo assinado pelo presidente só poderá ser aprovado ou rejeitado integralmente pelos congressistas (Bush perde aval para fechar acordos. Mecanismo que permite a Executivo negociar sem aprovação do Congresso expira hoje e não deve ser renovado. *O Estado de S.Paulo*, 30-6-2007, p. B14).

11.4.2 Informações úteis às exportações[1]

SECEX – A função da Secretaria de Comércio Exterior é formular propostas de políticas e programas de comércio exterior e estabelecer normas necessárias à sua implementação. (Fonte: Ministério do Desenvolvimento)

CAMEX – A Câmara de Comércio Exterior é órgão integrante do Conselho de Governo e tem por objetivo a formulação, adoção, implementação e a coordenação de políticas

---

[1] Elementos obtidos em pesquisa realizada em 01.05.2007 no sítio <www.fazenda.gov.br>, que contém informações úteis para o exportador, clicando nos termos "legislação", "Exportações", "Barreiras Externas às Exportações Brasileiras" e outros, e estão sujeitas a alterações, em face da dinâmica do comércio exterior. Ver também o sítio <www.desenvolvimento.gov.br>.

Cap. 11 • (IE) Imposto sobre a Exportação, para o exterior, de produtos nacionais ou nacionalizados **233**

e atividades relativas ao comércio exterior de bens e serviços, incluindo o turismo. (Fonte: Ministério do Desenvolvimento)

SISCOMEX (Decreto nº 660/92) – É um instrumento que integra as atividades de registro, acompanhamento e controle das operações de comércio exterior, através de um fluxo único, computadorizado de informações. (Fonte: Secretaria da Receita Federal)

BARREIRAS AO COMÉRCIO DE BENS – (...) O Departamento de Negociações Internacionais da SECEX/MDCI coloca-se à disposição dos exportadores que queiram nos informar sobre as dificuldades de acesso de seus produtos em qualquer mercado, bem como passa a disponibilizar estudos sobre as barreiras não tarifárias e informações comerciais de terceiros mercados.

BARREIRAS – exemplos:

SUCO DE LARANJA – barreira: tarifa.

* Em 2000, o suco de laranja concentrada reconstituído foi objeto de tarifa específica de US$ 0,0785/litro (equivalente *ad valorem*: 56%), estando prevista uma redução de 2,5% em 2001.

* Redução da participação brasileira no mercado norte-americano de 91% para 71% entre 1992 e 1999.

ÁLCOOL ETÍLICO – barreira: subsídios.

* Sem as restrições tarifárias, calcula-se que o Brasil ocupava todo o mercado americano e o ganho total seria de pouco mais de US$ 1 bilhão.

* As importações de álcool etílico são taxadas em 2,5% pelo imposto de importação e em US$ 0,54 por galão pelo imposto especial – *excise duty*. Considerando-se o preço médio do álcool (atacado) em cerca de US$ 1,20/galão, esses dois gravames representam uma carga tributária de 50% sobre o preço do produto importado. O produtor interno não paga o *excise duty*, a título de incentivo ao uso de combustíveis oxigenados.

Quanto à equiparação entre Guia de Exportação e Registro informatizado de exportação ao SISCOMEX, ver RE 235.858 e 227.106.

11.5 QUESTIONÁRIO

1. *Qual é o fato gerador do IE?*
2. *Qual é a diferença entre produtos nacionais e produtos nacionalizados?*
3. *O Poder Executivo pode alterar as alíquotas do IE? Dentro de quais limites ou percentuais?*
4. *O IE está sujeito ao princípio da anterioridade?*
5. *Qual é a diferença entre exportação "direta" e "indireta"?*

12

(IR) Imposto sobre a Renda e Proventos de Qualquer Natureza

ESQUEMA

12.1 Introdução
12.2 O Imposto de Renda na Constituição do Brasil de 1988
12.3 Princípios e técnicas na CF/1988
    12.3.1 Generalidade, universalidade e progressividade
    12.3.2 Princípio da legalidade
    12.3.3 Princípio da igualdade
    12.3.4 Princípio da irretroatividade
    12.3.5 Princípio da anterioridade
    12.3.6 Princípio da capacidade econômica ou contributiva
12.4 O Imposto de Renda no Código Tributário Nacional
12.5 IR sobre atividades ilícitas
12.6 IRPF: Declaração com bens atualizados a valor de mercado – Lei nº 8.383/91 – RE 209.843
12.7 O que o STF decidiu no RE 172.058
12.8 Indenização, dano moral e desapropriação
12.9 Integração da tributação da pessoa jurídica e da pessoa física
12.10 IRPJ: regime de caixa e regime de competência
12.11 IRPJ: depósito judicial – momento em que é dedutível
12.12 Correção monetária: alguns aspectos
12.13 IRPJ: perguntas e respostas 2011 da Secretaria da Receita Federal – algumas notas
12.14 Jurisprudência
12.15 Conclusão
12.16 Questionário

SÚMULA:[1]

"O SENHOR MINISTRO MARCO AURÉLIO – Senhor Presidente, leio, de memorial que me foi apresentado pelo escritório Ulhôa Canto, Resende e Guerra, o seguinte trecho:

*'Senhor Presidente, é certo que podemos interpretar a lei, de modo a arredar a inconstitucionalidade. Mas, **interpretar interpretando e, não, mudando-lhe o texto e, menos ainda, criando um imposto novo, que a lei não criou.***

---

[1] Assim começa o voto (fl. 1538) do Ministro Marco Aurélio no RE 150.764-1/PE, STF, Pleno, 10-12-1992, *DJU* 2-4-1993, p. 5623, RTJ 147-3/1024. O transcrito trecho de voto do Min. Luiz Gallotti foi dado no RE 71.758/GB, STF, Pleno, Thompson Flores, 14-6-1972, *DJU* 31-8-1973 p. 6310, *RTJ* 66/165.

Cap. 12 • (IR) Imposto sobre a Renda e proventos de qualquer natureza **235**

> *Como sustentei muitas vezes, ainda no Rio, se a lei pudesse chamar de compra o que não é compra, de importação o que não é importação, de exportação o que não é exportação, **de renda o que não é renda**, ruiria todo o sistema tributário inscrito na Constituição.*
>
> *Ainda há poucos dias, numa carta ao eminente Ministro Prado Kelly, a propósito de um discurso seu sobre Milton Campos, eu lembrava a frase de Napoleão: '**Tenho um amo implacável, que é a natureza das coisas.**'*
>
> *Milton Campos também era fiel a esse pensamento.*
>
> *No caso, data vênia, não posso ler o DL 401 como dizendo o contrário do que diz. Ele declara que o contribuinte é o remetente. Não posso ler: 'contribuinte é o destinatário'. Ora, se pela lei, que não posso alterar, contribuinte é o remetente, e este não aufere renda, mas tem despesas (os juros que paga), não posso considerar devido o imposto de renda.'*

É trecho, Senhor Presidente, de voto proferido, nesta Corte, pelo saudoso Ministro Luiz Gallotti."

12.1 INTRODUÇÃO

O Imposto de Renda (IR) é suportado pelas pessoas físicas e pessoas jurídicas, e a legislação que institui as hipóteses de incidências adota vários termos, entre os quais: renda, provento, rendimento, ganho de capital, retenção na fonte, tributação exclusiva, lucro imobiliário, receita, receita bruta, receita líquida, lucro bruto, lucro líquido, lucro real, lucro presumido, lucro arbitrado, lucro operacional, lucro de exploração, lucro do exercício, compensação de prejuízos.

Qualquer que seja a questão do IR que se esteja examinando, deve ter-se presente a seguinte ordem jurídica:

Constituição – (1) outorga competência à União para instituir o IR (art. 153, *caput* e inciso III); (2) a instituição (e aumento) deve ser feita através de lei (art. 150, I); (3) outorga competência à Lei Complementar para definir seus fatos geradores, bases de cálculo e contribuintes (art. 146, III, "a"); (4) outorga competência ao Presidente da República para expedir decretos e regulamentos para fiel execução das leis (art. 84, IV); (5) outorga competência ao Ministro do Estado para expedir instruções para a execução das leis, decretos e regulamentos (art. 87, parágrafo único, II).

Lei Complementar (CTN) – define os fatos geradores, bases de cálculo e contribuintes, não podendo ir além do conceito constitucional de renda (art. 146, III, "a", CF/88).

Lei Ordinária[2] – institui as hipóteses de incidências; devendo conter-se dentro dos limites definidos pela Lei Complementar (art. 150, I), e observar o conceito constitucional de renda (art. 153, III).

---

[2] Embora a Lei Ordinária, ao instituir os fatos geradores do IR, deve conter-se nos limites definidos pelo CTN (o que autoriza dizer que haveria hierarquia), em verdade a CF outorga competências tributárias distintas, pois enquanto cabe à LC **definir**, à LO cabe **instituir**. Entretanto, poderemos até dizer que, nesse caso específico, há um misto de competência e de hierarquia. Deve-se, ainda, levar em conta que o Plenário do STF, em algumas oportunidades, decidiu que não há, propriamente, hierarquia entre lei complementar e lei ordinária, por ser questão de **competência** outorgada pela CF a cada uma dessas entidades normativas – aspecto que não elimina, por completo, hipóteses em que a inobservância, pela Lei Ordinária, de certas normas gerais de legislação tributárias contidas no CTN, implique em **ilegalidade** (a inconstitucionalidade decorrerei de modo indireto, reflexo – tal como têm manifestado algumas decisões monocráticas no âmbito da Corte Constitucional).

Decreto Regulamentar[3] – explicita a lei ordinária, não podendo inovar a ordem jurídica (art. 84, IV).

Portaria – o Ministro da Fazenda (MF) expede instruções para a execução das leis, decretos e regulamentos (art. 87, parágrafo único, II; Decreto nº 7.482/2011).

Instrução Normativa – ao Secretário da Receita Federal do Brasil compete interpretar e aplicar a legislação tributária, aduaneira, de custeio previdenciário e correlata, editando os atos normativos e as instruções necessárias à sua execução (art. 15, III, do Decreto nº 7.482/2011; Portaria MF nº 587/2010, art. 15, III).[4]

HELENO TAVEIRA TORRES sintetiza:[5]

"Sobre o *conceito de renda* existem basicamente três correntes predominantes (BELSUNCE, Horácio Garcia. *El concepto de rédito en la doctrina y en el direito tributário*. Buenos Aires: Depalma, 1967, p. 186-188):

– a *teoria da fonte,*

– a *teoria legalista* do conceito de renda, e

– a teoria que entende a renda como *acréscimo patrimonial*.

Para a primeira, 'renda' é o *produto de uma fonte estável, suscetível de preservar sua reprodução periódica*. Nesta acepção, exige-se que haja uma riqueza nova (produto) derivada de uma fonte produtiva durável, devendo esta subsistir ao ato de produção.

A outra é a denominada 'corrente legalista de renda', segundo a qual 'renda' é um conceito normativo, a ser estipulado pela lei (renda é aquilo que a lei estabelecer que é renda). Não somente Rubens Gomes de Sousa, mas vários outros juristas de grande reputação teórica defendem essa posição, com mitigações.

Quanto à terceira, a teoria do acréscimo patrimonial, 'renda' é todo ingresso líquido que importe um incremento líquido do patrimônio de um sujeito, num período determinado de tempo. Esta, para a maioria dos estudiosos brasileiros, teria sido a corrente admitida pelo art. 43, do CTN."

Em face das várias teorias existentes, que procuram conceituar o IR, HUGO DE BRITO MACHADO assinala:[6]

"Em face das controvérsias a respeito do conceito de renda, há quem sustente que o legislador pode livremente fixar o que como tal se deva entender. Assim, porém, não nos parece que seja. Entender que o legislador é inteiramente livre para fixar o conceito de *renda* e de *proventos* importa deixar sem qualquer significação o preceito constitucional respectivo."

12.2 O IMPOSTO DE RENDA NA CONSTITUIÇÃO DO BRASIL DE 1988

Estabelece a CF de 1988:

Art. 153. Compete à União instituir impostos sobre:

....

---

[3] Entre Lei Ordinária e Decreto há **hierarquia normativa clássica** (CF, arts. 84/IV e 150, I; CTN, art. 97).

[4] Tais atos infralegais sofrem constantes alterações, e aqui são mencionados apenas a título de exemplo.

[5] TORRES, Heleno Taveira. Conceito Constitucional de Renda e o Papel do CTN na sua Definição. In: *Princípios Constitucionais Fundamentais* – Estudo em homenagem ao professor IVES GANDRA DA SILVA MARTINS. São Paulo: Lex Editora, 2005, p. 592.

[6] MACHADO, Hugo de Brito. *Curso de Direito Tributário*. São Paulo: Malheiros Editores, 28. ed., 2007, p.336.

III – renda e proventos de qualquer natureza.

....

§ 2º O imposto previsto no inciso III:

I – será informado pelos critérios da generalidade, da universalidade e da progressividade, na forma da lei;

E no art. 146, III, "a", remete à Lei Complementar (CTN) a definição de seu fato gerador, base de cálculo e contribuintes.

Em sendo assim, a CF deixa uma pequena margem de discricionariedade à LC que, ao definir o fato gerador do IR, deverá manter correlação, razoabilidade e proporcionalidade em relação à descrição constitucional.

GERALDO ATALIBA[7] dizia que ora a Constituição menciona conceitos relativamente **amplos** (exemplo: **renda e proventos de qualquer natureza**), ora é **tão minuciosa** que não relega maior espaço à descrição das Assembleias Legislativas (Exemplo: **ICM**).

A 1ª Turma do STF, pelo voto-condutor do Ministro Moreira Alves, RE 188.684-6/SP, 16.04.2002, *DJU* 7-6-2002, esclareceu, a teor de sua ementa:

> "IMPOSTO DE RENDA. Incidência na **fonte** sobre o pagamento de férias não gozadas por servidor estadual em virtude de necessidade de serviço.
>
> – Saber se indenização é, ou não, renda, para o efeito do art. 153, III, da Constituição, **é questão constitucional**, como entendeu o acórdão recorrido, até porque não pode a Lei infraconstitucional definir como renda o que insitamente não o seja.
>
> No caso, porém, ainda que se entendesse, como entende o recorrente, que o critério para caracterizar determinado valor como renda é **legal**, e que, no caso, teria havido ofensa ao art. 3º da Lei nº 7.713/88, esse entendimento não lhe aproveitaria, porquanto o Superior Tribunal de Justiça não conheceu do recurso especial, nestes autos, no qual se alegava, entre outras violações, a concernente a esse dispositivo legal, e dele não conheceu por entender que 'não incide o imposto de renda sobre o pagamento de férias não gozadas por necessidade de serviço, em razão do seu caráter indenizatório'.
>
> – Nesse sentido decidiu esta 1ª Turma, ao julgar o RE 195.059. Recurso não conhecido." (Destaquei)

Efetivamente, a discussão sobre a "renda" ter conceito constitucional ou infraconstitucional tem sido a tônica da doutrina e da própria jurisprudência do STF. Nós entendemos que o conceito é constitucional, pela simples razão de que, sempre que a Constituição se utiliza de um termo ou de uma expressão, tem conotação constitucional, o que faz com que a norma infraconstitucional seja examinada em face dessa disposição superior.

O fato de se recorrer à legislação infraconstitucional, seja norma tributária (LC do art. 146, item III, letra "a" e LO daí derivada), ou de natureza civil/comercial (arts. 109 e 110 CTN, este com natureza pedagógica), não é fundamento para dizer que o conceito de renda é infraconstitucional.

RUBENS GOMES DE SOUSA fornece um importante elemento de interpretação – o **histórico**:[8]

---

[7] ATALIBA, Geraldo. *Estudos e pareceres de direito tributário*. São Paulo: Revista dos Tribunais, 1978. v. 1, p. 121.

[8] SOUSA, Rubens Gomes de. Imposto de Renda e desapropriação, *Revista de Direito Público*. São Paulo: Revista dos Tribunais, v. 9, p. 152-166, jul./set. 1969. O autor anota que "o presente trabalho é adaptação de pareceres proferidos em maio e outubro de 1968".

"2. Campo de incidência do Imposto de Renda.

2.1. Quando o imposto sobre a renda foi primeiro instituído em forma sistemática em 1924, a Constituição de 1981 não o referia expressamente entre os reservados à União (art. 7º), tolerando, portanto, a sua cobrança concomitantemente pelos Estados (art. 12). Já a **Constituição de 1934** declarou competir privativamente à União descrever imposto 'de renda e proventos de qualquer natureza' (art. 6º, nº 1, 'c'). Essa definição foi conservada pela Carta de 1937 (art. 20, nº 1, 'c'), pela Constituição de 1946 (art. 14, nº IV) e pela Constituição de 1967 (art. 22, nº IV).

2.2. A **comissão**, de que fui relator, que projetou a reforma tributária promulgada pela Emenda Constitucional n. 18, de 1º-12-1965, havia proposto a **supressão** das palavras '**e proventos de qualquer natureza**'. Como justificativa, disse a comissão, por seu relator, que a palavra 'proventos' não indica um tipo de ganhos que não se inclua no conceito de renda, e que este último é bastante amplo para abranger todos os acréscimos patrimoniais decorrentes do capital, do trabalho ou da combinação de ambos, inclusive os ganhos de capital e as mais-valias, que o legislador ordinário tem podido tributar sem eiva de ilegitimidade, sem que para isso a expressão 'proventos de qualquer natureza' seja necessária (SOUSA, 'Relatório', em 'Reforma', p. 44-45). Todavia, o Governo, ao encaminhar o projeto ao Congresso, preferiu manter a atual definição, por ser tradicional em nosso Direito e para não suscitar a **ideia errônea** de que a competência federal tivesse sido reduzida." (Destaquei)

GILBERTO DE ULHÔA CANTO também reporta-se a esse **elemento histórico** de interpretação das leis:[9]

"**1.13** A **Comissão especial** que elaborou o projeto de reforma constitucional tributária convertido, com alterações, na Emenda Constitucional nº 18, de 1º-12-1965, considerando a impropriedade com que a legislação do imposto sobre a renda empregava a expressão '**proventos de qualquer natureza**', ponderou a conveniência de adotar, para as hipóteses que ela visava a abranger, o nome '**ganhos de capital**'. Entretanto, esforços foram feitos por alguns setores representativos de contribuintes no sentido de se manter a equivocada e imprópria expressão que vinha sendo adotada; e, por motivos de índole meramente política, prevaleceu a inadequada designação tradicional, para abranger hipóteses de incidência do imposto que, em vista da metodologia adotada para classificar rendimentos das pessoas físicas em diferentes **cédulas**, abrangia os ganhos de capital, estranhos ao conceito amplo de produtos do capital, do trabalho ou da combinação de ambos." (Destaquei)

Com a mudança na composição do STF, apesar da manutenção da jurisprudência, novas considerações surgiram, como se pode ver de alguns votos proferidos no RE 582525/SP, STF, Pleno, Joaquim Barbosa, vencido o Min. Marco Aurélio, 9-5-2013, DJe-026 public. 7-2-2014, com Repercussão-Geral no Mérito:

"Ementa: CONSTITUCIONAL. TRIBUTÁRIO. IMPOSTO SOBRE A RENDA E PROVENTOS DE QUALQUER NATUREZA DEVIDOS PELA PESSOA JURÍDICA (IRPJ). APURAÇÃO PELO REGIME DE LUCRO REAL. DEDUÇÃO DO VALOR PAGO A TÍTULO DE CONTRIBUIÇÃO SOCIAL SOBRE O LUCRO LÍQUIDO. PROIBIÇÃO. ALEGADAS VIOLAÇÕES DO CONCEITO CONSTITUCIONAL DE RENDA (ART. 153, III), DA RESERVA DE LEI COMPLEMENTAR DE NORMAS GERAIS (ART. 146, III, "A"), DO PRINCÍPIO DA CAPACIDADE CONTRIBUTIVA (ART. 145, § 1º) E DA ANTERIORIDADE (ARTS. 150, III, "A" E 195, § 7º).

1. O valor pago a título de contribuição social sobre o lucro líquido – CSLL não perde a característica de corresponder a parte dos lucros ou da renda do contribuinte pela circunstância de ser utilizado para solver obrigação tributária.

---

9   CANTO, Gilberto de Ulhôa Canto. *O Fato gerador do Imposto de Renda e Proventos de Qualquer Natureza.* São Paulo: Coedição Editora Resenha Tributária e Centro de Extensão Universitária, v. 11, p. 1-44. Estudo em coautoria com Antonio Carlos Garcia de Souza e Ian de Porto Alegre Muniz. *Caderno de Pesquisas Tributárias.* Obra coordenada pelo Prof. Ives Gandra da Silva Martins para o XI Simpósio Nacional de Direito tributário.

Cap. 12 • (IR) Imposto sobre a Renda e proventos de qualquer natureza **239**

2. É constitucional o art. 1º e par. ún. da Lei 9.316/1996, que proíbe a dedução do valor da CSLL para fins de apuração do lucro real, base de cálculo do Imposto sobre a Renda das Pessoas Jurídicas – IRPJ.

Recurso extraordinário conhecido, mas ao qual se nega provimento."

Nota 1: Do Relatório, reproduzimos os seguintes trechos:

"Trata-se de recurso extraordinário interposto por Banespa S.A. Serviços Técnicos Administrativos e de Corretagem de seguros de acórdão prolatado pela Quarta Turma do Tribunal Regional Federal da 3ª Região. O acórdão recorrido decidiu pela impossibilidade da dedução do valor equivalente à Contribuição Social sobre o Lucro Líquido – CSLL da base de cálculo do Imposto sobre a Renda e Proventos de Qualquer Natureza devido pela Pessoa Jurídica – IRPJ (Lei 9.316/1996, art. 1º).

[...]

No mérito, argumenta a recorrente que o art. 1º da Lei 9.316/1996, ao proibir a dedução, do valor da CSLL para fins de determinação do lucro real – base de cálculo utilizada na apuração de certa modalidade de IRPJ – viola os arts. 145, § 1º, 146, III, a, 150, II, a e 153, II da Constituição, além de contrariar os arts. 43 e 44 da Lei 5.172/1996 (Código tributário nacional).

Segundo entende a recorrente, a vedação viola o conceito constitucional de renda (art. 153, III da Constituição e arts. 43 e 44 do CTN) na medida em que o valor pago a título de CSSL constitui **despesa operacional**, isto é, gasto de recursos necessários ao desenvolvimento da atividade econômica que leva ao ingresso patrimonial. Por ser **despesa necessária** à manutenção da atividade empresarial, o cômputo do gasto na apuração da variação patrimonial chamada de **renda** seria obrigatório, sob pena de se permitir a tributação de algo que não fosse renda."

Nota 2: Do voto do relator, Min. Joaquim Barbosa, destacamos:

"[...] Em mais de uma ocasião a Corte afirmou que a estipulação dos conceitos em matéria tributária não está à livre disposição da legislação infraconstitucional.

Todos os precedentes mencionados denotam que o Supremo Tribunal Federal considera pertencer ao contencioso constitucional a investigação acerca do alcance semântico das palavras utilizadas pela Constituição para demarcar a competência tributária. Em sentido semelhante ao que sustentou UMBERTO ECO (*Os limites da Interpretação*, 2ª ed. São Paulo: Perspectiva, 2004), a jurisprudência da Corte aponta, em termos gerais, à existência de uma espécie de **direito do texto Constitucional à interpretação**. Quer dizer, embora uma mesma palavra utilizada na Carta Magna possa significar várias coisas, não pode ela significar qualquer coisa ao alvedrio do legislador infraconstitucional. Por maior que seja a ambiguidade da expressão '*renda e proventos de qualquer natureza*', a respectiva definição não fica ao exclusivo arbítrio do legislador complementar ou ordinário.

Passo ao exame do mérito e enfrento a alegada violação do conceito constitucional de renda (art. 153, III da Constituição).

A Constituição de 1988 permite a tributação da '*renda e proventos de qualquer natureza*' (art. 153, III) sem estipular, expressamente, um conceito para **renda** ou para **proventos**, que são as bases de cálculo constitucional do tributo.

Por outro lado, não há um conceito ontológico para renda, de dimensões absolutas, caráter imutável e **existente independentemente da linguagem**, que possa ser violado pelo legislador complementar ou pelo legislador ordinário, dado que se está diante de um **objeto cultural**.

A inexistência de um conceito ontológico para lucro ou renda já foi examinado pela Corte, por ocasião do julgamento do RE 201.465 (red. p/ acórdão min. Nelson Jobim, *DJ* de 17.10.2003), precedente que versa sobre efeito da inflação sobre as demonstrações financeiras e sobre a fixação da base de cálculo do IRPJ, na modalidade *lucro real* (Leis 8.200/1991 e 8.682/1993).

Assim, nos quadrantes do sistema constitucional tributário, o conceito de *renda* somente pode ser estipulado a partir de uma série de influxos provenientes do sistema jurídico, como a proteção ao mínimo existencial, o direito ao amplo acesso à saúde, à capacidade contributiva, à proteção à livre iniciativa e à atividade econômica, e de outros sistemas com os quais o Direito mantém acoplamentos, como o sistema econômico e contábil.

Não há consenso na doutrina ou na jurisprudência acerca do alcance da expressão renda. O cerne da discrepância, como já alertara BULHÕES PEDREIRA em 1971 (*Impôsto de Renda*. Rio de Janeiro: Justec, 1971, p. 2-10), tem por origem a circunstância de a maioria dos autores '*ao procurarem definir renda, não se preocupar em saber o que é renda, e sim o que, no seu entender deve ser considerado renda pessoal como base da incidência do imposto*'. Para o exame das questões postas neste recurso, creio ser suficiente considerar quatro aspectos para a definição da base de cálculo possível do imposto sobre a renda: (i) acréscimo patrimonial resultante do cômputo de certos (ii) ingressos e de certas (iii) saídas, ao longo de um dado (iv) período de tempo. Os critérios apresentados podem ser deduzidos das normas gerais em matéria tributária construídas a partir do Código Tributário Nacional: [art. 43 ...; Art. 44 ...).

Não considero que o valor devido a título de CSLL deva, nos termos da Constituição, ser considerado como uma despesa operacional ou necessária para fins de apuração do IRPJ e, portanto, dedutível. Despesas operacionais são os gastos não computados nos custos, necessários à atividade da empresa e à manutenção da respectiva fonte produtora (art. 199, *caput*, do Decreto 3.000/1999). Por seu turno, são necessárias as despesas pagas ou incorridas para a realização das transações ou operações exigidas pela atividade da empresa (art. 199, § 1º do Decreto 3.000/1999).

Contudo, nem todas as despesas são relevantes à apuração do IR. Entendo que a despesa operacional ou a necessária devem estar direta, intrínseca ou intimamente ligadas à atividade empresarial. Refiro-me às despesas relacionadas às atividades ou aos materiais que servem de **pressupostos** ao processo produtivo. Vale dizer, tais despesas devem ser realizadas específica e primordialmente para sustentar o ciclo produtivo."

12.3 PRINCÍPIOS E TÉCNICAS NA CF/1988

Além dos princípios gerais aplicáveis a todos os tributos, destacamos neste item alguns princípios e técnicas aplicáveis ao IR.

12.3.1 Generalidade, universalidade e progressividade

Diz o art. 153, § 2º, I, da CF/88, que o IR será informado pelos critérios da generalidade, da universalidade e da progressividade, na forma da lei, termos entendidos dessa forma simplificada:

> *Generalidade* = tem o sentido de alcançar a todas as pessoas.
>
> *Universalidade* = significa que alcança todas as rendas.
>
> *Progressividade* = o IR aumenta à medida que a renda é maior.[10]

Tem-se, de regra, que *progressivo* é o imposto que, tendo duas ou mais alíquotas, seu montante vai aumentando *desproporcionalmente* em função do valor tributável.

Destarte, a *desproporcionalidade* da tributação, em função do valor tributável, é o elemento que diferencia a progressividade da proporcionalidade.

---

[10] Rubens Gomes de Sousa distingue entre "progressão simples" e "progressão graduada"; e A. D. Giannini elege quatro critérios de progressividade: por subtração, por classes, por degrau e por progressividade contínua (*in* Vittorio Cassone, *Direito tributário*. 19. ed. São Paulo: Atlas, 2008 e 20. ed. 2009 – Capítulo 12).

Exemplo:

1 – progressividade = tabela progressiva do IR das PF.

2 – proporcionalidade = tributo cuja lei prevê alíquota única a incidir sobre a base de cálculo: 4% sobre 500 = 20 de tributo; 4% sobre 3.000 = 120 de tributo; 4% sobre 40.000 = 1.600 de tributo.

RUBENS GOMES DE SOUSA explica:[11]

"Progressivos são os impostos cuja alíquota é fixada na lei em *porcentagem variável* conforme o valor da matéria tributável. O imposto progressivo é na realidade um imposto proporcional, cuja proporção aumenta à medida que aumenta o valor da matéria tributada. A progressão, isto é, o crescimento da alíquota pode ser simples ou graduada.

Progressão simples é aquela em que cada alíquota maior se aplica por inteiro a toda a matéria tributável: p. ex. valor até Cr$ 100.000,00, imposto de 5%, valor até Cr$ 150.000,00, imposto de 6%, valor até Cr$ 200.000,00, imposto de 7% e assim por diante; assim, se o valor a ser tributado for Cr$ 95.000,00, calcula-se 5% sobre Cr$ 95.00,00, ou seja, Cr$ 4.750,00; se o valor a ser tributado for Cr$ 120.000,00, calcula-se 6% sobre Cr$ 120.000,00, ou seja, Cr$ 7.200,00; e assim por diante.

Progressão graduada é aquela em que cada alíquota maior calcula-se apenas sobre a parcela de valor compreendida entre um limite inferior e outro superior, de modo que é preciso aplicar tantas alíquotas quantas sejam as parcelas de valor e depois somar todos esses resultados parciais para obter o imposto total a pagar. Exemplo (para um valor a tributar de Cr$ 220.000,00):

Até Cr$ 50.000,00	5% =	Cr$	2.500,00
Entre 50.000,00 e 100.000,00	6% =		3.000,00
Entre 100.000,00 e 150.000,00	7% =		3.500,00
Entre 150.000,00 e 200.000,00	8% =		4.000,00
Acima de 200.000,00	9% =		1.800,00
Imposto a pagar	=	Cr$	14.800,00"

12.3.2 Princípio da legalidade

Estabelece a CF/1988 (<www.presidencia.gov.br>, em 10-2-2012):[12]

Art. 150. Sem prejuízo de outras garantias asseguradas ao contribuinte, é vedado à União, aos Estados, ao Distrito Federal e aos Municípios:

I – exigir ou aumentar tributo sem lei que o estabeleça;

II – instituir tratamento desigual entre contribuintes que se encontrem em situação equivalente, proibida qualquer distinção em razão de ocupação profissional ou função por eles exercida, independentemente da denominação jurídica dos rendimentos, títulos ou direitos;

III – cobrar tributos:

a) em relação a fatos geradores ocorridos antes do início da vigência da lei que os houver instituído ou aumentado;

b) no mesmo exercício financeiro em que haja sido publicada a lei que os instituiu ou aumentou;

---

[11] SOUSA, Rubens Gomes de. *Compêndio de legislação tributária*. São Paulo: Resenha Tributária, 1975. p. 171.

[12] As siglas entre parênteses foram por mim acrescentadas visando identificar o imposto correspondente.

242 Direito Tributário • *Cassone*

c) antes de decorridos noventa dias da data em que haja sido publicada a lei que os instituiu ou aumentou, observado o disposto na alínea *b*; (*Incluído pela Emenda Constitucional n° 42, de 19-12-2003*)

§ 1º A vedação do inciso III, *b,* não se aplica aos tributos previstos nos arts. 148, I (**EComp**), 153, I (**IImp**), II (**IExp**), IV (**IPI**) e V (**IOF**); e 154, II (**IExtr**); e a vedação do inciso III, *c,* não se aplica aos tributos previstos nos arts. 148, I (**EComp**), 153, I (**IImp**), II (**IExp**), III (**IR**) e V (**IOF**); e 154, II ((**IExtr**), nem à fixação da base de cálculo dos impostos previstos nos arts. 155, III (**IPVA**), e 156, I (**IPTU**). (*Redação dada pela Emenda Constitucional n° 42, de 19-12-2003*)

Destarte, o IR está sujeito ao princípio da estrita legalidade tributária (art. 150, I, CF), não podendo tal competência ser delegada a Decreto, a teor do que dispõe a CF/88 (arts. 84/IV e 150, I), regulado pelo CTN, que estabelece:[13]

Art. 97. Somente a lei pode estabelecer:

I – a instituição de tributos, ou a sua extinção;

II – a majoração de tributos, ou sua redução, ressalvado o disposto nos arts. 21, 26, 39, 57 e 65;

III – a definição do fato gerador da obrigação tributária principal, ressalvado o disposto no inciso I do § 3º do art. 52, e do seu sujeito passivo;

IV – a fixação de alíquota do tributo e da sua base de cálculo, ressalvado o disposto nos arts. 21, 26, 39, 57 e 65;

V – a cominação de penalidades para as ações ou omissões contrárias a seus dispositivos, ou para outras infrações nela definidas;

VI – as hipóteses de exclusão, suspensão e extinção de créditos tributários, ou de dispensa ou redução de penalidades.

§ 1º Equipara-se à majoração do tributo a modificação da sua base de cálculo, que importe em torná-lo mais oneroso.

§ 2º Não constitui majoração de tributo, para os fins do disposto no inciso II deste artigo, a atualização do valor monetário da respectiva base de cálculo.

Art. 99. O conteúdo e o alcance dos decretos restringem-se aos das leis em função das quais sejam expedidos, determinados com observância das regras de interpretação estabelecidas nesta Lei.

12.3.3 Princípio da igualdade

O IR está sujeito ao princípio da estrita igualdade tributária (art. 150, II, CF).

É a igualdade perante a LEI, no sentido de que é a CF que adota o princípio da igualdade, mas a LEI que, ao tratar da igualdade, deve estabelecê-la conforme à Constituição.

A conformidade da Lei à Constituição se dará sempre que, entre uma situação tributável e outra, houver algum elemento diferenciador, quer seja no tipo de atividade, quer no aspecto pessoal do fato gerador.

---

[13] A doutrina tem denominado de "princípio da estrita legalidade tributária" e "princípio da estrita igualdade tributária), por existir, na CF/88, remessa à LEI no Capítulo do sistema tributário nacional, assim como na legalidade geral (art. 5º, II) e igualdade geral (art. 5º, I).

Cap. 12 • (IR) Imposto sobre a Renda e proventos de qualquer natureza **243**

A Tabela do IRPF serve como **exemplo clássico** do princípio da igualdade: tributa igualmente os iguais (os que estão na mesma faixa de rendimentos) e desigualmente os desiguais (os que estão em faixas diferentes).

Além do princípio, a CF/88 distingue especificamente:

> Art. 179. A União, os Estados, o Distrito Federal e os Municípios dispensarão às microempresas e às empresas de pequeno porte, assim definidas em lei, tratamento jurídico diferenciado, visando a incentivá-las pela simplificação de suas obrigações administrativas, tributárias, previdenciárias e creditícias, ou pela eliminação ou redução destas por meio de lei.

O CTN distingue a base de cálculo:

> Art. 44. A base de cálculo do imposto é o montante, real, arbitrado ou presumido, da renda ou dos proventos tributáveis.

A Lei nº 9.249, de 1995 (<www.planalto.gov.br> em 10-2-2012), distingue:

> Art. 15. A base de cálculo do imposto, em cada mês, será determinada mediante a aplicação do percentual de oito por cento sobre a receita bruta auferida mensalmente, observado o disposto nos *arts. 30 a 35 da Lei nº 8.981, de 20 de janeiro de 1995. (Vide Lei nº 11.119, de 205)*
>
> § 1º Nas seguintes atividades, o percentual de que trata este artigo será de:
>
> I – um inteiro e seis décimos por cento, para a atividade de revenda, para consumo, de combustível derivado de petróleo, álcool etílico carburante e gás natural;
>
> II – dezesseis por cento:
>
> a) para a atividade de prestação de serviços de transporte, exceto o de carga, para o qual se aplicará o percentual previsto no *caput* deste artigo;
>
> b) para as pessoas jurídicas a que se refere o *inciso III do art. 36 da Lei nº 8.981, de 20 de janeiro de 1995*, observado o disposto nos *§§ 1º e 2º do art. 29 da referida Lei*;
>
> III – trinta e dois por cento, para as atividades de: (*Vide Medida Provisória nº 232, de 2004*)
>
> a) prestação de serviços em geral, exceto a de serviços hospitalares e de auxílio diagnóstico e terapia, patologia clínica, imagenologia, anatomia patológica e citopatologia, medicina nuclear e análises e patologias clínicas, desde que a prestadora destes serviços seja organizada sob a forma de sociedade empresária e atenda às normas da Agência Nacional de Vigilância Sanitária – Anvisa; (*Redação dada pela Lei nº 11.727, de 2008*)
>
> b) intermediação de negócios;
>
> c) administração, locação ou cessão de bens imóveis, móveis e direitos de qualquer natureza;
>
> d) prestação cumulativa e contínua de serviços de assessoria creditícia, mercadológica, gestão de crédito, seleção de riscos, administração de contas a pagar e a receber, compra de direitos creditórios resultantes de vendas mercantis a prazo ou de prestação de serviços (*factoring*).
>
> § 2º No caso de atividades diversificadas será aplicado o percentual correspondente a cada atividade.
>
> § 3º As receitas provenientes de atividade incentivada não comporão a base de cálculo do imposto, na proporção do benefício a que a pessoa jurídica, submetida ao regime de tributação com base no lucro real, fizer jus.
>
> § 4º O percentual de que trata este artigo também será aplicado sobre a receita financeira da pessoa jurídica que explore atividades imobiliárias relativas a loteamento de terrenos, incorporação imobiliária, construção de prédios destinados à venda, bem como a venda de imóveis construídos ou adquiridos para a revenda, quando decorrente da comercialização de imóveis e for apurada por meio de índices ou coeficientes previstos em contrato. (*Incluído pela Lei nº 11.196, de 2005*)

244   Direito Tributário • *Cassone*

A Tabela do IRPF serve como **exemplo clássico** do princípio da igualdade: tributa igualmente os iguais (os que estão na mesma faixa de rendimentos) e desigualmente os desiguais (os que estão em faixas diferentes).

12.3.4 Princípio da irretroatividade

O IR não pode ser cobrado em relação a fatos geradores ocorridos antes do início da vigência da lei que os houver instituído ou aumentado (art. 150, III, *a*).

12.3.5 Princípio da anterioridade

Em vários de seus julgados, o STF tem feito referência à seguinte Súmula:

> "584. Ao imposto de renda calculado sobre os rendimentos do ano-base, aplica-se a lei vigente no exercício financeiro em que deve ser apresentada a declaração".

O STF tem entendido que o fato gerador do IR se caracteriza no último instante do dia 31-12-2011 (meia-noite), motivo pelo qual, se a lei foi publicada nesse dia – disponível o Diário Oficial às 18h –, no momento da ocorrência do fato gerador (meia-noite) a Lei já estaria em vigor, contrariamente a entendimentos doutrinários, para quem a lei começa a surtir efeitos a partir do 1º-1-2012.

Penso que os princípios da razoabilidade e da proporcionalidade, além do princípio da não surpresa, que derivam da *igualdade e justiça como valores supremos* (Preâmbulo da CF/88), interferem na interpretação segundo a qual a lei publicada em 31-12-2011 somente começa a surtir efeitos a partir de 1º-1-2012.

De qualquer forma, para os casos de tributação "exclusiva" do IR, tal como se dá no ganho de capital, cujo vencimento da obrigação tributária tenha ocorrido, no exemplo acima apontado, até 30-12-2011, terá ocorrido o denominado "ato jurídico perfeito" – segundo o qual o ato iniciou-se na vigência de uma lei, e concluiu-se na vigência da mesma lei, inaplicáveis os princípios da irretroatividade e da anterioridade.

TÉRCIO SAMPAIO FERRAZ JÚNIOR assim se manifesta:[14]

> "1. O tema em tela é antigo. Largamente discutido na doutrina e na jurisprudência, conheceu uma aparente estabilização com a edição da Súmula 584, baixada antes da Constituição de 1988, cujo teor é o seguinte: '*Ao Imposto de Renda calculado sobre os rendimentos do ano-base, aplica-se a lei vigente no exercício financeiro em que deve ser apresentada a declaração*'.
>
> Essa contabilização, contudo, não tem sido assim tão tranquila, tendo merecido largas discussões em face dos seus pressupostos jurisprudenciais e doutrinários. Afinal, à época, a Súmula já despertara intensa polêmica, por afetar negativamente os princípios da anterioridade e da irretroatividade. Tanto que a jurisprudência foi, paulatinamente, reinterpretando-lhe o sentido. O próprio Supremo, em algumas ocasiões, chegou a afastar-lhe a aplicação, por entendê-la retroativa (RE 103.553-PR, rel. Min. Octávio Gallotti; ERE 103.553-PR, rel. Min. Carlos Caldeira), tendo sido

---

[14]   FERRAZ JUNIOR, Tércio Sampaio. Anterioridade e irretroatividade no campo tributário. In: *Tratado de direito constitucional tributário*. Estudos em homenagem a Paulo de Barros Carvalho. São Paulo: Saraiva, 2005, p. 233-236 e 243. Obra coletiva coordenada por Heleno Taveira Tôrres.

Cap. 12 • (IR) Imposto sobre a Renda e proventos de qualquer natureza **245**

ela objeto de estudo crítico do Ministro Carlos Velloso (*Temas de direito público*. Belo Horizonte: Del Rey, 1994).

2. O problema que se enfrenta está, em termos simples, na definição de qual o momento de ocorrência do fato gerador do Imposto de Renda (IR), bem como de qual a lei aplicável aos rendimentos auferidos durante o ano em que lei nova é publicada.

Conforme a Súmula 584 e em razão dos acórdãos que a fundamentavam, a lei publicada no período-base alcançaria os rendimentos desse período, tendo em vista que não haveria ocorrência do fato gerador no período-base. Estes seriam apenas estimativa de renda do exercício financeiro seguinte. Assim, o fato gerador ocorreria no primeiro instante do dia 1º de janeiro do ano seguinte em que ocorre a declaração.

Com o advento do Código Tributário Nacional, a Súmula começou a sofrer restrições quanto à sua aplicação integral, pois, segundo a doutrina e a jurisprudência, ficou assentado, ao menos, que o fato gerador do IR e a aquisição da disponibilidade econômica ou jurídica da renda se dariam no último instante do período-base, sem prejuízo dos debates sobre o peso a ser conferido aos eventos ocorridos sucessivamente durante todo o período.

[...]

Posta nesses termos, a questão, afinal, é, em termos da Constituição: pode a lei impor obrigações tributárias a fatos ocorridos antes de sua vigência (CF, art. 150, III, *a*) e/ou a fatos ocorridos no exercício em que é editada (art. 150, III, *b*)?

3. Para discuti-la faz-se mister uma menção ao direito fundamental à segurança e aos princípios da irretroatividade e da não surpresa, que, na Lei Suprema de 1988, ganharam contornos de maior relevo.

[...]

O **princípio da irretroatividade** resgata e sustém um passado em face do futuro, garantindo essas expectativas legítimas diante da lei nova. O *sentido* de um evento passado adquire, assim, um contorno próprio, conforme a legislação então vigente, tornando-se imune no sentido que lhe atribua a lei posterior, ressalvadas as alterações *in bonam partem*.

Já a **anterioridade** diz respeito à duração. A salvaguarda contra a surpresa exige a periodicidade, que confere aos eventos um mínimo de durabilidade. Por isso, em todas as culturas, o tempo é dividido e contado. Trata-se de dar ao tempo presente uma consistência, fazendo dele um todo extenso e compacto, entre um começo e um fim, dentro do qual os eventos são solidários. Sem essa divisão e essa contagem, o homem não conseguiria planejar a sua ação. O princípio da anterioridade periodiza o tempo e lhe dá um sentido de unidade, protegendo os eventos que dentro dela acontecem contra alterações legais que ocorram no período. Não se trata de impedir as revisões legais, mas de garantir as mudanças que elas trazem contra o sobressalto e a surpresa. Sem essa garantia, os eventos não duram (perdem o sentido de duração) e se tornam insignificantes (perdem legitimidade). O estabelecimento de períodos (um dia, um mês, um ano), dentro dos quais a lei nova não produz efeitos, é, assim, vital para o implemento da segurança jurídica.

[...]

Por todo o exposto e concluindo, pode-se dizer, em síntese, que pela **anterioridade** estão protegidos todos os eventos ocorridos durante o exercício enquanto compondo um segmento temporal. Pela **irretroatividade**, até a publicação da lei nova, cada evento está protegido, não podendo, como na lei penal, vir a submeter-se ao novo fato-tipo instituído. Com isto se pretende ter trazido à questão, ainda tumultuada na jurisprudência, algum esclarecimento de orientação." (Destaquei)

Quiçá o STF, composição bastante renovada, reexamine a questão concernente à lei publicada durante um determinado ano-calendário, para que os efeitos se iniciem a partir do ano-calendário seguinte.

Complexidade que não ocorre com a Contribuição Social sobre o Lucro (CSSL), sujeita ao prazo de 90 (noventa) dias.

246 Direito Tributário • *Cassone*

Duas decisões do STF esclarecem a posição até então tomada:

1 – RE 197.790-6/MG, STF, Pleno, Ilmar Galvão, maioria, 19-2-1997, *DJU* 21-11-1997:

"CONTRIBUIÇÃO SOCIAL. LEI Nº 7.856, DE 25 DE OUTUBRO DE 1989, QUE NO ART. 2º, ELEVOU A RESPECTIVA ALÍQUOTA DE 8% PARA 10%. LEGITIMIDADE DA APLICAÇÃO DA NOVA ALÍQUOTA SOBRE O LUCRO APURADO NO BALANÇO DO CONTRIBUINTE ENCERRADO EM 31 DE DEZEMBRO DO MESMO ANO.

Tratando-se de lei de conversão da MP nº 86, de 25-9-89, da data da edição desta é que flui o prazo de 90 (noventa) dias previsto no art. 195, § 6º, da CF, o qual, no caso, teve por termo final o dia 24-12-1989, possibilitando o cálculo do tributo, pela nova alíquota sobre o lucro da recorrente, apurado no balanço do próprio exercício de 1989."

Nota 1 – em seu voto, esclarece o Ministro Ilmar Galvão:

"Na verdade, se de um lado não há confundir fato gerador do imposto de renda com fato gerador de contribuição social, de outro, a teoria do fato gerador '**complexivo**' que certas correntes doutrinárias, no passado, tiveram por aplicável ao imposto de renda, por absoluta falta de base legal, jamais foi considerada pela jurisprudência, notadamente a do STF, onde se assentou o entendimento de que não ofende o princípio da anterioridade, nem o da irretroatividade, a exigência do imposto de renda sobre o lucro apurado no balanço levantado no encerramento do exercício anterior, com base em lei editada no mesmo período. Confiram-se, a propósito, entre outros, os seguintes acórdãos: RE 104.259 (RTJ 115/1.336) e ADI 513 (RTJ 141/739). [...]

Se é assim, no que tange ao lucro da recorrente, apurado em 31 de dezembro de 1989, não sobra espaço para falar-se em irretroatividade da lei majoradora da alíquota (Lei de conversão nº 7.856/89), se passou ela a incidir a partir de 24 de dezembro, quando decorreu o lapso temporal de 90 dias, contado a partir da medida provisória de que se originou."

Nota 2 – Deduz-se que a teoria do fato gerador complexivo (fato gerador composto por uma série de atos e fatos – receitas, despesas etc.), por considerar que, por exemplo, o fato gerador se inicia em 1º-1-1989 e termina em 1º-12-1989, prevalece a data do início do fato gerador (1º-1-1989), data em que inexistia lei que aumentava a alíquota. Em sendo assim, o aumento somente surtiria efeitos a partir de 1º-1-1990.

Nota 3 – no mesmo sentido: RE 181.664-3-RS, STF, Pleno, Ilmar Galvão, maioria, 19-2-1997, *DJU* 19-12-1997.

2 – RE 194.612-1-SC (STF, 1ª Turma, Sydney Sanches, unânime, 24-3-1998, *DJU* 8-5-1998):

"DIREITO CONSTITUCIONAL. TRIBUTÁRIO E PROCESSUAL CIVIL. IMPOSTO DE RENDA SOBRE EXPORTAÇÕES INCENTIVADAS, CORRESPONDENTES AO ANO-BASE DE 1989. MAJORAÇÃO DE ALÍQUOTA PARA 18%, ESTABELECIDA PELO INC. I DO ART. 1º DA LEI Nº 7.968/89. ALEGAÇÃO DE VIOLAÇÃO AO ART. 150, I, 'A', DA CONSTITUIÇÃO FEDERAL DE 1988.

1. O Recurso Extraordinário, enquanto interposto com base na alínea *b* do inciso III do art. 102 da Constituição Federal, não pode ser conhecido, pois o acórdão recorrido não declarou a inconstitucionalidade de tratado ou lei federal.

2. Pela alínea *a*, porém, é de ser conhecido e provido.

3. Com efeito, a pretensão da ora recorrida, mediante Mandado de Segurança, é a de se abster de pagar o Imposto de Renda correspondente ao ano-base de 1989, pela alíquota de 18%, estabelecida no inciso I do art. 1º da Lei nº 7.968, de 28-12-1989, com a alegação de que a majoração, por ela representada, não poderia ser exigida com relação ao próprio exercício em que instituída, sob pena de violação ao art. 150, I, *a*, da Constituição Federal de 1988.

Cap. 12 • (IR) Imposto sobre a Renda e proventos de qualquer natureza **247**

4. O acórdão recorrido manteve o deferimento do Mandado de Segurança. Mas está em desacordo com o entendimento desta Corte, firmado em vários julgados e consolidado na **Súmula 584**, que diz:

'Ao Imposto de Renda calculado sobre os rendimentos do ano-base, aplica-se a lei vigente no exercício financeiro em que deve ser apresentada a declaração.'

Reiterou-se essa orientação no julgamento do RE nº 104.259-RJ (RTJ 115/1336).

5. Tratava-se, nesse precedente, como nos da Súmula, de Lei editada no final do ano-base, já que o fato gerador somente se completa e se caracteriza, ao final do respectivo período, ou seja, a 31 de dezembro. Estava, por conseguinte, em vigor, antes do exercício financeiro, que se inicia a 1º de janeiro do ano subsequente, o da declaração.

6. Em questão assemelhada, assim também decidiu o Plenário do Supremo Tribunal Federal, no julgamento do RE nº 197.790-6-MG, em data de 19 de fevereiro de 1997.

7. RE conhecido e provido, para o indeferimento do Mandado de Segurança."

12.3.6 Princípio da capacidade econômica ou contributiva

O IR, de caráter pessoal, está sujeito ao princípio da capacidade econômica, a teor do que dispõe a CF/1988:

Art. 145. A União, os Estados, o Distrito Federal e os Municípios poderão instituir os seguintes tributos:

....

§ 1º Sempre que possível, os impostos terão caráter pessoal e serão graduados segundo a capacidade econômica do contribuinte, facultado à administração tributária, especialmente para conferir efetividade a esses objetivos, identificar, respeitados os direitos individuais e nos termos da lei, o patrimônio, os rendimentos e as atividades econômicas do contribuinte.

Entretanto, há uma certa dificuldade na aplicação do princípio da capacidade econômica ou contributiva, cuja caracterização haverá de ser aferida caso a caso, tal como vem procedendo o STF.

12.4 IMPOSTO DE RENDA NO CÓDIGO TRIBUTÁRIO NACIONAL

Em obediência ao comando do art. 146, III, "a", CF/88, o CTN define o fato gerador, base de cálculo e contribuintes do IR:

Art. 43. O imposto, de competência da União, sobre a renda e proventos de qualquer natureza tem como fato gerador a aquisição da disponibilidade econômica ou jurídica:

I – de renda, assim entendido o produto do capital, do trabalho ou da combinação de ambos;

II – de proventos de qualquer natureza, assim entendidos os acréscimos patrimoniais não compreendidos no inciso anterior.

§ 1º A incidência do imposto independe da denominação da receita ou do rendimento, da localização, condição jurídica ou nacionalidade da fonte, da origem e da forma de percepção. (Incluído pela LC nº 104, de 10-1-2001)

248 Direito Tributário • *Cassone*

§ 2º Na hipótese de receita ou de rendimento oriundos do exterior, a lei estabelecerá as condições e o momento em que se dará sua disponibilidade, para fins de incidência do imposto referido neste artigo. (*Incluído pela LC nº 104, de 10-1-2001*)

Art. 44. A base de cálculo do imposto é o montante, real, arbitrado ou presumido, da renda ou dos proventos tributáveis.

Art. 45. Contribuinte do imposto é o titular da disponibilidade a que se refere o art. 43, sem prejuízo de atribuir a lei essa condição ao possuidor, a qualquer título, dos bens produtores de renda ou dos proventos tributáveis.

Parágrafo único. A lei pode atribuir à fonte pagadora da renda ou dos proventos tributáveis a condição de responsável pelo imposto cuja retenção e recolhimento lhe caibam.

Da CF/88 e do CTN extraímos os seguintes elementos do fato gerador do IR:

Aspecto	Descrição
Pessoal	– **Sujeito ativo** = União (art. 153, III, CF).
	– **Sujeito passivo** = Contribuintes PF e PJ; e Possuidor, a qualquer título, dos bens produtores de renda ou dos proventos tributáveis (art. 146, III, *a*, CF; art. 45, CTN)
	– Responsável = reter na fonte e recolher (art. 45, parágrafo único, CTN).
Espacial	– Território nacional (art. 153, III, CF).
Material	– Auferir renda ou proventos de qualquer natureza (art. 153, III, CF; art. 43, CTN).
Temporal	– Aquisição da disponibilidade econômica ou jurídica da renda ou proventos de qualquer natureza (art. 153, III, CF; art. 43, CTN), em momento previsto em Lei ordinária (art. 150, I, e art. 153, § 2º, I, CF).
Quantificativo	– **Base de cálculo** = Montante real, arbitrado ou presumido, da renda ou proventos tributáveis (art. 146, III, *a*, CF; art. 44, CTN).
	– **Alíquota** = estabelecida pela Lei ordinária (art. 150, I, CF; e art. 97, IV, CTN).

Exemplos:

Disponibilidade econômica – recebimento efetivo da renda ou do provento em dinheiro, ou conversível em dinheiro (receita realizada).

Disponibilidade jurídica – é o nascimento do direito a receber uma renda ou provento (crédito – receita a realizar). Adquire-se o direito a um certo rendimento, mas ainda não está disponível.

Portanto, o termo "disponibilidade", mesmo "econômica", não deixa de ser jurídica, e a distinção entre uma e outra é que na primeira (econômica), a disponibilidade é imediata (concretamente), enquanto na segunda (jurídica), é sob forma de "direito de crédito" a ser satisfeito em tempo oportuno.

RUBENS GOMES DE SOUSA distingue o "ganho de capital" dos "rendimentos":[15]

---

[15] SOUSA, Rubens Gomes de. A evolução do conceito de rendimento tributável. São Paulo: Revista dos Tribunais. Revista de Direito Público – *Cadernos de Direito Tributário*, v. 14, p. 338-346, out./dez. 1970.

Cap. 12 • (IR) Imposto sobre a Renda e proventos de qualquer natureza **249**

"Exemplo bem conhecido da exploração da **floresta**: se as árvores são todas abatidas para venda, o resultado destas é um **capital;** se, ao contrário, as árvores abatidas vão sendo replantadas, o resultado dessa exploração regular é um **rendimento.**[16]

E aponto exemplo mais consentâneo com a atividade urbana:

Sou proprietário de uma CASA: se VENDO, posso estar sujeito ao pagamento do IR em face de **ganho de capital** e o patrimônio fica afetado. Se ALUGO, recebo **rendimentos** periodicamente, sem afetar o patrimônio.

O XI Simpósio Nacional de Direito Tributário realizado no CEU/SP em 18-10-1986 sob a coordenação do prof. Ives Gandra da Silva Martins, assim concluiu:[17]

PERGUNTA:

Que se entende por aquisição de disponibilidade econômica ou jurídica de renda ou proventos de qualquer natureza?

RESPOSTA:

Aquisição de disponibilidade econômica de renda e proventos de qualquer natureza é a obtenção da faculdade de usar, gozar ou dispor de dinheiro ou de coisas nele conversíveis, entrados para o patrimônio do adquirente por ato ou fato jurídico.

Aquisição de disponibilidade jurídica de renda e proventos de qualquer natureza é a obtenção de direitos de crédito, não sujeitos a condição suspensiva. (maioria)

PERGUNTA:

Quais as consequências da aplicação do princípio da anterioridade à legislação do imposto de renda?

RESPOSTA:

A consequência da aplicação do princípio da anterioridade à legislação do imposto de renda é a de que leis que criem hipóteses de incidência ou majorem tributos devem estar em vigor antes do início do ano-base em que devem aplicar-se. (unanimidade)

PERGUNTA:

Existem acréscimos patrimoniais que não se enquadrem no conceito de proventos de qualquer natureza, referidos no art. 21, IV, da Constituição Federal?

RESPOSTA:

Todos os acréscimos patrimoniais enquadram-se no conceito de proventos de qualquer natureza, referidos no art. 21, IV da Constituição federal, salvo aqueles decorrentes de aportes de capital às pessoas jurídicas. (unanimidade)

---

[16] Capital – a legislação do IR costuma utilizar a expressão **ganho de capital**. Exemplos no RIR, aprovado pelo Decreto nº 3.000, de 26-3-1999. (1º) Art. 39. Não entrarão no cômputo do rendimento bruto: III – o **ganho de capital** auferido na alienação do único imóvel que o titular possua, cujo valor de alienação seja de até quatrocentos e quarenta mil reais, desde que não tenha sido realizada qualquer outra alienação nos últimos cinco anos da Lei nº 9.250, de 1995, art. 23. (2º) Art. 138. O **ganho de capital** será determinado pela diferença positiva, entre o valor da alienação e o custo de aquisição, apurado nos termos dos arts. 123 a 137 (Lei nº 7.713, de 1988, art. 3º, § 2º, Lei nº 8.383, de 1991, art. 2º, § 7º, e Lei nº 9.249, de 1995, art. 17).

[17] *Caderno de Pesquisas Tributárias*, v. 12, p. 413. São Paulo: Coedição Editora Resenha Tributária e CEU/SP, 1987.

250 Direito Tributário • *Cassone*

Encerro este item com a lapidar lição do Ministro CUNHA PEIXOTO em seu voto-condutor no RE 89.791/RJ (STF, 1ª Turma, unânime, 3-10-1978, *DJU* 20-10-1978 – <www.stf.jus.br>, acessado em: 21-7-2010):

> "Na verdade, por mais variado que seja o conceito de renda, todos os economistas, financistas e juristas se unem em um ponto: renda é sempre um ganho ou acréscimo do patrimônio.
>
> O Ministro OSWALDO TRIGUEIRO, no RE 71.758 (RTJ 66/150), deu ao art. 43 do Código Tributário Nacional sua verdadeira exegese:
>
> 'Quaisquer que sejam as nuanças doutrinárias sobre o conceito de renda, parece-me acima de toda dúvida razoável que, legalmente, a renda pressupõe ganho, lucro, receita, crédito, acréscimo patrimonial, ou, como diz o preceito transcrito, aquisição de disponibilidade econômica ou jurídica. Concordo em que a lei pode, casuisticamente, dizer o que é ou o que não é renda tributável. Mas não deve ir além dos limites semânticos, que são intransponíveis. Entendo, por isso, que ela não pode considerar renda, para efeito de taxação, o que é, de maneira incontestável, ônus, dispêndio, encargo ou diminuição patrimonial, resultante do pagamento de um débito.
>
> Para bem aplicar a Constituição, o Poder Judiciário tem que fazer uso de noções precisas e claras, não sendo de admitir-se como legítimo que o Imposto de Renda recaia sobre o que, evidentemente, não é renda, do mesmo modo que não se pode aceitar a incidência do imposto de importação sobre mercadoria que não entrou no país, nem o de exportação, sobre produtos que daqui não saíram.
>
> Dir-se-á que a lei pode alterar a definição de qualquer imposto, como pode, para fazê-lo, recorrer ao expediente das ficções jurídicas. No caso, porém, esse argumento não tem préstimo, porque estamos diante de um **conceito da Constituição**, explicitado pelo Código Tributário Nacional.'
>
> Ora, a **correção monetária**, realmente, não constitui rendimento, porque lhe faltam elementos constitutivos destes, principalmente a reprodutividade. **A renda se destaca da fonte sem empobrecê-la**. Tal não ocorre na correção monetária, onde o capital continua o mesmo; apenas é atualizado para o valor do dia do pagamento. Sem ela, haveria uma diminuição do capital. Procura-se, com a correção monetária, apenas dar ao capital o mesmo valor que tinha, quando do negócio. Nada se lhe acrescenta; portanto, nenhuma renda há.
>
> A correção monetária, portanto, não é renda, mas simples restauração do valor primitivo do capital. Trata-se de mera alteração nominal, e não real. Mera substituição do desfalque do valor, e não acréscimo do valor. E note-se que, no caso *sub judice*, as partes estabeleceram a correção monetária tomando por base as Obrigações Reajustáveis do Tesouro Nacional, e todos sabem que estes índices não acompanham os da inflação, sendo-lhe inferiores. Há, pois, mesmo com a correção monetária, nos termos em que é posta no contrato, um decréscimo de capital, e não é lícito ao legislador dizer que a diminuição do patrimônio constitui renda, pois o conceito dela, além de estar consubstanciado no art. 43 do Código Tributário Nacional, existe no direito privado, quer no Código Comercial (lucros etc., arts. 302, 288), seja no Código Civil (frutos, produtos, rendimentos, rendas – arts. 60, 178, § 10, 674, VI, 749 etc.).
>
> 3. Não se pode comparar os **juros compensatórios** com a correção monetária e, assim, impossível a aplicação do dispositivo que regula o pagamento do imposto de renda sobre os juros à atualização monetária." (Destaquei)

12.5 IR SOBRE ATIVIDADES ILÍCITAS

No passado, muito se tem discutido quanto à incidência do IR sobre rendas advindas de atividades ilícitas, sem prejuízos das sanções penais aplicáveis à espécie, e, ao que parece, hoje é tranquilamente admitida, pois contido na expressão "*Imposto sobre a Renda e Proventos de Qualquer Natureza*", quanto mais que ela lhe atribui os **critérios** da *generalidade* e da *universalidade*.

O CTN dispõe:

> Art. 118. A definição legal do fato gerador é interpretada abstraindo-se:
>
> I – da validade jurídica dos atos efetivamente praticados pelos contribuintes, responsáveis ou terceiros, bem como da natureza do seu objeto ou dos seus efeitos;
>
> II – dos efeitos dos fatos efetivamente ocorridos.

O art. 118 do CTN permite a tributação mesmo que o ato praticado seja *ilícito* (jogo proibido; venda de produto contrabandeado etc.), ou desconsiderando os efeitos que os contratantes queiram dar aos fatos efetivamente ocorridos.

Se alguém pratica uma atividade ilícita, não é o ato ou negócio ilícito que é tomado em consideração pela lei tributária para caracterizar o fato gerador, mas o subjacente elemento objetivo: a renda ou receita advinda dessa atividade; a operação de circulação dos produtos ou mercadorias sonegados ou contrabandeados, e assim por diante, por representarem signos presuntivos de capacidade contributiva.

A 1ª Turma do STF, no HC 94.240/SP, Dias Tóffoli, maioria (vencido o Min. Marco Aurélio), 23-8-2011, *DJe*-196, de 13-10-2011, decidiu:

> "2. A jurisprudência da Corte, à luz do art. 118 do Código Tributário Nacional, assentou entendimento de ser possível a tributação de renda obtida em razão de atividade ilícita, visto que a definição legal do fato gerador é interpretada com abstração da validade jurídica do ato efetivamente praticado, bem como da natureza do seu objeto ou dos seus efeitos. Princípio do *non olet*. Vide o HC nº 77.530/RS, Primeira Turma, Relator o Ministro Sepúlveda Pertence, *DJ* de 18-9-98."

12.6 IRPF: DECLARAÇÃO COM BENS ATUALIZADOS A VALOR DE MERCADO – LEI Nº 8.383/91 – RE 209.843

A Lei nº 8.383, de 30-12-1991, estabelece, no extenso art. 96, sobre a apresentação de declaração em que os bens e direitos são avaliados pelo valor de mercado, e dele reproduzimos apenas o *caput* e §§ 1º, 2º e 3º:

> Art. 96. No exercício financeiro de 1992, ano-calendário de 1991, o contribuinte apresentará declaração de bens na qual os bens e direitos serão individualmente avaliados a valor de mercado no dia 31 de dezembro de 1991, e convertidos em quantidade de UFIR pelo valor desta no mês de janeiro de 1992.
>
> § 1º A diferença entre o valor de mercado referido neste artigo e o constante de declarações de exercícios anteriores será considerada rendimento isento.
>
> § 2º A apresentação da declaração de bens com estes avaliados em valores de mercado não exime os declarantes de manter e apresentar elementos que permitam a identificação de seus custos de aquisição.[18]
>
> § 3º A autoridade lançadora, mediante processo regular, arbitrará o valor informado sempre que este não mereça fé, por notoriamente diferente do de mercado, ressalvada, em caso de contestação, avaliação contraditória administrativa ou judicial.

---

[18] O "valor de mercado" e outros aspectos, tanto em relação ao art. 96 da Lei 8.383/91, quanto ao art. 23 da Lei 9.532/97, foram objeto de estudo nosso, divulgado pela RFDT n. 82, jul./ago.2016, em que apontamos, inclusive, as correntes doutrinárias que se formaram.

252 Direito Tributário • *Cassone*

Disposição apreciada pelo Pleno do STF no RE 209.843-4-SP, relator para o acórdão Min. Eros Grau, vencido o relator originário, Ministro Marco Aurélio, em sessão de 10-11-2004 (*DJU* 19-12-2006) – ementa:

> "RECURSO EXTRAORDINÁRIO. TRIBUTÁRIO, IMPOSTO DE RENDA. DECLARAÇÃO DE BENS. ATUALIZAÇÃO. VALOR DE MERCADO. LEI Nº 8.383/91.
>
> 1. A exigência de atualização, pelo valor de mercado, dos bens declarados para fins de imposto de renda não viola os princípios da tipicidade, da reserva legal e da igualdade jurídica.
>
> 2. A razoabilidade não pode ser usada como pretexto para o Poder Judiciário corrigir lei.
>
> 3. A finalidade da Lei nº 8.383/91 é ajustar o recolhimento do imposto sobre o lucro imobiliário.
>
> 4. Recurso a que se nega provimento."

12.7 O QUE O STF DECIDIU NO RE 172.058

Dispõe a Lei nº 7.713, de 22-12-1988:

> Art. 35. O sócio cotista, o acionista ou o titular da empresa individual ficará sujeito ao imposto de renda na fonte, à alíquota de oito por cento, calculado com base no lucro líquido apurado pelas pessoas jurídicas na data do encerramento do período-base.

Examinando o art. 35 da Lei nº 7.713/88, decidiu o Plenário do STF no RE 172.058 (Marco Aurélio, unânime, 30-6-1995, *DJU* 13-10-1995, p. 34282), a teor de sua ementa:

> "RECURSO EXTRAORDINÁRIO – ATO NORMATIVO DECLARADO INCONSTITUCIONAL – LIMITES.
>
> Alicerçado o extraordinário na alínea 'b' do inciso III do art. 102 da Constituição Federal, a atuação do Supremo Tribunal Federal faz-se na extensão do provimento judicial atacado. Os limites da lide não a balizam, no que verificada declaração de inconstitucionalidade que os excederam. Alcance da atividade precípua do Supremo Tribunal Federal – de guarda maior da Carta Política da República.
>
> TRIBUTO – RELAÇÃO JURÍDICA ESTADO/CONTRIBUINTE – PEDRA DE TOQUE. No embate diário Estado/contribuinte, a Carta Política da República exsurge com insuplantável valia, no que, em prol do segundo, impõe parâmetros a serem respeitados pelo primeiro. Dentre as garantias constitucionais explícitas, e a constatação não exclui o reconhecimento de outras decorrentes do próprio sistema adotado, exsurge a de que somente à lei complementar cabe "a definição de tributos e de suas espécies, bem como, em relação aos impostos discriminados nesta Constituição, a dos respectivos fatos geradores, bases de cálculo e contribuintes" – alínea 'a' do inciso III do art. 146 do Diploma Maior de 1988.
>
> IMPOSTO DE RENDA – RETENÇÃO NA FONTE – SÓCIO COTISTA. A norma insculpida no art. 35 da Lei nº 7.713/88 mostra-se harmônica com a Constituição Federal quando o contrato social prevê a disponibilidade econômica ou jurídica imediata, pelos sócios, do lucro líquido apurado, na data do encerramento do período-base. Nesse caso, o citado artigo exsurge como explicitação do fato gerador estabelecido no artigo 43 do Código Tributário Nacional, não cabendo dizer da disciplina, de tal elemento do tributo, via legislação ordinária. Interpretação da norma conforme o Texto Maior.
>
> IMPOSTO DE RENDA – RETENÇÃO NA FONTE – ACIONISTA. O art. 35 da Lei nº 7.713/88 e inconstitucional, ao revelar como fato gerador do imposto de renda na modalidade 'desconto na

Cap. 12 • (IR) Imposto sobre a Renda e proventos de qualquer natureza **253**

fonte', relativamente aos acionistas, a simples apuração, pela sociedade e na data do encerramento do período-base, do lucro líquido, já que o fenômeno não implica qualquer das espécies de disponibilidade versadas no art. 43 do Código Tributário Nacional, isto diante da Lei nº 6.404/76.

IMPOSTO DE RENDA – RETENÇÃO NA FONTE – TITULAR DE EMPRESA INDIVIDUAL. O art. 35 da Lei nº 7.713/88 encerra explicitação do fato gerador, alusivo ao imposto de renda, fixado no art. 43 do Código Tributário Nacional, mostrando-se harmônico, no particular, com a Constituição Federal. Apurado o lucro líquido da empresa, a destinação fica ao sabor de manifestação de vontade única, ou seja, do titular, fato a demonstrar a disponibilidade jurídica. Situação fática a conduzir a pertinência do princípio da despersonalização.

RECURSO EXTRAORDINÁRIO – CONHECIMENTO – JULGAMENTO DA CAUSA. A observância da jurisprudência sedimentada no sentido de que o Supremo Tribunal Federal, conhecendo do recurso extraordinário, julgara a causa aplicando o direito a espécie (verbete nº 456 da Súmula), pressupõe decisão formalizada, a respeito, na instância de origem. Declarada a inconstitucionalidade linear de um certo artigo, uma vez restringida a pecha a uma das normas nele insertas ou a um enfoque determinado, impõe-se a baixa dos autos para que, na origem, seja julgada a lide com apreciação das peculiaridades. Inteligência da ordem constitucional, no que homenageante do devido processo legal, avesso, a mais não poder, as soluções que, embora práticas, resultem no desprezo a organicidade do Direito."

Parece-nos correta a decisão, na medida em que a Suprema Corte prestigiou a regra da disponibilidade econômica ou jurídica da renda ou de proventos de qualquer natureza.

12.8 INDENIZAÇÃO, DANO MORAL E DESAPROPRIAÇÃO

O Código Civil (Lei nº 10.406, de 10-1-2002) trata "Da indenização" nos arts. 944 a 954, dentro do "Título IX – Da Responsabilidade Civil".

Para fins de IR, **indenização** significa uma quantia em dinheiro que recompõe o patrimônio afetado; recolocação das coisas em seu lugar; recuperação pecuniária de um dano material ou moral.

Assim, é preciso verificar, caso a caso, se o que se denomina de "indenização", corresponde a esse conceito para fins de IR, pois o nome que se lhe dá deve ser submetido à análise de sua natureza jurídica – tal como se dá com o art. 4º do CTN em relação aos tributos.[19]

Por exemplo, estabelece a Súmula STJ (*DJe* de 8-9-2010):

> 463. Incide imposto de renda sobre os valores percebidos a título de indenização por horas extraordinárias trabalhadas, ainda que decorrentes de acordo coletivo.

Correta a Súmula STJ nº 463, pois "horas extras trabalhadas" não possuem natureza jurídica de "indenização" em seu sentido estrito, mas possuem a natureza geral de "remuneração por trabalho realizado", cujo rendimento está sujeito ao IR.

---

[19] CTN – "Art. 4º. A natureza jurídica específica do tributo é determinada pelo fato gerador da respectiva obrigação, sendo irrelevante para qualificá-la: I – a denominação e demais características formais adotadas pela lei; (...)."

254 Direito Tributário • *Cassone*

E sujeição ao IR não significa pagamento "obrigatório" do IR, mas apenas que é rendimento que deve ser considerado para o fim de apurar o *quantum* do imposto, se devido ou não o IR.

Dano moral – O dano moral, representado por quantia em dinheiro (ou apreciável economicamente – art. 3º do CTN), quer judicialmente, quer administrativamente ou particularmente transacionado, não é objeto de tratamento expresso, quer na CF, quer no CTN, motivo pelo qual pode apresentar correntes doutrinárias divergentes.

O certo é que o valor percebido a tal título, em princípio, consistiria num rendimento sujeito ao IR.

Entretanto, se a indenização por dano material não está sujeita ao IR, parece-me que, por maior razão, o dano moral também deve ser excluído, por não estar situado no campo de competência do IR.

Decidiu a 1ª Seção do Superior Tribunal de Justiça no REsp 963.387, Herman Benjamin, maioria, 8-10-2008, *DJe* 5-3-2009:

> "TRIBUTÁRIO. IMPOSTO DE RENDA. INDENIZAÇÃO POR DANOS MORAIS. NATUREZA DA VERBA. ACRÉSCIMO PATRIMONIAL. NÃO INCIDÊNCIA. PRINCÍPIO DA REPARAÇÃO INTEGRAL. PRECEDENTES DO STJ.
>
> 1. A indenização por dano estritamente moral não é fato gerador do Imposto de Renda, pois limita-se a recompor o patrimônio imaterial da vítima, atingido pelo ato ilícito praticado.
>
> 2. *In casu*, a negativa de incidência do Imposto de Renda não se faz por força de isenção, mas em decorrência da ausência de riqueza nova – oriunda dos frutos do capital, do trabalho ou da combinação de ambos – capaz de caracterizar acréscimo patrimonial.
>
> 3. A indenização por dano moral não aumenta o patrimônio do lesado, apenas o repõe, pela via da substituição monetária, *in statu quo ante*.
>
> 4. A vedação de incidência do Imposto de Renda sobre indenização por danos morais é também decorrência do princípio da reparação integral, um dos pilares do Direito brasileiro. A tributação, nessas circunstâncias e, especialmente, na hipótese de ofensa a direitos da personalidade, reduziria plena eficácia material do princípio, transformando o Erário simultaneamente em sócio do infrator e beneficiário do sofrimento do contribuinte.
>
> 5. Recurso Especial não provido."

A Lei nº 12.190, de 2010, trata de hipótese de isenção do IR por dano moral em relação a pessoas com deficiência física.

Desapropriação – O Plenário do STF, na Representação nº 1.260-3/DF, Néri da Silveira, unânime, 13-8-1987, *DJU* 18-11-1988, p. 30023, decidiu, a teor de sua ementa:

> "Representação. Arguição de inconstitucionalidade parcial do inciso II, do § 2º, do art. 1º, do Decreto-lei Federal nº 1641, de 7-12-1978, que inclui a desapropriação entre as modalidades de alienação de imóveis, suscetíveis de gerar lucro a pessoa física e, assim, rendimento tributável pelo imposto de renda.
>
> Não há, na desapropriação, transferência da propriedade, por qualquer negócio jurídico de direito privado.
>
> Não sucede, aí, venda do bem ao poder expropriante.
>
> Não se configura, outrossim, a noção de preço, como contraprestação pretendida pelo proprietário, '*modo privato*'.

O '*quantum*' auferido pelo titular da propriedade expropriada e, tão só, forma de reposição, em seu patrimônio, do justo valor do bem, que perdeu, por necessidade ou utilidade pública ou por interesse social.

Tal o sentido da 'justa indenização' prevista na constituição (art. 153, § 22).

Não pode, assim, ser reduzida a justa indenização pela incidência do imposto de renda.

Representação procedente, para declarar a inconstitucionalidade da expressão 'desapropriação', contida no art. 1º, § 2º, inciso II, do Decreto-lei nº 1641/78."

12.9 INTEGRAÇÃO DA TRIBUTAÇÃO DA PESSOA JURÍDICA E DA PESSOA FÍSICA

A legislação do IR tributava tanto a pessoa jurídica quanto a pessoa física que recebia o resultado do lucro apurado.

Sobreveio a Lei nº 9.249/95 para estabelecer:

Art. 1º As bases de cálculo e o valor dos tributos e contribuições federais serão expressos em Reais.

Art. 2º O imposto de renda das pessoas jurídicas e a contribuição social sobre o lucro líquido serão determinados segundo as normas da legislação vigente, com as alterações desta Lei.

Art. 3º A alíquota do imposto de renda das pessoas jurídicas é de quinze por cento.

§ 1º A parcela do lucro real, presumido ou arbitrado, que exceder o valor resultante da multiplicação de R$ 20.000,00 (vinte mil reais) pelo número de meses do respectivo período de apuração, sujeita-se à incidência de adicional de imposto de renda à alíquota de dez por cento. (*Redação dada pela Lei nº 9.430, de 1996*)

§ 2º O disposto no parágrafo anterior aplica-se, inclusive, nos casos de incorporação, fusão ou cisão e de extinção da pessoa jurídica pelo encerramento da liquidação. (*Redação dada pela Lei nº 9.430, de 1996*)

§ 3º O disposto neste artigo aplica-se, inclusive, à pessoa jurídica que explore atividade rural de que trata a Lei nº 8.023, de 12 de abril de 1990.

§ 4º O valor do adicional será recolhido integralmente, não sendo permitidas quaisquer deduções.

Art. 4º Fica revogada a correção monetária das demonstrações financeiras de que tratam a Lei nº 7.799, de 10 de julho de 1989, e o art. 1º da Lei nº 8.200, de 28 de junho de 1991.

Parágrafo único. Fica vedada a utilização de qualquer sistema de correção monetária de demonstrações financeiras, inclusive para fins societários.

Art. 10. Os lucros ou dividendos calculados com base nos resultados apurados a partir do mês de janeiro de 1996, pagos ou creditados pelas pessoas jurídicas tributadas com base no lucro real, presumido ou arbitrado, não ficarão sujeitos à incidência do imposto de renda na fonte, nem integrarão a base de cálculo do imposto de renda do beneficiário, pessoa física ou jurídica, domiciliado no País ou no exterior.

Parágrafo único. No caso de quotas ou ações distribuídas em decorrência de aumento de capital por incorporação de lucros apurados a partir do mês de janeiro de 1996, ou de reservas constituídas com esses lucros, o custo de aquisição será igual à parcela do lucro ou reserva capitalizado, que corresponder ao sócio ou acionista.

EVERARDO MACIEL, à época Secretário da Receita Federal, explica:[20]

> "5. *Integração da tributação da Pessoa Jurídica e da pessoa Física*
>
> Um aspecto importante em termos de neutralidade do imposto é a busca da integração da tributação da pessoa jurídica e da pessoa física. O objetivo dessa integração é, justamente, tributar a renda dentro de uma visão integral do imposto, considerando que, na verdade, a pessoa jurídica é uma abstração, e, em consequência, toda a tributação poderia ser feita na pessoa física. Em última instância, a renda da pessoa jurídica nada mais é do que a renda das próprias pessoas físicas dos sócios, acionistas ou titulares. A integração plena significa, portanto, evitar tanto a dupla tributação do mesmo rendimento como o planejamento tributário, com base na transferência de lucros e patrimônio entre a empresa e seus sócios, de modo a minimizar o pagamento do imposto.
>
> Nesse contexto, uma importante modificação introduzida pela Lei nº 9.249/95 diz respeito ao tratamento dispensado aos rendimentos distribuídos aos sócios. Até o ano-calendário de 1995, estavam isentos do imposto de renda somente os lucros e dividendos efetivamente pagos aos sócios, acionistas ou titular de empresa individual que não ultrapassassem o valor que serviu de base de cálculo do imposto, deduzido o imposto correspondente, ficando sujeitos à tributação na fonte e na declaração anual dos sócios os valores a eles efetivamente pagos que excedessem aquele valor.
>
> A partir de 1996, a referida lei determinou que os lucros ou dividendos pagos ou creditados pelas pessoas jurídicas tributadas com base no lucro real, presumido ou arbitrado não ficassem sujeitos à incidência do imposto de renda na fonte nem integrassem a base de cálculo do imposto de renda do beneficiário, pessoa física e jurídica, domiciliado no país ou no exterior.
>
> [...]
>
> Assim, pode-se dizer que, com relação à tributação dos lucros e dividendos, estabeleceu-se uma maior integração entre a pessoa física e a pessoa jurídica, tributando-se esses rendimentos exclusivamente na empresa e isentando-os quando do recebimento pelos beneficiários. Além de evitar a dupla tributação, simplificar os controles e inibir a evasão, esse procedimento acaba por estimular o investimento nas atividades produtivas, em razão da equiparação de tratamento e das alíquotas aplicáveis.".

12.10 IRPJ: REGIME DE CAIXA E REGIME DE COMPETÊNCIA

O **regime de caixa** (considera a data do pagamento) e o **regime de competência** (considera a data em que ocorreu o ato ou fato) condicionam o momento da apropriação de uma receita ou de uma despesa, para fins de apuração do lucro real no momento oportuno, e devem estar previstos em lei, em obediência ao princípio da legalidade.

OCTACILIO CARTAXO explica, em resposta à seguinte pergunta: *"Foi um equívoco permitir o ajuste da contabilidade para pagar menos tributo, como fez a Petrobras?*:[21]

> "O **regime de caixa** apenas posterga o pagamento do imposto para a data de liquidação das obrigações e aplica-se o câmbio do dia. Portanto, pode haver variações cambiais para cima e para baixo, refletindo na base de cálculo do imposto e no valor a ser recolhido. De acordo com o regime de caixa, a obrigatoriedade do recolhimento só se torna exigível a partir do ingresso efetivo dos re-

---

[20] MACIEL, Everardo. *Tributação da Renda no Brasil Pós-Real*. Brasília: Ministério da Fazenda – Secretaria da Receita Federal, 2001, p. 60-62. Apresentação, pela Secretaria da Receita Federal, das alterações na legislação do Imposto de Renda período 1995 e 2000.

[21] CARTAXO, Octacílio. Entrevista do Secretário da Receita Federal a Adriana Fernandes e Renata Veríssimo. "Grande contribuinte está no foco da Receita". Jornal *O Estado de S. Paulo* de 22-8-2009, p. B10 Economia.

Cap. 12 • (IR) Imposto sobre a Renda e proventos de qualquer natureza **257**

cursos no **caixa** da empresa. Ao contrário do regime de **competência**, que independe da realização financeira das operações." (Destaquei)

Apenas a título de **exemplo** (tendo presente que a legislação tributária é dinâmica, o que requer o devido acompanhamento):

MEDIDA PROVISÓRIA Nº 2.158-35, DE 24 DE AGOSTO DE 2001[22]

Art. 20. As pessoas jurídicas submetidas ao regime de tributação com base no lucro presumido somente poderão adotar o **regime de caixa**, para fins da incidência da contribuição para o PIS/PASEP e COFINS, na hipótese de adotar o mesmo critério em relação ao imposto de renda das pessoas jurídicas e da CSLL.

Art. 30. A partir de 1º de janeiro de 2000, as variações monetárias dos direitos de crédito e das obrigações do contribuinte, em função da **taxa de câmbio**, serão consideradas, para efeito de determinação da base de cálculo do imposto de renda, da contribuição social sobre o lucro líquido, da contribuição para o PIS/PASEP e COFINS, bem assim da determinação do lucro da exploração, quando da **liquidação** da correspondente operação.

§ 1º **À opção** da pessoa jurídica, as variações monetárias poderão ser consideradas na determinação da base de cálculo de todos os tributos e contribuições referidos no *caput* deste artigo, segundo o **regime de competência**.

§ 2º A opção prevista no § 1º aplicar-se-á a todo o ano-calendário.

§ 3º No caso de alteração do critério de reconhecimento das variações monetárias, em anos-calendário subsequentes, para efeito de determinação da base de cálculo dos tributos e das contribuições, serão observadas as normas expedidas pela Secretaria da Receita Federal.

Art. 31. Na determinação da base de cálculo da contribuição para o PIS/PASEP e COFINS poderá ser excluída a parcela das receitas financeiras decorrentes da variação monetária dos direitos de crédito e das obrigações do contribuinte, em função da taxa de câmbio, submetida à tributação, segundo o **regime de competência**, relativa a períodos compreendidos no ano-calendário de 1999, excedente ao valor da variação monetária efetivamente realizada, ainda que a operação correspondente já tenha sido liquidada.

Parágrafo único. O disposto neste artigo aplica-se à determinação da base de cálculo do imposto de renda e da contribuição social sobre o lucro devidos pelas pessoas jurídicas submetidas ao regime de tributação com base no **lucro presumido** ou **arbitrado**.

12.11 IRPJ: DEPÓSITO JUDICIAL – MOMENTO EM QUE É DEDUTÍVEL

Estabelece a Lei nº 8.541, de 1992:

Art. 7º As obrigações referentes a tributos ou contribuições somente serão dedutíveis, para fins de apuração do lucro real, quando pagas.

§ 1º Os valores das provisões, constituídas com base nas obrigações de que trata o *caput* deste artigo, registrados como despesas indedutíveis, serão adicionados ao lucro líquido, para efeito de apuração do lucro real, e excluídos no período-base em que a obrigação provisionada for efetivamente paga.

§ 2º Na determinação do lucro real, a pessoa jurídica não poderá deduzir como custo ou despesa o imposto sobre a renda de que for sujeito passivo como contribuinte ou como responsável em substituição ao contribuinte.

---

[22] O Sistema Tributário Nacional fixou o regime de competência como regra geral para a apuração dos resultados da empresa (RE 586.482, *DJe*-119, public. 19-6-2012).

258 Direito Tributário • *Cassone*

§ 3º A dedutibilidade, como custo ou despesa, de rendimentos pagos ou creditados a terceiros abrange o imposto sobre os rendimentos que o contribuinte, como fonte pagadora, tiver o dever legal de reter e recolher, ainda que o contribuinte assuma o ônus do imposto.

§ 4º Os impostos pagos pela pessoa jurídica na aquisição de bens do ativo permanente poderão, a seu critério, ser registrados como custo de aquisição ou deduzidos como despesas operacionais, salvo os pagos na importação de bens que se acrescerão ao custo de aquisição.

§ 5º Não são dedutíveis como custo ou despesas operacionais as multas por infrações fiscais, salvo as de natureza compensatória e as impostas por infrações de que não resultem falta ou insuficiência de pagamento de tributo.

Art. 8º Serão consideradas como redução indevida do lucro real, de conformidade com as disposições contidas no art. 6º, § 5º, alínea *b*, do Decreto-lei nº 1.598, de 26 de dezembro de 1977, as importâncias contabilizadas como custo ou despesa, relativas a tributos ou contribuições, sua respectiva atualização monetária e as multas, juros e outros encargos, cuja exigibilidade esteja suspensa nos termos do art. 151 da Lei nº 5.172, de 25 de outubro de 1966, haja ou não depósito judicial em garantia.

A doutrina tem debatido a questão de saber se os depósitos judiciais para suspender a exigibilidade do crédito tributário (art. 151, II, CTN), podem ser lançados como despesa dedutível para efeito de imposto de renda, ensejando opiniões divergentes.

Tratando-se de um valor monetário posto em juízo, portanto de destino incerto, somente com o trânsito em julgado da decisão desfavorável ao contribuinte é que passa a ser dedutível.

A 1ª Seção do STJ, no REsp 1.168.038/SP, Eliana Calmon, unânime, 9-6-2010, *DJe* de 16-6-2010 (RDDT 179/178), decidiu, a teor de ementa a seguir transcrita (www.stj. gov.br em 2-8-2010):

"TRIBUTÁRIO – PROCESSO CIVIL – IMPOSTO SOBRE A RENDA – REGIME DE TRIBUTAÇÃO – DESPESAS DEDUTÍVEIS – REGIME DE CAIXA – DEPÓSITOS JUDICIAIS – INGRESSOS TRIBUTÁRIOS – IMPOSSIBILIDADE DE DEDUÇÃO ANTES DO TRÂNSITO EM JULGADO DA DEMANDA – VIOLAÇÃO A DISPOSITIVOS CONSTITUCIONAIS – ART. 110 DO CTN – MATÉRIA CONSTITUCIONAL – INCOMPETÊNCIA DO STJ – PRECEDENTES – RECURSO SUBMETIDO AO REGIME DO ART. 543-C DO CPC E DA RESOLUÇÃO Nº 8/STJ.

1. Falece competência ao Superior Tribunal de Justiça para conhecer de supostas violações a enunciados normativos constitucionais. Precedentes.

2. O art. 110 do CTN estabelece restrições ao exercício da competência tributária pelo legislador do Ente Federativo, matéria nitidamente constitucional, razão pela qual a competência para o exame de sua violação compete ao Supremo Tribunal Federal. Precedentes.

3. Compete ao legislador fixar o regime fiscal dos tributos, inexistindo direito adquirido ao contribuinte de gozar de determinado regime fiscal.

4. A fixação do **regime de competência** para a quantificação da base de cálculo do tributo e do **regime de caixa** para a dedução das despesas fiscais não implica em majoração do tributo devido, inexistindo violação ao conceito de renda fixado na legislação federal.

5. Os **depósitos judiciais** utilizados para suspender a exigibilidade do crédito tributário consistem em ingressos tributários, sujeitos à sorte da demanda judicial, e não em receitas tributárias, de modo que não são dedutíveis da base de cálculo do IRPJ até o trânsito em julgado da demanda.

6. Recurso especial conhecido em parte e não provido."

No AgRg no REsp 1.359.761/SP, decidiu a 1ª Turma do STJ, Benedito Gonçalves, unânime, 1º-9-2011, *DJe* 6-9-2011:

> "PROCESSUAL CIVIL E TRIBUTÁRIO. AGRAVO REGIMENTAL NO AGRAVO DE INSTRUMEN-TO. DEPÓSITO JUDICIAL. IMPOSTO DE RENDA. INCIDÊNCIA. ACÓRDÃO RECORRIDO EM CON-FORMIDADE COM A JURISPRUDÊNCIA DOMINANTE DESTA CORTE.
>
> 1. Os valores correspondentes a depósitos judiciais destinados à suspensão de crédito tributário integram a esfera patrimonial do contribuinte, que detém sua disponibilidade jurídica; inclusive, no que diz respeito ao acréscimo obtido com correção monetária e juros, constituindo-se assim em fato gerador do imposto de renda e da contribuição social sobre o lucro líquido. Precedentes:AgRg no REsp 769.483/RJ, Rel. Ministro Humberto Martins, Segunda Turma, *DJe* 2-6-2008; REsp 514.341/RJ, Rel. Ministro João Otávio Noronha, Segunda Turma, *DJ* 31-5-2007 e REsp 177.734/PR, Rel. Ministro José Delgado, Primeira Turma *DJ* 10-3-2003, p. 89).
>
> 2. Agravo regimental não provido."

12.12 CORREÇÃO MONETÁRIA: ALGUNS ASPECTOS

De modo geral, a correção monetária faz parte do principal, no sentido de que *as coisas devem retornar ao seu estado originário*. E isso vale tanto para onerar o contribuinte, quanto para beneficiá-lo, nas mais diversas situações que se apresentam no mundo dos atos, fatos e situações jurídico-tributárias.

Entretanto, a questão não é simples, pois a incidência da correção monetária envolve as mais diversas situações, cada uma com aspectos próprios, motivo pelo qual não há possibilidade de haver uniformidade de decisões.

Por exemplo, dispõe o Regulamento do IR aprovado pelo Decreto nº 3.000, de 1999, no Capítulo das "Pessoas Físicas":

> Bens Adquiridos após 31 de dezembro de 1995
>
> Art. 131. Não será atribuída qualquer atualização monetária ao custo dos bens e direitos adquiridos após 31 de dezembro de 1995 (Lei nº 9.249, de 1995, art. 17, inciso II).

Quanto à correção da Tabela do IR Pessoa Física, o STF decidiu que não pode exercer a função de legislador positivo, o que impossibilita a atualização (Pleno, no RE 388.312/MG, Marco Aurélio, Rel. p/ac. Cármen Lúcia, 1º-8-2011, *DJe*-195 de 11-10-2011).

12.13 IRPJ: PERGUNTAS E RESPOSTAS 2011 DA SECRETARIA DA RECEITA FEDERAL – ALGUMAS NOTAS

Reproduzimos tão somente trechos de algumas Perguntas e Respostas (P&R) da SRF do Brasil, apenas com o intuito de se ter uma ideia geral da base de cálculo do IR quanto ao Lucro REAL, PRESUMIDO E ARBITRADO, pois há outras P&R complementares com detalhes especiais que não são aqui reproduzidas, assim como há necessidade de consultar o sítio eletrônico da SRFB quanto às P&R do ano-base (ou ano-calendário) competente.

260 Direito Tributário • *Cassone*

Ministério da Fazenda
Secretaria da Receita Federal do Brasil
Perguntas e Respostas – Pessoa Jurídica[23]

Apresentação

É com grande satisfação que a Coordenação-Geral de Tributação (Cosit) apresenta a edição 2011 do Perguntas e Respostas da Pessoa Jurídica, a qual, como realizado anualmente, incorpora atualização do texto anterior. Os temas abordados estão divididos em vinte e seis capítulos. Nesta edição foi mantida a estruturação do Perguntas e Respostas em capítulos estanques no que concerne a numeração das perguntas, possibilitando uma maior facilidade de visualização e de consulta do material. Mais além, a edição de 2011, alinhando-se às políticas de conscientização das limitações dos recursos naturais e também às tendências derivadas da revolução digital, está disponibilizada no sítio da Secretaria da Receita Federal do Brasil (RFB), na Internet, podendo dali seu conteúdo ser livremente acessado ou baixado pelo público institucional e de contribuintes. [...]

Trata-se de compilação de perguntas formuladas por contribuintes ao Plantão Fiscal, bem como de abordagem de aspectos da legislação apresentados por servidores em exercício na RFB. Inicialmente concebido para esclarecer dúvidas e subsidiar os colegas na interpretação da legislação tributária, buscando a uniformização do entendimento fiscal relativo às matérias focalizadas, desde que se tornou disponível na Internet para consultas por parte dos contribuintes, o Perguntas e Respostas tem ampliado seu escopo, alcançando hoje um universo bastante diversificado de usuários, dentro e fora da RFB. Ressaltamos que não há com esse trabalho a pretensão de substituir conceitos ou disposições contidos na legislação em vigor. Busca-se, isto sim, esclarecer dúvidas e dar subsídios àqueles que operam com a matéria tributária. Com vistas a um atendimento sempre mais efetivo às demandas desse universo cada vez mais amplo de consulentes, a Cosit não mede esforços para aperfeiçoar o material aqui apresentado. No entanto, é certo que uma publicação desse porte será sempre passível de aperfeiçoamentos, pelo que, desde já, agradecemos sugestões e críticas. Esta versão está atualizada até 31 de dezembro de 2010.

Bom proveito.

A Equipe Técnica.

001 O que se entende por lucro real e lucro tributável?

Para fins da legislação do imposto de renda, a expressão "lucro real" significa o próprio lucro tributável, e distingue-se do lucro líquido apurado contabilmente. De acordo com o art. 247 do RIR/1999, lucro real é o lucro líquido do período de apuração ajustado pelas adições, exclusões ou compensações prescritas ou autorizadas pela legislação fiscal. A determinação do lucro real será precedida da apuração do lucro líquido de cada período de apuração com observância das leis comerciais.

Normativo: RIR/1999, art. 247.

---

[23] <http://www.receita.fazenda.gov.br/PessoaJuridica/DIPJ/2011/PergResp>. Acesso em: 11-2-2012. Permitida a Reprodução deste Perguntas e Respostas, desde que citada a Fonte.

Cap. 12 • (IR) Imposto sobre a Renda e proventos de qualquer natureza **261**

002 Quais são os contribuintes do imposto de renda da pessoa jurídica?

São contribuintes e, portanto, estão sujeitos ao pagamento do imposto de renda da pessoa jurídica, as pessoas jurídicas e as pessoas físicas a elas equiparadas, domiciliadas no País.

Notas:

1) Para se constituir legalmente, a pessoa jurídica deve registrar, no órgão competente do Registro de Comércio, seu estatuto, contrato ou declaração de firma individual e se inscrever no Cadastro Nacional de Pessoa Jurídica (CNPJ);

2) Para ser considerada contribuinte, e como tal sujeitar-se ao pagamento do imposto de renda como pessoa jurídica, basta a aquisição de disponibilidade econômica ou jurídica de renda, esteja ou não devidamente legalizada.

Normativo: RIR/1999, art. 146 §§ 2º, 3º e 5º.

003 Qual é o período de apuração do imposto de renda da pessoa jurídica?

As pessoas jurídicas poderão apurar o imposto de renda com base no lucro real, presumido ou arbitrado, determinado por períodos de apuração trimestrais encerrados em 31 de março, 30 de junho, 30 de setembro e 31 de dezembro de cada ano-calendário. A pessoa jurídica sujeita à tributação com base no lucro real poderá, opcionalmente, pagar o imposto de renda mensalmente, determinado sobre base de cálculo estimada. Nessa hipótese, deverá fazer a apuração anual do lucro real em 31 de dezembro de cada ano-calendário.

Normativo: RIR/1999, arts. 220 a 222.

004 Como se determina o lucro real?

O lucro real será determinado a partir do lucro líquido do período de apuração, obtido na escrituração comercial (antes da provisão para o imposto de renda) e demonstrado no Lalur, observando-se que:

1) serão adicionados ao lucro líquido:

   a) os custos, despesas, encargos, perdas, provisões, participações e quaisquer outros valores deduzidos na apuração do lucro líquido que, de acordo com a legislação tributária, não sejam dedutíveis na determinação do lucro real (exemplos: resultados negativos de equivalência patrimonial; custos e despesas não dedutíveis);

   b) os resultados, rendimentos, receitas e quaisquer outros valores não incluídos na apuração do lucro líquido que, de acordo com a legislação tributária, devam ser computados na determinação do lucro real (exemplos: ajustes decorrentes da aplicação dos métodos dos preços de transferência; lucros auferidos por controladas e coligadas domiciliadas no exterior);

2) poderão ser excluídos do lucro líquido:

   a) os valores cuja dedução seja autorizada pela legislação tributária e que não tenham sido computados na apuração do lucro líquido do período de apuração (exemplo: depreciação acelerada incentivada);

262 Direito Tributário • *Cassone*

b) os resultados, rendimentos, receitas e quaisquer outros valores incluídos na apuração do lucro líquido que, de acordo com a legislação tributária, não sejam computados no lucro real (exemplos: resultados positivos de equivalência patrimonial; dividendos);

3) poderão ser compensados, total ou parcialmente, à opção do contribuinte, os prejuízos fiscais de períodos de apuração anteriores, desde que observado o limite máximo de 30% (trinta por cento) do lucro líquido ajustado pelas adições e exclusões previstas na legislação tributária. O prejuízo compensável é o apurado na demonstração do lucro real de períodos anteriores e registrado no Lalur (Parte B).

Notas:

1) O montante positivo do lucro real, base para compensação de prejuízos fiscais de períodos de apuração anteriores, poderá ser determinado, também, a partir de prejuízo líquido do próprio período de apuração, constante da escrituração comercial;

2) As alterações introduzidas pela Lei nº 11.638, de 2007, e pelos arts. 37 e 38 da Lei nº 11.941, de 2009, que modifiquem o critério de reconhecimento de receitas, custos e despesas computadas na apuração do lucro líquido do exercício, definido no art. 191 da Lei nº 6.404, de 1976, não terão efeitos para fins de apuração do lucro real da pessoa jurídica sujeita ao Regime Tributário de Transição (RTT), devendo ser considerados, para fins tributários, os métodos e critérios contábeis vigentes em 31 de dezembro de 2007;

3) Aplica-se o disposto no item anterior às normas expedidas pela Comissão de Valores Mobiliários (CVM), com base na competência conferida pelo § 3º do art. 177 da Lei nº 6.404, de 1976, e pelos demais órgãos reguladores que visem alinhar a legislação específica com os padrões internacionais de contabilidade;

4) Na ocorrência de disposições da lei tributária que conduzam ou incentivem a utilização de métodos ou critérios contábeis diferentes daqueles determinados pela Lei nº 6.404, de 1976, com as alterações da Lei nº 11.638, de 2007, e dos arts. 37 e 38 da Lei nº 11.941, de 2009, e pelas normas expedidas pela CVM com base na competência conferida pelo § 3º do art. 177 da Lei nº 6.404, de 1976, e demais órgãos reguladores, a pessoa jurídica, sujeita ao RTT, deverá adotar o procedimento previsto no art. 17 da Lei nº 11.941, de 2009, e fazer uso do Controle Fiscal Contábil de Transição (FCONT), instituído pelo art. 7º da Instrução Normativa RFB nº 949, de 2009.

Normativo: Lei nº 8.981, de 1995, art. 42; e RIR/1999, arts. 249 e 250.

001 Qual é a legislação atualmente em vigor que rege a tributação pelo lucro presumido?

[...]

002 Qual é o período de apuração do lucro presumido?

O imposto de renda com base no lucro presumido é determinado por períodos de apuração trimestrais, encerrados em 31 de março, 30 de junho, 30 de setembro e 31 de dezembro de cada ano-calendário.

Normativo: Lei nº 9.430, de 1996, arts. 1º e 25; RIR/1999, art. 516, § 5º.

Cap. 12 • (IR) Imposto sobre a Renda e proventos de qualquer natureza   263

003 Como deve ser exercida, pela pessoa jurídica, a opção pela tributação com base no lucro presumido?

Via de regra, a opção é manifestada com o pagamento da primeira quota ou quota única do imposto devido correspondente ao primeiro período de apuração, sendo considerada definitiva para todo o ano-calendário. As pessoas jurídicas que tenham iniciado suas atividades ou que resultarem de incorporação, fusão ou cisão, ocorrida a partir do segundo trimestre do ano-calendário, poderão manifestar a sua opção por meio do pagamento da primeira ou única quota relativa ao trimestre de apuração correspondente ao início de atividade.

Notas:

Excepcionalmente, em relação ao 3º (terceiro) e ao 4º (quarto) trimestres calendário de 2004, a pessoa jurídica submetida ao lucro presumido poderá apurar o Imposto de Renda com base no lucro real trimestral, sendo definitiva a tributação pelo lucro presumido relativa aos 2 (dois) primeiros trimestres (Lei nº 11.033, de 2004, art. 8º).

Normativo: RIR/1999, art. 516, §§ 1º e 4º e art. 517.

004 Quais as pessoas jurídicas que podem optar pelo ingresso no regime do lucro presumido?

Podem optar as pessoas jurídicas:

a) cuja receita bruta total tenha sido igual ou inferior a R$ 48.000.000,00 (quarenta e oito milhões de reais), no ano-calendário anterior, ou a R$ 4.000.000,00 (quatro milhões de reais) multiplicado pelo número de meses em atividade no ano-calendário anterior; e

b) que não estejam obrigadas à tributação pelo lucro real em função da atividade exercida ou da sua constituição societária ou natureza jurídica.

Notas:

Considera-se receita bruta total a receita bruta de vendas somada aos ganhos de capital e às demais receitas e resultados positivos decorrentes de receitas não compreendidas na atividade. Durante o período em que estiverem submetidas ao Programa de Recuperação Fiscal (Refis), as pessoas jurídicas obrigadas ao lucro real, exceto Instituições Financeiras (inclusive as equiparadas e as *factoring*), poderão optar pelo lucro presumido (Lei nº 9.718, de 1998, art. 14, inciso II; e Lei nº 9.964, de 2000, art. 4º). A partir de 1º-1-2001, as sociedades em conta de participação (SCP) ficaram autorizadas a optar pelo lucro presumido, exceto aquelas com atividades imobiliárias, enquanto mantiverem registro de custo orçado (IN SRF nº 31, de 2001).

Até 31-12-2002 o limite anual era de R$ 24.000.000,00 (vinte e quatro milhões de reais) (Lei nº 9.718, de 1998, art. 13; RIR/1999, art. 516). As pessoas jurídicas optantes pelo lucro presumido poderão fazer também opção pelo Regime Tributário de Transição – RTT de que trata o art. 15 da MP nº 449, de 2008 (MP nº 449, de 3 de dezembro de 2008, art. 15 e §§ 1º a 3º). A opção pelo RTT é aplicável a todos os trimestres nos anos-calendário de 2008 e de 2009, inclusive nos trimestres já transcorridos do ano-calendário de

2008. A eventual diferença entre o valor do imposto devido com base na opção pelo RTT e o valor antes apurado deverá ser recolhida até o último dia útil do mês de janeiro de 2009, sem acréscimos, ou compensada, conforme o caso (MP nº 449, de 3 de dezembro de 2008, art. 20 e §§ 1º a 3º). O RTT será obrigatório a partir do ano-calendário de 2010, inclusive para a apuração do imposto sobre a renda com base no lucro presumido (MP nº 449, de 3 de dezembro de 2008, art. 15, § 3º).

Normativo: Lei nº 10.637, de 2002, art. 46.

001 O que é lucro arbitrado?

O arbitramento de lucro e uma forma de apuração da base de cálculo do imposto de renda utilizada pela autoridade tributária ou pelo contribuinte. É aplicável pela autoridade tributária quando a pessoa jurídica deixar de cumprir as obrigações acessórias relativas a determinação do lucro real ou presumido, conforme o caso. Quando conhecida a receita bruta, e, desde que ocorrida qualquer das hipóteses de arbitramento previstas na legislação fiscal, o contribuinte poderá efetuar o pagamento do imposto de renda correspondente com base nas regras do lucro arbitrado.

002 Qual é a legislação que atualmente disciplina as regras aplicáveis ao arbitramento?

[...].

003 A quem cabe a aplicação do arbitramento de lucro?

Ocorridas quaisquer das hipóteses que ensejam o arbitramento de lucro, previstas na legislação fiscal, poderá o arbitramento:

1) ser aplicado pela autoridade fiscal, em qualquer dos casos previstos a legislacão do imposto de renda;

2) ser adotado pelo próprio contribuinte, quando conhecida a sua receita bruta.

Normativo: RIR/1999, arts. 530 e 531.

004 Como será exercida pelo contribuinte a tributação com base no lucro arbitrado?

A tributação com base no lucro arbitrado será manifestada mediante o pagamento da primeira quota ou da quota única do imposto devido, correspondente ao período de apuração trimestral em que o contribuinte, pelas razões determinantes na legislação, se encontrar em condições de proceder ao arbitramento do seu lucro.

005 Poderá haver mudança do regime de tributação durante o ano-calendário para o contribuinte que já efetuou o recolhimento com base no lucro arbitrado?

A pessoa jurídica que, em qualquer trimestre do ano-calendário, tiver seu lucro arbitrado poderá optar pela tributação com base no lucro presumido nos demais trimestres, desde que não esteja obrigada a apuração pelo lucro real.

Normativo: RIR/1999, art. 531, inciso I, e IN SRF nº 93, de 1997, art. 47.

Cap. 12 • (IR) Imposto sobre a Renda e proventos de qualquer natureza **265**

006 A pessoa jurídica que tenha adotado o regime de tributação com base no lucro real poderá mudar a forma de tributação para o lucro arbitrado no curso do mesmo ano-calendário?

A adoção do regime de tributação com base no lucro arbitrado só é cabível na ocorrência de qualquer das hipóteses de arbitramento previstas na legislação tributária. Ocorrendo tal situação e conhecida a receita bruta, o contribuinte poderá arbitrar o lucro tributável do respectivo ano-calendário, ou somente de um trimestre, sendo-lhe assegurado o direito de permanecer no regime do lucro real nos demais períodos de apuração trimestrais.

Normativo: RIR/1999, art. 531, inciso I, e IN SRF nº 93, de 1997, art. 47.

007 Em caso de arbitramento de lucro ficam as pessoas jurídicas liberadas da comprovação da origem das receitas recebidas e da aplicação de penalidades?

Não. Mesmo sendo tributadas com base no lucro arbitrado persiste a obrigatoriedade de comprovação das receitas efetivamente recebidas ou auferidas. O arbitramento de lucro em si por não ser uma sanção, mas uma forma de apuração da base de cálculo do imposto, não exclui a aplicação das penalidades cabíveis.

Normativo: RIR/1999, art. 538.

008 Quais são as hipóteses de arbitramento do lucro previstas na legislação tributária?

O imposto de renda devido trimestralmente será determinado com base nos critérios do lucro arbitrado quando:

1) a escrituração a que estiver obrigado o contribuinte revelar evidentes indícios de fraudes ou contiver vícios, erros ou deficiências que a tornem imprestável para:

   a) identificar a efetiva movimentação financeira, inclusive bancária; ou

   b) determinar o lucro real;

2) o contribuinte deixar de apresentar a autoridade tributária os livros e documentos da escrituração comercial e fiscal, ou deixar de apresentar o Livro-Caixa, no qual deverá estar escriturada toda a movimentação financeira, inclusive bancária, quando optar pelo lucro presumido e não mantiver escrituração contábil regular;

3) o contribuinte optar indevidamente pelo lucro presumido;

4) o comissário ou representante da pessoa jurídica estrangeira deixar de escriturar e apurar o lucro da sua atividade separadamente do lucro do comitente, residente ou domiciliado no exterior;

5) o contribuinte não mantiver, em boa ordem e segundo as normas contábeis recomendadas, Livro--Razão ou fichas utilizadas para resumir, totalizar, por conta ou subconta, os lançamentos efetuados no Diário;

6) o contribuinte não mantiver escrituração na forma das leis comerciais e fiscais, ou deixar de elaborar as demonstrações financeiras exigidas pela legislação fiscal, nos casos em que o mesmo se encontre obrigado ao lucro real;

7) o contribuinte não escriturar ou deixar de apresentar à autoridade tributária os livros ou registros auxiliares de que tratam o § 2º do art. 177 da Lei nº 6.404/76 e o § 2º do art. 8º do Decreto-lei nº 1.598/77.

Notas:

As pessoas jurídicas, cujas filiais, sucursais ou controladas no exterior não dispuserem de sistema contábil que permita a apuração de seus resultados, terão os lucros decorrentes de suas atividades no exterior determinados por arbitramento, segundo as disposições da legislação brasileira (IN SRF nº 213, de 2002, art. 5º).

Normativo: RIR/1999, art. 530 e Lei nº 11.941, de 27-5-2009, art. 40.

009 Qual é o período de apuração do lucro arbitrado?

O imposto de renda com base no lucro arbitrado é determinado por períodos de apuração trimestrais encerrados em 31 de marco, 30 de junho, 30 de setembro e 31 de dezembro de cada ano-calendário.

Normativo: Lei nº 9.430, de 1996, art. 1º; e RIR/1999, arts. 220 e 530.

010 Qual o critério a ser utilizado para apuração do lucro arbitrado?

O lucro arbitrado será apurado mediante a aplicação de percentuais:

a) sobre a receita bruta quando conhecida, segundo a natureza da atividade econômica explorada;

b) quando desconhecida a receita bruta, sobre valores (bases) expressamente fixados pela legislação fiscal.

Normativo: RIR/1999, arts. 532 e 535.

012 Conhecida a receita bruta de uma pessoa jurídica quais os percentuais que devem ser aplicados para apuração do lucro arbitrado?

Os percentuais a serem aplicados sobre a receita bruta, quando conhecida, são os mesmos aplicáveis para o cálculo da estimativa mensal e do lucro presumido, acrescidos de 20%, exceto quanto ao fixado para as instituições financeiras, conforme tabela a seguir:

Atividades Percentuais

Atividades em geral (RIR/1999, art. 532) 9,6%

Revenda de combustíveis 1,92%

Serviços de transporte (exceto transporte de carga) 19,2%

Serviços de transporte de cargas 9,6%

Serviços em geral (exceto serviços hospitalares) 38,4%

Serviços hospitalares, serviços de auxílio diagnóstico e terapia; patologia clínica, imagenologia, anatomia patológica e citopatológia, medicina nuclear e análises e patologias clínicas 9,6%

Intermediação de negócios 38,4%

Administração, locação ou cessão de bens e direitos de qualquer natureza (inclusive imóveis) 38,4%

Factoring 38,4%

Bancos, instituições financeiras e assemelhados 45%

Normativo: RIR/1999, arts. 532 e 533.

Cap. 12 • (IR) Imposto sobre a Renda e proventos de qualquer natureza **267**

013 Os percentuais serão sempre os mesmos ainda que a pessoa jurídica venha a ser tributada reiteradamente através do arbitramento de lucro em mais de um período de apuração?

Sim. Inexiste previsão legal para se agravarem os percentuais de arbitramento.

014 Como deverá ser apurado o lucro arbitrado da pessoa jurídica com várias atividades como, por exemplo, posto de gasolina que além de revender combustíveis derivados de petróleo, obtém receita de mercadorias adquiridas para revenda e de prestação de serviços?

Quando se tratar de pessoa jurídica com atividades diversificadas serão adotados os percentuais específicos para cada uma das atividades econômicas, cujas receitas deverão ser apuradas separadamente.

Normativo: RIR/1999, art. 223, § 3º.

12.14 JURISPRUDÊNCIA

Além das citadas ao longo deste estudo, referimos a mais algumas decisões judiciais que também merecem a devida reflexão.

1. Súmula STJ 463 – *DJe* de 8-9-2010:

> 463. Incide imposto de renda sobre os valores percebidos a **título** de **indenização** por horas extraordinárias trabalhadas, ainda que decorrentes de acordo coletivo.

2. AR 4.401/RJ, STJ, 1ª Seção, Relator Min. Humberto Martins, Revisor Min. Herman Benjamin, unânime, 25-5-2011, *DJe* de 17-06-2011 – ementa parcialmente transcrita:

> "5. A Primeira Seção, por ocasião do julgamento do recurso especial repetitivo 1.102.575/MG, da relatoria do Ministro Mauro Campbell Marques, reafirmou que – independentemente da nomenclatura que recebem – as **verbas concedidas ao empregado por mera liberalidade do empregador**, quando da rescisão unilateral de seu contrato de trabalho, implicam acréscimo patrimonial por não possuírem caráter indenizatório, sujeitando-se à incidência do imposto de renda.
>
> Ação rescisória improcedente."

3. AgRg no REsp 1.241.661/PR, STJ, 1ª Turma, Benedito Gonçalves, unânime, 2-2-2012, *DJe* de 9-2-2012:

> "PROCESSUAL CIVIL E TRIBUTÁRIO. AGRAVO REGIMENTAL NO RECURSO ESPECIAL. IMPOSTO DE RENDA. DECADÊNCIA. FATO GERADOR. DISPONIBILIDADE ECONÔMICA OU JURÍDICA. HORAS-EXTRAS. INCIDÊNCIA.
>
> 1. No tocante ao prazo decadencial para constituição do crédito de Imposto de Renda, é pacífico nesta Corte que o fato gerador do referido imposto é a disponibilidade econômica ou jurídica do montante, de sorte que, na espécie, o pagamento das verbas trabalhistas somente ocorreu em 7-7-2004, data a partir da qual tornou-se exigível o tributo, não havendo falar em decadência.
>
> 2. A respeito da alegação de não incidência do imposto de renda sobre os valores referentes às **horas-extras** devidas, é cediço que o entendimento do STJ é no sentido de que tal rubrica possui natureza remuneratória, sujeita, portanto, ao imposto de renda. Precedentes.
>
> 3. Agravo regimental não provido."

4. AgRg no AG 1.307.986/RJ, STJ, 1ª Turma, Benedito Gonçalves, unânime, 14-4-2011, *DJe* de 19-4-2011:

"TRIBUTÁRIO. AGRAVO REGIMENTAL NO AGRAVO DE INSTRUMENTO. IMPOSTO SOBRE A RENDA. ABONO CONCEDIDO EM DISSÍDIO COLETIVO. NATUREZA SALARIAL. AQUISIÇÃO DE RENDA. INCIDÊNCIA DO REFERIDO IMPOSTO. ACÓRDÃO RECORRIDO EM CONSONÂNCIA COM A JURISPRUDÊNCIA DO STJ. PRECEDENTES.

1. A jurisprudência desta Corte há muito se cristalizou no sentido de que as verbas recebidas a título de **abono salarial** em virtude de **acordo ou convenção** trabalhista possuem natureza remuneratória, porquanto substituem reajuste salarial e, assim, constituem fato gerador do IR, sendo passíveis, portanto, incidência do tributo. Precedentes: REsp 696.677/CE, Rel. Min. João Otávio de Noronha, *DJ* 7-3-2007; AgRg no REsp 766.016/CE, Rel. Min. Eliana Calmon, *DJ* 12-12-2005; REsp 449.217/SC, Rel. Min. Francisco Peçanha Martins, *DJ* 6-12-2004; AgRg no REsp 885006/MG; Relator Min. Humberto Martins, *DJ* 31-5-2007.

2. Agravo regimental não provido."

5. EDcl no REsp 1.192.556/PE, STJ, 1ª Seção, Mauro Campbell Marques, unânime, 27-10-2010, *DJe* de 17-11-2010:

"2. Esta Seção manifestou-se sobre a natureza jurídica do abono de permanência, quando prestigiou, no acórdão embargado, o entendimento da Segunda Turma, que, ao julgar o REsp 1.105.814/SC, sob a relatoria do Ministro Humberto Martins, reconhecera a incidência do imposto de renda sobre o aludido abono com base nas seguintes razões de decidir: 'O abono de permanência trata-se apenas de incentivo à escolha pela continuidade no trabalho em lugar do ócio remunerado. Com efeito, é facultado ao servidor continuar na ativa quando já houver completado as exigências para a aposentadoria voluntária. A permanência em atividade é opção que não denota supressão de direito ou vantagem do servidor e, via de consequência, não dá ensejo a qualquer reparação ou recomposição de seu patrimônio. O abono de permanência possui, pois, natureza remuneratória por conferir acréscimo patrimonial ao beneficiário e configura fato gerador do imposto de renda, nos termos do artigo 43 do Código Tributário Nacional.' (grifou-se). Com efeito, o abono de permanência é produto do trabalho do servidor que segue na ativa, caracterizando inegável acréscimo patrimonial, o que enseja a incidência do imposto de renda. Não cabe a alegação de que o abono de permanência corresponderia a verba indenizatória, pois não se trata de ressarcimento por gastos realizados no exercício da função ou de reparação por supressão de direito."

6. REsp 1.227.133/RS, STJ, 1ª Seção, Tepri Albino Zavascki, Rel. p/ac. Cesar Asfor Rocha, maioria, 28-9-2011, *DJe* de 19-10-2011:

"RECURSO ESPECIAL. REPRESENTATIVO DE CONTROVÉRSIA. JUROS DE MORA LEGAIS. NATUREZA INDENIZATÓRIA. NÃO INCIDÊNCIA DE IMPOSTO DE RENDA.

– Não incide imposto de renda sobre os juros moratórios legais em decorrência de sua natureza e função indenizatória ampla. Recurso especial, julgado sob o rito do art. 543-C do CPC, improvido."

Nota – Do Relatório, reproduzo:

"Trata-se de recurso especial (fls. 218/234) contra acórdão do Tribunal Regional Federal da 4ª Região proferido em 'ação declaratória c/c repetição de indébito', movida contra a Fazenda Nacional, tendo por objeto o imposto de renda retido na fonte em execução de sentença trabalhista, na qual o empregador foi condenado a pagar **'vários anos de salários, incluindo juros de mora'** (fls. 3).

Decidiu o acórdão ora recorrido, no que interessa ao presente recurso especial, que 'não incide imposto de renda sobre os valores recebidos a título de juros de mora acrescidos às verbas pagas por força de decisão judicial, por constituírem indenização pelo prejuízo resultante de um atraso culposo no pagamento de determinada parcela devida' (e-STJ fl. 193)."

Cap. 12 • (IR) Imposto sobre a Renda e proventos de qualquer natureza **269**

7. Ato Declaratório nº 1, de 27-3-2009 (*DOU*-I de 14-5-2009, p. 15):

"O PROCURADOR-GERAL DA FAZENDA NACIONAL, no uso da competência legal que lhe foi conferida, nos termos do inciso II do art. 19, da Lei nº 10.522, de 19 de julho de 2002, e do art. 5º do Decreto nº 2.346, de 10 de outubro de 1997, tendo em vista a aprovação do Parecer PGFN/CRJ nº 287/2009, desta Procuradoria-Geral da Fazenda Nacional, pelo Senhor Ministro de Estado da Fazenda, conforme despacho publicado no *DOU* de 13-5-2009, DECLARA que fica autorizada a dispensa de interposição de recursos e a desistência dos já interpostos, desde que inexista outro fundamento relevante: 'nas ações judiciais que visem obter a declaração de que, no cálculo do imposto de renda incidente sobre rendimentos pagos acumuladamente, devem ser levadas em consideração as tabelas e alíquotas das épocas próprias a que se referem tais rendimentos, devendo o cálculo ser mensal e não global.'

JURISPRUDÊNCIA: Resp 424225/SC (*DJ* 19-12-2003); Resp 505081/RS (*DJ* 31-5-2004); Resp 1075700/RS *DJ* 17-12-2008); AgRg no Resp 641.531/SC (*DJ* 21-11-2008); Resp 901.945/PR (*DJ* 16-8-2007).

LUÍS INÁCIO LUCENA ADAMS."

12.15 CONCLUSÃO

Diante do exposto, concluímos resumidamente:

1. Há uma hierarquia normativa nesta ordem: (1) Constituição Federal; (2) Lei Complementar (CTN); (3) Lei Ordinária; (4) Decreto; (5) Portaria; (6) Instrução Normativa.

2. O IR tem conceito constitucional e não infraconstitucional. No âmbito do STF, a jurisprudência tem caminhado no sentido de que o conceito deriva diretamente da Constituição. Exemplos, pela ordem cronológica:

1 – RE 172.058, STF, Pleno, Marco Aurélio, j. 30-6-1995; e RE 191.403, STF, 2ª Turma, j. 14-5-1996, Francisco Rezek; ambos sobre art. 35 da Lei nº 7.713/88;

2 – direito adquirido: conceito constitucional e não na LICC (Moreira Alves *versus* M. Aurélio no RE 226.855 – j. 2000/FGTS);

3 – No RE 201.465, j. 2-5-2001, relator Marco Aurélio, rel. p/acórdão Nelson Jobim, encontram-se interessantes debates sobre o conceito de RENDA, se constitucional ou infraconstitucional. Embora a maioria (6 a 4) tenha entendido que o art. 3º/I da Lei nº 8.200/91 constitui favor fiscal (dedução no lucro real), somente alguns desses votos vencedores declararam que o conceito de RENDA é legal; enquanto os votos vencidos entenderam que o conceito de RENDA é constitucional. Entretanto, penso que pode-se entender que o art. 3º, I, da Lei nº 8.200/91 não contraria o conceito constitucional de renda.

4 – RE 188.684, STF, 1ª Turma, voto-condutor do Min. Moreira Alves, j. 16-4-2002 pois "Saber se indenização é, ou não, renda, para o efeitos do art. 153, III, da Constituição, **é questão constitucional**, como entendeu o acórdão recorrido, até porque não pode a Lei infraconstitucional definir como renda o que insitamente não o seja".

5 – voto com sólidos fundamentos, e explicativo, do Min. Cezar Peluso no RE 390.840-5/MG, j. 9-11-2005, em que o STF, por maioria, declarou a inconstitucionalidade do § 1º do art. 3º da Lei nº 9.718/98 (alargamento da base de cálculo da COFINS).

3. Os critérios da Generalidade, Universalidade e Progressividade indicam que a "renda" possui um campo de abrangência amplo, mas não interferem no conceito cons-

270 Direito Tributário • *Cassone*

titucional de Renda e, portanto, sua disposição na CF seria até dispensável – não fora o aspecto pedagógico, ou seja, facilita a interpretação do IR.

4. Fato gerador, Base de cálculo e Contribuintes (146/III/a) são definidos pelo CTN, por expressa autorização da CF/88, art. 146, III, "a".

5. É a lei ordinária quem cria os fatos geradores do IR, em obediência aos princípios da estrita legalidade tributária e tipicidade fechada.

6. Fato gerador do IR é o acréscimo patrimonial verificado num determinado período de tempo previsto em lei ordinária.

> (Ganho de Capital: sento numa mesa de negociação: compro um bem e o revendo no mesmo dia: tendo acréscimo patrimonial, incide o IR)

7. A tributação exclusiva é admitida pela CF e pelo CTN – embora cada hipótese prevista em lei ordinária deve ser examinada em face do CTN e da CF.

8. O IR na Fonte, contestado por parte da doutrina (penso que hodiernamente bem reduzida) – porque não expressaria, de modo definitivo, o acréscimo patrimonial –, está previsto na CF (157/I e 158/I) e no CTN (45/parágrafo único). O que eventualmente poder-se-ia debater é se as hipóteses previstas na CF seriam **especiais**, ou se devem ser consideradas como **regra geral**. Mas o importante é que o STF tem admitida a retenção na fonte.

9. Indenização não é renda, porque não caracteriza acréscimo patrimonial. Todavia, é preciso examinar bem a questão, porque não basta declarar que é "indenização", quando na realidade não o é. Serve de referência, para tanto, o CTN, segundo o qual:

> Art. 4º A natureza jurídica específica do tributo é determinada pelo fato gerador da respectiva obrigação, sendo irrelevante para qualificá-la:
>
> I – a denominação e demais características formais adotadas pela lei".

12.16 QUESTIONÁRIO

1. *O IR é conceituado pela CF/88 ou pelo CTN? Explique.*
2. *Distinguir "renda" dos "Proventos de qualquer natureza", e dar um exemplo de cada um.*
3. *O que significam os critérios da generalidade, universalidade e da progressividade do IR?*
4. *Qual é o fato gerador do IR?*
5. *Qual é a diferença entre "disponibilidade econômica" e "disponibilidade jurídica". Dê um exemplo de cada um.*
6. *Qual é a base de cálculo do IR das PJ?*
7. *Dê dois exemplos de lei que estabelece hipóteses de incidências que obedeçam ao princípio da igualdade.*
8. *Explique os regimes de caixa e de competência.*
9. *Lei publicada em 30-12-2011, vigente nessa data e que eleva a alíquota das PJ em 5%, aplica-se a que fatos geradores? Fundamente.*

13

(IPI) Imposto sobre Produtos Industrializados

ESQUEMA

- 13.1 Histórico do IPI
- 13.2 Estrutura do IPI na Constituição de 1988
- 13.3 Produtos industrializados – conceito
- 13.4 Base de cálculo e alíquota
- 13.5 Produto NT
- 13.6 Seletividade e essencialidade do produto
- 13.7 Não cumulatividade do IPI
- 13.8 Fato gerador, base de cálculo e contribuintes
- 13.9 Aspectos do regulamento do IPI
  - 13.9.1 MP, PI e ME – conceito
    - 13.9.1.1 Material de embalagem
  - 13.9.2 Insumos – conceito
  - 13.9.3 Crédito – insumos consumidos na industrialização
  - 13.9.4 Crédito – energia elétrica
  - 13.9.5 Crédito – produtos imunes ou com não incidência
  - 13.9.6 GATT
- 13.10 A Tabela do IPI
- 13.11 Natureza fiscal e extrafiscal
- 13.12 Ex-tarifário
- 13.13 A delegação no art. 153, § 1º, da CF/88
- 13.14 IAA – Recepção e delegação
- 13.15 Questionário

13.1 HISTÓRICO DO IPI

Para vermos a evolução do IPI, partiremos da Constituição de 1946, para chegarmos até a CF de 1988, onde constataremos que a estrutura básica do IPI permaneceu inalterada, processando-se alterações em nível infraconstitucional.

No aspecto temporal sequencial, temos:

1. Constituição de 1946:

"Art. 15. Compete à União decretar imposto sobre:

....

II – consumo de mercadorias;

....

§ 1º São isentos do imposto de consumo os artigos que a lei classificar como o mínimo indispensável à habitação, vestuário, alimentação e tratamento médico das pessoas de restrita capacidade econômica."

2. Lei nº 4.502, de 30-11-1964:

"Art. 1º O Imposto de Consumo incide sobre os produtos industrializados compreendidos na Tabela anexa."

3. Emenda Constitucional nº 18, de 1º-12-1965:

"Art. 11. Compete à União o imposto sobre produtos industrializados."

4. O Código Tributário Nacional (CTN) (Lei nº 5.172, de 25-10-1966) trata do *"imposto sobre produtos industrializados"* nos artigos 46 a 51.

5. Decreto-lei nº 34, de 18-11-1966:

"Art. 1º O Imposto de Consumo, de que trata a Lei nº 4.502, de 30-11-1964, passa a denominar-se *Imposto sobre Produtos Industrializados.*"

6. A Constituição de 24-1-1967 outorgou competência à União para instituir o *"Imposto sobre produtos industrializados"* (art. 22, V), mantida tal competência pela Emenda Constitucional nº 1º, de 17-10-1969, sob novo artigo (art. 21, V).

7. A Constituição de 5-10-1988 manteve a competência da União para instituir o *"Imposto sobre produtos industrializados"* (art. 153, IV).

De tempos em tempos, é editado tanto o Regulamento do IPI (RIPI), quanto a Tabela de IPI (TIPI), tais como:

1 – RIPI: Decretos nºˢ 7.212/2010, 4.544/2002, 2.637/1998, 87.891/1982, 83.263/1979, 70.162/1972, 61.514/1967.

2 – TIPI: Decretos nºˢ 7.660/2011, 6.006/2006, 4.542/2002, 4.070/2001, 3.777/2001, 2.092/1996, 97.410/1988, 89.241/1983.

13.2 ESTRUTURA DO IPI NA CONSTITUIÇÃO DE 1988

Como é sabido, a Constituição orienta as normas infraconstitucionais, e, como tal, suas disposições devem ter-se sempre presentes, para que a interpretação da legislação tributária possa fluir coerentemente.

A CF/88 trata da estrutura do IPI, no art. 153, nestes termos:

"**Art. 153.** Compete à União instituir impostos sobre:

....

IV – produtos industrializados;

....

§ 1º É facultado ao Poder Executivo, atendidos as condições e os limites estabelecidos em lei, alterar as alíquotas dos impostos enumerados nos incisos I, II, IV e V.

....

§ 3º O imposto previsto no inciso IV:

I – será seletivo, em função da essencialidade do produto;

Cap. 13 • (IPI) Imposto sobre Produtos Industrializados **273**

II – será não cumulativo, compensando-se o que for devido em cada operação com o montante cobrado nas anteriores;

III – não incidirá sobre produtos industrializados destinados ao exterior;

IV – terá reduzido seu impacto sobre a aquisição de bens de capital pelo contribuinte do imposto, na forma da lei (inciso acrescentado pela EC 42/2003)."

O IPI está sujeito à anterioridade de 90 dias (EC nº 42, de 2003), ou seja, a norma infralegal do Poder Executivo (geralmente Decreto – art. 153, § 1º, CF/88), publicada num determinado dia, somente começa a surtir efeitos após decorridos 90 dias.

13.3 PRODUTOS INDUSTRIALIZADOS – CONCEITO

O campo de incidência do IPI, prevista na CF/88, refere-se a *produtos industrializados*.

Se assim é, o **insumo** (*matéria-prima – MP, produto intermediário – PI, material de embalagem – ME*) que não for submetido a processo de industrialização, situar-se-á **fora** do campo de incidência do IPI, não podendo nele incidir esse imposto, tampouco ser considerado para fins de crédito, a não ser que haja lei a autorizá-lo.

O CTN define:

"Art. 46. ....

Parágrafo único. Para os efeitos deste imposto, considera-se industrializado o produto que tenha sido submetido a qualquer operação que lhe modifique a natureza ou a finalidade, ou o aperfeiçoe para o consumo."

O RIPI, aprovado pelo Decreto nº 7.212, de 2010, explicita:

"Art. 4º Caracteriza industrialização qualquer operação que modifique a natureza, o funcionamento, o acabamento, a apresentação ou a finalidade do produto, ou o aperfeiçoe para o consumo, tal como (Lei nº 5.172, de 25 de outubro de 1966, art. 46, parágrafo único, e Lei nº 4.502, de 1964, art. 3º, parágrafo único):

I – a que, exercida sobre matérias-primas ou produtos intermediários, importe na obtenção de espécie nova (*transformação*);

II – o que importe em modificar, aperfeiçoar ou, de qualquer forma, alterar o funcionamento, a utilização, o acabamento ou a aparência do produto (beneficiamento);

III – a que consista na reunião de produtos, peças ou partes e de que resulte um novo produto ou unidade autônoma, ainda que sob a mesma classificação fiscal (montagem);

IV – a que importe em alterar a apresentação do produto, pela colocação da embalagem, ainda que em substituição da original, salvo quando a embalagem colocada se destine apenas ao transporte da mercadoria (*acondicionamento* ou *reacondicionamento*); e

V – a que, exercida sobre produto usado ou parte remanescente do produto deteriorado ou inutilizado, renove ou restaure o produto para utilização (*renovação ou recondicionamento*).

Parágrafo único. São irrelevantes, para caracterizar a operação como industrialização, o processo utilizado para obtenção do produto e a localização e condições das instalações ou equipamentos empregados."

Há certas espécies de industrialização que o RIPI/2010 não considera como de industrialização, não fazendo incidir o IPI sobre elas, e estão relacionadas no art. 5º, de cujos incisos destacamos:

274 Direito Tributário • *Cassone*

"Art. 5º Não se considera industrialização:

I – o preparo de produtos alimentares, não acondicionados em embalagem de apresentação:

a) na residência do preparador ou em restaurantes, bares, sorveterias, confeitarias, padarias, quitandas e semelhantes, desde que os produtos se destinem a venda direta a consumidor; ou

b) em cozinhas industriais, quando destinadas a venda direta a pessoas jurídicas e outras entidades, para consumo de seus funcionários, empregados ou dirigentes;

....

III – a confecção ou preparo de produto de artesanato, definido no art. 7º;

IV – a confecção de vestuário, por encomenda direta do consumidor ou usuário, em oficina ou na residência do confeccionador;

....

IX – a montagem de óculos, mediante receita médica (Lei nº 4.502, de 1964, art. 3º, parágrafo único, inciso III, e Decreto-lei nº 1.199, de 1971, art. 5º, alteração 2ª);

...."

"Art. 7º Para o efeito do art. 5º:

I – No caso do inciso III, produto de artesanato é o proveniente de trabalho manual realizado por pessoa natural, nas seguintes condições:

a) quando o trabalho não contar com o auxílio ou participação de terceiros assalariados; e

b) quando o produto seja vendido a consumidor, diretamente ou por intermédio de entidade de que o artesão faça parte ou seja assistido.

II – nos casos dos seus incisos IV e V:

a) oficina é o estabelecimento que empregar, no máximo, cinco operários e, quando utilizar força motriz não dispuser de potência superior a cinco quilowatts; e

b) trabalho preponderante é o que contribuir no preparo do produto, para formação de seu valor, a título de mão de obra, no mínimo com sessenta por cento."

Como se percebe, a legislação do IPI procura resolver questões que estão na linha divisória entre a industrialização e operações que, por conter aspectos específicos, não considera como de industrialização, aplicando, para tanto, os princípios da razoabilidade e da proporcionalidade.

Nem sempre a industrialização produz o efeito de alterar a classificação fiscal do produto na TIPI, como, por exemplo, quando um produto é submetido a "banho" (tinta ou outro material). A eventual, ou provável, alteração na classificação da Nomenclatura Comum do Mercosul – (NCM) deve ser examinada caso a caso, de conformidade com as regras de interpretação constantes na TIPI, pois poderá influir na alíquota fixada pela TIPI, cuja tendência é ser superior quando um produto é submetido a banho.

Exemplo: dos Pareceres Normativos editados no âmbito do MF/SRF, trazemos à colação os seguintes entendimentos:

TRANSFORMAÇÃO:

1 – Característica principal: nova classificação na TIPI.

2 – A obtenção de madeira serrada ou aparelhada resulta em uma operação que, "exercida" sobre o produto intermediário – a madeira em bruto (posição 4403.00.00) resulta em espécie nova (4405.00.00) – PN 398/71.

BENEFICIAMENTO:

1 – Característica principal: de regra, o produto resultante do beneficiamento não sofre alteração na TIPI.

2 – A colocação de fechaduras, puxadores e porta-etiquetas, de fabricação do próprio estabelecimento industrial, em produtos semiacabados, que adquire de terceiros, constitui operação de beneficiamento – PN 154/71.

MONTAGEM:

1 – Característica principal: deve resultar um novo produto.

2 – A reunião de produtos, partes ou peças, mesmo impostados, constitui operação de industrialização caracterizada como montagem, desde que dessa reunião resulte um novo produto ou unidade autônoma – PN 84/71.

ACONDICIONAMENTO OU REACONDICIONAMENTO:

1 – Aspecto principal: verificar se se trata de embalagem dita de "apresentação", ou para simples transporte.

2 – O engarrafamento de vinho natural caracteriza acondicionamento – PN 160/71.

3 – A colocação de embalagem em produtos tributados adquiridos de terceiros, desde que não se destine ao simples transporte do produto, caracteriza industrialização – acondicionamento ou reacondicionamento – PN 520/71.

RENOVAÇÃO OU RECONDICIONAMENTO:

1 – Aspecto principal: examinar caso a caso, para ver se incide tão somente o ISS, ou ISS-IPI, ou ISS-ICMS, ou ISS-IPI-ICMS.

2 – A recauchutagem constitui "renovação" – PN-CST 299/70 e 437/70.

NOTA:

A LC 116, de 31-07-2003, que dispõe sobre o Imposto sobre Serviços – ISS, inclui, na Lista de serviços, o item "14.04 – Recauchutagem ou regeneração de pneus".

Surge, aqui, a questão de saber se sobre tal serviço incide tão somente o ISS, ou o IPI, a ensejar posicionamentos divergentes.

Tendo em vista que se trata de um "produto industrializado" (art. 46, parágrafo único, CTN) e de um "serviço" (LC 116/2003), ambos definidos por lei complementar, e sendo incabível o critério cronológico de interpretação das leis, entendemos que prevalece a regra do art. 146, I, no sentido de que, por ser norma especial, a LC 116/2003 resolveu o conflito de competência, decidindo-o em favor dos Municípios.

13.4 BASE DE CÁLCULO E ALÍQUOTA

A base de cálculo do IPI, nas operações internas mais comuns, é assim definida pelo CTN:

> "Art. 47. A base de cálculo do imposto é:
>
> ....
>
> II – no caso de saída do produto industrializado:
>
> a) o valor da operação de que decorrer a saída da mercadoria."

276 Direito Tributário • *Cassone*

A Medida Provisória nº 2.158-35, de 24-8-2001, no art. 36, *caput* e §§ 1º e 2º, prevê que certos estabelecimentos industriais deverão instalar medidores de vazão, nestes termos:

> "Art. 36. Os estabelecimentos industriais dos produtos classificados nas posições 2202 e 2203 da TIPI ficam sujeitos à instalação de equipamentos medidores de vazão e condutivímetros, bem assim de aparelhos para o controle, registro e gravação dos quantificativos medidos, na forma, condições e prazos estabelecidos pela Secretaria da Receita Federal" (vide Lei nº 11.051, de 2004).

A CF outorga ao Poder Executivo a faculdade de alterar as alíquotas do IPI, *desde que* atendidas as condições e os limites estabelecidos em lei (art. 153, § 1º).

E o Decreto-lei nº 1.199/71, dispõe:

> "Art. 4º O Poder Executivo, em relação ao IPI, quando se torne necessário atingir os objetivos da política econômica governamental, mantida a seletividade em função da essencialidade do produto, ou, ainda, para corrigir distorções, fica autorizado:
>
> I – a **reduzir alíquotas até 0** (zero);
>
> II – a **majorar alíquotas**, acrescentando até 30 (trinta) unidades ao percentual de incidência fixado em lei;
>
> III – a **alterar a base de cálculo** em relação a determinados produtos, podendo, para esse fim, fixar-lhes valor tributável mínimo." (Inciso não recepcionado pela CF/88)

13.5 PRODUTO NT

De regra (salvo política tributária), são identificados como *produtos NT* (não tributado) os insumos ou produtos que estão fora do campo de incidência do IPI.

Na Tabela do IPI – TIPI, encontramos, por exemplo, os seguintes produtos NT:

a) *em face da imunidade a eles conferida pela Constituição:*

– livros – classificados NCM 4901.99.00 = NT

   Ex 01 – Com publicidade = alíquota 0 (zero)

– dicionários e enciclopédias – 4901.91.00 = NT

– jornais e publicações periódicas – 4902.10.00 = NT

b) *por estarem fora do campo de incidência do IPI:*

– suínos – 0103.91.00 = NT

– ovos de galinha – 0407.0011 = NT

– desperdícios e resíduos, de cobre – 7404.00.00 = NT – têxteis: trapos e desperdícios – 6310 = NT

– fumo (tabaco) não destalado, em folhas, sem secar nem fermentar – 2401.10.10 = NT

c) *por não serem tributados em face da discricionariedade do legislador:*

– iogurte – 0403.10.00 = NT

Ou, a teor do art. 5º do RIPI:

> "Art. 5º Não se considera industrialização:
>
> I – o preparo de produtos alimentares, não acondicionados em embalagem de apresentação:

Cap. 13 • (IPI) Imposto sobre Produtos Industrializados **277**

> a) na residência do preparador ou em restaurantes, bares, sorveterias, confeitarias, padarias, quitandas e semelhantes, desde que os produtos se destinem a venda direta a consumidor;
>
> IV – a confecção de vestuário, por encomenda direta do consumidor ou usuário, em oficina ou na residência do confeccionador;
>
> VII – a moagem de café torrado, realizado por comerciante varejista como atividade acessória (Decreto-lei nº 400, de 30 de dezembro de 1968, art. 8º);
>
> XIII – a restauração de sacos usados, executada por processo rudimentar, ainda que com emprego de máquinas de costura."

Note-se que **desperdícios** (sucata, aparas, resíduos, fragmentos), estão **fora** do campo de incidência do IPI, porque esgotada a sua finalidade.

Se tomarmos como exemplo duas industrializações: (1ª) do *lingote* de cobre (barra), obtém-se vergalhão; (2ª) do vergalhão (estirado ou trefilado), obtêm-se fios elétricos. Esses dois processos de industrialização ocasionam *desperdícios*.

A tais desperdícios, a legislação do IPI sempre assegurou a manutenção do crédito, ou seja, não determinou o estorno pelo fato de não terem integrado o produto final, como se pode ver do RIPI/2010:

> "Art. 255. É assegurado o direito à manutenção do crédito do imposto em virtude de saída de sucata, aparas, resíduos, fragmentos e semelhantes, que resultem do emprego de MP, PI e ME, bem como na ocorrência de quebras admitidas neste Regulamento."

Pelo fato de serem considerados *coisas inservíveis*, estão fora do campo de incidência do IPI, nele adentrando quando submetidos a uma das espécies de industrialização, cuja saída está sujeita à incidência do IPI.

13.6 SELETIVIDADE E ESSENCIALIDADE DO PRODUTO

Como vimos pelo art. 153, § 3º, I, CF/88, o IPI "*é seletivo em função da essencialidade do produto*".

A *seletividade* é definida em função da *essencialidade*, e é concretizada através de *alíquotas*, menores para os produtos tidos como *essenciais*, e gradativamente *maiores* à medida que a essencialidade diminui, sendo mais elevadas nos produtos considerados *supérfluos*, ou que requerem tributação maior em face de política tributária.

Alíquotas – exemplo:

– Leite integral (NCM 0402.2910) = 0 (zero).

– Farelos de milho, de arroz, de trigo (NCM 2302) = 0 (zero).

– Alimentos para cães e gatos, acondicionados para venda a retalho (NCM 2309.10.00) = 10%.

– Cigarros contendo fumo – tabaco (NCM 2402.20.00) = 330%.

A TIPI orienta-se por essa técnica de tributação.

13.7 NÃO CUMULATIVIDADE DO IPI

A Constituição, ao dispor que o IPI obedece ao regime da não cumulatividade, assegura ao contribuinte o direito de compensar o IPI cobrado (incidido) na etapa anterior (de aquisição dos insumos), a teor do art. 153, § 3º, inciso II:

> "será não cumulativo, compensando-se o que for devido em cada operação com o montante cobrado nas anteriores".

Tratamos desta matéria no Capítulo 4, item 4.9.

13.8 FATO GERADOR, BASE DE CÁLCULO E CONTRIBUINTES

Nos termos do art. 146, III, *a*, CF/88, cabe à lei complementar definir o fato gerador, a base de cálculo e os contribuintes dos impostos.

Em atendimento a essa disposição constitucional, estabelece o CTN:

> "Art. 46. O imposto, de competência da União, sobre produtos industrializados tem como fato gerador:
>
> I – o seu desembaraço aduaneiro, quando de procedência estrangeira;
>
> II – a sua saída dos estabelecimentos a que se refere o parágrafo único do art. 51;
>
> III – a sua arrematação, quando apreendido ou abandonado e levado a leilão.
>
> Art. 47. A base de cálculo do imposto é:
>
> I – No caso do inciso I do artigo anterior, o preço normal, como definido no inciso II do art. 20, acrescido do montante:
>
> a) do Imposto sobre a Importação;
>
> b) das taxas exigidas para entrada do produto no País;
>
> c) dos encargos cambiais efetivamente pagos pelo importador ou dele exigíveis;
>
> II – no caso do inciso II do artigo anterior:
>
> a) o valor da operação de que decorrer a saída da mercadoria;
>
> b) na falta de valor a que se refere a alínea anterior, o preço corrente da mercadoria, ou sua similar, no mercado atacadista da praça do remetente;
>
> III – no caso do inciso III do artigo anterior, o preço da arrematação."
>
> NOTA: o art. 20 estabelece: "II – quando a alíquota seja *ad valorem*, o preço normal que o produto, ou seu similar, alcançaria, ao tempo da importação, em uma venda em condições de livre concorrência, para entrega no porto ou lugar de entrada do produto no País".
>
> "Art. 51. Contribuinte do imposto é:
>
> I – o importador ou quem a lei a ele equiparar;
>
> II – o industrial ou quem a lei a ele equiparar;
>
> III – o comerciante de produtos sujeitos ao imposto, que os forneça aos contribuintes definidos no inciso anterior;
>
> IV – o arrematante de produtos apreendidos ou abandonados, levados a leilão.
>
> Parágrafo único. Para os efeitos deste imposto, considera-se contribuinte autônomo qualquer estabelecimento de importador, industrial, comerciante ou arrematante."

Cap. 13 • (IPI) Imposto sobre Produtos Industrializados **279**

Como se nota, se a empresa industrial **B** adquire insumos, submete-os a industrialização e incorpora o produto em seu ativo fixo, não ocorrerá o fato gerador do IPI, por faltar-lhe o aspecto temporal da hipótese de incidência *(saída* do produto do estabelecimento industrial).

13.9 ASPECTOS DO REGULAMENTO DO IPI

O RIPI/2010 reúne e sistematiza a legislação vigente do IPI.

Na prática, é preciso acompanhar a evolução da legislação, inclusive quanto ao novo Regulamento do IPI, pois consolida a legislação até então existente, facilitando o cumprimento das obrigações tributárias.

13.9.1 MP, PI, ME – conceito

Matéria-prima e *produto intermediário* não são definidos pelo RIPI/02, embora se saiba que se trata de insumos que, submetidos a uma das espécies de industrialização, resultam em espécie nova.

A Decisão Normativa CAT nº 2, de 4-6-1982, do Dr. Guilherme Graciano Gallo, Coordenador da Administração Tributária do Governo do Estado de São Paulo, publicada no *Diário Oficial* de 8-6-1982, p. 4, bem define:[1]

> **"Matéria-prima**: é, em geral, toda a substância com que se fabrica alguma coisa e da qual é obrigatoriamente parte integrante. *Exemplo*:
>
> – o *minério de ferro*, na siderurgia, integrante do ferro-gusa;
>
> – o *calcário*, na industrialização do cimento, parte integrante do novo produto;
>
> – o *bambu* ou o *eucalipto*, integrante do novo produto – papel; etc.
>
> **Produto intermediário**: (assim denominado porque proveniente de indústria intermediária própria ou não) é aquele que compõe ou integra a estrutura físico-química do novo produto, via de regra sem sofrer qualquer alteração em sua estrutura intrínseca. *Exemplo*:
>
> – *pneumáticos*, na indústria automobilística, e *dobradiças*, na mercenária, compondo ambos os respectivos produtos novos (sem que sofram qualquer alteração em suas estruturas intrínsecas) – o automóvel e o mobiliário;
>
> – a *cola*, ainda na marcenária, que, muito embora alterada em sua estrutura intrínseca, vai integrar o novo produto – o mobiliário.
>
> **Produto secundário**: é aquele que, consumido no processo de industrialização, não se integra no novo produto. *Exemplo*:
>
> – *calcário*, CaCO (que na indústria do cimento é matéria-prima), na siderurgia é 'produto secundário', porquanto somente usado para extração das impurezas do minério de ferro, com as quais se transforma em escória e consome-se no processo industrial sem integrar o novo produto – o ferro-gusa;

---

[1] A Decisão Normativa CAT nº 2/82 e a Resposta à Consulta nº 10.286/76 constam do livro *Consultoria tributária*, da Deloitte Haskins & Sells. São Paulo: Atlas, 1983. p. 281-282.

280 Direito Tributário • *Cassone*

– o *óleo de linhaça*, usado na cerâmica (para o melhor desprendimento da argila na prensa), depois de consumido na queima, não vai integrar o novo produto – telha;

– qualquer *material líquido*, usado na indústria de papel, que, consumido na operação de secagem, deixe de integrar o novo produto – papel."

13.9.1.1 Material de embalagem

O RIPI/2010 dá tratamento especial ao material de embalagem, para *distinguir* embalagem para *simples transporte* e embalagem de *apresentação*:

"Art. 6º Quando a incidência do imposto estiver condicionada à forma de embalagem do produto, entender-se-á (Lei nº 4.502, de 1964, art. 3º, parágrafo único, inciso II):

I – como acondicionamento para transporte, o que se destinar precipuamente a tal fim; e

II – como acondicionamento de apresentação, o que não estiver compreendido no inciso I.

§ 1º Para os efeitos do inciso I, o acondicionamento deverá atender, cumulativamente, às seguintes condições:

I – ser feito em caixas, caixotes, engradados, barricas, latas, tambores, sacos, embrulhos e semelhantes, sem acabamento e rotulagem de função promocional e que não objetive valorizar o produto em razão da qualidade de material nele empregado, da perfeição do seu acabamento ou da sua utilidade adicional; e

II – ter capacidade acima de vinte quilos ou superior àquelas em que o produto é comumente vendido, no varejo, aos consumidores.

§ 2º Não se aplica o disposto no inciso II aos casos em que a natureza do acondicionamento e as características do rótulo atendam, apenas, a exigências técnicas ou outras constantes de leis e atos administrativos.

§ 3º O acondicionamento do produto, ou a sua forma de apresentação, será irrelevante quando a incidência do imposto estiver condicionado ao peso de sua unidade."

Exemplo: embalagens utilizadas na indústria de *perfumaria* são de *apresentação*, ensejando *crédito* do IPI (na aquisição de insumos que serviram para produzir a embalagem) e *débito* (na venda do perfume, em que a embalagem integra a base de cálculo).

13.9.2 Insumos – conceito

Em resposta à Consulta nº 10.286/76 da Consultoria Tributária/SP, da lavra de Zadok de Paula Raphael e ratificada por Cássio Lopes da Silva Filho, reproduzimos o seguinte trecho:

"A expressão **insumo** é nova e pouca coisa existe para conceituá-la. Parece certo que é adaptação do vocábulo inglês *input*, para significar tudo o que entra na fabricação de um produto e é consumido ou modificado no processo industrial. Ruy Barbosa Nogueira conceitua-o como o que abrange todos os produtos consumidos no processo de fabricação, exceção feita às máquinas e equipamentos. Aliomar Baleeiro diz que é uma algavaria de origem espanhola, inexistente em português, empregada por alguns economistas para traduzir a expressão inglês *input*, isto é, o conjunto dos fatores produtivos, como matérias-primas, energia, trabalho, amortização do capital etc.; empregados pelo empresário para produzir o *output* – ou o produto final.

Cap. 13 • (IPI) Imposto sobre Produtos Industrializados **281**

Já as **matérias de embalagem** são usadas para acondicionar o produto final e não se confundem com os Insumos que integram o produto. São coisas distintas tanto os Insumos que entram na fabricação do produto principal, quanto aqueles que entram na fabricação da embalagem para acondicioná-los; embora se juntem na fase final do processo, a embalagem não integra o produto principal. Ela é acessória: é a regra geral."

13.9.3 Crédito – insumos consumidos na industrialização

Estabelece o RIPI aprovado pelo Decreto nº 7.212/2010:

"Art. 226. Os estabelecimentos industriais e os que lhe são equiparados poderão creditar-se (Lei nº 4.502, de 1964, art. 25):

I – do imposto relativo a MP, PI e ME, adquiridos para emprego na industrialização de produtos tributados, incluindo-se, entre as matérias-primas e produtos intermediários, aqueles que, embora não se integrando ao novo produto, forem **consumidos** no processo de industrialização, **salvo** se compreendidos entre os bens do ativo permanente."

Essa disposição engloba duas situações:

a) Crédito (pela compra de insumos que se incorporam fisicamente ao produto objeto de industrialização) e débito (pela saída do produto industrializado) – em conformidade com a técnica da não cumulatividade;

b) Crédito (pela compra de insumos que são consumidos durante o processo de industrialização, mas que não se incorporam fisicamente no produto) e débito (pela saída do produto industrializado) – em conformidade com a técnica da não cumulatividade.

Quanto às MP e PI, dúvida não há, em relação ao direito de crédito, na aquisição de tais insumos, para industrialização e venda tributada dos resultantes produtos.

Contrariamente, os bens destinados ao **ativo permanente** (*máquinas, equipamentos*) não conferem direito de crédito, por não integrarem o produto final, nem se enquadarem no conceito de "consumidos" no processo de industrialização.

Insumos que, embora não se integrando no produto, forem **consumidas** no processo de industrialização, da jurisprudência do STF destacamos:

1. RE 96.934-MG, STF, 2ª Turma, Décio Miranda (*RTJ* 103/1290-4):

"*Tributário. IPI. Produtos intermediários que se consomem na fabricação de cimento.*

A palavra 'consumidos', no art. 32, I do Regulamento, Decreto nº 70.162/72, indica a **absorção do produto** em termos relativos consideráveis, **e não** o mero desgaste paulatino de partes da instalação, como o revestimento térmico que se substitui de **três em três anos**."

2. RE 96.643-MG, STF, 2ª Turma, Décio Miranda, unânime (*RTJ* 107/732-5):

"*Tributário. ICM. Não cumulatividade. **Materiais refratários**, utilizados na indústria siderúrgica, que se consomem no processo de fabricação, ainda que não se integrando no produto final.*

Interpretação, pelo acórdão recorrido, da Lei do Estado de Minas Gerais nº 6.763, de 26-12-75, e de seu Decreto Regulamentar, em ofensa à competência tributária do Estado-membro, prevista no art. 23, II, da Constituição. Recurso do Estado de Minas Gerais não conhecido."

282 Direito Tributário • *Cassone*

NOTA: em seu voto, o Min. Décio Miranda traz à colação o RE nº 79.601 *(DJU* de 8-1-75), em que foi relator o Min. Aliomar Baleeiro, cuja ementa é do seguinte teor:

"*ICM. Não cumulatividade. Produtos intermediários, que se consomem ou se inutilizam no processo de fabricação, como* **cadinhos, lixas, feltros** *etc.*, não são integrantes ou acessórios das máquinas em que se empregam, mas devem ser computados no produto final para fins de **crédito de ICM**, pelo princípio da não cumulatividade deste. Ainda que não integrem o produto final, concorrem direta e necessariamente para este porque utilizados no processo de fabricação, **nele se consumindo**."

Podemos apontar, ainda, outro exemplo, que dá direito de crédito: **óleo** utilizado em máquinas *estiradeiras* ou *trefiladeiras*, em que o vergalhão de cobre, de 8 mm, é estiralado e transformado em vários fios elétricos (número conforme a espessura e a finalidade), fios que são envolvidos pelo óleo, cuja finalidade é evitar que, na fase de estiralamento, se rompam. O óleo é consumido durante o processo de industrialização com certa rapidez, motivo pelo qual não nos parece haver dúvida de que o IPI que nele incidiu na sua aquisição pode ser lançado a crédito na escrita fiscal do contribuinte.

A situações similares aplica-se o mesmo critério de interpretação.

13.9.4 Crédito – energia elétrica

Dúvidas têm sido postas em relação ao direito de crédito do IPI, quanto à energia elétrica utilizada no processo produtivo, quiçá por causa de constar na TIPI sob o Código 27.16.00.00. Entretanto, por não integrar fisicamente o produto, a legislação do IPI não tem admitido o crédito, dando ensejo a posicionamentos divergentes.

Alega-se que, tendo em vista que o RIPI permite o crédito em relação a insumos que, "*embora não se integrando ao novo produto, forem consumidos no processo de industrialização, salvo se compreendidos entre os bens do ativo permanente*" (art. 164, I, RIPI/02), *o crédito* objeto da energia elétrica consumida no processo de industrialização estaria fundamentado nesse dispositivo.

Todavia, a interpretação sistemática das normas, constitucionais e infra, que tratam do IPI, nos leva a concluir que não há direito de crédito em relação à energia elétrica utilizada na industrialização de produtos tributados.

Com efeito, examinando-se a CF, constataremos que nem a competência para instituir imposto sobre *produtos industrializados*, tampouco os termos que definem a *não cumulatividade* (o *devido* e o *cobrado* estão ligados ao *produto* – aspecto material em sentido estrito – art. 153, § 3º, II) nos indicam que a energia elétrica não é parte integrante do "produto" em si mesmo considerado.

Por autorização constitucional (art. 146, III, *a*), poderia a lei complementar estabelecer algo sobre a matéria, de modo a permitir o crédito. Entretanto, também o CTN não direciona em favor dessa permissibilidade, na medida em que se limita a reproduzir a linguagem utilizada pela CF, ou seja, "*produto industrializado*".

Entretanto, não é defeso à lei conceder o crédito, com fundamento no art. 150, § 6º, CF/88.

Da jurisprudência, trazemos à colação:

Cap. 13 • (IPI) Imposto sobre Produtos Industrializados   283

1. AgR-RE 561.676/SC, STF, 1ª Turma, Ricardo Lewandowski, unânime, 1º-6-2010, *DJe*-146 de 6-8-2010:

"CONSTITUCIONAL. TRIBUTÁRIO. IPI. CRÉDITO. OPERAÇÕES COM ENERGIA ELÉTRICA.

I – Na sistemática que rege o princípio constitucional da não cumulatividade, a operação desonerada de IPI impede o reconhecimento do imposto pago na operação anterior e não gera crédito para a seguinte, raciocínio que deve ser aplicado de forma indistinta aos casos de alíquota zero, isenção, não incidência e de imunidade.

II – Inexiste direito constitucional ao crédito de IPI decorrente da aquisição de energia elétrica empregada no processo de fabricação de produtos industrializados que são onerados pelo imposto em suas saídas.

III – Agravo regimental improvido."

2. AgRg no REsp 1.240.435/RS, STJ, 1ª Turma, Benedito Gonçalves, unânime, 17-11-2011, *DJe* de 22-11-2011:

"TRIBUTÁRIO. AGRAVO REGIMENTAL NO RECURSO ESPECIAL. IPI. CRÉDITO PRESUMIDO. BASE DE CÁLCULO. CUSTOS RELATIVOS A ENERGIA ELÉTRICA E COMBUSTÍVEIS. PRESCRIÇÃO. PRAZO QUINQUENAL. DECRETO 20.910/32. RECURSO ESPECIAL REPRESENTATIVO DE CONTROVÉRSIA Nº 1.129.971-BA.

1. Esta Corte já decidiu que não se pode computar os valores referentes à energia e ao combustível consumidos no processo de industrialização no cálculo do crédito presumido do IPI, pois tais substâncias não sofrem ou provocam ação direta mediante contato físico com o produto, de sorte que não integram o conceito de 'matérias-primas' ou 'produtos intermediários' para efeito da legislação do IPI. Precedentes: AgRg no REsp 1222847/PR, Ministro Herman Benajmin, Segunda Turma, *DJe* 1º-4-2011; REsp 1049305/PR, Ministro Mauro Campbell Marques, Segunda Turma, *DJe* 31-3-2011; AgRg no REsp 1000848/SC, Ministro Arnaldo Esteves Lima, Primeira Turma, *DJe* 20-10-2010.

2. Em se tratando de ações que visam o reconhecimento de créditos presumidos de IPI a título de benefício fiscal a ser utilizado na escrita fiscal ou mediante ressarcimento, a prescrição é quinquenal. Orientação fixada pela Primeira Seção, por ocasião do julgamento do recurso especial representativo da controvérsia: REsp. nº 1.129.971-BA.

3. Agravo regimental não provido."

13.9.5 Crédito – produtos imunes ou com não incidência

O RIPI/2010 arrola as seguintes imunidades:

Art. 18. São imunes da incidência do imposto:

I – os livros, jornais, periódicos e o papel destinado à sua impressão (Constituição, art. 150, inciso IV, alínea *d*);

II – os produtos industrializados destinados ao exterior (Constituição, art. 153, § 3º, inciso III).

III – o ouro, quando definido em lei como ativo financeiro ou instrumento cambial (Constituição, art. 153, § 5º);

IV – a **energia elétrica**, derivados de petróleo, combustíveis e minerais do País (Constituição, art. 155, § 3º).

§ 4º Se a imunidade estiver condicionada à destinação do produto, e a este for dado destino diverso, ficará o responsável pelo fato sujeito ao pagamento do imposto e da penalidade cabível, como se a imunidade não existisse (Lei nº 4.502, de 1964, art. 9º, § 1º, e Lei nº 9.532, de 1997, art. 37, inciso II)."

O art. 18 do RIPI/2010 arrola produtos *imunes* (inciso I = tributação vedada), assim como produtos com *não incidência* (incisos II, III e IV = operações excluídas da incidência), institutos que distinguimos no Capítulo 5.

Tanto na imunidade quanto na não incidência, para que haja direito de crédito é preciso que a própria Constituição Federal o assegure, ou a lei infraconstitucional.

Tendo em vista, porém, que a CF define a não cumulatividade levando em considera-ção **duas incidências** (IPI devido & IPI cobrado), nos casos em que o produto sai do estabelecimento industrial **sem tributação**, o RIPI/2010, **de regra**, não permite, a **B**, a manutenção do crédito de 10, nestes termos (operação A – B e B – C):

"Art. 226. Os estabelecimentos industriais, e os que lhes são equiparados, poderão creditar-se do imposto (Lei nº 4.502, de 1964, art. 25):

I – do imposto relativo a MP, PI e ME, adquiridos para emprego na industrialização de produtos **tributados**, (...)."

Esta é a regra geral, e é preciso ver na legislação as exceções previstas e vigentes ao tempo da ocorrência do fato gerador.

Entre outras situações, a legislação do IPI tem assegurado a manutenção do crédito, em exportação direta ou indireta, para o exterior, de produtos industrializados.

Da Seção III, *"Dos Créditos como Incentivo"*, do RIPI/2010, reproduzimos os artigos que tratam dos incentivos à exportação direta, ou indireta (*drawback*, suspensão ou isen-ção, ou através de empresas comerciais exportadoras):

"Art. 238. É admitido o **crédito** do imposto relativo às MP, PI e ME adquiridas para emprego na industrialização de produtos destinados à exportação para o exterior, saídos com **imunidade** (Decreto-lei nº 491, de 1969, art. 5º, e Lei nº 8.402, de 1992, art. 1º, inciso II)."

"Art. 239. É admitido o crédito do imposto relativo às MP, PI e ME adquiridas para emprego na industrialização de produtos saídos com suspensão do imposto e que posteriormente serão destina-dos à **exportação** nos casos dos incisos IV, V, XIV e XV do art. 43 (Decreto-lei nº 491, de 1969, art. 5º, e Lei nº 8.402, de 1992, arts. 1º, inciso II, e 3º, e Lei nº 9.532, de 1997, art. 39, § 1º)."

Como se percebe, a manutenção do crédito, na "não incidência" do IPI na expor-tação do produto para o exterior, não é decorrente do princípio da não cumulatividade, mas da lei.[2]

13.9.6 GATT

O Brasil faz parte do Grupo de países integrantes do "Acordo Geral de Tarifas e Co-mércio", ou, em inglês, *General Agreement on Tariffs and Trade* (*GATT*).

---

[2] O termo *imunidade*, utilizado pelo RIPI/2000 no art. 176, é tecnicamente incorreto, pois trata-se de hi-pótese de *não incidência*, conforme explico no livro *Interpretação no direito tributário*, editado pela Atlas.

Cap. 13 • (IPI) Imposto sobre Produtos Industrializados **285**

Sobre o GATT, de DURVAL DE NORONHA GOYOS JR., colhemos:[3]

"O GATT foi assinado em 1947, originalmente por 23 países, entre eles o Brasil, tendo entrado em vigor a partir de janeiro de 1948. Com o passar dos anos, o GATT foi atualizado e teve o seu escopo de incidência ampliado através de alterações efetuadas como resultado de negociações levadas a efeito nas chamadas 'rodadas' ('rounds', em inglês). Até hoje, foram concluídas sete rodadas do GATT, estando em andamento desde 1986 as negociações pertinentes à Rodada do Uruguai.

O primeiro princípio básico do GATT é o inerente à cláusula *'nação mais favorecida'* ('most favored nation clause', em inglês), ou 'MFN', de acordo com o qual o comércio internacional deve ser conduzido e praticado em bases não discriminatórias. Assim, de acordo com a cláusula 'MFN', todas as partes contratantes do GATT devem outorgar-se, reciprocamente, tratamento igualitário ao melhor tratamento outorgado a um parceiro comercial.

Alguns outros princípios do GATT são:

Tratamento Nacional – significa a não discriminação entre o produto nacional e o estrangeiro, depois de cumpridos os procedimentos de importação;

Transparência – a notificação ao GATT das leis e regulamentos que afetem o comércio;

Proteção através de Tarifas – única forma de proteção admitida;

Procedimentos Ligados à Importação – visa a impedir que restrições burocráticas transformem--se em barreiras ao comércio;

Práticas Desleais de Comércio – são vedadas; e

Restrições Quantitativas à Importação – as restrições quantitativas à importação são objeto de uma proibição genérica.

Os princípios acima são complexos, mas podem ser aglutinados em três áreas básicas. Na *primeira*, está o princípio da **'não discriminação'**, que significa deve a parte contratante tratar com todas as demais em bases de igualdade. Na *segunda*, está o princípio **'mercados abertos'**, que contém a proibição de todas as formas de proteção, à exceção de tarifas aduaneiras. A *terceira* diz respeito ao **'comércio equitativo'** (*fair trade*, em inglês), sendo proibidos os subsídios. Nenhum dos princípios acima é absoluto e uma série de exceções é admitida, incluindo a formação de área de mercado comum, livre comércio e/ou de união aduaneira."

13.10 A TABELA DO IPI

Da TIPI aprovada pelo Decreto nº 8.950, de 29-12-2016, reproduzimos os primeiros cinco artigos:

"Art. 1º Fica aprovada a Tabela de Incidência do Imposto sobre Produtos Industrializados – TIPI anexa a este Decreto.

Art. 2º A TIPI aprovada por este Decreto tem por base a Nomenclatura Comum do Mercosul – NCM.

Art. 3º A NCM constitui a Nomenclatura Brasileira de Mercadorias baseada no Sistema Harmonizado de Designação e de Codificação de Mercadorias – NBM/SH para todos os efeitos previstos no art. 2º do Decreto-Lei nº 1.154, de 1º de março de 1971.

---

[3] NORONHA GOYOS JR., Durval de. *GATT, Mercosul & Nafta*. 2. ed. São Paulo: Observador Legal, 1996.

Art. 4º Fica a Secretaria da Receita Federal do Brasil – RFB autorizada a adequar a TIPI, sempre que não implicar alteração de alíquota, em decorrência de alterações promovidas na NCM pela Resolução nº 125, de 15 de dezembro de 2016, da Câmara de Comércio Exterior – Camex.

Parágrafo único. Aplica-se ao ato de adequação editado pela RFB o disposto no inciso I do art. 106 da Lei nº 5.172, de 25 de outubro de 1966 – Código Tributário Nacional.

Art. 5º O Anexo ao Decreto nº 4.070, de 28 de dezembro de 2001, é aplicável exclusivamente para fins do disposto no art. 7º da Lei nº 10.451, de 10 de maio de 2002.

E o referido art. 7º da Lei nº 10.451 de 2002 estabelece:

"Art. 7º Para efeito do disposto no art. 4º, incisos I e II, do Decreto-Lei nº 1.199, de 27 de dezembro de 1971, o percentual de incidência é o constante da TIPI, aprovada pelo Decreto nº 4.070, de 28 de dezembro de 2001."

A TIPI é elaborada com a observância do princípio da seletividade em função da essencialidade do produto, e dela selecionamos alguns produtos, para exemplificar:

Tabela do IPI – Decreto nº 6.006, de 28-12-2006

Código NCM		Alíquota %
0102.10	– Animais vivos da espécie bovina – reprodutores de raça pura	NT
0407.00.11	– Ovos de galinha	NT
	– Ex 01 – conservados ou cozidos	0
2201.10.00	– Águas – ex 01 – águas minerais naturais	NT
2202.10.00	– Água gaseificada, adicionada de açúcar	27
2302	– Farelo de milho, de arroz, de trigo	0
2303	– Resíduos da fabricação de amido	NT
2309.10.00	– Alimentos para cães e gatos, acondicionados para venda a retalho	10
2401.10.10	– Fumo (tabaco) não destalado, em folhas	NT
2402.10.00	– Charutos e cigarrilhas, contendo tabaco	30
2402.20.00	– Cigarros contendo tabaco	330
3303.00.10	– Perfumes (extratos)	42
3305.10.00	– Xampus	7
3305.30.00	– Laquês para o cabelo	22
3306.10.00	– Dentifrícios	0
3401.11.10	– Sabões medicinais	5
3401.19.00	– Ex 03 – sabão	0
7404.00.00	– Desperdícios e resíduos, de cobre	NT
7407.10.10	– Barras de cobre	5
7418.20.00	– Artefatos de higiene ou de toucador, de cobre	10

Na parte final, a TIPI contém "Regras Gerais para Interpretação do Sistema Harmonizado", que orientam a interpretação sobre a classificação das mercadorias – o que, obviamente, não dispensa a interpretação doutrinária.

13.11 NATUREZA FISCAL E EXTRAFISCAL

De regra, a receita pública derivada advém da arrecadação tributária, denominada de "fiscal", no sentido de que ela é destinada a custear as despesas do Estado, para que este possa atingir suas finalidades.

Todavia, excepcionalmente, há tributos que são aumentados ou diminuídos em face de outros fatores que não os puramente fiscais, hipóteses em que recebem a denominação de tributo "extrafiscal".

Assim, a natureza extrafiscal do tributo surge para regular mercados, internos e externos, ou por outras razões que não de natureza puramente fiscal.

Enfim, enquanto os tributos fiscais submetem-se a todos os princípios e regras do sistema tributário nacional, os tributos extrafiscais podem deixar de respeitar alguns princípios e regras desse sistema, podendo, conforme o caso, superar o princípio da capacidade contributiva e, até, do "não confisco", para proteger, por exemplo, a indústria nacional no caso de *dumping*.[4]

Klaus Tipke assevera:[5]

> "Com base no princípio da capacidade contributiva são julgados, porém, apenas os dispositivos que têm a finalidade primária de arrecadar recursos para o Tesouro Nacional. Ele não vale para normas de finalidade extrafiscal."

Examinemos, então, a natureza jurídica do IPI.

Estabelece a CF/88 no art. 153:

> § 1º É facultado ao Poder Executivo, atendidos as condições e os limites estabelecidos em lei, alterar as alíquotas dos impostos enumerados nos incisos I, II, IV e V.

Essa disposição, por si só, não autoriza dizer que o IPI é um tributo extrafiscal, e tampouco veda que tenha essa natureza jurídica.

Entretanto, estabelece o recepcionado Decreto-lei nº 1.199/71:

> "Art. 4º O Poder Executivo, em relação ao IPI, quando se torne necessário atingir os objetivos da política econômica governamental, mantida a seletividade em função da essencialidade do produto, ou, ainda, para corrigir distorções, fica autorizado:
>
> I – a reduzir alíquotas até 0 (zero);
>
> II – a majorar alíquotas, acrescentando até 30 (trinta) unidades ao percentual de incidência fixado em lei."

---

[4] **Dumping.** "Protecionismo econômico a fim de incentivar artificialmente a exportação, mediante o lançamento, no mercado internacional, de produtos a preço de custo ou abaixo do custo, elevando-o no mercado interno" (*Dicionário Jurídico* – Academia Brasileira de Letras Jurídicas, J. M. Othon Sidou. Rio de Janeiro/São Paulo, 8. ed. 2003, p. 326); "Forma di multipli o discriminati prezzi che consiste nel vendere sui mercati esteri beni a prezzi inferiori a quelli praticati sul mercato interno" (*Dizionario enciclopedico del diritto*. Italia – Novara, Edipem, 1979, v. 1, p. 489).

[5] TIPKE, Klaus. *Justiça fiscal e princípio da capacidade contributiva*. São Paulo: Malheiros, 2002. p. 31.

288   Direito Tributário • *Cassone*

A doutrina tem examinado a natureza jurídica do IPI, se "fiscal" ou "extrafiscal", sem, em geral, dar o fundamento de seu critério interpretativo, que, em face do princípio da legalidade, deve ser buscado na lei.

Assim, a expressão *"quando se torna necessário"*, não me parece que dê margem a dúvidas, pois significa, pela ordem que esse texto legal indica, que:

1º) o IPI é um tributo de natureza fiscal – tendo em vista que sua receita, não vinculada, destina-se a suprir as necessidades financeiras do Estado;

2º) o IPI é também um tributo extrafiscal – isso "quando" se torna necessário atingir os objetivos da política econômica governamental ou, ainda, para corrigir distorções.

Essa dupla finalidade é também vislumbrada pela doutrina estrangeira, tal como observado por Sérgio Vasques:[6]

"2. A EXTRAFISCALIDADE EXTRAECONÔMICA. Seja qual for a posição relativa de justiça social e desenvolvimento econômico, seja qual for o grau de adequação recíproca do sistema fiscal e da Constituição que o encabeça, fica-se, tudo visto e somado, com uma impressão fundamental. A de que a extrafiscalidade de sistemas como o português se esgota no campo econômico. Estaremos então a ponto de concordar com aqueles que sustentam que o moderno Direito Fiscal concretiza uma dupla finalidade, a de obtenção de recursos e a de 'dirigir a economia e a redistribuição do rendimento e do patrimônio'?"

13.12 EX-TARIFÁRIO

No bojo do art. 4º do DL 1.199/71, surge a figura do código de mercadorias "Ex--tarifário do IPI" que, de conformidade com o entendimento de Cesar Dalston:[7]

"4.1 O Ex-tarifário do IPI

Em 1971, o Poder Executivo, visando gerir o Imposto sobre Produtos Industrializados quando se tornasse necessário atingir os objetivos da sua política econômica, mantida a seletividade em função da essencialidade do produto, ou para corrigir distorções que se verificassem no mercado, editou o Decreto-lei nº 1.199, de 27 de dezembro daquele ano, cujo art. 4º autorizava a esse Poder a:

'I – a reduzir alíquota até 0 (zero);

II – a majorar alíquotas, acrescentando até 30 (trinta) unidades ao percentual de incidência fixado na lei;

---

6   VASQUES, Sérgio. *Os impostos do pecado* – O álcool, o tabaco, o jogo e o fisco. Portugal – Coimbra: Livraria Almedina, 1999, p. 82. Dissertação de Mestrado em Ciências Jurídico-Econômicas na Faculdade de Direito da Universidade Católica Portuguesa. Esse autor português remete à seguinte nota de rodapé: Tipke Klaus. La ordenanza tributaria alemana de 1977, in *Revista Española de Derecho Financiero*, nº 14, p. 360, 1977.

7   DALSTON, Cesar Olivier. *Exceções tarifárias*. São Paulo: Lex Editora: Aduaneiras, 2005, p. 161-165. Tais conceitos e esclarecimentos, aqui reproduzidos, embora possam ser objeto de normas legais específicas e, portanto, sujeitas a alterações, são úteis para que se tenha uma ideia geral sobre o "Ex-tarifário do IPI". Anoto que a Lei nº 11.457, de 16-3-2007, dispõe sobre a nova Administração Tributária Federal, que, entre tantas outras alterações, estabelece no art. 1º que "A Secretaria da Receita Federal passa a denominar-se Secretaria da Receita Federal do Brasil, órgão da administração direta subordinado ao Ministro de Estado da Fazenda." Desnecessário dizer que os exemplos ofertados pelo citado autor pertencem à época própria, motivo pelo qual deve ser vista a legislação vigente na data de ocorrência de cada fato gerador.

Cap. 13 • (IPI) Imposto sobre Produtos Industrializados **289**

III – a alterar a base de cálculo em relação a determinados produtos, podendo, para esse fim, fixar-lhes valor tributável mínimo.'

Assim sendo, pode-se considerar que a data de edição desse Decreto-lei é o marco temporal que assinala o nascimento da modalidade de exceção tarifária dita 'Ex-tarifário do IPI'.

Os dois incisos apresentados anteriormente descortinam a possibilidade de dois tipos de 'Ex-tarifário do IPI' dentro de um determinado código NCM, é dizer, um 'Ex-tarifário' cuja alíquota do IPI é menor que a vigente nesse código e outro cuja alíquota é maior, sendo que aquele será aqui denominado, por motivos meramente didáticos, de 'Ex-tarifário' **benigno** e este de 'Ex-tarifário' **gravoso**.

Exemplo dessas duas variantes de 'Ex-tarifários', as quais, quiçá, podem ser muito bem reunidas sob um mesmo Código NCM, são dados a seguir:

1º) 'Ex' 01 do código 8418.10.00, que estabelece uma redução de 15 pontos percentuais na alíquota do IPI, é dizer, de 15 para 0%, no caso das combinações de refrigeradores e congeladores, munidas de portas exteriores separadas, próprios para conservação de sangue humano, funcionando com temperatura estável entre 2 e 6ºC;

2º) 'Ex' 02 do Código 2106.90.10, determina que as preparações compostas, não alcoólicas (extratos concentrados ou sabores concentrados) para elaboração de bebida refrigerante do Capítulo 22, com capacidade de diluição de até 10 partes da bebida para cada parte do concentrado são obrigadas a pagar IPI sob uma alíquota de 40%, embora a alíquota normal do IPI neste código seja de 0%.

Além das duas variantes de 'Ex-tarifário do IPI' há duas outras possibilidades, que não estabelecem nenhuma redução ou agravamento de alíquota, mas apenas envolvem o campo de incidência do IPI, sendo, por isso, chamadas de 'Ex-tarifário' **de inclusão**, quando inserem a mercadoria no campo de incidência, ou 'Ex-tarifário' **de exclusão**, quando a mercadoria é retirada do campo de incidência do IPI, como pode ser constatado nos exemplos mostrados a seguir:

1º) 'Ex-tarifários' de inclusão:

1.1. 'Ex' 01 do código 8908.00.00 retira do campo da 'Não Tributação' (NT), que impera neste código, as estruturas flutuantes para demolição, cuja alíquota, atual, do IPI é de 0%;

1.2. 'Ex' 01 do código 8548.10.10 (Desperdícios e resíduos de acumuladores elétricos de chumbo; acumuladores elétricos de chumbo, inservíveis), NT, determina que os acumuladores inservíveis devem ser tributados pelo IPI a razão de 15%;

2º) 'Ex-tarifários' de exclusão:

2.1. 'Ex' 01 do Código 0408.19.00 põe a salvo da tributação do IPI as gemas frescas de ovos e aves, enquanto nesse código a alíquota do IPI é de 0%;

2.2. 'Ex' 01 do código 9701.90.00 estabelece que os artigos manufaturados decorados à mão, colagens e quadros decorativos semelhantes, se feitos de flores, botões ou de outras formas de plantas naturais, ervas, musgos e liquens, estão no campo da 'Não Tributação' (NT), enquanto que nesse código a tributação se faz normal, com, na atualidade, alíquota de 0%;

Não resta dúvida que o 'Ex-tarifário do IPI' exerce efeitos econômicos sobre a produção; todavia, não está claro que efeitos são esses, em especial, no nível micro, ou seja, no âmbito da mercadoria excepcionada.

4.2 Elaboração do Ex-tarifário do IPI

Na verdade, não existe regulamentação específica que oriente o contribuinte sobre como proceder para apresentar um pleito de 'Ex-tarifário do IPI' e as etapas que devem ser vencidas para sua consecução. Destarte, na ausência dessa regulamentação fica o contribuinte sob critério discricionário da Administração Pública (DL 1.199/71), que, de regra, reluta em conceder tais exceções [...].

Entretanto, a despeito dessa aparente inconveniência, o contribuinte sempre poderá valer-se do inalienável direito à petição, apresentando seu pleito de 'Ex-tarifário do IPI', devidamente instruído, à Administração Fazendária, ou seja, ao Ministério da Fazenda ou à Secretaria da Receita Federal.

Pode-se afirmar que a consecução de um 'Ex-tarifário do IPI' passa por três fases bem estabelecidas.

A primeira fase envolve o pleito 'Ex-tarifário' propriamente dito, o qual deverá estar acompanhado de detalhada análise envolvendo a mercadoria *in concretu*, inclusive abordando os aspectos econômicos da questão, mostrando a influência da diminuição ou do aumento[8] da alíquota do IPI da mercadoria sobre o segmento industrial ou sobre a competitividade, dentre outros pontos relevantes. Esse pleito é enviado ao Ministro da Fazenda ou ao Secretário da Receita Federal, os quais, via de regra, o encaminham para as áreas técnicas competentes.

Já a segunda fase é a análise crítica, tanto técnica quanto tributária e legal, da questão apresentada pelo contribuinte, o que é feito nos setores de tributação (Coordenação-Geral de Tributação), de política tributária (Coordenação-Geral de Política Tributária) e de arrecadação (Coordenação--Geral de Arrecadação), todos da SRF. Concluída essa análise crítica, apresenta-se uma ou mais Notas Técnicas com recomendações, que, concatenadas num único documento, são encaminhadas ao Secretário da Receita Federal, o qual poderá ou não acatá-las. Se decidir-se pela manutenção do *status quo* da alíquota do IPI, então informar-se-á ao contribuinte sobre essa decisão, pondo termo ao pleito.

Todavia, por fim, se a decisão tomada pela SRF for no sentido de promover uma exceção na alíquota do IPI, seja para mais ou para menos, então produz-se uma minuta de Decreto e encaminha-se a mesma ao Gabinete do Ministro da Fazenda, que poderá ou não enviá-la à Casa Civil da Presidência da República, a quem cabe determinar o momento oportuno para a edição de Decreto presidencial."

REGINA MARIA F. BARROSO[9] esclarece que "Ex na TIPI" é um instrumento de política tributária que o Governo utiliza no sentido de calibrar alíquotas do IPI incidentes sobre alguns produtos específicos, reduzindo ou aumentando seus percentuais, assim como instrumento de política econômica e social, acrescenta:

"Costuma-se fazer certa confusão entre o que se denomina de 'Ex tarifário' e o 'Ex na TIPI'. O 'Ex tarifário' afeta a TEC e tem participação da SECEX e CAMEX no seu estudo e elaboração/concessão. Via de regra é utilizado com redução de alíquota e tem natureza diferente do 'Ex na TIPI'.

O 'Ex na TIPI', em geral é utilizado para um produto específico (e não para toda a posição ou subposição), com alíquota diferenciada (para mais ou para menos), e tem a função de adequação à política tributária interna, nem sempre coincidente com as do comércio exterior.

Cabe esclarecer, ainda, que o 'Ex da TIPI' se aplica tanto às operações internas quanto às de importação sujeitas ao IPI vinculado.

Em relação ao 'Ex Tarifário' temos uma Nota com esclarecimentos elaborada pelo então Secretário da Receita Federal, EVERARDO MACIEL, de 1º-6-1999, cujo primeiro item tem a seguinte redação:

1. *Em exame a redação das alíquotas do Imposto de Importação incidente sobre os bens de capital, informática e telecomunicações, e sobre suas partes, peças e componentes, pelo Sr. Ministro de Estado da Fazenda, nos termos da competência que lhe foi outorgada pelo art. 6º do Decreto nº 2.376, de 12-11-97. Referida redução é atualmente complementada por meio da criação, na*

---

[8] Em nota de rodapé nº 3, Dalston anota: "Muitos aumentos de alíquotas de IPI são sugeridos e defendidos por entidades de classe e não, como se pensa, exclusivamente pela Secretaria da Receita Federal."

[9] Atendendo gentilmente a pedido que lhe dirigi, a Doutora REGINA MARIA FERNANDES BARROSO prestou-me tais esclarecimentos via *e-mail* de 31-3-2008, 18:33hs, que podem servir de reflexão, em face do dinamismo da legislação tributária, que pode até alterar conceitos aqui contidos sobre a finalidade dos "Ex" (que devem ser examinados caso a caso). A Doutora REGINA BARROSO exerceu, durante vários anos, com brilho e eficiência, a relevante função de Coordenadora-Geral de Tributação da SRF do MF em Brasília.

Tarifa Externa Comum (TEC), de desdobramentos dos respectivos códigos de classificação dos produtos, sob a forma de destaque 'ex'. São os chamados 'ex-tarifários'."

13.13 A DELEGAÇÃO NO ART. 153, § 1º, DA CF/88

No RE 178.144 (STF, pleno, Redator para o acórdão Maurício Corrêa, vencido o Relator, Min. Marco Aurélio, 27-11-1996, *DJU* 18-9-2001), a Suprema Corte examinou dispositivos da CF/67-69, entre os quais o art. 21, I, segundo o qual a União poderia instituir impostos *"facultado ao Poder Executivo, nas condições e nos limites estabelecidos em lei, alterar-lhes as alíquotas ou as bases de cálculo".*

Prevaleceu a tese segundo a qual (a) as *"condições e limites"*, exigidos pela CF, devem estar previstas na lei, e que (b) poderia haver delegação no âmbito do Poder Executivo, já que o inciso não se refere ao *"Presidente da República"*, como se pode ver de alguns trechos dos intensos debates:

> "MARCO AURÉLIO – Ministro, quando na Constituição há referência a Poder Executivo, cuida-se de órgão unipessoal, o Presidente da República.
>
> CARLOS VELLOSO – Aí que está Ministro Marco Aurélio, ela não se refere ao Presidente da República. A Constituição, em diversos passos, refere-se a Presidente da República, mas não neste caso. Por mais de uma vez discutimos essa questão no antigo Tribunal Federal de Recursos, entendendo que quando a Constituição fala em Poder Executivo não está estabelecendo que seria o Presidente da República, mas o órgão técnico indicado para essa atividade. E veja V. Exa. que o Conselho Monetário Nacional tinha atribuições amplíssimas. Não fala em Presidente da República, fala em Poder Executivo, quer dizer, órgãos do Poder Executivo poderiam fazer a alteração. O decreto-lei estabeleceu o teto que seria, então, 20%; o piso, é claro, se não estabelecido, é zero. Penso que não há inconstitucionalidade no caso."

Nos RREE 223.796, 227.106, 235.858 (1ª Turma), e AgR no RE 234.954 (2ª Turma), o STF examinou o aspecto temporal do fato gerador do Imposto de Exportação (se o RV-Registro de Venda ou o RE-Registro de Exportação, em face do SISCOMEX instituído pelo Decreto 660/92), com alíquotas majoradas por Resoluções do BCB-CMN 2.112/94 e 2.136/94, mas nada se alegou em relação à delegação ao Conselho Monetário Nacional, para tal fixação.

Hipótese de delegação não recepcionada pela CF/88 (art. 25 do ADCT) foi decidida pelo Pleno do STF no RE 191.044-5-SP (Carlos Velloso, unânime, 18-9-1997, *DJU* 31-10-1997), quanto à cota de contribuição ao IBC na exportação de café, instituída pelo Decreto-lei nº 2.295/86, assim dispondo:

> Art. 3º A quota de contribuição será fixada pelo valor em dólar, ou o equivalente em outras moedas, por saca de 60 quilos e poderá ser distinta em função da qualidade do café exportado, inclusive o solúvel, de acordo com os respectivos preços internacionais.
>
> Art. 4º O valor da quota de contribuição será fixado pelo Presidente do Instituto Brasileiro do Café – IBC, ouvido o Conselho Nacional de Política Cafeeira – CNPC, criado pelo Decreto nº 93.536, de 5-11-1986.
>
> Parágrafo único. Em caso de urgência decorrente das oscilações internacionais do preço do café, o valor da quota poderá ser alterado, para maior ou para menor, pelo Presidente do IBC, *ad referendum* do Conselho Nacional de Política Cafeeira.

Direito Tributário • *Cassone*

Após reportar-se ao § 1º do art. 153 da CF/88 e transcrever a íntegra do Decreto-lei nº 2.295/86, o Ministro Ilmar Galvão, em voto-vista em referido RE 191.044, explica:

> "Significa que o Poder Executivo, na vigência da Carta pretérita, não podia receber delegação de competência para fixar a alíquota inicial ou a base de cálculo inicial de qualquer tributo, mas tão somente para alterar os referidos elementos cujas condições e limites haveriam, necessariamente, de ser estabelecidos por meio de lei."

13.14 IAA – RECEPÇÃO E DELEGAÇÃO

O fenômeno da recepção e das alterações que vierem a ser processadas na vigência da atual CF é explicado no RE 214.206-9-AL (STF, Pleno, Relator para o acórdão Min. Nelson Jobim, 15-10-1997, *DJU* 29-5-1998):

> "CONSTITUCIONAL. TRIBUTÁRIO. CONTRIBUIÇÃO DEVIDA AO INSTITUTO DO AÇÚCAR E DO ÁLCOOL – IAA. A CF/88 RECEPCIONOU O DL 308/67, COM AS ALTERAÇÕES DOS DECRETOS--LEIS Nºs 1.712/79 E 1.952/82.

> Ficou afastada a ofensa ao art. 149, da CF/88, que exige lei complementar para a instituição de contribuição de intervenção no domínio econômico.

> A contribuição para o IAA é compatível com o sistema tributário nacional. Não vulnera o art. 34, § 5º, do ADCT/CF/88.

> É incompatível com a CF/88 a possibilidade da alíquota variar ou ser fixada por autoridade administrativa.

> Recurso não conhecido."

Em seu voto, o Ministro Nelson Jobim explica:

> "No entanto, a alíquota que havia sido fixada nos termos da legislação anterior – e legitimamente –, foi recepcionada como tal. (...) O que é incompatível com a Constituição de 1988, é exatamente a delegação, a possibilidade dessa alíquota variar ou ser fixada por autoridade administrativa."

13.15 QUESTIONÁRIO

1. *O Poder Executivo pode alterar as alíquotas do IPI? Explique.*
2. *Como é concretizada a "seletividade em função da essencialidade do produto"?*
3. *Sabendo-se que o IPI não incide sobre produtos destinados ao exterior, pergunta-se: o crédito efetuado por ocasião da aquisição de insumos, que serviram para a fabricação de tais produtos exportados, deve ser estornado? Fundamente.*
4. *Quais são os fatos geradores do IPI? Fundamente.*
5. *Quais são as espécies de industrialização? Fundamente.*
6. *O estabelecimento industrial B vende sucatas. Sobre tal saída, incide o IPI? Explique.*

14

(IOF) Imposto sobre Operações de Crédito, Câmbio e Seguro ou Relativas a Títulos ou Valores Mobiliários

ESQUEMA

- 14.1 Disposição constitucional
- 14.2 Aspectos do fato gerador
- 14.3 Anterioridade
- 14.4 Lei ordinária
  - 14.4.1 IOF sobre *factoring*
  - 14.4.2 Forma nominativa dos títulos
  - 14.4.3 Jurisprudência
- 14.5 Questionário

14.1 DISPOSIÇÃO CONSTITUCIONAL

Diz a CF:

> "Art. 153. Compete à União instituir imposto sobre:
>
> V – operações de crédito, câmbio e seguro, ou relativas a títulos ou valores mobiliários.
>
> § 1º É facultado ao Poder Executivo, atendidas as condições e os limites estabelecidos em lei, alterar as alíquotas dos impostos enumerados nos incisos I, II, IV e V.
>
> § 5º O ouro, quando definido em lei como ativo financeiro ou instrumento cambial, sujeita-se exclusivamente à incidência do imposto de que trata o inciso V do *caput* deste artigo, devido na operação de origem; a alíquota mínima será de 1%, assegurada a transferência do montante da arrecadação nos seguintes termos:
>
> I – 30% para o Estado, o Distrito Federal ou o Território, conforme a origem;
>
> II – 70% para o Município de origem."

Sobre a natureza jurídico-constitucional do IOF, há os que entendem que: (a) extrafiscal (regulatória), (b) extrafiscal e fiscal, e (c) heterogênea.

Por uma simples leitura das disposições constitucionais, desde o seu nascedouro, constata-se que o IOF iniciou seu caminho com destinação específica, que foi sendo reduzida, até que a CF/88 nada mais dispôs, motivo pelo qual o legislador ficou com uma relativa dose de discricionariedade.

14.2 ASPECTOS DO FATO GERADOR

As disposições da CF de 88 e do CTN/66, quanto aos aspectos do fato gerador, são as seguintes:

Aspecto	Descrição
Pessoal	a. **sujeito ativo**: União (CF, art. 153, V); b. **sujeito passivo**: contribuinte do IOF é qualquer das partes na operação tributada, como dispuser a lei (CTN/66, art. 66).
Espacial	Território nacional (CF, art. 153, V)
Temporal	Nas operações de: I – **crédito**: entrega ou colocação à disposição do interessado; II – **câmbio**: entrega da moeda nacional ou estrangeira, ou de documento que a represente, ou sua colocação à disposição do interessado; III – **seguro**: a emissão da apólice ou do documento equivalente, ou recebimento do prêmio, na forma da lei aplicável; IV – **títulos ou valores** *mobiliários*: sua emissão, transmissão, pagamento ou resgate, na forma da lei aplicável. **Nota:** a incidência definida no inciso I exclui a definida no inciso IV e reciprocamente, quanto à emissão, ao pagamento ou resgate do título representativo de uma mesma operação de crédito. (CTN/66, art. 63).
Material	Operações de crédito, câmbio e seguro, ou relativas a títulos ou valores mobiliários (CF, art. 153, V).

Quantificativo	a. **base de cálculo**: (CTN/66, art. 64):
	
	– CRÉDITO – o montante da obrigação, compreendendo o principal e os juros;
	
	– CÂMBIO – o respectivo montante em moeda nacional, recebido, entregue ou posto à disposição;
	
	– SEGURO – o montante do prêmio;
	
	– TÍTULOS ou VALORES MOBILIÁRIOS:
	
	  a. na emissão: o valor nominal mais o ágio, se houver;
	
	  b. na transmissão: o preço ou o valor nominal, ou o valor da cotação em Bolsa, como determinar a lei;
	
	  c. no pagamento ou resgate: o preço.
	
	b. **alíquota**: fixada pela lei (CF, art. 153, V e § 1º).
	
	Nota: É facultado ao Poder Executivo, atendidas as condições e os limites estabelecidos em lei, alterar as alíquotas.
	
	(CF, art. 153, § 1º).

14.3 ANTERIORIDADE

O IOF não está sujeito ao princípio da anterioridade no que pertine à fixação de alíquotas (CF, art. 150, § 1º).

Cap. 14 • (IOF) Imposto sobre operações de crédito, câmbio e seguro ou relativas a títulos ou valores mobiliários **295**

14.4 LEI ORDINÁRIA

O Decreto nº 6.306, de 14-12-2007, regulamenta o IOF, e dele reproduzimos apenas o art. 2º.

> Art. 2º O IOF incide sobre:
>
> I – operações de crédito realizadas:
>
> a) por instituições financeiras (Lei nº 5.143, de 20 de outubro de 1966, art. 1º);
>
> b) por empresas que exercem as atividades de prestação cumulativa e contínua de serviços de assessoria creditícia, mercadológica, gestão de crédito, seleção de riscos, administração de contas a pagar e a receber, compra de direitos creditórios resultantes de vendas mercantis a prazo ou de prestação de serviços (*factoring*) (Lei nº 9.249, de 26 de dezembro de 1995, art. 15, § 1º, inciso III, alínea *d*, e Lei nº 9.532, de 10 de dezembro de 1997, art. 58);
>
> c) entre pessoas jurídicas ou entre pessoa jurídica e pessoa física (Lei nº 9.779, de 19 de janeiro de 1999, art. 13);
>
> II – operações de câmbio (Lei nº 8.894, de 21 de junho de 1994, art. 5º);
>
> III – operações de seguro realizadas por seguradoras (Lei nº 5.143, de 1966, art. 1º);
>
> IV – operações relativas a títulos ou valores mobiliários (Lei nº 8.894, de 1994, art. 1º);
>
> V – operações com ouro, ativo financeiro, ou instrumento cambial (Lei nº 7.766, de 11 de maio de 1989, art. 4º).
>
> § 1º A incidência definida no inciso I exclui a definida no inciso IV, e reciprocamente, quanto à emissão, ao pagamento ou resgate do título representativo de uma mesma operação de crédito (Lei nº 5.172, de 25 de outubro de 1966, art. 63, parágrafo único).
>
> § 2º Exclui-se da incidência do IOF referido no inciso I a operação de crédito externo, sem prejuízo da incidência definida no inciso II.
>
> § 3º Não se submetem à incidência do imposto de que trata este Decreto as operações realizadas por órgãos da administração direta da União, dos Estados, do Distrito Federal e dos Municípios, e, desde que vinculadas às finalidades essenciais das respectivas entidades, as operações realizadas por:
>
> I – autarquias e fundações instituídas pelo Poder Público;
>
> II – templos de qualquer culto;
>
> III – partidos políticos, inclusive suas fundações, entidades sindicais de trabalhadores e instituições de educação e de assistência social, sem fins lucrativos, atendidos os requisitos da lei.

Entretanto, é preciso acompanhar as alterações na legislação, pois, por exemplo, o Regulamento do IOF aprovado pelo Decreto nº 6.306/2007 teve dispositivos alterados, entre outros, pelos Decretos nos 7.683/2012, 7.412/2010, 7.454/2011, 7.487/2011, 7.536/2001, 8.731/2016 (<www.presidencia.gov.br>. Acesso em: 22-2-2012).

14.4.1 IOF sobre *factoring*

Factoring, no vernáculo "faturização" (venda de faturamento), surgiu primordialmente na Grécia e em Roma, onde os comerciantes incumbiam aos agentes (os *factors)* de guardar e vender mercadorias de sua propriedade, recebendo, por essa prestação de serviços, uma retribuição conforme acordado.

296 Direito Tributário • *Cassone*

Na evolução desse instituto, já em tempos modernos – observa Carlos Alberto Bittar (*Enciclopédia Saraiva do Direito*, v. 36/48) –, o *factor* assume a posição de cessionário de direito do comerciante, a quem financia, antecipando, por desconto, o pagamento de créditos por este possuídos, e que "utilizado, atualmente, em considerável escala – tanto por bancos, mas principalmente por particulares – constitui essa prática interessante fator de financiamento para empresas médias e pequenas que não dispõem de linhas de crédito específicas junto às instituições financeiras".

O *factoring*, embora praticado entre nós de há algum tempo com base em dispositivos do Código Civil que tratam da cessão de crédito (arts. 286/298) e da comissão (arts. 693/709), consistia em instituto inominado por não se achar expressamente regulado até a superveniência da Lei nº 9.249/95, em cujo art. 15, § 1º, III, *d*, dá a esse instituto a seguinte conceituação:

> "d. prestação cumulativa e contínua de serviços de assessoria creditícia, mercadológica, gestão de crédito, seleção de riscos, administração de contas a pagar e a receber, compra de direitos creditórios resultantes de vendas mercantis a prazo ou de prestação de serviços (*factoring*)."

Em seguida, sobreveio a Lei nº 9.532/97, em cujo art. 58 institui o IOF sobre o *factoring*, nestes termos:

> "Art. 58. A pessoa física ou jurídica que alienar, à empresa que exercer as atividades mencionadas na alínea *d* do inciso III do § 1ºdo art. 15 da Lei nº 9.249, de 1995 (*factoring*), direitos creditórios resultantes de vendas a prazo, sujeita-se à incidência do imposto sobre operações de crédito, câmbio e seguro ou relativas a títulos e valores mobiliários – IOF às mesmas alíquotas aplicadas pelas instituições financeiras.
>
> § 1º O responsável pela cobrança e recolhimento do IOF de que trata este artigo é a empresa de *factoring* adquirente do direito creditório.
>
> § 2º O imposto cobrado na hipótese deste artigo deverá ser recolhido até o terceiro dia útil da semana subsequente à da ocorrência do fato gerador."

O STF, na ADI-MC 1.763-8-DF (Sepúlveda Pertence, unânime, 20-8-1998, *DJU* 26-9-2003), decidiu:

> "IOF: incidência sobre operações de *factoring* (L. 9.532/97, art. 58): aparente constitucionalidade que desautoriza a medida cautelar.
>
> O âmbito constitucional de incidência possível do IOF sobre operações de crédito não se restringe às praticadas por instituições financeiras, de tal modo que, à primeira vista, a lei questionada poderia estendê-la às operações de *factoring*, quando impliquem financiamento (*factoring* com direito de regresso ou com adiantamento do valor do crédito vincendo – *conventional factoring*); quando, ao contrário, não contenha operação de crédito, o *factoring*, de qualquer modo, parece substantivar negócio relativo a títulos e valores mobiliários, igualmente susceptível de ser submetido por lei à incidência tributária questionada."

14.4.2 Forma nominativa dos títulos

Todos os títulos e valores mobiliários e cambiais serão emitidos sempre sob a forma nominativa, sendo transmissíveis por endosso em preto, sob pena de tornar inexigível qualquer débito representado pelo título, valor mobiliário ou cambial irregular (Lei nº 8.088/90, art. 19).

Cap. 14 • (IOF) Imposto sobre operações de crédito, câmbio e seguro ou relativas a títulos ou valores mobiliários **297**

14.4.3 Jurisprudência

A Lei nº 8.033, de 12-4-1990, instituiu hipóteses de incidência do IOF, objeto de questionamentos judiciais, nos termos e notas a seguir resumidos:

Art. 1º São instituídas as seguintes incidências do imposto sobre operações de créditos, câmbio e seguro, ou relativas a títulos ou valores mobiliários:

I – transmissão ou resgate de títulos e valores mobiliários, públicos e privados, inclusive de aplicações de curto prazo, tais como letras de câmbio, depósitos a prazo com ou sem emissão de certificado, letras imobiliárias, debêntures e cédulas hipotecárias;

NOTA – Constitucionalidade declarada pelo STF no RE 223.144.

II – transmissão de ouro definido pela legislação como ativo financeiro;

III – transmissão ou resgate do título representativo de ouro;

NOTA – Incisos II e III: inconstitucionalidades declaradas pelo STF nos RREE 190.363 e 225.272, e execução suspensa pela Resolução nº 52, de 22-10-1999 do Senado.

IV – transmissão de ações de companhias abertas e das consequentes bonificações emitidas;

NOTA 1 – A 2ª Turma do STF, no RE 266.207, afetou a questão ao Plenário (acompanhar).

NOTA 2 – No TRF da 3ª Região SP-MS, o Órgão Especial declarou a inconstitucionalidade (Proc. 95.03.056130-2/SP).

V – saques efetuados em caderneta de poupança.

NOTA – Inconstitucionalidade declarada pelo STF no RE 232.467, tendo editado a Súmula 664.

O STF reconheceu Repercussão Geral (www.stf.jus.br, acesso em: 22-2-2012):

a) RE 590.186/RS – *DJe*-182 de 26-9-2008:

"DIREITO TRIBUTÁRIO. IMPOSTO SOBRE OPERAÇÕES FINANCEIRAS. INCIDÊNCIA NAS OPERAÇÕES DE MÚTUO PRATICADAS ENTRE PESSOAS JURÍDICAS OU ENTRE PESSOAS JURÍDICAS E PESSOAS FÍSICAS SEGUNDO AS MESMAS REGRAS APLICÁVEIS ÀS OPERAÇÕES PRATICADAS PELAS INSTITUIÇÕES FINANCEIRAS. CONSTITUCIONALIDADE DO ARTIGO 13 DA LEI Nº 9.779/99. PRESENÇA DE REPERCUSSÃO GERAL."

b) RE 583.712/SP, *DJe*-177 de 19-9-2008:

"CONSTITUCIONAL. IMPOSTO SOBRE OPERAÇÕES FINANCEIRAS. INCIDÊNCIA SOBRE TRANSMISSÃO DE AÇÕES DE COMPANHIAS ABERTAS E DAS CONSEQUENTES BONIFICAÇÕES EMITIDAS. ART. 153, V, DA CONSTITUIÇÃO FEDERAL. EXISTÊNCIA DE REPERCUSSÃO GERAL. Questão relevante do ponto de vista econômico e jurídico."

c) RE 611.510/SP, *DJe*-224 de 23-11-2010:

"TRIBUTÁRIO. IMUNIDADE. ART. 150, VI, *C*, DA CF. ENTIDADES SINDICAIS, PARTIDOS POLÍTICOS, INSTITUIÇÕES DE EDUCAÇÃO E DE ASSISTÊNCIA SOCIAL SEM FINS LUCRATIVOS. IOF SOBRE APLICAÇÕES FINANCEIRAS DE CURTO PRAZO. EXISTÊNCIA DE REPERCUSSÃO GERAL."

14.5 QUESTIONÁRIO

1. *Quais são as "operações" sujeitas ao IOF?*
2. *O "ouro" está sujeito ao IPI e ao ICMS ou IOF?*
3. *A quem compete estabelecer as alíquotas do IOF?*
4. *As alíquotas do IOF podem ser alteradas por Decreto do Presidente da República? Fundamente sua resposta.*

15

(ITR) Imposto sobre Propriedade Territorial Rural

ESQUEMA

- 15.1 Disposição constitucional
- 15.2 Aspectos do fato gerador
- 15.3 Aspectos da legislação infraconstitucional
  - 15.3.1 Imóvel rural e urbano: distinção
  - 15.3.2 Valor fundiário
  - 15.3.3 Módulos
  - 15.3.4 Lei nº 9.393/96: alguns aspectos
- 15.4 Delegação aos municípios
- 15.5 Questionário

15.1 DISPOSIÇÃO CONSTITUCIONAL

Diz a CF, redação dada pela EC 42/03:

"**Art. 153.** Compete à União instituir imposto sobre: VI – propriedade territorial rural.

§ 4º O imposto previsto no inciso VI do *caput*:

I – será progressivo e terá suas alíquotas fixadas de forma a desestimular a manutenção de propriedades improdutivas;

II – não incidirá sobre pequenas glebas rurais, definidas em lei, quando as explore o proprietário que não possua outro imóvel;

III – será fiscalizado e cobrado pelos municípios que assim optarem, na forma da lei desde que não implique redução do imposto ou qualquer outra forma de renúncia fiscal."

15.2 ASPECTOS DO FATO GERADOR

Diz o CTN/66:

"**Art. 29.** O ITR, de competência da União, tem como fato gerador a propriedade, o domínio útil ou a posse de imóvel por natureza, como definido na lei civil, localizada fora da zona urbana do Município."

Aliomar Baleeiro diz que a ocupação efetiva em qualquer das seguintes situações jurídicas por parte do contribuinte é fato gerador (*Direito tributário brasileiro*. 9. ed. Rio de Janeiro: Forense, p. 141):

a. o domínio pleno tratado pelo CCB nos arts. 550 ss (o art. 550 trata da usucapião);

b. o domínio útil na enfiteuse, tratado pelo CCB nos arts. 678 ss;

c. a simples posse do imóvel por natureza, tratada pelo CCB no art. 43.

Aspecto	Descrição
Pessoal	a. **sujeito ativo**: União (CF, art. 153, VI) b. **sujeito passivo**: (CTN/66, art. 29) – o proprietário; – o detentor do domínio útil (na enfiteuse); – o possuidor.
Espacial	Território nacional (CF, art. 153, VI)
Temporal	Momento estabelecido em Lei (1º jan. – Lei nº 9.393/96)
Material	Ser proprietário de território rural (CF, art. 153, VI)
Quantificativo	a. **base de cálculo**: valor da terra nua (declarado pelo contribuinte ou avaliado pelo MIRAD – Ministério de Reforma e Desenvolvimento Agrário); b. **alíquota**: percentual diferenciado (CF, art. 153, § 4º)

15.3 ASPECTOS DA LEGISLAÇÃO INFRACONSTITUCIONAL

15.3.1 Imóvel rural e urbano: distinção

A doutrina tem discutido muito sobre os critérios distintivos de imóvel rural e urbano para efeito de incidência do ITR ou IPTU. Até que sobreveio o STF para assentar, na ementa:

> "Imposto predial. Critério para caracterização do imóvel como *rural* ou como *urbano*. A fixação desse critério, para fins tributários, é princípio geral de direito tributário, e, portanto, só pode ser estabelecido por lei complementar. O CTN, segundo a jurisprudência do STF, é lei complementar. Inconstitucionalidade do artigo 61, e seu parágrafo único da Lei Federal nº 5.868/72, uma vez que, não sendo complementar, não poderia ser estabelecido critério, para fins tributários, de caracterização do imóvel como rural ou urbano diverso do fixado nos artigos 29 e 32 do CTN". (RE 93.850-8-MG, STF, pleno, v.u. de 20-3-82, *DJU*, 27-8-82, p. 8.180 e *RTJ* 105/194.)

Em face dessa decisão, foi expedida a Resolução 313/83, nestes termos:

> "RESOLUÇÃO Nº 313 – DE 30 DE JUNHO DE 1983
>
> **Suspende a execução do art. 6º e seu parágrafo único da Lei Federal nº 5.868 de 12 de dezembro de 1972**
>
> Faço saber que o Senado Federal aprovou, nos termos do art. 42, inciso VII, da Constituição, e eu, Nilo Coelho, Presidente, promulgo a seguinte Resolução:
>
> Artigo único. É suspensa, por inconstitucionalidade, nos termos da decisão definitiva do Supremo Tribunal Federal, proferida em Sessão Plenária de 20 de maio de 1982, nos autos do Recurso Extraordinário nº 93.850-8, do Estado de Minas Gerais, a execução do artigo 6º e seu parágrafo único da Lei Federal nº 5.868, de 12 de dezembro de 1972.
>
> **Nilo Coelho** – Presidente do Senado Federal."

300 Direito Tributário • *Cassone*

Por sua vez, o CTN diz, no art. 29, que é imóvel *rural* o localizado fora da zona urbana do Município, utilizando-se, assim, um critério de exclusão. E no art. 32 diz que é imóvel urbano aquele localizado na zona urbana do Município, esta definida nos seus §§ 1º e 2º, que estabelecem:

> "§ 1º Para os efeitos deste imposto, entende-se como zona urbana a definida em lei municipal, observado o requisito mínimo da existência de melhoramentos indicados em pelo menos 2 (dois) dos incisos seguintes, construídos ou mantidos pelo Poder Público:
>
> I – meio-fio ou calçamento, com canalização de águas pluviais;
>
> II – abastecimento de água;
>
> III – sistema de esgotos sanitários;
>
> IV – rede de iluminação pública, com ou sem posteamento para distribuição domiciliar;
>
> V – escola primária ou posto de saúde a uma distância máxima de 3 (três) quilômetros do imóvel considerado.
>
> § 2º A lei municipal pode considerar urbanas as áreas urbanizáveis, ou de expansão urbana, constantes de loteamentos aprovados pelos órgãos competentes, destinados à indústria ou ao comércio, mesmo que localizados fora das zonas definidas nos termos do parágrafo anterior."

Dejalma de Campos diz que a Súmula nº 12 do Direito Municipal aprovada no Encontro de Juristas, realizado em Caxias do Sul em 1970, cuja letra *c* teve redação adotada de Seabra Fagundes, está assim redigida:

> "Não há conceito ecumênico de área urbana ou rural. O conceito pertinente varia em função da matéria. Prevalece, em cada caso, aquele legalmente fixado pela pessoa competente para regê-la, pois é em função deste conceito que a matéria é disciplinada. A saber: a) os critérios de definição de área urbana e rural fixados no CTN são válidos exclusivamente para efeitos tributários. Obrigam os municípios porque correspondem a normas gerais de direito tributário ao prevenir possíveis conflitos de competência tributária entre pessoas políticas; b) prevalece o conceito de imóvel rural fixado pela lei federal para a determinação das regras concernentes à desapropriação. Porque a competência para legislar sobre a matéria é da União e esta, ao fazê-lo, tem em mira os próprios critérios; c) o conceito de área rural fixado por lei da União e determinado segundo critério geográfico, com vistas na realização de política agrária, prevalece sobre o conceito municipal." ("ITR", in: MARTINS, Ives Gandra da Silva (Coord.). *Curso de direito tributário*. São Paulo: Saraiva, 1982. p. 451-461.)

15.3.2 Valor fundiário

Equivale a "solo nu" (solo não cultivado nem construído, por isso que o CTN/66 fala em imóvel por "natureza").

15.3.3 Módulos

É uma medida (metragem) de área correspondente à propriedade familiar (Estatuto da Terra, art. 40, III) que varia de região e que visa proporcionar ao agricultor a subsistência e o progresso social e econômico. Não podem ser desmembrados imóveis rurais a ponto de a metragem ser inferior ao módulo, salvo quando passa de imóvel rural para imóvel urbano, caso em que deve respeitar-se a legislação de uso e ocupação do solo local.

15.3.4 Lei nº 9.393/96: alguns aspectos

A Lei nº 9.393/96, revogando lei anterior (nº 8.847/94), dispôs sobre o ITR. Destacamos dela os seguintes aspectos:

1. fixou o dia 1º de janeiro como o momento caracterizador do fato gerador, em ITR de apuração anual (art. 1º);

2. o ITR incide inclusive sobre o imóvel declarado de interesse social para fins de reforma agrária, enquanto não transferida a propriedade, exceto se houver imissão prévia na posse (art. 1º, § 1º);

3. o imóvel que pertencer a mais de um município deverá ser enquadrado no município onde fica a sede do imóvel e, se esta não existir, será enquadrado no município onde se localize a maior parte do imóvel (art. 1º, § 3º);

4. *imunidade*: a CF dispõe que a não incidência sobre pequenas glebas rurais será definida em lei, quando as explore, só ou com sua família, o proprietário que não possua outro imóvel. E sobreveio esta Lei nº 9.393/96 para definir tais glebas rurais os imóveis com área igual ou inferior a: I –100 ha, se localizado em município compreendido na Amazônia Ocidental ou no Pantanal mato-grossense e sul-mato-grossense; II – 50 ha, se localizado em município compreendido no Polígono das Secas ou na Amazônia Oriental; III – 30 ha, se localizado em qualquer outro município (art. 2º, parágrafo único);

5. *isenção*: são isentos do ITR: I – o imóvel rural compreendido em programa oficial de reforma agrária, caracterizado pelas autoridades competentes como assentamento, que, cumulativamente, atenda aos seguintes requisitos: (a) seja explorado por associação ou cooperativa de produção; (b) a fração ideal por família assentada não ultrapasse os limites estabelecidos no artigo anterior; (c) o assentado não possua outro imóvel; II – o conjunto de imóveis rurais de um mesmo proprietário, cuja área total observe os limites fixados no parágrafo único do art. 2º, desde que, cumulativamente, o proprietário: (a) o explore só ou com sua família, admitida ajuda eventual de terceiros; (b) não possua imóvel urbano;

   Nota: entendemos, quanto à letra *a* do inciso II, que a "ajuda eventual de terceiros" deve ser excepcional, motivada, como, por exemplo, no caso de urgente plantio para aproveitar as condições do tempo, ou no de colheita, para que a produção não se estrague, e casos análogos.

6. Diac: o contribuinte ou seu sucessor comunicará ao órgão local da Secretaria da Receita Federal (SRF), por meio do Documento de Informação e Atualização Cadastral do ITR – Diac, as informações cadastrais correspondentes a cada imóvel, bem como qualquer alteração ocorrida, na forma estabelecida pela SRF. É obrigatória, no prazo de 60 (sessenta) dias, contados de sua ocorrência, a comunicação das seguintes alterações: I – desmembramento; II – anexação; III – transmissão, por alienação da propriedade ou dos direitos a ela inerentes, a qualquer título; IV – sucessão *causa mortis*; V – cessão de direitos; VI – constituição de reserva ou usufruto (art. 6º);

7. Diac fora do prazo: no caso de apresentação espontânea do Diac fora do prazo estabelecido pela SRF, será cobrada multa de 1% (um por cento) ao mês ou fração sobre o ITR devido não inferior a R$ 50,00 (cinquenta reais), sem prejuízo da multa e dos juros de mora pela falta ou insuficiência de recolhimento do imposto ou quota (art. 7º);

8. Diat: o contribuinte do ITR entregará, obrigatoriamente, em cada ano, o Documento de Informação e Apuração do ITR– Diat, correspondente a cada imóvel, observadas datas e condições fixadas pela SRF, sendo dispensado de tal declaração o contribuinte cujo imóvel se enquadre nas hipóteses estabelecidas nos arts. 2º (imunidade) e 3º (isenção) – (art. 8º);

9. Diat entregue fora do prazo: ensejará multa de que trata o art. 7º, sem prejuízo da multa e dos juros de mora pela falta ou insuficiência de recolhimento do imposto ou quota;

10. a Lei nº 9.393/96 estabelece, ainda, a forma de apuração do ITR e tabela de alíquotas;

11. a Lei nº 9.393/96 preservou os arts. 23 e 24 da Lei nº 8.847/94, pelo que ficam mantidas a administração e a cobrança da Taxa de Serviços Cadastrais pelo Incra (art. 23); cessou, em 31-12-1996, nos termos do art. 24, a competência de administração, pela SRF, das seguintes receitas:

I – Contribuição Sindical Rural, devida à CNA (Confederação Nacional da Agricultura) e à Contag (Confederação Nacional dos Trabalhadores na Agricultura); II – Contribuição ao Serviço Nacional de Aprendizagem Rural – Cenar.

12.a Lei nº 9.393/96 foi regulamentada pelo Decreto Federal nº 4.382, de 19-9-2002.

Ver Lei nº 13.043/2014 sobre imóveis rurais.

15.4 DELEGAÇÃO AOS MUNICÍPIOS

Importante inovação foi procedida pela Emenda Constitucional nº 42, de 2003, incluindo o item III ao § 4º do art. 153 da CF/88, que por sua vez foi regulamentado pela Lei nº 11.250, de 27-12-2005, cuja redação é como segue:

> Art. 1º A União, por intermédio da Secretaria da Receita Federal, para fins do disposto no inciso III do § 4º do art. 153 da Constituição Federal, poderá celebrar convênios com o Distrito Federal e os Municípios que assim optarem, visando a delegar as atribuições de fiscalização, inclusive a de lançamento dos créditos tributários, e de cobrança do Imposto sobre a Propriedade Territorial Rural, de que trata o inciso VI do art. 153 da Constituição Federal, sem prejuízo da competência supletiva da Secretaria da Receita Federal.
>
> § 1º Para fins do disposto no *caput* deste artigo, deverá ser observada a legislação federal de regência do Imposto sobre a Propriedade Territorial Rural.
>
> § 2º A opção de que trata o *caput* deste artigo não poderá implicar redução do imposto ou qualquer outra forma de renúncia fiscal.
>
> Art. 2º A Secretaria da Receita Federal baixará ato estabelecendo os requisitos e as condições necessárias à celebração dos convênios de que trata o art. 1º desta Lei.
>
> Art. 3º Esta Lei entra em vigor na data de sua publicação.

O Decreto nº 6.433, de 15-4-2008, "*Institui o Comitê Gestor do Imposto sobre a Propriedade Territorial Rural – CGITR e dispõe sobre a forma de opção de que trata o inciso III do § 4º do art. 153 da Constituição, pelos Municípios e pelo Distrito Federal, para fins de fiscalização e cobrança do Imposto sobre a Propriedade Territorial rural – ITR, e dá outras providências*", e atualmente vige com alterações (ver em <www.planalto.gov.br>; texto atualizado).

Ribamar Ribeiro expõe um caso, de cujo artigo reproduzimos os seguintes trechos (Uma reforma que empacou. *O Estado de S. Paulo*, 11-6-2007, p. B2 Economia):

> "O prefeito da pequena cidade gaúcha de Mariana Pimentel, Joel Ghisio (PMDB-RS), ingressou com ação na Justiça federal reivindicando o direito de seu município fiscalizar e cobrar o Imposto sobre Propriedade Territorial Rural (ITR). Esse direito foi instituído pela Emenda Constitucional 42 de 2003, que promoveu a reforma tributária do primeiro mandado do presidente Luiz Inácio Lula da Silva. Ghisio ganhou a ação em primeira instância, mas a Receita Federal do Brasil (RFB) recorreu e transferiu o processo para o foro de Brasília.
>
> Embora tenha o direito assegurado pela Emenda 42, o prefeito Ghisio não consegue cobrar o ITR por causa de uma exigência feita pela RFB. A Emenda 42 foi regulamentada pela Lei nº 11.250/2005, que atribuiu à Receita Federal a função de fixar requisitos e condições para a celebração de convênio com os municípios que optem pela fiscalização e cobrança do ITR. Ocorre que uma das exigências da Receita é a de que o município interessado precisa ter quadro de carreira de servidores ocupantes de cargos de nível superior com atribuição de lançamento de créditos tributários.
>
> Essa exigência exclui 90% dos municípios brasileiros, segundo o presidente da Confederação nacional de Municípios (CNM), Paulo Ziulkoski. A quase totalidade dos municípios brasileiros não possui servidor de nível superior em suas estruturas tributárias. Essa realidade não impede que eles cobrem o Imposto sobre Serviços (ISS) e o IPTU, seus dois principais tributos.

Cap. 15 • (ITR) Imposto sobre propriedade Territorial Rural **303**

Ou seja, a estrutura municipal usada para cobrar e fiscalizar o ISS e o IPTU não serve, segundo a avaliação do fisco federal, para cobrar e fiscalizar o ITR. Ziulkoski alega que a Receita definiu requisitos e condições que não constam da Emenda 42. '*A instrução normativa da Receita afronta a autonomia administrativa e organizacional dos municípios*', afirmou, em conversa com o colunista. Este foi o argumento usado pelo prefeito Ghisio, em sua ação na Justiça.

Por isso, o presidente da CNM acusa a Receita de não querer passar a cobrança e fiscalização do ITR aos municípios por razões corporativistas, contrariando uma orientação do presidente Lula. Foram os prefeitos que pediram a Lula a transferência da cobrança e da fiscalização do ITR para os municípios. Eles viram no ITR, principalmente os prefeitos de municípios com extensa área rural, uma possibilidade de elevar suas arrecadações tributárias.

O ITR foi idealizado para desestimular os latifúndios improdutivos e a compra de terras com objetivo especulativo. Mas a arrecadação do imposto chega a ser irrisória se comparada ao número de propriedades rurais. '*O Brasil tem cerca de 7 milhões de propriedades e a arrecadação do ITR não chega a R$ 400 milhões*', observou Ziulkoski.

Os dados mostram que a participação do ITR no total da arrecadação administrada pela RFB está caindo. Em 2003, chegou a 0,11% do total. No ano passado, a participação caiu para 0,9%. A razão para isso é que a arrecadação do ITR cresceu menos, nos últimos anos, do que a média dos demais tributos.

Lula atendeu à reivindicação dos prefeitos e incluiu na proposta de reforma tributária a possibilidade de os municípios cobrarem o ITR. Depois de aprovada, a emenda constitucional determinou que 100% da receita do ITR fique com os municípios, desde que optem por cobrar e fiscalizar esse imposto. Se não exercerem essa opção, os municípios ficarão apenas com 50% da arrecadação.[...]

Os municípios criticam também a decisão da RFB de cobrar 10% de toda a arrecadação do ITR pela utilização de seu sistema de dados relacionado com esse imposto. Isso significa que os municípios ficarão com apenas 90% da receita do ITR e não com os 100% como determina a Emenda 42. '*A Receita queria ficar com 20%, nós é que brigamos e terminou em 10%*', disse o presidente da CNM."

Muito elucidativa essa reportagem, abordando vários aspectos a envolver questões jurídicas.

A questão da necessidade de servidores de carreira é deveras interessante, na medida em que, consoante informa o eminente colunista, tal exigência excluiria 90% dos municípios brasileiros.

Em verdade, não se trata de saber se a maioria dos municípios ficaria excluída de fiscalizar e cobrar o ITR, mas o que importa é saber se a RFB poderia, em convênio, fazer essa exigência, tendo em vista o princípio da autonomia municipal e o que estabelece o CTN.

O Código Tributário Nacional, entre outras disposições, estabelece:

"Art. 142. Compete privativamente à **autoridade administrativa** constituir o crédito tributário pelo lançamento, assim entendido o procedimento administrativo tendente a verificar a ocorrência do fato gerador da obrigação correspondente, determinar a matéria tributável, calcular o montante do tributo devido, identificar o sujeito passivo e, sendo o caso, propor a aplicação da penalidade cabível.

Parágrafo único. A atividade administrativa de lançamento é vinculada e obrigatória, sob pena de responsabilidade funcional.

Art. 194. A legislação tributária, observado o disposto nesta Lei, regulará, em caráter geral, ou especificamente em função da natureza do tributo de que se tratar, a competência e os poderes das **autoridades administrativas** em matéria de **fiscalização** da sua aplicação.

Parágrafo único. A legislação a que se refere este artigo aplica-se às pessoas naturais ou jurídicas, contribuintes ou não, inclusive às que gozem de imunidade tributária ou de isenção de caráter pessoal.

304 Direito Tributário • *Cassone*

Art. 199. A Fazenda Pública da União e as dos Estados, do Distrito Federal e dos Municípios prestar-se-ão mutuamente assistência para a fiscalização dos tributos respectivos e permuta de informações, na forma estabelecida, em caráter geral ou específico, por **lei** ou **convênio**.

Parágrafo único. A Fazenda Pública da União, na forma estabelecida em tratados, acordos ou convênios, poderá permutar informações com Estados estrangeiros no interesse da arrecadação e da fiscalização de tributos (Incluído pela LCP nº 104, de 10-1-2001)."

Como se percebe, o art. 142 é de observância obrigatória, e, no nosso entender, o Município deverá ter normas indicando a "autoridade administrativa" (servidor público) que terá a "competência privativa" para assim proceder.

Por outro lado, não vemos, nesse art. 142, a exigência do servidor público de ter curso superior.

Em relação aos noticiados 10% que a RFB pretende receber pelos "serviços prestados", temos para nós que a EC nº 42/2003, ao acrescentar o inciso III do § 3º do art. 153, não trata dessa matéria e, a rigor, nem deveria entrar.

Não havendo lei a dispensar o custo (taxa em função de serviço público específico e divisível) que a União pretende cobrar, cabe apenas verificar a possibilidade de obter sua redução.

Pelo exposto, verifica-se que a questão pode chegar até o Supremo Tribunal Federal, desde que demonstrada a afronta direta à Constituição.

Em vista das constantes alterações que a legislação tributária em geral sofre, podem ser acompanhadas também via <www.planalto.gov.br>.

15.5 QUESTIONÁRIO

1. *Qual é o fato gerador do ITR? Fundamente sua resposta.*

2. *Qual é o momento em que se caracteriza o fato gerador do ITR? Fundamente sua resposta.*

3. *Qual é o período de apuração do ITR? Fundamente sua resposta.*

4. *Qual é a diferença entre zona rural e zona urbana para efeitos tributários?*

5. *Um imóvel situado na zona rural, mas dentro do território do município A, e sujeito ao ITR (exigência legítima), pode estar sujeito também ao IPTU? Explique.*

6. *Em que município deverá ser enquadrado o imóvel que pertencer a mais de um município? Fundamente sua resposta.*

7. *Dê um exemplo de imunidade. Fundamente sua resposta.*

16

(ITBI) Imposto sobre Transmissão Causa Mortis e Doação de Quaisquer Bens ou Direitos

ESQUEMA
- 16.1 Disposição constitucional
- 16.2 Aspectos do fato gerador
- 16.3 Disposição do CTN
- 16.4 O artigo 116, II, do CTN
- 16.5 Constituição do Estado de São Paulo de 1989
- 16.6 Jurisprudência
- 16.7 Questionário

16.1 DISPOSIÇÃO CONSTITUCIONAL

Diz a CF:

"**Art. 155.** Compete aos Estados e ao Distrito Federal instituir impostos sobre:

I – transmissão *causa mortis* e doação, de quaisquer bens ou direitos.

§ 1º O imposto previsto no inciso I:

I – relativamente a bens imóveis e respectivos direitos, compete ao Estado da situação do bem, ou ao Distrito Federal;

II – relativamente a bens móveis, títulos e créditos, compete ao Estado onde se processar o inventário ou arrolamento, ou tiver domicílio o doador, ou ao Distrito Federal;

III – terá a competência para sua instituição regulada por lei complementar:

a. se o doador tiver domicílio ou residência no exterior;

b. se o *de cujus* possuía bens, era residente ou domiciliado ou teve o seu inventário processado no exterior;

IV – terá suas alíquotas máximas fixadas pelo Senado Federal."

Tanto o imposto de transmissão *causa mortis* (herança e legados, em virtude de falecimento de uma pessoa natural) como o imposto de transmissão *inter vivos* (atos, fatos ou negócios jurídicos celebrados entre pessoas físicas vivas) já integravam, antes da

306 Direito Tributário • *Cassone*

declaração de independência, o sistema tributário brasileiro, que se iniciou com a vinda de D. João VI para o Brasil.[1]

Previsto na Constituição da República Federativa do Brasil de 1891 e em todas as que se seguiram, até a vigente, o imposto de transmissão foi sofrendo alterações, como se pode ver do quadro que se segue:

CF *artigo*	IMPOSTO SOBRE A TRANSMISSÃO: denominação e competência
1824	–
1891 9º	É de competência exclusiva dos Estados decretar impostos: 3º sobre transmissão de propriedade.
1934 8º/I	Compete exclusivamente aos Estados decretar impostos sobre: a. transmissão de propriedade *causa mortis*; b. transmissão de propriedade imobiliária *inter vivos,* inclusive a sua incorporação ao capital da sociedade.
1937 23/I	É de competência exclusiva dos Estados a decretação de impostos sobre: b. transmissão de propriedade *causa mortis*; c. transmissão de propriedade *inter vivos*, inclusive a sua incorporação ao capital da sociedade.
1946 19	Compete aos Estados decretar impostos sobre: II – transmissão de propriedade *causa mortis*; III – transmissão de propriedade imobiliária *inter vivos* e sua incorporação ao capital de socie-dades.
67/69 23	Compete aos Estados e ao Distrito Federal decretar impostos sobre: I – transmissão a qualquer título, de bens imóveis por natureza e acessão física e de direitos reais sobre imóveis exceto os de garantia, bem como sobre a cessão de direitos à sua aquisição. § 2º O imposto de que trata o item I compete ao Estado onde está situado o imóvel, ainda que a transmissão resulte de sucessão aberta no estrangeiro; sua alíquota não excederá os limites estabelecidos em Resolução do Senado Federal por proposta do Presidente da República, na forma prevista em lei. § 3º O imposto a que se refere o item I não incide sobre a transmissão de bens ou direitos incor-porados ao patrimônio de pessoa jurídica em realização de capital, nem sobre a transmissão de bens ou direitos decorrentes de fusão, incorporação ou extinção de capital de pessoa jurídica, salvo se a atividade preponderante dessa entidade for o comércio desses bens ou direitos ou a locação de imóveis.
1988 155	Compete aos Estados e ao Distrito Federal instituir impostos sobre: I – transmissão *causa mortis* e doação, de quaisquer bens ou direitos. § 1º O imposto previsto no inciso I: I – relativamente a bens imóveis e respectivos direitos, compete ao Estado da situação do bem, ou ao Distrito Federal;

---

[1] NICÁCIO, Antonio. *Imposto sobre a transmissão de bens imóveis e de direitos a eles relativos*: in Comentários ao CTN. In: SOUZA, Hamilton Dias de, TILBERY, Henry, MARTINS, Ives Gandra da Silva (Coord.). Comentários ao CTN. São Paulo: José Bushatsky, 1976. v. 2, p. 44.

Cap. 16 • (ITBI) Imposto sobre transmissão *causa mortis* e doação de quaisquer bens ou direitos 307

CF *artigo*	IMPOSTO SOBRE A TRANSMISSÃO: denominação e competência
1988 **155**	II – relativamente a bens móveis, títulos e créditos, compete ao Estado onde se processar o inventário ou arrolamento, ou tiver domicílio o doador, ou ao Distrito Federal; III – terá a competência para sua instituição regulada por lei complementar: a. se o doador tiver domicílio ou residência no exterior; b. se o *de cujus* possuía bens, era residente ou domiciliado ou teve o seu inventário processado no exterior; IV – terá suas alíquotas máximas fixadas pelo Senado Federal. **NOTA:** Dispõe, ainda, a CF de 1988: "**Art. 156**. Compete aos Municípios instituir imposto sobre: II – transmissão '*inter vivos*', a qualquer título, por ato oneroso, de bens imóveis, por natureza ou acessão física, e de direitos reais sobre imóveis, exceto os de garantia, bem como cessão de direitos à sua aquisição. § 2º O imposto previsto no inciso II: I – não incide sobre a transmissão de bens ou direitos incorporados ao patrimônio de pessoa jurídica em realização de capital, nem sobre a transmissão de bens ou direitos decorrentes de fusão, incorporação, cisão ou extinção de pessoa jurídica, salvo se, nesses casos, a atividade preponderante do adquirente for a compra e venda desses bens ou direitos, locação de bens imóveis ou arrendamento mercantil; II – compete ao Município da situação do bem."

O Imposto sobre a Transmissão, na CF de 1946, era previsto de forma bipartida em *causa mortis* e *inter vivos*, ambos de competência dos Estados.

A EC 18/65 deu nova redação ao sistema tributário nacional da CF de 1946, e com base nessa Emenda foi elaborado o CTN (Lei nº 5.172/66 – eregida à categoria de Lei Complementar pelo Ato Complementar nº 3/67). Quanto ao Imposto sobre a Transmissão, a CF de 1967/69 manteve, basicamente, a redação da EC 18/65, unificando a denominação deste tributo.

A CF de 1988 voltou a biparti-lo, desta vez para atribuir aos Estados e ao Distrito Federal o ITCMD, e aos Municípios o ITIV, tendo, neste, a característica fundamental de incidir sobre as transmissões, a qualquer título, *por ato oneroso*, em todas as suas subespécies de fatos geradores.

Ante tais alterações constitucionais, modificativas da competência e da própria regra-matriz do imposto ora bipartido, a falta de edição de lei complementar modificativa do CTN, para a adequação à Lei Maior, criou uma série de perplexidades, por isso que é preciso interpretar os arts. 35 a 42 do CTN em face da nova redação constitucional, o que será feito mais adiante.

Toda a legislação compatível com a nova ordem constitucional (e, portanto, com o novo sistema tributário nacional), é válida e eficaz (art. 34, § 5º, do ADCT/88, referencial); se a lei preexistente era de natureza complementar, e a nova Constituição exige, agora, tão somente lei ordinária, aquela é tida como se ordinária fosse. O contrário também é admitido, desde que as alterações, a partir da nova Constituição, se procedam por meio de lei complementar: é o chamado *princípio da recepção*, de continuidade da ordem legal preestabelecida, para *segurança jurídica* (Preâmbulo, CF de 1988).

O II Congresso Nacional de Estados Tributários (Maksoud Plaza, São Paulo, 4/6-10-89) coordenado por Dejalma de Campos, aprovou recomendação de Rubens Aprobato Machado e Walter Barbosa Correa, no sentido de que, quanto ao Estado de São Paulo (e por extensão aos demais estados), se utilize do direito constitucional de legislar, concorrentemente, com a União, sobre direito tributário (art. 24, I) e, por consequência, sobre os impostos *causa mortis* e doação, dando-se nova textura aos dispositivos da Lei nº 9.591/66, quase toda ela voltada para a transmissão *inter vivos* de bens imóveis e direitos reais.

16.2 ASPECTOS DO FATO GERADOR

Aspecto	Descrição
Pessoal	a. **sujeito ativo**: Estados e Distrito Federal (CF, art. 155, I); b. **sujeito passivo**: contribuinte é qualquer das partes na operação tributada, como dispuser a lei (CTN/66, art. 42).
Espacial	a. **bens imóveis e respectivos direitos**: o imposto compete ao Estado da situação do bem, ou ao DF (CF, art. 155, § 1º, I); b. **bens móveis, títulos e créditos**: o imposto compete ao Estado onde se processar o inventário ou arrolamento, ou tiver domicílio o doador, ou ao DF (CF, art. 155, § 1º, II); c. **Lei complementar**: terá a competência para sua instituição regulada por lei complementar: – se o doador tiver domicílio ou residência no exterior (CF, art. 155, § 1º, III, *a*); – se o *de cujus* possuía bens, era residente ou domiciliado ou teve o seu inventário processado no exterior (CF, art. 155, § 1º, III, *b*).
Temporal	Momento da transmissão (CTN/66, art. 35), ou como estabelecera Lei ordinária estadual competente.
Material	Transmissões *causa mortis* e doação, de quaisquer bens ou direitos (CF, art. 155, I).
Quantificativo	a. **base de cálculo**: valor venal dos bens ou direitos transmitidos (CTN/66, art. 38); b. **alíquota**: as alíquotas máximas serão fixadas pelo Senado Federal (CF, art. 155, § 1º, IV). Alíquota progressiva: O STF reconheceu Repercussão Geral no RE 562.045.

16.3 DISPOSIÇÃO DO CTN

"**Art. 35.** O imposto, de competência dos Estados, sobre a transmissão de bens imóveis e de direitos a eles relativos, tem como fato gerador:

I – a transmissão, a qualquer título, da propriedade ou do domínio útil de bens imóveis por natureza ou por acessão física, como definidos na lei civil;

II – a transmissão, a qualquer título, de direitos reais sobre imóveis, exceto os direitos reais de garantia;

III – a cessão de direitos relativos às transmissões referidas nos incisos I e II.

Cap. 16 • (ITBI) Imposto sobre transmissão *causa mortis* e doação de quaisquer bens ou direitos **309**

Parágrafo único. Nas transmissões *causa mortis*, ocorrem tantos fatos geradores distintos quantos sejam os herdeiros ou legatários.

Art. 36. Ressalvado o disposto no artigo seguinte, o imposto não incide sobre a transmissão dos bens ou direitos referidos no artigo anterior:

I – quando efetuada para sua incorporação ao patrimônio de pessoa jurídica em pagamento de capital nela subscrito;

II – quando decorrente da incorporação ou da fusão de uma pessoa jurídica por outra ou com outra.

Parágrafo único. O imposto não incide sobre a transmissão aos mesmos alienantes dos bens e direitos adquiridos na forma do inciso I deste artigo, em decorrência da sua desincorporação do patrimônio da pessoa jurídica a que foram conferidos.

Art. 37. O disposto no artigo anterior não se aplica quando a pessoa jurídica adquirente tenha como atividade preponderante a venda ou locação de propriedade imobiliária ou a cessão de direitos relativos à sua aquisição.

§ 1º Considera-se caracterizada a atividade preponderante referida neste artigo quando mais de 50% (cinquenta por cento) da receita operacional da pessoa jurídica adquirente, nos 2 (dois) anos anteriores e nos 2 (dois) anos subsequentes à aquisição, decorrer de transações mencionadas neste artigo.

§ 2º Se a pessoa jurídica adquirente iniciar suas atividades após a aquisição, ou menos de 2 (dois) anos antes dela, apurar-se-á a preponderância referida no parágrafo anterior levando em conta os 3 (três) primeiros anos seguintes à da aquisição.

§ 3º Verificada a preponderância referida neste artigo, tornar-se-á devido o imposto, nos termos da lei vigente à data da aquisição, sobre o valor do bem ou direito nessa data.

§ 4º O disposto neste artigo não se aplica à transmissão de bens ou direitos, quando realizada em conjunto com a da totalidade do patrimônio da pessoa jurídica alienante.

Art. 38. A base de cálculo do imposto é o valor venal dos bens ou direitos transmitidos.

Art. 39. A alíquota do imposto não excederá os limites fixados em resolução do Senado Federal, que distinguirá, para efeito de aplicação de alíquota mais baixa, as transmissões que atendam à política nacional de habitação.

Art. 40. O montante do imposto é dedutível do devido à União, a título do imposto de que trata o artigo 43, sobre o provento decorrente da mesma transmissão.

Art. 41. O imposto compete ao Estado da situação do imóvel transmitido, ou sobre que versarem os direitos cedidos, mesmo que a mutação patrimonial decorra de sucessão aberta no estrangeiro.

Art. 42. Contribuinte do imposto é qualquer das partes na operação tributada, como dispuser a lei."

Art. 35.

Tem redação desatualizada. Deve ser lido nos termos dos arts. 155 e 156. Permanece válida a disposição constante de seu parágrafo único.

Transmissão: na linguagem do Direito Civil, designa a transferência de coisas, ou a cessão de direitos, em virtude do que, coisas ou direitos, se transmitem, ou se transferem, de dono. Transmissão, translação e transferência empregam-se em sentido equivalente, exprimindo ação e efeito de transferir, de passar, ou de transpassar bens, direitos, ou poderes, de uma pessoa para outra.[2]

---

[2] SILVA, De Plácido e. *Vocabulário jurídico*. 2. ed. Rio de Janeiro: Forense, 1967.

310 Direito Tributário • *Cassone*

Fato gerador: ocorre no momento da transmissão, momento esse adequado ao tipo de ato, fato ou negócio jurídico, podendo até anteceder à sua formalização, se presentes os elementos suficientes para consubstanciar o ato, fato ou negócio jurídico; é estabelecido pela lei.[3]

Causa mortis: transmissão em virtude da morte de uma pessoa física, natural.

Código Civil, Lei nº 10.406/02, art. 1.784. Aberta a sucessão, o domínio e a posse da herança transmitem-se, desde logo, aos herdeiros legítimos e aos testamentários.

Entretanto, para a caracterização do fato gerador (aspecto temporal), é preciso que se verifique, nos autos de inventário ou arrolamento, a legitimidade dos herdeiros e testamentários, reconhecida ou declarada pelo Juiz, por meio de despacho ou sentença, momento em que o aspecto temporal do fato gerador fica caracterizado.

Em tais casos – diz o art. 116, II, do CTN –, tratando-se de situação jurídica, consideram-se ocorrido o fato gerador e existentes os seus efeitos, desde o momento em que esteja definitivamente constituída, nos termos do direito aplicável.

O ITCMD somente incide sobre o valor de bens ou direitos transmitidos nos termos da lei civil.

Consoante ensinam e explicam os mestres Sebastião Amorim e Euclides de Oliveira (*Inventários e partilhas*. 20. ed. São Paulo: Livraria e Editora Universitária de Direito, 2006. p. 399):

> "O imposto *causa mortis* tem incidência específica sobre a herança. Por herança entende-se a parte dos bens do falecido que é transmitida aos sucessores legítimos ou testamentários, tanto nos casos de morte como de ausência (sucessão provisória). Não se considera o total dos bens (monte-mor), se houver cônjuge ou companheiro sobrevivente com direito a meação, uma vez que a meação decorre do regime de bens no casamento ou da união estável, não constitui transmissão por via hereditária e por isso não se sujeita à incidência do imposto em tela."

Doação: é o contrato em que uma pessoa, por liberalidade, transfere do seu patrimônio bens ou vantagens para o de outra. (CC, art. 538).

Pode ser feita com encargo (doação onerosa). Exemplo: doação feita com a obrigação de o donatário construir no terreno escola ou hospital. Doação com reserva de usufruto não é onerosa, mas pura e simples.

Esclarece Washington de Barros Monteiro[4] que a doação é ato *inter vivos* e que o Código Civil desconhece a doação *causa mortis,* sendo a única exceção a do art. 314 (doação estipulada nos contratos antenupciais para depois da morte do doador).

Permuta: contrariamente à doação em que ocorre um acréscimo patrimonial, na permuta não se verifica o pressuposto básico do tributo, qual seja, o conteúdo econômico sobre que se assenta.

Se valores idênticos, não há base econômica, inocorre o fato gerador. Se houver diferença, sobre esta, e somente sobre este diferencial incide o imposto, porque representa conteúdo econômico. Mas assim não dispõe a legislação do Município de São Paulo,

---

[3] Trata-se de uma postura que é encontrada na doutrina, mas que o CTN deverá esclarecer.

[4] MONTEIRO, Washington de Barros. *Curso de direito civil*. 24. ed. São Paulo: Saraiva, 1990. v. 5, p. 118.

Cap. 16 • (ITBI) Imposto sobre transmissão *causa mortis* e doação de quaisquer bens ou direitos **311**

que tributa a permuta (Lei nº 11.154/91, art. 2º, III), entendendo-a como pertencente ao campo da incidência do ITIV.

Bens: podem ser móveis ou imóveis, de conformidade com a classificação do Código Civil.

Direitos: o termo "direito" tem várias acepções. Para os fins e efeitos do imposto de transmissão, é o conjunto de direitos que as pessoas desfrutam.[5]

No sentido subjetivo (direito objetivo é o direito positivo, direito posto, direito vigente) é uma faculdade ou uma prerrogativa outorgada à pessoa (sujeito ativo do direito), em virtude da qual a cada um se atribui o que é seu, não se permitindo que outros venham a prejudicá-lo em seu interesse, porque a lei, representando a coação social, protege-o em toda a sua amplitude.[6]

Art. 36.

Este artigo é pertinente ao ITIV de competência Municipal. De qualquer forma, porém, ficou inteiramente revogado pelo § 2º do art. 156 da CF de 1988.

Art. 37.

Deste dispositivo entendo válido e adequado ao novo texto constitucional, quanto ao ITIV, a definição da atividade "preponderante", instituto referido no art.156, § 2º, da Carta Magna.

Efetivamente, cabe à lei complementar tratar desse conceito como norma geral aplicável a todos os Municípios (art. 146, III), a fim de evitar que cada um dos 5.000 Municípios brasileiros estabeleça a preponderância como melhor lhe aprouver e, portanto, por meio de critérios diferenciados. Tem também certo fundamento no inciso II do art. 146, na medida em que, estabelecendo o critério (porcentual) da preponderância, regula a limitação constitucional ao poder de tributar.

Art. 38.

É disposição válida, tanto para o ITCMD, quanto para o ITIV.

Art. 39.

É norma geral válida para o ITCMD, mas que deve ser adequada ao art. 155, § 1º IV, da CF de 1988.

---

5 FRANÇA, R. Limongi. *Enciclopédia Saraiva do Direito*. v. 25/69.

6 SILVA, De Plácido e. *Vocabulário jurídico*. 2. ed. Rio de Janeiro: Forense, 1967.

312 Direito Tributário • *Cassone*

> ## Art. 40.

Esta norma constava da EC 18/65 (cujos dispositivos compuseram, com modificações, o sistema tributário nacional na CF de 1967, e sobre os quais foi elaborada a Lei nº 5.172/66 CTN), e na CF de 1967, a parte final do art. 24, § 2º, dispunha que: "... e o seu montante será dedutível do imposto cobrado pela União sobre a renda auferida na transação", disposição esta não repetida pela EC 1/69.

A vigente Constituição também nada dispõe a respeito, pelo que a norma ficou revogada.

> ## Art. 41.

Este dispositivo ficou sem efeito, substituído pelo art. 155, § 1º, da CF de 1988.

> ## Art. 42.

Este artigo continua válido. A lei ordinária do Estado ou do Distrito Federal (ITCMD) ou do Município (ITIV) determinará quem é o contribuinte.

> ## Art. 192.

O art. 192 do CTN estabelece que "Nenhuma sentença de julgamento de partilha ou adjudicação será proferida sem prova da quitação de todos os tributos relativos aos bens do espólio, ou às suas rendas", a que Aliomar Baleeiro (*Direito tributário brasileiro*. 10. ed. Rio de Janeiro: Forense, 1991. p. 612, atualizada por Flávio Bauer Novelli):

> "O espólio é 'pessoalmente responsável' pelos tributos que o de cujos deixou de pagar até a abertura da sucessão (CTN, art. 131, III). Os sucessores, até a força do quinhão ou legado, e o meeiro, até o limite da meação, respondem também pelos débitos tributários do defunto (CTN, art. 131, II)."

16.4 O ARTIGO 116, II, DO CTN

Estabelece o CTN:

> "Art. 116. Salvo disposição de lei em contrário, considera-se ocorrido o fato gerador e existentes os seus efeitos:
>
> . . . .
>
> II – tratando-se de situação jurídica, desde o momento em que esteja definitivamente constituída, nos termos de direito aplicável."

Os casos dessa disposição não são comuns, e ela tem dado margem a correntes doutrinárias divergentes, mormente em relação ao Imposto sobre a Transmissão *Causa Mortis* e Doação de Quaisquer bens ou Direitos (ITCMD).

Cap. 16 • (ITBI) Imposto sobre transmissão *causa mortis* e doação de quaisquer bens ou direitos **313**

Como sabido, no exato instante em que falece uma pessoa, os bens e direitos do *de cujus* transmitem-se aos herdeiros legítimos e testamentários, nos termos do Código Civil – Lei nº 10.406, de 2002:

> "Art. 1.784. Aberta a sucessão, a herança transmite-se, desde logo, aos herdeiros legítimos e testamentários."

Por tal disposição, verifica-se que a transmissão ocorre no exato instante em que é aberta a sucessão (*momento do falecimento*). Contudo, a "situação jurídica" ainda não está definitivamente constituída, pois pendente a ocorrência do fato gerador por faltar-lhe completeza.

Com efeito, o Código Civil estabelece prazo para abertura de inventário (*não aberta no prazo, poderá resultar em multa no recolhimento extemporâneo do ITCMD, se prevista em lei*), além de outros aspectos que importam em impossibilidade imediata do pagamento do ITCMD:

> "Art. 1.791. A herança defere-se como um todo unitário, ainda que vários sejam os herdeiros.
>
> Parágrafo único. Até a partilha, o direito dos co-herdeiros, quanto à propriedade e posse da herança, será indivisível, e regular-se-á pelas normas relativas ao condomínio.
>
> Art. 1.796. No prazo de trinta dias, a contar da abertura da sucessão, instaurar-se-á inventário do patrimônio hereditário, perante o juízo competente no lugar da sucessão, para fins de liquidação e, quando for o caso, de partilha da herança."

Do Código de Processo Civil transcrevemos os seguintes dispositivos:

> "Capítulo IX – DO INVENTÁRIO E DA PARTILHA
>
> Seção I – Das disposições gerais
>
> Art. 982. Havendo testamento ou interessado incapaz, proceder-se-á ao inventário judicial; se todos forem capazes e concordes, poderá fazer-se o inventário e a partilha por escritura pública, a qual constituirá título hábil para o registro imobiliário. (*Redação dada pela Lei nº 11.441/07*)
>
> Parágrafo único. O tabelião somente lavrará a escritura pública se todas as partes interessadas estiverem assistidas por advogado comum ou advogados de cada uma delas, cuja qualificação e assinatura constarão do ato notarial. (*Acrescentado pela Lei nº 11.441/07*)
>
> Art. 983. O processo de inventário e partilha deve ser aberto dentro de 60 (sessenta) dias a contar da abertura da sucessão, ultimando-se nos 12 (doze) meses subsequentes, podendo o juiz prorrogar tais prazos, de ofício ou a requerimento de parte. (*Redação dada pela Lei nº 11.441/07*)
>
> Seção IX – Do Arrolamento
>
> Art. 1.031. A partilha amigável, celebrada entre partes capazes, nos termos do art. 2.015 da Lei nº 10.406, de 10 de janeiro de 2002 – Código Civil, será homologada de plano pelo juiz, mediante a prova da quitação dos tributos relativos aos bens do espólio e às suas rendas, com observância dos arts. 1.032 a 1.035 desta Lei. (*Redação dada pela Lei nº 11.441/07*)
>
> § 1º O disposto neste artigo aplica-se, também, ao pedido de adjudicação, quando houver herdeiro único. (*Redação dada pela Lei nº 9.280/96*)
>
> § 2º Transitada em julgado a sentença de homologação de partilha ou adjudicação, o respectivo formal, bem como os alvarás referentes aos bens por ele abrangidos, só serão expedidos e entregues às partes após a comprovação, verificada pela Fazenda Pública, do pagamento de todos os tributos."

De Nelson Nery Junior e Rosa Maria de Andrade Nery colhemos:

"**3. Inventário e partilha amigável judicial ou extrajudicial**. É opção das partes maiores e capazes e que estejam de acordo quanto ao inventário e à partilha realizar o inventário pela via judicial ou extrajudicial. Ainda que não haja lide, isto é, que as partes estejam de acordo, o inventário amigável pode ser feito pela via judicial, por procedimento de jurisdição voluntária.

No curso de processo de inventário judicial iniciado de forma litigiosa ou por imposição legal (CC 2016), pode haver superveniência de acordo entre as partes e/ou capacidade do interessado incapaz, situação em que se admite transação que, se deduzida por termo nos autos ou por escrito particular, deve ser homologada pelo juiz (CPC 1031 e CC 2015). Caso os interessados optem pela escritura pública (CPC 982 e CC 2015), esta terá ingresso no registro imobiliário independentemente de homologação judicial, devendo ser extinto o inventário por carência superveniente de interesse processual (CPC 267 VI). A escritura pública, neste último caso, é da substância do ato (forma *ad substantia*). Na hipótese de a partilha ser realizada por instrumento particular, deve ser necessariamente homologada pelo juiz, para que possa ter eficácia.

4. Inventário e partilha amigável extrajudicial. A norma autoriza sejam feitos inventário e partilha por escritura pública, em cartório de notas, se todos os interessados forem capazes e estiverem de acordo com o inventário e a partilha dos bens inventariados. Para a realização do inventário e partilha amigável extrajudicial não incidem as regras de competência do CPC, de modo que pode ser feita a escritura pública em cartório escolhido pelas partes, em qualquer cidade ou comarca do País ou do exterior. Feito o inventário e realizada a partilha, a escritura pública é o documento hábil para ingresso no registro público (*v. g.* LRP 167I24), independentemente de homologação judicial. Quando o ato notarial tiver sido lavrado no exterior, sua eficácia no Brasil depende de validação, de acordo com as regras de direito internacional aplicáveis ao caso.

5. Escritura pública. Prazo. A escritura pública do inventário e partilha amigável pode ser feita a qualquer tempo. Enquanto não realizada a escritura pública ou não instaurado o inventário judicial, a herança deve ser administrada pelo administrador provisório, nos termos do CC 1797 e do CPC 985/986.

6. Escritura pública. Objeto. O objeto da escritura pública é a formalização e a instrumentação das declarações de vontade de maiores e capazes, no sentido de realizarem o negócio jurídico privado de inventário e partilha dos bens deixados pelo falecido. O objeto do inventário e a partilha é a *herança* (totalidade dos bens) do falecido. Tendo em vista que a herança se caracteriza como uma *universalidade* de bens, não se admite a escritura pública para realização de inventário e partilha *parcial*. Somente poderá ser realizada escritura sobre a totalidade dos bens do falecido, sob pena de sonegação. Sobre a universalidade da herança v. Nery-Nery, *CC Comentado,* coment. CC 1784."

[...]

11. Sobrepartilha. Escritura pública. Caso algum bem tenha sido equivocadamente excluído do inventário e da partilha, admite-se seja feita *sobrepartilha* por escritura pública, desde que presentes os requisitos da existência de partes e interessados maiores e capazes e de acordo entre eles a respeito da sobrepartilha. É também admitida a sobrepartilha por escritura pública de inventário e partilha que tenham sido feitos pela via judicial. O fato de, ao tempo em que tiver de ser lavrada a escritura pública de sobrepartilha amigável, o interessado ser maior e capaz, é bastante para que seja válida e eficaz referida escritura, mesmo que ao tempo do falecimento do autor da herança e do processo judicial de inventário e partilha, o interessado fosse menor e/ou incapaz.

12. Escritura pública. Falecimento anterior à vigência da L. 11.441/07. Direito intertemporal. A L. 11.441/07, que alterou o regime jurídico do inventário e partilha, *tem aplicação imediata* (v., abaixo, coments. CPC 1211), inclusive aos feitos judiciais pendentes, tendo em vista possuir natureza processual e procedimental. Assim, ainda que o falecimento do autor da herança tenha ocorrido antes da entrada em vigor da L. 11.441/07 (5-1-2007), incide o novo regime jurídico do CPC 982. De consequência, é possível às partes desistir do inventário que se processa judicialmente para que se lhes permita realizar inventário e partilha amigável extrajudicial, por escritura pública, desde que presentes os requisitos legais.

[...]

2. Homologação judicial. A homologação judicial somente será necessária: a) se a partilha amigável der-se dentro dos autos do processo de inventário judicial, quer por termo nos autos, quer por escrito

Cap. 16 • (ITBI) Imposto sobre transmissão *causa mortis* e doação de quaisquer bens ou direitos **315**

particular; b) se a partilha amigável for celebrada por instrumento particular. Quando a partilha amigável for feita por escritura pública, aplica-se o CPC 982." (*Código de processo civil comentado*. 10. ed. São Paulo: Revista dos Tribunais, 2007, p. 1195-1197 e 1215).

Diante dessas disposições legais, e em face do art. 116, II, do CTN, apresentam-se duas correntes doutrinárias:

a) a que entende que a *base de cálculo* (e *alíquota*) a ser considerada é a da data de transmissão do bem e/ou direito (*momento do falecimento*), corrigida monetariamente até a data em que se verificar a *certificação judicial*, e, neste momento, se pagará o ITCMD no prazo assinalado pela lei estadual (herdeiros representados pelo/a inventariante).

Exemplo: se imóvel, valor do IPTU na data da transmissão, corrigido monetariamente.

b) a que entende que a *base de cálculo* (e *alíquota*) do ITCMD a ser considerada é a da data da *certificação judicial* (herdeiros representados pelo/a inventariante), momento em que se dá a *instantaneidade* da ocorrência do fato gerador e possibilitando o pagamento do tributo no prazo assinalado pela lei estadual.

Exemplo: se imóvel, valor constante do IPTU na data em que a situação jurídica estiver definitivamente constituída (e *alíquota* vigente nesta data).

Para solução da questão, merece reflexão o contido nas Súmulas do STF n°s 112, 113 e 114. De qualquer forma, razoável seria se a lei estadual pudesse conceder opção ao contribuinte de adotar a base de cálculo nos termos da letra "a" ou "b", facilitando-lhe o cumprimento da obrigação tributária.

É que cada caso pode ter suas peculiares complexidades, e o art. 116 do CTN merece temperamentos por parte da lei estadual competente: REsp 771.783/RS.

Na hipótese de a partilha ser procedida via escritura pública, o critério para a aferição da base de cálculo do ITCMD será o mesmo posto para a partilha judicial.

16.5 CONSTITUIÇÃO DO ESTADO DE SÃO PAULO DE 1989

A Constituição Paulista de 5-10-1989 assim trata do ITCMD:

"**Art. 165.** Compete ao Estado instituir:

I – impostos sobre:

a. transmissão *causa mortis* e doação de quaisquer bens ou direitos.

§ 1º O imposto previsto no inciso I, *a*:

1. incide sobre:

a. bens imóveis situados neste Estado e direitos a eles relativos;

b. bens móveis, títulos e créditos, cujo inventário ou arrolamento for processado neste Estado;

c. bens móveis, títulos e créditos, cujo doador estiver domiciliado neste Estado;

2. terá suas alíquotas limitadas aos percentuais fixados pelo Senado Federal."

"**Art. 166.** Lei de iniciativa do Poder Executivo isentará do imposto as transmissões *causa mortis* de pequeno valor, utilizado como residência do beneficiário da herança.

316 Direito Tributário • *Cassone*

Parágrafo único. A lei a que se refere o *caput* deste artigo estabelecerá as bases do valor referido, de conformidade com os índices oficiais fixados pelo Governo Federal."

No Estado de São Paulo, a Lei nº 10.705, de 28-12-2000 (com alterações da Lei nº 10.992, de 21-12-2001), adotou uma posição intermediária, aproveitando-se da ressalva constante do *caput* do art. 116 do CTN (*"salvo disposição de lei em contrário"*), ao dispor:

"Art. 9º A base de cálculo do imposto é o valor venal do bem ou direito transmitido, expresso em moeda nacional ou em UFESPs (Unidades Fiscais do Estado de São Paulo).

. . . .

Art. 10. O valor do bem ou direito na transmissão '*causa mortis*' é o atribuído na avaliação judicial e homologado pelo Juiz.

§ 1º Se não couber ou for prescindível a avaliação, o valor será o declarado pelo inventariante, desde que haja expressa anuência da Fazenda, observadas as disposições do artigo 9º, ou o proposto por esta e aceito pelos herdeiros, seguido, em ambos os casos, da homologação judicial.

§ 2º Na hipótese de avaliação judicial ou administrativa, será considerado o valor do bem ou direito na data da sua realização.

§ 3º As disposições deste artigo aplicam-se, no que couber, às demais partilhas ou divisões de bens sujeitas a processo judicial das quais resultem atos tributáveis.

Art. 11. Não concordando a Fazenda com valor declarado ou atribuído a bem ou direito do espólio, instaurar-se-á o respectivo procedimento administrativo de arbitramento da base de cálculo, para fins de lançamento e notificação do contribuinte, que poderá impugná-lo.

§ 1º Fica assegurado ao interessado o direito de requerer avaliação judicial, incumbindo-lhe, neste caso, o pagamento das despesas.

§ 2º As disposições deste artigo aplicam-se, no que couber, às demais partilhas ou divisões de bens sujeitas a processo judicial das quais resultem atos tributáveis.

Art. 12. No cálculo do imposto, não serão abatidas quaisquer dívidas que onerem o bem transmitido, nem as do espólio.

Art. 13. No caso de imóvel, o valor da base de cálculo não será inferior:

I – em se tratando de imóvel urbano ou direito a ele relativo, ao fixado para o lançamento do Imposto sobre a Propriedade Predial e Territorial Urbana – IPTU;

II – em se tratando de imóvel rural ou direito a ele relativo, ao valor total do imóvel declarado pelo contribuinte para efeito de lançamento do Imposto sobre a Propriedade Territorial Rural – ITR.

Art. 14. No caso de bem móvel ou direito não abrangido pelo disposto nos artigos 9º, 10 e 13, a base de cálculo é o valor corrente de mercado do bem, título, crédito ou direito, na data da transmissão ou do ato translativo.

§ 1º À falta do valor de que trata este artigo, admitir-se-á o que for declarado pelo interessado, ressalvada a revisão do lançamento pela autoridade competente, nos termos do art. 11.

§ 2º O valor das ações representativas do capital de sociedades é determinado segundo a sua cotação média alcançada na Bolsa de Valores, na data da transmissão, ou na imediatamente anterior, quando não houver pregão ou quando a mesma não tiver sido negociada naquele dia, regredindo-se, se for o caso, até o máximo de 180 (cento e oitenta) dias. (*Redação dada pela Lei nº 10.992 de 21-12-2001*)

§ 3º Nos casos em que a ação, quota, participação ou qualquer título representativo do capital social não for objeto de negociação ou não tiver sido negociado nos últimos 180 (cento e oitenta) dias, admitir-se-á o respectivo valor patrimonial. (*Redação dada pela Lei nº 10.992 de 21-12-2001*)

Art. 15. O valor da base de cálculo é considerado na data da abertura da sucessão, do contrato de doação ou da avaliação, devendo ser atualizado monetariamente, a partir do dia seguinte, segun-

Cap. 16 • (ITBI) Imposto sobre transmissão *causa mortis* e doação de quaisquer bens ou direitos **317**

do a variação da Unidade Fiscal do Estado de São Paulo – UFESP, até a data prevista na legislação tributária para o recolhimento do Imposto. (*Redação dada pela Lei nº 10.992, de 21-12-2001*)

§ 1º O valor venal de determinado bem ou direito que houver sido fixado em data distinta daquela em que ocorreu o fato gerador deverá ser expresso em UFESPs.

§ 2º Para os fins do disposto no parágrafo anterior, será observado o valor da UFESP vigente na data da fixação do valor venal.

§ 3º Não havendo correção monetária da UFESP, aplicar-se-á o índice adotado à época para cálculo da inflação, nos prazos já estabelecidos neste artigo.

Art. 16. O imposto é calculado aplicando-se a alíquota de 4% (quatro por cento) sobre o valor fixado para a base de cálculo. (*Redação dada pela Lei nº 10.992/2001*)

Art. 17. Na transmissão '*causa mortis*', o imposto será pago até o prazo de 30 (trinta) dias após a decisão homologatória do cálculo ou do despacho que determinar seu pagamento, observado o disposto no artigo 15 desta lei.

§ 1º O prazo de recolhimento do imposto não poderá ser superior a 180 (cento e oitenta) dias da abertura da sucessão, sob pena de sujeitar-se o débito à taxa de juros prevista no artigo 20, acrescido das penalidades cabíveis, ressalvado, por motivo justo, o caso de dilação desse prazo pela autoridade judicial.

§ 2º Sobre o valor do imposto devido, desde que recolhido no prazo de 90 (noventa) dias, a contar da abertura da sucessão, o Poder Executivo poderá conceder desconto, a ser fixado por decreto."

16.6 JURISPRUDÊNCIA

1 – Súmulas STF 112, 113, 114, 542 e 590, transcrevendo comentários de Roberto Rosas (*Direito sumular*. 9. ed. São Paulo: Malheiros, 1998. p. 49-50):

112. O imposto de transmissão "causa mortis" é devido pela alíquota vigente ao tempo da abertura da sucessão.

Decidiu a 1ª Turma do STF, pelo voto do Min. Aliomar Baleeiro, no RE 69.553, *RTJ* 54/703: "O fato gerador do imposto de transmissão *causa mortis* é instantâneo, nos termos do art. 1.572 do Código Civil, aplicável por força dos arts. 109 e 110 do Código Tributário Nacional. A falta de encerramento do processo do inventário, no qual se liquida aquele tributo, não altera a transmissão para sujeitá-la aos efeitos do art. 105 do CTN."

O enunciado foi mantido no RE 85.317 (*RTJ* 93/628).

113. O imposto de transmissão "causa mortis" é calculado sobre o valor dos bens na data da avaliação.

Eis as observações do Min. Baleeiro sobre esse enunciado: "O Código Tributário Nacional é silente acerca de qual o valor à data da avaliação" (*Direito Tributário Brasileiro*, 2ª ed., p. 161). Segundo o art. 38 do CTN, a base de cálculo do imposto é o valor venal dos bens ou direitos transmitidos. No entanto, a Súmula tem sido aplicada (RE 81.928, Rel. Min. Cordeiro Guerra, *RTJ* 78/584, e RE 82.457, *RTJ* 79/608).

Não se argumente com desvalorização até o pagamento do imposto, porque é devida a correção monetária sobre o valor do imposto, como tem acentuado o STF (RE 97.459, Rel. Min. Djaci Falcão, *RTJ* 106/382; RE 98.589, Rel. Min. Aldir Passarinho, *RTJ* 109/322).

114. O imposto de transmissão "causa mortis" não é exigível antes da homologação do cálculo.

O cálculo do imposto de transmissão *causa mortis* é julgado antes da partilha (CPC, art. 1.013, § 2º); depois é efetuado o pagamento do imposto (CPC, art. 1026). Ver RE 82.457, Rel. Min. Cordeiro Guerra (*RTJ* 79/608).

542. Não é inconstitucional a multa instituída pelo Estado-membro, como sanção pelo retardamento do início ou da ultimação do inventário.

318   Direito Tributário • *Cassone*

590. Calcula-se o imposto de transmissão 'causa mortis' sobre o saldo credor da promessa de compra e venda de imóvel, no momento da abertura da sucessão do promitente comprador.

Nos casos que embasam a presente Súmula o compromisso era verbal. Portanto, nem transcrição havia no Registro de Imóveis. Logo, os bens pertenciam ao falecido, e por isso integram o espólio e, consequentemente, vão a inventário, com o pagamento do imposto de transmissão. O cálculo feito sobre o saldo devedor é mais justo, porquanto os herdeiros têm apenas esse valor a receber.

2. RE 95.590/RJ, STF, 2ª Turma, Cordeiro Guerra, unânime, 1º-10-1982, *DJU* 5-11-1982, p. 11241 – ementa:[7]

"O *imposto* de transmissão *'causa mortis'* é devido pela alíquota vigente ao tempo da abertura da sucessão (Súmula 112), ainda que posteriormente venha a ser modificada ou revogada.

RE conhecido e provido."

3. RE 98.589/RJ, STF, 2ª Turma, Aldir Passarinho, unânime, 23-9-1983, *DJU* 11-11-1983, p. 17543 – ementa:

"TRIBUTÁRIO. *IMPOSTO* DE TRANSMISSÃO *'CAUSA MORTIS'*. SÚMULA 113-STF. DECRETO--LEI DO RIO DE JANEIRO Nº 413, DE 13-2-79, QUE ALTEROU O DECRETO-LEI Nº 5-75 (ART. 83 E SEU PAR. 2º).

Dizendo a súmula 113 que o *imposto* de transmissão *'causa mortis'* é o calculado sobre o valor dos bens na data da avaliação, referindo-se, como fontes legislativas, aos arts. 483 e 499 do CPC de 1939, que correspondem aos arts. 1.003 e 1.013 do CPC de 1973, bem como ao art. 38 do CTN, e determinando esse último que *'a base de calculo do **imposto** e o valor venal dos bens ou direitos transmitidos'*, tem-se que é possível ser fixada por lei estadual a data da transmissão ou posterior em relação a qual devem ser avaliados os bens.

A Súmula 113 (1962) é anterior à lei da correção monetária (1964), pelo que o objetivo a que ela visava, de evitar distorções prejudiciais ao fisco, se encontra atendido com a aplicação da correção monetária. É que, antes, não interessava ao contribuinte pagar a Fazenda, prontamente, o *imposto* que era devido, mas com a correção monetária a distorção foi evitada. Inexistência, de divergência, assim, entre a Súmula 113 e o art. 83, do Decreto-lei nº 5, com a redação do Decreto-lei nº 413, de 1979, ambos do Estado do Rio de Janeiro, pois se dispõe o art. 83 aludido que *'a base do cálculo do **imposto** e o valor venal dos bens ou direitos relativos a imóveis, no momento da transmissão'*, de outra parte determinou a aplicação da correção monetária se o pagamento não se realizasse dentro de um ano."

4. RE 224.223/PE, STF, 1ª Turma, Sepúlveda Pertence, unânime, 18-4-2000, *DJU* 5-5-2002 – ementa:

"I. Inventário: a decisão que julga o cálculo do *imposto* (C. Pr. Civ., art. 1.013, § 2º) é sentença: não incide, pois, o § 3º do art. 542 C. Pr. Civil (cf. L. 9.756/98).

II. ITBI: alíquota: L. 10.260-PE: inconstitucionalidade (RE 213.266, T. Pleno, 20-10-99, Marco Aurélio, *DJ* 17-12-99)."

NOTA – RE 213.266, STF, Pleno, Marco Aurélio, unânime, 20-10-1999, *DJU* 17-12-1999 – ementa:

"TRIBUTO – FIXAÇÃO DE ALÍQUOTA X TETO – IMPOSTO DE TRANSMISSÃO *CAUSA MORTIS* – LEI Nº 10.260/89, DO ESTADO DE PERNAMBUCO.

Não se coaduna com o sistema constitucional norma reveladora de automaticidade quanto à alíquota do imposto de transmissão *causa mortis*, a evidenciar a correspondência com o limite máximo fixado em resolução do Senado Federal."

---

[7]   Jurisprudência pesquisada em 31-10-2006 nos sítios: <www.stf.gov.br e <www.stj.gov.br>.

Cap. 16 • (ITBI) Imposto sobre transmissão *causa mortis* e doação de quaisquer bens ou direitos **319**

5. AgRg no RE 218.086/PE, STF, 1ª Turma, Sydney Sanches, unânime, 8-2-2000, *DJU* 17-3-2000, p. 21 – ementa:

> "DIREITO CONSTITUCIONAL, TRIBUTÁRIO E PROCESSUAL CIVIL. RECURSO EXTRAORDINÁRIO: ALÍQUOTA DO *IMPOSTO* DE TRANSMISSÃO '*CAUSA MORTIS*' E 'INTER VIVOS' (DOAÇÃO), NO ESTADO DE PERNAMBUCO. ALEGAÇÃO DE OFENSA AO ART. 155, I, DA CONSTITUIÇÃO FEDERAL.

> 1. Como salientado na decisão agravada, 'inexistem as alegadas ofensas ao artigo 155 e 1º da Carta Magna Federal, porquanto o acórdão recorrido não negou que o Estado-membro tenha competência para instituir *impostos* estaduais, nem que o Senado seja competente para fixar a alíquota máxima para os *impostos* de transmissão '*mortis causa*' e de doação, mas, sim, sustentou corretamente que ele, por força do artigo 150, I, da Carta Magna só pode aumentar tributo por lei estadual específica e não por meio de lei que se atrele genericamente a essa alíquota máxima fixada pelo Senado e varie posteriormente com ela, até porque o princípio da anterioridade, a que está sujeita essa lei estadual de aumento, diz respeito ao exercício financeiro em que ela haja sido publicada e não, '*per relationem*', à resolução do Senado que aumentou o limite máximo da alíquota".

> 2. Precedentes de ambas as Turmas do STF, no mesmo sentido.

> 3. Agravo improvido."

6. REsp 252.850/SP, STJ, 2ª Turma, Francisco Peçanha Martins, unânime, 20-11-2003, *DJU* 2-2-2004 (trancrição parcial da ementa):

> "PROCESSUAL CIVIL. RECURSO ESPECIAL. ARROLAMENTO. TAXA JUDICIÁRIA. ART. 1.034 DO ICMS DO CPC. PRECEDENTES.

> 2. A rigor, a **meação do cônjuge supérsite** não se insere no conceito de herança."

7. AgRg no REsp 821.904/DF, STJ, 2ª Turma, Herman Benjamin, unânime, 3-9-2009, *DJe* de 11-9-2009:

> "TRIBUTÁRIO. IMPOSTO SOBRE TRANSMISSÃO *CAUSA MORTIS* E DOAÇÃO. INCIDÊNCIA SOBRE MEAÇÃO PARTILHÁVEL. VIÚVA MEEIRA. ILEGITIMIDADE PASSIVA.

> 1. Não se aplica Imposto sobre Transmissão *causa mortis* e Doação – ITCD nos bens pertencentes à viúva meeira, pois ela não é herdeira, incidindo o imposto somente sobre a meação partilhável. Precedentes do STJ.

> 2. Ressalta-se que, se o tributo fosse devido, correto seria cobrá-lo da herdeira. Está evidenciada, portanto, a ilegitimidade passiva da agravada para figurar como contribuinte do imposto em discussão.

> 3. Agravo Regimental não provido."

8. REsp 679.463/SP, STJ, 2ª Turma, Castro Meira, unânime, 14-12-2004, *DJU* 21-3-2005, p. 343 – ementa:

> "TRIBUTÁRIO. *IMPOSTO CAUSA MORTIS*. FATO GERADOR. INTERPRETAÇÃO DOS ARTS. 106 E 111 DO CTN. LEI ESTADUAL Nº 10.705/00. SÚMULA 112/STF.

> 1. O fato gerador do **imposto causa mortis** dá-se com a transmissão da propriedade ou de quaisquer bens e direitos e ocorre no momento do óbito. Aplicação da lei vigente à época da sucessão."

9. REsp 57.742/SP, STJ, 2ª Turma, Castro Meira, unânime, 4-5-2004, *DJU* 23-8-2004, p. 156 – ementa:

> "TRIBUTÁRIO. *IMPOSTO* DE TRANSMISSÃO *CAUSA MORTIS*. SÚMULA 113/STF. CORREÇÃO MONETÁRIA. CABIMENTO.

320 Direito Tributário • *Cassone*

1. '*O **imposto** de transmissão **causa mortis** é calculado sobre o valor dos bens na data da avaliação*' (Súmula 113/STF).

2. Não recolhido o valor na época própria, torna-se indispensável a necessária atualização do valor. É pacífico o entendimento de que a correção monetária da base de cálculo não implica alteração do fato gerador. Precedentes.

3. Recurso especial conhecido e improvido."

10. REsp 332.873-SP, STJ, 1ª Turma, Garcia Vieira, unânime, 16-10-2001, *DJU* 19-11-2001, p. 243 – transcrição parcial da ementa:

"A correção monetária do imposto de transmissão *causa mortis* pela UFESP deve ser aplicada a partir da data do óbito."

11. REsp 682.257/RJ, STJ, 1ª Turma, Albino Teori Zavascki, unânime, 3-3-2005, *DJU* 21-3-2005, p. 289 – ementa:

"PROCESSUAL CIVIL. ARROLAMENTO SUMÁRIO. HOMOLOGAÇÃO DE PARTILHA. COMPROVAÇÃO DE QUITAÇÃO DOS TRIBUTOS.

1. No procedimento de arrolamento sumário dos bens, *mortis causa*, processado nos termos dos arts. 1.031 e seguintes do CPC, cabível quando todos os herdeiros forem maiores, capazes e estiverem de acordo com a partilha, as questões referentes ao lançamento de diferença dos tributos – se insuficiente o que foi declarado ou pago pelos interessados – e às taxas judiciárias deverão ser resolvidas administrativamente, a teor do disposto no art. 1.034, com as alterações introduzidas pela Lei nº 7.019/82. Precedentes.

2. Porém, ainda que seja vedado ao juiz apreciar questões relativas ao lançamento, pagamento e quitação de *imposto*, não haverá dispensa das certidões ou informações negativas de dívida para com a Fazenda Pública, sendo que somente depois da juntada aos autos desses documentos o Juiz homologará a partilha, a teor do disposto no referido art. 1.031.

3. No caso dos autos, consta certidão notificando a existência de execução fiscal contra o espólio, em tramitação na Justiça Federal, o que impede a homologação da partilha e o consequente encerramento do inventário.

4. Recurso especial a que se nega provimento."

12. EDcl no REsp 927.530/SP, STJ, 2ª Turma, Castro Meira, unânime, 21-08-2007, *DJU* 3-9-2007, p. 159 – ementa:

"PROCESSUAL CIVIL E TRIBUTÁRIO. ARROLAMENTO SUMÁRIO. IMPOSTO DE TRANSMISSÃO *CAUSA MORTIS*. HOMOLOGAÇÃO DE PARTILHA. ENTREGA DE DOCUMENTOS À RECEITA ESTADUAL. EMBARGOS DE DECLARAÇÃO. OMISSÃO.

1. No processo de arrolamento sumário, processado com base nos arts. 1.031 e seguintes do CPC, cabível quando todos os herdeiros forem maiores e capazes e estiverem de acordo com a partilha, somente é possível examinar se o inventariante comprovou a quitação dos tributos relativos aos bens do espólio e às suas rendas.

2. Feito o pagamento dos impostos e juntados os comprovantes aos autos, não pode o juiz condicionar a homologação da partilha em processo de arrolamento sumário à entrega de documentos à Receita estadual necessários ao cálculo do imposto. Ainda que o pagamento não esteja completo ou tenha o inventariante calculado mal o imposto, essas questões não podem ser tratadas e discutidas em arrolamento sumário.

3. Após o trânsito em julgado da homologação da partilha, a expedição do respectivo formal somente será admitida depois de comprovada a correção no pagamento dos tributos verificada pela Fazenda Estadual, nos termos do art. 1.031, § 2º, do CPC.

4. Embargos de declaração acolhidos sem efeitos infringentes."

Cap. 16 • (ITBI) Imposto sobre transmissão *causa mortis* e doação de quaisquer bens ou direitos **321**

13. REsp 909.215/MG, STJ, 1ª Turma, Teori Albino Zavascki, unânime, 14-9-2010, *DJe* de 22-9-2010 – ementa:

> "TRIBUTÁRIO. IMPOSTO SOBRE TRANSMISSÃO *CAUSA MORTIS* E DOAÇÃO, DE QUAIS-QUER BENS E DIREITOS. RESPONSABILIDADE DE TERCEIROS. ART. 134 DO CTN. RESPONSABILI-DADE SUBSIDIÁRIA. PRECEDENTE DA PRIMEIRA SEÇÃO DO STJ.
>
> RECURSO ESPECIAL A QUE SE NEGA PROVIMENTO."

14. Progressividade, igualdade e capacidade contributiva

> No RE 562045/RS, o Pleno do STF examinou a *progressividade* do ITCMD em face do art. 145, § 1º, CF/88, que envolve o *princípio da igualdade material tributária*, com observância da *capacidade contributiva*, e o serviço "Notícias STF" de 07-01-2014 informa:

> > **ITCD** – Por maioria de votos, o STF reconheceu a possibilidade de cobrança progressiva do Imposto sobre a Transmissão *Causa Mortis* e Doações (ITCD), ao prover o Recurso Extraordi-nário (RE) 562045, julgado em conjunto com outros nove processos sobre a mesma matéria. Os recursos foram trazidos à Corte pelo governo do Rio Grande do Sul, que contestou deci-são do Tribunal de Justiça estadual que havia considerado inconstitucional a progressivida-de da alíquota do ITCD (de 1 a 8%).

16.7 QUESTIONÁRIO

1. *Qual é o aspecto material do imposto de transmissão de competência dos Estados e do Distrito Federal?*

2. *O ITCMD incide sobre bens móveis ou imóveis?*

3. *De quem é o ônus do ITCMD, do vendedor ou do comprador?*

4. *José falece. Ultimamente vinha residindo em São Paulo. Possuía uma casa em São Paulo, um terreno em Belo Horizonte e um apartamento no Rio de Janeiro e créditos em Porto Alegre. A que Estado o imposto é devido, sabendo-se que o inventário ou arrolamento é processado em São Paulo:*

   – casa

   – terreno

   – apartamento

   – crédito

5. *Qual é a consequência de o Senado Federal ter fixado a alíquota máxima em 8%, isto é, é autoaplicável sua Resolução?*

17

(ICMS) Imposto sobre Operações Relativas à Circulação de Mercadorias e sobre Prestação de Serviços de Transporte Interestadual e Intermunicipal e de Comunicação

ESQUEMA

17.1 Introdução
17.2 Regra-matriz constitucional
    17.2.1 Operações relativas à circulação de mercadorias
    17.2.2 Serviços de transporte interestadual e intermunicipal
    17.2.3 Serviços de comunicação
    17.2.4 Importação – sujeito ativo
17.3 Aspectos que caracterizam o fato gerador do ICMS
17.4 Incidência do ICMS na LC 87/96
17.5 Não cumulatividade e seletividade
    17.5.1 Substituição tributária
    17.5.2 Créditos de ICMS
17.6 Isenção ou não incidência: vedação de crédito
17.7 Base de cálculo
    17.7.1 IPI na base de cálculo do ICMS
    17.7.2 ICMS "por dentro"
    17.7.3 Descontos incondicionais, juros e frete
17.8 Alíquotas
17.9 Não incidência
17.10 Autonomia dos estabelecimentos
17.11 Valor agregado e a teoria constitucional abrangente – a redução da base de cálculo
17.12 Guerra fiscal
17.13 ICMS e as construtoras
17.14 Questionário

17.1 INTRODUÇÃO

O imposto sobre operações relativas à circulação de mercadorias e sobre prestação de serviços de transporte interestadual e intermunicipal e de comunicação – ICMS, é

Cap. 17 • (ICMS) Imposto sobre operações relativas à circulação de mercadorias e sobre prestação de serviços **323**

exaustivamente tratado pela Constituição Federal de 1988 (CF/88), que outorga competências materiais distintas à Lei Complementar (LC) e à Lei Ordinária (LO).

A LC é de origem federal (elaboradas pelo Congresso Nacional), com destinação nacional (aplicável a todos os Estados e ao Distrito Federal).[1]

E a LO dos Estados regula as operações que se contém dentro de seu território, além das que se iniciam no Estado e desembocam em outros Estados, e vice-versa, devendo observar não só a CF, como, também, não pode ir além do que a LC estabelece.

Lei complementar que tem campo especial de atuação, nos termos do art. 155, § 2º, II, da CF/88 (<www.planalto.gov.br>. Acesso em: 08-12-2016).

> XII – cabe à lei complementar:
>
> a) definir seus contribuintes;
>
> b) dispor sobre substituição tributária;
>
> c) disciplinar o regime de compensação do imposto;
>
> d) fixar, para efeito de sua cobrança e definição do estabelecimento responsável, o local das operações relativas à circulação de mercadorias e das prestações de serviços;
>
> e) excluir da incidência do imposto, nas exportações para o exterior, serviços e outros produtos além dos mencionados no inciso X, "a";
>
> f) prever casos de manutenção de crédito, relativamente à remessa para outro Estado e exportação para o exterior, de serviços e de mercadorias;
>
> g) regular a forma como, mediante deliberação dos Estados e do Distrito Federal, isenções, incentivos e benefícios fiscais serão concedidos e revogados;
>
> h) definir os combustíveis e lubrificantes sobre os quais o imposto incidirá uma única vez, qualquer que seja a sua finalidade, hipótese em que não se aplicará o disposto no inciso X, *b*; (*Incluída pela Emenda Constitucional n º 33, de 2001*)
>
> i) fixar a base de cálculo, de modo que o montante do imposto a integre, também na importação do exterior de bem, mercadoria ou serviço. (Incluída pela Emenda Constitucional nº 33, de 2001)

Assim, apesar de o ICMS ser de competência estadual, possui características nacionais (Min. Ricardo Lewandowwski, voto na ADI-MC 4.565/PI), tendo em vista que questões importantes são resolvidas ou diretamente pela LC, ou de comum acordo entre os Estados (Convênios, Ajustes), ou, ainda, pela Resolução do Senado Federal na fixação de alíquotas.

Em face da extensão da matéria, tanto na CF/88, quanto na LC nº 87/96 (vigente com alterações posteriores), passamos a examinar tão somente os aspectos básicos do ICMS.

17.2 REGRA-MATRIZ CONSTITUCIONAL

A Constituição da República de 1988 assim dispõe acerca do ICMS:

> Art. 155. Compete aos Estados e ao Distrito Federal instituir imposto sobre: II – operações relativas à circulação de mercadorias e sobre prestações de serviços de transporte interestadual e intermunicipal e de comunicação, ainda que as operações e as prestações se iniciem no exterior.

---

[1] Quando citamos os Estados, considera-se incluído o Distrito Federal.

§ 2º O imposto previsto no inciso II atenderá ao seguinte: (Redação dada pela EC 3/1993)

IX – incidirá também:

a) Sobre a entrada de bem ou mercadoria importados do exterior por pessoa física ou jurídica, ainda que não seja contribuinte habitual do imposto, qualquer que seja a sua finalidade, assim como sobre o serviço prestado no exterior, cabendo o imposto ao Estado onde estiver situado o domicílio ou estabelecimento do destinatário da mercadoria, bem ou serviço; (*Redação dada pela EC nº 33/2001*)

b) sobre operações que destinem a outros Estados petróleo, inclusive lubrificantes, combustíveis líquidos e gasosos dele derivados, e energia elétrica;

c) sobre o ouro, nas hipóteses definidas no art. 153, § 5º;

d) nas prestações de serviço de comunicação nas modalidades de radiodifusão sonora e de sons e imagens de recepção livre e gratuita; (*Incluído pela EC nº 42/2003*)

Logo se vê que são tributadas as "operações" de circulação de mercadorias, desde a fonte de produção até chegar às mãos do consumidor final. Que tipo? Quais?

São três, a saber:

1. operações relativas à circulação de mercadorias, ainda que se iniciem no exterior;
2. prestações de serviços de transporte interestadual e intermunicipal, ainda que se iniciem no exterior;
3. prestações de serviços de comunicações, ainda que se iniciem no exterior;
4. situações definidas nas letras "a", "b", "c" e "d" do inciso IX do § 2º.

Esses são os aspectos materiais do ICMS, com base nos quais à Lei Complementar define fatos geradores, bases de cálculo e contribuintes, autorizada pelos arts. 146, III, "a", e 155, XII, CF/88.

Atualmente, a LC é a de nº 87/96 (com alterações posteriores).

Verifiquemos rapidamente os aspectos centrais de cada uma dessas operações.

17.2.1 Operações relativas à circulação de mercadorias

A hipótese de incidência do ICMS tem como aspecto material fato decorrente da iniciativa do contribuinte, que implique movimentação física, ficta ou econômica, de bens identificados como mercadorias, da fonte de produção até o consumo, sendo:

a. com movimentação de mercadoria e de titularidade (ato jurídico, em que há o deslocamento físico da mercadoria: compra e venda, troca, doação etc.);

b. com movimentação de mercadoria, mas sem movimentação de titularidade (transferências entre estabelecimentos do mesmo titular);

c. sem movimentação de mercadoria e com movimentação de titularidade (ato jurídico de transferência da propriedade, em que a mercadoria permanece no mesmo lugar).

Essas três modalidades de operações têm sido eleitas pelo Prof. Hamilton Dias de Souza (em estudo apresentado em Simpósio coordenado pelo Prof. Ives Gandra da Silva Martins), para examinar em quais delas haveria a ocorrência do fato gerador.

Cap. 17 • (ICMS) Imposto sobre operações relativas à circulação de mercadorias e sobre prestação de serviços **325**

Quanto às operações "que se iniciem no exterior", a CF as incluem no campo de incidência do ICMS, o que poderia levantar dúvida, na medida em que o espaço territorial do ICMS do Estado de São Paulo, por exemplo, é o contido dentro desse Estado, ou seja, o fato gerador deve ocorrer dentro dos limites do território do Estado, ou a mercadoria nele desembocar.

Todavia, é a Constituição que delimita o campo de incidência, pelo que não há que se falar em extraterritorialidade. Isto porque, no momento em que a mercadoria é desembaraçada em Santos (ou outro ponto qualquer do território do Estado), é ela nacionalizada, e o fato gerador é caracterizado no momento "do desembaraço aduaneiro das mercadorias importadas do exterior" – tal como diz o inciso IX do art. 12 da LC nº 87/96.

Em sendo assim, o fato gerador da operação que vai do país exportador para o território do Estado de São Paulo ocorrerá quando a mercadoria é aqui (território aduaneiro) desembaraçada, recolhendo-se o ICMS devido, e, se o importador, em operação sequencial, destinar essa mercadoria a comércio, a saída configurará fato gerador do imposto, tendo direito ao crédito do ICMS recolhido por ocasião do desembaraço, em face do princípio da não cumulatividade.

17.2.2 Serviços de transporte interestadual e intermunicipal

Aspecto importante para compreensão dessa disposição é o conceito de "serviço".

Serviço envolve dualidade de pessoas. A rigor, pode até haver serviço "para si próprio": um pintor que pinta sua casa; uma indústria que, por seus empregados, efetua serviços de manutenção interna. Nesse caso, porém, o termo *serviço* é utilizado em seu sentido comum, não como termo técnico tributário, pois não consiste em fato gerador do ICMS. Por isso, a Constituição poderia até dizer que o serviço prestado para si próprio está sujeito a este ou àquele imposto. Mas não diz.

Logo, "serviço", para fins tributários, envolve dualidade de pessoas: o prestador do serviço e o tomador do serviço.[2]

Outro aspecto importante: são alcançados os serviços de transporte interestadual (entre dois municípios de Estados diferentes) e intermunicipal (entre dois municípios do mesmo Estado). Portanto, não compõe a materialidade do ICMS os serviços de transportes que se contêm nos limites do território do município (transporte inframunicipal), sujeitos ao ISS – desde que previstos tanto na Lista de Serviços da LC quanto na LO do Município.

Contudo, se a contribuinte **X** firma um contrato de transporte do município **A** ao município **D**, pouco importa que tenha havido baldeação no Município **B** e/ou **C**, para troca do meio de transporte, pois nessa hipótese considera-se o transporte como um todo, sujeito ao ICMS, a não ser que haja algum aspecto peculiar a modificar o critério de incidência tributária.

---

[2] Maiores detalhes sobre a análise conceitual de "serviços" são fornecidos no capítulo do ISS.

17.2.3 Serviços de comunicação

Duas disposições básicas na CF/88 tratam do serviço de comunicação, a saber:

Art. 155. Compete aos Estados e ao Distrito Federal instituir o ICMS sobre:

II – prestação de serviços de comunicação, ainda que as prestações se iniciem no exterior;

Art. 155, § 2º, em que o ICMS:

X – não incidirá:

d) nas prestações de serviços de comunicação nas modalidades de radiodifusão sonora e de sons e imagens de recepção livre e gratuita. (*Alínea acrescentada pela EC nº 42, de 2003*)

Note-se que o inciso II refere a prestação de serviço de comunicação, sem distinguir, o que significa dizer que, em princípio, a incidência do ICMS abrange todo e qualquer serviço de comunicação.

Entretanto, a CF completa na letra "d" do inciso X do § 2º, para dizer que, entre as várias modalidades de serviços de comunicação, as modalidades de radiodifusão sonora e de sons e imagens de recepção livre e gratuita, são excluídas da tributação, sendo que, para tal não incidência do ICMS, a "recepção livre" e "gratuidade" do serviço são pressupostos indispensáveis.

A definição, ou o conceito, de tais termos técnicos utilizados pela Constituição deve ser buscada nela própria, na lei complementar ou na legislação ordinária da pessoa política competente, de conformidade com o que a Constituição dispõe.

E a CF/88 estabelece relativamente à comunicação:

Art. 21. Compete à União:

XI – explorar, diretamente ou mediante autorização, concessão ou permissão, os serviços de telecomunicações, nos termos da lei, que disporá sobre a organização dos serviços, a criação de um órgão regulador e outros aspectos institucionais; (*Redação dada pela EC nº 8, de 1995*)

XII – explorar, diretamente ou mediante autorização, concessão ou permissão:

a) os serviços de radiodifusão sonora e de sons e imagens; (Redação dada pela EC nº 8, de 1995)

As Leis nos 9.295/96 e 9.472/97 tratam da *organização dos serviços de telecomunicações*, e esta última dá as seguintes *definições*:

LIVRO III – DA ORGANIZAÇÃO DOS SERVIÇOS DE TELECOMUNICAÇÕES
TÍTULO I – DISPOSIÇÕES GERAIS
Capítulo I – Das Definições

Art. 60. Serviço de telecomunicações é o conjunto de atividades que possibilita a oferta de telecomunicações.

§ 1º Telecomunicação é a transmissão, emissão ou recepção, por fio, radioeletricidade, meios ópticos ou qualquer outro processo eletromagnético, de símbolos, caracteres, sinais, escritos, imagens, sons ou informações de qualquer natureza.

§ 2º Estação de telecomunicações é o conjunto de equipamentos ou aparelhos, dispositivos e demais meios necessários à realização de telecomunicação, seus acessórios e periféricos, e, quando for o caso, as instalações que os obrigam e complementam, inclusive terminais portáteis.

Cap. 17 • (ICMS) Imposto sobre operações relativas à circulação de mercadorias e sobre prestação de serviços **327**

Art. 61. Serviço de valor adicionado é a atividade que acrescenta, a um serviço de telecomunicações que lhe dá suporte e com o qual não se confunde, novas utilidades relacionadas ao acesso, armazenamento, apresentação, movimentação ou recuperação de informações.

§ 1º Serviço de valor adicionado não constitui serviço de telecomunicações, classificando-se seu provedor como usuário do serviço de telecomunicações que lhe dá suporte, com os direitos e deveres inerentes a essa condição.

§ 2º É assegurado aos interessados o uso das redes de serviços de telecomunicações para prestação de serviços de valor adicionado, cabendo à Agência, para assegurar esse direito, regular os condicionamentos, assim como o relacionamento entre aqueles e as prestadoras de serviço de telecomunicação.

Parece, portanto, que o "serviço de valor adicionado", por não constituir serviço de telecomunicações, está fora do campo de incidência do ICMS.

Quanto ao ISS, a *Lista de Serviços* anexa à Lei Complementar nº 116, de 2003, dispõe:

1 – Serviços de informática e congêneres:

1.07 – Suporte técnico em informática, inclusive instalação, configuração e manutenção de programas de computação e bancos de dados.

1.08 – Planejamento, confecção, manutenção e atualização de páginas eletrônicas.

O saudoso Ministro Domingos Franciulli Netto, do STJ, em artigo doutrinário, ofertou o seguinte entendimento:[3]

"Diante do exposto, verifica-se que o serviço prestado pelo provedor de acesso à Internet não se caracteriza como serviço de comunicação prestado onerosamente (art. 2º, III, da LC nº 87/96), de forma a incidir o ICMS, porque não fornece as condições e meios para que a comunicação ocorra, sendo um simples usuário dos serviços prestados pelas empresas de telecomunicações.

Não cuida, tampouco, de serviço de telecomunicação, porque não necessita de autorização, permissão ou concessão da União, conforme determina o artigo 21, inciso XI, da Constituição Federal.

Trata-se de mero serviço de valor adicionado, porquanto o prestador utiliza a rede de telecomunicações que lhe dá suporte para viabilizar o acesso do usuário final à Internet, por meio de uma linha telefônica.

Com efeito, os provedores de acesso à Internet atuam como intermediários entre o usuário final e a Internet. Utilizam-se, nesse sentido, de uma infraestrutura de telecomunicações preexistentes, acrescentando ao usuário novas utilidades relacionadas ao acesso, armazenamento, apresentação, movimentação ou recuperação de informações (artigo 61 da Lei Geral de Telecomunicações)."

Da jurisprudência, colhemos:

1 – AgR no ARE 770102/PE, STF, 1ª Turma, Dias Toffoli, 4-11-2014, DJe-021 public. 2-2-2015 – Ementa:

"Agravo regimental no recurso extraordinário com agravo. ICMS. Serviço de comunicação. Telefonia celular. Habilitação. Atividades-meio. Não incidência.

1. No RE nº 572.020/DF, Tribunal Pleno, Relator para o acórdão o Ministro Luiz Fux, DJe de 13/10/14, a Corte firmou o entendimento de que os serviços preparatórios dos serviços de comunicação, tais como assinatura, instalação, habilitação de aparelhos celulares etc. configuram atividade-

---

[3] FRANCIULLI NETTO, Domingos. ICMS sobre operações eletrônicas (provedores de acesso à Internet). *Revista Fórum de Direito Tributário*, v. 10, p. 9-20, jul./ago. 2004.

328 Direito Tributário • *Cassone*

-meio, a qual não se confunde com o serviço de comunicação propriamente dito, sendo, portanto, incabível a incidência de ICMS no caso em tela.

2. Agravo regimental não provido."

2 – ADI-MC 561/DF, STF, Pleno, Celso de Mello, maioria, 23-8-1995, *DJU* 23-3-2001, p. 84 – transcrição parcial da ementa:

"RECEPÇÃO DA LEI Nº 4.117/62 PELA NOVA ORDEM CONSTITUCIONAL – PRESERVAÇÃO DO CONCEITO TÉCNICO-JURÍDICO DE TELECOMUNICAÇÕES. – A Lei nº 4.117/62, em seus aspectos básicos e essenciais, foi recebida pela Constituição promulgada em 1988, subsistindo vigentes, em consequência, as próprias formulações conceituais nela enunciadas, concernentes às diversas modalidades de serviços de telecomunicações. A noção conceitual de telecomunicações – não obstante os sensíveis progressos de ordem tecnológica registrados nesse setor constitucionalmente monopolizado pela União Federal – ainda subsiste com o mesmo perfil e idêntico conteúdo, abrangendo, em consequência, todos os processos, formas e sistemas que possibilitam a transmissão, emissão ou recepção de símbolos, caracteres, sinais, escritos, imagens, sons e informações de qualquer natureza. O conceito técnico-jurídico de serviços de telecomunicações não se alterou com o advento da nova ordem constitucional. Consequentemente – e à semelhança do que já ocorrera com o texto constitucional de 1967 – a vigente Carta Política recebeu, em seus aspectos essenciais, o Código Brasileiro de Telecomunicações, que, embora editado em 1962, sob a égide da Constituição de 1946, ainda configura o estatuto jurídico básico disciplinador dos serviços de telecomunicações. Trata-se de diploma legislativo que dispõe sobre as diversas modalidades dos serviços de telecomunicações. O Decreto n. 177/91, que dispõe sobre os Serviços Limitados de Telecomunicações, constitui ato revestido de caráter secundário, posto que editado com o objetivo específico de regulamentar o Código Brasileiro de Telecomunicações.

TELECOMUNICAÇÕES – COMPETÊNCIA DO CONGRESSO NACIONAL – PODER REGULAMENTAR DO PRESIDENTE DA REPÚBLICA. – A competência institucional do Congresso Nacional para dispor, em sede legislativa, sobre telecomunicações não afasta, não inibe e nem impede o Presidente da República de exercer, também nessa matéria, observadas as limitações hierárquico-normativas impostas pela supremacia da lei, o poder regulamentar que lhe foi originariamente atribuído pela própria Constituição Federal (CF, art. 84, IV, *in fine*)."

3. Súmula do STJ:

334. O ICMS não incide no serviço dos provedores de acesso à Internet.

4. AgRg no RMS 33.743/GO, STJ, 2ª Turma, Herman Benjamin, unânime, 10-5-2011, *DJe* de 16-5-2011:

"TRIBUTÁRIO. ICMS. SERVIÇOS DE TELECOMUNICAÇÃO. INADIMPLÊNCIA DO USUÁRIO. INCIDÊNCIA. EXIGIBILIDADE DO TRIBUTO.

1. A inadimplência do usuário não afasta a incidência ou a exigibilidade do ICMS sobre serviços de telecomunicações. Precedentes do STJ.

2. Agravo Regimental não provido."

17.2.4 Importação – sujeito ativo

Saber quem é o sujeito ativo na importação tem gerados interessantes debates, e a solução está em bem interpretar a Constituição, competindo ao STF decidir soberanamente.

Cap. 17 • (ICMS) Imposto sobre operações relativas à circulação de mercadorias e sobre prestação de serviços **329**

Coerentemente, decidiu a 2ª Turma do STF no AgR no RE 555.654/MG, Ayres Britto, unânime, 8-11-2022, *DJe*-238 de 16-12-2011:

> "AGRAVO REGIMENTAL EM RECURSO EXTRAORDINÁRIO. TRIBUTÁRIO. ICMS. IMPORTAÇÃO. SUJEITO ATIVO. ESTABELECIMENTO JURÍDICO DO IMPORTADOR. PRECEDENTES. 'IMPORTAÇÃO INDIRETA'. SÚMULA 279/STF.
>
> 1. A jurisprudência do Supremo Tribunal Federal é firme no sentido de que o sujeito ativo da relação jurídico-tributária do ICMS é o Estado onde estiver situado o domicílio ou o estabelecimento do destinatário jurídico da mercadoria (alínea "a" do inciso IX do § 2º do art. 155 da Magna Carta de 1988), pouco importando se o desembaraço aduaneiro ocorreu por meio de ente federativo diverso.
>
> 2. Incidência da Súmula 279/STF.
>
> 3. Agravo regimental desprovido."

Entretanto, os casos práticos são os mais diversos possíveis, e a "Notícia STF" de 24-2-2012, do serviço "Imprensa" do <www.stf.jus.br> é bastante esclarecedor:

Notícias STF

Sexta-feira, 24 de fevereiro de 2012

Legitimidade ativa para a cobrança de ICMS sobre importação tem repercussão geral

O Supremo Tribunal Federal (STF) reconheceu, por meio de análise do Plenário Virtual, a repercussão geral da questão tratada no Recurso Extraordinário com Agravo (ARE 665134) interposto por empresa da área química contra o Estado de Minas Gerais, em que se discute qual deve ser o sujeito ativo do Imposto sobre Circulação de Mercadorias (ICMS) incidente em operação de importação de matéria-prima que será industrializada por estabelecimento localizado em um Estado (no caso, Minas Gerais), mas com desembaraço aduaneiro por estabelecimento sediado em outro (no caso, São Paulo), que é o destinatário do produto acabado para posterior comercialização.

O ARE foi interposto contra acórdão do Tribunal de Justiça de Minas Gerais (TJ-MG), que manteve a validade da execução fiscal efetivada pelo Estado de Minas Gerais por entender que o produto importado estava previamente destinado à unidade fabril mineira (localizada em Uberaba). Para o TJ-MG, a operação configurou "importação indireta", sendo a filial da empresa localizada no município de Igarapava (SP) "mera intermediadora" da importação com o objetivo de "escamotear" a real destinatária final da mercadoria.

No ARE, a empresa sustenta que o Estado de São Paulo é o correto sujeito ativo do tributo. Afirma que fabrica e vende defensivos agrícolas para todo o país e a industrialização desses produtos resulta de "complexo processo industrial", que envolve suas filiais de Igarapava (SP) e Uberaba (MG), e depende da importação de matéria-prima. "Como se pode notar, o Estado de Minas Gerais entendeu equivocadamente que a importação foi efetuada ali – motivo pelo qual está exigindo da embargante o débito de ICMS consubstanciado na CDA anteriormente mencionada – quando, na verdade, as mercadorias importadas são enviadas a esse estado somente para fins de industrialização por encomenda, retornando em seguida".

Relator do ARE, o ministro Joaquim Barbosa inicialmente afastou o obstáculo apontado pelo TJ-MG para não permitir o seguimento do recurso extraordinário. "As violações constitucionais argumentadas pelo recorrente são diretas, pois o parâmetro imediato para controle do lançamento são as regras que estabelecem a competência para tributar as operações de importação", afirmou. Em seguida, o relator cita os precedentes em que o STF interpretou o art. 155, § 2º, inciso IX, da Constituição Federal para confirmar que o sujeito ativo do ICMS incidente sobre a importação de mercadorias é o Estado da Federação em que estiver localizado o destinatário final da operação.

"Porém, as autoridades fiscais e os Tribunais têm interpretado cada qual a seu modo o que significa 'destinatário final'. Ora rotulam-no como destinatário econômico, ora partem da concepção de

330 Direito Tributário • *Cassone*

destinatário jurídico", afirmou o ministro Joaquim Barbosa. O relator ressaltou que há uma série de modalidades legítimas de importação, com reflexos importantes para a definição do sujeito ativo do tributo. "Para ilustrar, lembro que os contratos de importação por conta e ordem de terceiros e por encomenda projetam elementos imprescindíveis para caracterização do quadro fático-jurídico, de modo a caracterizar o importador como destinatário final ou como mero intermediário na operação. Ambas as espécies de contrato são admitidas pela legislação tributária, especialmente a federal", afirmou.

O relator acrescentou que a entrada física da mercadoria no estabelecimento é outro dado cuja importância ainda necessita de "análise mais aprofundada" nesta Corte. "Neste caso ora em apreciação, o recorrente afirma expressamente que a mercadoria ingressou fisicamente no estabelecimento de São Paulo. Esse ponto pode ou não ser relevante, conforme se considere constitucionalmente válida a entrada ficta, utilizada pela legislação tributária. Diante da diversidade de entendimentos conflitantes, suficientes para desestabilizar a necessária segurança jurídica que deve orientar as relações entre Fisco e contribuintes, considero que o tema merece ser discutido em profundidade por esta Suprema Corte", finalizou o relator.

17.3 ASPECTOS QUE CARACTERIZAM O FATO GERADOR DO ICMS

Os aspectos básicos que caracterizam o fato gerador do ICMS são extraídos da regra-matriz disposta na CF/88: ato jurídico consistente na transmissão da propriedade, mercadoria, habitualidade.

Essa é a regra geral.

Entretanto, há hipóteses em que o fato gerador ocorre mesmo sem a presença de alguns desses aspectos: na importação de bens do exterior por pessoa física ou jurídica, em que não se registra a "habitualidade", tampouco o fito comercial, e que são exceções àquela regra geral.

Ato jurídico. O ato jurídico, que deriva de "operações relativas à circulação de mercadorias etc.", significa que, para que se caracterize o fato gerador do ICMS, deve ocorrer a **transmissão da propriedade** (da mercadoria), e não simples transferência, tendo o STJ editado a seguinte Súmula (*DJU* 23-8-2006, p. 29382):

> 166. Não constitui fato gerador do ICMS o simples deslocamento de mercadoria de um para outro estabelecimento do mesmo contribuinte.
>
> (NOTA: A LC 87/96, art. 3º, VI, dispõe sobre a não incidência.)

Mercadoria. As coisas móveis, objeto de circulação comercial, são chamadas *mercadorias*. E há outras coisas móveis que não são consideradas mercadorias para fins de tributação.

A respeito dessa temática, o STF, pelo voto do Min. Cunha Peixoto, já teve oportunidade de se manifestar, adotando conceitos de Carvalho de Mendonça e Fran Martins: a coisa, enquanto se acha na disponibilidade do industrial, que a produz, chama-se produto manufaturado ou artefato; passa a ser mercadoria logo que é objeto de comércio do produtor ou do comerciante por grosso ou a retalho, que a adquire para revender a outro comerciante ou a consumidor; deixa de ser mercadoria logo que sai da circulação e se acha em poder do consumidor (RE 79.951-SP, *RTJ* 78/215).

Esses conceitos, antigos, continuam plenamente válidos perante a CF/88, porquanto, na saída de produto industrializado de um estabelecimento produtivo, para o IPI é

Cap. 17 • (ICMS) Imposto sobre operações relativas à circulação de mercadorias e sobre prestação de serviços **331**

"produto industrializado"; para o ICMS é "mercadorias" – isso de conformidade com os campos de competência outorgados pela CF/88 à União e aos Estados, respectivamente.

Habitualidade. Embora o seu conceito pode ser extraído da CF, é a *habitualidade* explicitada pela Lei Complementar 87, de 1996, vigente com alterações posteriores (<www.planalto.gov.br> acesso em: 25-2-2012):

> Art. 4º Contribuinte é qualquer pessoa, física ou jurídica, que realize, com **habitualidade** ou em volume que caracterize intuito comercial, operações de circulação de mercadoria ou prestações de serviços de transporte interestadual e intermunicipal e de comunicação, ainda que as operações e as prestações se iniciem no exterior.
>
> Parágrafo único. É também contribuinte a pessoa física ou jurídica que, mesmo sem habitualidade ou intuito comercial: (*Redação dada pela LCP nº 114, de 16-12-2002*)
>
> I – importe mercadorias ou bens do exterior, qualquer que seja a sua finalidade; (*Redação dada pela LCP nº 114, de 16-12-2002*)
>
> II – seja destinatária de serviço prestado no exterior ou cuja prestação se tenha iniciado no exterior;
>
> III – adquira em licitação mercadorias ou bens apreendidos ou abandonados; (*Redação dada pela LCP nº 114, de 16-12-2002*)
>
> IV – adquira lubrificantes e combustíveis líquidos e gasosos derivados de petróleo e energia elétrica oriundos de outro Estado, quando não destinados à comercialização ou à industrialização. (*Redação dada pela LCP nº 102, de 11-7-2000*)

Decidiu a 2ª Turma do STF no AgR no AI 177.698/SP, Marco Aurélio, unânime, 12-3-1996, *DJU* de26-4-1996, p. 13131 – transcrição parcial da ementa:

> "IMPOSTO SOBRE OPERAÇÕES RELATIVAS A CIRCULAÇÃO DE MERCADORIAS E SOBRE PRESTAÇÕES DE SERVIÇOS DE TRANSPORTE INTERESTADUAL E INTERMUNICIPAL E DE COMUNICAÇÃO – ATIVO FIXO – ALIENAÇÃO DE BEM.
>
> Longe fica de implicar violência a alinea 'b' do inciso I do art. 155 da Constituição Federal acórdão que haja resultado no afastamento da legitimidade da cobrança do imposto sobre operações relativas a circulação de mercadorias e sobre prestações de serviços de transporte interestadual e intermunicipal e de comunicação relativamente a operação que não se qualifique como de circulação de mercadoria como é a alusiva a **alienação esporádica** e motivada pelas circunstâncias reinantes de bem integrado ao **ativo fixo** da empresa."

A habitualidade, como regra geral, comporta exceção, consoante decidiu à unanimidade o Pleno do STF em 6.11.2013 no RE 439.796, Rel. Min. Joaquim Barbosa – ementa:

> "CONSTITUCIONAL. TRIBUTÁRIO. IMPOSTO SOBRE CIRCULAÇÃO DE MERCADORIAS E SERVIÇOS. ICMS. IMPORTAÇÃO. PESSOA QUE NÃO SE DEDICA AO COMÉRCIO OU À PRESTAÇÃO DE SERVIÇOS DE COMUNICAÇÃO OU DE TRANSPORTE INTERESTADUAL OU INTERMUNICIPAL. 'NÃO CONTRIBUINTE'. VIGÊNCIA DA EMENDA CONSTITUCIONAL 33/2002. POSSIBILIDADE. REQUISITO DE VALIDADE. FLUXO DE POSITIVAÇÃO. EXERCÍCIO DA COMPETÊNCIA TRIBUTÁRIA. CRITÉRIOS PARA AFERIÇÃO.
>
> 1. Há competência constitucional para estender a incidência do ICMS à operação de importação de bem destinado a pessoa que não se dedica habitualmente ao comércio ou à prestação de serviços, após a vigência da EC 33/2001.
>
> 2. A incidência do ICMS sobre operação de importação de bem não viola, em princípio, a regra da vedação à cumulatividade (art. 155, § 2º, I da Constituição), pois se não houver acumulação da carga tributária, nada haveria a ser compensado.

332   Direito Tributário • *Cassone*

3. Divergência entre as expressões "bem" e "mercadoria" (arts. 155, II e 155, § 2º, IX, *a*, da Constituição). É constitucional a tributação das operações de circulação jurídica de bens amparadas pela importação. A operação de importação não descaracteriza, tão somente por si, a classificação do bem importado como mercadoria. Em sentido semelhante, a circunstância de o destinatário do bem não ser contribuinte habitual do tributo também não afeta a caracterização da operação de circulação de mercadoria. Ademais, a exoneração das operações de importação pode desequilibrar as relações pertinentes às operações internas com o mesmo tipo de bem, de modo a afetar os princípios da isonomia e da livre concorrência.

CONDIÇÕES CONSTITUCIONAIS PARA TRIBUTAÇÃO

4. Existência e suficiência de legislação infraconstitucional para instituição do tributo (violação dos arts. 146, II e 155, XII, § 2º, *i*, da Constituição). A validade da constituição do crédito tributário depende da existência de lei complementar de normas gerais (LC 114/2002) e de legislação local resultantes do exercício da competência tributária, contemporâneas à ocorrência do fato jurídico que se pretenda tributar.

5. Modificações da legislação federal ou local anteriores à EC 33/2001 não foram convalidadas, na medida em que inexistente o fenômeno da 'constitucionalização superveniente' no sistema jurídico brasileiro. A ampliação da hipótese de incidência, da base de cálculo e da sujeição passiva da regra-matriz de incidência tributária realizada por lei anterior à EC 33/2001 e à LC 114/2002 não serve de fundamento de validade à tributação das operações de importação realizadas por empresas que não sejam comerciais ou prestadoras de serviços de comunicação ou de transporte intermunicipal ou interestadual.

6. A tributação somente será admissível se também respeitadas as regras da anterioridade e da anterioridade, cuja observância se afere com base em cada legislação local que tenha modificado adequadamente a regra-matriz e que seja posterior à LC 114/2002.

Recurso extraordinário interposto pelo Estado do Rio Grande do Sul conhecido e ao qual se nega provimento. Recurso extraordinário interposto por FF. Claudino ao qual se dá provimento."

Transferência. Nas transferências de **bens de uso ou consumo**, ou de mercadorias, não incide o ICMS, por não representar um ato jurídico, uma transferência da propriedade, e o STJ editou a Súmula 166, e no AgR no ARE 746349/RS, a 2ª Turma do STF, Teori Zavascki, unânime, 16-9-2014, *DJe*-191 public. 1º-10-2014, decidiu:

"1. A jurisprudência do Supremo Tribunal Federal é firme no sentido de que o mero deslocamento de mercadorias entre estabelecimentos de um mesmo contribuinte, ainda que localizados em unidades distintas da Federação, não constitui fato gerador do ICMS."

É a jurisprudência que, obviamente, prevalece, embora se tenha entendido que, em face do disposto no art. 155, item II e § 2º, item X, letra "b", da CF/88, nas **transferências interestaduais**, Estados/Municípios em que ocorre a saída da mercadoria teriam o poder de tributar.

Fora do campo de incidência significa "não incidência em nível constitucional", situação diferente das "não incidências em nível infraconstitucional".[4]

Exemplo: AgR no RE 267.599/MG, STF, 1ª Turma, Ellen Gracie, unânime, 24-11-2009, *DJe*-232 de 11-12-2009 – ementa:

---

[4]   A distinções dos institutos da incidência, não incidência, imunidade, isenção e alíquota zero, e tantos outros aspectos interpretativos, são muito importantes para a compreensão do Direito Tributário, motivo pelo qual dedicamos um inteiro livro à matéria, intitulado *Interpretação no Direito Tributário* (Atlas, 2004), e um segundo volume no prelo (*Sistema Tributário Nacional Interpretado pelo STF* – Atlas, 2013).

Cap. 17 • (ICMS) Imposto sobre operações relativas à circulação de mercadorias e sobre prestação de serviços **333**

"CONSTITUCIONAL E TRIBUTÁRIO. AGRAVO REGIMENTAL EM RECURSO EXTRAORDINÁ-RIO. DESLOCAMENTO DE MERCADORIAS. ESTABELECIMENTOS DO MESMO TITULAR. NÃO IN-CIDÊNCIA DE ICMS.

1. O Supremo Tribunal Federal fixou entendimento no sentido de que o simples deslocamento da mercadoria de um estabelecimento para outro da mesma empresa, sem a transferência de propriedade, não caracteriza a hipótese de incidência do ICMS. Precedentes.

2. Agravo regimental improvido."

Nota – Do Relatório, reproduzo apenas o item inicial:

"1. Trata-se de agravo regimental interposto pelo Estado de Minas Gerais da decisão (fl. 232) que deu provimento ao recurso extraordinário da Companhia Materiais Sulfurosos – MATSULFUR para restabelecer a sentença que deferiu a dispensa do pagamento de ICMS, quando a ora agravada efetuasse transferência de produtos acabados e semiacabados para outros estabelecimentos de sua propriedade situados no mesmo Estado ou em outros Estados da Federação."

Comodato. No empréstimo gratuito de coisas infungíveis – por exemplo, máquinas –, também não se caracteriza o fato gerador do ICMS, a teor da Súmula nº 573 do STF:

573. Não constitui fato gerador do ICM a saída física de máquinas, utensílios e implementos a título de comodato.

O Supremo Tribunal Federal, no RE 158.834-9-SP (Pleno, relator Min. Sepúlveda Pertence, redator para o acórdão Min. Marco Aurélio, maioria, 23-10-2002 – *DJU* 5-9-2003), examinou a materialidade do ICMS (a essência do fato gerador) em questão que envolveu a produção do bem, sua integração no ativo fixo da mesma empresa e em seguida posto em locação.

A questão foi examinada em face do Convênio ICMS 66/88 (cuja disposição foi reproduzida pela Lei nº 6.374/89 do Estado de São Paulo), do Decreto-lei nº 406/68, do CTN, da CF 67/69 e da CF/88.

O aspecto principal a realçar é que foram debatidos aspectos concernentes ao fato gerador do ICM (e ICMS), e que se trata de *leading case*, conforme anotado pelo Ministro Marco Aurélio.

O Ministro Marco Aurélio, em extensas considerações, condicionou a ocorrência do fato gerador a uma **circulação jurídica** (ato, fato ou negócio jurídico), ou seja, à *transferência da propriedade*, e não ao simples deslocamento físico da mercadoria (este ocorre na transferência entre estabelecimentos da mesma empresa).

Importante notar também que, embora vencidos parcialmente nada menos do que cinco Ministros (Sepúlveda Pertence, Francisco Rezek, Ilmar Galvão, Sydney Sanches e Néri da Silveira), e embora atualmente a composição da Corte Constitucional está renovada na sua maioria, acreditamos que tal decisão será mantida, pelos seus próprios fundamentos.

Eis a ementa de citado RE 158.834:

"ICMS – CONVÊNIO – ARTIGO 34, § 8º, DO ADCT – BALIZAS. Autorização prevista no § 8º do art. 34 do Ato das Disposições Constitucionais Transitórias da Carta de 1988 ficou restrita à tributação nova do então artigo 155, inciso I, alínea *b*, hoje art. 155, inciso II, da Constituição Federal.

ICMS – PRODUÇÃO – ATIVO FIXO – SAÍDA – FICÇÃO JURÍDICA. Mostram-se inconstitucionais textos de convênio e de lei local – Convênio nº 66/88 e Lei nº 6.374/89 do Estado de São Paulo – reveladores, no campo da ficção jurídica (saída), da integração, ao ativo fixo, do que produzido pelo próprio estabelecimento, como fato gerador do ICMS."

334 Direito Tributário • *Cassone*

Seguradoras. O STF editou a seguinte Súmula Vinculante:

> 32. O ICMS não incidirá sobre alienação de salvados de sinistros pelas seguradoras.

A SV 32 foi editada em face das decisões nas ADI-MC nº 1.390 e 1.332, RE 588.149 e ADI 1.648, e nesta última, a ementa elaborada pelo Min. Gilmar Mendes consigna:

> "3. A alienação de salvados configura atividade integrante das operações de seguros e não tem natureza de circulação de mercadorias para fins de incidência do ICMS."

17.4 INCIDÊNCIA DO ICMS NA LC Nº 87/96

A Lei complementar nº 87, de 1996, com alterações posteriores, aplicável aos Estados e ao Distrito Federal, traz o rol das incidências do ICMS (<www.planalto.gov.br> acesso em: 28-2-2012):

> Art. 2º O imposto incide sobre:
>
> I – operações relativas à circulação de mercadorias, inclusive o fornecimento de alimentação e bebidas em bares, restaurantes e estabelecimentos similares;
>
> II – prestações de serviços de transporte interestadual e intermunicipal, por qualquer via, de pessoas, bens, mercadorias ou valores;
>
> III – prestações onerosas de serviços de comunicação, por qualquer meio, inclusive a geração, a emissão, a recepção, a transmissão, a retransmissão, a repetição e a ampliação de comunicação de qualquer natureza;
>
> IV – fornecimento de mercadorias com prestação de serviços não compreendidos na competência tributária dos Municípios;
>
> V – fornecimento de mercadorias com prestação de serviços sujeitos ao imposto sobre serviços, de competência dos Municípios, quando a lei complementar aplicável expressamente o sujeitar à incidência do imposto estadual.
>
> § 1º O imposto incide também:
>
> I – sobre a entrada de mercadoria ou bem importados do exterior, por pessoa física ou jurídica, ainda que não seja contribuinte habitual do imposto, qualquer que seja a sua finalidade; (*Redação dada pela LCP nº 114, de 16-12-2002*)
>
> II – sobre o serviço prestado no exterior ou cuja prestação se tenha iniciado no exterior;
>
> III – sobre a entrada, no território do Estado destinatário, de petróleo, inclusive lubrificantes e combustíveis líquidos e gasosos dele derivados, e de energia elétrica, quando não destinados à comercialização ou à industrialização, decorrentes de operações interestaduais, cabendo o imposto ao Estado onde estiver localizado o adquirente.
>
> § 2º A caracterização do fato gerador independe da natureza jurídica da operação que o constitua.

Em relação a *conflitos de competências* entre o ICMS e o ISS em relação a certas mercadorias e serviços, estabelece a CF/88:

> Art. 146. Cabe à lei complementar:
>
> I – dispor sobre conflitos de competência, em matéria tributária, entre a União, os Estados, o Distrito Federal e os Municípios.

Cap. 17 • (ICMS) Imposto sobre operações relativas à circulação de mercadorias e sobre prestação de serviços **335**

Na realidade, não há que se falar, propriamente, em conflitos a serem resolvidos pela LC, na medida em que é a própria CF que delimita o campo de incidência do ICMS e do ISS, competindo aos Municípios instituir imposto sobre *"serviços de qualquer natureza, não compreendidos no art. 155, II, definidos em lei complementar"*.

Essa é a diretriz que deve ser seguida pela lei complementar.

Todavia, o legislador originário sabe que as leis em geral, e a Constituição da República com maior razão, não entram em minúcias, motivo pelo qual deixou para a Lei Complementar resolver conflitos de competência, que são mais propriamente "conflitos de interpretação", portanto, "conflitos aparentes".

Atualmente, a Lei Complementar nº 116, de 2003, resolve tais conflitos de competência, e estabelece regra básica no § 2º do art. 1º, nestes termos:

> Art. 1º O Imposto Sobre Serviços de Qualquer Natureza, de competência dos Municípios e do Distrito Federal, tem como fato gerador a prestação de serviços constantes da lista anexa, ainda que esses não se constituam como atividade preponderante do prestador.
>
> § 2º Ressalvadas as exceções expressas na lista anexa, os serviços nela mencionados não ficam sujeitos ao Imposto Sobre Operações relativas à Circulação de Mercadorias e Prestação de Serviços de Transporte Interestadual e Intermunicipal e de Comunicação – ICMS, ainda que sua prestação envolva fornecimento de mercadoria.

Na ADI-MC 4.389/DF, STF, Joaquim Barbosa, unânime, 13-4-2011, *DJe*-098 de 25-5-2011, decidiu o Plenário:

> "CONSTITUCIONAL. TRIBUTÁRIO. CONFLITO ENTRE IMPOSTO SOBRE SERVIÇOS DE QUALQUER NATUREZA E IMPOSTO SOBRE OPERAÇÃO DE CIRCULAÇÃO DE MERCADORIAS E DE SERVIÇOS DE COMUNICAÇÃO E DE TRANSPORTE INTERMUNICIPAL E INTERESTADUAL. PRODUÇÃO DE EMBALAGENS SOB ENCOMENDA PARA POSTERIOR INDUSTRIALIZAÇÃO (SERVIÇOS GRÁFICOS). AÇÃO DIRETA DE INCONSTITUCIONALIDADE AJUIZADA PARA DAR INTERPRETAÇÃO CONFORME AO ART. 1º, *CAPUT* E § 2º, DA LEI COMPLEMENTAR 116/2003 E O SUBITEM 13.05 DA LISTA DE SERVIÇOS ANEXA. FIXAÇÃO DA INCIDÊNCIA DO ICMS E NÃO DO ISS. MEDIDA CAUTELAR DEFERIDA.
>
> Até o julgamento final e com eficácia apenas para o futuro (*ex nunc*), concede-se medida cautelar para interpretar o art. 1º, *caput* e § 2º, da Lei Complementar nº 116/2003 e o subitem 13.05 da lista de serviços anexa, para reconhecer que o ISS não incide sobre operações de industrialização por encomenda de embalagens, destinadas à integração ou utilização direta em processo subseqüente de industrialização ou de circulação de mercadoria. Presentes os requisitos constitucionais e legais, incidirá o ICMS."
>
> **Nota 1** – O subitem 13.05 da Lista de Serviços anexa à LC 116/2003 tem a seguinte redação:
>
> 13.05 – **Composição gráfica**, fotocomposição, clicheria, zincografia, litografia, fotolitografia.
>
> **Nota 2** – Do voto-condutor do Ministro Joaquim Barbosa, transcrevemos os seguintes trechos:
>
> "Ao interpretar a legislação de regência à luz dos conceitos constitucionais de prestação de serviços e de circulação de mercadorias, esta Corte definiu que serviços gráficos feitos por encomenda e segundo especificações singulares se submeteriam ao ISS municipal (Cf. RE 94.939; RE 102.599; RE 111.566). Por outro lado, serviços gráficos dos quais resultassem produtos colocados indistintamente no comércio, dotados de características e qualidade quase uniformes, sofreriam a incidência do ICMS estadual.
>
> Como se percebe, a solução seguiu as mesmas razões de ser aplicadas aos programas de computador, divididos em logiciários de prateleira (*off the shelf software*) e logiciários personalizados (*customised software*) (Cf. RE 176.626).

336 Direito Tributário • *Cassone*

Penso que os mesmos fundamentos que animaram os precedentes apontados são aplicáveis ao caso, mas com a devida ponderação. Nesta etapa histórica, os conceitos civilistas de serviços e de mercadorias servem de ponto de partida, mas não são suficientes. O fato gerador deve ser interpretado de acordo com a expressão econômica da base de cálculo e com o contexto da cadeia produtiva. [...]

Contudo, conforme transparece nos julgados, a distinção entre a prestação de serviços e as operações de circulação de mercadorias é sutil. No RE 100.563 (*DJ* de 13-3-1984), a primeira Turma entendeu que o fornecimento de bebidas e alimentação por bares e restaurantes envolveria concomitantemente a venda de mercadorias (os alimentos preparados) e a prestação de serviços (utilização de mesa, toalha, guardanapo, gelo, trabalho de garçons, porteiro, cozinheiro etc.). A indivisibilidade da amálgama serviços-mercadoria não impedia, naquele caso, a diferenciação entre as expressões econômicas de ambas as atividades, devendo a lei estadual '*distinguir o preço dos serviços do preço das mercadorias*' como condição necessária à cobrança do imposto.

Ademais, a distinção tributária entre operações de circulação de mercadorias e prestação de serviços não pode sequer ser obtida a partir de fatos naturais. Basta lembrar o **fornecimento de água encanada:** trata-se de mineral perfeitamente tangível, de expressão econômica, mas cuja lavra, beneficiamento e distribuição são costumeiramente classificados como **prestação de serviços** (ADI 567-MC, *DJ* 4-10-1991).

Como observei em voto-vista proferido nos autos do RE 547.247, a evolução social, técnica e científica tende a tornar obsoletos conceitos há muito tidos como absolutos. Essas mudanças colocam desafios ao legislador e ao Judiciário, na medida em que exigem novos paradigmas para calibrar a carga tributária de acordo com a expressão econômica das atividades sem serem dissipadas ou exasperadas por puros formalismos (Questão que pode ser vista no RF 547.247 – EDcl, julgamento pendente, em que se discute a necessidade de lei complementar de normas gerais para identificar qual é a base de cálculo de tributo cujo fato gerador é composto ao mesmo tempo por serviços, atividade financeira e compra e venda).

Para o aparente conflito entre o ISS e o ICMS nos serviços gráficos, nenhuma qualidade intrínseca da produção de embalagens resolverá o impasse. A solução está no papel que essa atividade tem no ciclo produtivo. [...]

Assim, não há como equiparar a produção gráfica personalizada e encomendada para uso pontual, pessoal ou empresarial, e a produção personalizada e encomendada para fazer parte do complexo processo produtivo destinado a por bens em comércio."

17.5 NÃO CUMULATIVIDADE E SELETIVIDADE

A Lei complementar Estabelece a CF:

Art. 155, § 2º O imposto previsto no inciso II atenderá ao seguinte:

I – será não cumulativo, compensando-se o que for devido em cada operação relativa à circulação de mercadorias ou prestação de serviços com o montante cobrado nas anteriores pelo mesmo ou por outro Estado ou pelo Distrito Federal.

....

III – poderá ser seletivo, em função da essencialidade das mercadorias e dos serviços;

O aspecto central desse dispositivo define que o ICMS será não cumulativo, ou seja, **D** deve pagar ao Estado o ICMS devido pelas saídas de mercadorias (transmissão de propriedade), compensando-se os créditos pelas entradas de mercadorias adquiridas de **C**.

Distingue-se da cumulatividade, tendo em vista que neste regime o imposto incide, em cada etapa, sobre a totalidade do valor das mercadorias, sem abatimento do imposto pago na sua aquisição.

Cap. 17 • (ICMS) Imposto sobre operações relativas à circulação de mercadorias e sobre prestação de serviços **337**

Seletividade. É novidade trazida pela Carta de 1988. Exemplificando, a Lei nº 6.374/89 (estadual-SP), fixa a alíquota de 25% nas operações com bebidas alcoólicas, fumo, perfumes, motocicletas, asas-deltas, embarcações de esporte e de recreio, armas e munições, binóculos, jogos eletrônicos, bolas e tacos de bilhar, cartas para jogar, tacos para golfe, entre outros; e estabelece a alíquota de 12% nas operações com arroz, feijão, pão, sal, entre outros. Quanto à energia elétrica, fixa a alíquota de 12% em relação à conta residencial que apresente consumo mensal de até 200 kWh, e de 25% acima de 200 kWh.

17.5.1 Substituição tributária

O regime de substituição tributária foi elevado em nível constitucional nestes termos:

> Art. 150. Sem prejuízo de outras garantias asseguradas ao contribuinte, é vedado à União, aos estados, ao Distrito Federal e aos Municípios:
>
> § 7º A lei poderá atribuir a sujeito passivo de obrigação tributária a condição de responsável pelo pagamento de imposto ou contribuição, cujo fato gerador deva ocorrer posteriormente, assegurada a imediata e preferencial restituição da quantia paga, caso não se realize o fato gerador presumido. (*Incluído pela EC nº 3/1993*)

Na substituição tributária, temos **A** (fabricante de automóveis, de bebidas, de remédios, etc., ou atacadista) como *substituto* tributário, e **B** (concessionária, varejista etc.) como *substituído* tributário, em que **A**, além de ser sujeito passivo na saída de seus produtos, anota, na Nota Fiscal, o ICMS devido pela futura venda que **B** (presumivelmente) realizará, e paga ao Estado também o imposto de **B**, devido por antecipação, por fato gerador futuro.

A base de cálculo é definida pela Lei Complementar nº 87/96 (com alterações posteriores), e deve estar prevista em Lei Ordinária do Estado, em face do principio da legalidade e da tipicidade fechada que caracterizam o fato gerador.

Declarada constitucional pelo STF no RE 213.396, no RE 593.849 foi reconhecida a repercussão geral nestes termos:

> "Constitucional. Tributário. ICMS. Restituição da diferença do imposto pago a mais no regime de substituição tributária. Base de cálculo presumida e base de cálculo real. Art. 150, § 7º, da CF. ADI 2.675/PE, Rel. Min. Carlos Velloso e ADI 2.777/SP, Rel. Min. Cezar Peluso, que tratam da mesma matéria e cujo julgamento já foi iniciado pelo Plenário. Existência de repercussão Geral."

Enquanto o STF não resolver a questão posta nas ADIns 2.675 e 2.777, prevalece o decidido na ADI 1.851 – como, aliás, bem anotou a 2ª Turma do STF no Segundo-AgR no RE 453.125/SP, Joaquim Barbosa, unânime, 4-10-2011, *DJe*-203 de 21-10-2011 – ementa:

> "AGRAVO REGIMENTAL. TRIBUTÁRIO. IMPOSTO SOBRE CIRCULAÇÃO DE MERCADORIAS E SERVIÇOS DE COMUNICAÇÃO E DE TRANSPORTE INTERMUNICIPAL E INTERESTADUAL. ICMS. SUBSTITUIÇÃO TRIBUTÁRIA. REPERCUSSÃO GERAL. DISCUSSÃO QUE NÃO SE CONFUNDE COM A POSSIBILIDADE DE INSTITUIÇÃO DA SISTEMÁTICA SEM ANTERIOR REGULAMENTAÇÃO POR NORMAS GERAIS DE DIREITO TRIBUTÁRIO. AGRAVO AO QUAL SE NEGA PROVIMENTO.

338 Direito Tributário • *Cassone*

1. Nos autos do RE 593.849 (Rel. Min. Ricardo Lewandowski) discute-se se é devida a restituição do ICMS na hipótese de ser apurada diferença entre a base de cálculo presumida (substituta) e a base de cálculo efetiva (substituída).

2. De modo inconfundível, discute-se neste recurso extraordinário se era possível instituir a sistemática de substituição tributária independentemente de norma geral em matéria tributária regulamentadora do direito à imediata e preferencial restituição do valor arrecadado, no período compreendido entre a introdução do § 7º no art. 150 da Constituição (EC nº 93/1993) e a publicação da LC nº 87/1996.

3. A matéria em análise nestes autos continua regida pelo decidido na ADI 1.851, sem sofrer a influência do futuro precedente que vier a ser formado.

Agravo regimental ao qual se nega provimento."

Na ADI 1.851/AL, decidiu o STF, Ilmar Galvão, maioria, 8-5-2002, *DJU* 22-11-2002, p. 55:

"TRIBUTÁRIO. ICMS. SUBSTITUIÇÃO TRIBUTÁRIA. CLÁUSULA SEGUNDA DO CONVÊNIO 13/97 E §§ 6º E 7º DO ART. 498 DO DEC. Nº 35.245/91 (REDAÇÃO DO ART. 1º DO DEC. Nº 37.406/98), DO ESTADO DE ALAGOAS. ALEGADA OFENSA AO § 7º DO ART. 150 DA CF (REDAÇÃO DA EC Nº 3/93) E AO DIREITO DE PETIÇÃO E DE ACESSO AO JUDICIÁRIO.

Convênio que objetivou prevenir guerra fiscal resultante de eventual concessão do benefício tributário representado pela restituição do ICMS cobrado a maior quando a operação final for de valor inferior ao do fato gerador presumido. Irrelevante que não tenha sido subscrito por todos os Estados, se não se cuida de concessão de benefício (LC nº 24/75, art. 2º, INC. 2º).

Impossibilidade de exame, nesta ação, do decreto, que tem natureza regulamentar.

A EC nº 03/93, ao introduzir no art. 150 da CF/88 o § 7º, aperfeiçoou o instituto, já previsto em nosso sistema jurídico-tributário, ao delinear a figura do fato gerador presumido e ao estabelecer a garantia de reembolso preferencial e imediato do tributo pago quando não verificado o mesmo fato a final. A circunstância de ser presumido o fato gerador não constitui óbice à exigência antecipada do tributo, dado tratar-se de sistema instituído pela própria Constituição, encontrando-se regulamentado por lei complementar que, para definir-lhe a base de cálculo, se valeu de critério de estimativa que a aproxima o mais possível da realidade.

A lei complementar, por igual, definiu o aspecto temporal do fato gerador presumido como sendo a saída da mercadoria do estabelecimento do contribuinte substituto, não deixando margem para cogitar-se de momento diverso, no futuro, na conformidade, aliás, do previsto no art. 114 do CTN, que tem o fato gerador da obrigação principal como a situação definida em lei como necessária e suficiente à sua ocorrência.

O fato gerador presumido, por isso mesmo, não é provisório, mas definitivo, não dando ensejo a restituição ou complementação do imposto pago, senão, no primeiro caso, na hipótese de sua não realização final.

Admitir o contrário valeria por despojar-se o instituto das vantagens que determinaram a sua concepção e adoção, como a redução, a um só tempo, da máquina-fiscal e da evasão fiscal a dimensões mínimas, propiciando, portanto, maior comodidade, economia, eficiência e celeridade às atividades de tributação e arrecadação.

Ação conhecida apenas em parte e, nessa parte, julgada improcedente."

17.5.2 Créditos do ICMS

A LC nº 87/96, com alterações posteriores, inovou, permitindo créditos de ICMS, nos termos a seguir postos (<www.planalto.gov.br> acesso em: 28-2-2012):

Cap. 17 • (ICMS) Imposto sobre operações relativas à circulação de mercadorias e sobre prestação de serviços **339**

Art. 19. O imposto é não cumulativo, compensando-se o que for devido em cada operação relativa à circulação de mercadorias ou prestação de serviços de transporte interestadual e intermunicipal e de comunicação com o montante cobrado nas anteriores pelo mesmo ou por outro Estado.

Art. 20. Para a compensação a que se refere o artigo anterior, é assegurado ao sujeito passivo o direito de creditar-se do imposto anteriormente cobrado em operações de que tenha resultado a entrada de mercadoria, real ou simbólica, no estabelecimento, inclusive a destinada ao seu uso ou consumo ou ao ativo permanente, ou o recebimento de serviços de transporte interestadual e intermunicipal ou de comunicação.

Art. 33. Na aplicação do art. 20 observar-se-á o seguinte:

I – somente darão direito de crédito as mercadorias destinadas ao uso ou consumo do estabelecimento nele entradas a partir de 1º de janeiro de 2020; (*Redação dada pela LCP nº 138, de 2010*)

II – somente dará direito a crédito a entrada de energia elétrica no estabelecimento: (*Redação dada pela LCP nº 102, de 11-7-2000*)

a) quando for objeto de operação de saída de energia elétrica; (*Incluída pela LCP nº 102, de 11-7-2000*)

b) quando consumida no processo de industrialização; (*Incluída pela LCP nº 102, de 11-7-2000*)

c) quando seu consumo resultar em operação de saída ou prestação para o exterior, na proporção destas sobre as saídas ou prestações totais; e (*Incluída pela LCP nº 102, de 11-7-2000*)

d) a partir de 1º de janeiro de 2020 nas demais hipóteses; (*Redação dada pela LCP nº 138, de 2010*)

III – somente darão direito de crédito as mercadorias destinadas ao ativo permanente do estabelecimento, nele entradas a partir da data da entrada desta Lei Complementar em vigor.

IV – somente dará direito a crédito o recebimento de serviços de comunicação utilizados pelo estabelecimento: (*Incluído pela LCP nº 102, de 11-7-2000*)

a) ao qual tenham sido prestados na execução de serviços da mesma natureza; (*Incluída pela LCP nº 102, de 11-7-2000*)

b) quando sua utilização resultar em operação de saída ou prestação para o exterior, na proporção desta sobre as saídas ou prestações totais; e (*Incluída pela LCP nº 102, de 11-7-2000*)

c) a partir de 1º de janeiro de 2020 nas demais hipóteses. (*Redação dada pela LCP nº 138, de 2010*)

Anteriormente a tais Leis Complementares, créditos de bens de uso e consumo, ativo fixo, energia elétrica, não eram permitidos, consoante decisões no âmbito do STF.

17.6 ISENÇÃO OU NÃO INCIDÊNCIA: VEDAÇÃO DE CRÉDITO

Estabelece a CF:

Art. 155, § 2º O imposto previsto no inciso II atenderá ao seguinte:

II – a isenção ou não incidência, salvo determinação em contrário da legislação:

a. não implicará crédito para compensação com o montante devido nas operações ou prestações seguintes;

b. acarretará a anulação do crédito relativo às operações anteriores.

Se a mercadoria que **D** adquiriu de **C** for isenta ou com não incidência do ICMS, não propiciará crédito presumido (letra "a"); e, contrariamente, se a aquisição de **C** estiver

340 Direito Tributário • *Cassone*

tributada, e a saída com isenção ou não incidência, aquele crédito escriturado deverá ser estornado.

Essa é a regra, que poderá ser excepcionada pelo legislador competente, conforme dispõe o inciso II do citado § 2º.

17.7 BASE DE CÁLCULO

A LC nº 87/96, com as alterações posteriores, como regra geral, define a base de cálculo como sendo o valor da mercadoria, ou da prestação dos serviços de transporte, ou de comunicação, assim como define as mais variadas espécies de base de cálculo, inclusive na substituição tributária.

17.7.1 IPI na base de cálculo do ICMS

Estabelece a CF:

> Art. 155, § 2º O imposto previsto no inciso II atenderá ao seguinte:
>
> XI – não compreenderá, em sua base de cálculo, o montante do imposto sobre produtos industrializados, quando a operação, realizada entre contribuintes e relativa a produto destinado à industrialização ou à comercialização, configure fato gerador dos dois impostos.

A norma utiliza-se do critério por exclusão, admitindo, por conseguinte, que o IPI integra a base de cálculo do ICMS nas demais espécies de operação.

17.7.2 ICMS "por dentro"

O ICMS, desde o DL nº 406/1968, sempre integrou a própria base de cálculo, e a LC nº 87/96 dispõe:

> Art. 13. A base de cálculo do imposto é:
>
> § 1º Integra a base de cálculo do imposto, inclusive na hipótese do inciso V do *caput* deste artigo: (*Redação dada pela LCP 114, de 16-12-2002*)
>
> I – o montante do próprio imposto, constituindo o respectivo destaque mera indicação para fins de controle;

Exemplo: se um comerciante quer vender uma mercadoria por $ 200,00, que é o valor que ele quer arrecadar, pois nele já está incluído seu lucro, o preço final será de $ 240,96, em face do seguinte critério de cálculo, supondo-se que a alíquota do ICMS seja de 17%. Na operação, 100 é o número inteiro, sempre inalterável, e 83 é o resultado de 100 menos a alíquota de 17%. Se alíquota fosse 14%, o divisor de 100 seria 86, e assim por diante.

> 1º) 100: 83 = 1,20481 (coeficiente)
>
> 2º) 200,00 × 1,20481= $ 240,96 (valor da mercadoria que o comprador pagará)
>
> 3º) 17% sobre 240,96 = $ 40,96

Cap. 17 • (ICMS) Imposto sobre operações relativas à circulação de mercadorias e sobre prestação de serviços **341**

4º) O valor a constar na Nota Fiscal será de $ 240,96 e anotando-se a expressão "ICMS já incluído de $ 40,96" (17% sobre $ 240,96)

5º) Recebe $ 240,96 e recolhe 40,96 de ICMS, ficando com $ 200,00

Se a mercadoria vale $ 500,00, e a alíquota é de 12%, o coeficiente será: 100 : 88 = 1,13636 (coeficiente) × 500,00 = $ 568,18, que é o preço da mercadoria a consignar na Nota Fiscal. 12% sobre 568,18 = $ 68,18 de ICMS a recolher, ficando com o valor líquido de $ 500,00 = preço bom com o lucro já incluído.

Esse critério vem sendo aplicado desde o DL nº 406/68 (art. 2º, § 7º).

O STF-Pleno, vencido o Min. Marco Aurélio, declarou constitucional o cálculo por dentro estabelecido pela LC nº 87/96 (RE 212.209-RS, 23-6-99 – *DJU* 14-2-2003).

Incidência do ICMS "por dentro" reafirmada no RE 582.461/SP, STF, Pleno. Gilmar Mendes, maioria, 18-5-2011, *DJe*-158, de 18-8-2011 – ementa:

"1. Recurso extraordinário. Repercussão geral.

2. Taxa Selic. Incidência para atualização de débitos tributários. Legitimidade. Inexistência de violação aos princípios da legalidade e da anterioridade. Necessidade de adoção de critério isonômico. No julgamento da ADI 2.214, Rel. Min. Maurício Corrêa, Tribunal Pleno, *DJ* 19-4-2002, ao apreciar o tema, esta Corte assentou que a medida traduz rigorosa igualdade de tratamento entre contribuinte e fisco e que não se trata de imposição tributária.

3. ICMS. Inclusão do montante do tributo em sua própria base de cálculo. Constitucionalidade. Precedentes. A base de cálculo do ICMS, definida como o valor da operação da circulação de mercadorias (art. 155, II, da CF/1988, c/c arts. 2º, I, e 8º, I, da LC 87/1996), inclui o próprio montante do ICMS incidente, pois ele faz parte da importância paga pelo comprador e recebida pelo vendedor na operação. A Emenda Constitucional nº 33, de 2001, inseriu a alínea 'i' no inciso XII do § 2º do art. 155 da Constituição Federal, para fazer constar que cabe à lei complementar 'fixar a base de cálculo, de modo que o montante do imposto a integre, também na importação do exterior de bem, mercadoria ou serviço'. Ora, se o texto dispõe que o ICMS deve ser calculado com o montante do imposto inserido em sua própria base de cálculo também na importação de bens, naturalmente a interpretação que há de ser feita é que o imposto já era calculado dessa forma em relação às operações internas. Com a alteração constitucional a Lei Complementar ficou autorizada a dar tratamento isonômico na determinação da base de cálculo entre as operações ou prestações internas com as importações do exterior, de modo que o ICMS será calculado 'por dentro' em ambos os casos.

4. Multa moratória. Patamar de 20%. Razoabilidade. Inexistência de efeito confiscatório. Precedentes. A aplicação da multa moratória tem o objetivo de sancionar o contribuinte que não cumpre suas obrigações tributárias, prestigiando a conduta daqueles que pagam em dia seus tributos aos cofres públicos. Assim, para que a multa moratória cumpra sua função de desencorajar a elisão fiscal, de um lado não pode ser pífia, mas, de outro, não pode ter um importe que lhe confira característica confiscatória, inviabilizando inclusive o recolhimento de futuros tributos. O acórdão recorrido encontra amparo na jurisprudência desta Suprema Corte, segundo a qual não é confiscatória a multa moratória no importe de 20% (vinte por cento).

5. Recurso extraordinário a que se nega provimento."

17.7.3 Descontos incondicionais, juros e frete

Tanto os descontos sob condição, quanto os concedidos incondicionalmente, foram bem regulados pela LC nº 87/96:

Art. 13. A base de cálculo do imposto é:

§ 1º Integra a base de cálculo do imposto, inclusive na hipótese do inciso V do *caput* deste artigo: *(Redação dada pela LCP nº 114, de 16-12-2002)*

342 Direito Tributário • *Cassone*

II – o valor correspondente a:

a) seguros, juros e demais importâncias pagas, recebidas ou debitadas, bem como descontos concedidos sob condição;

b) frete, caso o transporte seja efetuado pelo próprio remetente ou por sua conta e ordem e seja cobrado em separado.

Portanto, por exclusão, os descontos incondicionais não integram a base de cálculo do ICMS; e para os juros e frete, a LC nº 87/96 estabelece a regra geral de integração na base de cálculo, no caso especificado no transcrito art. 13, § 1º, II, "b".

São descontos concedidos sob condição àqueles sujeitos a eventos futuros e incertos – *por exemplo*, relativos às datas de pagamento pela compra efetuada, se em 10, 20, 30, ou tais ou quais dias – a que está condicionado o percentual ou valor do desconto.

Contrariamente, se o desconto é concedido no momento da emissão da nota fiscal – portanto, sem nenhum condicionamento –, o valor do desconto não integrará a base de cálculo do ICMS, quer seja ele mencionado na nota fiscal, quer não.

A jurisprudência do STJ (Súmula 457) e dos cinco TRFs (<www.cjf.gov.br>) tem decidido que os *descontos incondicionais* não integram a base de cálculo do IPI (art. 47, II, *a*, do CTN); e o Pleno do STF, no RE 567.935/SC (j. 4-9-2014, *DJe*-216, public. 4-11-2014), também os excluiu da base de cálculo do IPI.

No STJ, significativa a decisão no AgRg no AREsp 981/RS, STJ, 2ª Turma, Mauro Campbell Marques, unânime, 5-4-2011, *DJe* de 13-4-2011:

> "TRIBUTÁRIO. AGRAVO REGIMENTAL. EXECUÇÃO FISCAL. ICMS (REGIME NORMAL DE TRIBUTAÇÃO). MERCADORIAS DADAS EM BONIFICAÇÃO. ESPÉCIE DE DESCONTO INCONDICIO-NAL. NÃO INCLUSÃO NA BASE DE CÁLCULO DO TRIBUTO. RECURSO REPETITIVO JULGADO. INEXISTÊNCIA DE PROVAS ACERCA DA BONIFICAÇÃO. QUESTÃO ATRELADA AO REEXAME DE MATÉRIA FÁTICA.
>
> 1. A recorrente demonstra mero inconformismo em seu agravo regimental que não se mostra capaz de alterar os fundamentos da decisão agravada.
>
> 2. Por ocasião do julgamento do REsp 1.111.156/SP, da relatoria do Min. Humberto Martins, *DJe* de 22-10-2009, a Primeira Seção, submetendo seu entendimento à sistemática dos recursos repetitivos (art. 543-C do CPC), consignou que o valor das mercadorias dadas a título de bonificação não integra a base de cálculo do ICMS.
>
> 3. Ocorre, que, no presente caso, o Tribunal *a quo* concluiu que não foi demonstrada a 'efetiva operação de venda de mercadorias com bonificação, uma vez que inexiste prova da correlata venda a que se atrelariam as mercadorias atinentes às notas fiscais carreadas e que consistiriam em brindes'.
>
> 4. Assim, verificar acerca da existência ou não da prova de bonificação ensejaria o revolvimento do suporte fático-probatório dos autos, o que é vedado a esta Corte, ante o óbice descrito na Súmula 7 deste Tribunal.
>
> 5. Agravo regimental não provido."

Juros. De regra geral, a base de cálculo do ICMS é o valor da mercadoria e/ou a prestação dos serviços, pois os juros devem, ou deveriam, estar sujeitos ao IOF.

Deve-se verificar caso a caso, e da jurisprudência do STJ trazemos à colação o EREsp 332.638/SP, STJ, 1ª Seção, maioria, 25-6-2003, *DJU* 1º-12-2003, p. 256 – transcrição parcial da ementa:

Cap. 17 • (ICMS) Imposto sobre operações relativas à circulação de mercadorias e sobre prestação de serviços **343**

> "Consoante iterativa jurisprudência de ambas as Turmas de direito público deste Tribunal, os encargos relativos ao financiamento do preço nas vendas efetuadas a prazo não integram a base de cálculo do ICMS."

No RE 453.740-1-RJ, Gilmar Mendes, maioria, 28-2-2007, *DJU* 24-8-2007, o Pleno do STF examinou os juros de mora em face do art. 1º-F da Lei nº 9.494, de 1997, com interessantes debates sobre alguns dos seus principais aspectos.

Frete. A LC nº 87/1996 prevê o frete em várias operações de circulação de mercadorias, cada uma merecendo o devido exame, como, por exemplo, a questão examinada pela 2ª T. do STJ, Mauro Campbell Marques, no REsp 1.201.765/MG, de cuja ementa destacamos:

> "1. A Primeira Seção desta Corte, ao julgar o REsp 931.727/RS, mediante a sistemática prevista no art. 543-C do CPC (recursos repetitivos), consolidou o entendimento segundo o qual nos casos em que a substituta tributária (a montadora/fabricante de veículos) não efetua o transporte nem o engendra por sua conta e ordem, o valor do frete não deve ser incluído na base de cálculo do ICMS, ante o disposto no art. 13, § 1º, inciso II, alínea 'b', da Lei Complementar nº 87/96."

17.8 SIMPLES NACIONAL

As microempresas e empresas de pequeno porte têm tratamento diferenciado e favorecido pelo art. 146 da CF/88, regulamentado pela LC nº 123 de 2006, republicada em atendimento ao disposto no art. 5º da LC 139 de 2011, e algumas disposições que explicitam tal regramento estão sendo questionadas no STF, inclusive sobre comércio eletrônico (ex.: ADI 5216, 5464 e 5469).

E do serviço "Notícias STF" de 07-01-2014 colhemos:

> **Simples** – Também com repercussão geral foi julgado o RE 627543, que discutia a exigência de regularidade fiscal para inclusão de empresa no Simples. O STF entendeu que é preciso estar em situação regular com o Fisco para que as micro e pequenas empresas possam aderir ao regime tributário.

17.9 ALÍQUOTAS

São várias as alíquotas que gravam sobre a base de calculo do ICMS, e a CF/88 estabelece as diretrizes:

> Art. 155, § 2º, do CF: O imposto previsto no inciso II atenderá ao seguinte:
>
> IV – resolução do Senado Federal, de iniciativa do Presidente da República ou de um terço dos Senadores, aprovada pela maioria absoluta dos seus membros, estabelecerá as alíquotas aplicáveis às operações e prestações, interestaduais e de exportação.
>
> V – é facultado ao Senado Federal:
>
> a) estabelecer alíquotas mínimas nas operações internas, mediante resolução de iniciativa de um terço e aprovada pela maioria absoluta de seus membros;
>
> b) fixar alíquotas máximas nas mesmas operações para resolver conflito específico que envolva interesse de Estados, mediante resolução de iniciativa da maioria absoluta e aprovada por dois terços de seus membros.
>
> VI – salvo deliberação em contrário dos Estados e do Distrito Federal, nos termos do disposto no inciso XII, g, as alíquotas internas, nas operações relativas à circulação de mercadorias e nas prestações de serviços, não poderão ser inferiores às previstas para as operações interestaduais;

344 Direito Tributário • *Cassone*

VII – nas operações e prestações que destinem bens e serviços a consumidor final, contribuinte ou não do imposto, localizado em outro Estado, adotar-se-á a alíquota interestadual e caberá ao Estado de localização do destinatário o imposto correspondente à diferença entre a alíquota interna do Estado destinatário e a alíquota interestadual; (Redação dada pela Emenda Constitucional nº 87, de 2015) (Produção de efeito)

a) (revogada); (Redação dada pela Emenda Constitucional nº 87, de 2015)

b) (revogada); (Redação dada pela Emenda Constitucional nº 87, de 2015)

VIII – a responsabilidade pelo recolhimento do imposto correspondente à diferença entre a alíquota interna e a interestadual de que trata o inciso VII será atribuída: (Redação dada pela Emenda Constitucional nº 87, de 2015) (Produção de efeito)

a) ao destinatário, quando este for contribuinte do imposto; (Incluído pela Emenda Constitucional nº 87, de 2015)

b) ao remetente, quando o destinatário não for contribuinte do imposto; (Incluído pela Emenda Constitucional nº 87, de 2015)

Art. 99 do ADCT: Para efeito do disposto no inciso VII do § 2º do art. 155, no caso de operações e prestações que destinem bens e serviços a consumidor final não contribuinte localizado em outro Estado, o imposto correspondente à diferença entre a alíquota interna e a interestadual será partilhado entre os Estados de origem e de destino, na seguinte proporção: (Incluído pela Emenda Constitucional nº 87, de 2015)

I - para o ano de 2015: 20% (vinte por cento) para o Estado de destino e 80% (oitenta por cento) para o Estado de origem;

II - para o ano de 2016: 40% (quarenta por cento) para o Estado de destino e 60% (sessenta por cento) para o Estado de origem;

III - para o ano de 2017: 60% (sessenta por cento) para o Estado de destino e 40% (quarenta por cento) para o Estado de origem;

IV - para o ano de 2018: 80% (oitenta por cento) para o Estado de destino e 20% (vinte por cento) para o Estado de origem;

V - a partir do ano de 2019: 100% (cem por cento) para o Estado de destino.

Nota 1: Decidiu o STF na ADI-MC 2.021/DF, Pleno, Maurício Corrêa, maioria, 4-8-1999, *DJU* de 18-5-2001, p. 9 – ementa:

"MEDIDA LIMINAR EM AÇÃO DIRETA DE INCONSTITUCIONALIDADE. IMPUGNAÇÃO DA LEI PAULISTA Nº 10.327, DE 15-6-99, QUE REDUZIU A ALÍQUOTA INTERNA DO ICMS DE VEÍCULOS AUTOMOTORES DE 12 PARA 9,5% PELO PRAZO DE 90 DIAS, A PARTIR DE 27-5-99. REEDIÇÃO DA LEI Nº 10.231, DE 12-3-99, QUE HAVIA REDUZIDO A ALÍQUOTA DE 12 PARA 9%, POR 75 DIAS. LIMITE PARA A REDUÇÃO DA ALÍQUOTA NAS OPERAÇÕES INTERNAS.

1. As alíquotas mínimas internas do ICMS, fixadas pelos Estados e pelo Distrito Federal, não podem ser inferiores às previstas para as operações interestaduais, salvo deliberação de todos eles em sentido contrário (CF, artigo 155, § 2º, VI).

2. A alíquota do ICMS para operações interestaduais deve ser fixada por resolução do Senado Federal (CF, art. 155, § 2º, IV). A **Resolução nº 22**, de 19-5-89, do Senado Federal fixou a alíquota de **12%** para as operações interestaduais sujeitas ao ICMS (art. 1º, *caput*); ressalvou, entretanto, a aplicação da alíquota de **7%** para as operações nas Regiões Sul e Sudeste, destinadas às Regiões Norte, Nordeste e Centro-Oeste e ao Estado do Espírito Santo (art. 1º, parágrafo único).

3. Existindo duas alíquotas para operações interestaduais deve prevalecer, para efeito de limite mínimo nas operações internas, a mais geral (12%), e não a especial (7%), tendo em vista os seus fins e a inexistência de deliberação em sentido contrário.

4. Presença da relevância da arguição de inconstitucionalidade e da conveniência da suspensão cautelar da Lei impugnada.

Cap. 17 • (ICMS) Imposto sobre operações relativas à circulação de mercadorias e sobre prestação de serviços **345**

5. Medida cautelar deferida, com efeito *ex-nunc*, para suspender a eficácia da Lei impugnada, até final julgamento da ação."

Nota 2: A Resolução nº 95/96 do Senado Federal fixou a alíquota de 4% na prestação de transporte aéreo interestadual de passageiro, carga e mala postal.

Nota 3: O Senado Federal poderá alterar tais alíquotas.

Quanto ao aumento da alíquota de 17% para 18% no Estado de São Paulo, decidiu o STF, Pleno, no RE 585.535, Ellen Gracie, maioria (vencido Marco Aurélio), 1º-2-2010, *DJe*-062 de 9-4-2010:

"RECURSO EXTRAORDINÁRIO. MATÉRIA CONSTITUCIONAL COM REPERCUSSÃO GERAL RECONHECIDA. TRIBUTÁRIO. ICMS. MAJORAÇÃO DE ALÍQUOTA. AUSÊNCIA DE VINCULAÇÃO DE RECEITA DE IMPOSTOS. INEXISTÊNCIA DE VIOLAÇÃO AO ARTIGO 167, IV, DA CONSTITUIÇÃO FEDERAL. RECURSO EXTRAORDINÁRIO CONHECIDO E IMPROVIDO.

1. A Lei Paulista nº 9.903, de 30-12-1997, apenas impôs a divulgação, pelo Chefe do Executivo, do emprego dos recursos provenientes do aumento da alíquota de 17 para 18%, previsto no mesmo diploma.

2. A proibição de vinculação de receita de impostos prevista no art. 167, IV, da Constituição Federal, impede a fixação de uma prévia destinação desses recursos, o que não se verificou no presente caso.

3. Recurso extraordinário conhecido e improvido."

17.10 NÃO INCIDÊNCIA

Estabelece a CF:

Art. 155, § 2º O imposto previsto no inciso II atenderá ao seguinte:

X – não incidirá:

a) sobre operações que destinem mercadorias para o exterior, nem sobre serviços prestados a destinatários no exterior, assegurada a manutenção e o aproveitamento do montante do imposto cobrado nas operações e prestações anteriores; (*Redação dada pela EC n º 42, de 2003*)

b) sobre operações que destinem a outros Estados petróleo, inclusive lubrificantes, combustíveis líquidos e gasosos dele derivados, e energia elétrica;

c) sobre o ouro, nas hipóteses definidas no art. 153, § 5º;

d) nas prestações de serviços de comunicação nas modalidades de radiodifusão sonora e de sons e imagens de recepção livre e gratuita. (*Incluído pela EC n º 42, de 2003*).

Por essa disposição, o ICMS não incidirá sobre operações que destinem ao exterior produtos industrializados.

Em tais operações, a 1ª Turma do STF, no RE 196.527/MG, Ilmar Galvão, unânime, 6-4-1999, *DJU* 13-8-1999, p. 17, distinguiu, decidindo:

"TRIBUTÁRIO. SERVIÇO UTILIZADO NO TRANSPORTE INTERESTADUAL OU INTERMUNICIPAL DE PRODUTOS INDUSTRIALIZADOS DESTINADOS AO EXTERIOR. PRETENDIDA NÃO INCIDÊNCIA DO ICMS. ART. 155, § 2º, X, A, DA CONSTITUIÇÃO FEDERAL. Benefício restrito às operações de exportação de produtos industrializados, não abrangendo o serviço utilizado no transporte interestadual ou intermunicipal dos referidos bens. Recurso não conhecido."

346 Direito Tributário • *Cassone*

Letra *b* – A não incidência se dá na operação interestadual, por ex. combustíveis do RJ para SP, cabendo o ICMS ao Estado de destino (SP) – tal como decidiu o STF, Pleno, no RE 198.088/SP, Ilmar Galvão, maioria (vencido Marco Aurélio), 15-5-2000, *DJU* de 5-9-2003, p. 32 – ementa:

> "TRIBUTÁRIO. ICMS. LUBRIFICANTES E COMBUSTÍVEIS LÍQUIDOS E GASOSOS, DERIVA-DOS DO PETRÓLEO. OPERAÇÕES INTERESTADUAIS. IMUNIDADE DO ART. 155, § 2º, X, B, DA CONSTITUIÇÃO FEDERAL. Benefício fiscal que não foi instituído em prol do consumidor, mas do Estado de destino dos produtos em causa, ao qual caberá, em sua totalidade, o ICMS sobre eles incidente, desde a remessa até o consumo. Consequente descabimento das teses da imunidade e da inconstitucionalidade dos textos legais, com que a empresa consumidora dos produtos em causa pretendeu obviar, no caso, a exigência tributária do Estado de São Paulo. Recurso conhecido, mas desprovido."

Ouro – Quando definido em lei da União como ativo financeiro ou instrumento cambial, sujeita-se exclusivamente ao IOF. Quando não, será considerado produto ou mercadoria, incidindo o ICMS.

17.11 AUTONOMIA DOS ESTABELECIMENTOS

A Lei Complementar nº 87/96 trata da autonomia dos estabelecimentos:

> Art. 11. O local da operação ou da prestação, para os efeitos da cobrança do imposto e defini-ção do estabelecimento responsável, é:
>
> § 3º Para efeito desta Lei Complementar, estabelecimento é o local, privado ou público, edi-ficado ou não, próprio ou de terceiro, onde pessoas físicas ou jurídicas exerçam suas atividades em caráter temporário ou permanente, bem como onde se encontrem armazenadas mercadorias, obser-vado, ainda, o seguinte:
>
> I – na impossibilidade de determinação do estabelecimento, considera-se como tal o local em que tenha sido efetuada a operação ou prestação, encontrada a mercadoria ou constatada a prestação;
>
> II – é **autônomo** cada estabelecimento do mesmo titular;
>
> III – considera-se também estabelecimento **autônomo** o veículo usado no comércio ambulante e na captura de pescado;
>
> IV – respondem pelo crédito tributário todos os estabelecimentos do mesmo titular.

Isso quer dizer que cada estabelecimento é apto a produzir fatos geradores do ICMS, devendo adotar documentação fiscal própria, inconfundível com os documentos adota-dos pelo estabelecimento-matriz e demais estabelecimentos do mesmo titular – salvo disposição legal em contrários.

Não se haverá de confundir autonomia do estabelecimento e questões tais como o conjunto de notas fiscais (com número sequencial de controle) impressas por **autori-zação** da Administração tributária competente e distribuídas (divididas) entre os vários estabelecimentos do mesmo titular, para então serem utilizadas separadamente, sendo numeradas sequencialmente a partir do nº 1, por meio de sistema mecanizado ou com-putadorizado.

Deve, enfim, ser observada a legislação que rege a matéria.

Cap. 17 • (ICMS) Imposto sobre operações relativas à circulação de mercadorias e sobre prestação de serviços **347**

17.12 VALOR AGREGADO E A TEORIA CONSTITUCIONAL ABRANGENTE – A REDUÇÃO DA BASE DE CÁLCULO

O Brasil sempre adotou, para o IPI e o ICM-ICMS, o critério *imposto sobre imposto*, por dedução ou compensação, nos termos da técnica constitucional da não cumulatividade.

Alguns estudos referem-se à Teoria do Valor Agregado, denominado, na Itália, de *Imposta sul Valore Aggiunto* (IVA).

Trata-se de critério econômico, não jurídico, tanto aqui, como na Itália, e assim denominado para distingui-lo, de modo geral, da tributação "cumulativa".

Na Itália, sequer a isenção dá direito à manutenção do crédito, pois a lei, ao conceder a isenção, determina, *ao mesmo tempo (teoria legal abrangente)*, que não há direito de crédito ou a manutenção do crédito (art. 19 do Decreto n.º 633, de 26-10-1972).

Entretanto, a diferença entre o nosso sistema e o da Itália é significativa, pois, contrariamente ao sistema constitucional tributário brasileiro, na Itália a não cumulatividade não tem previsão constitucional, motivo pelo qual, no Brasil, a isenção confere direitos, por representar (a lei) um *plus*, um benefício concedido nos termos do § 6.º do art. 150 da CF/1988.

No mais, o regime tributário da Itália, tal como o nosso, adota o instituto da rivalsa (art. 18 do Decreto n.º 633/72), ou seja, o critério de recuperação do IVA: A vende mercadorias a B, inclui no preço o IVA, que cobra de B, e o recolhe ao Estado.[5]

O Ministro Sepúlveda Pertence, no RE 174.478 (STF, Pleno, 17-3-2005 – Recorrido: Estado de São Paulo), que tratou da base de cálculo reduzida, registrou que o STF adota a *teoria constitucional abrangente*, que se dá nas hipóteses em que a lei, ao mesmo tempo em que concede um benefício fiscal (ex.: base de cálculo reduzida), estabelece uma condição (estorno proporcional do crédito), como se pode ver da íntegra de seu voto:

> "Senhor Presidente, também não vejo a inconstitucionalidade arguida. Acrescento algo que é, a meu ver, da teoria geral da inconstitucionalidade e que o Tribunal tem aplicado rigorosamente: dado o benefício sob determinada condição, não se pode declarar inconstitucional a condição e manter o benefício (*v. g.*, ADIn 1502, 12-6-1996, Galvão; ADIn 1574, Sanches). Então, ter-se-ia de declarar inconstitucional todo o conjunto normativo, tanto o bônus, quanto o ônus.
>
> Não vejo a inconstitucionalidade na redução e no consequente estorno proporcional do crédito relativo à operação anterior.
>
> Por isso, peço vênia ao eminente Relator e acompanho o voto do Ministro Cezar Peluso."

O Pleno do STF, no RE 635688 (j. 16-10-2014, DJe-030 public. 13-2-2015), reafirmou sua posição no sentido de que a redução da base de cálculo equivale a uma isenção parcial, acarretando o estorno proporcional do crédito.

---

[5] Anoto que é vasta a doutrina italiana a respeito do IVA, e uma das obras mais recentes, contendo toda a sistemática nos seus mínimos detalhes, é a de Giuseppe Franco (*Guida All'IVA*. Milano: Giuffrè Editora, 2004), uma monumental obra com um total de 2.434 páginas, de cujo Prefácio reproduzo o seguinte trecho: "Foi um espetáculo interessante encontrar, na disciplina do IVA, a contínua intersecção dos preceitos da normativa comunitária e das disposições nacionais".

17.13 GUERRA FISCAL

Em face de desrespeito ao disposto no art. 155, § 2º, XII, "g" (*"Cabe à lei complementar regular a forma como, mediante deliberação dos Estados e do Distrito Federal, isenções, incentivos e benefícios fiscais serão concedidos e revogados"*), o STF tem declarado inconstitucionais leis estaduais por concederem isenções, incentivos ou benefícios fiscais à margem dessa disposição constitucional.

Exemplo: ADI-MC 3.936/PR, STF, Gilmar Mendes, unânime, 19-9-2007, *DJe*-139 de 9-11-2007 – ementa:

> "Medida Cautelar em Ação Direta de Inconstitucionalidade.
>
> 2. Caráter normativo autônomo e abstrato dos dispositivos impugnados. Possibilidade de sua submissão ao controle abstrato de constitucionalidade. Precedentes.
>
> 3. ICMS. **Guerra fiscal**. Art. 2º da Lei nº 10.689/1993 do Estado do Paraná. Dispositivo que traduz permissão legal para que o Estado do Paraná, por meio de seu Poder Executivo, desencadeie a denominada 'guerra fiscal', repelida por larga jurisprudência deste Tribunal. Precedentes.
>
> 4. Art. 50, XXXII e XXXIII, e §§ 36, 37 e 38 do Decreto Estadual nº 5.141/2001. Ausência de convênio interestadual para a concessão de benefícios fiscais. Violação ao art. 155, § 2º, XII, g, da CF/88. A ausência de convênio interestadual viola o art. 155, § 2º, incisos IV, V e VI, da CF. A Constituição é clara ao vedar aos Estados e ao Distrito Federal a fixação de alíquotas internas em patamares inferiores àquele instituído pelo Senado para a alíquota interestadual. Violação ao art. 152 da CF/88, que constitui o princípio da não diferenciação ou da uniformidade tributária, que veda aos Estados, ao Distrito Federal e aos Municípios estabelecer diferença tributária entre bens e serviços, de qualquer natureza, em razão de sua procedência ou destino.
>
> 5. Medida cautelar deferida."

17.14 ICMS E AS CONSTRUTORAS

As operações praticadas pelas Construtoras, de regra, estão sujeitas ao ISS, e a título de exemplo trazemos à colação decisões do STF:

1 – AgR no RE 572.811/RN, STF, 1ª Turma, Ricardo Lewandowski, unânime, *DJe*-113 de 19-6-2009:

> "I – As empresas de construção civil por serem, em regra, contribuintes do ISS, ao adquirir, em outros Estados, materiais para empregar em suas obras, não estão compelidas a satisfazer a diferença em virtude de alíquota maior do ICMS cobrada pelo Estado destinatário. Precedentes."

2 – AgR no RE 527.820/AL, STF, 2ª Turma, Gilmar Mendes, unânime, *DJe*-078 de 2-5-2008:

> "Agravo regimental em recurso extraordinário. 2. Construtoras. Empresas contribuintes do ISS. Alíquota diferenciada de ICMS. Cobrança. Impossibilidade. Precedentes. 3. Agravo regimental a que se nega provimento."

3 – No REsp 620.112/MT, decidiu a 2ª Turma do STJ, Herman Benjamin, unânime, 7-5-2009, *DJe* de 21-8-2009:

Cap. 17 • (ICMS) Imposto sobre operações relativas à circulação de mercadorias e sobre prestação de serviços **349**

"TRIBUTÁRIO. ISS. CONSTRUÇÃO CIVIL. MATERIAL DE CONSTRUÇÃO DESTINADO A OBRAS DA ADQUIRENTE. AQUISIÇÃO INTERESTADUAL. DIFERENCIAL DE ALÍQUOTA. IMPOSSIBILIDADE DE COBRANÇA.

1. Discute-se a cobrança do diferencial entre as alíquotas interestadual e interna de ICMS, na aquisição de material de construção por construtoras.

2. As alíquotas interestaduais somente aproveitam aos adquirentes que sejam contribuintes do ICMS, conforme o art. 155, § 2º, VII, 'a', da CF. Nessas hipóteses, é pacífico o entendimento de que o Estado de destino pode cobrar o diferencial de alíquota na entrada da mercadoria em seu território.

3. No caso de compradores não contribuintes do ICMS, como o das construtoras em relação aos insumos aplicados em suas obras, as aquisições interestaduais devem se sujeitar à alíquota interna (maior que a interestadual), nos termos do art. 155, § 2º, VII, 'b', da CF. Evidentemente, não haverá diferencial de alíquota a ser recolhido ao Estado de destino.

4. Ocorre que determinadas construtoras (caso da recorrida) identificam-se como contribuintes do ICMS no momento da aquisição das mercadorias em outros Estados, aproveitando, assim, a alíquota interestadual. Paradoxalmente, argumentam ao Fisco de destino que não são contribuintes do ICMS, para escaparem do diferencial de alíquota.

5. A Segunda Turma já teve a oportunidade de consignar que a atitude desses contribuintes agride o Princípio da Boa-Fé Objetiva que deve orientar as relações com o fisco. Admite-se, na hipótese, a aplicação de multas previstas na legislação estadual.

6. Inviável, no entanto, a cobrança do diferencial de alíquota, como pretende o recorrente.

7. Como a construtora não é contribuinte do ICMS, o tributo estadual deveria ter sido calculado pela alíquota interna sobre o preço da operação interestadual e recolhido integralmente pelo vendedor ao Estado de origem, nos termos do art. 155, § 2º, VII, 'b', da CF. Não há crédito, portanto, em favor do Fisco de destino (recorrente).

8. Recurso Especial não provido."

17.15 QUESTIONÁRIO

1. *Qual é a regra-matriz do ICMS? Fundamente sua resposta.*

2. *Qual é o conceito de "mercadoria" para fins de incidência do ICMS?*

3. *Incide o ICMS na venda de bens do ativo fixo?*

4. *O ICMS incide sobre quaisquer prestações de serviços de transportes? Fundamente sua resposta.*

5. *O ICMS incide sobre o serviço de comunicação inframunicipal (comunicação dentro dos limites territoriais do município)? Fundamente sua resposta.*

6. *Explique o princípio da "não cumulatividade".*

7. *Em que hipótese o IPI integra a base de cálculo do ICMS? Fundamente sua resposta.*

8. *Quais são os efeitos da "autonomia dos estabelecimentos"?*

9. *O ICMS pode compor a própria base de cálculo? Fundamente.*

10. *Descontos incondicionais integram a base de cálculo do ICMS? Explique.*

11. *A entrada de bens para o ativo fixo dá direito ao crédito do ICMS? O crédito é feito imediatamente? Explique.*

12. *Energia elétrica dá direito ao crédito do ICMS? Fundamente sua resposta.*

13. *O regime de substituição tributária admite a restituição do excesso de tributo pago?*

18

(IPTU) Imposto sobre Propriedade Predial e Territorial Urbana

ESQUEMA
- 18.1 Disposição constitucional
- 18.2 Aspectos do fato gerador
- 18.3 Base de cálculo
  - 18.3.1 Planta de valores genéricos e planta de valores concretos
- 18.4 Zona urbana
- 18.5 Jurisprudência
- 18.6 Estatuto da Cidade – Lei nº 10.257/2001
- 18.7 Processo administrativo fiscal – Município de São Paulo
- 18.8 Questionário

18.1 DISPOSIÇÃO CONSTITUCIONAL

Diz a CF:

Art. 156. Compete aos Municípios instituir imposto sobre:

I – propriedade predial e territorial urbana.

§ 1º Sem prejuízo da progressividade no tempo a que se refere o art. 182, § 4º, inciso II, o imposto previsto no inciso I poderá: (*Redação dada pela EC nº 29/2000*)

I – ser progressivo em razão do valor do imóvel; e (*Incluído pela EC nº 29/2000*)

II – ter alíquotas diferentes de acordo com a localização e o uso do imóvel. (*Incluído pela EC nº 29/2000*)

Art. 182. A política de desenvolvimento urbano, executada pelo Poder Público municipal, conforme diretrizes gerais fixadas em lei, tem por objetivo ordenar o pleno desenvolvimento das funções sociais da cidade e garantir o bem-estar de seus habitantes.

§ 1º O plano diretor, aprovado pela Câmara Municipal, obrigatório para cidades com mais de vinte mil habitantes, é o instrumento básico da política de desenvolvimento e de expansão urbana.

§ 2º A propriedade urbana cumpre sua função social quando atende às exigências fundamentais de ordenação da cidade expressas no plano diretor.

§ 3º As desapropriações de imóveis urbanos serão feitas com prévia e justa indenização em dinheiro.

§ 4º É facultado ao Poder Público municipal, mediante lei específica para área incluída no plano diretor, exigir, nos termos da lei federal, do proprietário do solo urbano não edificado, subutilizado ou não utilizado, que promova seu adequado aproveitamento, sob pena, sucessivamente, de:

Cap. 18 • (IPTU) Imposto sobre propriedade predial e territorial urbana **351**

I – parcelamento ou edificação compulsórios;

II – imposto sobre a propriedade predial e territorial urbana progressiva no tempo;

III – desapropriação com pagamento mediante títulos da dívida pública de emissão previamente aprovada pelo Senado Federal, com prazo de resgate de até dez anos, em parcelas anuais, iguais e sucessivas, assegurados o valor real da indenização e os juros legais.

18.2 ASPECTOS DO FATO GERADOR

Diz o CTN/66:

"**Art. 32.** O imposto, de competência dos Municípios, sobre a propriedade predial e territorial urbana tem como fato gerador a propriedade, o domínio útil ou a posse de bem imóvel por natureza ou por acessão física, como definido na lei civil, localizado na zona urbana do Município.

§ 1º Para efeito deste imposto entende-se como zona urbana a definida em lei municipal, observando o requisito mínimo da existência de melhoramentos indicados em pelo menos 2 (dois) dos incisos seguintes, construídos ou mantidos pelo Poder Público:

I – meio-fio ou calçamento, com canalização de águas pluviais;

II – abastecimento de água;

III – sistema de esgotos sanitários;

IV – rede de iluminação pública, com ou sem posteamento para distribuição domiciliar;

V – escola primária ou posto de saúde a uma distância máxima de 3 (três) quilômetros do imóvel considerado.

§ 2º A lei municipal pode considerar urbanas as áreas urbanizáveis, ou de expansão urbana, constantes de loteamentos aprovados pelos órgãos competentes, destinados à habitação ou ao comércio, mesmo que localizados fora das zonas definidas nos termos do parágrafo anterior."

Aspecto	Descrição
Pessoal	a. **sujeito ativo**: Municípios (CF, art. 156, I). b. **sujeito passivo**: proprietário do imóvel, o titular do seu domínio útil, ou o seu possuidor a qualquer título (CTN/66, art. 34).
Espacial	Território urbano do município (CF, art. 156, I e CTN/66, art. 32).
Temporal	Estabelecido pela Lei Municipal. **Exemplo**: no Município de São Paulo, a regra geral (há exceções) considera ocorrido o fato gerador em 1º de janeiro de cada exercício (Decreto nº 52.703/2011, que Consolida a legislação do Município).
Material	Propriedade predial e territorial urbana (CF, art. 156, I). **Nota**: Entende-se "propriedade predial e/ou territorial urbana".
Quantificativo	a. **base de cálculo**: CTN/66: "Art. 33. A base de cálculo é o valor venal do imóvel. Parágrafo único. Na determinação da base de cálculo, não se considera o valor dos bens móveis mantidos, em caráter permanente ou temporário, no imóvel, para efeito de sua utilização, exploração, aformoseamento ou comodidade." b. **alíquota**: fixa, variável e/ou progressiva, e é estabelecida pela Lei Municipal (art. 156, § 1º, II; art. 182, § 4º, II, CF/88).

18.3 BASE DE CÁLCULO

Autorizado pelo art. 146 da CF, o CTN, no art. 33, definiu a base de cálculo do IPTU como o "valor venal do imóvel". A lei municipal assim deverá dispor.

Esse valor real, individualizado para cada imóvel, é fixado por lei, e pode sofrer modificações de um ano para outro, em virtude de vários fatores. Para tanto, faz-se necessário editar nova lei, nos termos do § 1º do art. 97 do CTN.

Todavia, a simples atualização do valor monetário da respectiva base de cálculo não implica majoração do tributo, podendo ser feita por meio de decreto, a teor do § 2º do art. 97 do CTN.

Porém, se o decreto se exceder em relação aos índices oficiais, o excesso, e só ele, será declarado indevido.

É possível que, mesmo atualizado monetariamente, não se consiga chegar ao valor venal real do imóvel. Nessa hipótese, a majoração só será possível por meio de lei, em face da estrita legalidade tributária.

Quanto à atualização monetária da base de cálculo, dispõe o CTN:

> Art. 97. Somente a lei pode estabelecer:
>
> II – a majoração de tributos, ou sua redução, observado o disposto nos arts. 21, 26, 39, 57 e 65;
>
> § 1º Equipara-se à majoração do tributo a modificação da sua base de cálculo, que importe em torná-lo mais oneroso.
>
> § 2º Não constitui majoração de tributo, para os fins do disposto no inciso II deste artigo, a atualização do valor monetário da respectiva base de cálculo.

18.3.1 Planta de valores genéricos e planta de valores concretos

Doutrina e jurisprudência têm discutido a denominada "planta genérica de valores" sobre se deve ser elaborada pela lei, ou por decreto. Como ponto de partida, devem-se ter presentes dois aspectos fundamentais: enquanto a característica básica da lei é tratar dos casos de modo genérico, em tese, e não caso a caso, o Decreto tem por missão tornar possível o cumprimento da lei, não podendo inovar a ordem jurídica.

Assim, a *planta de valores genéricos*, estabelecidos por lei, deveria, por exemplo, fixar o preço por metro quadrado dos imóveis, obtido em função das características de cada quarteirão, bairro e/ou zona (1, 2, 3 etc., ou seja, zona residencial, comercial, industrial, mista e outras eventualmente previstas em lei municipal). Para tanto, o Legislativo deve colher elementos de fato para poder compô-la, podendo fixar outros parâmetros, se pertinentes à definição da base de cálculo.

Com base nela, o Executivo poderia elaborar uma subsequente planta de valores, concretizando o sentido da lei.

Assim, a *planta de valores concretos* conteria o preço por metro quadrado de cada imóvel da seguinte forma: partindo do preço genérico fixado pela lei, e considerando a

Cap. 18 • (IPTU) Imposto sobre propriedade predial e territorial urbana **353**

topografia do imóvel (se de esquina ou não etc.), o tipo do imóvel (se de luxo, médio ou popular) e outros fatores, chegaria ao valor por metro quadrado do imóvel, individualmente considerado.

Tais plantas de valores, por envolverem complexidades, devem ser examinadas caso a caso, para verificar sua legalidade e/ou constitucionalidade.

18.4 ZONA URBANA

No item 8.2 foi transcrito o art. 32 do CTN, que define a zona urbana para efeito de incidência do IPTU.

Questão complexa, em face das mais variadas situações nos mais variados Municípios, motivo pelo qual cada caso merece ser examinado nos seus detalhes.

Contudo, o que é preciso ter presente é que o STF não declarou inconstitucional nenhum dispositivo do CTN, motivo pelo qual as disposições do art. 32 devem ser levadas em consideração, para efeito de definição da zona urbana.

Apenas para ter como exemplo (reflexão), no Município de São Paulo estabelece o Decreto nº 52.703, de 2011, que consolida a legislação desse Município:

> Art. 2º Para os efeitos deste imposto, considera-se zona urbana toda a área em que existam melhoramentos executados ou mantidos pelo Poder Público, indicados em pelo menos dois dos incisos seguintes (art. 3º da Lei nº 6.989, de 29-12-66):
>
> I – meio-fio ou calçamento, com canalização de águas pluviais;
>
> II – abastecimento de água;
>
> III – sistema de esgotos sanitários;
>
> IV – rede de iluminação pública, com ou sem posteamento para distribuição domiciliar;
>
> V – escola primária ou posto de saúde, a uma distância máxima de três quilômetros do imóvel considerado.
>
> Art. 3º Observados os requisitos do Código Tributário Nacional, considerar-se-ão urbanas, para os efeitos deste imposto, as áreas urbanizáveis e as de expansão urbana, a seguir enumeradas, destinadas à habitação – inclusive à residencial de recreio – à indústria ou ao comércio, ainda que localizadas fora da zona urbana do Município (art. 1º da Lei nº 9.195, de 18-12-80, com a redação da Lei nº 10.439, de 2-3-88):
>
> I – as áreas pertencentes a parcelamentos de solo regularizados pela Administração Municipal, mesmo que executados irregularmente;
>
> II – as áreas pertencentes a loteamentos aprovados, nos termos da legislação pertinente;
>
> III – as áreas dos conjuntos habitacionais, aprovados e executados nos termos da legislação pertinente;
>
> IV – as áreas com uso ou edificação aprovada de acordo com a legislação urbanística de parcelamento, uso e ocupação do solo e de edificações.
>
> Parágrafo único. As áreas referidas nos incisos I, II e III deste artigo terão seu perímetro delimitado por ato do Executivo e serão enquadradas (§ 2º do art. 1º da Lei nº 9.195, de 18-12-80, com a redação do art. 252 da Lei nº 13.885, de 25-8-04):
>
> I – no caso do inciso I do *caput* deste artigo, na ZMp aquelas não classificadas como ZEIS no PDE e nos Planos Regionais Estratégicos das Subprefeituras a ele complementares;

354 Direito Tributário • *Cassone*

II – no caso do inciso III do *caput* deste artigo, na zona de uso ZM – 1;

III – no caso do inciso II do *caput* deste artigo, nas zonas de uso previstas nos respectivos planos aprovados conforme a legislação pertinente.

Art. 4º Para os efeitos deste imposto, considera-se construído todo imóvel no qual exista edificação que possa servir para habitação ou para o exercício de quaisquer atividades (art. 4º da Lei nº 6.989, de 29-12-66).

18.5 JURISPRUDÊNCIA

1. IPTU – Majoração da base de cálculo – Mapas de valores genéricos. Repercussão geral

"RECURSO. Extraordinário. Tributo. Imposto sobre Propriedade Territorial Urbana – IPTU. Majoração da base de Cálculo. Publicação de mapas de valores genéricos. Necessidade de lei em sentido formal. Repercussão geral reconhecida. Apresenta repercussão geral o recurso extraordinário que verse sobre a necessidade de lei em sentido formal para fins de atualização do valor venal de imóveis" (Repercussão Geral no AI 764.518/MG, STF, Pleno, Cezar Peluso, 22-10-2009, *DJe*-022 de 5-2-2010). No mesmo sentido: RE 648.245/MG, *DJe*-038, public. 14-2-2014.

2. IPTU – Base de cálculo por decreto (planta genérica de valores) – Repercussão geral

"PROCESSUAL CIVIL. Embargos de declaração. Acolhimento tão somente para explicitar que a discussão acerca da validade da fixação das bases calculadas do IPTU por decreto (Plantas genéricas de valores) também teve a repercussão geral reconhecida" (EDcl nos EDcl no RE 430.586/MG, STF, 2ª Turma, Joaquim Barbosa, unânime, 7-12-2010, *DJe*-020 de 1º-2-2011).

3. IPTU – Imunidade – Imóvel vago de entidade assistencial

"AGRAVO REGIMENTAL NO RECURSO EXTRAORDINÁRIO COM AGRAVO. TRIBUTÁRIO. IMUNIDADE TRIBUTÁRIA. IPTU. ENTIDADE ASSISTENCIAL. IMÓVEL VAGO. IRRELEVÂNCIA. JURISPRUDÊNCIA DO STF. AGRAVO REGIMENTAL NO RECURSO EXTRAORDINÁRIO COM AGRAVO DESPROVIDO.

1. A imunidade tributária prevista no art. 150, VI, 'c', da CF alcança todos os bens das entidades assistenciais de que cuida o referido dispositivo constitucional.

2. Deveras, o acórdão recorrido decidiu em conformidade com o entendimento firmado por esta Suprema Corte, no sentido de se conferir a máxima efetividade ao art. 150, VI, 'b' e 'c', da CF, revogando a concessão da imunidade tributária ali prevista somente quando há provas de que a utiliza dos bens imóveis abrangidos pela imunidade tributária é estranha àquelas consideradas essenciais para as suas finalidades. Precedentes: RE 325.822, Tribunal Pleno, Rel. Min. Gilmar Mendes, *DJ* 14-5-2004 e AI 447.855, da relatoria do Ministro Gilmar Mendes, *DJ* de 6-10-06.

3. *In casu*, o acórdão recorrido assentou: 'Ação declaratória de inexistência de relação jurídica. Sentença de improcedência. Alegada nulidade por falta de intimação/intervenção do Ministério Público. Ausência de interesse público. Art. 82, III, CPC. IPTU. Imunidade. Decisão administrativa. Entidade de caráter religioso. Reconhecimento da imunidade, com desoneração do IPTU/2009. O imposto predial do exercício anterior (2008), no entanto, continuou a ser cobrado pela Municipalidade, por considerar estarem vagos os lotes na época do fato gerador (jan. 2008). Comprovação da destinação dos imóveis para os fins essenciais da igreja – construção de seu primeiro templo. Inteligência do art. 150, VI e § 4º, da CF. Dá-se provimento ao recurso.'

4. Agravo regimental a que se nega provimento" (AgR no RE com Agravo 658.080/SP, STF, 1ª Turma, Luiz Fux, unânime, 13-12-2011, *DJe*-033 de 15-2-2012).

Cap. 18 • (IPTU) Imposto sobre propriedade predial e territorial urbana 355

4. IPTU – Progressividade antes da EC nº 29/2000 – Inconstitucionalidade ratificada pelo STF

"2. A cobrança progressiva de IPTU antes da EC nº 29/2000 – assunto de indiscutível relevância econômica, social e jurídica – já teve a sua inconstitucionalidade reconhecida por esta Corte, tendo sido, inclusive, editada a Súmula 668 deste Tribunal.

3. Ratificado o entendimento firmado por este Supremo Tribunal Federal, aplicam-se aos recursos extraordinários os mecanismos previstos no § 1º do art. 543-B, do CPC.

4. Questão de ordem resolvida, com a conversão do agravo de instrumento em recurso extraordinário, o reconhecimento da existência da repercussão geral da questão constitucional nele discutida, bem como ratificada a jurisprudência desta Corte a respeito da matéria, a fim de possibilitar a aplicação do art. 543-B, do CPC" (Repercussão Geral na Questão de Ordem no AI 712.743/SP, STF, Pleno, Ellen Gracie, 12-3-2009, *DJe*-084 de 8-5-2009).

5. IPTU – Inconstitucionalidade que não afasta a cobrança com base na alíquota mínima

"TRIBUTÁRIO. IPTU. PROGRESSIVIDADE. INCONSTITUCIONALIDADE PARCIAL. COBRANÇA COM BASE NA ALÍQUOTA MÍNIMA. PRECEDENTES RECENTES. NÃO SOBRESTAMENTO. AGRAVO IMPROVIDO. I – O reconhecimento da inconstitucionalidade da progressividade do IPTU não afasta a cobrança total do tributo, que deverá ser realizada pela forma menos gravosa prevista em lei. II – Trata-se, no caso, de inconstitucionalidade parcial que atinge apenas a parte incompatível com o texto constitucional e permite seu pagamento com base na alíquota mínima. III – No caso dos autos, a legislação anterior também traz progressividade de forma incompatível com o texto da Constituição então vigente, o que reforça a necessidade de adoção da inconstitucionalidade parcial. IV – É possível o julgamento imediato do feito com base em precedentes recentes que analisaram legislação diversa, mas discutiram a mesma matéria. V – Agravo improvido" (AgR no RE 378.221/RS, STF, 1ª Turma, Ricardo Lewandowski, unânime, 25-8-2009, *DJe* de18-9-2009).

6. IPTU – Sítio de recreio – Incidência

"AGRAVO REGIMENTAL. TRIBUTÁRIO. IPTU. MUNICÍPIO DE RIBEIRÃO PRETO. SÍTIO RECREIO. INCIDÊNCIA. IMÓVEL SITUADO EM ÁREA URBANA DESPROVIDA DE MELHORAMENTOS. DESNECESSIDADE.

1. A recorrente demonstra mero inconformismo em seu agravo regimental que não se mostra capaz de alterar os fundamentos da decisão agravada.

2. A jurisprudência desta Corte é pacífica no sentido de que é legal a cobrança do IPTU dos sítios de recreio, localizados em zona de expansão urbana definida por legislação municipal, nos termos do arts. 32, § 1º, do CTN c/c arts. 14 do Decreto-lei nº 57/66 e 29 da Lei nº 5.172/66, mesmo que não contenha os melhoramentos previstos no art. 31, § 1º, do CTN.

3. Agravo regimental não provido" (AgRg no REsp 783.794/SP, STJ, 2ª Turma, Mauro Campbell Marques, unânime, 15-12-2009, *DJe* de 8-2-2010).

18.6 ESTATUTO DA CIDADE – LEI Nº 10.257/2001

A Lei Federal nº 10.257, de 10-7-2001, *"regulamenta os arts. 182 e 183 da Constituição Federal, estabelece diretrizes gerais da política urbana e dá outras providências"*.

O art. 7º trata do IPTU *progressivo no tempo*, em caso de descumprimento das condições previstas na lei.

356 Direito Tributário • *Cassone*

18.7 PROCESSO ADMINISTRATIVO FISCAL – MUNICÍPIO DE SÃO PAULO[1]

A Lei nº 14.107, de 12-12-2005, do Município de São Paulo, dispõe sobre o processo administrativo fiscal e cria o Conselho Municipal de Tributos, e dela passamos a reproduzir apenas alguns dispositivos:

> Art. 1º Esta lei regula as medidas de fiscalização, a formalização do crédito tributário, o processo administrativo fiscal decorrente de notificação de lançamento e auto de infração, o processo de consulta e demais processos administrativos fiscais, relativos a tributos administrados pela Secretaria Municipal de Finanças, e cria o Conselho Municipal de Tributos.

> Art. 41. Ao Conselho Municipal de Tributos poderão ser interpostos os seguintes recursos:

> I – ordinário;

> II – de revisão.

> Art. 43. O prazo para interposição de recursos será de 30 (trinta) dias, contados da data da intimação da decisão recorrida.

> § 1º Os recursos somente terão seguimento se o recorrente efetuar depósito administrativo em dinheiro de valor equivalente a 30% (trinta por cento) da exigência fiscal definida no auto de infração ou na notificação de lançamento.

> § 2º O depósito de que trata o § 1º deste artigo será dispensado quando seu valor for inferior ao mínimo fixado por ato do Secretário Municipal de Finanças.

> Art. 73. O sujeito passivo da obrigação tributária, bem como as entidades representativas de categorias econômicas ou profissionais, poderá formular consulta sobre dispositivos da legislação tributária, aplicáveis a fato determinado.

> Art. 74. A consulta deverá ser apresentada por escrito à unidade da Secretaria Municipal de Finanças incumbida de administrar o tributo sobre o qual versa.

> Art. 75. A consulta não suspende o prazo para recolhimento do tributo, antes ou depois de sua apresentação, nem o prazo para o cumprimento de obrigações acessórias a que esteja sujeito o contribuinte.

O Decreto nº 47.227, de 27-4-2006, regulamenta o funcionamento do Conselho Municipal de Tributos, nestes termos:

> Art. 1º O Conselho Municipal de Tributos, criado pela Lei nº 14.107, de 12 de dezembro de 2005, é órgão colegiado judicante, diretamente subordinado ao Secretário Municipal de Finanças e independente quanto à sua função de julgamento, que tem por finalidade o julgamento administrativo, em grau de recurso e em caráter definitivo, dos processos administrativos fiscais decorrentes de impugnação de notificação de lançamento e auto de infração relativos a tributos administrados pela Secretaria Municipal de Finanças.

Anota SÉRGIO LUÍS PETRASSO CORRÊA:[2]

> "Reza o art. 134 da Lei Orgânica do Município de São Paulo – LOM, promulgada em 4-4-1990:

> Art. 134. *Os recursos administrativos em matéria tributária serão obrigatoriamente julgados por órgão colegiado a ser criado por lei (...)*

---

[1] A legislação do Município de São Paulo pode ser pesquisada no sítio <www.prefeitura.sp.gov.br>.

[2] CORRÊA, Sérgio Luís Petrasso. *Conselho Municipal de Tributos: princípio do contraditório e ampla defesa como meio de garantia da correção e integridade do lançamento*. São Paulo: Revista Tributária e de Finanças Pública 2008. ABDT e Revista dos Tribunais, v. 83, p. 263.

Cap. 18 • (IPTU) Imposto sobre propriedade predial e territorial urbana **357**

Vale dizer, a criação de um órgão colegiado para julgamento de recursos em matéria tributária já estava prevista de há muito, desde o longínquo exercício de 1990, quando da promulgação da LOM.

No entanto, passaram-se mais de 16 anos até a instalação definitiva do CMT, que se deu com a promulgação da Portaria SF 091, de 12-7-2006, que instalou definitivamente o Conselho. Tal dispositivo infralegal veio regular disposições da Lei Municipal 14.107, de 12-12-2005 e do decreto municipal 47.227 de 27-4-2006. Refoge ao escopo deste artigo explicar as razões de tal demora. Cabe-nos assinalar, no entanto, que as condições materiais e políticas reinantes na Administração Tributária durante esses anos não eram das mais favoráveis à instalação do Conselho. [...]

Apesar do noviciado do CMT em relação a outros órgãos administrativos de julgamento, ainda assim é possível constatar, pelos elementos apresentados, que quedou destacada a importância de se assegurar o direito do contribuinte ao contraditório e ao devido processo legal em sede administrativa, no âmbito deste Município.

A implantação de um órgão colegiado em sede de Contencioso Administrativo de 2º Grau foi demonstrada, providência que de há muito se impunha, veio dar, tanto ao contribuinte quanto ao Fisco, a possibilidade de se corrigirem eventuais falhas e erros do lançamento, com maior amplitude e acurácia, bem como introduz maior legitimidade na pacificação da lide administrativa, vez que o contribuinte, agora, participa ativamente do julgamento, mediante a intervenção de seus representantes."

Correta a colocação, na medida em que, tal como asseverado pelo Ministro Moreira Alves (que anotamos em nosso livro *Processo tributário*, Editora Atlas), uma vez implantado o processo administrativo no âmbito municipal, deve ser assegurado o contraditório e a ampla defesa.

18.8 QUESTIONÁRIO

1. *Qual é o aspecto material do IPTU?*

2. *Quais são os requisitos mínimos para a zona rural passar a ser considerada zona urbana, para efeito de IPTU?*

3. *Quem é o contribuinte do IPTU?*

4. *Qual é a base de cálculo do IPTU?*

5. *Alguns municípios adotam a Planta Genérica de Valores, que contém a base de cálculo do IPTU. Pode o Executivo Municipal atualizar monetariamente os valores da Planta Genérica, com base em índices oficiais, ou tal atualização só pode ser procedida pela Lei oriunda da Câmara dos Vereadores?*

19

(ITIV) Imposto sobre Transmissão Inter Vivos, a Qualquer Título, por Ato Oneroso, de Bens Imóveis, por Natureza ou Acessão Física, e de Direitos Reais sobre Imóveis, Exceto os de Garantia, bem como Cessão de Direitos a sua Aquisição

ESQUEMA

- 19.1 A regra-matriz na CF/88
  - 19.1.1 Transmissão (*inter vivos*, a qualquer título
  - 19.1.2 Por ato oneroso
  - 19.1.3 De bens imóveis, por natureza ou acessão física
  - 19.1.4 E de direitos reais sobre imóveis, exceto os de garantia
  - 19.1.5 Bem como cessão de direitos a sua aquisição
- 19.2 O Código Tributário Nacional
- 19.3 Aspectos da hipótese e do fato gerador
  - 19.3.1 Sujeitos ativo e passivo
  - 19.3.2 Aspecto espacial
  - 19.3.3 Aspecto temporal
  - 19.3.4 Aspecto material
  - 19.3.5 Aspecto quantificativo: base de cálculo e alíquota
- 19.4 Progressiviade
- 19.5 Imunidade
- 19.6 Jurisprudência
- 19.7 Súmulas do STF
- 19.8 Questionário

19.1 A REGRA-MATRIZ NA CF/1988

Estabelece a Constituição Federal de 1988:

> Art. 156. Compete aos Municípios instituir imposto sobre:
>
> II – transmissão "inter vivos", a qualquer título, por ato oneroso, de bens imóveis, por natureza ou acessão física, e de direitos reais sobre imóveis, exceto os de garantia, bem como cessão de direitos a sua aquisição.

§ 2º O imposto previsto no inciso II:

I – não incide sobre a transmissão de bens ou direitos incorporados ao patrimônio de pessoa jurídica em realização de capital, nem sobre a transmissão de bens ou direitos decorrente de fusão, incorporação, cisão ou extinção de pessoa jurídica, salvo se, nesses casos, a atividade preponderante do adquirente for a compra e venda desses bens ou direitos, locação de bens imóveis ou arrendamento mercantil.

II – compete ao Município da situação do bem.

O aspecto material do ITBI/IV eleito pela CF/1988 pode ser assim subdividido:

a) Imposto sobre a transmissão "inter vivos", a qualquer título, por ato oneroso, de bens imóveis, por natureza ou acessão física;

b) Imposto sobre a transmissão "inter vivos", a qualquer título, por ato oneroso, de direitos reais sobre imóveis, exceto os de garantia;

c) Imposto sobre a transmissão "inter vivos", a qualquer título, por ato oneroso, de cessão de direitos a aquisição de bens imóveis.

IVES GANDRA DA SILVA MARTINS, após transcrever os arts. 79 e 80 do Código Civil (Lei nº 10.406, de 2002), esclarece:[1]

"A lição retirada do Direito Civil, que, de resto, vem do Direito Romano, é ainda atual e não precisa ser alterada. Agiu bem o constituinte ao utilizar-se de conceitos de direito privado para conformar o objeto do imposto.

O constituinte refere-se a bens imóveis de dois tipos: os que o são por sua própria natureza, e aqueles que lhe se lhes crescem por adesão natural ou artificial.

O Imposto de Transmissão incide também sobre a cessão de direitos reais sobre os imóveis, assim como sobre direitos obrigacionais relacionados à cessão de direitos à aquisição.

[...] À evidência, o limite imposto é o de que a transmissão dos imóveis ou de seus direitos reais ou obrigacionais seja a título oneroso.

Entendo, pois, que as permutas não poderão ser tratadas senão pela diferença entre o valor dos bens permutados. Permutas de imóveis de valores rigorosamente iguais não são a título oneroso, mas simples troca de bens, razão por que a incidência municipal não se realiza e a estadual deixa de hospedá-la. Tal exegese, todavia, não é pacífica."

Tal como assevera o eminente Professor e Coordenador-Geral do Centro de Extensão Universitária de São Paulo, também entendo que permutas ou trocas em que se verifica diferença (torna) em favor de uma das partes contratantes, o ITBI incidirá somente sobre a diferença, salvo, obviamente, se a operação se enquadrar em alguma hipótese de não incidência legalmente estabelecida (isenção ou não tributação).

Pois bem. Se nós ficássemos somente na expressão "Transmissão *inter vivos*, a qualquer título, de bens imóveis", não teria dúvida em dizer que, na permuta, incide o ITBI em cada uma das transações.

Entretanto, na definição do ITBI consta também um limite, uma redução, uma especificação, que é o "ato oneroso", ato oneroso este está conforme à "capacidade econômica" disposta no § 1º do art. 145 da Constituição.

---

[1] MARTINS, Ives Gandra da Silva. *Uma teoria do tributo*. São Paulo: Editora Quartier Latin, 2005. p. 415-416.

360 Direito Tributário • *Cassone*

Em sendo assim, parece-me óbvio que, se, por exemplo; "A" é proprietário do Apartamento 81, e "B" é proprietário do apartamento 44 (ou de um terreno ou de uma Casa), e decidem permutá-los, só haverá incidência do ITBI sobre a diferença paga por um ou por outro, se houver.

Entendimento contrário desafia a capacidade econômica, não podendo, a meu ver, prevalecer.

AIRES F. BARRETO assim se manifesta quanto à subdivisão da regra de competência:[2]

> "O legislador ordinário, ao criar o tributo, pode contemplar as três variáveis contidas no protótipo constitucional. Valer dizer, erigir por hipótese de incidência desse imposto assim a (a) a transmissão *inter vivos*, por ato oneroso, de bens imóveis, por natureza ou por acessão física, (b) como a transmissão de direitos reais sobre imóveis, exceto os de garantia, e (c) a cessão de direitos a sua aquisição.
>
> A prefinição constitucional desse imposto não é, portanto, o só ato ou negócio jurídico apto à transmissão de propriedade, assim como não é o só ato jurídico da transcrição, mas o fato-efeito de transmissão imobiliária, resultante da conjugação desses dois fatos.
>
> A transmissão dos direitos reais de garantia não integra a competência municipal. Intributáveis, por isso, o penhor, a anticrese e a hipoteca."

19.1.1 Transmissão *inter vivos*, a qualquer título

Transmissão é o gênero, que comporta várias espécies, e designa o ato de transmitir a propriedade imóvel.

O "transmitir" é um termo jurídico, o que significa dizer que no direito positivo brasileiro, a simples outorga de uma "escritura pública" não é suficiente para transmitir o "direito de propriedade" de um imóvel, pois somente o seu registro na circunscrição competente do "Registro de Imóveis" é que caracterizará o ato de transmitir.

O imposto somente poderá incidir sobre as transmissões de imóveis realizadas "entre pessoas vivas".

19.1.2 Por ato oneroso

A transmissão há de ser por ato oneroso, para poder incidir o ITBI/IV.

Em sendo assim qualquer outro ato, que não seja oneroso, consistirá numa "não incidência" em nível constitucional.

Em "nível constitucional" significa que tanto a lei complementar quanto a lei ordinária não podem estabelecer hipóteses de incidência do ITBI/IV sobre quaisquer atos jurídicos que não sejam "onerosos".

---

[2] BARRETO, Aires F. Imposto sobre a Transmissão de Bens Imóveis – ITBI. In *Curso de Direito Tributário*. 12. ed. São Paulo: Saraiva e Centro de CEU/SP, 2010, p. 987-978. Obra coordenada por Ives Gandra da Silva Martins.

Cap. 19 • (ITIV) Imposto sobre transmissão *inter vivos*, a qualquer título, por ato oneroso, de bens imóveis **361**

19.1.3 De bens imóveis, por natureza ou acessão física

São imóveis "por natureza" os que estão em seu estado natural (terrenos e outras áreas), enquanto os imóveis "por acessão física" são os bens que se acoplam ou se integram ao imóvel.

19.1.4 E de direitos reais sobre imóveis, exceto os de garantia

As transmissões que dizem respeito aos "direitos reais sobre imóveis, exceto os de garantia", sempre na qualidade jurídica de "ato oneroso", estão sujeitas ao ITBI/IV.

Os "imóveis" estão assim identificados no Código Civil – Lei nº 10.406, de 2002:

> Art. 79. São bens imóveis o solo e tudo quanto se lhe incorporar natural ou artificialmente.
>
> Art. 80. Consideram-se imóveis para os efeitos legais:
>
> I – os direitos reais sobre imóveis e as ações que os asseguram;
>
> II – o direito à sucessão aberta.
>
> Art. 81. Não perdem o caráter de imóveis:
>
> I – as edificações que, separadas do solo, mas conservando a sua unidade, forem removidos para outro local;
>
> II – os materiais provisoriamente separados de um prédio, para nele se reempregarem.

Dos comentários de NESTOR DUARTE aos arts. 79 e 81 do Código Civil, reproduzo os seguintes trechos:[3]

> "Por vários modos se classificam os bens, levando-se em conta certa peculiaridade, de modo que um mesmo objeto pode inserir-se em várias classificações, como um lápis, que é *móvel* e *fungível*, e um prédio, que é *imóvel*, mas *público* ou *particular*."
>
> "Em algumas circunstâncias, embora naturalmente tornadas móveis, as partes do imóvel conservam a qualidade de imóveis. Trata-se de uma ficção legal e vinculada à intenção do proprietário de reempregá-las.
>
> Os materiais de construção, como telhas, tijolos e madeiras, adquirem o caráter de imóveis quando empregados numa construções. Se retirados provisoriamente e em geral para consertos ou reformas, não perdem esse caráter."

19.1.5 Bem como cessão de direito a sua aquisição

Aquele que tem o "direito" sobre certo imóvel, e o cede a terceiros, por ato oneroso, pratica um ato jurídico sujeito ao ITBI/IV.

A Lei nº 6.015/73, que dispõe sobre os registros públicos, dispõe:

> Art. 167. No Registro de Imóveis, além da matrícula, serão feitos. (Renumerado do art. 168 com nova redação pela Lei nº 6.216, de 1975).

---

[3] DUARTE, Nestor. *Código Civil Comentado*. São Paulo: Editora Manole, 2007, 1ª reimpressão brasileira 2007, p. 66 e 68. Obra coordenada pelo Ministro Cezar Peluso.

I – o registro: (*Redação dada pela Lei nº 6.216, de 1975*).

....

9) dos contratos de compromisso de compra e venda de cessão deste e de promessa de cessão, com ou sem cláusula de arrependimento, que tenham por objeto imóveis não loteados e cujo preço tenha sido pago no ato de sua celebração, ou deva sê-lo a prazo, de uma só vez ou em prestações;

....

18) dos contratos de promessa de venda, cessão ou promessa de cessão de unidades autônomas condominiais a que alude a Lei nº 4.591, de 16 de dezembro de 1964, quando a incorporação ou a instituição de condomínio se formalizar na vigência desta Lei;

....

20) dos contratos de promessa de compra e venda de terrenos loteados em conformidade com o Decreto-lei nº 58, de 10 de dezembro de 1937, e respectiva cessão e promessa de cessão, quando o loteamento se formalizar na vigência desta Lei.

19.2 O CÓDIGO TRIBUTÁRIO NACIONAL

O Código Tributário Nacional – CTN (Lei nº 5.172, de 25-10-1966), trata do ITBI ("causa mortis" e "inter vivos") nestes termos:

Art. 35. O imposto, de competência dos Estados, sobre a transmissão de bens imóveis e de direitos a eles relativos tem como fato gerador:

I – a transmissão, a qualquer título, da propriedade ou do domínio útil de bens imóveis por natureza ou por acessão física, como definidos na lei civil;

II – a transmissão, a qualquer título, de direitos reais sobre imóveis, exceto os direitos reais de garantia;

III – a cessão de direitos relativos às transmissões referidas nos incisos I e II.

Parágrafo único. Nas transmissões *causa mortis*, ocorrem tantos fatos geradores distintos quantos sejam os herdeiros ou legatários.

Art. 36. Ressalvado o disposto no artigo seguinte, o imposto não incide sobre a transmissão dos bens ou direitos referidos no artigo anterior:

I – quando efetuada para sua incorporação ao patrimônio de pessoa jurídica em pagamento de capital nela subscrito;

II – quando decorrente da incorporação ou da fusão de uma pessoa jurídica por outra ou com outra.

Parágrafo único. O imposto não incide sobre a transmissão aos mesmos alienantes, dos bens e direitos adquiridos na forma do inciso I deste artigo, em decorrência da sua desincorporação do patrimônio da pessoa jurídica a que foram conferidos.

Art. 37. O disposto no artigo anterior não se aplica quando a pessoa jurídica adquirente tenha como atividade preponderante a venda ou locação de propriedade imobiliária ou a cessão de direitos relativos à sua aquisição.

§ 1º Considera-se caracterizada a atividade preponderante referida neste artigo quando mais de 50% (cinquenta por cento) da receita operacional da pessoa jurídica adquirente, nos 2 (dois) anos anteriores e nos 2 (dois) anos subsequentes à aquisição, decorrer de transações mencionadas neste artigo.

§ 2º Se a pessoa jurídica adquirente iniciar suas atividades após a aquisição, ou menos de 2 (dois) anos antes dela, apurar-se-á a preponderância referida no parágrafo anterior levando em conta os 3 (três) primeiros anos seguintes à data da aquisição.

Cap. 19 • (ITIV) Imposto sobre transmissão *inter vivos*, a qualquer título, por ato oneroso, de bens imóveis **363**

§ 3º Verificada a preponderância referida neste artigo, tornar-se-á devido o imposto, nos termos da lei vigente à data da aquisição, sobre o valor do bem ou direito nessa data.

§ 4º O disposto neste artigo não se aplica à transmissão de bens ou direitos, quando realizada em conjunto com a da totalidade do patrimônio da pessoa jurídica alienante.

Art. 38. A base de cálculo do imposto é o valor venal dos bens ou direitos transmitidos.

Art. 39. A alíquota do imposto não excederá os limites fixados em resolução do Senado Federal, que distinguirá, para efeito de aplicação de alíquota mais baixa, as transmissões que atendam à política nacional de habitação.

Art. 40. O montante do imposto é dedutível do devido à União, a título do imposto de que trata o art. 43, sobre o provento decorrente da mesma transmissão.

Art. 41. O imposto compete ao Estado da situação do imóvel transmitido, ou sobre que versarem os direitos cedidos, mesmo que a mutação patrimonial decorra de sucessão aberta no estrangeiro.

Art. 42. Contribuinte do imposto é qualquer das partes na operação tributada, como dispuser a lei.

O CTN fundamentava-se na Emenda Constitucional nº 18, de 1º-12-1965, conforme está expresso em seu art. 1º; e a EC nº 18/65 assim dispunha:

Art. 9º Compete aos Estados o imposto sobre a transmissão, a qualquer título, de bens imóveis por natureza ou acessão física, como definidos em lei, e de direitos reais sobre imóveis, exceto os direitos reais de garantia.

§ 1º O imposto incide sobre a cessão de direitos relativos à aquisição dos bens referidos neste artigo.

Isso quer dizer que os arts. 35 a 42 foram recebidos pela CF/88 tanto em relação ao ITBI *causa mortis*, quanto ao ITBI *inter vivos*, merecendo as correspondentes adequações, já que até hoje não sobreveio lei complementar para separar essas disposições.

Dito em outras palavras, os arts. 35 a 42 devem ser lidos pelos Municípios (leis que instituem o ITBI *inter vivos*) adequando-os ao art. 156, II e § 2º, para que fiquem conforme à Constituição.

Penso que o art. 40 não tem fundamento constitucional, pois a competência para assim dispor é da União.

19.3 OS ASPECTOS DA HIPÓTESE DE INCIDÊNCIA E DO FATO GERADOR

A hipótese de incidência e o fato gerador são compostos pelos seguintes aspectos ou elementos: sujeito ativo, sujeito passivo, espacial, material e quantificativo.

Hipótese de incidência é a descrição que a lei faz de um fato que, ocorrido concretamente, dará nascimento à obrigação tributária. No caso do ITBI *inter vivos*, consiste no ato jurídico de "transmitir" uma propriedade imóvel, por ato oneroso, a terceiro.

A hipótese de incidência deve estar prevista em lei municipal.

Fato gerador é o ato ou fato (descritos nas letras "a", "b" e "c" no item 1) que corresponde rigorosamente à hipótese de incidência (subsunção), que acarreta a obrigação de pagar o ITBI/IV, salvo se houver alguma dispensa legal.

19.3.1 Sujeitos ativo e passivo

Levando em consideração o que o CTN dispõe, resumimos:

- Sujeito ativo = Município
- Sujeito passivo = contribuinte do imposto, pessoa física ou jurídica (qualquer das partes na operação tributada, como dispuser a lei).

19.3.2 Aspecto espacial

O aspecto espacial é representado pelo território do Município, onde se situa o imóvel, pouco importando em que Município é lavrada a escritura de venda e compra ou conferido o justo título.

Embora dispensável, a própria CF/88 estabeleceu que o ITBI/IV "compete ao Município da situação do bem" (art. 156, § 2º, II).

19.3.3 Aspecto temporal

O aspecto temporal identifica o exato momento em que o tributo se caracteriza, ou seja, instante em que o fato gerador ocorre: momento da transmissão do direito da propriedade imóvel.

Para tanto, aplica-se o Código Civil de 2002 – Capítulo que trata "Da Aquisição da propriedade Imóvel":

Art. 1.245. Transfere-se entre vivos a propriedade mediante o registro do título translativo no Registro de Imóveis.

§ 1º Enquanto não se registrar o título translativo, o alienante continua a ser havido como dono do imóvel.

§ 2º Enquanto não se promoverem, por meio de ação própria, a decretação de invalidade do registro, e o respectivo cancelamento, o adquirente continua a ser havido como dono do imóvel.

Art. 1.246. O registro é eficaz desde o momento em que se apresentar o título ao oficial do registro, e este o prenotar no protocolo.

19.3.4 Aspecto material

O "aspecto material" da hipótese de incidência é aquele que identifica o tributo, colhido da Constituição da República: auferir rendas, importar mercadorias, industrializar produtos, prestar serviços, operações financeiras etc.

No caso do ITBI *inter vivos*, o aspecto material da h.i. e do f.g. é a *"transmissão inter vivos, a qualquer titulo, por ato oneroso, de bens imóveis, por natureza ou acessão física, e de direitos reais sobre imóveis, exceto os de garantia, bem como cessão de direitos a sua aquisição"*.

Cap. 19 • (ITIV) Imposto sobre transmissão *inter vivos*, a qualquer título, por ato oneroso, de bens imóveis **365**

19.3.5 Aspecto quantificativo: base de cálculo e alíquota

O aspecto quantificativo da h.i. e do f.g. serve para apurar o montante do tributo.

A **base de cálculo**, fixada pela lei, está atrelada ao aspecto material, e assim definida pelo CTN:

> Art. 38. A base de cálculo do imposto é o valor venal dos bens ou direitos transmitidos.

A **alíquota** é fixada pela lei municipal, observados os princípios da capacidade contributiva, razoabilidade e proporcionalidade, além dos demais princípios constitucionais genericamente aplicáveis aos demais tributos.

19.4 PROGRESSIVIDADE

A progressividade tributária tem sido tratada do modo específico pela Constituição de 1988, cujos debates partem sempre da seguinte disposição:

> Art. 145. A União, os Estados, o Distrito Federal e os Municípios poderão instituir os seguintes tributos:
>
> ....
>
> § 1º Sempre que possível, os impostos terão caráter pessoal e serão graduados segundo a capacidade econômica do contribuinte, facultado (...)

Como se percebe, o § 1º do art. 145 da CF/88 estabelece uma diretriz geral, segundo a qual o ITBI "inter vivos", por ser imposto real, e não pessoal, não poderá ser submetido à tributação progressiva.

Poderia ter alíquotas progressivas, se a CF/1988 excepcionasse, tal como ocorreu com o IPTU, pois, ao elencar os impostos dos Municípios, previu a progressividade para o IPTU mas não para o ITBI.

Essa é a interpretação dada pelo Supremo Tribunal Federal, como veremos em seguida.

No RE 234.105/SP, o STF, Pleno, Carlos Velloso, unânime, 8-4-1999, *DJU* de 31-3-2000, p. 61, decidiu (www.stf.jus.br em 3-1-2011):

> "CONSTITUCIONAL. TRIBUTÁRIO. IMPOSTO DE TRANSMISSÃO DE IMÓVEIS, *INTER VIVOS* – ITBI. ALÍQUOTAS PROGRESSIVAS. C.F., art. 156, II, § 2º, Lei nº 11.154, de 30-12-91, do Município de São Paulo, SP.
>
> I – Imposto de transmissão de imóveis, *inter vivos* – ITBI: alíquotas progressivas: a Constituição Federal não autoriza a progressividade das alíquotas, realizando-se o princípio da capacidade contributiva proporcionalmente ao preço da venda.
>
> II – RE conhecido e provido."

Espera-se que a jurisprudência seja mantida pela nova composição do STF.

19.5 IMUNIDADE

A CF/1988, além da não incidência disposta no art. 156, § 2º, I, concede imunidade de impostos como segue:

> Art. 184. Compete à União desapropriar por interesse social, para fins de reforma agrária, o imóvel rural que não esteja cumprindo sua função social, mediante prévia e justa indenização em títulos da dívida agrária, com cláusula de preservação do valor real, resgatáveis no prazo de até vinte anos, a partir do segundo ano de sua emissão, e cuja utilização será definida em lei.
>
> § 5º São isentas de impostos federais, estaduais e municipais as operações de transferência de imóveis desapropriados para fins de reforma agrária.

A Constituição de 1988 utiliza o termo "isenção" tanto para as dispensas de pagamento de tributos via lei ordinária (art. 150, § 6º), quanto no art. 195, § 7º e art. 184, § 5º, essas últimas duas consideradas "imunidades".

É o que diz o RE 168.110, STF, 1ª Turma, Moreira Alves, unânime, 4-4-2000, *DJU* 19-4-2000, p. 20:

> "Recurso extraordinário. Alcance da imunidade tributária relativa aos títulos da dívida agrária.
>
> Há pouco, em 28-9-99, a Segunda Turma desta Corte, ao julgar o RE 169.628, relator o eminente Ministro Maurício Corrêa, decidiu, por unanimidade de votos, que o § 5º do artigo 184 da Constituição, embora aluda a isenção de tributos com relação às operações de transferência de imóveis desapropriados para fins de reforma agrária, não concede isenção, mas, sim, imunidade, que, por sua vez, tem por fim não onerar o procedimento expropriatório ou dificultar a realização da reforma agrária, sendo que os títulos da dívida agrária constituem moeda de pagamento da justa indenização devida pela desapropriação de imóveis por interesse social e, dado o seu caráter indenizatório, não podem ser tributados.
>
> Essa imunidade, no entanto, não alcança terceiro adquirente desses títulos, o qual, na verdade, realiza com o expropriado negócio jurídico estranho à reforma agrária, não sendo assim também destinatário da norma constitucional em causa.
>
> Dessa orientação divergiu o acórdão recorrido.
>
> Recurso extraordinário conhecido e provido."

Não sendo hipóteses de "isenção", mas de "imunidade", somente podem ser revogadas por Emenda Constitucional, e mesmo assim se o STF não as considerar cláusulas pétreas.

19.6 JURISPRUDÊNCIA

Eis algumas decisões jurisprudenciais:

1 – AgR no AI 646.443/DF, STF, 1ª Turma, Marco Aurélio, unânime, 16-12-2008, *DJe*-076 de 24-4-2009:

> "RECURSO EXTRAORDINÁRIO – IMPOSTO DE TRANSMISSÃO INTERVIVOS DE BENS IMÓVEIS – FATO GERADOR – CESSÃO DE DIREITOS.
>
> A cobrança do Imposto de Transmissão Intervivos de Bens Imóveis está vinculada à existência de registro do instrumento no cartório competente."

Cap. 19 • (ITIV) Imposto sobre transmissão *inter vivos*, a qualquer título, por ato oneroso, de bens imóveis **367**

2 – Rp 1.121/GO, STF, Pleno, Moreira Alves, unânime, 9-11-1983, *DJU* 13-4-1984, p. 15.629:

"FATO GERADOR DO IMPOSTO SOBRE A TRANSMISSÃO DE BENS IMÓVEIS E DE DIREITOS A ELE RELATIVOS. COMPROMISSO DE COMPRA E VENDA.

O compromisso de compra e venda, no sistema jurídico brasileiro, não transmite direitos reais nem configura cessão de direitos a aquisição deles, razão por que é inconstitucional a Lei que o tenha como fato gerador de imposto sobre a transmissão de bens imóveis e de direitos a eles relativos.

Representação julgada procedente, declarando-se a inconstitucionalidade do inciso I do parágrafo único do art. 114 da Lei nº 7730, de 30 de outubro de 1973, do Estado de Goiás."

3 – RE 85.228/RJ, STF, 2ª Turma, Cordeiro Guerra, unânime, 10-12-1976, *DJU* 18-3-1977:

"IMPOSTO DE TRANSMISSÃO. Não é devido o Imposto de Transmissão Inter Vivos sobre a cessão de direitos a sucessão aberta, sem a particularização dos bens imóveis da sucessão, pois a Constituição Federal e o Código Tributário Nacional apenas preveem a sua incidência em relação aos bens imóveis por natureza ou acessão física.

RE não conhecido."

Nota – Do relatório, reproduzo:

"Decidiu o bem lançado acórdão de fls. 56/64 que: 'não é devido o Imposto de Transmissão inter vivos, sobre a cessão de direitos a sucessão aberta. Constituindo o Código Tributário Nacional lei hierarquicamente superior e de caráter normativo, deve a legislação fiscal do Estado ser interpretada em consonância com o referido diploma legal, pelo qual não incide Imposto de Transmissão sobre imóveis por determinação legal'."

4 – Rp 1.211/RJ, STF, 1ª Turma, Octávio Gallotti, unânime, 30-4-1987, *DJU* 5-6-1987, p. 11.121:

"IMPOSTO SOBRE A TRANSMISSÃO DE BENS IMÓVEIS E DE DIREITOS A ELES RELATIVOS. FATO GERADOR.

O compromisso de compra e venda e a promessa de cessão de direitos aquisitivos, dada a sua natureza de contratos preliminares no direito privado brasileiro, não constituem meios idôneos à transmissão, pelo registro, do domínio sobre o imóvel, sendo, portanto, inconstitucional a norma que os erige em fato gerador do imposto sobre a transmissão de bens imóveis e de direitos a eles relativos.

Representação julgada procedente, declarando-se a inconstitucionalidade do inciso VII do art. 89 do Decreto-lei nº 5, de 15 de março de 1975, com a redação que lhe deu o Decreto-lei nº 413, de 13 de fevereiro de 1979, ambos do Estado do Rio de Janeiro."

19.7 SÚMULAS DO STF

A seguir, reproduzo súmulas do Supremo Tribunal Federal, anotando, entre parêntesis, a data da Sessão Plenária em que aprovada, para que possa ser relacionada com a Constituição Federal vigente à época (<www.stf.jus.br> em 20-11-2011):

108. É legítima a incidência do imposto de transmissão "inter vivos" sobre o valor do imóvel ao tempo da alienação e não da promessa, na conformidade da legislação local. (13-12-1963)

110. O imposto de transmissão "inter vivos" não incide sobre a construção ou parte dela, realizada pelo adquirente, mas sobre o que tiver sido construído ao tempo da alienação do terreno. (13-12-1963)

Nota – Registra ROBERTO ROSAS (*Direito Sumular*. São Paulo: Malheiros Editores, 13. ed. 2006, p. 58):

"Assinalou o Min. Victor Nunes, esclarecendo o significado dessa Súmula, que ela não ficou bem redigida: 'De um lado, a Súmula afirma o princípio de que a construção *'realizada pelo adquirente'*, isto é, em seu nome e por sua conta, está livre da sisa. De outro, declara tributável *'o que tiver sido construído ao tempo da alienação do terreno'*. O vocábulo *'alienação'*, ali empregado, faz pensar na escritura definitiva, isto é, na construção existente, nessa data. Parece-me que, pelo entendimento predominante no Tribunal, o momento a ser considerado é o contrato de construção, em regra contemporâneo da promessa de venda, e não a escritura definitiva de alienação do terreno, pois aquele contrato é que define a situação jurídica do contribuinte, em relação à outra; ele é que comprova que a construção, ou parte dela, não foi realizada em nome e por conta do primitivo proprietário, mas em nome e por conta do comprador ou promitente comprador' (RE 55.884)."

111. É legítima a incidência do imposto de transmissão "inter vivos" sobre a restituição, ao antigo proprietário, de imóvel que deixou de servir à finalidade da sua desapropriação. (13-12-1963)

326. É legítima a incidência do imposto de transmissão "inter vivos" sobre a transferência do domínio útil. (13-12-1963)

Nota – Registra ROBERTO ROSAS (*Direito Sumular*. São Paulo: Malheiros Editores, 13. ed. 2006, p. 141):

"Parte substancial do voto do min. Pedro Chaves no RE 37.375 delimita a questão: 'O aforamento dos terrenos de marinha que fazem parte do domínio da União, sujeito embora a legislação especial, não refoge, entretanto, aos princípios a que o Código Civil sujeita em geral a enfiteuse. Como no mencionado instituto, o aforamento dos terrenos de marinha transfere para o foreiro ou ocupante o domínio útil do imóvel e é lógico que essa transferência deve ser acompanhada dos mesmos encargos com que o Direito Civil acompanha o enfiteuta, entre eles o que é expressamente mencionado no art. 682 do Código Civil: a satisfação dos impostos que incidirem sobre o imóvel. Acrescente-se, ainda, que nas normas da legislação de São Paulo (Código de Impostos e Taxas, art. 7º, Livro IV), o imposto territorial é exigível do proprietário, do possuidor ou do simples ocupante, não podendo dele se esquivar o foreiro pelo simples argumento de pagar foro ou taxa de ocupação do senhorio direto'."

328. É legitima a incidência do imposto de transmissão "inter vivos" sobre a doação de imóvel. (13-12-1963)

Nota – A CF/2988 outorgou competência exclusiva aos Estados e ao Distrito Federal, para instituir imposto sobre a doação (não onerosa).

329. O imposto de transmissão "inter vivos" não incide sobre a transferência de ações de sociedade imobiliária. (13-12-1963)

Nota – Registra ROBERTO ROSAS (*Direito Sumular*. 13. ed. São Paulo: Malheiros Editores, 13ª ed. 2006, p. 143):

"Dispositivo legal paulista mandava incidir o imposto de transmissão inter vivos sobre a transferência de ações de sociedade imobiliária (Decreto-lei estadual 8.255, de 1937).

O Tribunal paulista declarou inconstitucional esse dispositivo por incompatível com o disposto no art. 19, III, da Constituição de 1946, dispondo que competia aos estados decretar o imposto de transmissão de propriedade imobiliária *inter vivos*. Sendo as ações ou cota títulos de crédito de natureza **móvel**, cuja transferência não afetaria o patrimônio imobiliário social, não seria constitucional o dispositivo.

O STF confirmou a decisão do TJSP (RE 20.504, RDA 47/36; RE 20.497, RDA 48/60).

470. O imposto de transmissão "inter vivos" não incide sobre a construção, ou parte dela, realizada, inequivocamente, pelo promitente comprador, mas sobre o valor do que tiver sido construído antes da promessa de venda. (1º-10-1964)

656. É inconstitucional a lei que estabelece alíquotas progressivas para o imposto de transmissão "inter vivos" de bens imóveis – ITBI com base no valor venal do imóvel. (24-9-2003)

19.8 QUESTIONÁRIO

1. *Qual é o aspecto material do fato gerador do ITIV?*
2. *Quem é o sujeito passivo do ITIV?*
3. *Qual é a base do cálculo do ITIV?*
4. *Qual é a alíquota do ITIV?*

20

(ISS) Imposto sobre Serviços de Qualquer Natureza

ESQUEMA

20.1 Disposição constitucional
20.2 Conceitos de produtos industrializados, mercadorias e serviços
    20.2.1 Produto industrializado
    20.2.2 Mercadoria
    20.2.3 Serviço
        20.2.3.1 Serviço para terceiros e não serviços para si próprio
    20.2.4 *Hardware* e *software*
    20.2.5 Arrendamento mercantil – serviço e locação: alteração na conceituação ofertada pelo do STF
20.3 Serviços de composição gráfica – competência do ISS ou do ICMS
20.4 Aspectos do fato gerador
20.5 Taxatividade da lista de serviços
20.6 Lista de serviços – Lei complementar
20.7 Questionário

20.1 DISPOSIÇÃO CONSTITUCIONAL

Dispõe a CF, na redação dada pela EC nº 3, de 17-3-93, e Emenda Constitucional nº 37, de 12-6-2002:

> "**Art. 156.** Compete aos Municípios instituir impostos sobre:
>
> ....
>
> III – serviços de qualquer natureza, não compreendidos no art. 155, II, definidos em lei complementar. (Redação da EC 3/1993)
>
> ....
>
> § 3º Em relação ao imposto previsto no inciso III do caput deste artigo, cabe à lei complementar: (Redação da EC 37/2002)
>
> I – fixar as suas alíquotas máximas e mínimas; (Redação da EC 37/2002)
>
> II – excluir da sua incidência exportações de serviços para o exterior; (Incluído pela EC 3/1993)
>
> III – regular a forma e as condições como isenções, incentivos e benefícios fiscais serão concedidos e revogados". (Incluído pela EC 3/1993)

CF/1988 – Ato das Disposições Constitucionais Transitórias:

Art. 88. Enquanto lei complementar não disciplinar o disposto nos incisos I e III do § 3º do art. 156 da Constituição Federal, o imposto a que se refere o inciso III do *caput* do mesmo artigo: (Incluído pela EC 37/2002)

I – terá alíquota mínima de dois por cento, exceto para os serviços a que se referem os itens 32, 33 e 34 da Lista de Serviços anexa ao Decreto-Lei nº 406, de 31 de dezembro de 1968; (Incluído pela EC 37/2002)

II – não será objeto de concessão de isenções, incentivos e benefícios fiscais, que resulte, direta ou indiretamente, na redução da alíquota mínima estabelecida no inciso I. (Incluído pela EC 37/2002)

Nos termos da nova redação, a tributação do ISS ficou como segue:

a) são tributados os serviços *"de qualquer natureza"*. Embora a expressão tenha um sentido amplo, os serviços que poderão ser tributados pelo ISS serão os que assim forem definidos pela lei complementar, a qual não pode abranger os serviços compreendidos no art. 155, II, CF, ou seja, *"serviços de transporte interestadual e intermunicipal, e de comunicações, ainda que as prestações de serviços se iniciem no exterior"*, sujeitos exclusivamente ao ICMS; tampouco caracterizar como "serviço" o que, por sua natureza, não é serviço (art. 4º, CTN), como, por exemplo, atesta a Súmula Vinculante nº 31: "É inconstitucional a incidência do ISS sobre operações de locação de bens móveis". Entretanto, é preciso distinguir situações, e dar a cada uma a devida interpretação, pois: "TRIBUTÁRIO. IMPOSTO SOBRE SERVIÇOS DE QUALQUER NATUREZA. LOCAÇÃO DE BENS MÓVEIS ASSOCIADA A PRESTAÇÃO DE SERVIÇOS. LOCAÇÃO DE GUINDASTE E APRESENTAÇÃO DO RESPECTIVO OPERADOR. INCIDÊNCIA DO ISS SOBRE A PRESTAÇÃO DE SERVIÇO. NÃO INCIDÊNCIA SOBRE A LOCAÇÃO DE BENS MÓVEIS. SÚMULA VINCULANTE 31. AGRAVO REGIMENTAL. 1. A Súmula Vinculante 31 não exonera a prestação de serviços concomitante à locação de bens móveis do pagamento do ISS. 2. Se houver ao mesmo tempo locação de bem móvel e prestação de serviços, o ISS incide sobre o segundo fato, sem atingir o primeiro. 3. O que a agravante poderia ter discutido, mas não o fez, é a necessidade de adequação da base de cálculo do tributo para refletir o vulto econômico da prestação de serviço, sem a inclusão dos valores relacionados à locação." (AgR no ARE 656.709/RS, STF, 2ª T, Joaquim Barbosa, unânime, 14-02-2012, *DJe*-048 public. 08-03-2012). É que o valor do aluguel estará no campo de incidência do IR, enquanto o valor (retribuição) pelo serviço prestado por uma imobiliária (por exemplo), estará sujeito ao ISS.

b) definidos, por lei complementar, os serviços sujeitos ao ISS, é indispensável um segundo ato legislativo, desta vez oriundo da Câmara Municipal: Lei do Município, prevendo todos os aspectos da hipótese de incidência (pessoal, espacial, temporal, material e quantificativo – cf. explicado no Capítulo 6, item 6.2.2). Isso porque a lei complementar tem uma certa competência (*definir* os serviços sujeitos ao ISS e *dirimir* conflitos de competência), e a Lei Municipal tem outra competência (competência para *instituir* o tributo). A Lei Municipal poderá adotar o inteiro teor da Lista de Serviços (LC nº 116, de 2003), ou apenas parte dela. Não poderá, contudo, acrescentar itens não previstos em lei complementar;

c) *cabe à lei complementar dispor sobre conflitos de competência, em matéria tributária, entre a União, os Estados, o Distrito Federal e os Municípios* (art. 146, I, CF/88). Em face dessa autorização constitucional, a Lista de Serviços contém as chamadas "atividades mistas", em que *"serviços"* estão sujeitos ao ISS; e a aplicação de *"mercadorias"* está sujeita ao ICMS. A nosso ver, também é constitucional a lei complementar que adota o critério da "preponderância", para fazer incidir o ISS ou o ICMS;

d) cabe à lei complementar fixar as alíquotas máximas e mínimas;

e) O inciso II do § 3º do art. 156 da CF/88 foi regulado pelo inciso I do art. 2º da LC 116/2003, o qual estabelece que o ISS *"não incide sobre as exportações de serviços para o exterior do País"*. Para o exterior *"do País"*, porque *"a Zona Franca de Manaus, por força do art. 4º do Decreto-lei nº 288/67, é tratada como área estrangeira..."* (do voto de Nelson Jobim na ADI-MC 2.348-9).

f) não poderá ser objeto de isenções, incentivos e benefícios fiscais, que resultem, direta ou indiretamente, na redução da alíquota mínima (a finalidade é evitar a denominada "guerra fiscal" entre os Municípios);

g) enquanto não for editada a lei complementar prevista no art. 88 do ADCT, a alíquota *máxima* será a estabelecida em Lei do Município, que deverá observar princípios constitucionais (legalidade, igualdade, capacidade contributiva, vedação de confisco, anterioridade, irretroatividade, proporcionalidade);

20.2 CONCEITOS DE PRODUTOS INDUSTRIALIZADOS, MERCADORIAS E SERVIÇOS

Entre os impostos que o CTN/66 (Lei nº 5.172/66) classifica em função da base econômica de "Imposto sobre a produção e a circulação", o IPI, o ICMS e o ISS têm ensejado algumas divergências doutrinárias, no que pertine à incidência de um ou de outro imposto, sobre certos fatos que se situam em zona cinzenta. E, para correta adequação do fato à norma (subsunção), é imprescindível que os conceitos de Produtos Industrializados, Mercadorias e Serviços estejam bem definidos.

20.2.1 Produto industrializado

Produto, no sentido comum, é o resultado da produção, física ou mental (produtos agrícolas, produtos da indústria, produtos da imaginação). Mas, para a legislação tributária, o que importa é o conceito de "produto industrializado" (CF, art. 153, IV; CTN/66, art. 46), que é fornecido pelo CTN, art. 46, parágrafo único: "Considera-se industrializado o produto que tenha sido submetido a qualquer operação que lhe modifique a natureza ou a finalidade ou o aperfeiçoa para o consumo", servindo-se de matéria-prima, que é a substância bruta principal e essencial com que é produzida ou fabricada alguma coisa.

O produto é então posto no ciclo econômico (circulação econômica ou jurídica) da fonte de produção até o consumo, por meio das chamadas operações de circulação de mercadorias.

Assim, enquanto a coisa se acha na disponibilidade do industrial que a produz, chama-se **Produto Industrializado**; colocado pelo industrial no ciclo econômico (venda etc.), é identificado como *Produto Industrializado* (para a legislação do IPI) e *Mercadoria* (para a legislação do ICMS); chegando às mãos do consumidor final, encerra o ciclo de operações de circulação.

20.2.2 Mercadoria

Mercadorias são as coisas móveis objetos do comércio. A legislação tributária não as define, aceitando esse conceito doutrinário.

Na Itália é assim definida: *"Merce – ogni bene economico mobile, inquanto oggetto di scambio commerciale. I beni devono possedere i requisiti della materialità e trasferibilità, excludendo-si così i servizi, i rischi, i brevetti, il reddito d'autore, l'avviamento aziendale e i beni immobili in genere"* (*Dizionario enciclopedico del diritto*. Novara: Edipen, 1979). Não difere, assim, do conceito pátrio.

20.2.3 Serviço

Na Itália, *"Servizi sono beni immateriali, cioè prestazioni che i soggetti rendano ad altri soggetti, siano essi unità di consumo, siano unità de produzione (la visita di um medico, la lezione di un professore, il trasporto di beni e di persone, ecc.). Servizi si possono considerare anche le prestazioni resi dagli stessi beni materiali (p. es. un automobile fornisce um servizio, quello del trasporto), per cui si usa distinguere fra servizi reali o materiali, resi appunto dai beni materiali, e servizi personali, resi dai soggeti economici"* (*Dizionario enciclopédico del diritto*, cit.).

Cap. 20 • (ISS) Imposto sobre serviços de qualquer natureza **373**

No Brasil, o conceito é o mesmo. Obviamente, às vezes é preciso adaptá-lo à legislação constitucional e infraconstitucional pátria.

Serviço, em sentido comum, é o ato ou efeito de servir. No sentido jurídico-tributário, é definido pela Lei Complementar, por expressa determinação constitucional que, quanto ao ISS, deve excluir os serviços de transporte interestadual e intermunicipal e de comunicações (art. 156, IV, c/c 155, I, *b*).

Por sua vez, a Lei Complementar, em vez de dar uma definição teórica de serviços, preferiu elaborar uma *Lista de Serviços* tributáveis pelo ISS, atualmente vigente a Lista anexa à LC nº 116, de 2003. Seu art. 1º bem esclarece a situação.

A atividade tributável deve ser um serviço que proporcione a alguém uma materialidade fruível, atividade essa que, para ser tributável, deve ter um certo conteúdo econômico, no sentido que venha a propiciar determinado conforto ou utilidade. Sendo assim, não há ISS sobre ato negocial, sobre o contrato em si, mas sobre a efetiva prestação de serviços (Cleber Giardino, "ISS" – *O Estado de S. Paulo*, de 16-12-84).

20.2.3.1 *Serviço para terceiros e não para si próprio*

Para fins de incidência do ISS, não existe a prestação de serviços "para si próprio", porque na prestação de serviços propicia-se uma *utilidade*, decorrente da transferência econômica de um bem imaterial a terceiros. Sendo assim, grava-se a prestação efetiva do serviço, e não a atividade em si. Exemplificando, tributa-se o *serviço de transporte* prestado a terceiro, e não a atividade de "transporte" isoladamente considerada, sem que haja a prestação de serviço a terceiro.

A respeito desses conceitos, o Ministro Moreira Alves, em voto no antigo IST (Imposto sobre Transportes) cuja competência a CF 67/69 outorgara à União:

> "[...] em direito, o sentido normal da expressão *serviço* é a atividade que se realiza para terceiro, e não para si próprio, como também porque o imposto não é devido sobre o transporte, que é sempre uma atividade de conteúdo econômico, mas sobre o serviço de transporte, a significar que não é qualquer transporte que dá margem a ele, mas, sim, aquele que caracteriza um serviço, o que implica, sem dúvida alguma, restrição à atividade de transportar que tem sempre conteúdo econômico, seja realizada para o próprio transportador ou para terceiros; e essa restrição é, exatamente, a de que o transporte se realize em favor de terceiro" (fls. 712 do RE 101.339-7/SP, STF, Pleno, Moreira Alves, unânime 14-4-84, *DJU* 8-6-1984, p. 9261).

20.2.4 *Hardware* e *software*

Conflitos de competência, em relação ao ISS e ICMS, foram resolvidos pelo STF.

O *hardware* (equipamento, vídeo, teclado), por tratar-se de produto industrializado/mercadoria, está sujeito ao Imposto sobre a Produção de Bens (IPI) e/ou ao Imposto sobre a Circulação de Bens (ICMS).

O *software* (programa de computador) está sujeito, conforme o caso (STF, RE 176.626-3-SP; RE 199.464-9/SP – entre outros):

374 Direito Tributário • *Cassone*

a. a licenciamento ou cessão do direito de uso = incidência do ISS, com exclusão do ICMS;

b. a comercialização *(software* "de prateleira") = incidência do ICMS, com exclusão do ISS.

20.2.5 O STF, o conceito constitucional do ISS e o art. 88 dos ADCT

O Supremo Tribunal Federal, no RE 651.703/PR (Luiz Fux, 29-09-2016, Repercussão-Geral no Mérito, *DJe*-086 public. 26-04-2017), embora examinando especificamente questões sobre *"operadoras de planos de saúde e de seguro-saúde"*, referiu a aspectos da hipótese de incidência do ISS (seu núcleo, sua materialidade), nestes termos:

"EMENTA: RECURSO EXTRAORDINÁRIO. CONSTITUCIONAL. TRIBUTÁRIO. ISSQN. ART. 156, III, CRFB/88. CONCEITO CONSTITUCIONAL DE SERVIÇOS DE QUALQUER NATUREZA. ARTIGOS 109 E 110 DO CTN. AS OPERADORAS DE PLANOS PRIVADOS DE ASSISTÊNCIA À SAÚDE (PLANO DE SAÚDE E SEGURO-SAÚDE) REALIZAM PRESTAÇÃO DE SERVIÇO SUJEITA AO IMPOSTO SOBRE SERVIÇOS DE QUALQUER NATUREZA-ISSQN, PREVISTO NO ART. 156, III, DA CRFB/88.

1. O ISSQN incide nas atividades realizadas pelas Operadoras de Planos Privados de Assistência à Saúde (Plano de Saúde e Seguro-Saúde).

2. A coexistência de conceitos jurídicos e extrajurídicos passíveis de recondução a um mesmo termo ou expressão, onde se requer a definição de qual conceito prevalece, se o jurídico ou o extrajurídico, impõe não deva ser excluída, *a priori*, a possibilidade de o Direito Tributário ter conceitos implícitos próprios ou mesmo fazer remissão, de forma tácita, a conceitos diversos daqueles constantes na legislação infraconstitucional, mormente quando se trata de interpretação do texto constitucional.

3. O Direito Constitucional Tributário adota conceitos próprios, razão pela qual não há um primado do Direito Privado.

4. O art. 110, do CTN, não veicula norma de interpretação constitucional, posto inadmissível interpretação autêntica da Constituição encartada com exclusividade pelo legislador infraconstitucional.

5. O conceito de prestação de "serviços de qualquer natureza" e seu alcance no texto constitucional não é condicionado de forma imutável pela legislação ordinária, tanto mais que, de outra forma, seria necessário concluir pela possibilidade de estabilização com força constitucional da legislação infraconstitucional, de modo a gerar confusão entre os planos normativos.

6. O texto constitucional ao empregar o signo "serviço", que, *a priori*, conota um conceito específico na legislação infraconstitucional, não inibe a exegese constitucional que conjura o conceito de Direito Privado.

7. A exegese da Constituição configura a limitação hermenêutica dos arts. 109 e 110 do Código Tributário Nacional, por isso que, ainda que a contraposição entre obrigações de dar e de fazer, para fins de dirimir o conflito de competência entre o ISS e o ICMS, seja utilizada no âmbito do Direito Tributário, à luz do que dispõem os artigos 109 e 110, do CTN, novos critérios de interpretação têm progressivamente ampliado o seu espaço, permitindo uma releitura do papel conferido aos supracitados dispositivos.

8. A doutrina do tema, ao analisar os artigos 109 e 110, aponta que o CTN, que tem *status* de lei complementar, não pode estabelecer normas sobre a interpretação da Constituição, sob pena de restar vulnerado o princípio da sua supremacia constitucional.

9. A Constituição posto carente de conceitos verdadeiramente constitucionais, admite a fórmula diversa da interpretação da Constituição conforme a lei, o que significa que os conceitos constitucionais não são necessariamente aqueles assimilados na lei ordinária.

10. A Constituição Tributária deve ser interpretada de acordo com o pluralismo metodológico, abrindo-se para a interpretação segundo variados métodos, que vão desde o literal até o sistemático e teleológico, sendo certo que os conceitos constitucionais tributários não são fechados e unívocos, devendo-se recorrer também aos aportes de ciências afins para a sua interpretação, como a Ciência das Finanças, Economia e Contabilidade.

Cap. 20 • (ISS) Imposto sobre serviços de qualquer natureza **375**

11. A interpretação isolada do art. 110, do CTN, conduz à prevalência do método literal, dando aos conceitos de Direito Privado a primazia hermenêutica na ordem jurídica, o que resta inconcebível. Consequentemente, deve-se promover a interpretação conjugada dos artigos 109 e 110, do CTN, avultando o método sistemático quando estiverem em jogo institutos e conceitos utilizados pela Constituição, e, de outro, o método teleológico quando não haja a constitucionalização dos conceitos.

12. A unidade do ordenamento jurídico é conferida pela própria Constituição, por interpretação sistemática e axiológica, entre outros valores e princípios relevantes do ordenamento jurídico.

13. Os tributos sobre o consumo, ou tributos sobre o valor agregado, de que são exemplos o ISSQN e o ICMS, assimilam considerações econômicas, porquanto baseados em conceitos elaborados pelo próprio Direito Tributário ou em conceitos tecnológicos, caracterizados por grande fluidez e mutação quanto à sua natureza jurídica.

14. O critério econômico não se confunde com a vetusta teoria da interpretação econômica do fato gerador, consagrada no Código Tributário Alemão de 1919, rechaçada pela doutrina e jurisprudência, mas antes em reconhecimento da interação entre o Direito e a Economia, em substituição ao formalismo jurídico, a permitir a incidência do Princípio da Capacidade Contributiva.

15. A classificação das obrigações em "obrigação de dar", de "fazer" e "não fazer", tem cunho eminentemente civilista, como se observa das disposições no Título "Das Modalidades das Obrigações", no Código Civil de 2002 (que seguiu a classificação do Código Civil de 1916), em: (i) obrigação de dar (coisa certa ou incerta) (arts. 233 a 246, CC); (ii) obrigação de fazer (arts. 247 a 249, CC); e (iii) obrigação de não fazer (arts. 250 e 251, CC), não é a mais apropriada para o enquadramento dos produtos e serviços resultantes da atividade econômica, pelo que deve ser apreciada *cum grano salis*.

16. A Suprema Corte, ao permitir a incidência do ISSQN nas operações de *leasing* financeiro e *leaseback* (RREE 547.245 e 592.205), admitiu uma interpretação mais ampla do texto constitucional quanto ao conceito de "serviços" desvinculado do conceito de "obrigação de fazer" (RE 116.121), verbis: "EMENTA: RECURSO EXTRAORDINÁRIO. DIREITO TRIBUTÁRIO. ISS. ARRENDAMENTO MERCANTIL. OPERAÇÃO DE *LEASING* FINANCEIRO. ARTIGO 156, III, DA CONSTITUIÇÃO DO BRASIL. O arrendamento mercantil compreende três modalidades, [i] o *leasing* operacional, [ii] o *leasing* financeiro e [iii] o chamado *leaseback*. No primeiro caso há locação, nos outros dois, serviço. A lei complementar não define o que é serviço, apenas o declara, para os fins do inciso III do artigo 156 da Constituição. Não o inventa, simplesmente descobre o que é serviço para os efeitos do inciso III do artigo 156 da Constituição. No arrendamento mercantil (*leasing* financeiro), contrato autônomo que não é misto, o núcleo é o financiamento, não uma prestação de dar. E financiamento é serviço, sobre o qual o ISS pode incidir, resultando irrelevante a existência de uma compra nas hipóteses do *leasing* financeiro e do *leaseback*. Recurso extraordinário a que se nega provimento." (grifo nosso) (RE 592905, Relator Min. EROS GRAU, Tribunal Pleno, julgado em 02/12/2009).

17. A lei complementar a que se refere o art. 156, III, da CRFB/88, ao definir os serviços de qualquer natureza a serem tributados pelo ISS a) arrola serviços por natureza; b) inclui serviços que, não exprimindo a natureza de outro tipo de atividade, passam à categoria de serviços, para fim de incidência do tributo, por força de lei, visto que, se assim não considerados, restariam incólumes a qualquer tributo; e c) em caso de operações mistas, afirma a prevalência do serviço, para fim de tributação pelo ISS.

18. O artigo 156, III, da CRFB/88, ao referir-se a serviços de qualquer natureza não os adstringiu às típicas obrigações de fazer, já que raciocínio adverso conduziria à afirmação de que haveria serviço apenas nas prestações de fazer, nos termos do que define o Direito Privado, o que contrasta com a maior amplitude semântica do termo adotado pela constituição, a qual inevitavelmente leva à ampliação da competência tributária na incidência do ISSQN.

19. A regra do art. 146, III, "a", combinado com o art. 146, I, CRFB/88, remete à lei complementar a função de definir o conceito "de serviços de qualquer natureza", o que é efetuado pela LC nº 116/2003.

20. A classificação (obrigação de dar e obrigação de fazer) escapa à *ratio* que o legislador constitucional pretendeu alcançar, ao elencar os serviços no texto constitucional tributáveis pelos impostos (v.g., serviços de comunicação – tributáveis pelo ICMS, art. 155, II, CRFB/88; serviços financeiros e securitários – tributáveis pelo IOF, art. 153, V, CRFB/88; e, residualmente, os demais

376 Direito Tributário • *Cassone*

serviços de qualquer natureza – tributáveis pelo ISSQN, art. 156, III, CRFB/88), qual seja, a de captar todas as atividades empresariais cujos produtos fossem serviços sujeitos a remuneração no mercado.

21. Sob este ângulo, o conceito de prestação de serviços não tem por premissa a configuração dada pelo Direito Civil, mas relacionado ao oferecimento de uma utilidade para outrem, a partir de um conjunto de atividades materiais ou imateriais, prestadas com habitualidade e intuito de lucro, podendo estar conjugada ou não com a entrega de bens ao tomador.

22. A LC nº 116/2003 imbricada ao *thema decidendum* traz consigo lista anexa que estabelece os serviços tributáveis pelo ISSQN, dentre eles, o objeto da presente ação, que se encontra nos itens 4.22 e 4.23, *verbis*: "Art. 1º O Imposto Sobre Serviços de Qualquer Natureza, de competência dos Municípios e do Distrito Federal, tem como fato gerador a prestação de serviços constantes da lista anexa, ainda que esses não se constituam como atividade preponderante do prestador. (...) 4.22 – Planos de medicina de grupo ou individual e convênios para prestação de assistência médica, hospitalar, odontológica e congêneres. 4.23 – Outros planos de saúde que se cumpram através de serviços de terceiros contratados, credenciados, cooperados ou apenas pagos pelo operador do plano mediante indicação do beneficiário."

23. A exegese histórica revela que a legislação pretérita (Decreto-Lei nº 406/68) que estabelecia as normas gerais aplicáveis aos impostos sobre operações relativas à circulação de mercadorias e sobre serviços de qualquer natureza já trazia regulamentação sobre o tema, com o escopo de alcançar estas atividades.

24. A LC nº 116/2003 teve por objetivo ampliar o campo de incidência do ISSQN, principalmente no sentido de adaptar a sua anexa lista de serviços à realidade atual, relacionando numerosas atividades que não constavam dos atos legais antecedentes.

25. A base de cálculo do ISSQN incidente tão somente sobre a comissão, vale dizer: a receita auferida sobre a diferença entre o valor recebido pelo contratante e o que é repassado para os terceiros prestadores dos serviços, conforme assentado em sede jurisprudencial.

27. *Ex positis*, em sede de Repercussão Geral a tese jurídica assentada é: "As operadoras de planos de saúde e de seguro-saúde realizam prestação de serviço sujeita ao Imposto Sobre Serviços de Qualquer Natureza – ISSQN, previsto no art. 156, III, da CRFB/88".

28. Recurso extraordinário DESPROVIDO.

Decisão

Após o voto do Ministro Luiz Fux (Relator), negando provimento ao recurso extraordinário, pediu vista dos autos o Ministro Marco Aurélio. Ausentes, justificadamente, os Ministros Celso de Mello, Gilmar Mendes e, para participar do XXII Encontro de Presidentes e Magistrados de Tribunais e Salas Constitucionais da América Latina, na Cidade do México, a Ministra Cármen Lúcia. Falaram, pelo recorrente Hospital Marechal Cândido Rondon Ltda., o Dr. Guilherme Broto Follador; pelo recorrido Secrétário Municipal de Finanças de Marechal Cândido Rondon – PR, o Dr. Ricardo Almeida Ribeiro da Silva; pelo *amicus curiae* Federação Nacional de Saúde Suplementar – FENASAÚDE, o Dr. Francisco Carlos Rosas Giardina, e, pelo *amicus curiae* Associação Brasileira de Medicina de Grupo – ABRAMGE, o Dr. Ricardo Ramires Filho. Presidência do Ministro Ricardo Lewandowski. Plenário, 15.06.2016. Decisão: O Tribunal, por maioria e nos termos do voto do Relator, apreciando o tema 581 da repercussão geral, negou provimento ao recurso extraordinário, fixando tese nos seguintes termos: "As operadoras de planos privados de assistência à saúde (plano de saúde e seguro-saúde) realizam prestação de serviço sujeita ao Imposto Sobre Serviços de Qualquer Natureza – ISSQN, previsto no art. 156, III, da CRFB/88", vencido o Ministro Marco Aurélio quanto ao mérito e à tese firmada. Ausentes, justificadamente, o Ministro Celso de Mello, e, neste julgamento, o Ministro Gilmar Mendes. Presidiu o julgamento a Ministra Cármen Lúcia. Plenário, 29.09.2016.

Tema

581 – Incidência do ISS sobre atividades desenvolvidas por operadoras de planos de saúde.

Tese

As operadoras de planos privados de assistência à saúde (plano de saúde e seguro-saúde) realizam prestação de serviço sujeita ao Imposto Sobre Serviços de Qualquer Natureza – ISSQN, previsto no art. 156, III, da CRFB/88."

Cap. 20 • (ISS) Imposto sobre serviços de qualquer natureza **377**

Na ADPF 190/SP, o Pleno do STF, Edson Fachin, maioria, 29-09-2016, *DJe*-087 public. 27-04-2017; Reqte: Governador do Distrito Federal, decidiu:

"ARGUIÇÃO DE DESCUMPRIMENTO DE PRECEITO FUNDAMENTAL. DIREITO TRIBUTÁRIO. IMPOSTO SOBRE SERVIÇOS DE QUALQUER NATUREZA – ISSQN. ALÍQUOTA MÍNIMA. ART. 88 DO ADCT. COMPETÊNCIA LEGISLATIVA DA UNIÃO. NORMAS GERAIS DA LEGISLAÇÃO TRIBUTÁRIA. USURPAÇÃO. BASE DE CÁLCULO. DEFINIÇÃO POR LEI MUNICIPAL. CONCEITO DE RECEITA BRUTA DO PREÇO DO SERVIÇO. PRINCÍPIO FEDERATIVO. FEDERALISMO FISCAL.

1. Com espeque no princípio da eficiência processual, é possível ao Tribunal Pleno do STF convolar julgamento de referendo de medida cautelar em julgamento definitivo da ADPF. Precedente: ADPF 378, de minha relatoria, com acórdão redigido pelo Ministro Luís Roberto Barroso, Tribunal Pleno, *DJe* 08.03.2016.

2. O princípio da subsidiariedade é aferido no momento da propositura da ADPF, de modo que não se depreende qualquer outra ação constitucional com aptidão para evitar a lesividade ao pacto federativo em questão.

3. A ocorrência de coexistência de jurisdições constitucionais estadual e nacional configura a hipótese de suspensão prejudicial do processo de controle normativo abstrato instaurado perante o Tribunal de Justiça local. Precedentes.

4. O Governador do Distrito Federal possui legitimidade ativa para pleitear em processo abstrato medida judicial em face de lei municipal, de modo a salvaguardar o federalismo fiscal, notadamente pela natureza dúplice, estadual e municipal, do ente federativo em termos de competência tributária.

5. Reveste-se de inconstitucionalidade formal a lei municipal na qual se define base de cálculo em que se excluem os tributos federais relativos à prestação de serviços tributáveis e o valor do bem envolvido em contratos de arrendamento mercantil, por se tratar de matéria com reserva de lei complementar, nos termos do art. 146, III, "a", da Constituição da República.

6. No âmbito da inconstitucionalidade material, viola o art. 88, I e II, do Ato das Disposições Constitucionais Transitórias do Texto Constitucional, incluído pela Emenda Constitucional 37/2002, o qual fixou alíquota mínima para os fatos geradores do ISSQN, assim como vedou a concessão de isenções, incentivos e benefícios fiscais, que resultasse, direta ou indiretamente, na redução da alíquota mínima estabelecida. Assim, reduz-se a carga tributária incidente sobre a prestação de serviço a um patamar vedado pelo Poder Constituinte.

7. Fixação da seguinte tese jurídica ao julgado: "É inconstitucional lei municipal que veicule exclusão de valores da base de cálculo do ISSQN fora das hipóteses previstas em lei complementar nacional. Também é incompatível com o Texto Constitucional medida fiscal que resulte indiretamente na redução da alíquota mínima estabelecida pelo art. 88 do ADCT, a partir da redução da carga tributária incidente sobre a prestação de serviço na territorialidade do ente tributante."

8. Modulação prospectiva dos efeitos temporais da declaração de inconstitucionalidade, a contar da data do deferimento da medida cautelar em 15.12.2015.

9. Arguição de Descumprimento de Preceito Fundamental parcialmente conhecida a que se dá procedência com a finalidade de declarar a inconstitucionalidade dos arts. 190, § 2º, II; e 191, § 6º, II e § 7º, da Lei 2.614/97, do Município de Estância Hidromineral de Poá.

Decisão

O Tribunal, por maioria, conheceu em parte da arguição e rejeitou as demais preliminares, vencido o Ministro Marco Aurélio, que entendia inadequada a ação ajuizada. Em seguida, o Tribunal, por maioria, deliberou converter o julgamento do referendo da cautelar em julgamento do mérito, vencido o Ministro Marco Aurélio. No mérito, o Tribunal, por maioria, conhecida parcialmente da arguição, quanto à parte conhecida, julgou-a procedente para declarar a inconstitucionalidade dos artigos 190, § 2º, inciso II; e 191, § 6º, inciso II, e § 7º, da Lei nº 2.614/1997, do Município de Estância Hidromineral de Poá, São Paulo, vencido o Ministro Marco Aurélio, que julgava improcedente a ação. Fixada tese nos seguintes termos: "É inconstitucional lei municipal que veicule exclusão de valores da base de cálculo do ISSQN fora das hipóteses previstas em lei complementar nacional. Também é incompatível com o Texto Constitucional medida fiscal que resulte indiretamente na redução da alíquota mínima estabelecida pelo art. 88 do ADCT, a partir da redução da carga tributária incidente sobre a prestação de serviço na territorialidade do ente tributante." O Tribunal deliberou que a declaração de inconstitucionalidade tenha efeitos a partir da data do deferimento da cautelar. Tudo nos termos do voto do Relator. O Ministro Marco Aurélio não fixou tese nem modulou os efeitos da decisão. Falaram: pelo requerente, Governador do Distrito Federal, o Dr. Marcelo Galvão, Procurador do Distrito Federal; pelo interessado, Município de Poá, o Dr. Guido Pulice Boni; pelo *amicus curiae* Município de Porto Alegre, o Dr. Roberto Silva da Rocha, Procurador do Município; pelo *amicus curiae* Município de São Paulo, o Dr. Felipe Granado Gonzáles, Procurador do Município de São Paulo; pelo *amicus curiae* Associação Brasileira das Secretarias de Finanças das Capitais Brasileiras – ABRASF, o Dr. Ricardo Almeida; pelo *amicus curiae* Município de Barueri, o Dr. Paulo Ayres Barreto, e, pelo *amicus curiae* Associação Brasileira das Empresas de *Leasing* – ABEL, a Dra. Anna Paola Zonari. Presidiu o julgamento a Ministra Cármen Lúcia. Plenário, 29.09.2016.

Tese

É inconstitucional lei municipal que veicule exclusão de valores da base de cálculo do ISSQN fora das hipóteses previstas em lei complementar nacional. Também é incompatível com o Texto Constitucional medida fiscal que resulte indiretamente na redução da alíquota mínima estabelecida pelo art. 88 do ADCT, a partir da redução da carga tributária incidente sobre a prestação de serviço na territorialidade do ente tributante."

20.3 SERVIÇOS DE COMPOSIÇÃO GRÁFICA – COMPETÊNCIA DO ISS OU DO ICMS

Há serviços de composição gráfica, por encomenda e personalizados, sobre os quais incide o ISS, e serviços da mesma natureza que são destinados ao comércio, sobre os quais incide o ICMS.

Penso ser essa a tendência do STF, a nosso ver correta, posta na ADI-MC 4.389/DF, Joaquim Barbosa, unânime, 13-4-2011, *DJe*-098 de 25-5-2011, decidiu:

> "CONSTITUCIONAL. TRIBUTÁRIO. CONFLITO ENTRE IMPOSTO SOBRE SERVIÇOS DE QUALQUER NATUREZA E IMPOSTO SOBRE OPERAÇÃO DE CIRCULAÇÃO DE MERCADORIAS E DE SERVIÇOS DE COMUNICAÇÃO E DE TRANSPORTE INTERMUNICIPAL E INTERESTADUAL. PRODUÇÃO DE EMBALAGENS SOB ENCOMENDA PARA POSTERIOR INDUSTRIALIZAÇÃO (SERVIÇOS GRÁFICOS). AÇÃO DIRETA DE INCONSTITUCIONALIDADE AJUIZADA PARA DAR INTERPRETAÇÃO CONFORME AO O ART. 1º, *CAPUT* E § 2º, DA LEI COMPLEMENTAR 116/2003 E O SUBITEM 13.05 DA LISTA DE SERVIÇOS ANEXA. FIXAÇÃO DA INCIDÊNCIA DO ICMS E NÃO DO ISS. MEDIDA CAUTELAR DEFERIDA.
>
> Até o julgamento final e com eficácia apenas para o futuro (*ex nunc*), concede-se medida cautelar para interpretar o art. 1º, *caput* e § 2º, da Lei Complementar 116/2003 e o subitem 13.05 da lista de serviços anexa, para reconhecer que o ISS não incide sobre operações de industrialização por encomenda de embalagens, destinadas à integração ou utilização direta em processo subsequente de industrialização ou de circulação de mercadoria. Presentes os requisitos constitucionais e legais, incidirá o ICMS."

Entendemos que, ao apreciar o mérito da ADI 4.389, o STF manterá a orientação posta na Medida Cautelar, já que, se o impresso personalizado fosse utilizado para uso particular, ou seja, para consumidor final, encerrando-se aí a operação, incidiria o ISS. No entanto, no caso dessa ADI, o material (impresso personalizado) está situado no campo operacional do IPI-ICMS, daí a submissão a estas regras normativas.

Com efeito, no AgRg no AgR no RE 606960/ES (STF, 1ª T, Dias Toffoli, unânime, 09-04-2014, *DJe*-090 public. 13-05-2014 – Agte: Município da Serra; Agda: Uchoa Fontes Mineração Ltda.); e no AgR na Ação Cautelar 3.466/SP (STF, 2ª Turma, Gilmar Mendes, unânime, 31-03-2017, *DJe*-088 public. 28-04-2017, Agte: Novalata Beneficiamento

Cap. 20 • (ISS) Imposto sobre serviços de qualquer natureza **379**

e Comércio de Embalagens Ltda.; Agdo: Estado de São Paulo), fez-se referência à **ADI nº 4.389/DF-MC**, em que Relator o Ministro Joaquim Barbosa, *DJe* de 25-5-2011.

20.4 ASPECTOS DO FATO GERADOR

Aspecto	Descrição
Pessoal	a. **sujeito ativo**: Município (CF, art. 156, IV). Ver AgRg no AREsp 299.489, hipótese de serviço prestado fora do Município, DJe-18-6-2014). b. **sujeito passivo**: é o prestador do serviço (CTN – LC 116/2003, art. 5º).
Espacial	Território do Município (CF, art. 156, IV).
Temporal	Serviço efetuado (ver Legislação do Município). (CTN – LC 116/2003, art. 1º)
Material	Serviços de qualquer natureza, não compreendidos na competência do ICMS (CF, art. 156, IV).
Quantifi-cativo	a. **base de cálculo**: Art. 7º da LC 116/2003: "Art. 7º A base de cálculo do imposto é o preço do serviço." **Nota**: Ver o inteiro teor do art. 7º b. **alíquotas**: máxima: 5% (LC 116/2003, art. 8º); mínima: 2% (art. 8º-A introduzido pela LC 157/2016). **Nota**: Súmula nº 663 do STF: "Os §§ 1º e 3º do art. 9º do DL 406/68 foram recebidos pela Constituição."

20.5 TAXATIVIDADE DA LISTA DE SERVIÇOS

A jurisprudência tem decidido que a Lista de Serviços contém rol vertical taxativo de serviços sujeitos ao ISS. Na linha horizontal, comporta interpretação, mormente quando se refere à expressão *"e congênere"*.

Exemplo: AgR no RE 450.342/RJ, STF, 2ª Turma, Celso de Mello, unânime, *DJe*-072 de 3-8-2007.

EDcl no AREsp 22.629/PE, STJ, 2ª Turma, Humberto Martins, unânime, 13-9-2011, *DJe* 21-9-2011:

> "2. A Primeira Seção, em 23-9-2009, por ocasião do julgamento do Recurso Especial representativo da controvérsia 1.111.234/PR, sob o rito do art. 543-C do Código de Processo Civil, reafirmou, à unanimidade, que a Lista de Serviços anexa ao Decreto-Lei nº 406/68 é taxativa, mas admite interpretação extensiva. Firmou-se o entendimento de que o exame de compatibilidade dos serviços efetivamente prestados com aqueles previstos abstratamente na referida Lista deve ser levado a termo pelas instâncias de origem, sendo inviável de ser analisado em sede de recurso especial, nos termos da Súmula 7/STJ."

Entretanto, no RE 615.580/RJ, Ellen Gracie, 13-8-2010, *DJe*-154 de 20-8-2010, foi reconhecida a repercussão Geral nestes termos:

> "TRIBUTÁRIO. IMPOSTO SOBRE SERVIÇOS – ISS. ART. 156, III, DA CONSTITUIÇÃO FEDERAL. LISTA DE SERVIÇOS. DECRETO-LEI Nº 406/1968 E LC 116/2003. TAXATIVIDADE. EXISTÊNCIA DE REPERCUSSÃO GERAL.

380 Direito Tributário • *Cassone*

Decisão: O Tribunal reconheceu a existência de repercussão geral da questão constitucional suscitada, vencido o Ministro Cezar Peluso. Não se manifestou o Ministro Eros Grau. Ministra ELLEN GRACIE Relatora."

20.6 LISTA DE SERVIÇOS – LEI COMPLEMENTAR[1]

Lei Complementar nº 116, de 31 de julho de 2003

Dispõe sobre o Imposto de Serviços de Qualquer Natureza, de competência dos Municípios e do Distrito Federal, e dá outras providências.

O PRESIDENTE DA REPÚBLICA

Faço saber que o Congresso Nacional decreta e eu sanciono a seguinte Lei Complementar:

Art. 1º O Imposto Sobre Serviços de Qualquer Natureza, de competência dos Municípios e do Distrito Federal, tem como fato gerador a prestação de serviços constantes da lista anexa, ainda que esses não se constituam como atividade preponderante do prestador.

§ 1º O imposto incide também sobre o serviço proveniente do exterior do País ou cuja prestação se tenha iniciado no exterior do País.

§ 2º Ressalvadas as exceções expressas na lista anexa, os serviços nela mencionados não ficam sujeitos ao Imposto Sobre Operações Relativas à Circulação de Mercadorias e Prestações de Serviços de Transporte Interestadual e Intermunicipal e de Comunicação – ICMS, ainda que sua prestação envolva fornecimento de mercadorias.

§ 3º O imposto de que trata esta Lei Complementar incide ainda sobre os serviços prestados mediante a utilização de bens e serviços públicos explorados economicamente mediante autorização, permissão ou concessão, com o pagamento de tarifa, preço ou pedágio pelo usuário final do serviço.

§ 4º A incidência do imposto não depende da denominação dada ao serviço prestado.

Art. 2º O imposto não incide sobre:

I – as exportações de serviços para o exterior do País;

II – a prestação de serviços em relação de emprego, dos trabalhadores avulsos, dos diretores e membros de conselho consultivo ou de conselho fiscal de sociedades e fundações, bem como dos sócios-gerentes e dos gerentes-delegados;

III – o valor intermediado no mercado de títulos e valores mobiliários, o valor dos depósitos bancários, o principal, juros e acréscimos moratórios relativos a operações de crédito realizadas por instituições financeiras.

Parágrafo único. Não se enquadram no disposto no inciso I os serviços desenvolvidos no Brasil, cujo resultado aqui se verifique, ainda que o pagamento seja feito por residente no exterior.

Art. 3º O serviço considera-se prestado, e o imposto, devido, no local do estabelecimento prestador ou, na falta do estabelecimento, no local do domicílio do prestador, exceto nas hipóteses previstas nos incisos I a XXV, quando o imposto será devido no local: (Redação dada pela Lei Complementar nº 157, de 2016)

---

1   Obtida em: <http://www.planalto.gov.br/ccivil_03/leis/LCP/Lcp116.htm>. Acesso em 28-09-2017.

I – do estabelecimento do tomador ou intermediário do serviço ou, na falta de estabelecimento, onde ele estiver domiciliado, na hipótese do § 1º do art. 1º desta Lei Complementar;

II – da instalação dos andaimes, palcos, coberturas e outras estruturas, no caso dos serviços descritos no subitem 3.05 da lista anexa;

III – da execução da obra, no caso dos serviços descritos no subitem 7.02 e 7.19 da lista anexa;

IV – da demolição, no caso dos serviços descritos no subitem 7.04 da lista anexa;

V – das edificações em geral, estradas, pontes, portos e congêneres, no caso dos serviços descritos no subitem 7.05 da lista anexa;

VI – da execução da varrição, coleta, remoção, incineração, tratamento, reciclagem, separação e destinação final de lixo, rejeitos e outros resíduos quaisquer, no caso dos serviços descritos no subitem 7.09 da lista anexa;

VII – da execução da limpeza, manutenção e conservação de vias e logradouros públicos, imóveis, chaminés, piscinas, parques, jardins e congêneres, no caso dos serviços descritos no subitem 7.10 da lista anexa;

VIII – da execução da decoração e jardinagem, do corte e poda de árvores, no caso dos serviços descritos no subitem 7.11 da lista anexa;

IX – do controle e tratamento do efluente de qualquer natureza e de agentes físicos, químicos e biológicos, no caso dos serviços descritos no subitem 7.12 da lista anexa;

X – (VETADO)

XI – (VETADO)

XII – do florestamento, reflorestamento, semeadura, adubação, reparação de solo, plantio, silagem, colheita, corte, descascamento de árvores, silvicultura, exploração florestal e serviços congêneres indissociáveis da formação, manutenção e colheita de florestas para quaisquer fins e por quaisquer meios; (Redação dada pela Lei Complementar nº 157, de 2016)

XIII – da execução dos serviços de escoramento, contenção de encostas e congêneres, no caso dos serviços descritos no subitem 7.17 da lista anexa;

XIV – da limpeza e dragagem, no caso dos serviços descritos no subitem 7.18 da lista anexa;

XV – onde o bem estiver guardado ou estacionado, no caso dos serviços descritos no subitem 11.01 da lista anexa;

XVI – dos bens, dos semoventes ou do domicílio das pessoas vigiados, segurados ou monitorados, no caso dos serviços descritos no subitem 11.02 da lista anexa; (Redação dada pela Lei Complementar nº 157, de 2016)

XVII – do armazenamento, depósito, carga, descarga, arrumação e guarda do bem, no caso dos serviços descritos no subitem 11.04 da lista anexa;

XVIII – da execução dos serviços de diversão, lazer, entretenimento e congêneres, no caso dos serviços descritos nos subitens do item 12, exceto o 12.13, da lista anexa;

382 Direito Tributário • *Cassone*

XIX – do Município onde está sendo executado o transporte, no caso dos serviços descritos pelo item 16 da lista anexa; (Redação dada pela Lei Complementar n° 157, de 2016)

XX – do estabelecimento do tomador da mão de obra ou, na falta de estabelecimento, onde ele estiver domiciliado, no caso dos serviços descritos pelo subitem 17.05 da lista anexa;

XXI – da feira, exposição, congresso ou congênere a que se referir o planejamento, organização e administração, no caso dos serviços descritos pelo subitem 17.10 da lista anexa;

XXII – do porto, aeroporto, ferroporto, terminal rodoviário, ferroviário ou metroviário, no caso dos serviços descritos pelo item 20 da lista anexa.

XXIII – do domicílio do tomador dos serviços dos subitens 4.22, 4.23 e 5.09; (Incluído pela Lei Complementar n° 157, de 2016)

XXIV – do domicílio do tomador do serviço no caso dos serviços prestados pelas administradoras de cartão de crédito ou débito e demais descritos no subitem 15.01; (Incluído pela Lei Complementar n° 157, de 2016)

XXV – do domicílio do tomador dos serviços dos subitens 10.04 e 15.09. (Incluído pela Lei Complementar n° 157, de 2016)

§ 1° No caso dos serviços a que se refere o subitem 3.04 da lista anexa, considera-se ocorrido o fato gerador e devido o imposto em cada Município em cujo território haja extensão de ferrovia, rodovia, postes, cabos, dutos e condutos de qualquer natureza, objetos de locação, sublocação, arrendamento, direito de passagem ou permissão de uso, compartilhado ou não.

§ 2° No caso dos serviços a que se refere o subitem 22.01 da lista anexa, considera-se ocorrido o fato gerador e devido o imposto em cada Município em cujo território haja extensão de rodovia explorada.

§ 3° Considera-se ocorrido o fato gerador do imposto no local do estabelecimento prestador nos serviços executados em águas marítimas, excetuados os serviços descritos no subitem 20.01.

§ 4° Na hipótese de descumprimento do disposto no *caput* ou no § 1°, ambos do art. 8°-A desta Lei Complementar, o imposto será devido no local do estabelecimento do tomador ou intermediário do serviço ou, na falta de estabelecimento, onde ele estiver domiciliado. (Incluído pela Lei Complementar n° 157, de 2016)

Art. 4° Considera-se estabelecimento prestador o local onde o contribuinte desenvolva a atividade de prestar serviços, de modo permanente ou temporário, e que configure unidade econômica ou profissional, sendo irrelevantes para caracterizá-lo as denominações de sede, filial, agência, posto de atendimento, sucursal, escritório de representação ou contato ou quaisquer outras que venham a ser utilizadas.

Art. 5° Contribuinte é o prestador do serviço.

Art. 6° Os Municípios e o Distrito Federal, mediante lei, poderão atribuir de modo expresso a responsabilidade pelo crédito tributário a terceira pessoa, vinculada ao fato gerador da respectiva obrigação, excluindo a responsabilidade do contribuinte ou atribuindo-a a este em caráter supletivo do cumprimento total ou parcial da referida obrigação, inclusive no que se refere à multa e aos acréscimos legais.

Cap. 20 • (ISS) Imposto sobre serviços de qualquer natureza **383**

§ 1º Os responsáveis a que se refere este artigo estão obrigados ao recolhimento integral do imposto devido, multa e acréscimos legais, independentemente de ter sido efetuada sua retenção na fonte.

§ 2º Sem prejuízo do disposto no *caput* e no § 1º deste artigo, são responsáveis: (Vide Lei Complementar nº 123, de 2006).

I – o tomador ou intermediário de serviço proveniente do exterior do País ou cuja prestação se tenha iniciado no exterior do País;

II – a pessoa jurídica, ainda que imune ou isenta, tomadora ou intermediária dos serviços descritos nos subitens 3.05, 7.02, 7.04, 7.05, 7.09, 7.10, 7.12, 7.14, 7.15, 7.16, 7.17, 7.19, 11.02, 17.05 e 17.10 da lista anexa.

III – a pessoa jurídica tomadora ou intermediária de serviços, ainda que imune ou isenta, na hipótese prevista no § 4º do art. 3º desta Lei Complementar. (Incluído pela Lei Complementar nº 157, de 2016)

§ 3º No caso dos serviços descritos nos subitens 10.04 e 15.09, o valor do imposto é devido ao Município declarado como domicílio tributário da pessoa jurídica ou física tomadora do serviço, conforme informação prestada por este. (Incluído pela Lei Complementar nº 157, de 2016)

§ 4º No caso dos serviços prestados pelas administradoras de cartão de crédito e débito, descritos no subitem 15.01, os terminais eletrônicos ou as máquinas das operações efetivadas deverão ser registrados no local do domicílio do tomador do serviço. (Incluído pela Lei Complementar nº 157, de 2016)

Art. 7º A base de cálculo do imposto é o preço do serviço.

§ 1º Quando os serviços descritos pelo subitem 3.04 da lista anexa forem prestados no território de mais de um Município, a base de cálculo será proporcional, conforme o caso, à extensão da ferrovia, rodovia, dutos e condutos de qualquer natureza, cabos de qualquer natureza, ou ao número de postes, existentes em cada Município.

§ 2º Não se incluem na base de cálculo do Imposto Sobre Serviços de Qualquer Natureza:

I – o valor dos materiais fornecidos pelo prestador dos serviços previstos nos itens 7.02 e 7.05 da lista de serviços anexa a esta Lei Complementar;

II – (VETADO)

§ 3º (VETADO)

Art. 8º As alíquotas máximas do Imposto Sobre Serviços de Qualquer Natureza são as seguintes:

I – (VETADO)

II – demais serviços, 5% (cinco por cento).

Art. 8º-A. A alíquota mínima do Imposto sobre Serviços de Qualquer Natureza é de 2% (dois por cento). (Incluído pela Lei Complementar nº 157, de 2016)

§ 1º O imposto não será objeto de concessão de isenções, incentivos ou benefícios tributários ou financeiros, inclusive de redução de base de cálculo ou de crédito presumido ou outorgado, ou sob qualquer outra forma que resulte, direta ou indiretamente, em carga tributária menor que a decorrente da aplicação da alíquota mínima estabelecida

384 Direito Tributário • *Cassone*

no *caput*, exceto para os serviços a que se referem os subitens 7.02, 7.05 e 16.01 da lista anexa a esta Lei Complementar. (Incluído pela Lei Complementar nº 157, de 2016)

§ 2º É nula a lei ou o ato do Município ou do Distrito Federal que não respeite as disposições relativas à alíquota mínima previstas neste artigo no caso de serviço prestado a tomador ou intermediário localizado em Município diverso daquele onde está localizado o prestador do serviço. (Incluído pela Lei Complementar nº 157, de 2016)

§ 3º A nulidade a que se refere o § 2º deste artigo gera, para o prestador do serviço, perante o Município ou o Distrito Federal que não respeitar as disposições deste artigo, o direito à restituição do valor efetivamente pago do Imposto sobre Serviços de Qualquer Natureza calculado sob a égide da lei nula. (Incluído pela Lei Complementar nº 157, de 2016)

Art. 9º Esta Lei Complementar entra em vigor na data de sua publicação.

Art. 10. Ficam revogados os arts. 8o, 10, 11 e 12 do Decreto-Lei no 406, de 31 de dezembro de 1968; os incisos III, IV, V e VII do art. 3o do Decreto-Lei no 834, de 8 de setembro de 1969; a Lei Complementar no 22, de 9 de dezembro de 1974; a Lei no 7.192, de 5 de junho de 1984; a Lei Complementar no 56, de 15 de dezembro de 1987; e a Lei Complementar no 100, de 22 de dezembro de 1999.

Brasília, 31 de julho de 2003; 182º da Independência e 115º da República.

LUIZ INÁCIO LULA DA SILVA

Antônio Palocci Filho

Este texto não substitui o publicado no DOU de 1º.8.2003

LISTA DE SERVIÇOS ANEXA À LEI COMPLEMENTAR Nº 116, DE 31 DE JULHO DE 2003

1 – Serviços de informática e congêneres.

1.01 – Análise e desenvolvimento de sistemas.

1.02 – Programação.

1.03 – Processamento, armazenamento ou hospedagem de dados, textos, imagens, vídeos, páginas eletrônicas, aplicativos e sistemas de informação, entre outros formatos, e congêneres. (Redação dada pela Lei Complementar nº 157, de 2016)

1.04 – Elaboração de programas de computadores, inclusive de jogos eletrônicos, independentemente da arquitetura construtiva da máquina em que o programa será executado, incluindo **tablets**, **smartphones** e congêneres. (Redação dada pela Lei Complementar nº 157, de 2016)

1.05 – Licenciamento ou cessão de direito de uso de programas de computação.

1.06 – Assessoria e consultoria em informática.

1.07 – Suporte técnico em informática, inclusive instalação, configuração e manutenção de programas de computação e bancos de dados.

1.08 – Planejamento, confecção, manutenção e atualização de páginas eletrônicas.

Cap. 20 • (ISS) Imposto sobre serviços de qualquer natureza **385**

1.09 – Disponibilização, sem cessão definitiva, de conteúdos de áudio, vídeo, imagem e texto por meio da internet, respeitada a imunidade de livros, jornais e periódicos (exceto a distribuição de conteúdos pelas prestadoras de Serviço de Acesso Condicionado, de que trata a Lei no 12.485, de 12 de setembro de 2011, sujeita ao ICMS). (Incluído pela Lei Complementar nº 157, de 2016)

2 – Serviços de pesquisas e desenvolvimento de qualquer natureza.

2.01 – Serviços de pesquisas e desenvolvimento de qualquer natureza.

3 – Serviços prestados mediante locação, cessão de direito de uso e congêneres.

3.01 – (VETADO)

3.02 – Cessão de direito de uso de marcas e de sinais de propaganda.

3.03 – Exploração de salões de festas, centro de convenções, escritórios virtuais, **stands**, quadras esportivas, estádios, ginásios, auditórios, casas de espetáculos, parques de diversões, canchas e congêneres, para realização de eventos ou negócios de qualquer natureza.

3.04 – Locação, sublocação, arrendamento, direito de passagem ou permissão de uso, compartilhado ou não, de ferrovia, rodovia, postes, cabos, dutos e condutos de qualquer natureza.

3.05 – Cessão de andaimes, palcos, coberturas e outras estruturas de uso temporário.

4 – Serviços de saúde, assistência médica e congêneres.

4.01 – Medicina e biomedicina.

4.02 – Análises clínicas, patologia, eletricidade médica, radioterapia, quimioterapia, ultrassonografia, ressonância magnética, radiologia, tomografia e congêneres.

4.03 – Hospitais, clínicas, laboratórios, sanatórios, manicômios, casas de saúde, prontos-socorros, ambulatórios e congêneres.

4.04 – Instrumentação cirúrgica.

4.05 – Acupuntura.

4.06 – Enfermagem, inclusive serviços auxiliares.

4.07 – Serviços farmacêuticos.

4.08 – Terapia ocupacional, fisioterapia e fonoaudiologia.

4.09 – Terapias de qualquer espécie destinadas ao tratamento físico, orgânico e mental.

4.10 – Nutrição.

4.11 – Obstetrícia.

4.12 – Odontologia.

4.13 – Ortóptica.

4.14 – Próteses sob encomenda.

4.15 – Psicanálise.

4.16 – Psicologia.

4.17 – Casas de repouso e de recuperação, creches, asilos e congêneres.

386 Direito Tributário • *Cassone*

4.18 – Inseminação artificial, fertilização *in vitro* e congêneres.

4.19 – Bancos de sangue, leite, pele, olhos, óvulos, sêmen e congêneres.

4.20 – Coleta de sangue, leite, tecidos, sêmen, órgãos e materiais biológicos de qualquer espécie.

4.21 – Unidade de atendimento, assistência ou tratamento móvel e congêneres.

4.22 – Planos de medicina de grupo ou individual e convênios para prestação de assistência médica, hospitalar, odontológica e congêneres.

4.23 – Outros planos de saúde que se cumpram através de serviços de terceiros contratados, credenciados, cooperados ou apenas pagos pelo operador do plano mediante indicação do beneficiário.

5 – Serviços de medicina e assistência veterinária e congêneres.

5.01 – Medicina veterinária e zootecnia.

5.02 – Hospitais, clínicas, ambulatórios, prontos-socorros e congêneres, na área veterinária.

5.03 – Laboratórios de análise na área veterinária.

5.04 – Inseminação artificial, fertilização *in vitro* e congêneres.

5.05 – Bancos de sangue e de órgãos e congêneres.

5.06 – Coleta de sangue, leite, tecidos, sêmen, órgãos e materiais biológicos de qualquer espécie.

5.07 – Unidade de atendimento, assistência ou tratamento móvel e congêneres.

5.08 – Guarda, tratamento, amestramento, embelezamento, alojamento e congêneres.

5.09 – Planos de atendimento e assistência médico-veterinária.

6 – Serviços de cuidados pessoais, estética, atividades físicas e congêneres.

6.01 – Barbearia, cabeleireiros, manicuros, pedicuros e congêneres.

6.02 – Esteticistas, tratamento de pele, depilação e congêneres.

6.03 – Banhos, duchas, sauna, massagens e congêneres.

6.04 – Ginástica, dança, esportes, natação, artes marciais e demais atividades físicas.

6.05 – Centros de emagrecimento, *spa* e congêneres.

6.06 – Aplicação de tatuagens, *piercings* e congêneres. (Incluído pela Lei Complementar nº 157, de 2016)

7 – Serviços relativos a engenharia, arquitetura, geologia, urbanismo, construção civil, manutenção, limpeza, meio ambiente, saneamento e congêneres.

7.01 – Engenharia, agronomia, agrimensura, arquitetura, geologia, urbanismo, paisagismo e congêneres.

7.02 – Execução, por administração, empreitada ou subempreitada, de obras de construção civil, hidráulica ou elétrica e de outras obras semelhantes, inclusive sondagem, perfuração de poços, escavação, drenagem e irrigação, terraplanagem, pavimentação, concretagem e a instalação e montagem de produtos, peças e equipamentos (exceto

Cap. 20 • (ISS) Imposto sobre serviços de qualquer natureza **387**

o fornecimento de mercadorias produzidas pelo prestador de serviços fora do local da prestação dos serviços, que fica sujeito ao ICMS).

7.03 – Elaboração de planos diretores, estudos de viabilidade, estudos organizacionais e outros, relacionados com obras e serviços de engenharia; elaboração de anteprojetos, projetos básicos e projetos executivos para trabalhos de engenharia.

7.04 – Demolição.

7.05 – Reparação, conservação e reforma de edifícios, estradas, pontes, portos e congêneres (exceto o fornecimento de mercadorias produzidas pelo prestador dos serviços, fora do local da prestação dos serviços, que fica sujeito ao ICMS).

7.06 – Colocação e instalação de tapetes, carpetes, assoalhos, cortinas, revestimentos de parede, vidros, divisórias, placas de gesso e congêneres, com material fornecido pelo tomador do serviço.

7.07 – Recuperação, raspagem, polimento e lustração de pisos e congêneres.

7.08 – Calafetação.

7.09 – Varrição, coleta, remoção, incineração, tratamento, reciclagem, separação e destinação final de lixo, rejeitos e outros resíduos quaisquer.

7.10 – Limpeza, manutenção e conservação de vias e logradouros públicos, imóveis, chaminés, piscinas, parques, jardins e congêneres.

7.11 – Decoração e jardinagem, inclusive corte e poda de árvores.

7.12 – Controle e tratamento de efluentes de qualquer natureza e de agentes físicos, químicos e biológicos.

7.13 – Dedetização, desinfecção, desinsetização, imunização, higienização, desratização, pulverização e congêneres.

7.14 – (VETADO)

7.15 – (VETADO)

7.16 – Florestamento, reflorestamento, semeadura, adubação, reparação de solo, plantio, silagem, colheita, corte e descascamento de árvores, silvicultura, exploração florestal e dos serviços congêneres indissociáveis da formação, manutenção e colheita de florestas, para quaisquer fins e por quaisquer meios. (Redação dada pela Lei Complementar nº 157, de 2016)

7.17 – Escoramento, contenção de encostas e serviços congêneres.

7.18 – Limpeza e dragagem de rios, portos, canais, baías, lagos, lagoas, represas, açudes e congêneres.

7.19 – Acompanhamento e fiscalização da execução de obras de engenharia, arquitetura e urbanismo.

7.20 – Aerofotogrametria (inclusive interpretação), cartografia, mapeamento, levantamentos topográficos, batimétricos, geográficos, geodésicos, geológicos, geofísicos e congêneres.

7.21 – Pesquisa, perfuração, cimentação, mergulho, perfilagem, concretação, testemunhagem, pescaria, estimulação e outros serviços relacionados com a exploração e explotação de petróleo, gás natural e de outros recursos minerais.

388   Direito Tributário • *Cassone*

7.22 – Nucleação e bombardeamento de nuvens e congêneres.

8 – Serviços de educação, ensino, orientação pedagógica e educacional, instrução, treinamento e avaliação pessoal de qualquer grau ou natureza.

8.01 – Ensino regular pré-escolar, fundamental, médio e superior.

8.02 – Instrução, treinamento, orientação pedagógica e educacional, avaliação de conhecimentos de qualquer natureza.

9 – Serviços relativos a hospedagem, turismo, viagens e congêneres.

9.01 – Hospedagem de qualquer natureza em hotéis, *apart-service* condominiais, *flat*, apart-hotéis, hotéis residência, *residence-service, suite service*, hotelaria marítima, motéis, pensões e congêneres; ocupação por temporada com fornecimento de serviço (o valor da alimentação e gorjeta, quando incluído no preço da diária, fica sujeito ao Imposto Sobre Serviços).

9.02 – Agenciamento, organização, promoção, intermediação e execução de programas de turismo, passeios, viagens, excursões, hospedagens e congêneres.

9.03 – Guias de turismo.

10 – Serviços de intermediação e congêneres.

10.01 – Agenciamento, corretagem ou intermediação de câmbio, de seguros, de cartões de crédito, de planos de saúde e de planos de previdência privada.

10.02 – Agenciamento, corretagem ou intermediação de títulos em geral, valores mobiliários e contratos quaisquer.

10.03 – Agenciamento, corretagem ou intermediação de direitos de propriedade industrial, artística ou literária.

10.04 – Agenciamento, corretagem ou intermediação de contratos de arrendamento mercantil (*leasing*), de franquia (*franchising*) e de faturização (*factoring*).

10.05 – Agenciamento, corretagem ou intermediação de bens móveis ou imóveis, não abrangidos em outros itens ou subitens, inclusive aqueles realizados no âmbito de Bolsas de Mercadorias e Futuros, por quaisquer meios.

10.06 – Agenciamento marítimo.

10.07 – Agenciamento de notícias.

10.08 – Agenciamento de publicidade e propaganda, inclusive o agenciamento de veiculação por quaisquer meios.

10.09 – Representação de qualquer natureza, inclusive comercial.

10.10 – Distribuição de bens de terceiros.

11 – Serviços de guarda, estacionamento, armazenamento, vigilância e congêneres.

11.01 – Guarda e estacionamento de veículos terrestres automotores, de aeronaves e de embarcações.

11.02 – Vigilância, segurança ou monitoramento de bens, pessoas e semoventes. (Redação dada pela Lei Complementar nº 157, de 2016)

11.03 – Escolta, inclusive de veículos e cargas.

11.04 – Armazenamento, depósito, carga, descarga, arrumação e guarda de bens de qualquer espécie.

Cap. 20 • (ISS) Imposto sobre serviços de qualquer natureza **389**

12 – Serviços de diversões, lazer, entretenimento e congêneres.

12.01 – Espetáculos teatrais.

12.02 – Exibições cinematográficas.

12.03 – Espetáculos circenses.

12.04 – Programas de auditório.

12.05 – Parques de diversões, centros de lazer e congêneres.

12.06 – Boates, *taxi-dancing* e congêneres.

12.07 – *Shows, ballet,* danças, desfiles, bailes, óperas, concertos, recitais, festivais e congêneres.

12.08 – Feiras, exposições, congressos e congêneres.

12.09 – Bilhares, boliches e diversões eletrônicas ou não.

12.10 – Corridas e competições de animais.

12.11 – Competições esportivas ou de destreza física ou intelectual, com ou sem a participação do espectador.

12.12 – Execução de música.

12.13 – Produção, mediante ou sem encomenda prévia, de eventos, espetáculos, entrevistas, *shows, ballet,* danças, desfiles, bailes, teatros, óperas, concertos, recitais, festivais e congêneres.

12.14 – Fornecimento de música para ambientes fechados ou não, mediante transmissão por qualquer processo.

12.15 – Desfiles de blocos carnavalescos ou folclóricos, trios elétricos e congêneres.

12.16 – Exibição de filmes, entrevistas, musicais, espetáculos, *shows,* concertos, desfiles, óperas, competições esportivas, de destreza intelectual ou congêneres.

12.17 – Recreação e animação, inclusive em festas e eventos de qualquer natureza.

13 – Serviços relativos a fonografia, fotografia, cinematografia e reprografia.

13.01 – (VETADO)

13.02 – Fonografia ou gravação de sons, inclusive trucagem, dublagem, mixagem e congêneres.

13.03 – Fotografia e cinematografia, inclusive revelação, ampliação, cópia, reprodução, trucagem e congêneres.

13.04 – Reprografia, microfilmagem e digitalização.

13.05 – Composição gráfica, inclusive confecção de impressos gráficos, fotocomposição, clicheria, zincografia, litografia e fotolitografia, exceto se destinados a posterior operação de comercialização ou industrialização, ainda que incorporados, de qualquer forma, a outra mercadoria que deva ser objeto de posterior circulação, tais como bulas, rótulos, etiquetas, caixas, cartuchos, embalagens e manuais técnicos e de instrução, quando ficarão sujeitos ao ICMS. (Redação dada pela Lei Complementar nº 157, de 2016)

14 – Serviços relativos a bens de terceiros.

14.01 – Lubrificação, limpeza, lustração, revisão, carga e recarga, conserto, restauração, blindagem, manutenção e conservação de máquinas, veículos, aparelhos, equipamentos, motores, elevadores ou de qualquer objeto (exceto peças e partes empregadas, que ficam sujeitas ao ICMS).

14.02 – Assistência técnica.

14.03 – Recondicionamento de motores (exceto peças e partes empregadas, que ficam sujeitas ao ICMS).

14.04 – Recauchutagem ou regeneração de pneus.

14.05 – Restauração, recondicionamento, acondicionamento, pintura, beneficiamento, lavagem, secagem, tingimento, galvanoplastia, anodização, corte, recorte, plastificação, costura, acabamento, polimento e congêneres de objetos quaisquer. (Redação dada pela Lei Complementar nº 157, de 2016)

14.06 – Instalação e montagem de aparelhos, máquinas e equipamentos, inclusive montagem industrial, prestados ao usuário final, exclusivamente com material por ele fornecido.

14.07 – Colocação de molduras e congêneres.

14.08 – Encadernação, gravação e douração de livros, revistas e congêneres.

14.09 – Alfaiataria e costura, quando o material for fornecido pelo usuário final, exceto aviamento.

14.10 – Tinturaria e lavanderia.

14.11 – Tapeçaria e reforma de estofamentos em geral.

14.12 – Funilaria e lanternagem.

14.13 – Carpintaria e serralheria.

14.14 – Guincho intramunicipal, guindaste e içamento. (Redação dada pela Lei Complementar nº 157, de 2016)

15 – Serviços relacionados ao setor bancário ou financeiro, inclusive aqueles prestados por instituições financeiras autorizadas a funcionar pela União ou por quem de direito.

15.01 – Administração de fundos quaisquer, de consórcio, de cartão de crédito ou débito e congêneres, de carteira de clientes, de cheques pré-datados e congêneres.

15.02 – Abertura de contas em geral, inclusive conta-corrente, conta de investimentos e aplicação e caderneta de poupança, no País e no exterior, bem como a manutenção das referidas contas ativas e inativas.

15.03 – Locação e manutenção de cofres particulares, de terminais eletrônicos, de terminais de atendimento e de bens e equipamentos em geral.

15.04 – Fornecimento ou emissão de atestados em geral, inclusive atestado de idoneidade, atestado de capacidade financeira e congêneres.

15.05 – Cadastro, elaboração de ficha cadastral, renovação cadastral e congêneres, inclusão ou exclusão no Cadastro de Emitentes de Cheques sem Fundos – CCF ou em quaisquer outros bancos cadastrais.

15.06 – Emissão, reemissão e fornecimento de avisos, comprovantes e documentos em geral; abono de firmas; coleta e entrega de documentos, bens e valores; comunicação com outra agência ou com a administração central; licenciamento eletrônico de veículos; transferência de veículos; agenciamento fiduciário ou depositário; devolução de bens em custódia.

15.07 – Acesso, movimentação, atendimento e consulta a contas em geral, por qualquer meio ou processo, inclusive por telefone, fac-símile, internet e telex, acesso a terminais de atendimento, inclusive vinte e quatro horas; acesso a outro banco e a rede compartilhada; fornecimento de saldo, extrato e demais informações relativas a contas em geral, por qualquer meio ou processo.

15.08 – Emissão, reemissão, alteração, cessão, substituição, cancelamento e registro de contrato de crédito; estudo, análise e avaliação de operações de crédito; emissão, concessão, alteração ou contratação de aval, fiança, anuência e congêneres; serviços relativos a abertura de crédito, para quaisquer fins.

15.09 – Arrendamento mercantil (*leasing*) de quaisquer bens, inclusive cessão de direitos e obrigações, substituição de garantia, alteração, cancelamento e registro de contrato, e demais serviços relacionados ao arrendamento mercantil (*leasing*).

15.10 – Serviços relacionados a cobranças, recebimentos ou pagamentos em geral, de títulos quaisquer, de contas ou carnês, de câmbio, de tributos e por conta de terceiros, inclusive os efetuados por meio eletrônico, automático ou por máquinas de atendimento; fornecimento de posição de cobrança, recebimento ou pagamento; emissão de carnês, fichas de compensação, impressos e documentos em geral.

15.11 – Devolução de títulos, protesto de títulos, sustação de protesto, manutenção de títulos, reapresentação de títulos, e demais serviços a eles relacionados.

15.12 – Custódia em geral, inclusive de títulos e valores mobiliários.

15.13 – Serviços relacionados a operações de câmbio em geral, edição, alteração, prorrogação, cancelamento e baixa de contrato de câmbio; emissão de registro de exportação ou de crédito; cobrança ou depósito no exterior; emissão, fornecimento e cancelamento de cheques de viagem; fornecimento, transferência, cancelamento e demais serviços relativos a carta de crédito de importação, exportação e garantias recebidas; envio e recebimento de mensagens em geral relacionadas a operações de câmbio.

15.14 – Fornecimento, emissão, reemissão, renovação e manutenção de cartão magnético, cartão de crédito, cartão de débito, cartão salário e congêneres.

15.15 – Compensação de cheques e títulos quaisquer; serviços relacionados a depósito, inclusive depósito identificado, a saque de contas quaisquer, por qualquer meio ou processo, inclusive em terminais eletrônicos e de atendimento.

15.16 – Emissão, reemissão, liquidação, alteração, cancelamento e baixa de ordens de pagamento, ordens de crédito e similares, por qualquer meio ou processo; serviços relacionados à transferência de valores, dados, fundos, pagamentos e similares, inclusive entre contas em geral.

15.17 – Emissão, fornecimento, devolução, sustação, cancelamento e oposição de cheques quaisquer, avulso ou por talão.

15.18 – Serviços relacionados a crédito imobiliário, avaliação e vistoria de imóvel ou obra, análise técnica e jurídica, emissão, reemissão, alteração, transferência e renegociação de contrato, emissão e reemissão do termo de quitação e demais serviços relacionados a crédito imobiliário.

16 – Serviços de transporte de natureza municipal.

16.01 – Serviços de transporte coletivo municipal rodoviário, metroviário, ferroviário e aquaviário de passageiros. (Redação dada pela Lei Complementar nº 157, de 2016)

16.02 – Outros serviços de transporte de natureza municipal. (Incluído pela Lei Complementar nº 157, de 2016)

17 – Serviços de apoio técnico, administrativo, jurídico, contábil, comercial e congêneres.

17.01 – Assessoria ou consultoria de qualquer natureza, não contida em outros itens desta lista; análise, exame, pesquisa, coleta, compilação e fornecimento de dados e informações de qualquer natureza, inclusive cadastro e similares.

17.02 – Datilografia, digitação, estenografia, expediente, secretaria em geral, resposta audível, redação, edição, interpretação, revisão, tradução, apoio e infraestrutura administrativa e congêneres.

17.03 – Planejamento, coordenação, programação ou organização técnica, financeira ou administrativa.

17.04 – Recrutamento, agenciamento, seleção e colocação de mão de obra.

17.05 – Fornecimento de mão de obra, mesmo em caráter temporário, inclusive de empregados ou trabalhadores, avulsos ou temporários, contratados pelo prestador de serviço.

17.06 – Propaganda e publicidade, inclusive promoção de vendas, planejamento de campanhas ou sistemas de publicidade, elaboração de desenhos, textos e demais materiais publicitários.

17.07 – (VETADO)

17.08 – Franquia (*franchising*).

17.09 – Perícias, laudos, exames técnicos e análises técnicas.

17.10 – Planejamento, organização e administração de feiras, exposições, congressos e congêneres.

17.11 – Organização de festas e recepções; bufê (exceto o fornecimento de alimentação e bebidas, que fica sujeito ao ICMS).

17.12 – Administração em geral, inclusive de bens e negócios de terceiros.

17.13 – Leilão e congêneres.

17.14 – Advocacia.

17.15 – Arbitragem de qualquer espécie, inclusive jurídica.

17.16 – Auditoria.

17.17 – Análise de Organização e Métodos.

17.18 – Atuária e cálculos técnicos de qualquer natureza.

17.19 – Contabilidade, inclusive serviços técnicos e auxiliares.

17.20 – Consultoria e assessoria econômica ou financeira.

17.21 – Estatística.

17.22 – Cobrança em geral.

17.23 – Assessoria, análise, avaliação, atendimento, consulta, cadastro, seleção, gerenciamento de informações, administração de contas a receber ou a pagar e em geral, relacionados a operações de faturização (*factoring*).

17.24 – Apresentação de palestras, conferências, seminários e congêneres.

Cap. 20 • (ISS) Imposto sobre serviços de qualquer natureza **393**

17.25 – Inserção de textos, desenhos e outros materiais de propaganda e publicidade, em qualquer meio (exceto em livros, jornais, periódicos e nas modalidades de serviços de radiodifusão sonora e de sons e imagens de recepção livre e gratuita). (Incluído pela Lei Complementar nº 157, de 2016)

18 – Serviços de regulação de sinistros vinculados a contratos de seguros; inspeção e avaliação de riscos para cobertura de contratos de seguros; prevenção e gerência de riscos seguráveis e congêneres.

18.01 – Serviços de regulação de sinistros vinculados a contratos de seguros; inspeção e avaliação de riscos para cobertura de contratos de seguros; prevenção e gerência de riscos seguráveis e congêneres.

19 – Serviços de distribuição e venda de bilhetes e demais produtos de loteria, bingos, cartões, pules ou cupons de apostas, sorteios, prêmios, inclusive os decorrentes de títulos de capitalização e congêneres.

19.01 – Serviços de distribuição e venda de bilhetes e demais produtos de loteria, bingos, cartões, pules ou cupons de apostas, sorteios, prêmios, inclusive os decorrentes de títulos de capitalização e congêneres.

20 – Serviços portuários, aeroportuários, ferroportuários, de terminais rodoviários, ferroviários e metroviários.

20.01 – Serviços portuários, ferroportuários, utilização de porto, movimentação de passageiros, reboque de embarcações, rebocador escoteiro, atracação, desatracação, serviços de praticagem, capatazia, armazenagem de qualquer natureza, serviços acessórios, movimentação de mercadorias, serviços de apoio marítimo, de movimentação ao largo, serviços de armadores, estiva, conferência, logística e congêneres.

20.02 – Serviços aeroportuários, utilização de aeroporto, movimentação de passageiros, armazenagem de qualquer natureza, capatazia, movimentação de aeronaves, serviços de apoio aeroportuários, serviços acessórios, movimentação de mercadorias, logística e congêneres.

20.03 – Serviços de terminais rodoviários, ferroviários, metroviários, movimentação de passageiros, mercadorias, inclusive suas operações, logística e congêneres.

21 – Serviços de registros públicos, cartorários e notariais.

21.01 – Serviços de registros públicos, cartorários e notariais.

22 – Serviços de exploração de rodovia.

22.01 – Serviços de exploração de rodovia mediante cobrança de preço ou pedágio dos usuários, envolvendo execução de serviços de conservação, manutenção, melhoramentos para adequação de capacidade e segurança de trânsito, operação, monitoração, assistência aos usuários e outros serviços definidos em contratos, atos de concessão ou de permissão ou em normas oficiais.

23 – Serviços de programação e comunicação visual, desenho industrial e congêneres.

23.01 – Serviços de programação e comunicação visual, desenho industrial e congêneres.

24 – Serviços de chaveiros, confecção de carimbos, placas, sinalização visual, *banners*, adesivos e congêneres.

24.01 – Serviços de chaveiros, confecção de carimbos, placas, sinalização visual, *banners*, adesivos e congêneres.

25 – Serviços funerários.

25.01 – Funerais, inclusive fornecimento de caixão, urna ou esquifes; aluguel de capela; transporte do corpo cadavérico; fornecimento de flores, coroas e outros paramentos; desembaraço de certidão de óbito; fornecimento de véu, essa e outros adornos; embalsamento, embelezamento, conservação ou restauração de cadáveres.

25.02 – Translado intramunicipal e cremação de corpos e partes de corpos cadavéricos. (Redação dada pela Lei Complementar nº 157, de 2016)

25.03 – Planos ou convênio funerários.

25.04 – Manutenção e conservação de jazigos e cemitérios.

25.05 – Cessão de uso de espaços em cemitérios para sepultamento. (Incluído pela Lei Complementar nº 157, de 2016)

26 – Serviços de coleta, remessa ou entrega de correspondências, documentos, objetos, bens ou valores, inclusive pelos correios e suas agências franqueadas; *courrier* e congêneres.

26.01 – Serviços de coleta, remessa ou entrega de correspondências, documentos, objetos, bens ou valores, inclusive pelos correios e suas agências franqueadas; *courrier* e congêneres.

27 – Serviços de assistência social.

27.01 – Serviços de assistência social.

28 – Serviços de avaliação de bens e serviços de qualquer natureza.

28.01 – Serviços de avaliação de bens e serviços de qualquer natureza.

29 – Serviços de biblioteconomia.

29.01 – Serviços de biblioteconomia.

30 – Serviços de biologia, biotecnologia e química.

30.01 – Serviços de biologia, biotecnologia e química.

31 – Serviços técnicos em edificações, eletrônica, eletrotécnica, mecânica, telecomunicações e congêneres.

31.01 – Serviços técnicos em edificações, eletrônica, eletrotécnica, mecânica, telecomunicações e congêneres.

32 – Serviços de desenhos técnicos.

32.01 – Serviços de desenhos técnicos.

33 – Serviços de desembaraço aduaneiro, comissários, despachantes e congêneres.

33.01 – Serviços de desembaraço aduaneiro, comissários, despachantes e congêneres.

34 – Serviços de investigações particulares, detetives e congêneres.

34.01 – Serviços de investigações particulares, detetives e congêneres.

35 – Serviços de reportagem, assessoria de imprensa, jornalismo e relações públicas.

35.01 – Serviços de reportagem, assessoria de imprensa, jornalismo e relações públicas.

36 – Serviços de meteorologia.

36.01 – Serviços de meteorologia.

37 – Serviços de artistas, atletas, modelos e manequins.

37.01 – Serviços de artistas, atletas, modelos e manequins.

38 – Serviços de museologia.

Cap. 20 • (ISS) Imposto sobre serviços de qualquer natureza 395

38.01 – Serviços de museologia.

39 – Serviços de ourivesaria e lapidação.

39.01 – Serviços de ourivesaria e lapidação (quando o material for fornecido pelo tomador do serviço).

40 – Serviços relativos a obras de arte sob encomenda.

40.01 – Obras de arte sob encomenda.

MENSAGEM Nº 362, DE 31 DE JULHO DE 2003

Senhor Presidente do Senado Federal,

Comunico a Vossa Excelência que, nos termos do § 1º do art. 66 da Constituição, decidi **vetar** parcialmente, por contrariedade ao interesse público e por inconstitucionalidade, o Projeto de Lei nº 161, de 1989 – Complementar (nº 1/91 – Complementar na Câmara dos Deputados), que "Dispõe sobre o Imposto Sobre Serviços de Qualquer Natureza, de competência dos Municípios e do Distrito Federal, e dá outras providências".

O Ministério das Cidades propôs veto aos seguintes dispositivos:

Art. 3º, incisos X e XI

"Art. 3º ....

....

X – da execução dos serviços de saneamento ambiental, purificação, tratamento, esgotamento sanitário e congêneres, no caso dos serviços descritos no subitem 7.14 da lista anexa;

XI – do tratamento e purificação de água, no caso dos serviços descritos no subitem 7.15 da lista anexa;

...."

Itens 7.14 e 7.15 da Lista de serviços

"7.14 – Saneamento ambiental, inclusive purificação, tratamento, esgotamento sanitário e congêneres."

"7.15 – Tratamento e purificação de água."

Razões do veto

"A incidência do imposto sobre serviços de saneamento ambiental, inclusive purificação, tratamento, esgotamento sanitários e congêneres, bem como sobre serviços de tratamento e purificação de água, não atende ao interesse público. A tributação poderia comprometer o objetivo do Governo em universalizar o acesso a tais serviços básicos. O desincentivo que a tributação acarretaria ao setor teria como consequência de longo prazo aumento nas despesas no atendimento da população atingida pela falta de acesso a saneamento básico e água tratada. Ademais, o Projeto de Lei nº 161 – Complementar revogou expressamente o art. 11 do Decreto-Lei nº 406, de 31 de dezembro de 1968, com redação dada pela Lei Complementar nº 22, de 9 de dezembro de 1974. Dessa forma, as obras hidráulicas e de construção civil contratadas pela União, Estados, Distrito Federal, Municípios, autarquias e concessionárias, antes isentas do tributo, passariam a ser taxadas, com reflexos nos gastos com investimentos do Poder Público.

Dessa forma, a incidência do imposto sobre os referidos serviços não atende o interesse público, recomendando-se o veto aos itens 7.14 e 7.15, constantes da Lista de Serviços do presente Projeto

396 Direito Tributário • *Cassone*

de lei Complementar. Em decorrência, por razões de técnica legislativa, também deverão ser vetados os incisos X e XI do art. 3º do Projeto de Lei."

Inciso II do § 2º o art. 7º

"Art. 7º ....

....

§ 2º..

....

II – o valor de subempreitadas sujeitas ao Imposto Sobre Serviços de Qualquer Natureza.

...."

Razões do veto

"A norma contida no inciso II do § 2º do art. 7º do projeto de lei complementar ampliou a possibilidade de dedução das despesas com subempreitada da base de cálculo do tributo. Na legislação anterior, tal dedução somente era permitida para as subempreitadas de obras civis. Dessa forma, a sanção do dispositivo implicaria perda significativa de base tributável. Agregue-se a isso o fato de a redação dada ao dispositivo ser imperfeita. Na vigência do § 2º do art. 9º do Decreto-Lei nº 406, de 31 de dezembro de 1968, somente se permitia a dedução de subempreitadas *já tributadas pelo imposto*. A redação do Projeto de Lei Complementar permitiria a dedução de subempreitadas *sujeitas* ao imposto. A nova regra não exige que haja pagamento efetivo do ISS por parte da subempreiteira, bastando para tanto que o referido serviço esteja sujeito ao imposto. Assim, por contrariedade ao interesse público, propõe-se o veto ao dispositivo."

§ 3º do art. 7º

"Art. 7º ....

....

§ 3º a prestação dos serviços a que se referem os subitens 4.22 e 4.23 da lista anexa, quando operados por cooperativas, deduzir-se-ão da base de cálculo os valores despendidos com terceiros pela prestação de serviços de hospitais, laboratórios, clínicas, medicamentos, médicos, odontólogos e demais profissionais de saúde."

Razões do veto

"A sanção do dispositivo teria como consequência a introdução de grave distorção tributária no setor de planos de saúde. Ao conceder a dedução da base tributável de valores gastos com hospitais, laboratórios, clínicas, medicamentos, médicos, odontólogos e demais profissionais da saúde apenas aos planos operados por cooperativas, a incidência do imposto sobre serviços de qualquer natureza caracterizar-se-ia como elemento de concorrência desleal em relação aos demais planos de saúde. Junte-se a isso o fato de que a redação do dispositivo é imperfeita, pois não separa o ato cooperativo das demais operações mercantis não cooperativas, tratando a unidade de negócio como um todo. Assim, a redação do dispositivo não atende a alínea "c" do inciso III do art. 146 da Constituição, que reserva o adequado tratamento tributário apenas ao ato cooperativo."

O Ministério do Turismo propôs veto ao seguinte dispositivo:

Inciso I do art. 8º

"Art. 8º ....

I – jogos e diversões públicas, exceto cinema, 10% (dez por cento);

...."

Razões do veto

"Esta medida visa preservar a viabilidade econômico-financeira dos empreendimentos turísticos que poderão ser afetados pela permissividade dada aos entes federados de disporem da alíquota máxima de até 10% sobre o segmento de diversões públicas nos quais se incluem Parques de Diversões, Centros de Lazer e congêneres, bem como Feiras, Exposições, Congressos e congêneres, elencados nos itens 12.05 e 12.08, respectivamente, da Lista de serviços anexa à lei proposta, uma vez que são estas atividades instrumentos vitais para a geração de emprego e renda como polos de atração e de desenvolvimento do turismo de lazer e de negócios em suas regiões. Ademais, pela sua natureza, não têm capacidade econômica de absorver alíquota elevada, que pode chegar a 10%, sobre seu faturamento. Vale também ressaltar que investimentos intensivos em capital, estratégicos para o desenvolvimento regional através do turismo, têm um prazo de maturação longo e são extremamente sensíveis às oscilações tributárias. Impõe-se o veto, portanto, pela contrariedade ao interesse público."

Já o Ministério da Fazenda optou pelo veto aos seguintes dispositivos:

Itens 3.01 e 13.01 da Lista de serviços

"3.01 – Locação de bens móveis."

"13.01 – Produção, gravação, edição, legendagem e distribuição de filmes, *video-tapes*, discos, fitas cassete, *compact disc, digital video disc* e congêneres."

Razões do veto

"Verifica-se que alguns itens da relação de serviços sujeitos à incidência do imposto merecem reparo, tendo em vista decisões recentes do Supremo Tribunal Federal. São eles:

O STF concluiu julgamento de recurso extraordinário interposto por empresa de locação de guindastes, em que se discutia a constitucionalidade da cobrança do ISS sobre a locação de bens móveis, decidindo que a expressão "locação de bens móveis" constante do item 79 da lista de serviços a que se refere o Decreto-Lei nº 406, de 31 de dezembro de 1968, com a redação da Lei Complementar nº 56, de 15 de dezembro de 1987, é inconstitucional (noticiado no Informativo do STF nº 207). O Recurso Extraordinário 116.121/SP, votado unanimemente pelo Tribunal Pleno, em 11 de outubro de 2000, contém linha interpretativa no mesmo sentido, pois a "terminologia constitucional do imposto sobre serviços revela o objeto da tributação. Conflita com a Lei Maior dispositivo que imponha o tributo a contrato de locação de bem móvel. Em direito, os institutos, as expressões e os vocábulos têm sentido próprios, descabendo confundir a locação de serviços com a de móveis, práticas diversas regidas pelo Código Civil, cujas definições são de observância inafastável." Em assim sendo, o item 3.01 da Lista de serviços anexa ao projeto de lei complementar, ora analisado, fica prejudicado, pois veicula indevida (porque inconstitucional) incidência do imposto sob locação de bens móveis.

O item 13.01 da mesma Lista de serviços mencionada no item anterior coloca no campo de incidência do imposto gravação e distribuição de filmes. Ocorre que o STF, no julgamento dos RREE 179.560-SP, 194.705-SP e 196.856-SP, cujo relator foi o Ministro Ilmar Galvão, decidiu que é legítima a incidência do ICMS sobre comercialização de filmes para videocassete, porquanto, nessa hipótese, a operação se qualifica como de circulação de mercadoria. Como consequência dessa decisão foram reformados acórdãos do Tribunal de Justiça do Estado de São Paulo que consideraram a operação de gravação de videoteipes como sujeita tão somente ao ISS. Deve-se esclarecer que, na espécie, tratava-se de empresas que se dedicam à comercialização de fitas por elas próprias gravadas, com a finalidade de entrega ao comércio em geral, operação que se distingue da hipótese de prestação individualizada do serviço de gravação de filmes com o fornecimento de mercadorias, isto é, quando feita por solicitação de outrem ou por encomenda, prevalecendo, nesse caso, a incidência do ISS (retirado do Informativo do STF nº 144).

Assim, pelas razões expostas, entendemos indevida a inclusão destes itens na Lista de serviços."

O Ministério da Justiça propôs veto ao seguinte dispositivo:

Item 17.07 da Lista de serviços

"17.07 – Veiculação e divulgação de textos, desenhos e outros materiais de propaganda e publicidade, por qualquer meio."

398 Direito Tributário • *Cassone*

Razões do veto

> "O dispositivo em causa, por sua generalidade, permite, no limite, a incidência do ISS sobre, por exemplo, mídia impressa, que goza de imunidade constitucional (cf. alínea "d" do inciso VI do art. 150 da Constituição de 1988) . Vale destacar que a legislação vigente excepciona – da incidência do ISS – a veiculação e divulgação de textos, desenhos e outros materiais de publicidade por meio de jornais, periódicos, rádio e televisão (cf. item 86 da Lista de Serviços anexa ao Decreto-Lei nº 406, de 31 de dezembro de 1968, com a redação da Lei Complementar nº 56, de 15 de dezembro de 1987), o que sugere ser vontade do projeto permitir uma hipótese de incidência inconstitucional. Assim, ter-se-ia, *in casu*, hipótese de incidência tributária inconstitucional. Ademais, o ISS incidente sobre serviços de comunicação colhe serviços que, em geral, perpassam as fronteiras de um único município. Surge, então, competência tributária da União, a teor da jurisprudência do STF, RE nº 90.749-1/BA, Primeira Turma, Rel.: Min. Cunha Peixoto, *DJ* de 3-7-979, ainda aplicável a teor do inciso II do art. 155 da Constituição de 1988, com a redação da Emenda Constitucional nº 3, de 17 de março de 1993."

Em razão dos vetos lançados, determinei à equipe de Governo empreender estudos com vistas à elaboração de projeto de lei complementar cumprindo eventuais adequações. Em breve espaço de tempo, encaminharei proposição neste sentido ao elevado crivo dos Senhores Congressistas.

Estas, Senhor Presidente, são as razões que me levaram a vetar os dispositivos acima mencionados do projeto em causa, as quais ora submeto à elevada apreciação dos Senhores Membros do Congresso Nacional.

Brasília, 31 de julho de 2003.

Este texto não substitui o publicado no *DOU* de 1º de agosto de 2003.

20.7 QUESTIONÁRIO

1. *Qual o aspecto material da hipótese de incidência do ISS?*

2. *Tendo em vista que os Municípios e o Distrito Federal possuem competência para tributar o ISS, podem eles estabelecer, através de Lei, outras espécies ou categorias de serviços não previstos na Lei Complementar?*

3. *Toda prestação de serviço que envolve aplicação de mercadorias está sujeita ao ISS?*

4. *O art. 156, III, diz que compete aos Municípios instituir imposto sobre "serviços de qualquer natureza (...) definidos em lei complementar". Isso significa que a Lei Complementar poderá incluir na Lista de Serviços atividade que, por sua natureza, não se caracteriza como serviço?*

21

(IPVA) Imposto sobre Propriedade de Veículos Automotores

ESQUEMA
{
21.1 Disposição constitucional
21.2 Regras a observar
21.3 Jurisprudência
21.4 Questionário

21.1 DISPOSIÇÃO CONSTITUCIONAL

Diz a CF 88:

> **"Art. 155.** Compete aos Estados e ao Distrito instituir impostos sobre:
>
> III – propriedade de veículos automotores."
>
> § 6º O imposto previsto no inciso III:
>
> I – terá alíquotas mínimas fixadas pelo Senado Federal;
>
> II – poderá ter alíquotas diferenciadas em função do tipo de utilização (*§ 6º acrescentado pela EC 42, de 19-12-2003*).

Para instituição desse imposto, as normas gerais consistentes em Fato Gerador, Base de Cálculo e Contribuintes hão de ser definidas por Lei Complementar (art. 146, III, da CF 88).

21.2 REGRAS A OBSERVAR

Por outro lado, os Estados e o Distrito Federal, no âmbito das respectivas competências (territoriais), instituirão, por lei própria, o imposto, obedecidos os princípios constitucionais que se lhes aplicam e as normas gerais de direito tributário objeto de Lei Complementar.

400 Direito Tributário • *Cassone*

21.3 JURISPRUDÊNCIA

1 – EMENTA:

"IPVA – Utilização de autenticações mecânicas falsas nas guias de recolhimento – Responsabilidade do Despachante Policial e não do autuado – Provido o recurso, ressalvada nova ação fiscal contra a pessoa infratora da Guia de Recolhimento do IPVA constante dos autos" (Ac. un. da 5ª C do TIT/SP – Proc. DRT-6 nº 2.559/95 – Rel. Juiz Oswaldo Bisco de Beija – j. 9-6-98 – Boletim TIT SP, de 13-3-99, p. 7 – ementa oficial). *RJ/IOB* 1/13484.

2 – EMENTA:

"Administrativo e Tributário. Iate Clube de Santos – 'Clube náutico'. Inexistência de obrigação em fornecer informações relativas aos seus sócios ou às embarcações a eles pertencentes para fins de cobrança, pela Fazenda, do Imposto de Propriedade sobre Veículos Automotores – IPVA. Não enquadramento do referido clube na hipótese dos artigos 124, II, e 134 do Código Tributário Nacional. Recurso Especial improvido.1. Não existe preceito legal a amparar a pretensão de se exigir do Iate Clube de Santos, que integra a categoria dos denominados 'Clubes Náuticos, informações relativas aos seus sócios ou às embarcações a estes pertencentes para fins de cobrança do IPVA. 2. O artigo 134 do Código Tributário Nacional não comporta a interpretação elástica que pretende lhe emprestar a recorrente, pois, à toda evidência, que a recorrida não se enquadra na figura dos 'administradores de bens de terceiros', e não pode, por inexistência de determinação legal, ser considerada solidariamente responsável, conforme artigo 124, II, do já multirreferido Códex Tributário, pelo pagamento do IPVA. 3. Recurso Especial desprovido." (Ac. un. da 1ª Turma do STJ – REsp 192.063/SP – Rel. Min. José Delgado – j. 2-2-99 – Recte.: Fazenda do Estado de São Paulo; Recdo.: Iate Clube de Santos – *DJU*-e 1 – 29-3-99, p. 103 – ementa oficial). *RJ/IOB* 1/13540.

3 – EMENTA:

IPVA e Competência Legislativa (cf. Informativo STF nº 157, de 18-8-99):

"Deixando a União de editar as normas gerais disciplinadoras do IPVA, os Estados exercem a competência legislativa plena (CF, art. 24, § 3º) e ficam autorizados a editar as leis necessárias à aplicação do sistema tributário nacional previsto na CF (ADCT, art. 34, § 3º). Com esse entendimento, a 1ª Turma do STF, por unanimidade, manteve acórdão do Tribunal de Justiça de São Paulo, que rejeitara a pretensão de contribuinte do Imposto sobre Propriedade de Veículos Automotores – IPVA de eximir-se do pagamento do tributo, sob a alegação de que o Estado de São Paulo não poderia instituí-lo, dado que não possui competência para suprir a ausência de lei complementar estabelecendo as normas gerais (CF, 146, III, *a*). Precedente citado: AG (AgRg)167.777-DF (*DJU* 9-5-97). RE 236.931-SP, Rel. Min. Ilmar Galvão,10-8-99" (ver íntegra no www.stf.gov.br).

Cap. 21 • (IPVA) Imposto sobre propriedade de veículos automotores **401**

4 – EMENTA:

"TRIBUTÁRIO – IPVA – ALÍQUOTA – CARRO IMPORTADO.

A Constituição Federal, arts. 150 e 152, proíbe os Estados de estabelecer alíquotas diferenciadas do IPVA para carros importados.

Recurso provido" (RO em MS 10.906-RJ, STJ, 1ª T. Garcia Vieira, unânime, 2-5-2000 – *DJU* 5-6-2000, p. 120).

5 – EMENTA:

"IPVA – Imposto sobre Propriedade de Veículos Automotores (CF, art. 155, III; CF/69, art. 23, III e § 13, cf. EC 27/85): campo de incidência que não inclui embarcações e aeronaves" (STF, Pleno. RE 134.509-8-AM, Redator para o acórdão Ministro Sepúlveda Pertence, maioria, 29-5-2002, *DJU* 13-9-02).

6 – EMENTA:

PROCESSUAL CIVIL. EMBARGOS DE DECLARAÇÃO OPOSTOS DE DECISÃO DO RELATOR: CONVERSÃO EM AGRAVO REGIMENTAL. CONSTITUCIONAL. TRIBUTÁRIO. IPVA. ESTADO DE SÃO PAULO: LEIS 6.606/89, 7.002/90 e 7.644/91. CONSTITUCIONA-LIDADE. CARÁTER NÃO PROGRESSIVO.

I – (...)

II – Constitucionalidade da Lei estadual 6.606/89, alterada pelas Leis 7.002/90 e 7.644/91, que trata da cobrança do IPVA. Precedentes.

III – Embargos de declaração convertidos em agravo regimental. Não provimento desse" (STF, 2ª Turma, EDcl no AG 487.906-4-SP, Carlos Velloso, unânime, 2-8-2005 – <www.stf.gov.br>).

7 – EMENTA:

"Código Tributário estadual. Imposto sobre Propriedade de Veículos Automotores – IPVA. Não pagamento. Consequência: Impossibilidade de renovar a licença de trânsito. Ofença à competência privativa da União Federal para legislar sobre transporte e trânsito de veículos. Alegação improcedente. Sanção administrativa em virtude do inadimplemen-to do pagamento do IPVA. Matéria afeta à competência dos Estados-membros.

Ação direta de inconstitucionalidade julgada improcedente" (ADI 1.654-7-AP, STF, Maurício Corrêa, unânime, 3-3-2004, *DJU* 19-3-2004).

8 – EMENTA:

"Tributário. Estado de São Paulo. IPVA. Lei estadual nº 6.606/89 com as alterações das Leis nᵒˢ 7.002/90 e 7.644/91. Constitucionalidade. Caráter não progressivo. Orienta-ção do STF. Regimental não provido" (AgRg no RE 413.239-7/SP, STF, 2ª Turma, Nelson Jobim, unânime, 20-4-2004, *DJU* 21-5-2004).

402 Direito Tributário • *Cassone*

9 – EMENTA:

"IPVA – TABELA DE VALORES – CORREÇÃO. A correção da tabela de valores no ano da cobrança do tributo não implica violência aos princípios insculpidos na Constituição Federal. Prevalecem o fato gerador, a base de cálculo e as alíquotas previstas na legislação estadual editada com observância aqueles princípios. A simples correção da tabela não modifica quer o fato gerador, quer a base de cálculo, no que se revelam como sendo a propriedade do veículo e o valor deste" (AgR no AG 169.370, STF, 2ª T., Marco Aurélio, unânime, 27-10-1995, *DJU* 2-2-1996, p. 861).

10 – EMENTA:

"AGRAVO REGIMENTAL NO RECURSO EXTRAORDINÁRIO. TRIBUTÁRIO. IPVA. VEÍCULO IMPORTADO. ALÍQUOTA DIFERENCIADA. 1. Não se admite a alíquota diferenciada de IPVA para veículos importados e os de procedência nacional. 2. O tratamento desigual significaria uma nova tributação pelo fato gerador da importação. Precedentes. Agravo regimental a que se nega provimento" (AgR no RE 367.785/RJ, STF, 2ª T., Eros Grau, unânime, 9-5-2006, *DJU* 2-6-2006, p. 38).

11 – ALÍQUOTAS DIFERENCIADAS – FIXAÇÃO PELO EXECUTIVO:

"IPVA – ALÍQUOTAS DIFERENCIADAS. Não implica ofensa à Constituição Federal o estabelecimento de alíquotas diferenciadas conforme a destinação do veículo automotor. Precedentes: Agravos Regimentais nos Recursos Extraordinários nº 414.259/MG e nº 466.480/MG, ambos relatados na Segunda Turma, pelo Ministro Eros Grau; e Agravo Regimental no Agravo de Instrumento nº 167.777/SP, Segunda Turma, de minha relatoria, entre outros.

IPVA – AUTOMÓVEIS USADOS – VALOR VENAL – DEFINIÇÃO PELO PODER EXECUTIVO. Prevendo a lei a incidência da alíquota do Imposto sobre Propriedade de Veículos Automotores – IPVA sobre o valor venal do veículo, não conflita com a Carta da República a remessa da definição do quantitativo ao Executivo" (AgR no RE 424.991/MG, STF, 1ª Turma, Marco Aurélio, unânime, 13-9-2011, *DJe*-198, public. 14-10-2011)

21.4 QUESTIONÁRIO

1. *Qual é a pessoa pública competente para instituir o IPVA?*
2. *A pessoa política pode definir o fato gerador do IPVA por meio de lei própria? Por quê?*
3. *A pessoa política pública competente pode fixar a alíquota do IPVA por meio de lei própria? Qual é o fundamento constitucional?*

atlas

www.grupogen.com.br

ROTAPLAN
GRÁFICA E EDITORA LTDA
Rua Álvaro Seixas, 165
Engenho Novo - Rio de Janeiro
Tels.: (21) 2201-2089 / 8898
E-mail: rotaplanrio@gmail.com